THE CONQUEST OF
CIVILIZATION

文明的征程

James Henry Breasted
[美] 詹姆斯·亨利·布雷斯特德 著
李静新　周惠来 译

江苏凤凰文艺出版社

目 录

前 言 1

第一章 欧洲的古人类 1
一、欧洲人类的起源 1
二、早石器时代 8
三、中石器时代 11
四、晚石器时代 18

第二章 埃及的故事：尼罗河畔的最早居民 金字塔时代 35
一、埃及最早的居民 35
二、金字塔时代（约公元前3000年~公元前2500年） 50
三、金字塔时代的社会、艺术及建筑 67

第三章 埃及的故事：封建时代与帝国时代 75
一、尼罗河之行与封建时代 76
二、帝国的建立 83
三、埃及帝国的极盛时期 89
四、帝国的衰落 97
五、商博良对古埃及文字的破译 106

第四章　西亚：巴比伦尼亚　109

一、文明进化图景　了不起的白种人　109

二、国家和种族　113

三、苏美尔文明的发展、苏美尔人与闪米特人的早期对抗　119

四、闪米特人的第一次胜利——萨尔贡时代　135

五、苏美尔人与闪米特人的联盟　139

六、汉穆拉比及其后的时代　142

第五章　亚述与迦勒底　155

一、早期的亚述及其敌人　156

二、亚述帝国（约公元前750年~公元前612年）　166

三、迦勒底帝国：最后一个闪米特帝国　178

第六章　米底—波斯帝国　185

一、印欧民族的扩散　185

二、雅利安民族　琐罗亚斯德　189

三、波斯帝国　居鲁士的崛起　191

四、波斯帝国的文明（约公元前530年~公元前330年）　194

五、对波斯文件和楔形文字的破译　201

六、波斯帝国的统治　206

第七章　希伯来人　东方的衰落　209

一、巴勒斯坦：希伯来人定居之前的居民　209

二、希伯来人定居巴勒斯坦　希伯来王国　211

三、两个希伯来王国　217

四、亚述和迦勒底摧毁希伯来王国　221

五、被流放的希伯来人　波斯解放希伯来人　224

六、东方的衰落　对东方文明的回顾　228

第八章 欧洲文明的发端 东地中海世界的崛起 231

一、欧洲文明的发端 231

二、爱琴海世界的岛屿 234

三、爱琴海世界的大陆 245

四、北地中海地区的新发现 东地中海世界的崛起 253

第九章 希腊人征服爱琴海世界 259

一、希腊人进入爱琴海世界 260

二、希腊人从游牧到定居 266

第十章 希腊的君主时代 269

一、爱琴文明遗产 腓尼基商业的发展 269

二、腓尼基人给欧洲带来了字母 275

三、希腊战士与英雄赞歌 278

四、最早的希腊宗教及其早期发展 280

第十一章 贵族时代的希腊 285

一、君主制的消亡 贵族的统治 286

二、贵族时代的希腊扩张 289

三、贵族时代的希腊文化 292

第十二章 手工业革命 僭主时期 297

一、手工业和商业的革命 298

二、民主的兴起 僭主时期 302

三、僭主时期的文明 307

第十三章 击退波斯 319

一、波斯人的到来 320

二、击退波斯人与腓尼基人　324

第十四章　雅典和斯巴达对立　雅典帝国崛起　331
一、雅典与斯巴达对立的原因　331
二、雅典帝国崛起　民主的胜利　333
三、商业的发展　雅典对斯巴达的战争　337

第十五章　伯里克利时期的雅典　343
一、社会、家庭及对年轻公民的教育和训练　343
二、高等教育、科学和公共事务　349
三、艺术和文学　354

第十六章　雅典对斯巴达的战争　雅典帝国的灭亡　369
一、暴政下的雅典　第二次伯罗奔尼撒战争　370
二、第三次伯罗奔尼撒战争　雅典帝国灭亡　374

第十七章　希腊各城邦之间的最后斗争　381
一、斯巴达人的统治　民众权力的衰落　382
二、斯巴达的衰落　底比斯的统治　388

第十八章　伯里克利之后的希腊文明　391
一、建筑　雕塑　绘画　391
二、宗教　文学　思想　397

第十九章　伟大的亚历山大　407
一、马其顿的崛起　408
二、亚历山大的征服　410
三、亚历山大的统治　417

第二十章　亚历山大的后继者　423
　　一、亚历山大帝国的继承人　423
　　二、希腊的衰落　428

第二十一章　希腊化文明　431
　　一、城市　建筑　艺术　431
　　二、科学　发明　图书馆　文学　444
　　三、教育　哲学　452
　　四、希腊化世界的形成　市民和城邦的消亡　456

第二十二章　西地中海世界　罗马征服意大利　461
　　一、西地中海世界　462
　　二、早期的罗马　468
　　三、早期的共和国　先进的政府　474
　　四、共和国的扩张　征服意大利　482

第二十三章　罗马共和国对意大利的统治　罗马、迦太基之争　489
　　一、罗马共和国统治初期的意大利　489
　　二、罗马和迦太基的竞争　493

第二十四章　罗马在西地中海的扩张　501
　　一、对迦太基的战争——西西里战争（第一次布匿战争）　501
　　二、汉尼拔战争（第二次布匿战争）　迦太基毁灭　503

第二十五章　世界霸主的极盛和衰落　515
　　一、罗马在东地中海的扩张　515
　　二、极盛时期的罗马共和政府　罗马文明　518

三、罗马城市和乡村的堕落　527

第二十六章　百年革命　共和国的灭亡　537
　　一、由土地引发的矛盾　元老院与贫民的对立　537
　　二、权力的集中　马略和苏拉的统治　540
　　三、共和国的衰落　庞培和恺撒的事业　546
　　四、奥古斯都　百年内战结束　555

第二十七章　前两个百年和平：奥古斯都及其继承人们　559
　　一、奥古斯都的统治　两百年和平开始（公元前30年～公元14年）　559
　　二、奥古斯都时代的文明　565
　　三、奥古斯都家族　第一个百年和平终结（公元14年～公元68年）　575

第二十八章　第二个百年和平　早期罗马帝国的文明　581
　　一、第二个百年和平时期的罗马皇帝（开始于公元69年）　582
　　二、罗马帝国的早期文明：罗马的行省　590
　　三、罗马帝国的早期文明：罗马　601
　　四、东方宗教的广泛传播　早期基督教的壮大　608
　　五、第二个百年和平结束　613

第二十九章　百年革命　罗马帝国分裂　615
　　一、帝国内部的衰败　616
　　二、百年革命　620
　　三、东方式的专制统治　625
　　四、帝国的分裂　基督教的胜利　628

第三十章 野蛮人的胜利 走出古代 633
　　一、野蛮人的入侵 西罗马帝国灭亡 634
　　二、罗马教廷的胜利和对西方的影响 640
　　三、东方的最后一次复兴和近代欧洲国家的雏形 645
　　四、回顾 649

前　言

在某一刻——在此之前不曾有过，人类拥有了从野蛮走向文明的能力，这是我们已知的宇宙历史上最伟大的事实。这种惊人的新能力，超越了单纯的身体发育以及更高效的器官进化，揭示出某种人类精神向上的力量，这在我们地球的生命史上从未出现过。它第一次证明了人这一生物有崛起的能力。到那时为止，由于生命历程已为地球智慧生物所知，能够如此崛起的生物的出现——我再说一遍——是宇宙中最重要的事实。对这一事实的纯粹猜想性质的认知也许比希腊文明还要古老，但是结合对人类实现这一最高成就的过程和相继阶段的科学研究，以证明这一事实，则是最近两代人的事。

用于研究物理学、天体历史、地球物理，以及在此基础上发展起来的低等生命形式的历史的实验室——它们研究的是人类出现之前的所有事物——现在已是司空见惯。但是，直到最近，仍然缺少一个研究人类生命历程中早期轨迹的实验室，而这显然是必要的。由于小约翰·洛克菲勒先生的慷慨大方，被称为"东方研究所"的此类实验室，现在已在芝加哥大学成立。该研究所的宗旨是为调查和复原人类早期历程提供资金和设备，在可复原证据允许的情况下，最终为全面阐明文明社会的起源和早期发展提供物资。东方研究所为这项艰巨的任务开了个头：在位于芝加哥大学的美国总部组建了有12名成员的工作组，使其充当该研究所在远东的探险成果及发现的信息搜集中心。在这个美国总部里，一个小组正在根据所有已知的楔形文字档案编纂第一部《亚述字典》。亚述字母文件的抽屉中已有超过600,000张卡片。其他工作则在这里（美吉多）进行，特别是将参考文献按字母排序，从而以百科全书式的结构归纳整理东方研究的主题。一系列的研究项目已在近东展开，其中就包括在开罗博物馆复制和研究宗教文献，这些文献是《埃及度亡经》的前身。研究所在卢克索成立了埃及总部，一栋大楼里有15间卧室和若干间起居室，另外一栋楼里设有图书馆、办公室和绘图室等。这里的9名成员配备了最先进的现代设备，他们临摹并复制埃及神庙墙壁上的铭文，这些铭文在被详尽地复制或研究之前就很快消失了。同时，一次对埃及和西亚的普查正在组织当中，其目的是更全面地复原整个地区史前人类的证据。研究所在1919年和1920年对从波斯湾到阿勒颇并南至埃及的西亚地区进行了快速勘察，发现仍有大量工作要做。在小约翰·洛克菲勒先生的资助下，研究所在巴勒斯坦迦密山的美吉多（哈米吉多顿）成立了亚洲总部，并在掩埋了这一重要城市的土堆上着手进行一项为期五年的挖掘活动。研究所现在正在小亚细亚东北部进行一些勘探工作，为研究赫梯地区做准备。

鉴于其工作一贯的准确性和彻底性，研究所正计划出版其所有努力的成果。已经出版了两卷，还有两卷正在印刷。这些成果和资料能够帮助人们更加彻底地复原和理解人类文明征程的证据。

除了开一个好头，我们不能指望当代人在这种调查研究中做得更多。我们会希望在未来的十年内，东方研究所的研究有可能使我们能够比以往更全面地说明人类的起源。这种说明主要面向专家和科学界人士，并不适合一般读者。

　　同时，对我们目前关于人类发端和文明早期阶段的知识速览不应等待更全面的介绍的出现，后者将在晚些时候成为可能。在当今的历史研究中，该领域一些已经存在的事实被忽略了；它们要么根本没有被纳入教学内容，要么远远不够。为了应对这种教育状况，本书于1916年首次以教科书的形式出现，书名是《远古时代》。此书是为讲英语的年轻人准备的。也许无须因首先写给他们的晚辈而向成年读者道歉。正如我们深切悼念的前总统罗斯福在书评中所说的那样："这是一本为聪明且健康的男孩子们准备的最棒的书，而且对于成年男女来说也是一本不常见的好书。"H. G. 韦尔斯先生的《世界史纲》在《远古时代》出版四年后问世，对前者的调查在不经意间显示，即使这是一本教科书，成年人也不会对它视而不见。

　　显然，试图在一本书中勾勒几十万年的所谓"史前史"和随后四千多年的文明历史（包括许多民族和国家的发展历程），会有很多遗漏，而且往往是重要的事情，这是不可避免的。对于这些遗漏是否合适或恰当，会有各种看法。本书是为普通人所写，而这样一本书必须不惜一切代价简化到某种程度，使普通人能够阅读，而不为大量复杂的细节感到困惑和气馁。在主题以及风格和用词的选择上，笔者的目的是使这本书足够简单，以便任何读者都可以理解和感兴趣，尽管他可能不够了解历史。因此，大量工作花在了清晰、简单的陈述和整理上。在介绍每个文明时，本书给出了充分的政治组织和历史事件框架，但是大部分的篇幅都致力于呈现人类生活的各种形式，包括社会、工业、商业、宗教、艺术和文学。如此这般，为的是要弄清楚一个时代是如何由另一个时代发展而来，以及每个文明如何受益于前一个文明。

因此，每个伟大种族或民族的故事都被清晰地分别叙述，并逐段地呈现。尽管如此，这本书的意图在于通过一系列连绵不断的故事来介绍整个人类的发展历程，即从最原始的石器工具到欧洲基督大教堂这一生活和文明不断扩展的过程，其间没有严重的断层。

再版的《远古时代》经过了修改，省略了方便参考的段落编号，以符合现代图书馆对版本的要求，但仍保留了大量的交叉引用。我要感谢我的同事，东方研究所的秘书T.G.艾伦博士和哈斯克尔东方博物馆秘书伊迪丝·W.韦尔女士，他们承担了添加和检查这些参考文献的重任，并且进行修正。在教材的基础上增添了一些适合年长读者的内容，例如图坦卡蒙墓之类的东方的最新发现。在这些发现中，最重要的一项是赫梯人楔形文字的破译，它为我们提供了最早的希腊文字记载，向我们揭示了特洛伊战争时期小亚细亚的状况，从而使这些战争彻底脱离了传说领域。在新发现的文献中，影响最深远的可能是带有王朝列表的新楔形文字，它最终确定了最古老的巴比伦书面文件的最早年份。它们最多稍早于公元前3000年。因此，现在终于可以确定的事实是，文明首先出现在埃及，随之是几个世纪之后的巴比伦。毫无疑问，最早的文明之乡是近东、东北非洲和西南亚的毗连地区，其基本模式从这些地区传到了东南欧。一旦认识到这一事实，人类对文明的逐渐征服的过程便立即成为一个进化的过程，其发展历经了很长时间，在政治上的边界出现很久之前就开始了，而且在政治边界出现之后也很少受其影响。无论多么方便和必要，旧教科书上的标题"东方""希腊"和"罗马"都对人类的生命历程这一基本事实极具误导性，并且是轻率的。我们现在可以从几十万年前的地质年代中了解到人类对物质世界的早期征服、柏拉图的社会梦想、基督教徒对"天父"的愿景，以及科学的兴起和对宇宙的科学认识。

今天，通过考古发现可以看出，人类生命历程的长度已大大增加，人类艺术的发展无疑已有数十万年的历史了。即使是根据书面文件的记录，在东方的现代发现也将人类历史时期（与我们先前所知的时期相比）向前推进了同样长的时间，从而使历史长度加倍。我不能说，所有这些新观点都已经过考察和简要介绍，并以普通读者可理解的形式呈现出人类历程不断发展的壮丽全景。人类发展历程的观点的形成是一个缓慢的过程。萨尔皮西乌斯·西弗勒斯在大约公元400年所撰写的古代史，至今已有一千多年，该书是令人推崇的教科书，直到16世纪还在使用。它几乎只涉及罗马的历史，马拉松之战是它唯一提及希腊历史的内容。罗马的形象是如此伟岸，以至于人们看不到它背后的任何东西。

然而，在过去的几年中，希腊人的非凡才能终于在我们的历史调查中得到了充分认可。还有一个类似的步骤需要采取，那就是要在希腊和罗马的背后分辨出人类故事中另一重要而伟大的篇章，并向现代人提供充分而有趣的展示。除了传统的古典主义者，也许没有人会质疑我们人类的文明征服起源于东方的主张。对现代历史学生而言，金属的发现以及字母书写的发明等成就的重要性远远超过伯罗奔尼撒战争的细节。这些成就是否被视为历史性的大事件，无关宏旨。它们属于人类的历程，因此，它们应该在呈现给当今世界的图景中占据自己的位置。

文明在东方兴起，早期欧洲的文明也来自东方。但是，早期东方的语言消失了，人们在许多世纪以前就失去了阅读这些语言的能力。另一方面，希腊和罗马的语言从未像古代东方语言那样流失。在现代教育史上，希腊语和拉丁语不是突然间被恢复的，我们也不需要在科学和教育中突兀地去习惯它们。人类发展历程中早期篇章——早于希腊和罗马——突然而戏剧性的恢复，使得我们的世界古代史要开始去适应它们。视古代史始于希腊的习惯如此根深蒂固，以至于不容易被改变。此外，远古东方人遗留下来的古迹和文件比我们从希腊和罗马那里继承下来的全部遗物和文件要多得多，而且其庞大的体量以及难以编写的文字系统，使以现代读者感兴趣和有启发性的形式和语言对其进行恢复和重建的工作变得非常吃力。

然而，至今人们仍未认识到早期东方遗迹作为教材的价值。东方的高度图形化的纪念碑和记录，加上适当的说明，可以比其他地方幸存的古代记录更生动地向现代读者传达当代历史渊源的含义和特征。在得到充分的解释后，这些记录还可以消除困扰现代人在研究其远古祖先事迹时那种完全不现实的感觉。

最后，当我们回想起世界上主要的宗教——今天仍然主导着西方文明的宗教——是来自东方，当我们接着想起罗马帝国灭亡之前就已经被完全东方化了，那么为现代读者提供能够充分介绍前希腊文明的书籍就是相当合理的。这并不意味着要暂时质疑希腊文化至高无上的地位，也不是要压缩它的空间。笔者相信，没有人会在阅读本书中有关希腊的章节之后得出这样的印象，即古希腊被献祭给了她的东方先人莫洛克。

当我写下这些句子，辽阔的巴勒斯坦美吉多平原从我眼前延伸开去，在我身后升起了美吉多山——西方世界更熟悉它的希腊语形式：哈米吉多顿（意为大决战——译注）。高耸于平原之上的哈米吉多顿是一座巍峨的要塞——尽管它现在深埋于数千年的垃圾之下——谷物的波浪和随风轻摇的银莲花使它充满着绿意和生机。今天早上，当我走进坐落在美吉多山坡上的新的东方研究所的庭院时，清晨的阳光照亮了一处埋有埃及象形文字的新挖掘区，有证据表明，这些因损坏和风化而难以辨认的碎片，就是构成公元前10世纪埃及法老示撒一世名字的那些符号。我眼前顿时浮现出遥远的伊利诺伊大草原上位于小教堂内的主日学校的景象。半个世纪之前，一群乡下的男孩子将脑袋凑在一本《圣经》上方，和希伯来编年史中的那些名字较劲："罗波安王第五年，埃及王示撒率军上来攻打耶路撒冷，夺取了耶和华殿和王宫里的宝物，乃至一切；他又夺走了所罗门所做的金盾牌。"

而今，在这巍峨堡垒的阴影之下，那些男孩子当中的一员带着一丝激动念诵着那位古代埃及征服者的名字：3000年前他从耶路撒冷搬走了所罗门王的财宝。这一现存的、坚固的巴勒斯坦城池位于耶路撒冷以北60英里[①]，曾经是法老大军指向之处。它是活生生的证据，证明了哈米吉多顿世代以来一直是两个大陆之间的门户，是亚洲和非洲的皇帝与国王们的必争之地，埃及军队在它脚下的关隘穿行，千年不息。它的城垛上面布满了黑压压惊恐不已的迦南人，他们在公元前15世纪图特摩斯三世击溃了亚洲盟友后，将逃亡的国王推上城头，苟延残喘；在名为哈米吉多顿的平原上，发生过迦南人和希伯来人、希伯来人和非利士人的战役；扫罗和约拿单死在了基利波山的山坡上，非利士人将他们的尸体挂在伯珊城城墙的东端；十字军在平原临海的一端——阿卡登陆；孩提时代的耶稣一定常常从北方的拿撒勒山上俯视这个古老的战场；穿过仍然耸立在平原上的那个关隘，艾伦比勋爵击穿了土耳其人的防线，赢得了1918年哈米吉多顿战役最后大战的胜利。

8英里外，云的影子在拿撒勒薄雾笼罩的山丘上慢慢移动着。多年来，它们目睹着下方平原上征服和流血的场景，那里的最高神是暴力和屠杀之神；狂热的先知以利亚的喜悦使得这些嗜血的神渐渐黯然失色，在拿撒勒的山丘中诞生了一位仁慈的神——一个犹太木匠的儿

---

① 1英里=1.61千米。

子,他的小加利利村庄就位于北部山脊的后面,从哈米吉多顿的城堞中可以清楚地看见。从以利亚到耶稣,从卡梅尔和哈米吉多顿再到拿撒勒的变迁,最令该地区的现代游客感到战栗。这是源自埃及和亚洲的古代东方文明长期融合的结果,它构成了埃及—亚洲文化核心,最终改变了曾经野蛮的欧洲。这一场景是多么适合用来撰写此书的序言啊,这是一本旨在追寻人类生命足迹的作品——文明的征程!

第一章 欧洲的古人类

一、欧洲人类的起源

在同哺乳动物劲敌争夺家园的斗争中，人类的生存能力得到了长足的发展。持续不断的进步使人类天下无敌。

几个世纪之前，在北欧的小村庄，人们看见饿狼在森林中奔突或在大街上扑食儿童，是不会感到稀奇的。在今日的印度，食人虎依然在袭击人类；在今日的非洲，狮子仍然以人为食。然而，对许多古代哺乳动物来说，它们没有那么幸运。尽管它们力大无比，但仍不免灭绝的厄运。在抵御自然界侵袭的过程中，它们垮掉了。而面对同样严酷的自然，人类却生存下来并不断发展。在同哺乳动物劲敌争夺家园的斗争中，人类的生存能力得到了长足的发展。持续不断的进步使人类天下无敌。人类天下无敌的原因是人类掌握了武器。即使最粗陋的武器，也能使长颈鹿和大象在尼罗河的下游彻底消失。几千年前，在幼发拉底河上游的平原上，古代东方狩猎者们使亚洲的大象几近绝种。幸存至今的大猩猩也将在非洲消失。这些野生动物的绝迹，完全"归功"于人类所发明的工具。工具在不断改进，绝迹的动物种类随之不断增多。按照自然科学家的观点，我们实际上已进入哺乳动物时代的末期。

这不过是人类取得胜利的一个比较明显的阶段。人类缓慢进化并最终取得超级地位，其实是一个渐进过程。现代科学推知，人类进化过程可以追溯到大约50万年前。在漫长的历史长河中，人类的生存能力一个阶段又一个阶段地不断增长。这种增长是在严酷的自然界中与严酷的生存环境顽强斗争后实现的。生存能力的提高，最终使人类成了第一种，也是唯一一种能制造工具的动物。我们知道，许多动物可以抓取木棍或石头作工具，我们的祖先也曾这样做过。但早期的人类并未就此止步，他们在此基础上继续向前迈出了至为关键的一步——制造工具。也正是这一步，在人类和其他动物之间划开了界限。他们发现，造化为他们提供的石头并不能满足他们的需要，也不能完全符合他们的目的。他们不满足于那天然的石头形状，而对一切进步而言，不满足是非常重要的因素——不满足推动了进步。于是，一些具有强烈首创精神的原始人行动起来了，他们用一块石头敲击另一块石头，对天然的石头进行加工改造。他们加工卵石，使其形状符合他们的要求，于是，他们便成为第一种制造工具的动物——这种聪明动物不只利用天然食物来果腹充饥，他们还对自然物质进行加工改造，使之成为他们主宰周围世界的工具。以这种自制的工具为武器，面对自然界的其他任何对象——不管是有生命的还是无生命的——他们都显得更为强大。

这种制造工具和其他机械设备的实践对人类的发展进化产生着持续的、深刻的影响。与此同时，这种制造工具的能力使人类的生存环境产生了根本性的变化。在此，我们不妨先反观我们周围的世界，然后再回溯历史。我们都知道，收音机、飞机是我们的曾祖父母未曾听过、未曾见过的。他们那一辈人中极少有人乘过机动车。他们和他们的父辈们一生都没想到过在自家安电灯或电话。而他们的祖父，只能乘公共马车进行漫长的旅行。他们中的绝大多数人一辈子也不曾见过一辆机动车。但是，后来各种工具被一个接一个发明创造出来，人类慢慢进入了文明生活。

每一项新的装置都是在原先发明的基础上创造出来的。没有原先的创造发明，新的设计便难以想象。我们回溯得更远一些就不难想见：在马车或货车出现之前，必定先有人驯服野马并发明车轮；海上旅行或贸易出现的前提，是航船的发明；如果没有人见过一粒铁屑，当然也就不会有铁制工具，而没有铁制工具，就无法削割石头，也就不会有精美壮观的大楼或其他石头建筑；如果没有人发明文字，写作就无从谈起，也就不会有图书和任何科学知识的传播。

如果我们沿着人类历史长河继续上溯，我们就会发现，那时的人类不过是比和他们生活在同一时期的较高级的动物稍强一些的野人而已。那时，他们同样仅凭赤手空拳保护自己、觅食充饥或达到其他目的。他们没有语言，不会生火，也不可能有谁教给他们什么技能。在这种生存环境中，他们长期努力，不懈地、独立地学习一切事物。每一件工具，不管多么简陋，都得由人去创造发明。我们可以推想，人类一定曾经过一个原始心智产生的黎明时期，在此之前，原始人尚没有产生制造工具的意识。可以说，人类的职业史就是人类利用高度专门化的工具、设备、机器等开发自然资源的历史。各种工具的发明，都会导致社会、政治、艺术和宗教方面的发展变化。正像蒸汽机和内燃机是现代文明的象征一样，石杵、石斧则是两万年前旧石器时代的象征。亨利·福特说过："我们创造了历史。"

毫无疑问，现在已没有像最早的人类那样未掌握任何机械的人了。

但是，现在仍存在一些过着原始生活的野蛮部落。他们的生活尚处于我们的原始祖先所经历的阶段。他们的生活环境使我们了解了早期人类的境遇。例如，约在一个世纪前，英国人在塔斯马尼亚岛上发现了塔斯马尼亚人。他们赤身裸体，不会捕鱼，不会制造弓箭，更不知道如何建造有顶木屋。他们没有山羊、绵羊，没有母牛，没有马，甚至没有狗。他们不会播种，不会种植任何庄稼。他们没有盛装食物的瓷罐、瓷壶或瓷盘，因为他们不知道黏土经火烧会变硬。

塔斯马尼亚人无衣蔽体，无屋栖身。他们的生活需求极低，只学会了一点点所谓的生活本领，凭着这点儿本领，他们走过了漫漫历史，走出了人类社会早期。他们知道生火御寒取暖，将生肉烤熟食用。他们学会了削尖木棍，在木棍头部装上石尖，制成木柄石尖的长矛，这是他们最好的武器。他们还不知道有"铁"，当然不可能有带铁尖的长矛。他们可以用这种木柄石尖的长矛极为准确地射中目标，射杀野味以充饥，或投击敌人以自卫。他们还学会了一些技能：找来一块石板，削薄边缘，制成粗陋的石刀，用来剔肉剥皮；用树皮纤维编织小杯、器皿和篮筐。最重要的是，他们已有了最简单的语言，能用这种简单语言描述自己的生活。

通过对塔斯马尼亚人生活的了解，我们就了解了早期人类在漫长的生存斗争中的境遇。毫无疑问，正是生存斗争将人类引上了文明之途。正如前面指出的那样，对于人类早期的进化历程我们知道的并不多。但是，通过今天发现的那时的工具和用品，我们可以推知当时他们所处的地理环境和野蛮状态。因此，可以肯定地说，在经过长达数十万年的漫长进化后，史前的欧洲人才进入或走出了塔斯马尼亚人式的野蛮阶段。

那时的欧洲与现在完全不同。欧洲大陆上最早的史前人享受着极为原始的风光。茂密的原始森林沿着潺潺小溪向辽阔的平原铺展开去，笨拙的河马在浓荫下的河边游荡，凶猛的独角犀在河边茂密的热带植物丛中横冲直撞，披着2英尺①长的又浓又粗的毛的巨象在丛林中游来荡去，数不清的野马在高地上吃草，成群结队的野鹿在林中栖息。气候温暖湿润，百鸟争鸣，一片地老天荒的景象。史前欧洲就静静地沉睡在这种氛围中。

在这片远古欧洲的热带森林中，早期的野蛮人在为生存而奋斗着。他们努力寻找一切可食用的东西，主要是树根、种子。他们极为机警，常常侧耳静听周围的动静，随时准备用粗制的木棒将出现在面前的猎物打翻——我们完全可以相信，他们在森林中是用树枝木棒作武器的。在史前期的某一阶段，他们有了简单的语言，这种语言是由原来用以表达紧张、恐惧、干渴或饥饿的口头信号发展而成的。当原始森林中的野蛮人听到巨兽沉重的脚步声，或看到大象从丛林深处走来时，一定会惊恐万分，赶快逃避。同时，他们也不会忘记向同伴发出警报。原始人居无定所，猎物到哪里，他们就跟到哪里，夜幕降临时，他们就地露宿。睡觉前，这些猎手大概会用木制小刀将猎物分割开，并狼吞虎咽地吃下去。由于还不知道生火御兽，他们在猛兽的咆哮中瑟瑟发抖。

最后，他们还是认识了火。我们不妨这样设想，他们在常去的地方看到过闪电击中森林引起大火，也许他们曾见过远处的地中海沿岸的火山爆发。总之，他们已经认识到了火的存在，并且知道了火的威力和温暖。更重要的是，他们终于学会了钻木取火（见图1.1）。起初，对他们而言，火的最主要的用途也许是吓跑那些食人猛兽。后来他们发现，被火烧过的食物味道更可口，于是他们开始用火来烧烤猎物。他

---

① 1英尺=0.3048米。

图1.1 澳大利亚土著在钻木取火

取火装置极为简单,不过是一根干燥的圆木棍和一段干树干。将木棍一端垂直放在树干上的一个小孔中,用双手快速转动木棍。木棍和树干摩擦产生热量,最后就会冒出火苗。

们又发现,被火烤过的矛头更坚硬,他们便用火来烧制矛尖。他们还无法使木刀更锋利耐用,为了获得更锋利的刀具,他们有时会找来一块合适的石片,用粗糙的石刃代替木刀,于是,他们逐渐学会根据自己的需要打制石器了(见图1.2)。在他们学会了打制粗陋的工具或武器的时候,我们就说他们已进入石器时代——这是几十万年前发生的事。

人类拥有了真正的石制工具,用它对付周围的巨兽,这也正是他们生存繁衍下来的根本原因。通过对那时的石器和地质层上的野人遗骨的研究,我们可以断定,早在非常久远的年代,地球上就已出现了人类。然而,直到不久前,有些人还以为人类是很晚才出现的,而且人们大都想当然地认为,早期人类没有留下任何痕迹。1714年,伦敦发生了一件有趣的事,人们从一封旧信中得知,一位药剂师在伦敦附

图 1.2　北美印第安人正在制作燧石武器
　　最远处的那个印第安人正在撬一块大燧石。中间那个印第安人正在举起一块燧石猛击岩石,将之击成碎片。最近处的这个印第安人拾起其中一块,左手握紧,右手拿石头敲击,就这样加工燧石。印第安人的燧石加工技术非常高明,他们能通过敲打制成石斧。这种制造工具的方法极为原始,所制的工具也极为粗陋。在此后几千年间,另两种方法相继出现——一是通过挤压石片切削石刃,一是磨制出锋利的石刃。

近的砾石堆中发现了大象骨头,旁边还有一件燧石武器。过了不久,这封信连同那件武器的草图发表出来。那头象被认为是从罗马帝国运来用于打仗的战象。遗憾的是这一发现并未引起人们的重视,这件事很快就被忘却了。在此后一个世纪的时间里,在英国及欧洲大陆都有类似的发现,但都没有引起重视。直到六十多年前,即在那一发现一个半世纪之后,科学家才开始关注人类已在地球上居住了很久这一事实。这时正值美国内战时期。美国还有很多人不承认这个事实，就像许多人在证据确凿之后，仍拒不承认地球是个球体一样。

根据早期人类约在 50 万年前遗留下来的石器，我们可以寻踪觅迹，推测他们在生存斗争中经历了怎样的过程。人类祖先打制石器的技能和其他手工制作方面的技能是呈阶段性进步的。因此，我们可由现存石器的类型推断出早期人类所经历的各个不同阶段，以及他们连续不断发展的不同时期。以下三个阶段是最重要的：[1]

早石器时代（打制石刃）
中石器时代（削制石刃，先是单刃，后是双刃；最早的长矛）　　　考古学家称之为旧石器时代
晚石器时代（磨制石刃，先是单刃，后是双刃；带柄工具出现并普及，如最早的钻有装柄孔的石斧）　　　考古学家称之为新石器时代

二、早石器时代

在砾碛线河谷的现代河床之内，史前时代曾流淌着潺潺河水。今天，通过旷日持久的考古挖掘，这里出土的史前猎人的残留物又在向我们讲述着早期人类改造周围世界的神奇故事。

通过大量的考古挖掘，我们已经发现了很多石制工具（法国的考古挖掘活动最多）。这些石器向我们展示了早石器时代的猎人们在学会削制石头之后的几十万年进化史。通过研究收藏在欧美博物馆中的石

---

[1] 早石器时代很可能始于前冰河期。早石器时代远长于中石器时代，中石器时代又远长于晚石器时代。根据冰川期最早出现的工具推断，早石器时代始于 50 万年以前，持续时间约 45 万年。可以肯定地说，中石器时代至少是从 5 万年前开始的，甚至距今 20 万年前都是有可能的。而晚石器时代约开始于 4 万年后，即最晚在公元前 1 万年至公元前 8000 年前。

器，我们可以看到早期人类如何从削制粗陋的石器逐渐进化到制作非常完善的石头工具（见图1.3）。"拳斧"就是这种石器，这种石器被用于一切活动中。这种石器有8英寸①至10英寸长，上窄下宽，有锋利的刃，可以很方便地用它剖根断枝，也可用来削制钻木取火装置，还可用来砍劈棍棒。之所以把它称作"拳斧"，是因为早期猎手们通常将窄细的一端握在手中，那时他们还不懂得安上手柄。这种"拳斧"在欧洲各地及世界其他地方均有发现。它是迄今为止我们所能看到的最早的人类打制的工具。

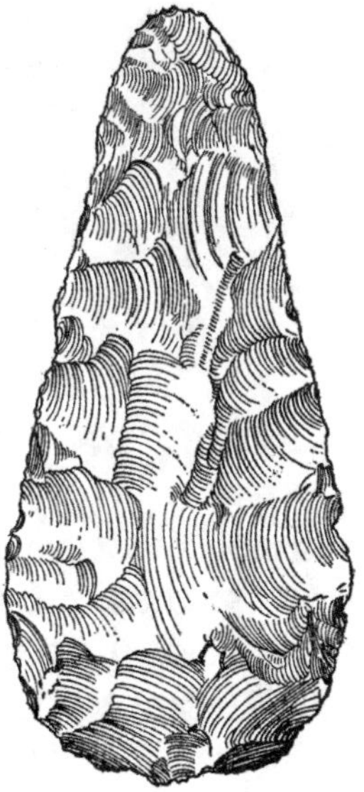

史前欧洲的野蛮人过着朝不保夕的生活。他们的生活极不稳定，并且充满危险。大批人因此而死去，剩下的人仍在不断繁衍、生长。在生活和劳动中，他们逐步改造粗陋的拳斧，以使其更为完善。可以肯定他们还制作过木头工具，只是这些木制工具早已腐烂消失了，因而我们对其一无所知。后世人类所拥有的东西，他们连一件也不曾有过。今天，我们已有能力预测未来，那时的人类绝对无法预知将来的世界。城市繁荣、农田辽阔的欧洲与他们相隔数万年。野蛮人面对其他动物从赤手空拳发展到用石器搏击，所有的野兽都是他们的对头。那时没有可供伸手抚摸的狗，也没有羊

图1.3　早石器时代的燧石拳斧

　　拳斧是人类最早制造的较为完善的工具。拳斧的两端都可用作锋刃，但通常用手握住较窄的一端。那时还没有手柄。更晚的时候，木柄和角柄才开始出现。有的拳斧上还可以发现佩带和使用过的痕迹。

---

①　1英寸=2.54厘米。

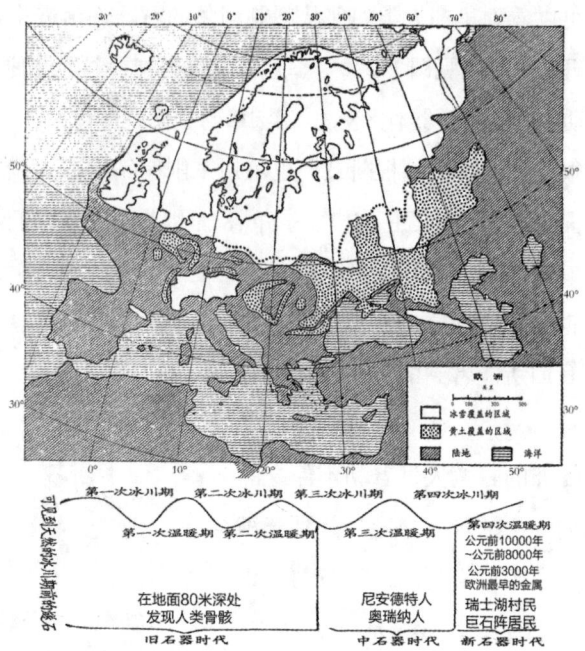

图 1.4 冰川时代的欧洲,以及冰川四次南下的示意图

在历史上,冰川曾四次南下,四次北撤。这也就是说,有四个酷寒期。每一个酷寒期过去,便是一段较长的温暖期。每次冰川期的持续时间和强度都有很大差别。图中的波浪线反映了寒暖交替的周期性。我们现在正处于第四次温暖期。前不久,在英格兰发现了非常粗陋的石器,这很可能是冰川期前的人们制造的。这表明,至少在 50 万年以前,即在冰川时代以前,人类就已经出现了。这也证明,石器是经过长期发展逐步完善起来的。其中被称作"始石器"的燧石也许最具代表意义。然而,并不是所有的考古学家都认为始石器是人类的手工制品。很明显,拳斧是在某一温暖期开始出现的,但有人认为是出现在至少 20 万年前的第二次温暖期,还有一些考古学家认为拳斧出现的时间是第三次温暖期,是在大约 12.5 万年前至公元前 5 万年间制造出来的。不管怎么说,拳斧的发现使我们可以追溯人类手工业的发展史了。

和家禽。驯养是更晚时代才出现的事。现代的家犬的祖先也许是原始森林中凶恶的豺狼。也许,现代家禽的祖先们早已在欧洲及其他地区绝迹,或仍然像野马那样,永远以野生的形式在森林中出没。

早石器时代后期的人们开始注意到,他们赖以栖息生存的森林家园正在失去热带气候的温暖。是什么原因使热带的气候逐渐变得寒冷起来？现代科学家也难以解释。冰川在随着时代的变迁而不断南移。北极地区和阿尔卑斯山巅至今还常年积雪。那时,北部冰川逐渐南下,慢慢覆盖了英格兰,最后延伸到南部的泰晤士河。阿尔卑斯山的冰川沿罗纳河谷向南延伸,直到现在的法国里昂城所在地。在北美,冰川的南缘以漂砾线为标志。"漂砾"即我们所熟悉的砾碛或砾石堆。砾碛在冰川推动下南移,直到现在的砾碛线。这样的砾碛在南部长岛可以看见,西部则可在沿俄亥俄州和密苏里州的河谷中找到。

冰川南移的壮观景象为那里的猎人们亲眼所见。积雪和冰团穿过他们所居住的莽莽苍苍的大森林,无情地冲倒河谷和洼地上的擎天大树。许多动物惊恐万分,四处奔突,最后不得不南逃到温暖的地方。早石器时代的猎人们则只有固守这片土地,被动地适应严寒的气候。无疑,他们经受住了每一次冰川期的考验。当第三次冰川来临的时候,早石器时代已进入末期。猎人们粗陋的拳斧,连同他们杀死的巨兽的尸骨一起被丢弃在山谷斜坡的沙石、石砾中。被冰川侵蚀之前的法国、南英格兰的河谷的现代河床内,史前时代流淌着潺潺河水。今天,这里出土的当时猎人的残留物,又在向我们讲述早期人类改造周围世界的神奇故事。

三、中石器时代

中石器时代的欧洲人已有了相当精湛的技艺。他们中出现了"雕刻家"和"画家"。石器时代的古人们已形成了神灵观念。他们已产生了有关灵魂的粗略观念。

猎人们只能栖息在岩洞之中,他们仍不能建屋造房。穴居生活持续了几千年(见图1.5)。我们可以想象猎人们在洞穴口小心翼翼地打制燧石工具的生动情景。在这个时期,人们已把粗陋陈旧的拳斧丢到一旁。因为他们发现,用一片坚硬的骨头,顺着燧石边沿可以切削掉一层薄片,由此可以制造出更为精细的石刃。削制的石刃自然比敲制的更锋利。这又是一大进步。与此同时,他们懂得了用兽皮包裹身体来抵御严寒,这是穿衣的开始。

图1.5 法国南部的悬崖,中石器时代的人曾居住在崖壁的山洞中

中石器时代人的遗迹在这一带到处可见。图中崖壁上部那暗色的开口是一个著名洞穴的入口,洞中有中石器时代的精美壁画。只有西班牙阿尔塔米拉洞中的壁画能与它媲美。洞底是人类遗弃的废物层。

从今天所获得的那时残留下来的尸骨来看,这些野蛮的洞穴人无论在智力上还是在体格上,都不能和现代人相比。他们身材矮小,只有4.8英尺到5.3英尺高。弓腰曲背,头颅前倾,前额塌陷,眉骨凸出,鼻阔颌突,这就是人类进化过程中早期原人的形象。1856年,在德国发现了这种原人的遗骸。由于是在尼安德特地区发现的,故而称其为尼安德特人。这具标本大约有4万年的历史。尼安德特人慢慢地被更聪明的对手无情地代替了。这新起的一代被称作奥瑞纳人，因在法国奥瑞纳洞穴发现了17具这类人的尸体而得名。奥瑞纳人包括几种在体格上各有不同的人种。这类人比尼安德特人身高脑大。其中一支奥瑞纳人身材并不高，最高者只有5.6英尺，大多数人在这个高度以下。另外一支奥瑞纳人是法国洞穴中发现的"克罗—马戈农人"。这类人有的竟高达6.45英尺，这是该类人的巨型样本。奥瑞纳人更接近现代人。早在2.5万年前他们就已出现在西欧。按照谱系学或血缘来推断，他们和当代的欧洲人有直接关系。时至今日，他们的后代还在爱尔兰、威尔士、法国、西班牙，以及北非生息繁衍着。

据其体格可以想见，奥瑞纳人肯定比尼安德特人更精于手工制作，尼安德特人只打制成了单刃的石器，而奥瑞纳人却懂得从两边切削燧石工具。他们制成的凿子、钻子、锤子、抛光器和削刮器等，其使用功能分得更细（见图1.6）。这种新型的石器两边带刃，而且十分锋利，

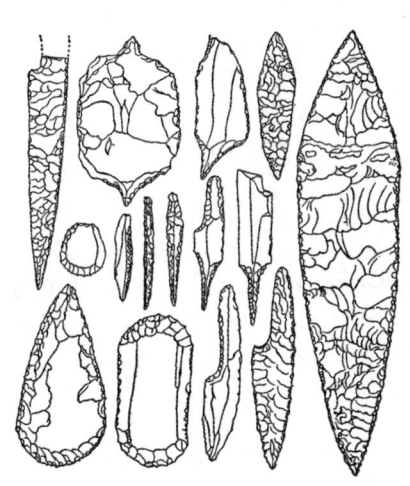

图1.6 中石器时代的燧石工具和武器

从右到左依次为刀、标枪头、箭头、削刮器、钻及各种带刃工具。这些工具已相当精细。这表明当时的人已掌握了较高的石器制造技术。所有锋利的石刃都是通过切削石片的边沿制作出来的。这在右边的长条形工具上表现得最清楚。切削是通过挤压两边完成的。燧石易碎，如果只用一片坚硬的石头挤压燧石的一边，燧石片往往会折断，会形成很大的缺口，因此必须两边同时挤压。这种加工方法比最早的打制有了很大的进步。

第一章 欧洲的古人类　13

足以用来切割或削制骨头、象牙，尤其是切削驯鹿角。猛犸象为猎人们提供了象牙，驯鹿群为他们提供了鹿角，[①]鹿角和象牙为他们提供了削制其他工具的材料。这些驯鹿是在冰川时期被赶到南方来的。在猎人们捕获驯鹿时，鹿群或许正在洞口寻草觅食。凭借这些新式的更为锋利的工具，猎人们制造出钩状的象牙标枪头。他们把枪头安在长长的木柄上，这是我们现在所知最早的带木柄的长武器。这时，他们还发明了弓箭和可以挂在腰带上的锋利的燧石匕首。为了矫直标枪的木柄和箭杆，他们发明了精巧的鹿角矫直器。还有一种更精致的器具，那就是用象牙和鹿角制成的投掷器，猎人们可凭之使出更大的力气，把标枪投得更远（见图1.7和图1.8）。精细的象牙针（见图1.9）的发明表明，那时的猎人们已懂得把动物皮缝缀起来制成衣服，以防御严寒和抵挡林中的荆棘。

有了这样的新式装备，中石器时代的奥瑞纳人就成了野生动物最危

图1.7　因纽特人使用投掷器掷标枪

　　猎人手握投掷器(a)的一端，标枪被放在投掷器的槽里。投掷器的外端有一个小钩(b)（参见图1.8-B），枪柄抵靠在小钩上。猎人挥臂将标枪投出去，而投掷器仍留在手中。在整个投掷过程中，投掷器像加长了的手臂，这可以增强投出标枪的力量。

[①]　这个时代驯鹿很多，因此法国考古学家称这个时代为"驯鹿时代"。

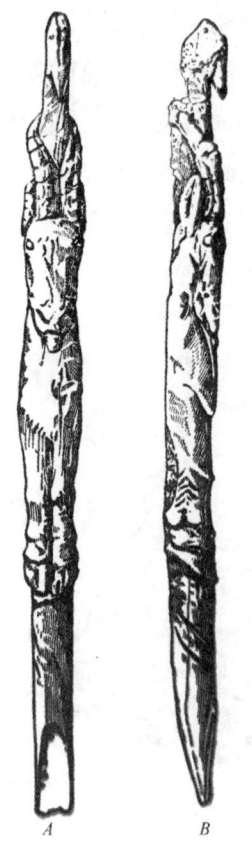

险的敌人。对野生动物而言，中石器时代的猎人远比早石器时代的野人危险。在西西里的一个洞穴中，考古学家至少挖掘出两千具河马尸骨。这些河马就是中石器时代的猎人们射杀的。在法国，考古挖掘发现奥瑞纳人杀死野马的数量令人震惊，其数量多到丢弃在营火周围的骨头堆积成 6 英尺厚的骨层。骨层覆盖的面积相当于四块宽 50 英尺、长 200 英尺

图 1.8　中石器时代的猎人投掷器

　　这是同一个投掷器的两个侧面（A）（B）。这个投掷器是由鹿角雕刻而成，类似羊形，上为羊头，下则像羊前蹄。注意图 B 顶端的倒钩，它是用来抵固枪柄的，其状颇像图 1.7 的投掷器。投掷器和弯弓是人类最早的武器发射装置。

图 1.9　中石器时代的象牙针

　　这些象牙针是在法国史前洞穴的废物堆中找到的。可以推想，这是史前猎人们的妻子丢弃的，这样的象牙针在两万年前就不曾找到。象牙针的出现表明，那时的妇女们已知道把兽皮缝缀起来当作衣服了。

的现代城市空地。在诸如此类的沉积物中,挖掘者还发现了骨哨。让我们想象一下吧:奔波劳累了一天的猎人们满载而归了,他们吹响骨哨,向等在洞中的饥肠辘辘的家庭成员们报告他们的归来。猎人们居住的洞穴周围堆满了令人恶心的垃圾。他们在空气恶浊的洞穴中度过漫漫长夜,他们万万想不到,就在他们睡觉的洞穴下面数英尺深的地方,静躺着祖先们的一层层遗骨,这些遗骨已存在了几千年(见图1.10)。

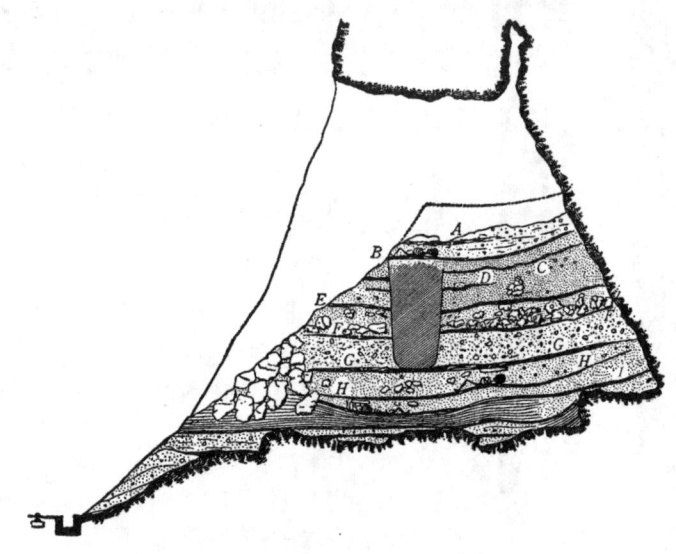

图1.10　中石器时代的山洞中的废物和人类遗物层剖面图

　　这个山洞在地中海边意大利海岸上的吉马蒂,在法国地界外。洞穴入口在左边,右边是后墙。我们可以看到洞中原来的岩石洞底,其上是30英尺厚的堆积物层。图中由A到I的黑线表示灰烬层。共有九层。每一层都由原始人保持许多年(虚影部分)。较厚的各层由兽骨、垃圾以及洞顶塌下的岩石组成。在最低的几层(I层下)中有犀牛骨(代表气候温暖时期),最上面几层中则有驯鹿骨(代表气候寒冷时期)。这表明洞中遗物分属早石器时代和中石器时代两个不同时期。早石器时代在下,中石器时代(或驯鹿时代)在上。挖掘者在B、C、H和I层发现了五具尸骨,其中在C层发现了两具儿童的尸骨。最低层(I)埋葬的尸体距堆积层表面25英尺。自这幅草图绘好后,探掘者们纷纷前来并不断向堆积物纵深挖掘,现已挖到距堆积物表面60英尺深的层面。在此过程中,燧石工具和其他人类居住过的证据被不断发现。

更令人惊讶的是，中石器时代的奥瑞纳人已有了相当精湛的技艺。他们已有了雕刻和绘画（见图1.11）。一位西班牙贵族曾考察过他在北西班牙庄园中的一个洞穴。从洞底发掘的沉积物中发现了燧石及一些骨制工具。当这位贵族被发掘物吸引时，在昏暗的洞中玩耍的女儿突然指着洞顶喊道："公牛！公牛！"受惊的父亲顺着女儿的手指往上一看，简直是奇迹，是令人终生难忘的奇景！这使他激动得难以自制。他仔细端详洞顶：在洞顶长长的岩石上，是一幅列队公牛图。经过了漫长的岁月，图画的色彩仍然那么完好，推算起来，这幅图该有一万多年的历史了，但从来没有人对早已消失的史前野蛮人所刻绘的这幅图画投以一瞥，最后还是由一个小孩发现了它。

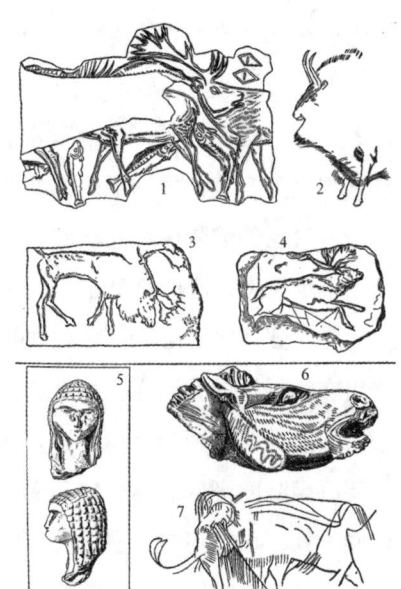

图1.11 象牙雕刻画（1和3～7），洞壁雕刻画（2），中石器时代猎人们的作品

这些工艺品距今一万到一万五千年。1. 驯鹿和鲑鱼——猎人和渔夫的护身符；2. 凶猛的公牛；3. 吃草的驯鹿；4. 奔跑的驯鹿；5. 妇女的正面和侧面头像；6. 正在嘶鸣的野马头；7. 猛犸象，可以看出它的长毛巨牙，这种动物现已绝迹。

现在很难找到充足的证据来证明这些早期的人类经历过更高级的生活。但根据考古发掘可以得出这样的结论："神灵的存在"已被中石器时代的古人们所接受。这时他们已有了有关灵魂的粗略观念，或者说他们有了人死魂在的意识。在洞穴的沉积物中可以看到猎人死后，

第一章 欧洲的古人类

亲人们在其尸体上放的装饰品，这应该是死者生前习惯佩戴的装饰品，再配上几件石器，然后用石头圈起来，这是为了使其免受侵害。而且，死者安葬之处往往是平时全家分享猎物的地方。正是在家人集聚及分享食物之处，我们发现了原人的遗骨。遗骨一层层堆积，历经许多年代，最底层的遗骨深埋在洞底，其上则积压着一层又一层后代们的尸骨。不难设想，这种埋葬方式，表达了生者的一种精神寄托。

在欧洲，冰川留下的痕迹现在仍依稀可辨。由这些痕迹可以推知，冰川在缓慢地向北回撤，一直撤到现在所看到的海拔高度。冰川最后一次回撤的时间距今至少有一万年之久，或许更早一些。冰川回撤的主要原因是欧洲的大陆气候又变得暖和起来，直到变得像欧洲今天的气候一样。由此可知，在法国洞穴中发现的中石器时代的原始人，他们历经自然界的气候变迁，逐步进入今天的欧洲这样的自然环境之中。原人们在制作工具的过程中稳步发展着。但有一个阶段，同样由于自然变迁的缘故，这种发展在一定程度上慢下来。尽管如此，这一时期的发展为推动人类进入第三个发展阶段起了不可估量的作用。我们称第三个阶段为晚石器时代。

四、晚石器时代

晚石器时代的人们住在水边的木屋里。他们既是猎人又是渔夫。由考古发现的营火痕迹可以推想一幅幅生动的渔火野趣图。这时，豺狼成了人类的忠实伴侣，这就是最早的家畜——狗。

在欧洲大部分地区都可以发现晚石器时代人类生活的遗迹。在我们研究这些遗迹的时候，必须把欧洲视为整体，而不该仅仅盯着法国及邻近的地区。欧洲的早期部落大都栖居于河流、湖泊附近或入海口，也就是近水栖居。因此，河、湖、海口一带更应是我们的研究所关注的区域。当然，我们不可能精确地辨别出栖居者的种族或民族。

在丹麦海岸，我们发现了最早的晚石器时代人的聚居地。我们看到，在那里，古斯堪的纳维亚人的篱笆木屋（见图1.12）沿海岸线散布，形成一条长长的木屋带。无人了解这些早期斯堪的纳维亚人的种族所属。但通过考察木屋遗迹，我们可以得出这样的结论：他们既是猎人又是渔夫。我们看到了欧洲木船的最早范例——当然是十分粗陋的。有了木船，晚石器时代人就能够在岸边浅水中捕获大量的牡蛎，

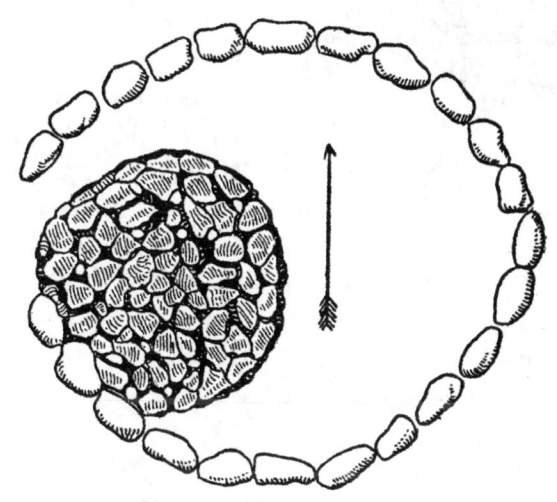

图1.12　晚石器时代的木屋遗迹平面图

石头圈是墙基。左侧门旁是一个粗陋的石炉，修在屋门边上是为了利于通风排烟。墙壁是一圈篱笆，篱笆用泥土涂抹，使之更牢固。在石头圈周围的废物中，有时会找到经过烧制的陶土片。在这些陶土片上，一面印有篱笆印迹，另一面留有人手的指印，这些手印是几千年前留在上面的。烧毁木屋的大火将许多黏土烧成这样的陶片。

或小心翼翼地从深水中捕捉到贝类动物。在海岸上，猎人们在附近的森林里追寻着野猪和野牛（见图1.13），在沼泽地里捕捉水鸟。于是，我们又看到了一幅生活图景：在寒气袭人的黄昏，猎人们和渔夫们回到了宿营地，他们围着篝火，烧烤猎物，野味的芳香四处飘散。他们大快朵颐，把牡蛎的贝壳、野猪和麋鹿的骨头丢到一旁，篝火周围增加了生活废弃物的恶臭。

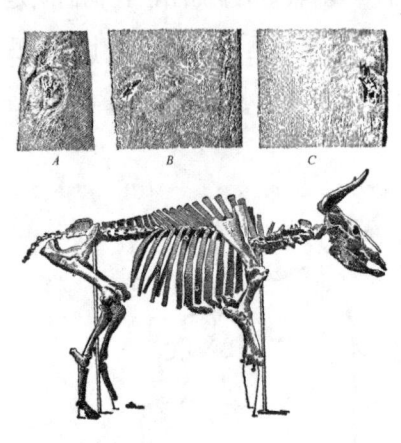

图1.13 野牛骨骼，其上有晚石器时代的猎人留下的箭头痕迹。大约一万年前这头野牛在丹麦的森林中被射杀

晚石器时代的猎人射中了这头野牛的脊椎（见上方骨上白色环痕）。这头野牛曾遭到两次射击，第一次没有致命，伤口愈合后，它的肋骨上留下了伤疤（图A）。后来另外一个猎人又射中了它，这次有几箭射中了它的要害部位。其中一箭射断了它的一根肋骨（见下方的白色环痕）。这一处伤口尚未愈合，两侧还留着燧石箭镞。从上图B、C可以看到受伤情况。受伤的野牛在企图游过附近的小湖时死去，尸体沉入湖底。追踪的猎人追到湖边，却不见了野牛的踪影。过了几千年，湖中淤积成了10英尺厚的泥煤层，野牛被深深地埋在下面。1905年，野牛的骨骼被挖掘出来，在上面发现了射杀它的石箭头。这具野牛骨后来被运到哥本哈根，在哥本哈根博物馆向世人展出。图A、B、C所示箭头的痕迹仍清晰可见。

这些晚石器时代猎人渔夫的废弃物沿海岸线堆积成山，形成一条长达几百英尺的废物带（见图1.14），记载着远古的营火生活。我们还可以设想前丹麦海岸一幅幅生动的渔火野趣图。今天发现的每一堆贝壳里，都埋藏着这些早期斯堪的纳维亚人的生活。通过这些贝壳和遗骨，我们可以推测出人类对周围野生动物控制的程度。我们发

图 1.14 晚石器时代人废弃在丹麦海岸的垃圾堆

　　右边连绵的山脊曾是海边浅滩，现在已淤积成草地。山脊左侧是一片凹陷地。这条山脉主要由牡蛎贝壳构成，有的地方足有半英里多长、三十多步宽。其中藏有上万件石制工具、武器和陶片。

现，许多猎物的遗骨上留着豺狼的牙印，这告诉我们，豺狼曾与人类毗邻，它们时时啃食猎人们食余丢弃的骨头。在这样一种生存环境中，豺狼与人类日渐熟悉并亲近起来，最终相安共处为一家，豺狼成了人类的忠实伴侣，这就是最早的家畜——我们现在将这种动物称作狗。

　　在晚石器时代渔夫废弃的贝壳堆里，还可以找到一些破罐碎陶的残片。据此可以推知，这些早期斯堪的纳维亚人已经掌握了用火烧陶器的知识，这或许是向南方人学习的结果。他们还会用陶土制作粗陋的陶壶，这在欧洲尚属首例，制陶是晚石器时代最重要的发明。此外还有一项具有划时代意义的成就：在中石器时代结束之前，猎人们发现了用磨石磨制石刃的方法，这种方法类似于我们现在在磨石上磨砺铁刃。在贝壳堆里，我们找到了最早的磨刃石斧。这一发现说明晚石器时代的人们拥有了更强大的控制自然的能力。

　　晚石器时代的工具多用燧石制成，有的也用坚硬的石头制作，这些工具有斧、凿、刀、钻、锯和磨石。许多工具几乎已和现代木匠使用的一样完善了。古代的工匠们已经学会了用捆绑法把木柄安在斧头

第一章　欧洲的古人类　21

上,甚至学会了在斧头上钻孔,然后装上木柄(见图1.15)。今天所能找到的石器都很光滑,这并不是当时制作的结果,而是在长久使用后,石器被使用者磨光了的缘故。

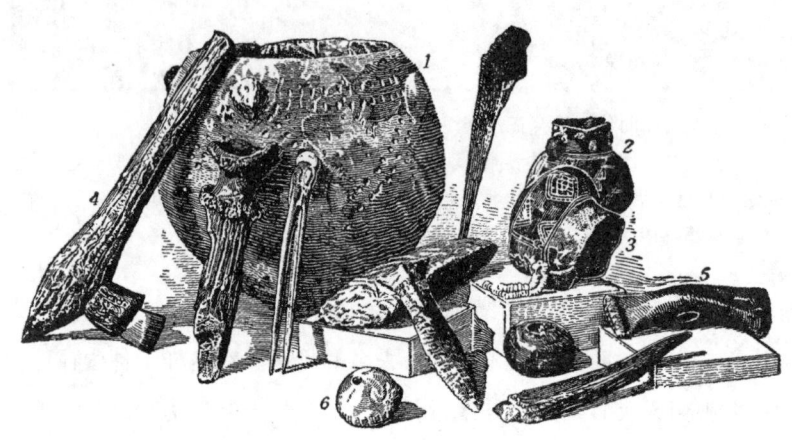

图1.15 晚石器时代湖民生活用具的一部分

  这些用具中包括三种重要的发明,这些发明有的是他们自己首创的,有的则是从东方传来的。它们是这个时期湖民的日常生活不可缺少的工具。这三种发明是:一、陶罐,图中2、3上面印有粗陋的装饰花纹,这是欧洲最古老的陶器。图中1为一口大锅,是湖民们用来烧煮食物的。二、磨制的带刃石器(中石器时代结束前就已出现),图中4是一把磨制的石凿,凿头安在鹿角上,形似斧状。图中5是一把石斧,斧的一端是磨出来的刃,中间有一个孔,用来安装石柄。三、纺织工具,图中6是一个纺织锭盘,是用泥土烧制而成的,这是最早的纺轮。将锭盘用粗糙的亚麻线吊起来,线约18英寸至20英寸。旋转锭盘,麻线就会随旋转的锭盘拧起来。麻线拧好后,缠在锭盘之上,然后再从亚麻团中抽出约18英寸至20英寸的麻线,继续重复这个程序。在瑞士湖底,人们发现了一个最早的纺轮,上面缠着麻线。

  如果以为那时的石器完全是粗陋和效率低下的,那就大错特错了。在丹麦,最近的一次实验表明,一个并不熟悉石器使用方法的现代机械工,能用石斧在10个工时内砍倒26棵约8英尺粗的松树,并将之削成圆木。另一机械工用石器伐木建屋,81天完成了整个工程。由此可以推断，晚石器时代人极有可能建造了非常舒适的房屋，他们的文明程度远远超过了野蛮人。

我们不能老是停留在丹麦贝壳堆里探寻文明的历程。现在让我们到瑞士去看一看。在瑞士，可以发现许多早期木头房子的遗迹。这些遗迹说明：晚石器时代的房居部落曾在瑞士的湖泊上建造起他们的村子。为了抗御野兽及其他部落的袭击，使生活更安全，他们建起了特殊的湖上村落。他们先在湖底打下一些木桩，然后在上面搭上平台，最后在平台上建起栖息棚。这些湖上村庄也被称作"湖上桩屋"群落。众多的桩屋形成一排排长队，装点着瑞士湖滨（见图1.16）。村落有大

图1.16 瑞士湖边桩屋村落遗址

　　湖民们用石斧砍伐树木，然后将一端削尖，做成20英尺长的木桩。这些木桩被牢牢地夯进湖底几英尺深，而湖水深一般在8英尺到10英尺左右。他们先在这些木桩上搭起平台，再在平台上建造房屋。一座木桥将平台与湖岸连起来，这可以从图的右侧看出来。桥的一头可以随意断开，这就是村落的防卫设施。在图中还可以看到挂在栏杆上的渔网。湖民们就是这样拴在栏杆上晒网的。前不久，人们在湖底挖出一只独木舟，里面装着鹿及许多别的东西。很明显，当时的猎人是满载而归的。

有小，在有些地方，它们的规模十分可观。在瓦根地区，至少有5万根木桩立在湖中，它们支撑着一个大型的湖上村庄（见图1.17）。

图1.17　瑞士湖村的残迹

　　1854年的大旱使瑞士湖水位大大下降。湖底残留的一根根木桩暴露出来。试想在那遥远的古代，这些木桩曾支撑着多少个湖上村庄。在这古老的湖底，在这些木桩之间，人们发现了大量器皿、工具和家具（见图1.15）。其中有独木舟和渔网，有小麦、大麦、家畜骨头和亚麻布等。这些东西在这里埋藏了5000年之久。在不同的底层上还发现了青铜工具。这些青铜器应该是在稍晚时期在湖村出现的。可以推知，当它们掉进水中陷入湖底泥层时，其下早已有了一层埋有石器的淤泥层。

　　根据所掌握的材料，我们可以断定，当年的晚石器时代湖民在湖村过着令人羡慕的繁荣生活。他们的房子十分舒适，可以遮风避雨。房中有大量的木头家具和工具可供使用。除了陶盘、陶碗和陶罐之外，还有木制的大水壶和木勺。尽管这些用具由于没有使用陶工的转轮而显得粗糙，由于没有烧炉而凸凹不平，但陶制器皿确实给家庭带来了很大的方便。房屋建在水上，房下面就是湖，湖中盛产鱼类。湖民们在房中地板上开一个活动门，就可往水里放骨头鱼钩或用亚麻编织的渔网，也就是说，特殊的房屋建筑使他们不出家门就能捕到许多鱼。他们之所以能够编织渔网，是因为已种出了亚麻。

　　湖村的居民们以捕鱼和狩猎为生。以前他们世代以鱼兽为食，此时，他们还学会了通过除捕猎之外的其他方式获取其他食物。几千年来，晚石器时代的妇女们采集野生植物的种子，有的种子直接食用，有的种子则可晒干储存。她们还将种子用两块平滑的石头碾碎，这是最原始的磨粉碾面。她们将这种面粉制成饼，虽然不免粗涩，但这毕竟增加了食物的种类。在采集野生植物的过程中，她们逐渐认识到经过人工培育，野草能生长得更茂盛。于是，她们开始有意识地护养林边及湖畔的野草，以期获得更多的植物果实和种子。现在我们已经知道，这种护养知识是由东方传到欧洲的。

从护养野草到在适当的季节播种、耕作和收割，其实只差一步。当她们学会种植的时候，这些湖村妇女便成了农业生产者。她们种植的庄稼有大麦、小麦和谷子，[①]这便大大丰富了他们的食物来源。挖掘者还有更多的发现，在已经消失的瓦根湖村的湖底发现了超过100蒲式耳的粮食。在小山丘上，除了湖民们的庄稼地之外，还有小块亚麻地。这使我们可以想象到妇女们在门旁编织亚麻、制作衣服的景象，祖先们穿的粗制兽皮衣被弃置一旁。从此，他们穿起了纺织的服装。

对土地的开发是这些湖上房屋长久存留的一个重要原因。他们在湖边学会了种植，就会去开垦土地，开发种植园。猎人们定居在小块种植园附近，妇女们在土地上精耕细作，在作物成熟之后收获果实。在土地上的劳作对他们而言，是生活中非常必要且至关重要的内容。每家每户在某一块土地上长期耕作的过程中，他们渐渐获得对这块土地的一种习惯权利。当这种权利意识形成的时候，他们便声称自己对这片土地拥有所有权。这种所有权又逐渐地被人们公认。这正是以后人类在发展历程中频繁出现的纷争的主要根源。富人和贫民之间的斗

---

① 这时她们还不知道有燕麦和黑麦，这些植物在更晚的时候才引进。

争,也正是由此开始的。这种斗争在土地为所有的人公有时尚未发生。

此时,在非洲北海岸已开始出现家畜,包括牛、绵羊和山羊。这些家养动物来自尼罗河谷。在此前不久,这里的野生动物和人类已经友好相处,有的成了人类生活中的伴侣。那时,意大利还通过西西里与非洲连在一起。因此,诸如此类的动物很容易扩散到意大利,进而进入瑞士的湖上村庄。这样,在瑞士高地上,人们就开始饲养牛、绵羊和山羊。这是一些古代东方人驯化的动物。家养的牛、绵羊、山羊都属东方品种,和那些尚未被驯服,游荡在欧洲中部的野生动物有着根本的差异。另外,早期人类驯养动物的主要目的,只是为了宰杀后作为食物,也就是起果腹充饥的作用。晚石器时代的人们仍然没有驯化动物作为驮运等工具的意识。几千年来,他们的中石器时代的祖先们一直猎捕野马为食,但从没有试着去驯养这种动物,[①]晚石器时代的畜牧业显然已向前迈进了一大步。

种植的发明使人们习惯了在土地上劳作,挖地翻土是种植的关键环节。在这一生产环节上,晚石器时代的人们开始了由"锄文化"[②]向"犁文化"的过渡。野牛强壮的四肢使它非常适合用来拉犁。晚石器时代的人们是从东方引进耕犁的。东方人驯养的用来拉犁的牛,是欧洲最早的畜力动物。在用牛拉犁的农业形式发明之前,人们手握锄头翻挖土地,这种"锄文化"的主体是妇女。当有了经过驯养的供拉犁的牛后,以牛耕为特征的"犁文化"便逐步取代了粗陋的、效率极低的"锄文化"。在这一点上,早期的欧洲人远远超过了现在的北美印第安人。在美洲大陆被发现之前,印第安人仍然处于"锄文化"阶段,根

[①] 我们会看到,在晚一些时候,马才被从东方北部引进欧洲。马在人类文明史上发挥了极其重要的作用。
[②] "锄文化"指手工农业,即只用手握的锄头的农业,没有出现畜力耕作,这与驱牛拉犁耕作的农业形式有很大的不同。

本没有耕作动物。

由于学会了对大型拉载动物的驱使和控制，欧洲的原始农业有了很大的发展。畜力当然是原始妇女的气力所无法比拟的。而同时，随着农业的发展，在土地上劳作所得的收益远远超过了狩猎。于是，男人们也越来越多地放弃了狩猎，转而从事耕作。几千年的猎人们变成了农业生产者，成了农民。绝大多数晚石器时代的欧洲人出于从事农业生产的需要，采取了定居的生活方式。从猎人到农民，从游猎到定居，欧洲人生活方式的根本变化应归功于从东方引入农业和家畜饲养。这是欧洲生活的三大进步之一，它使欧洲从野蛮状态进入了文明状态。

食草动物的驯养不仅开创了一种新型行业，而且还导致了另一种生活方式的产生。然而，游牧生活方式并没有因此而消亡。以农业为生的是一类人，他们过着定居生活；另一类人则以畜牧为生，他们仍然过着游牧生活。我们称这些牧人为游牧者，这种人至今仍存在。当草原贫瘠、难以耕种的时候，这些人带着他们的畜群，在草原上放牧。他们居无定所，携妇将雏，赶着畜群从一块草地到另一块草地，生活动荡不安。他们在东部辽阔的草原上到处奔波。从多瑙河沿黑海北侧向东一直到亚洲大陆，草原延伸千里，连绵不绝，那便是游牧者的生活大舞台。比起农民及市镇居民来，这些游牧部落人的生活仍然十分粗野和不文明。

晚石器时代的两种生活方式同时存在。一种是定居的农业生活方式，一种是不定居的游牧生活。当我们意识到草原成为大量的不定居人口的家园时，了解这两种生活方式之不同的意义便显而易见了。顺其自然，随意游荡是游牧者的生活特点。然而，他们也会"光顾"城镇和农舍，因为他们向往农耕者的定居生活，但又不愿放弃自己的生活方式，于是，他们便周期性地"光顾"市镇，想使市民和农夫屈服。

这种游牧部落和定居农民之间的冲突发展到后来，便是我们所知的欧洲一次次遭到来自东部草原游牧部落的侵略。只有了解了这些事实，才能理解人类历史的许多新纪元。

晚石器时代的定居者们终于开始留下比陶器和石器更引人注目的纪念品了。在此之前，欧洲的建筑只有极易毁坏的木屋。但在晚石器时代行将结束的时候，在一些较大的聚居地，某些强大部落的首领们开始用巨石建造大型坟墓。这些遗迹点缀着从西班牙到南斯堪的纳维亚海滨的欧洲西海岸。仅在丹麦岛上，现在就已发现了三千四百多个那时建造的墓穴。在法国也有许多类似的大型墓穴（见图1.18）。在

图1.18 法国晚石器时代的墓穴

　　这样的墓穴中埋葬的大多是晚石器时代的部落首领。这些巨石有的重达40吨，是从许多英里外的采石场拖来的，有的石块可能更重。这些石头被拖来时十分粗糙，没有经过精加工。

英格兰也是如此。他们用凿把天然粗石打制成块，用打制后的块石和粗石来砌成大墓（见图1.19）。这些建筑并不是砖木结构，只是用切割磨光的石头堆制而成的。这些墓穴还不能被称为建筑物——此时在欧洲尚未出现建筑物。我们将会在东方看到第一座石头建筑物。

图1.19　法国北部垮塌了的晚石器时代纪念石

　　这块巨大的石块曾是立在地上的，是晚石器时代人的墓碑石。这块巨石约65英尺长、300吨重，倒下来后断成了三截。

　　这些晚石器时代留存下来的建筑使我们确信，在欧洲很早就出现了城镇。在每一处石墓群附近一定会有一座城镇，石墓正是这些城镇中的居民建造的。通过对已被发现的城镇遗址废墟的考察，我们可以推知早期城镇的概况：周围是一圈土墙，墙外环绕着水沟，土墙上很可能还围着栅栏。这一切向我们表明，那时的人们已不必再四处游荡、四处狩猎，他们可以靠田地和牧场养家糊口。他们学会了一起居住、一起劳作，过大规模的群居生活。建立城镇无疑需要精心的组织和细致的管理，拖运巨石建造大型坟墓，在瓦根湖中钉立五万多根木桩建湖村，都需要进行组织管理。通过这些成就，我们可以推知在领袖组织下的管理活动已经开始。在欧洲的晚石器时代，出现了许多小型城镇。这些小城镇都具有严密的防御设施和周围的农田，每个城邦都有一位首领掌管本城的各种事务。国家正是由这些城邦发展而成的。

此外，这些石头建筑还向我们提供了许多有趣的信息，我们可以据此了解晚石器时代的城镇生活。有的遗迹向我们展示了城镇生活的生动画卷。葬着部落酋长的英国南部的巨石阵（见图 1.20）好像在告

图 1.20　晚石器时代的环墓巨石圈，在英国南部，墓中埋葬着部落酋长

周长约 100 英尺的巨石环通过一条长长的大道与附近的晚石器时代城邦连起来。这条路至今仍依稀可辨。不远处是晚石器时代的竞赛跑道，约 2 英里长。直到罗马帝国时代，除了这些粗陋的石头建筑物外，西欧人再没有造出别的可观的建筑。

诉我们，当时的人们曾在那里举行盛大的集会。他们也许会举行纪念性的比赛，如马车比赛，或其他运动比赛，这些活动是为了纪念葬在巨石圈中的已故首领。家养的马此时已在西欧出现。在巨石阵外，有一条笔直的约 2 英里长的大路，现在依然清晰可辨。这条道路很可能就是马车道。那时这里一定人声鼎沸，车轮滚滚，健马嘶鸣，热闹非凡。在法国西北部，有一些巨石标界的游行大道，那时这里一定活跃着欢庆节日的游行队伍。在几个世纪中，每当节庆大典，这些石林道上一定挤满了放歌狂欢的人群（见图 1.21）。现在，这里却静谧而孤

寂。这些古老的游行大道在法国农田里延伸数英里，虽然昔日的欢腾景象已成了今日的想象，古老的风俗和信仰已被遗忘，然而，这些对史前的欧洲人来说却是极为重要的。他们曾长期保持着这些风俗，虔诚地信守着这些信仰。

当然，这些遗迹只让我们看到了晚石器时代人闲暇娱乐的一面，

图 1.21　法国北部晚石器时代的石林道

　　由高耸的石块分隔出的石林道约有 2.5 英里长，它由 3000 多块石头组成。这些石林道的用途与巨石阵的大道相似，节日游行和比赛都在这里举行。晚石器时代的城镇常在这里举行宗教庆典。

另外一些遗迹则向我们展示了他们辛勤劳作的一面。定居的人们必需的许多生活用品，生产中所需要的一切，都由城镇的家家户户来生产。而居民不可能都是全能者，一些人是木工，一些人是陶工，一些人从事采掘业。于是，人类开始了贸易活动，以得到除自己生产之外的所需。早期的矿工们为了探寻优质燧石层而深掘地洞，以期找到上等燧石来制作石器。此时的石器大多供应家庭。前不久，在布兰顿和英格兰的古代燧石矿的地下坑道里，考古学家发现了 80 件破损的鹿角凿。在某些地方，坑道顶塌下来，露出一个古代石矿的长廊。在这个长廊里，考古学家发现了另外两件鹿角凿。鹿角凿上裹着一层白垩灰，上面还有人的手印。这些手印是几千年前的矿工留下的。在比利时，人

们发现了一具古代矿工的遗骨。这个矿工是被塌下来的岩石砸死的,他手边有一把鹿角凿(见图1.22)。

那时,社区间的交往和交通已开始出现,社区间的贸易于是应运

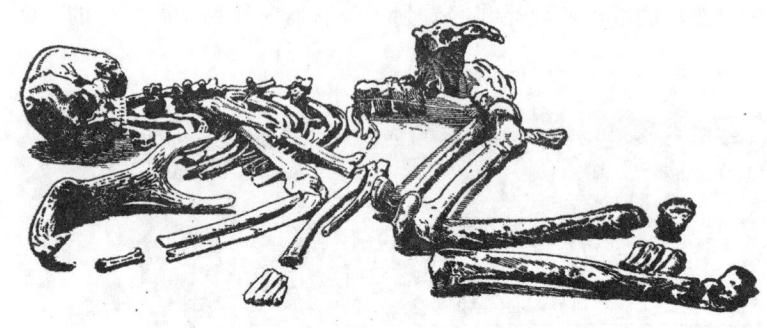

图 1.22　晚石器时代的矿工遗骨

　　这具古代矿工的骷髅是在比利时的一个燧石矿井中发现的。矿工被塌下来的岩石砸死,躺在矿井底。在他前面,有一柄两头带尖的鹿角凿,那是矿工用来在白垩层上挖松燧石的工具。当岩顶突然坍塌砸死他的时候,他手中的鹿角凿掉了下来。

而生。原始的商业贸易主要以各种各样的燧石为交易品,这些大燧石非常精美,直到今天这些燧石的色彩仍可辨认出来。在波罗的海岸上聚积起来的琥珀从北向南传播,几易其手,可见贸易之频繁。欧洲诸海岛上发现的石器说明其时岛上已有人烟,并且可以断定,他们必须依靠足够结实的船只才能到达这里,可见当时的造船技术已达到了相当高的水平。可是,尽管人们在湖底木桩周围发现了几件湖村人的独木舟,但那时的欧洲尚未制造出帆船。

　　当然,那时的商业活动是极为原始的。当时既没有金属,更没有钱币,以物易物是唯一的商业形式。整个欧洲尚未出现文字,赊欠事务只能通过在篱笆泥墙上刻画几个痕迹来做凭证。交易双方就是这样

记住日后以鱼或粮等物偿还债务的数量的。

城镇的土围墙和栅栏是一种防御设施,这说明史前社区的交往并非总是彬彬有礼、相安无事的。他们之间有纷争,有相互侵扰。我们可以设想:社区首领闻知战争将起,于是便吹响了号角,居民们纷纷从宴会或运动场上,或田地、矿场中跑出来聚集到一起,登上围墙,拿起武器抵抗入侵者。早期的欧洲战争至今还残留着蛛丝马迹。在瑞典的一个晚石器时代墓穴中的死者的头盖骨中深嵌着一支燧石箭头,这支箭头正穿过死者的眼睛。而在法国,人们发现了不止一具被燧石箭头射中脊椎的遗骨(见图1.23),在苏格兰的石堆墓中,人们还发现了一具石头棺材。棺材中的人身材很高,一只胳膊从肩膀处被石斧劈开,斧刃的碎屑还残留在严重受损的臂骨中。这些都表明了当时战争的残酷。

图1.23 被燧石箭头射中的晚石器时代人的脊椎骨
　　箭头射穿了遇害者的腹部凹陷处。这个箭头一定是用强弓射出的,它穿过胃部插进了脊椎,由此而引发的腹膜炎使受害者丧命。

第一章　欧洲的古人类　　33

欧洲在缓慢地进化着，历经数万年。在这个进化过程中，东方农业文明和畜牧文明的传入起了极其重要的作用。晚石器时代的欧洲（约公元前3000年）仍未出现文字，因而给商业活动、组织管理和保存传统造成了很大不便。那时没有金属，[①] 工具制造和工业发展受到很大限制。由于没有帆船，海上贸易发展迟缓。欧洲人的文明，是近东[②]文明，或地中海东岸文明传播的结果。东方文明的传入促进了欧洲的发展。

当我们把视线转向东方时，应该记住，我们已沿着史前人类的发展历程探索了数万年历史。我们已经清楚，他们开始制作石器时，是这段历史的开端。在从公元前4000年到公元前3000年的一千年间，东方就已创造出了较高的文明，开创了新的历史纪元。[③] 文明的发源地在东方。东方文明已有了5000~6000年的历史。在东方出现了强大国家，繁荣发展了很久的时候，欧洲人还过着没有金属、没有文字的生活。但是，在欧洲人从东方获得了文明和财富后，战争与和平的主导权就转到了欧洲。当我们转而审视东方出现的以金属、组织管理、文字、大船及许多其他重要发明为标志的文明的时候，我们应有这样的认识：在这条文明发展之路的引导下，我们在一步步地从东向西，从东方走向欧洲。

[①] 约公元前3000年，金属传到了东南欧，然后就像波浪一样，慢慢地向欧洲西部和北部扩散。也许直到公元前2000年仍未传到不列颠。因此，我们将西欧的巨石纪念物也列入欧洲石器时代的考察对象。金属在欧洲出现之前和金属传进东南欧很久之后，是这些巨型的石头纪念物的盛行期。

[②] "东方"一词现在指日本、中国和印度。但还有不同于该地区的离欧洲较近的东方地区，这就是人们通常所说的"近东"，它包括地中海东岸各国、埃及、西亚、小亚细亚等。本书所说的"东方"指近东地区。

[③] 我们可以将历史纪元解释为人类开始创造文字并积累文字资料的开始。这些文字资料记录了人类生活生产的各种情况。对于文字出现之前的人类的生活，我们是通过已发现的各种古代的武器、工具、用品、建筑物等来了解的。我们已介绍了一些可以从中了解史前欧洲人生活的东西。由史前向历史新纪元的过渡是一个极为缓慢的过程。在东方，这个过程约发生于公元前4000年到公元前3000年之间。

第二章 埃及的故事：尼罗河畔的最早居民 金字塔时代

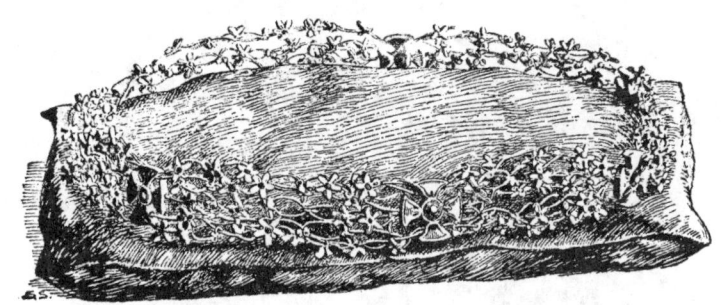

图2.1 出土的埃及王冠

此王冠出土于一位王妃的墓葬，已有近4000年的历史。它形似项圈，又似花环，镶嵌着金质的星状花朵和闪闪发光的贵重宝石，是埃及金匠与珠宝匠的杰出作品。

一、埃及最早的居民

伟大的尼罗河宛若一部巨型史卷，每一页都记载着古埃及人的神奇故事，记载着数千年前他们发明文字、发现金属之后所取得的伟大成就。

我们对早期东方的考察从埃及开始。今天，到埃及观光的旅行者是在亚历山大港登陆的。这个港口颇具现代气息。现在，我们正在与一位旅行者结伴而行，列车快速奔驰，我们坐在舒适的车厢里，凭窗眺望。这是一个地势低平的国家，沿途的开阔地带一望无际，一直延伸至阳光普照的地平线，深色的泥筑小屋疏疏落落地点缀着宽广的大地，小屋四周簇拥着椰枣树丛。在郁郁葱葱的亮丽的绿色中，穿插着纵横交错的网状灌溉渠。在这网状运河的两岸，不时可见身材修长、皮肤棕褐、头发深黑的农人，他们有节奏地提起灌桶，上下穿梭取水灌田。他们的灌桶连着一根长吊杆（见图2.2），操作方式颇像我们的

图2.2 埃及用于灌溉取水的长吊杆

最下面的人站在水边拿着皮桶（A），长吊杆（B）在他上方，杆下端是用尼罗河河泥做成的大泥球（C），被用作升降的重物，即作为平衡吊杆的重物。在支撑物（D）后面，一个人将皮桶的水倒进一个泥盆（E）中。第二个人（中间的那个）将水从第一个盆（E）提进第二个盆（F）中，这时第一个人的皮桶就是空的了；同时，第三个人（G）将水从中间的盆（F）中提起倒进最上面的岸上的盆（H）中，在那里，水沿左边水渠流进农田。必须经过三次连续的提升（到E、到F、到H）才能完成灌溉。在旱季里，这样的灌溉日夜不停，要一直持续100天左右。

36　　▶　　文明的征程

祖父在新英格兰使用的杠杆井。于是，我们有了联想：这些灌溉渠流水不断，直到作物成熟。同时，这也使我们了解了这里的旱季之长。

列车在继续奔驰，我们继续通过列车的窗口向外眺望，看到的是大片肥沃的黑土地，这是此地特有的肥沃土壤。每年夏天雨季来临，尼罗河水上涨泛滥，淹没两岸的平川，无数次水涨水落，便淤积出这种肥沃的土壤（见图2.3）。现在，我们正在穿越这片沃土，它的名字叫尼罗河三角洲。自第一大瀑布洪水时期起，三角洲就不断沉积，现在它已有一万平方英里，这一大块肥沃无比、最宜耕作的土地，比整整一个佛蒙特州还要大。

列车继续南行，我们已到了三角洲南端，尼罗河谷两端的高地映

图2.3 在通往吉萨金字塔的大路上看到的洪水
　　图的右边是通往金字塔的道路，左边是尼罗河谷，远处是金字塔所在的干燥高地。金字塔前面的树木和现代村落所在的地方曾是金字塔建造者居住的皇城。

第二章　埃及的故事：尼罗河畔的最早居民　金字塔时代

入了我们的眼帘。在这一带谷地，三角洲渐渐消失，这就是撒哈拉沙漠高原。尼罗河蜿蜒曲折，由非洲内陆向北，沿幽深的河谷奔流，穿行于撒哈拉沙漠。河谷的宽度很少超过30英里，河两岸的土地超过10英里宽。两岸土地的外缘是绿色的农田，农田与沙漠地带只有一步之隔。沙土不断飘落在河谷，河谷两侧积沙成崖，形成雕塑似的河壁。爬到崖上，登高远眺，一大片荒凉的岩山尽收眼底，那绵延起伏的沙漠在炽热的阳光下焦灼地颤抖着。

看着西部的撒哈拉高地，我们简直不敢相信，如此荒凉的不毛之地，曾经有过雨水充沛、森林覆盖的历史。正是在北非的这块土地上，过去曾漂泊着与欧洲早石器时代猎人同宗的原人。通过西西里陆桥，这些史前北非人可以轻易进入欧洲。现在，在撒哈拉，特别是在现代的卢克索对面地区，我们仍然可以找到他们的石制工具和武器。在同一地区，考古发掘者曾发现图坦卡蒙的坟墓。随着河水暴涨，高原猎人们的石器被洪水从沙漠高地冲到尼罗河谷，最后被埋在足有50英尺高的岩石层的底部。我们可以在河谷两侧的崖壁上找到这些高原猎人的石器。其中最古老的石器比迄今为止在欧洲发现的任何石器都要早许多年。

随着时间的推移，高原猎人们慢慢移居到尼罗河谷。最近，在三十多英尺深的黑土沉积层底部，人们发现了他们的遗迹。这一沉积层是在最近一万五千年到一万八千年间形成的。高原猎人的遗迹是在沉积层只有几英尺厚的地方发现的，据此可以断定：居住在尼罗河谷的北非猎人早在几千年前经历了由狩猎到畜牧再到农业的生活变迁。通过这些遗迹，我们可以看到这一漫长的进化过程，同时也可以想象到他们在尼罗河谷的丛林中拓荒垦壤、修筑我们今天所知道的那些古老的灌溉网的场面。现在，这一农田水利系统已被深埋在黑土之下了。

这些堪称远古农学家的耕耘者，不断将死掉的同胞埋葬在冲积层外的广阔的公共墓地中。年长月久，岁易时移，冲积层不断增厚，墓地渐渐被覆盖。但最近的、最高的墓地现在尚未被黑土覆盖。自 1895 年以来，已经发现和挖掘出许多墓穴。我们今天可以看到，在沙漠边缘，有无数低矮的波浪状的土丘，那下面就是那些在尼罗河三角洲辛勤劳作的棕色人的祖先的坟墓。史前尼罗河畔的农夫，就这样一直静静地躺在墓底。一项对几千具这种尸骨的研究表明，这些尼罗河农夫在体型上与地中海周围的同宗民族相似，因而被称作"地中海族"。这些原始埃及人的尸体被陶罐和石制工具围绕着（见图 2.4），他们已静卧在这里六千多年了。从墓穴中发掘出的那些他们以前用过的石器表明，像晚石器时代的欧洲人一样，那时的尼罗河居民还不曾使用过铁器。在尸骸周围的陶罐中，发现了一些大麦和小麦，[①] 这是人们为死者准备的食物。试想，如果尸体保存完好，可以进行解剖的话，那么我们在他们的胃中应该能够发现大麦皮或麦粒。这是已发现的人类最早的粮食作物。在墓穴中还发现了一些亚麻残片，这些发掘物表明，最初的谷物与亚麻是从那里传到欧洲的。总之，尼

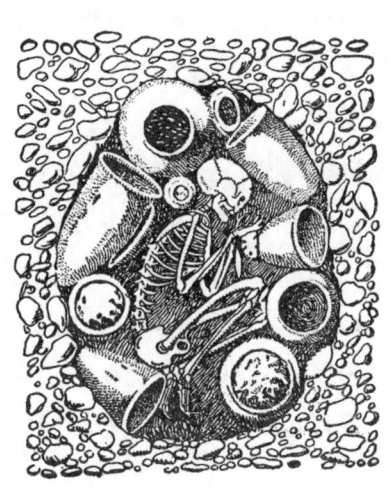

图 2.4 晚石器时代的埃及人坟墓

椭圆形的坑大约有 4～5 英尺深。尸体周围放着曾经用来储存食物的陶罐，有时装的是谷物——最早种植（或发现）的小麦。在这些埃及人的坟墓中还发现了一些最早的铜制品，可以断定这些坟墓属于晚石器时代。

[①] 人们在巴勒斯坦的荷蒙山上发现了这种小麦的野生原型（1906 年）。这种野生小麦被称作二粒小麦。现在欧洲某些地区仍种这种小麦。这种小麦主要用来加工淀粉，所以又被称作淀粉小麦。在向东远至扎格罗斯山脉的科岁萨山口，也发现过这种二粒小麦。这种小麦与我们常见的耕作小麦不同。人工种植的二粒小麦种也不同于野生小麦。我们注意到，野生小麦总是和野生大麦生长在一起。古代人就是因为发现它们长在一起，才学会了用两种种子播种、耕作和收获。

罗河谷的墓葬告诉我们，早在六千多年前，甚至更早的时候，古埃及的农民就已开始浇田灌地、种麻植谷了。而今天，我们透过车窗看到的棕色农夫们，正在做着与他们的祖先一样的农活儿。

　　列车继续奔驰，低矮的土屋聚集而成的村庄不断在车窗外闪过。一幅本已消失的史前村落的生动画卷重新展现在我们面前，早期的尼罗河居民们就生活在这画卷之中。至今，在沙漠边缘还有他们的坟墓。6000～7000年前，在每一个这样的村庄里，都有一位本地的族长，他在本地拥有最高权力，他控制着本地区的水利灌溉系统。每个季节，农民们必须向他进贡粮食和亚麻，否则，他就会切断水源，使农田无法耕作。倘若农民继续拖欠"贡品"，族长还将亲自登门"拜访"，直接收缴欠物。这大概是人类历史上最早的税收了。

　　那时没有精确的计量方法，人们只能画粗糙的粮筐图或在农屋的泥墙上刻画印痕作为该偿付粮食的数量标记。人类最初的交易就是这样记录的。用图形标记来记事，是人类文字的最早阶段。今天的那些尚未完全开化的民族仍在用这种图形文字。阿拉斯加土著人就是通过在木头上刻画图形符号来传递信息的（见图2.5）。

图2.5　阿拉斯加的印第安人在木头上雕刻的图像信息

　　一个人两手空空，手掌朝下垂着，一副无助的样子。在印第安人的姿势中，这表示不确定，不知道，空的，什么也没有，即"不，无，没有"的意思。另一人一只手捂在嘴上表示"吃"或者"食物"，另一只手指着帐篷表示"在帐篷中"。这幅图表达了这样一个信息："帐篷中没有食物。"

这种"文字"表达的含义是比较模糊的。如图2.5，你既可以理解为"帐篷里没有食物"，也可以理解为"棚屋中缺乏肉食"。可见，象形符号难以表达确切的意思。让我们再来看一幅印第安人的图形记录。这幅图记录了一位名叫"奔跑的羚羊"的骁勇善战的印第安英雄的功绩（见图2.6）。需要再次提请注意的是，这种用图像符号的记录并不意味着已经有了真正的文字。用不同的文字通过许多不同的方式都可以表达出同样的意思。6000年以前的埃及国王们的图形记录与此

图2.6 一位名叫"奔跑的羚羊"的达科他首领战胜敌人的图形记录

这是一个达科他印第安人所画的作为他的自传的十一幅图中的一幅。这幅图记录了他在一天内杀死五个敌兵的业绩。这位叫"奔跑的羚羊"的印第安英雄持枪挽盾骑在一匹马上，盾牌上刻着一只象征他的家族的猎鹰。在马下方画着一只奔跑的羚羊，表示这位英雄的名字。我们可以看到，马的蹄印绕到了左边的矮树林，他在那里杀死了五个躲藏起来的敌兵。图中带着一支长枪的人表示敌人，长枪表示躲在矮树林中的敌人的数目。

第二章 埃及的故事：尼罗河畔的最早居民 金字塔时代

惊人地相似（见图 2.7）。

图像符号并不是真正的语音文字。美洲土著人至今还没有超越图形记事阶段。图形记录变成真正的文字，需经过两个阶段。首先，每一个画中物体必须获得一种固定的形式，也就是说表示某物的特别符号已被固定化，特定的符号总是代表特定的对象，人们看到某一符号，就会知道它所代表的某一对象。比如，一条面包总被认读成"一条面包"（loaf），而不是"面包"（bread）或"食物"（food）；而一片小叶的图像符号，也总会被读作"小叶"，而非"叶簇"。

第二，比如小叶，不管它在哪里出现，都代表着"小叶"（leaf）。同样地，无论在哪里出现，它都是"蜜蜂"（bee）的象征符号。在"蜜蜂"和"小叶"的符号意义确定后，下一步就是把二者连写起来，即，它代表文字"信仰"（belief）。但应该注意，在文字"信仰"（belief）中，符号不再有昆虫的含义，而它仅仅代表"be"这一符号，也就是说，已经成为一种"语音"符号。

如果埃及文字仅仅停留在一系列图像符号上，那么，诸如"信仰"

图 2.7　埃及图像符号的例子

　　一只猎鹰用带子牵着一个人头。猎鹰象征国王，猎鹰下面的六根草茎，意指尼罗河下游的沼泽地带。草从人头边的地上长出来。下面是一个有单侧倒钩的鱼叉头和一个长方形的东西（表示湖泊）。这幅图记录着猎鹰国王从尼罗河下游湖泊地区俘获敌人的故事。

(belief)"讨厌"(hate)"爱"(love)"美丽"(beauty)之类的文字就根本无法书写出来。只有当大量的图形变成语音符号的时候，埃及文字的书写才会成为可能。而且，有了语音符号，不管一个词所代表的意义能否通过图形来表达，都可以用语音符号书写。随着语音符号的出现，真正的书写文字产生了。在遥远的古代，尼罗河的居民们首先发明了文字。

古老的埃及文字包括六百多个符号。其中许多符号代表完整的音节，如◉。埃及抄写员渐渐学会了把这样的音节符号组合起来。每一组代表一个单词，如◉◉。由这种符号组合而成的文字，每一组代表一个单词，一系列符号组就构成了一个句子。

然而，埃及人没有就此止步，他们继续向前发展，直到最后用一个符号来代表一个"字母"，并将这种一对一的符号系列化，这就是我们所说的真正的字母符号。在下面的字母表中有 24 个字母，这个字母表是今天所知道的世界上最早的字母表，它于公元前 3000 年前出现在埃及。我们可以设想：当时埃及的文字抄写者在使用符号组时，会觉得很不方便，于是埃及人从那时即开始用 24 个字母（见图 2.8）来书写他们的语言了。他们肯定要经过一个适应过程，这有点像今天我们由于早已习惯于字母组合的书写，因而便很难接受英语拼音文字的简化语音系统一样。如果我们讥笑古代埃及人的那些符号笨拙烦琐，那么未来的人们肯定会嘲讽我们今天使用的字母的愚笨可笑（见图 2.9）。

后来，埃及人发明了一种方便的书写用品。他们先将植物液汁溶入水中，再加工使之变稠，然后调入锅底灰，制成非常好用的颜料或墨水。这样制出的墨水，在当时堪称上乘，只需要将芦苇秆削尖，蘸上墨水，就可流畅地书写了（见图 2.10）。

他们还发现，把一种叫纸莎草的苇草剖成薄条，在那上面写字比在陶片、石子、木块上写字更为便利。苇草片过于狭窄，书写却需要较宽的幅页。为解决这一问题，他们集思广益，最后想到只需把苇条边交搭一起，然后用糨糊粘好，就可达到目的。几经试验后，他们终于获得了极薄的成幅薄片。在此基础上，把两片薄片粘连在一起，并使苇纹直角相交，这样就制成光滑、柔韧、淡黄的莎草纸。在植物薄

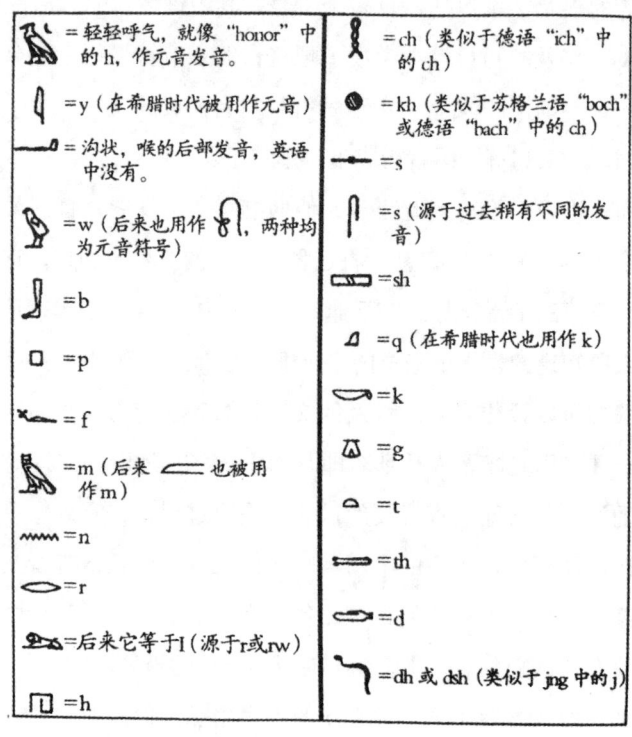

图 2.8 埃及文字的字母

表中的每一个字母代表一个辅音，埃及文字也用元音发音，但他们并不将元音字母写出来。在我们了解了图 2.9 后就会明白这一点。就像辅音字母 w 和 y 在英语中有时会被用作元音一样，在希腊时代，埃及文字中有三个辅音字母也常被借用作元音。第一个字母（轻音）被用作 a 和 e，第二个字母（y）被用作 i，第四个字母（w）被用作 u 或 o。

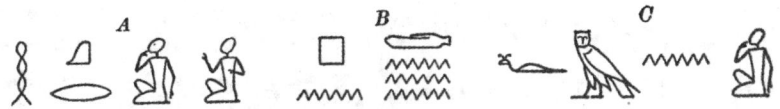

图 2.9　一个埃及单词（A）和两个英语单词（B）以及在象形文字中的书写（C）

单词 A 中的前三个符号是 ch-q-r，我们不知道它的元音是什么。这个单词表示"贫民，穷人"（严格讲是指"饥饿"）；当它用于指人时，在后面加了一个跪着的小人。在他前面是另外一个用手捂着嘴的人，表示饥饿、渴或说话。这两个符号是从图形阶段借用的古老符号。这种在单词后面的没有语音的符号叫作限定词。B 是一个用象形文字拼出来的英语单词，前三个符号代表字母 p-n-d，同时三条波浪形的曲线成了"水"的限定词，这里的 p-n-d 就拼作"pond"（池塘）。C 是用象形文字拼写的另一个英语单词，前三个符号代表字母 f-m-n，最后一个符号是"饥饿"的限定词（参见单词 A），这里的 f-m-n 拼作"famine"（妇女）。利用字母表（图 2.8）和上面的限定词，学生们可以把一些英语单词变成象形文字。例如"man"（m-n 和 A 中跪着的男人的限定词），"drink"（d-r-n-k 和 C 中用手捂着嘴的人的限定词），"speak"（s-p-k 和 A 中用手捂着嘴的人的限定词），或者"brook"（b-r-k 和 B 中表示水的限定词）。

膜表面书写，这是埃及人的独创，甚至是绝创。钢笔、墨水和纸就是这样发明的。这三种文具正是从埃及人那里传下来的。纸（paper）至今仍沿用着古代的称呼"papyros"，只不过稍有一点变化而已。①

文字与纸张的发明对人类产生了巨大的影响。在人类漫长的生存斗争中，再没有什么智力成就比它们更辉煌了。文字及其记载系统的影响超过以往所有战役及所有发明的总和。

埃及人还认识到了度量时间的重要性。像其他民族一样，埃及人也是根据月亮的圆缺来度量时间的。从新月到新月，时光不断推移。月圆月缺，缺而又圆，周期极其稳定，成为一种虽粗略但甚为便利的计时方法。如果一个人答应在九个月圆的末尾偿还所欠的粮食，当

---

① 由"papyros"到"paper"，实际上只有轻微的变化。"os"只是希腊文中的语法后缀，这在英语中被省略了。因此，我们现在所用的单词"paper"（纸）的原型，就是"papyr"，只有一个字母的变化。我们的单词"bible"，是源于希腊的另外一个词"papyrus"。

图 2.10 埃及象形文字（上面一行）与用苇秆笔和墨水在莎草纸上快速书写其对应词的一种古埃及书写文字（下面一行）

    在埃及社会的日常事务中，需要更多的书写和无数的记录。这就需要有较快的书写速度。用笔和墨水在莎草纸上写字，速度就大大提高了。快速的手写体使象形文字的符号大大简化了。这种快速的手写体是一种远比象形文字简单的古埃及书写体，它相当于现在的手写体，而象形文字则相当于现在的印刷体。在图中我们可以清楚看出下面一排是快速书写，上面一排是象形文字符号。我们必须注意，埃及文字是自右往左书写的，所以自右往左读。也有使用直行的，即从上往下写和读。其中有三分之一的符号后来（公元前 8 世纪）变成了更为快捷和简略的手写体，这从某种程度上讲相当于今天的速记。这种手写体被称作通俗体，在罗塞塔石碑上的一段叙述就是用的这种手写体。

    八个圆月过去的时候，他就知道再过一个月就得还债了。不过，每个月长短不一，有的 29 天，有的则 30 天，因而并不能将一年均等地划分开。这给计时带来一定的不便，为此，埃及人采取了比他们的邻居们更有效的计时方法。

    埃及人不再用月份来将一年分成不同的阶段。他们将一年定为 12 个月，每个月都定为 30 天，每年年终又规定有 5 天的庆祝节日。这样，一年就由 365 天组成。那时，他们的天文学知识还十分有限，还不知道每四年有一个闰月年，这一年有 366 天。不过，后来他们还是发现了这个事实。这种便利的埃及日历始创于公元前 4241 年，这是人类历史上最早有日期记载的事件。而且，这种历法一直流传至今。遗憾的是，在历经六千多年之后，到如今每月的长度有了一些荒唐的变化，当然这并不是埃及人的责任。

    年复一年，有日期记录的文件日积月累，不断增多。仅以一定的月份来做记录难免会因重复而产生麻烦，这就需要同时记录年份。像我们现在以基督诞生为起点的纪年方法一样，古埃及人是以重大事件发生的时间为标志来建立纪年系统的。当某一年过去很久后，如果要追忆那一年，通常是以这一年内所发生的重大事件来确认的。这种方法在今天的北美印第安人那里也十分普遍（见图2.11）。其实在我们现代人中，也经常能见到类似的情况。譬如在芝加哥，人们一说"大火年"，就是特指发生大火的那一年。我们发现，最早的埃及书面记录就是通过这种方法来记载年份的（见图2.12）。

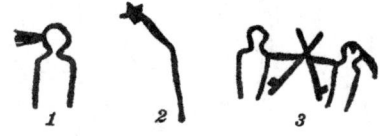

图2.11 一个达科他首领的年表，其中有71年被命名

朗·多哥是达科他族的首领。他有一件记录了71个命名年份的水牛皮袍子。这些记录开始于公元1800年，那年他只有四岁。上面的记录如：某一年，哮喘病大流行，这一年就被命名为"哮喘咳嗽年"，在1的图形中表示一个人咳嗽得非常厉害。另一年，有很多流星出现，这一年就被命名为"流星年"，2表示一颗坠落的流星。3表示的是达科他族和克罗族达成和平协议的一年：图中有两个留不同发式的印第安人，这表示他们来自不同的部落，正在交换象征和平的烟斗。倘若某件事情发生在1813年，他们就会说它发生在哮喘年。而且通过查他的年历，他还能讲出那是多少年前的事。

就这样，一系列年代名被记录下来，每一年都会提到该年曾发生的某一重大事件。因此，年名表就像历史年谱一样，为我们展现了一个重大事件的序列。人类历史上最早的年代表从公元前3400年开始记录，直到公元前2700年，历时700年，依次记载了每一年的一件重大事件的名称。这份年代表至今保存完好。由于它被保存在意大利西西里的巴勒莫博物馆，因而被称为巴勒莫界碑。后来，埃及人觉得以国王登基来纪年更为方便，于是，便以某某国王元年或某某王某年来指称年代并记录事件。许多个世纪过后，他们的历史年代简表就等于许多过世国王的名单。

与此同时,埃及在其他方面也有了长足的进步。如,金属的发现最晚不超过公元前4000年。那时,大概是在西奈半岛,一些埃及人在围拢营火时碰巧用了铜矿石,次日天明,他们拨弄灰烬时,发现火中有几粒熠熠发光的小球,这是因为木炭和矿屑混在一起,在高热的作用下,金属铜从矿石中释放出来了。用矿工的说法是矿石被"还原"了,已凝固成金属球粒。埃及人拨弄着这些金属球粒,既惊奇又歆羡。当相同的情形出现几次后,他们就弄清了这些神奇的闪光珠粒产生的缘由。于是,他们总结出了一套操作方法,不断生产出更多的金属珠粒。起初这种金属只是用作妇女们的装饰品,后来就被用来打制金属刀刃。他们腰间佩戴的燧石刀从此被金属刀取代了。

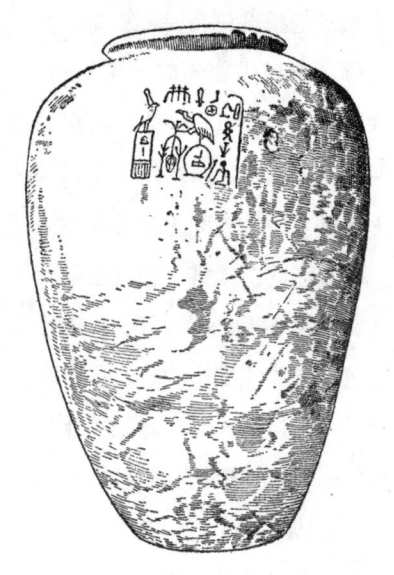

图2.12 早期埃及人的年名记载

现存于费城博物馆的这个大白陶罐,是很久以前的一个埃及国王献给太阳神庙的。上面刻着一个短语"对抗并彻底击败北方之年",这就是埃及国王奉献这个陶罐那一年的名称。之所以这样命名是因为在那一年取得了对北方(但尔他)战斗的胜利。从这些年代名称中,我们可以了解许多有价值的历史事件。

那时的埃及人并没有意识到,他们已随着这些金属珠粒的发现迈进一个新纪元。金属时代从此开始了。倘若这些埃及漂泊者意识到了这个新纪元的到来,那么他们就能预见到后来出现的壮观图景:高大的钢架建筑物,布鲁克林大桥,成千台金属机器同时轰鸣的大型工厂,轰隆隆高速驶过一列列火车的长长的钢轨。以后的事实证明:要不是很久很久以前埃及人首次发现了那些小小的金属珠粒，要是没有这样一个意义重大的日子，这些现代社会所取得的成就，以及它们所代表的一切人类发明则都不会产生。自从人类在几万年前发现了火以来，再没有比金属的发现更重要的了。

我们有必要再向前追溯，回顾一下石器时代埃及人的情况。那时，埃及人出没于地中海一带，是诸多石器时代人种的一支。这时的埃及人融进了西欧石器时代的生活中。这个时代的特征在法国和瑞士表现得最明显。但是，埃及人有他们自己的优势，他们生活在富饶的尼罗河谷，两边有沙漠为保护屏障，北边的地中海阻挡住了欧洲的寒冷和冰雪。这样的自然环境远胜于欧洲。凭借这个优势，当欧洲的文明进程被冰川时代阻遏的时候，埃及人已开始饲养家畜，灌溉农田，实施大规模管理，并且发明了文字，发现了金属。就我们所知，在环地中海沿岸各地居民还过着狩猎生活的时候，在尼罗河谷中已生活着这样一支被称为文明人的群落。文明的出现是人类历史上最重要的事件。因为它清楚地表明，人类在丰富多彩的生活中，拥有了比身体素质的发展进化更具重大意义的发展，当然也具备了更强的能力。这种能力对以后的历史进程产生了极其深远的影响。不断发掘出来的古代埃及人的遗迹，使我们进一步认识到，埃及的干旱少雨为保存遗迹提供了必要的条件。尼罗河谷中保存的早期人类遗物极其丰富，以至于整个尼罗河谷几乎成了一个巨大的古代器物和历史记录的博物馆。这些遗物是唯一能把史前人类与有文字记载的历史联系起来的纽带。我们沿尼罗河溯流而上，沿途的古代埃及人遗物成了我们研究人类发展历史的宝贵资料。伟大的尼罗河像一部巨大的历史书卷，翻开这部书卷，每一页都记载着古代埃及人的神奇故事，记载着在他们发明了文字、发现了金属之后所取得的成就。

当列车载着那位见多识广的旅行者穿过尼罗河三角洲向南行驶的时候，他那思想的列车一定也在奔驰。或许他正在沉思，在想象，当这些埃及人扔掉石凿、换上铜凿的时候，他们将会创造出什么样的历史奇迹。火车拐过了一个弯，穿过棕榈树林中的一片空地，这时他被西侧沙漠上耀眼的阳光晃得双目难睁。在这片沙漠中，他发现，有一群美轮美奂的方锥形建筑物，光彩夺目，这是他第一次看到吉萨大金字塔。再没有其他任何资料比金字塔更能让他理解铜凿的功用了，他为之激动不已。几分钟后，列车就行驶在开罗的现代建筑群之中了。第二天，他就已驱车行驶在从开罗到吉萨的路上了，这段路只有7英里。

二、金字塔时代（约公元前3000年～公元前2500年）

在我们仰望斯芬克斯背后的巍峨金字塔时，会惊叹这样一个事实：同那些在沙漠边缘挖成的小坑中以石刀殉葬的先辈相比，此时的埃及人已迈出了巨大的一步。之所以能有如此巨大的进步，根本原因在于金属的发明和使用。

任何一个旅行者都绝不会忘记他第一次驱车从开罗前往吉萨的经历。巨石砌成的高大的建筑物在西部沙漠上巍然矗立，令人过目难忘。面对这种景观，旅行者会提出上千个问题。我们现已知道的是，这些方锥形的巨大建筑是坟墓，埃及古王国时代的国王们就葬在其中。这些建筑物被称作"金字塔"，它可告诉你许多与建造者们有关的故事。首先，这些坟墓的建筑形式表明，埃及人相信人死后生活还将在另一个世界继续。而为了获得这种生活，就必须保护尸体免遭毁坏。这些特殊的坟墓，正是为了人死后能有安适的栖所而建筑的。这种观念必然会引发防止尸体腐烂的需求。于是，木乃伊产生了，墓中的尸体就是以木乃伊的形式保存的。木乃伊安放在巨石砌成的金字塔下面的小屋里。此外还有许多小得多的砖石墓穴，它们围在金字塔四周。那里面安葬的是国王的亲戚，以及宫廷中辅佐国王管理国家的重臣。

埃及人信仰的神很多。其中有两个神最受他们崇敬。其一为太阳神（见图 2.13）。光芒万丈的太阳在埃及万里无云的天空中日复一日地普照大地，它的伟大无可比拟。在埃及，许多金碧辉煌的庙宇就是为这位最伟大的神建造的。实际上，金字塔就是太阳神崇拜的象征。①

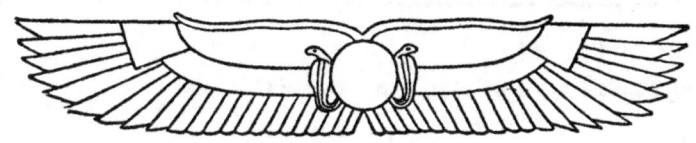

图 2.13　带翅膀的太阳盘是太阳神的象征

　　太阳神往往被描绘成图中这样的翱翔于天空的猎鹰。我们可以看到，在亚洲的东方有许多民族也采用这种符号。

埃及人把太阳神称作 Re（读作 ray）。他们崇敬的另一个神是尼罗河。有了尼罗河，土壤才会如此肥沃；有了尼罗河，才有了绿色的生活。埃及人把这一切联系起来，又构想出了另一位主神——地狱判官俄赛里斯，它代表地球上不朽的生命，随着季节而发生或枯或荣的变化（见图 2.14）。埃及人的这个想法非常美妙。他们认为，既然这个世界给予了他们食物和生命，那么另一个世界也会给他们同样的关怀。当然，在另一个世界，他们的尸体要被安葬在远处的大型吉萨坟墓之中，也就是我们现在正向它走去的那个坟墓。

---

① 许多埃及神的形象是动物。人们一般认为埃及人是最早崇拜动物的。其实动物崇拜直到近晚期才出现。在早期的埃及，动物本身并不是神灵，而只是神圣存在物的象征，就像带翼的太阳盘是太阳神的象征一样。

不过，吉萨墓向我们讲述的并不只是古代埃及人的宗教信仰。我们仰视斯芬克斯背后的巍峨金字塔，不能不惊叹这样的事实：同那些在沙漠边缘挖成的小坑中以石刀殉葬的先辈相比，此时的埃及人在人

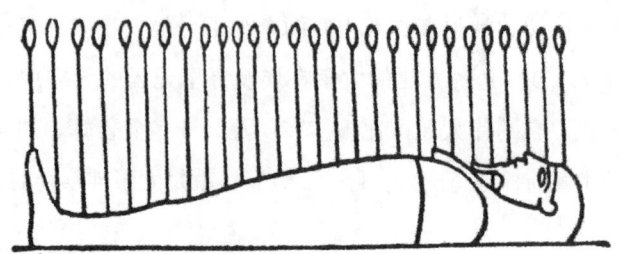

图 2.14　不朽的俄赛里斯
　　俄赛里斯神的身体上长出了谷物，这象征着神永恒的生命。

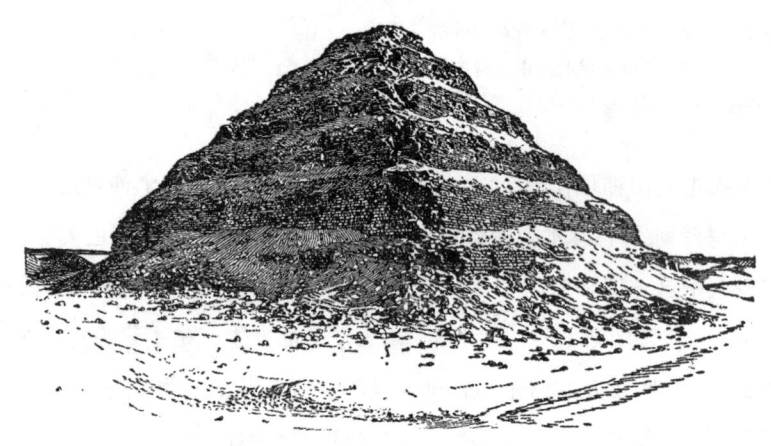

图 2.15　保存至今的最古老的石头建筑物（公元前 3000 年后不久）
　　这个通常被称作阶梯金字塔的梯形建筑物是国王朱撒(公元前 31 世纪早期)的坟墓。这个金字塔大约有 200 英尺高，由图 2.22 那样的建筑物组成，一个建在另一个的上面，层层叠起，形成了一个尖塔形的高大建筑物。大约公元前 30 世纪左右，以它为中心形成了金字塔群。

类历史的进程中已迈出巨大的一步。他们之所以能有如此巨大的进步，最根本的原因在于金属的发明和使用。最初发现金属粒的西奈埃及人生活在这些金字塔出现一千多年之前。他们的埋葬方式同早期埃及农民的埋葬方式一样。

图 2.16A 吉萨金字塔的第二个建造者卡弗里国王的雕像

这尊雕像在低谷中的卡弗里国王的庙宇中。它是用坚硬的闪长岩雕刻而成的。展开护翼的猎鹰是伟大的何瑞斯神的象征（公元前 29 世纪）。

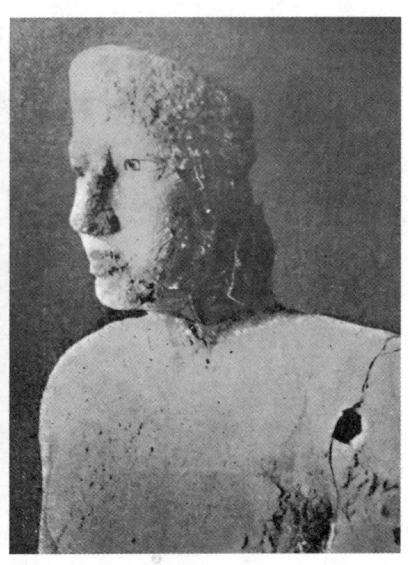

图 2.16B 金字塔时代的青铜头像

这是国王颇庇一世（大约公元前 2600 年）的青铜像。先用木头制成模子，然后注入青铜熔液铸成。它的金属身体已经生锈，但作为眼睛的水晶使它似乎有了生命。

金属的发现带来了铜制工具的发明和使用，只有使用铜制工具才有可能建成大型石头建筑。不过，在金属被发现之前，人类已走过了漫长的道路。吉萨的大金字塔是人间奇观，在金字塔建成之前约150年，埃及人还只能用晒制的土坯为他们的国王建造墓穴。起初，这种皇家墓穴只是像在地面上搭建的房屋而已，先用木头搭成墓顶，再在上面堆上砂土砾石（见图2.17-2）。

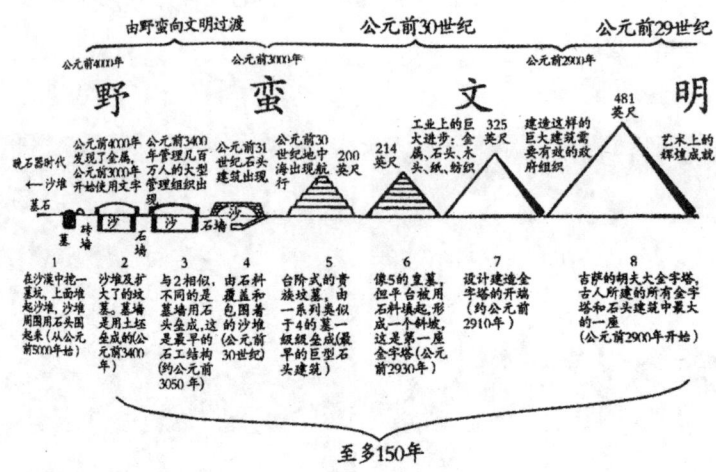

图2.17　由最早的石头建筑到大金字塔

在图2.4中，埃及农夫的尸体被放在墓坑的底部，然后在上面堆起沙堆，有时在沙堆周围围上一圈石块，用以拦住沙土。图中1就是这种坟墓。从这种坟墓的纵切面，可以看到内部结构情形。墓上堆着沙堆。2、3和4是后来的坟墓。图中是纵切面，可以看到内部结构。从中可以看出，最初拦沙的圈石逐步发展成真正的石墙。先是土坯墙（2），然后是石头墙（3）。这些石墙用来围住墓堆上的沙子，以免被风吹走。将4这种坟墓一层一层重叠起来，就建成了5这样的阶梯式坟墓。再进一步发展，就成了6的形式，这时，已形成了金字塔的雏形。就这样，沙堆及围住沙堆的石头经过15或20个世纪，演化成了巨大的金字塔。正是这种从晚石器时代的沙堆开始的建筑艺术的伟大进步，在公元前4000年到公元前3000年这1000年间，使我们从野蛮走向文明。这种建筑艺术的发展是人类进入文明的一种标志。但是，这种建筑艺术上的进步还不能完全反映出文明的全部特征。图中的说明，告诉了我们文明进化过程中的其他成就。如金属的发现，文字的发明，随后出现最早的多人口管理，最早的船舶，以及工业上的进步，艺术上的显著发展，这些都是文明进化的成就，同时也是文明进一步发展的条件。金字塔及之前的坟墓，犹如一座座里程碑，它们标志着人类由野蛮到文明的漫长进化历程。我们已了解了那些构成文明的有形事物。而在许多无形的方面，人类也获得了巨大的发展。那时，人们开始向往公正的生活，希望人与人之间充满仁爱，相信今生美好的生活是唯一能为来世带来幸福的源泉。这些精神追求，就是人类的无形文明成就。

那些墓穴虽然还十分粗陋，但在其建造者当中却不乏能工巧匠。他们发现，可以用铜制工具把石灰石切割成方块。用这种石块垒筑的墓墙，远比松软的土坯结实得多。据我们所知，这是最早的石头建筑（见图2.17–3）。当然，严格地说，这还不能算是建筑物，因为这种砖石砌的建筑主体的地下部分像地窖墙一样。而在地面上我们所能看到的部分，仍然由土坯建成。不久，石砌阶梯形结构的国王墓穴出现了，这是保存至今的最早的石头建筑。建造这种阶梯形墓穴的人叫埃姆豪特（见图2.18），他是一位皇家建筑师。公元前3000年前后，是他建筑创作的鼎盛时期。他所享有的盛誉和受到的尊重远远超过了早期的国王或征服者。

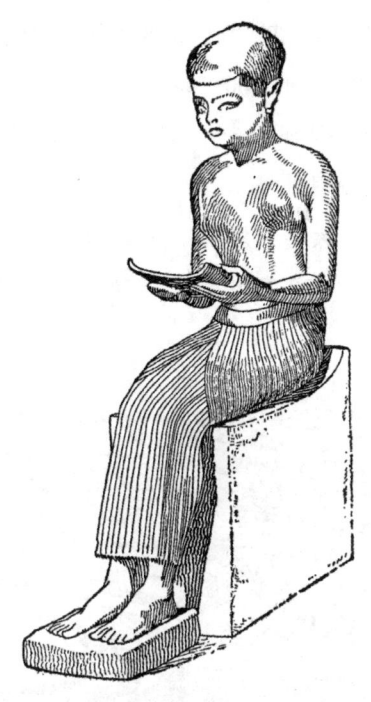

图2.18 最早的石头建筑物建筑师——智者埃姆豪特（约公元前3000年前后）

他是现存最早的石头建筑物（图2.15）的建筑师，是朱撒国王最重要的大臣。他还是伟大的医生和思想家，后来被尊奉为神。在希腊人和罗马人那里，他被尊为药神阿斯克勒庇俄斯。这尊较小的塑像是用青铜铸成的，现存于柏林博物馆。图中，他正在读一本纸草书。

埃姆豪特的阶梯式建筑已非常接近于金字塔的构造。又过了一代之后，建筑技术迅速发展，吉萨的大金字塔便出现于这个时代（公元前2900年）。从最早的石块垒筑的墓穴（见图2.17–3）到大金字塔（见图2.17–8），其间只有不足一个半世纪的时间。许多这样的成就都是在公元前30世纪取得的。也就是说，这些建筑是在公元前3000年至公元前2900年间建成。由此看来，当时在控制机械力方面的进步之快是空前的、令人惊叹的。直到公元19世纪，人类历史才进入了技术大发展时期。

大金字塔（见图2.19）占地13英亩，可以说它是一个大石堆，共由230万块大小不等的石灰石块垒叠而成，巨石平均每块重约两吨

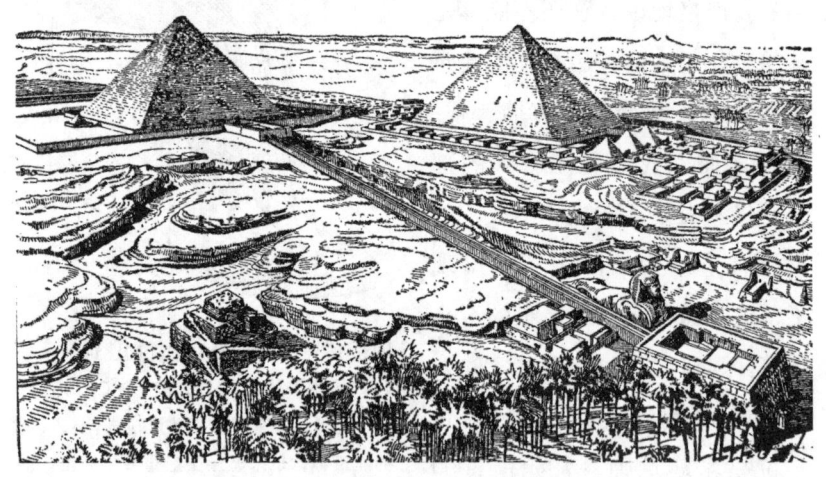

图2.19 大金字塔和在埃及吉萨的其他陵墓遗迹俯视图

该金字塔属于金字塔时代（公元前3000年~公元前2500年）早期（公元前2900年~公元前2750年）埃及的第四王朝。右边是国王胡夫的大金字塔，左边规模与之相当的那个是国王卡弗里的金字塔。每个金字塔东侧（前方）都建有庙宇，在那里为死去的国王供奉食物、饮料和衣服。这些庙宇也像金字塔一样建在干燥的高地上，而王城则建在低谷里。为了方便，一条由石头铺成的走廊将王城和庙宇连接起来。在图中，从国王卡弗里的庙宇到下面终点延伸下去有一条直线，它的旁边是狮身人面像。图中巨大的长方形石头建筑物就是低谷庙宇。低谷庙宇是一座金碧辉煌的花岗岩建筑物，它也是从王城到大走廊的入口。金字塔被王后和重要大臣的陵墓环绕着。图中左边有一座未完成的金字塔，可以看出巨大的石块被沿斜坡拖上去的痕迹。这些斜坡（叫作坡道）是用晒制的土砖铺成的，修好金字塔后就会被拆除。

半,相当于一大矿车煤的重量。金字塔塔基周长约有755英尺,相当于一又四分之三个街区的长度(按12个城市街区为1英里长计)。塔高约500英尺。希罗多德传下来的一个古老故事告诉我们,这座皇家墓穴花费了一万劳工20年的时间才最终建成。目睹如此宏伟的规模,我们对此深信不疑。通过对这一埃及人伟大创造的了解,我们更容易理解那时所取得的伟大进步。

可以想见,建造如此巨大的工程,必须有精明的领导者和庞大的管理队伍。没有管理,工程就会陷于混乱;没有后勤保障系统,一万名劳工就不能维持日常生活。兴建如此大规模工程的时候,埃及的统治者已是国王,远非昔日的地方首领可比了。埃及是世界上最早的统一大国,那时它拥有几百万人口。国王受到全国人民的敬仰,人们从不直呼国王之名,而是以他所居住的宫殿代替,即:以"大宫"来称呼国王,用埃及语来说,叫作"法老"。国王手下有许多地方官员,他们负责在全埃及征收赋税,以及处理法律事务。每位法官手中都有一部成文法典,他们可以按照法典条文秉公办案,主持公道。遗憾的是,古埃及法典没有流传下来。

国王有一个巨大的中央办公室,这是一个低矮的土坯建筑群,宫廷职员们在这里办公。他们用苇秆笔在莎草纸上书写文件,记录国王的口谕和往来账目(见图2.20)。那时还没有货币,人们只用实物缴纳赋税。谷物、家畜、葡萄酒、蜂蜜、亚麻等产品都可用来抵税。除牲畜外,其他农产品都要存入谷仓和仓库中。通过收缴赋税,国王积聚了大量财物。

官员们帮助国王处理政府的一切日常事务,也为自己聚敛了大量财产。他们拥有自己的别墅和花园,这些建筑占据着王城中的重要地方。城中有超过四分之一的地盘归国王所有。国王在那里修建王

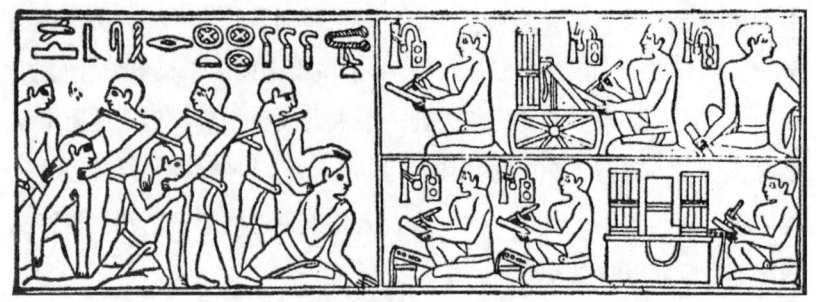

图 2.20 金字塔时期财政官员收税的情景
　　右边两排是职员和书吏,他们都盘腿坐着,有两人在桌子上书写,其他人都用右膝撑着写字板写字。他们左手拿纸,右手握笔。纳税人是犯了法的乡村官员,他们由腋下夹着板子的代理人宣判(左边)。上面的字是"依乡村之法结账"。职员记下纳税者的姓名及他们负债的数目,如果结清了税目,他们就给纳税人开出收据,这是一种契约行为。在欧洲,这种契约行为直到罗马帝国时期才出现。

宫,还在王宫周围建造了漂亮的公园和花园。这样一来,宫殿、广场、官员的别墅及政府办公室等建筑设施就连在了一起,构成了埃及首都的中心建筑群。王城从金字塔脚下延伸开去,一直延伸到低处的平原。如果登上金字塔远望,王城景观一览无余。可惜,当年的王城全是土木建筑,现已荡然无存。王城由吉萨向南伸展,后人称之为孟菲斯。

　　金字塔及周围环绕的贵族墓群,统称为死者之城。死者之城由石头建成。值得庆幸的是,石头较耐风雨剥蚀,石头城因此而得以长期保存。正因如此,今天在大金字塔顶上向南望去,在视线尽头的地平线上,可以看到一条虽略显散漫,但仍不失庄严的金字塔带。这条金字塔带长达 60 多英里,组成它的每一座金字塔都是一座皇家陵墓,它似乎在向人们讲述一个个国王的生活、统治和死亡过程。其中最古老的金字塔象征的就是这块大陆为一个国王统一后的第一个文明时代。[①]我们将这个时代称作金字塔时代,这个时代约从公元前 3000 年到公元前 2500 年,历时 500 年。

在金字塔时代,埃及已经相当强大,贪婪无度的法老开始越过埃及边界,到异国去掠夺财富。在一些保存至今的浮雕上,我们可以看到,公元前 28 世纪中叶,法老已派遣航船出尼罗河口,横渡地中海,直抵腓尼基海滨,开始了几个世纪的跨海商业活动。图 2.21 中的浮雕,向我们展示了最古老的海船。

图 2.21　最早的海船(公元前 28 世纪)

这是一座庙宇墙壁上的雕刻。船上的人们一齐向国王鞠躬,国王(图形已缺失)站在岸上(左边)。人们祝福之语用象形文字写在上边,大意是:沙胡国王,你无比高大完美,祝你像神一样长寿!船上留着胡子的是腓尼基囚犯,是被这艘船和另外七艘埃及船带来的。这八艘船组成的船队已经穿越地中海返回埃及了。两根大桅杆已被卸了下来,靠在船尾由三支桨组成的支撑物上。后来,人们在从意大利到印度的水域中发现了许多这种早期航船模型和装饰物。

[①] 在此之前的很长一个时期内,尼罗河谷周围散布着许多小王国。最后,这些小王国合并成南北两大王国。一个在三角洲,另一个占据了南部河谷。王国之间不断发生战争,最后终于统一起来。第一位建立统一国家的国王是美尼斯,他约于公元前 3400 年统一了埃及。但是,在美尼斯统一埃及后,又过了四个世纪或更长的时间,这个统一的王国才强大起来,才有了兴建大金字塔的财力,从此进入了埃及文明史上的第一个伟大时代。

国王在西奈拥有铜矿和毛驴商队，他派商队溯尼罗河而上，进入苏丹境内，同南方的黑人进行交易。他们从南方带回了乌檀、象牙、鸵鸟毛和优质橡胶。管理商队的官员是早期的斯坦利和利文斯通，他们是非洲内陆最早的探险者。在这些探险者的墓穴中，发现了许多他们在南部野蛮部落中历险的有趣记录。毫无疑问，在探险过程中一定会有不幸丧命的人。法老还曾派船队到红海南端一个叫蓬特的地方去探险。探险者在那里得到了许多地方特产，他们把这些土特产装船运回埃及。

在分布在吉萨金字塔周围的大大小小的坟墓间漫步，犹如徜徉在热闹非凡的古老社区中。在金字塔的时代，尼罗河谷人口密集，社会繁荣。坟墓之多，从一个侧面反映出那时的兴旺景象。在金字塔群中，每座坟墓的门都敞开着，人们可以随意进出参观（见图2.22）。穿过墓门厅，参观者便可进入一间长方形屋子。屋子的四壁都是用石砖砌成的，这是墓中的小教堂。埃及人相信，埋在墓中的死人每天都会到

图2.22　金字塔时代王公贵族陵墓群原型

这些王公贵族的坟墓分布在金字塔的周围。有的坟墓体积很大，顶部有方形开口，由此可进入下面的尸体埋葬处。这些建筑物是用石头建造的，外面堆着沙子，里面则填着碎石。祭祀室在东边，在每个坟墓前面可以看见入口。

这间屋子里来，享用亲人供奉给他们的饮食。屋子的四壁从底到顶都刻画着美丽的彩画，这些画描绘了大庄园中日常生活和劳作的景象。现在，这里是一片静谧和荒凉。也许你会听到外边传来牵驴儿童的谈话声，当然他们所讲的已是阿拉伯语了，坟墓建造者们所使用的古埃及语早已消亡了。一切都成了遥远的过去，只有墙上明丽迷人的壁画，将近5000年前埃及人的生活图景展现在我们眼前。

让我们再仔细观赏壁画。一个大个子贵族占据着壁画中的显要位置（见图2.23），他显然是这个庄园的主人。他笔挺地站在那儿，远

图2.23 贵族坟墓祭祀室墙壁的浮雕

这个高个子贵族站在右边，正在检查他面前的三排牛和一排家禽。走在中间两排前面的书吏在莎草纸上写字，每人的耳朵上别着两支笔。这种浮雕都是用明亮的颜色画出来的。

远地望着他的农田，察看农夫的劳作情况。画面（图2.24）呈现出一幅最古老的农业生产景象。我们还能看到那时的牧群，在草地上吃草的肥壮的畜群，被牵着拴在桩上挤奶的母牛（见图2.23及图2.25），以及正在拉犁耕地的公牛。家畜还被用来驮运东西。在金字塔时代的墓穴中，我们没有发现马的图像，因为那时的埃及人还不曾认识马。毛驴随处可见，可以想象，要是没有驴，收获庄稼会多么困难（见图2.26）。

图2.24　金字塔时代的埃及人耕种图
　　图中有两个人在耕地，一个赶牛，一个扶犁。这种木犁是由木锄改造而来的。使用者像拿反着有柄的锄头，它的柄很长以便使用轭和牛相连接。于是原来锄头的柄就成了犁的横梁。犁上连着两个短柄便于后面的人扶犁。现在仍在使用的犁原先就是埃及人发明的这种样式。拿锄的人将犁起来的土块击碎，前面有一个人从他身上一个古怪的袋子里掏出种子撒播。左边有一个书吏。上面的象形文字是对这个场景的解释。

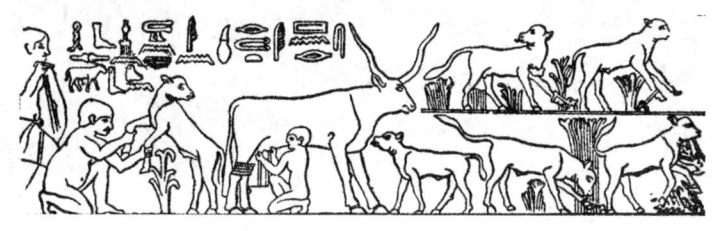

图2.25　金字塔时代农民挤奶图
　　为了不让牛往后退，一个农民用牛绳拴住它的后腿。牛后面的另一个人抓住急欲冲向母牛吃奶的牛犊。

图 2.26 金字塔时代驮着一捆谷物的毛驴

转过一堵墙，那位高大的贵族又出现了。此时，他在视察庄园工匠们的作坊和院落。远处是一个锻工，当时各种各样的铜制工具，就出自这些锻工之手。他已掌握了极高的技术，可以用五六英尺长的宽铜板锻制出长而平滑的粗齿锯。但他并不知道，早在一千多年前，他的祖先曾拣起第一粒铜珠，那是人类取得以后的长足进步的开始，使他掌握了今天这样的技艺。那时的工匠还能锻制出一种可以切割金字塔大石块的锯子，而且还可以根据需要设计制造出尺寸相当大的用品。据最近挖掘成果判断，那时铜匠可以为金字塔庙配制 1300 英尺长的铜制排水管（约 1/4 英里）。这是我们所知最早的管道系统。

还是在这面墙上，我们看到宝石工手捧光彩夺目的闪长岩石碗，敬献给贵族。当时的宝石工匠能将像铜一样坚硬的闪长岩石磨制得很薄，薄到日光可以照透深灰色岩石碗的碗壁。我们还看到另一些工匠在切割、磨制小片漂亮的蓝松石。磨制后的蓝松石片要被极为精确地装在金匠刚刚制好的金瓶表面的凹陷处。金匠铺中有许多工匠和学徒

(见图2.27)。他们都在敲敲打打，将精心制作的钻石嵌在一起。那时钻石制作所达到的精美程度，即使是今天最好的金匠和钻石匠也难以超越。

图2.27　金字塔时代埃及人加工珠宝的过程

　　上排：左边的金匠首领在称量金属材料，一个书吏在旁边做记录，中间六个人用吹火管往一个小泥熔炉中吹风，再往右是一个人将熔化的金属或其他混合液倒出，最右边四个人正在制作金箔。中排：已做好的珠宝首饰和首饰盒。下排：坐在矮凳上的工匠正在雕刻珠宝，其中有些人是画匠。

　　这面墙上描绘了陶工的劳动场景。我们发现，此时的陶工已远非石器时代可比了。那时的陶工只能用手指来制罐捏碗。在这幅画上，陶工坐在那里，前面平放着一个小轮子，小轮子上放着陶泥。随着轮子的旋转，他们可以自如地设计陶坯的形状。松软的陶坯制成后，陶工们不再像石器时代早期的瑞士湖民那样，在无遮无拦的火堆上烧制陶器。在埃及陶工们的院子里，建有一排排一人高的陶炉。陶炉是封闭的，炉火不会因风而受到影响（见图2.28），陶皿在火中受热均匀，故而最后出炉的陶器就显得比较平整。在墓穴的墙上，我们还可以看到，埃及的手艺人已会制造玻璃。埃及人在几世纪前就发明了这项工

图 2.28　制作陶器用的转盘及熔炉

一个制陶工坐在一个水平转盘前面,这个转盘像一个扁圆的盘子。陶罐必须经过转盘加工才能成型。制陶工用一只手旋转转盘,用另一只手使旋转中的软泥变成罐。这种转盘是现在的车床的祖先。右边有两个人将碗和罐子装进炉中,图左边的那个窑炉已经非常热了,拨火的人用手护着他的脸。

艺。将色彩华丽的釉料涂在瓦片上,用来装饰房屋和宫墙,或制成各色玻璃瓶(见图 2.29)和花瓶(见图 2.30),这种花瓶远销世界各地。

我们再看远处,那是纺织女工从纺织机上抽出一丝纤细的亚麻纤维的图景。单从这个图景中,我们还不能确知当时纺织品的精细程度。幸运的是,在当时一座陵墓中的木乃伊上,人们发现了几块残存的亚麻布。这些皇家亚麻布的精细程度令人惊讶,以至

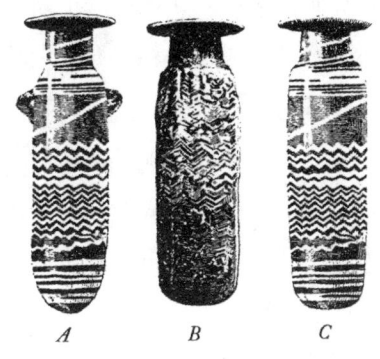

图 2.29　埃及的玻璃瓶及在巴比伦尼亚和古意大利的分布状况

A. 发现于古埃及;B. 发现于古巴比伦尼亚;C. 发现于古意大利。玻璃瓶的形状仿埃及人的雪花石膏香水瓶。后来,地中海地区的香水瓶和化妆瓶多是这种形状。

于得用放大镜才能将它与丝绸分辨开来。同这种古埃及人用手工纺车纺出的织品相比,现代的机动纺织机纺制的最好布匹,也显得粗糙不

堪。在一架织机上，纺织工们正在织一条精美的挂毯。挂毯是用于装饰法老的宫殿墙壁的，或用于贵族别墅屋顶花园遮阴。上面提到的精细的纺织品，就出自这些纺织者之手。在墙的另一处，我们发现了大捆大捆的莎草苇。这些草苇是古埃及人从尼罗河边的沼泽地中采来的。草苇是造纸的原料，制成的纸呈淡黄色，其状长而窄。我们在地中海上所见的船队最后会将这种尼罗河纸草打成捆，装上船，运往欧洲国家。

沿着墙壁再往前走，造船工和家具木工（见图2.31）的劳作场面便映入我们眼帘。观看着那

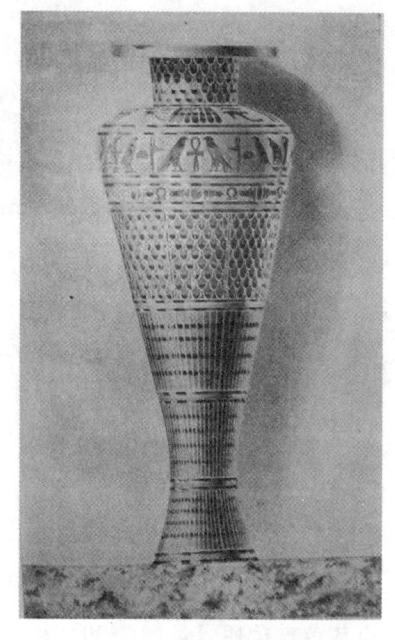

图2.30　金字塔时代的埃及花瓶

　　花瓶是金质的（这里呈黄色），镶嵌着青金石（这里呈蓝色），是埃及金匠制作的。

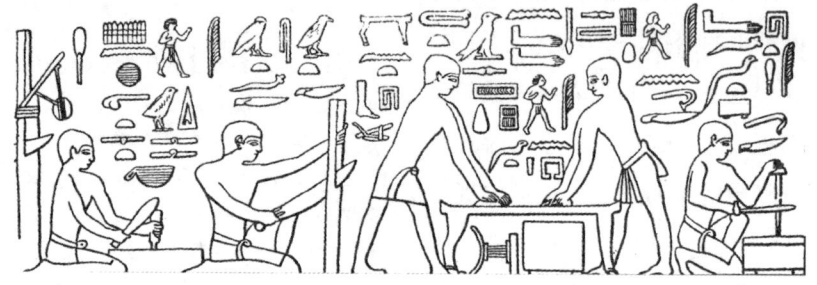

图2.31　金字塔时期的木工

　　左边的人正在用凿子凿洞，他前面有个人正用铜锯锯一块木板，两个人正在漆一把长椅，右边一个人在用弓钻钻孔。

66　▶　文明的征程

生动的画面，我们仿佛听到了工匠们锤起锤落、拉锯推板的操作声。画中有一长排弯曲的船壳，船工们蚁集其旁，安装着这些最早的海上运输工具。再往旁边看，木工正在忙着为贵族的别墅制作舒适的家具。国王或富人的座椅和睡椅制好后，还得镀上金银，镶上乌檀象牙，装上柔软的皮垫，这种家具非常舒适宜人。

让我们回过头来再看一看墓中祭祀室的彩色壁画。这些吉萨的墓穴绘画告诉我们许多有关早期埃及人学习制作生活和生产用品的生动故事。我们从中了解到，尼罗河人制作的物品比石器时代人多得多。在这些墓中教堂兴建的时候，欧洲城邦或湖村居民依然过着石器时代的生活。

墓穴壁画告诉我们，那时尼罗河波光粼粼，十分繁忙，船只往来如梭。这些船只满载着手工制品，或作为赋税向法老进贡，或运到城中集市进行交易。在壁画中的贸易市场上，可以看到鞋匠用一双便鞋换取面包师的一块糕点，木匠的妻子用一只木箱向渔夫换一条鱼，而陶工的妻子则用两只刚出炉的碗和药剂师交换一罐什么药膏。那时还没有货币，市场交易都是以物易物。普通人的商业活动就是这样进行的。不过，宫廷里的情况有所不同。在宫廷里，用作交易物的是特制的金环。这种金环很重，很像环状硬币。此外，还有一种铜圈也被用作交易媒介。这也许就是硬币的雏形了。

三、金字塔时代的社会、艺术及建筑

我们始终无法彻底搞清楚早期人类为什么会从野蛮残暴进化得文明善良，埃及遗迹所反映的家庭生活，向我们揭示了人类在长期进化过程中的一个极富人情味的结果。

在吉萨墓穴祭祀室壁画中的集贸市场上，大都是一些金字塔时代的黎民百姓。其中有的是自由人，他们拥有自己的商业或手工业。还有一些是奴隶，他们在庄园主的农田里干活儿。这两种人出身卑微，都没有自己的土地。凌驾于他们之上的是地主、法老以及法老的官吏和大臣，坟墓就是为这些上等人修建的。我们可以知道许多富人的名字，只要在这块墓地中走一走，我们就可以列出一份王城中国王手下高官显贵们的名录。我们可以列出那些辅佐国王的大臣、财物主管、大法官的姓名，也能够知道宫廷中的建筑师、内侍及卫士的名字。国王们被安葬在吉萨的大金字塔中。建筑师们不仅费尽心机地建造国王的墓穴，也为自己建造了坟墓。我们甚至能找到为胡夫设计和建造吉萨大金字塔的建筑师的坟墓。

贵族和官吏们主宰着金字塔时代的尼罗河谷，整个尼罗河谷的经济命脉和社会生活全在他们控制之下。在墓中的壁画上，我们还可以看到庄园主们坐在四人抬着的轿子上，在庄园里检查一番后尽兴而归。抬轿子的是奴隶，庄园主坐在上面舒适安闲。奴隶将庄园主抬到房屋前面绿树掩映的花园里（见图2.32），放下轿子。可以想象，轿夫们原来是唱

图2.32　一个埃及贵族的别墅

　　花园为高墙所环绕。园中两边都有池塘，园子中央有一片树林。房屋在花园深处，三面为树木簇拥，用锦缎搭起的遮阳篷在屋顶造出一片阴凉。

着号子的，此时，动听的号子声也随着停了下来。①轿子一停下，庄园主的妻子立刻上前迎接丈夫。夫贵妻荣，她总是不失时机地出现在丈夫左右。作为唯一的妻子，她同样对属于丈夫的一切权利具有享受权。这座花园是她和丈夫的乐园。庄园主每天在这里作短暂的休憩，或者和家人、朋友们躺一会儿，或下会儿跳棋，或听会儿竖琴、管乐器及笛子奏出的音乐，或欣赏妇人们舒缓高雅而又时尚的舞姿。孩子们在花园的树丛中追逐嬉戏，在池塘里摸鱼玩水。他们玩球、摆弄玩具和跳娃娃，或逗弄伏在父亲的象牙腿凳下的驯猴。我们无法彻底搞清楚早期人类为什么会从野蛮残暴进化得温文尔雅，不过，从埃及遗迹所反映的早期家庭生活中，可以找到部分答案。有一点是完全可以确定的，柔弱的儿童长期依赖父母的关爱和保护，这是促使早期人类从野蛮向文明进化的重要因素。人类由粗野无情到多情善感，与对妇女、儿童的体恤关心有密切的关系。毋庸置疑，埃及遗迹所反映的动人家庭生活，向我们揭示了人类在长期进化过程中的一个极富人情味的结果。可以说，这是整个人类文明进化过程中最为重要的一步。

我们又看到了一个画面：贵族的一只手不经意地搭在他的爱犬头上，用另一只手招来花园主管，他看着新鲜的莴苣②向主管发出命令：用莴苣来准备晚餐。庄园的餐厅为土木结构，宽敞明亮，通风良好，四面装有疏棂窗户。一面悬挂着彩色帷帘的框子就是起居室的墙壁。在必要的时候，只需把帷帘放下，即可把风沙挡在外面。这种结构会使居住者感到十分惬意，犹如在享受艺术——房屋本身就是一件艺术品。通过房屋的建筑和装饰，我们又有了一大发现，埃及人有一种自然审美需求。这使他们在制作生活用品和建房造屋时，既讲究实用，

---

① 同另外一些歌曲一起刻在墓中的墙壁上。
② 埃及人首先人工培植了莴苣。同许多其他蔬菜一样，莴苣种植一直传到现在。

又追求美观。

在贵族的餐厅内，到处洋溢着美的气息，给人以美的享受。勺柄上刻着绽放的荷花，那是精细的雕刻。深蓝色的荷花萼状的酒杯中盛着美味的葡萄酒。用象牙制作的座椅或靠椅腿上，雕刻着栩栩如生的公牛或巨狮。抬头仰望，天花板被绘成繁星点点的蓝色苍穹，用棕榈树做的支柱支撑着天花板。每根支柱顶端都刻着一簇簇雅致的垂叶作为柱冠，垂叶被染成黛绿，显得格外美丽。厅柱以荷茎的式样在地板上竖立着，仿佛在用它那摇曳的花朵把蔚蓝色的天花板托起。绘制得十分精巧的野鸽和蝴蝶仿佛在天空中飞舞。往下看，餐厅中有一条地毯小径。地毯的底画是深绿色的沼泽草地，草地间有一水潭，潭水晶莹透亮；水中，鱼儿在随风摇曳的芦苇丛中游来游去。地毯边上也有画：野牛在灌木丛中奔突时，听到鸟儿在树梢上啁啾，野牛似乎有些吃惊，猛地抬起头来；鼬鼠正鬼鬼祟祟地爬向鸟巢，企图破巢取卵，主人正在声嘶力竭叫喊，却难以将鼬鼠吓跑。

如果没有高水平的艺术家，埃及人就不可能在我们参观的墓中祭祀室里留下如此精美的彩色浮雕。这并不是一种假设，在墓室的一个墙角，我们发现了一幅画家的画像，该画家就是这个祭祀室中的壁画的作者。在这里，他和庄园上的其他人一起享受着丰盛的筵席。从他的画中我们可以看出，他还不能很好地掌握在平面上绘出物体的厚度和圆度的技巧。尽管如此，他的动物画还是很生动的。不过，因为那时的人们还不懂透视原理，一旦要画处在某一背景中的物体或表现较远的对象，他们就会遇到很大困难。将远处的物体画得和近处的物体一般大小，这在当时的绘画中是非常普遍的现象。

肖像雕塑家是金字塔时代最伟大的艺术家，他们把石头和木头作为基本材料，塑造出具有浓郁生活气息的肖像。塑像的眼睛由宝石制成，它们至今仍闪耀着生命的光辉。尽管这是艺术史上最早的塑像，但就生动性而言，这些塑像恐怕是任何后来者所无法比拟的。国王的塑像往往很大，它们立在法老的金字塔大殿上。最大的一座雕塑叫斯芬克斯，它至今仍矗立在吉萨墓地中。他的头像是卡弗里，这位国王建造了吉萨的第二座金字塔，这座金字塔由岬岩石砌成。从这里眺望，整个王城一览无余。这是自古以来最大的塑像。

斯芬克斯旁边是卡弗里河谷圣殿（见图2.33），殿墙和窗间墙壁全都是用花岗岩砌成的。我们可以从中看到金字塔时代的埃及人在建筑方面的聪明才智。殿堂的大厅是通过殿顶的一排排斜缝采光的，这些斜缝起着窗户的作用。中央走廊上方的殿顶较高，两侧的殿顶稍低，顶窗就分布在由中间高两侧低而形成的斜顶上。这种被叫作天窗的采光设计历经希腊和罗马时代不断演化，最后发展成为基督教长方形教堂的中殿建筑形式。因此可以说，金字塔时代的卡弗里圣殿是3500年后欧洲基督教建筑的前身。

又过了不到一个世纪，在卡弗里殿中见到的那种巨型建筑就发生了很大的改变，这是因为埃

图2.33 卡弗里低谷神庙中带天窗的大厅原型

大厅的屋顶由两排巨大的石墩支撑着，每一块都是重达22吨的磨光的花岗岩。在这幅图中只能看到一排石墩。在左上方，阳光从低处的天窗斜射进来。我们在图中所看到的几尊塑像曾被不知名的敌人扔进一口离大厅不远的井里，大约于60年前，它们被发现并从井里弄上来。

及人的审美观发生了很大的变化。最初的窗间壁和梁柱显得很粗笨。而现在,建筑师则用既轻又美观的圆柱代替它,并在柱头雕刻出漂亮的装饰,看上去显得优雅多了。这些圆柱一排排长长地排列开来,形成最早的廊柱(见图 2.34),那是公元前 28 世纪的事。这种廊柱对埃及来说具有特别的意义。因为随后我们就会看到,在亚洲最早的生活空间里,很长一个时期内人们都不知道什么是廊柱。可见,廊柱是埃

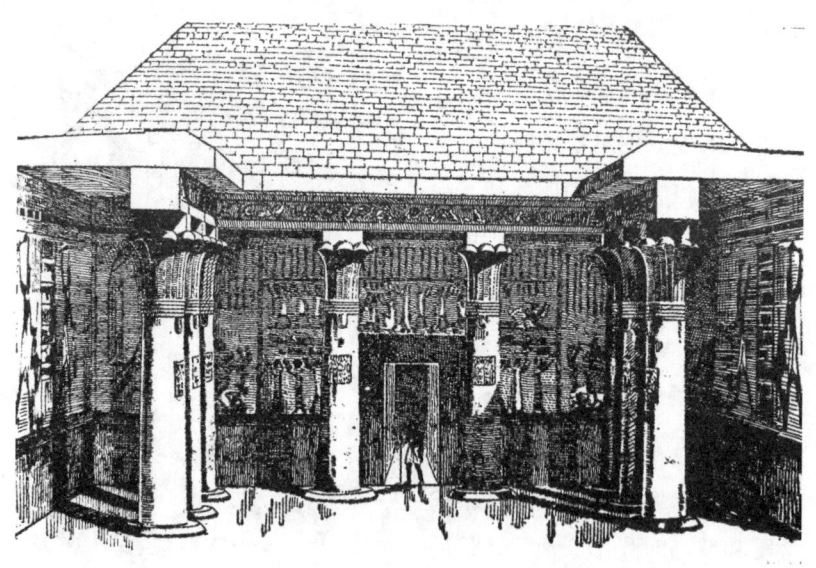

图 2.34　金字塔庙宇和院中的柱子（公元前 28 世纪）

　　在图中可以看到矗立在神庙后面的巍峨的金字塔。中间一条门廊直通圣堂,圣堂依金字塔一侧修建。在金字塔与圣堂的连接处,有一道假门。这是国王复活后走出金字塔进入圣堂的通道。进了圣堂,他就可以品尝盛在精美容器中的美味佳肴,参加在这里举行的庆祝盛宴。庙宇的中央为露天庭院,四面的廊顶都由圆形廊柱支撑着。这是建筑史上最早的圆柱式建筑。在此前一千多年,卡弗里的神庙中还是用方柱,而且方柱上也没有装饰柱头（图 2.33）。每一根圆柱很像一棵棕榈树,柱顶就是树冠。整个庙堂都漆上亮丽的颜色,柱后的壁画也光彩夺目。在这座建筑中,还装着一条 1300 英尺的铜管,这是已知建筑物中最早的管道。

及建筑史上的独特发明。

　　金字塔及其附属建筑向我们展现了金字塔时代埃及人所取得的辉煌的文明成就。如果时间允许，我们还会找到其他一些历史陈迹来进一步说明埃及人的文明成就。就像我们在假想中访问过他的家院和庄园的那位贵族一样，在金字塔时代，贵族的权力越来越大，最后法老已无法严格控制他们。贵族间的斗争不断激化，这种斗争摧毁了法老的管理机构。公元前2500年后，金字塔时代的最后一代王朝终于崩溃。金字塔时代历经五个世纪，它使人类走出了蒙昧，走向文明。这是人类历史上第一个伟大的文明时期。虽然金字塔时代结束了，但尼罗河文明并没有因此终结。在尼罗河上游，还留存着许多古代遗迹，它们记载着金字塔时代以后的人类文明史。为了详细了解这段历史，我们还得溯历史长河而上，追寻古人的踪迹，追述古人的故事。

第三章　埃及的故事：封建时代与帝国时代

图 3.1　古埃及画中的天平

左边，身穿白袍的死者走了过来。死者是一个叫安尼的男人和他的妻子。在他们前面，放着一架称人心的天平，称人心是为了衡量人心是不是公正。一个豺头神在调节着天平，鹮头神站在它身后，手里拿着笔，正准备记录天平称量的结果。在他身后，一只怪兽蹲踞在那儿，随时准备吞食不公正的灵魂。人心放在左边的秤盘上（以小坛子代表），右边秤盘上放着正义和真理（以羽毛代表）。如果左边的心升高，高过右边的秤盘，就表明它是不公正的。这是一幅画在莎草纸上的水彩画。这种画卷有的长达90英尺。上面写满了供死者在另一世界使用的咒语。因此，现代人称这种画卷为"死者之书"。

一、尼罗河之行与封建时代

在金字塔的建造者那里，我们看到人类在力量、建筑和艺术方面的巨大进步。而在封建时代，人类的进步已涉及道德和品格等领域，这些领域的长足进步对宗教产生了深刻影响。

从开罗码头出发，我们溯尼罗河而上。远远望去，一长排巨大的金字塔矗立在河西岸的地平线上，它们代表金字塔时代的辉煌文明。航船不断驶向南方，金字塔缓缓后退，最后消失在一大片棕榈树丛之后。不一会儿，另外的古代埃及遗迹便展现在我们眼前。而沿长满棕榈树的河岸一直往南，在那很远的地方，我们还将看到一些建筑，包括坟墓和纪念碑。这些遗迹向我们讲述尼罗河的两个更伟大的时代——封建时代和帝国时代。我们的轮船继续平稳地向南行驶。此时，尼罗河已变得弯弯曲曲，在拐向河谷纵深的地方，轮船不时靠近风雨剥蚀、疮痍满目的河边悬崖。我们会看到崖面上凿着许许多多墓门，那些墓门后面便是在岩壁中凿出的墓室（见图3.2）。

这些俯瞰尼罗河的崖墓大多建于埃及封建时代。埋葬在崖墓中的人生活在他们金字塔时代的祖先之后五个世纪。经过漫长的岁月，修筑这些崖墓的贵族们拥有了比其祖先更大的权力。国王根据当时的制度把土地赏赐给他们，他们在自己的庄园里拥有无上的权力。贵族的庄园很大，土地肥沃，阡陌纵横，这一切尽在居高临下的崖墓的俯视之下。这种以土地分封贵族的制度后来在欧洲被称作封建制度。封建制度在埃及延续了几个世纪，公元前2000年是埃及封建制度的鼎盛时期。

在金字塔时代，我们看到过一些刻在石头上的铭文。对于那个时

图 3.2 封建时代埃及贵族的崖墓

崖墓不同于金字塔时代的石砌坟墓,它是在悬崖上挖成的。穿过门廊可以进入祭祀室,那里有一些彩绘浮雕,还有许多记录。这些浮雕与金字塔时代的浮雕非常相似。在这个祭祀室里,贵族陈述了他对待人民的态度。他说:"我不会欺负任何公民的女儿,我也不会欺凌任何一个寡妇,我不会驱逐任何一个农夫,我也不会赶走任何一个牧人……在我的辖地内,绝不允许看到悲惨的生活;在我统治下,绝不允许出现饥饿现象。假如出现饥荒,我会把奥瑞克斯庄园的所有田地都开垦出来,以维持人民的生活,为他们提供食物,消除饥馑。无论是对寡妇还是有夫之妇,我都一视同仁;我不会因为给了下等人好处而得意。"墓中有许多这样的铭文。

代,除了大型石碑的碑文外,我们很难找到其他可据以了解过去历史的文字,因为那个时代的所有莎草纸卷都已腐朽消失了。但在封建时代我们就不必为此而犯难了。在封建贵族的图书馆——世界上最早的图书室里,我们可以找到一些书的残片。图书室建在墓中,里边幸存的书卷用的全是莎草纸。这些纸卷被捆扎好后藏在罐中,然后分门别类贴上标签，整齐地摆放在书房的书架上，这是迄今为止我们所发现的最古老的图书。从书架上取下几卷书，读上一读，我们就会发现里面记述着人类历史上最古老的故事。其中，有的告诉我们埃及人在亚洲漫游探险的经历，有的则讲述了远航船只在幽灵岛上失事的故事。幽灵岛位于红海与一个不知名的大洋的连接处。这则故事无疑是最早的"船员辛巴达传"了（见图3.3）。书中还记载了古代智者和术士创造奇迹的故事。这则故事发生的时间比摩西在法老的宫廷中创造奇迹的故事早一千七八百年。

图3.3　四千多年前，埃及的男孩女孩们就已在阅读失事船员辛巴达的故事了，这是最早的辛巴达书面故事。这是这个故事的一部分（一张莎草纸书页的三分之一）

这上面写道："船上的其他人都遇难了，无一幸免。我被巨大的海浪抛到了一个岛上。我一个人孤独地过了三天，只有跳动的心脏伴随着我。我睡在树林中，直到阳光照在身上才醒过来。随后，我便爬起来四处寻找可吃的东西。我找到了无花果、葡萄和鲜美的蔬菜，等等。"接下来，辛巴达被一个长须魔怪抓住了。这个魔怪是印度洋入口处红海上的幽灵岛的国王。魔怪对辛巴达很好，留他在岛上住了三个月，然后送给他许多财宝，把他送回了埃及，后来这个岛就消失了。这类故事书写在整幅莎草纸上，宽5英寸或6英寸到10英寸或12英寸，长15英尺到30英尺或40英尺。不用的时候，可卷起来存放。这是最早的纸卷书，小的有大学文凭那么大，大的则像一卷糊墙纸。

埃及的这些古老图书记载的故事显示，那时的作家已开始思考一些社会问题。他们在作品中明辨社会善恶，并且企图疗治社会弊病；他们述说穷人和卑微者的苦难；他们还以各种方式向统治者进言，规劝统治者以公正、善良之心来对待贫弱阶级。有的作家在作品中揭示人性的邪恶和人类前景的黯淡，还有一些作家则预言圣明正直的统治者就要降临，他们把这样的统治者称作"好牧人"。这种作家的作品给人们指出了希望所在，他告诉人们，一个开明的国王即将出现，他会给所有人带来正义和幸福。一种我们称作"救世主义"的社会理想主义思潮便由此兴起。在希伯来人那里，这种思潮最为普遍。封建时代的埃及作家是关注社会问题的先驱者。他们的故事使我们认识到，封建时代与金字塔时代相比，在某些方面已有了很大的变化。在金字塔的建造者那里，我们看到人类在力量、建筑和艺术方面取得了巨大进步。而在封建时代，人类的进步已进入了道德和品格等领域，在这些领域的长足进步对宗教产生了深刻影响。到了封建时代，在人们的思想中，神已不再只是自然界的主宰，也不仅仅控制太阳、月亮、陆地和海洋了，神还主宰着人的灵魂。这时的埃及人已确信，神还涉足是非领域。在神面前，每个人都得对自己的行为负责，每一个灵魂都得以现世的品格向来世做出交代。基于这种观念，人类的争斗由单纯的物质上的争夺上升到精神上的对抗，物质生产也就开始向精神追求的方面扩展。诸如伦理价值等精神追求使人类开始注重心灵关怀。在整个人类发展史上，由物质转向精神，是最根本、最有价值的重大进步。人类在这方面的变化，远远大于火的获取和金属的发现。

或许，关于俄赛里斯神的剧本就在这大量的莎草纸卷中。这个剧本描写的是俄赛里斯从生到死、从安葬到复活的动人故事。那时每年都举行一次盛大的宗教活动，这是最受欢迎的节日。俄赛里斯神就是节日的主角,剧本通过这样的节日活动描绘了他的一生。俄赛里斯剧是我们目前所知道的最早的戏剧,它流传了很多年,有点像耶稣受难剧。遗憾的是,记载该剧的莎草纸卷已消失了。幸存的一些纸卷中记录了许多诗歌。那时,国王每天早朝的时候,宫廷中的文武大臣都必须齐声高唱赞美歌,表达对君主的敬意。此外,还有一首专为法老准备的节日赞歌。当宫廷中举办大型节日活动的时候,两队歌手同声歌唱。这些赞歌由并列的诗节或诗行构成,近似于希伯来《诗篇》中的诗行。这是流传至今的最古老的诗歌形式。

还有一些书卷记载了封建时代的科学发展情况。其中《埃德温·史密斯文稿》(见图3.4)是最有价值的著作。这是一部古老的医学著作,编著时间是公元前17世纪的希克索斯时代晚期。这是一部真正的科学著作。在这部著作中,我们可以发现,人类已首次致力于观察、辨析和记录事实,并由此得出了结论。这是一篇关于内外科医术的论文,它涉及了人体的某些部位。遗憾的是,不知为什么论文在论及胸腔和上脊椎骨部位时突然停止了。在本篇论文中,记载了人类最早对人脑的观察。"大脑"一词,第一次在这篇论文中提到,它是已经发现的古文献中使用该词最早的文章。那时的外科专家已经认识到了大脑是下肢的控制中枢,并且已开始进行研

图3.4 公元前17世纪的埃及医学著作,是最古老的科学论文。出自《埃德温·史密斯文稿》

究。这也就是说,所谓新兴的有关大脑的医学研究,其实在很久远的古代就已开始了。在这篇医学论文中,还首次提到外科缝合手术。当时的内科医生已发现心脏是人体内部动力系统的中心,但还没有认识血液循环系统。还有一些论文认为人体疾病的产生跟恶魔有关,恶魔使人患病,尤其是那种精神不安现象,更是恶魔作祟。此外,有的书卷还记述了一些简单的十进制算术规则。我们已经知道,十进制是古代传下来的,而古埃及人早已开始运用了。另一些书稿中还记下了基础代数和初级几何等内容,甚至连圆柱体或半球体的体积计算等问题都有记载。不管是哪类问题,埃及人都能运用合理的近似法计算得到较为准确的答案。尤其值得一提的是,当时的埃及人已经能够通过简陋的仪器来观察天体了(见图3.5)。天体记录和地理学方面的文献一样都已散佚了。但我们已确知,当时埃及人已能

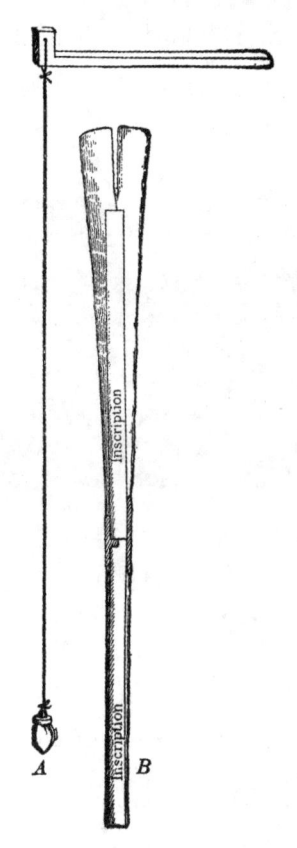

图3.5 古埃及天文仪

这是至今所发现的最古老的天文仪器,现收藏于柏林博物馆。这个天文仪由两部分组成,一部分是顶端连有把手的简易铅垂线。观察者可手执另一部分,直接在某一给定位置透过顶端的长缝,观察诸如北极星之类的星星。在观察者和北极星之间放一长竿,当长竿和北极星对齐时,天文员即可测出它的经线,也可以观测每一个经过经线的恒星,测算时间,记下有价值的天文资料。

第三章 埃及的故事:封建时代与帝国时代

分辨出行星和恒星，当然他们还没有形成完整的天体系统概念。黄道十二宫的划分也不是出于他们的观察。

图 3.6　古要塞哈米吉多顿废墟

　　这里曾经是埃及和亚洲长期争雄的战场。公元前 15 世纪，伟大的埃及征服者图特穆斯三世成了这里的主人。发生在城墙下的最近一次战争，是公元 1918 年英国和土耳其之间的决战。芝加哥大学东方研究所正在这里进行考古。在图中左上方可看到探险队总部。

　　在这些领域中取得进步的时候，封建时代的法老们的管理水平也大大提高了。每隔几年，他们就要进行一次人口普查，这是为了方便征收赋税。类似的统计材料，世界上仅有少数国家保存下来。为了灌溉农田，埃及人筑起大型的土堤，他们用土堤围成一块巨大的盆地来蓄存尼罗河水，干旱的时候开堤放水，从而使农田旱涝保收，不断增产。他们连续多年观测尼罗河水位，水位刻痕至今犹存。在第二大瀑布处刻下的水位标记，现在仍留存在河谷的岩石上面。4000 年前埃及人已在修建大规模的水利工程，而我们的政府才刚刚开始在我们干旱的土地上修建同等规模的灌溉设施。

　　同时，封建时代的埃及统治者还通过水路向外扩张，掠夺别国的财富。他们的舰队在爱琴海上穿梭，活跃在周围的岛屿上。而且，他们很可能还统治过克里特岛。他们在红海北端向西开凿运河，直通东部三角洲上最近的一条尼罗河支流。三角洲上分布着尼罗河的许多支流，河水通过许多河口流进地中海。这种地理形势使法老的红海船队可以通过运河进入尼罗河的近东支流，然后顺流而下，直抵地中海。苏伊士运河在4000年前首次把红海与地中海连在一起。这一创举的重要意义不亚于巴拿马运河对于我们的意义。随着运河的开通，尼罗河上的船只还可以从东部三角洲出发，驶向非洲的索马里海岸以及印度洋海峡。当时，索马里还属于蓬特。对封建时代的埃及船员们来说，这片水域就是世界的尽头，他们惊心动魄的历险故事，给沿途封建庄园的村民们带来了欢悦。

在这个时代，法老还组建了一支小规模的舰队。无论是在南部还是在北部，无论是在巴勒斯坦还是在努比亚，法老的强大威力都起到了震慑作用。他南征努比亚，征服了第二大瀑布的大部分地区，使埃及境内的河段增长了200英里。他还在边境修筑了坚固的防御工事，以抵御努比亚部落的侵袭，这些工事一直保留至今。封建时代的法老创立的统治制度对后世起了启蒙作用，为早期的埃及统治者的管理方式奠定了基础。有三位国王都曾取名"西斯特利斯"，这是一个伟大而光荣的称号，它永载埃及史册。公元前1800年以后，法老的权力突然崩溃了，他们的统治方式也随之消失了。

二、帝国的建立

在曾经辉煌一时的底比斯城中矗立着卡纳克神庙，它像一部巨大的史书，记述着埃及帝国的许多故事。

尼罗河岸边的遗迹向我们讲述了伟大的尼罗河人民经历的两个时代的故事。[①]离开埃及封建时代的墓穴，我们继续南行，行至400英里处，一堆堆巨大的石头建筑废墟和一根根高大的石柱便进入了我们的视野。这些遗迹散布在尼罗河东侧的棕榈树丛中。它们是底比斯城废墟的一部分。底比斯城曾盛极一时，现在这座古城遗址将对我们讲述埃及古代第三个时代——帝国时代的故事。

在这里，我们不仅能看到大型墓穴，而且还会看见大型庙宇。为了了解帝国时代的埃及，让我们到底比斯古城的卡纳克神庙周围去考察一番。这座神庙对我们研究埃及帝国时代的作用，就像吉萨坟墓对我们研究金字塔时代的作用一样，是非常重要的。我们发现，这座巨大的庙宇雕梁画栋，气势恢宏。庙宇墙壁上的大型浮雕表现了埃及人在亚洲征战的场面。我们看到法老像巨人一样站在他的战车上，驱车向前，敌人溃不成军。金字塔时代的法老从未见过马这种动物，封建时代的法老也不知马为何物。在帝国时代的遗迹上，我们第一次看到了马的形象。在埃及封建时代将结束的时候，亚洲人入侵了埃及。我们不了解这支来自亚洲的入侵者的来龙去脉，他们被称为希克索斯人。他们统治埃及及周边的亚洲地区约一个多世纪。早在公元前21世纪的时候，西亚就已出现了驯马，而尼罗河谷的第一匹驯马，却是由希克索斯入侵者带来的。随着驯马进入埃及，战车在埃及的出现便是必然的了。埃及人吸收了先进文化，通过连绵不断的战争，逐渐发展成一个军事帝国。

埃及成了帝国，法老变成了国王。帝国拥有由弓箭和重型战车组成的强大军队（见图3.7）。他们率领这支训练有素、管理良好的部队

[①] 古埃及经历了三个时代:(1)金字塔时代，约公元前3000年到公元前2500年;(2)封建时代，兴盛于约公元前2000年;(3)帝国时代，约公元前1580年到公元前1150年。

南征北战,东拼西杀,征服了从亚洲幼发拉底河到尼罗河第四大瀑布的大片领土。于是,帝国色彩将埃及涂抹得更加浓艳。这里所说的帝国,是指一个最强大的国家处于统治和支配地位的国家群。埃及帝国由许多国家组成,包括早期东方世界的大部分地区。各个国家由小城邦组成。在国家管理方面,行政管理机构从小城邦设起,而人员组织则扩展到帝国一级。法老拥有至高无上的权力。法老的权力从公元前

图 3.7 驱车冲杀的帝国法老

　　法老战车所到之处,敌人四处溃逃。在高大的法老及其健硕的战马面前,敌兵显得那么弱小,不堪一击。这是卡纳克神庙大厅外墙上的一幅浮雕。浮雕长 170 英尺,刻画了一系列法老征战的情景,本图为其中的一部分。这些雕刻原来都有鲜艳的颜色,彩绘浮雕增强了表达效果,使法老的英雄形象在人们心中留下深刻的印象。今天,浮雕的色彩已全部消退,浮雕本身也因风雨剥蚀而失去了昔日的风采,所以本图不太清晰。

21世纪早期一直持续到公元前16世纪,经历了四百多年。

卡纳克神庙坐落于曾辉煌一时的底比斯城中。它像一部巨大的史书,向我们讲述着埃及帝国的故事。在神庙大厅后面,矗立着一座高大的方尖碑。该碑由花岗岩制成,近100英尺高,这是埃及帝国早期的杰作。这座丰碑的制作者是埃及历史上第一位伟大女性——哈特谢普苏特女王。过去曾有过两座这样的石碑(见图3.8)。女王的工匠们手艺精湛,他们居然能从第一大瀑布处的花岗岩采石场中采出两块巨大的石碑来。他们采出石碑后,装上大船,顺尼罗河而下,运至卡纳克神庙,再将它竖在神庙院内(见图3.9)。女王志向远大,她曾派出由五艘船(见图3.10)组成的探险队穿过红海进入蓬特,将那里的热带非洲的名贵物品运回来供她享用,并用一些物品来装点她正在底比斯城西悬崖兴建的雄伟庙宇。一位女性能取得如此伟大的成就,说明她是一位卓越而伟大的人物。在参观哈特谢普苏特方尖碑的时候,我们会在碑基周围看到一些石块。这是因为方尖碑曾被人用石墙从顶到底围了起来。做这件事的是女王的兄长兼丈夫——图特穆斯三世。图特穆斯三世这样做是为了使人们忘记女王的统治。图特穆斯三世企图将女王连同其助手们的名字抹去。

图3.8 哈特谢普苏特及其父图特穆斯一世竖在卡纳克的方尖碑

较远的那个方尖碑是哈特谢普苏特女王的。这是从尼罗河第一大瀑布的采石场运来的两块方尖碑中的一块。另外一块方尖碑已成了碎片。碑体底部有8.5英尺厚。

图 3.9　在尼罗河上运送哈特谢普苏特女王的方尖碑（公元前 15 世纪）

两块方尖碑被装在一条长 300 英尺的尼罗河大驳船上。每块方尖碑 97.5 英尺长，350 吨重。驳船承受了 700 吨的重量，用 30 条拖船拖动，这 30 条拖船分成 3 列，每列 10 条船。每条拖船上有 32 个划桨手，共 960 个划桨手。在乘坐其他小船的工程师们的指挥下，这些人从第一大瀑布的采石场顺尼罗河而下，将方尖碑运到底比斯，其间要行驶 150 英里。每一个方尖碑下都有一个拖撬，通过拖撬，碑被拖到岸上，然后又被拖到卡纳克神庙，竖在那里。本图是根据底比斯王后的神庙墙上的浮雕复制的。

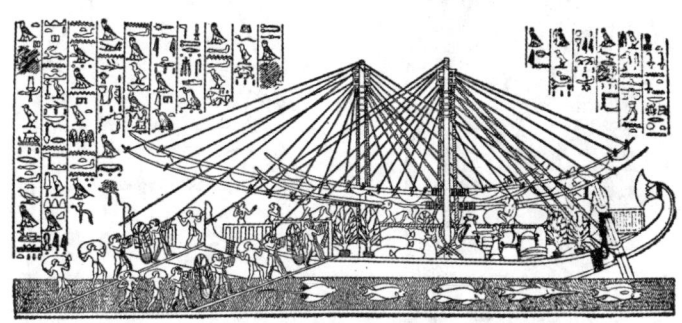

图 3.10　哈特谢普苏特女王的部分舰队正在蓬特地区装载货物

哈特谢普苏特的舰队由五艘船组成，在本图中只能看到两艘。桅杆上的帆已被卷起来，船已靠岸抛锚。船员们正在通过跳板往船上搬货物。其中一个船员在逗弄船舱顶上的一只大猩猩。上方的铭文写着："船上载有蓬特国的奇异珍宝：有天国（东方）美丽的香木、贵重的没药树脂，有新鲜的没药树、乌檀木和象牙，有绿色的伊姆金，有肉桂木，有两种带香味的化妆品，有大猩猩、猿猴和狗，有南方豹皮，有土著人及其子女。没有任何一位国王曾拥有过如此多的美妙东西。"这幅图刻在底比斯王后的神庙墙上。

第三章　埃及的故事：封建时代与帝国时代

其中自然也少不了建庙竖碑的能工巧匠们的名字。然而，后来遮盖方尖碑的砖石坍塌了，图特穆斯三世此举劳而无功，哈特谢普苏特的英名依然闪耀在方尖碑上。

图特穆斯三世（见图3.11）是埃及历史上第一位大将军，他被后世誉为埃及的拿破仑。他是埃及历史上最伟大的征服者。从公元前1500年到公元前1447年，他统治埃及五十多年。在卡纳克神庙的墙上，我们可以读到关于他的长达二十多年的战争故事。在这二十多年里，图特穆斯扫平了西亚诸王国，将它们纳入泱泱帝国的版图。与此同时，他的战船还驶向爱琴海，扩张到了对岸。他委任一位将军为爱琴海岛屿的总督。

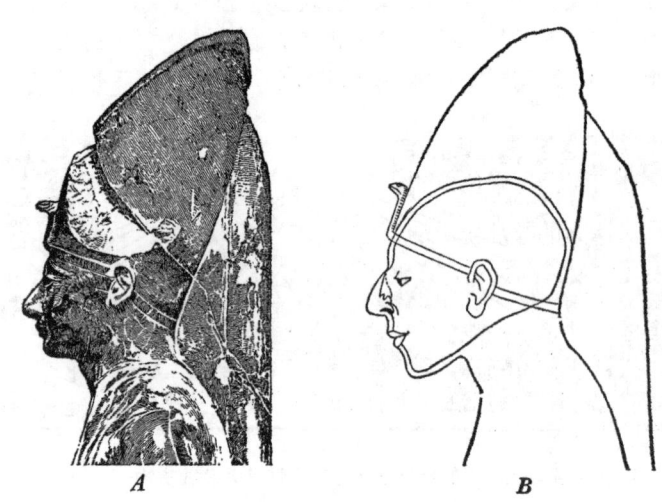

图3.11　A是古埃及的拿破仑——图特穆斯三世的肖像，B是他的木乃伊

　　图特穆斯三世的肖像A刻在花岗岩上。我们可以将他的肖像同木乃伊中这位伟大的征服者的真实的脸比较一下。从B图中可以看出，花岗岩的肖像轮廓（外线）同木乃伊的轮廓（内线）平行，二者非常接近。这说明此时的肖像造型技艺已达到了很高的水平。

三、埃及帝国的极盛时期

人类第一次认为世界之神在统治着大地,他是唯一的世界主宰。这是世界上最早出现的一神教思想,是宗教中的帝国主义,其渊源就在古代的东方。

法老远征亚洲和努比亚,在那里掠夺财富,耀武扬威。战争使他们聚积了大量的财富,帝国也因此而更加繁荣强盛。那些辉煌的大型建筑就是帝国强盛的最好见证。也正因为这样,古老的埃及翻开了一页崭新的艺术与建筑史。我们造访过的卡纳克神庙建有廊柱大厅,这是人类建筑史上最宏伟的大厅。中央过道(见图3.12)的柱身高达69英尺。廊柱的柱顶大到足以容下一百多人。这些大型柱体的侧翼顶窗已不像金字塔时代的窗口那样低矮凹陷,它们高大明亮,后来的长方形教堂建筑正是由此发展而成的。

穿过一簇簇深绿色棕榈丛,在林立的方尖碑和法老巨像之间,类似于底比斯庙的神庙随处可见(见图3.13)。庙堂全都镶金嵌银,流光溢彩。庙宇倒映在波光潋滟的湖面上,①绚丽多姿,如诗如画。这一景象为远古世界所未见。游客走进庙堂,就置身于宽敞明亮的庭院之中了。庭院环绕着高大的廊柱,显得格外壮观。站在庭院后面的大厅中,你只要向林立的廊柱望上一眼,就会觉得这真是个神奇莫测的世界。庄严的斯芬克斯大道连通各个庙宇,庙庙相通,这里很像是一座

---

① 这一景点在卡纳克神庙后面(东面)。与神庙隔尼罗河相对,我们会看到西部的悬崖。从神庙右下角的后门到离河最近的高大前墙,约有1/4英里长。神庙的建设过程历经两千多年。神庙中最古老的部分为封建时代的国王们所建。最晚建成的部分——前墙——则是希腊国王(托勒密)建造的。女王哈特谢普苏特方尖碑矗立在神庙中央。方尖碑的另一边,是巨大的圆形廊柱建筑卡纳克大厅(图3.12)。在大厅的外墙上,是一幅巨大的战争浮雕(图3.7)。高大的前墙外面是斯芬克斯大道。左侧有一个池塘,池塘中蓄有圣湖的余水。

图 3.12　埃及帝国最大的建筑——卡纳克大厅复原图

从亚洲掠夺来大量的财富使埃及帝国的统治者们拥有了建造最大的廊柱式大厅的实力。这是卡纳克神庙唯一一个大厅。大厅宽 338 英尺，深 170 英尺。厅内地板的面积相当于巴黎的诺特拉·达米大教堂。在大厅中，有 16 排廊柱，共 136 根。中央正厅（三个中央走廊）79 英尺高，有两排 12 根廊柱。建筑师们使中央正厅高过其他部分，以便在两侧安装高大的天窗，可与最早的低矮天窗（图 2.33）比较。后来，这种高大天窗的设计形式传到了欧洲。

图 3.13　底比斯的卡纳克神庙和尼罗河谷鸟瞰图

在底比斯的地图上有两条虚线划分开的地区，就是在这幅图中所看到的地方。这幅图只展示了古城的部分地区，古城的其他部分沿河两岸延伸。

雄伟的"纪念碑城",而整座城就是一个大型纪念馆。

埃及建筑的宏伟也有雕刻家和画家们的一份功劳。神庙的廊柱顶端雕刻着石头花饰。廊柱是着色的,五颜六色的涂料使那些植物雕刻更加生动。在庙墙上,刻着大型的战争场面。墙上的画面也是彩色的,色彩亮丽。法老的巨型雕像矗立在庙前,这些雕像都非常高大,甚至比庙前的高塔高出许多。在方圆几英里内,人们都能看到它们的雄姿。雕像大约有八九十英尺高,1000吨重,相当于一列现代火车的载重量。然而,火车所载货物是零散的,搬运并不困难,雕像却是一个整体,不能进行切割。帝国时代的工程师们是用运输方尖碑那样的方式搬运这些雕像的,搬运路程长达几百英里,其难度之大可想而知。尽管如此,艺术家们最终还是把一块巨石刻成了伟大的雕像。正是在这些巨型石像的创作过程中,埃及艺术获得了长足的发展。

从卡纳克越过尼罗河,在底比斯西面的平原上,至今还矗立着阿蒙霍特普三世的两尊巨像,这是所有埃及国王雕像中最豪华和气派的一个。走近这两尊雕像,我们会发现,西部绝壁就在他们身后拔地而起,更衬托了雕像的雄伟壮观。在崖壁上凿有几百个墓室,它们属于帝国显贵。在这些墓室中,葬着随法老征战于亚洲和努比亚疆场的功勋卓著者,也埋葬着伟大的天才艺术家和建筑师。这些辉煌建筑便是他们创造的,使底比斯成为古代第一座伟大的"纪念城",是他们不可磨灭的功绩。在这些墓室中,我们可以看到他们的名字,有时还能读到有关他们的生活的长篇记述。墓穴中记载的感人的故事很多,其中有这样一个故事:在一次皇家猎象活动中,一头狂怒的大象猛追图特穆斯三世。在紧要关头,一位将官挺身而出,挥剑将象鼻斩为两截,保护了国王。在另一座墓穴中,可以读到另一个军官的故事。这个故事是以后流传甚广的"阿里巴巴和四十大盗"的故事原型。这位军官在攻打巴勒斯坦的遮帕城时,把他的战士藏在背篓里,驮在驴背上蒙混进城,然后突然袭击,一举占领了该城。这些墓穴现已为废墟覆盖,现代人还未发掘出来,只从那里发现了一只金盘,现陈列于巴黎的罗浮宫。

这些墓穴是古埃及家庭生活的缩影,家人们总是把家具、衣服和食物尽量随葬于死者的墓穴中,希望死者在另一世界中仍能欢乐幸福。其中甚至还可能有当时甚为罕见的计时器(见图3.15)。当然,法老们更不甘落后,他们精心设计,选择更精美

图 3.14 卡纳克大厅中央厅的高大廊柱
每个柱顶可容纳 100 人。它们就在两大方尖碑的左侧。

的殉葬品,使自己的墓穴极尽奢华堂皇,尽显王者风范。在图坦卡蒙的墓穴中,人们发现了许多惊人的殉葬物。关于这位国王,我将在后面予以详细介绍。墓葬反映了当时贵族生活的奢华。作为历史研究的材料,这些墓葬物不仅向我们揭示了当时的人们在日常物质生活方面的进步,尤其重要的是他们在精神生活方面也有了巨大的变化。在底比斯墓室的墙壁上,刻有许多图画和铭文。通过对这些图文的研究,我们发现,同吉萨金字塔的时代相比,帝国时期的埃及人在宗教方面已大大前进了一步。葬于底比斯墓穴的要员们都期望来自另一个世界的判决。俄赛里斯就是那个世界的大判官,其权力至高无上。那时,羽毛是真理和正义的象征。好人死后,灵魂会从尸体中出来,像俄赛

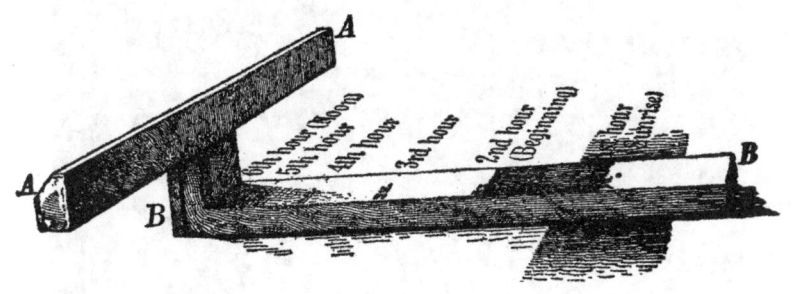

图3.15 最古老的钟——埃及影子钟

在阳光普照的埃及,影子钟是一种非常实用的计时仪器。早晨,使横板(AA)位于东边,这样影子就会落到长臂(BB)上。在这里,我们看到影子在第一个钟点的位置上。随着太阳升高,影子逐渐缩短,影子在刻着时间标度的长臂上移动。到了中午,标示的时间为6点。接下来,将影子钟的横板(AA)转向西边,下午,影子在长臂(BB)上的长度将逐步增加。按照影子的位移,同样可以测出下午的时间。欧洲白天12小时的计时方式,就是从埃及引进的。这件影子钟上刻有图特穆斯三世的名字,已有3400年的历史了。大约在1000年之后,希腊人才采用类似的钟。该钟现收藏于柏林博物馆。横板(AA)是波查德修复的。

里斯那样。不过,他必须接受俄赛里斯的检验,他的灵魂要用天平称量。天平的一端是他的灵魂,而另一端则是象征真理和正义的羽毛。死者的亲友会在他的棺材中放入一卷莎草纸,上面写满祈祷辞和咒语,这些咒语将保佑他在那边的世界平安快乐。放入棺材中的还有一幅审判图,今天我们称这种纸卷为"死者之书"。

帝国建立200年时,阿蒙霍特普三世的儿子阿蒙霍特普四世取代了其父的位置,成为法老。两百年来,帝国统治着苏伊士运河两岸的大陆,远远超出了尼罗河低谷,这是一个国际化的大舞台,帝国的形成使法老登上了这个比以往更大的舞台。在宗教引导下,埃及的古老神祇在这个舞台上发挥着影响。由于地域所限,埃及人很早就把本国

图 3.16　由卡纳克神庙通往尼罗河的拉美西斯大道

卡纳克神庙在我们身后，前面是尼罗河。尼罗河地势太低，在画面上看不到。远处的高地就是西部沙漠，帝国时代的王公贵族就葬在那里。右边的低矮建筑是现代村庄的一角。这个小村庄坐落在卡纳克神庙与尼罗河之间。

图 3.17　底比斯阿蒙霍特普三世的大型雕像（公元前 1400 年）

这些雕像高达 70 英尺。右侧的雕像上有许多著名的希腊罗马游客刻下的铭文。塑像后面的悬崖就是巨大的底比斯崖墓。

本土的神看成永恒的统治者，在这个大舞台上，埃及的古老神祇继续引导着法老前行。法老的军队越来越强大，在不断的争战中，埃及人逐步熟悉了这个"世界竞技场"。然而，渐渐地，埃及人开始意识到太阳神的权力超出了尼罗河谷，在更大的帝国中控制着人间事务。于是，太阳神便成了国际神。在那久远的年代，没有人会去想除了太阳神外，还会有别的什么世界之神。人类是在打破一个又一个局限的过程中进步的。只要回顾一下我们对如下事实的认识过程，就能清楚地了解古埃及人的思想。在第一次世界大战期间，我们的军队首次越过海洋到另一块大陆作战，从而使自己置身于一个国际竞技场之中，我们的国际意识是逐步形成的。同样，公元前1400年，埃及人也逐步形成了国际观念。随之而生的是一种新的观念——世界观念。人类第一次认识到了有一个世界之神在统治着大地，他是世界的唯一主宰。这是世界上最早出现的一神教思想。这是宗教中的帝国主义，其渊源在古代的东方。

一个新时代到来了。在许多地方尚未出现一神教萌芽的时候，埃及帝国就出现了一种宇宙神教。作为一神教，它的出现要比别的地方早几个世纪。可以想象，宗教转型是非常特殊、非常困难的事情。年轻气盛的阿蒙霍特普四世的激进思想远远超过了他的父亲，他身体强健，目光远大，胆识过人。约公元前1375年，他多少有些不太明智地把新的国际主义思想强加于他的臣民。他横扫古埃及诸神，宣布太阳神为唯一的信仰，由此开启了人类历史上的一场前无古人的崇拜太阳神运动。从非洲到亚洲，根据他的旨意，任何人都只能崇拜太阳神。他称太阳神为阿托恩。为了使人们把各自所崇奉的诸神彻底忘掉，他关闭了除太阳神庙以外的所有寺庙，驱散了所有的僧侣。他把诸神的名字铲除得干干净净，尤其是刻在庙墙上的诸神的名字。甚至连"神"

的普通名词复数形式也被他取消了。他最憎恶阿蒙神，阿蒙神庙建于我们曾访问过的卡纳克，它原是帝国伟大的底比斯神。阿蒙霍特普四世的王族名字意为"阿蒙很惬意"，因为含有阿蒙神的字眼，使他很不舒服。为此，他将自己的名字改为阿克那顿，意为"有益于阿托恩（太阳神）"。

从此，我们也要称阿蒙霍特普四世为阿克那顿了（见图3.18-A）。阿克那顿最终离开了底比斯，在尼罗河下游很远的地方建立了一座新型城市。他把这座城市命名为"阿托恩地平线"。该城现在被称作阿玛纳。于是，许多神庙连同底比斯城一起，都被阿克那顿抛弃了。但是，在他死后几年，他所兴建的"阿托恩地平线"新城也被抛弃了。今天，

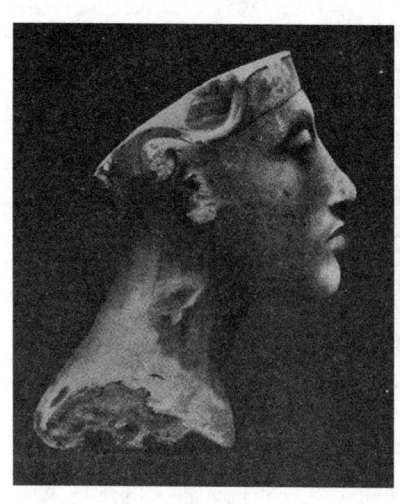

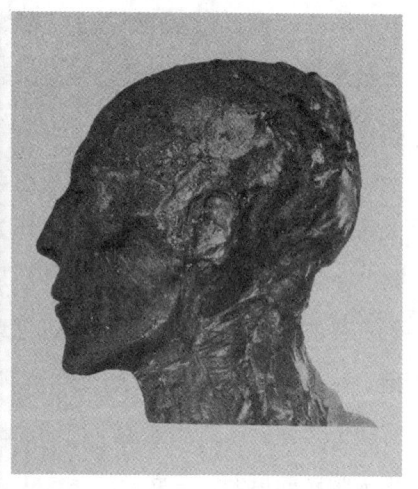

图3.18A 最早的一神论者——阿克那顿的石灰石雕像

图3.18B 西蒂一世的木乃伊头，现存于开罗博物馆。他是拉美西斯二世的父亲

1914年波查德在阿玛纳发现。这尊雕像是用石灰石雕成的。这位非凡的年轻国王的英俊脸庞表现出梦幻般的神情。

在底比斯发现的贵族尸体之一。西蒂的头是所有尸体中保存得最好的。那里的所有皇家木乃伊都已腐化。

在这座城市的废墟之下埋着昔日宫殿屋宇的断垣残壁。城市原来的美丽风光，人们只能凭想象去恢复了。在第一次世界大战之前，一支德国探险队发掘了一个雕刻家的工作室废墟，他们在其中发现了一组精美的艺术品，使我们对那个时代的雕刻艺术有了进一步的认识。城市背后的悬崖上，留着追随者的墓穴。年轻的国王迫使这些人皈依了新教。在他们的墓穴中的墙壁上可以看到许多雕刻精美的图画，这些图画表现了现已被遗忘的古城的风貌。

在阿玛纳墓内祠堂的墙壁上，我们可以看到阿克那顿亲手写成的歌颂太阳神的赞美诗。这些赞美诗表达了这位年轻国王对唯一的神的敬仰之情，他对神的信仰是质朴、纯洁的。他相信，这唯一的神不仅创造了所有的低级动物，而且创造了人类——包括埃及人和所有外国人。国王把他的神视为慈父，神用他的善心维护着动物的生存，所有的动物都对神心存感激，甚至连沼泽地里的飞禽也深深理解神的仁慈和善良。鸟儿振翅飞翔，那就是在表达自己对神的赞美。在墙壁上的一行赞美诗中，我们读到了这些内容。人类在漫长的进化过程中，以前从不曾产生过如此深的圣父观念。

四、帝国的衰落

随着埃及帝国的衰落而终结的这三个文明阶段并不是历史的终结。埃及的制度和文化一直延续到基督教时代，它仍在对欧洲的历史产生着巨大影响。

对公元前14世纪的普通人来说，这样一种信仰是令人难以理解的，更不要说去接受它了。全国上下出现了很多心怀不满的多神教僧侣和受到冷落的军队士兵。于是，僧侣和军队串通起来，密谋反抗霸道的国王。僧侣是反叛的策划者，他们发现，煽动和蛊惑对被冷落的无所事事的军人格外有效。在这种情况下，埃及帝国开始出现混乱和骚动，而亚洲被征服的国家也蠢蠢欲动。

几年前，一位当地发掘者发现了一批距今三千多年的皇家信件。这批信件共有三百多封，人们称之为"阿玛纳信件"，它们是阿克那顿在阿玛纳的政府办公室里的皇家档案的一部分。这些信件向我们揭示了埃及帝国在亚洲的最后结局。信是用巴比伦文字写成，"信纸"为泥土书板。有证据表明，这些信件是西亚的国王写给法老的。这是世界上最古老的国际通信形式。这些信件告诉我们，这些西亚国王是怎样一步步动摇了埃及法老的统治，并最终使埃及帝国在亚洲的统治彻底瓦解的。

法老的叙利亚北部边疆遭到赫梯人入侵，他们来自小亚细亚；巴勒斯坦的南部领土被希伯来人占领，他们来自沙漠地区。在这内忧外患频发的时候，阿克那顿死了，这位法老死后无嗣，因而没有人继承他的事业。尽管阿克那顿是一个空想家和理想主义者，但他仍不愧为希伯来人之前东方世界最杰出的天才统治者。

阿克那顿没有子嗣，但他有几个女儿，女婿便自然而然地填上儿子的位置。他的大女婿是宫廷中的一个贵族，他让大女婿和他一起执政。后来，这个年轻人去世，他又把三女儿嫁给另一个贵族，这个年轻人叫图吞阿托恩（意为"阿托恩活现"）。这时，他的二女儿已经去世。他让三女婿和自己共同料理朝政。在他死后，王权就落于这个年轻人一人手里。阿蒙神崇拜又占了上风，迫使新国王放弃阿克那顿在阿玛纳建起的新首都而移都底比斯。他的名字的尾音也由阿托恩改为阿蒙。这样，这位年轻国王就成了图坦卡蒙（意思为"阿蒙活现"）。于是阿蒙神崇拜完全恢复了，埃及其他崇拜也随之恢复了。阿克那顿所钟爱的一神教信仰——阿托恩神崇拜也随之消失了。那些过去慑于国王之威而表面上信奉一神教的人原形毕露，他们群起反对年轻的图坦卡蒙。新国王成了这些老谋深算的奸佞手中的玩偶。这些人设下了一个又一个阴谋陷阱，国王孤立无援，最终难逃惨死的下场。他的妻子成了年轻的寡妇（见图 3.19）。这位阿克那顿的女儿不忍看着盛极一时的家族从此垮掉，曾经煞费苦心维护王位。她曾写信给小亚细亚的赫梯皇帝，希望同其联姻，并答应将帝国的王位让给赫梯王子。这

图 3.19　图坦卡蒙与王后在宫殿内室

　　年轻的国王随意地坐在那里。他一只手臂搭在椅背上，一只脚往前伸过脚凳。这种随便的姿势打破了以往王族肖像的制作传统，这正是阿托恩革命在艺术上的表现。王后（阿克那顿的三女儿）身姿优美，略向前倾，一只手拿着香水，另一只手为丈夫整理衣领。这幅图通过流畅的线条和美妙迷人的人体轮廓反映了国王对娇妻的依恋，称得上当时的艺术匠人的上乘之作。画面上方是阿克那顿神的象征——太阳神盘。太阳神的光辉落到人的手上，这是一种新的象征，它反映了宗教领域阿托恩革命的开始。背景是厚重的金帘、银衣和红色的玻璃罩。所有这些精美装饰都是用一种类似于红宝石的艳丽宝石或晶莹的玻璃镶嵌而成的。由于年代久远，画面已失去了它当初的璀璨和绚丽。

第三章　埃及的故事：封建时代与帝国时代

封与阿克那顿王国命运相关的信用楔形文字写在一块泥土书板上，被存放于赫梯首都的档案馆里。这封信是现代发掘者发现的。阿克那顿女儿的这个计划还没来得及付诸实施，王位已被阿克那顿的一个叫艾的年迈的马夫篡夺。就这样，这个一度令人无限敬畏的王族最终寿终正寝（约公元前1350年）。这支王族曾赶走希克索斯人，曾建立起早期东方第一个最伟大的帝国，曾维持了230年的统治，然而，这一切辉煌都随着王室的衰落而失去。

图坦卡蒙的政治生涯是短暂的。在历史上，他业绩平平，且显得有些灰暗，他作为一个帝王本身微不足道，但他毕竟处于一场精神革命的鼎盛时期。这场革命波及宗教、思想和艺术，它使许多精神领域发生了深刻的变革。在精神革命如火如荼、达到顶峰的时候，年轻的国王失去了他的统治宝座。因此，他的坟墓（见图3.20）就成了了解这段历史的至为重要的遗迹。图坦卡蒙的坟墓建在底比斯的尼罗河谷西侧荒凉的崖壁上，墓穴很小，想必当时是匆忙开凿而成的。把他安葬在这里的是他的妻子和马夫艾，随葬物品仍有华美的家具和精美的工艺品。有一些随葬品甚至是传家之宝（见图3.21），这些随葬品都是阿克那顿辉煌时期制作的。它们被从阿玛纳运到底比斯，最后随葬于这位国王的崖墓中。在这位国王被埋葬后的政治混乱中，曾有人盗掘他的坟墓。盗墓贼在盗墓时被抓获，但墓穴已遭到破坏，后来虽然被及时修复，但极为潦草，坟墓所遭到的破坏并未完全修好。两个世纪后，在埃及帝国崩溃的时候，拉美西斯六世的挖墓工把废土废石堆到了图坦卡蒙的墓穴口上（见图3.22）。当时，这个墓穴已被人们遗忘，这些劳工甚至还在墓穴上搭起简陋的工棚。然而，正因已被遗忘，在帝国崩溃后，这座墓穴才幸免于破坏。1922年晚秋，霍华德·卡特尔发现了这个墓穴。这是在埃及发现的留存至今的唯一完好无损的皇

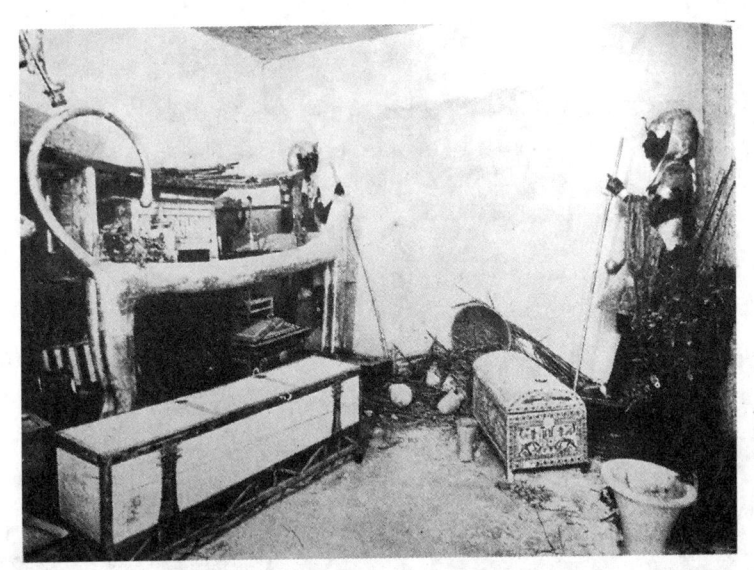

图 3.20 图坦卡蒙的墓室：前堂的北端

图中有家具和葬花（右边）。国王的卫兵雕像立在封死的墓室门口。

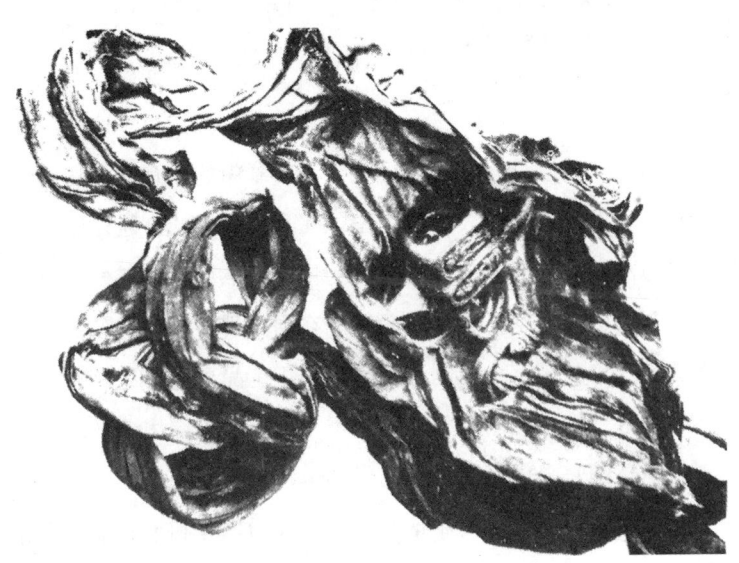

图 3.21 系在一条王族围巾上的八只金戒指

图 3.22　图坦卡蒙墓穴一角：从前室穿过曾经封着的门向里看

在墓穴的前室，只剩下国王的门卫雕像。封门的石料已被现代发掘者移开，这是为了方便参观者进入存放尸体的墓室。只有室门左下角还残留着一部分石料。

家墓穴。

在图吞阿托恩墓穴被发现后没几天，墓中的所有遗存物尚未被搬动，我有幸进墓考察。我走进前室，在一把精美的宫廷椅子上读到图吞阿托恩的名字的时候，一种莫名的情感油然而生。这种感情我今生难忘。要知道图吞阿托恩是年轻国王在阿克那顿时期的名字，这把椅子上刻着这样的名字，说明这件雅致的工艺品出自阿克那顿时期的工匠之手。这把椅子在图吞阿托恩迫不得已改名为图坦卡蒙之前，就已出现在阿玛纳宫殿中了。我们已经知道，从根本上说阿克那顿革命是一次精神解放运动。埃及人正是在他的大力倡导和推动下，从旧传统的精神樊篱中解放出来。也正是由于这个原因，这场革命的影响不仅波及了宗教界，而且也波及了艺术领域，使这个时期的艺术品具有其独特的风格。因此，图坦卡蒙之墓的重要意义就在于它是第一个伟大的精神解放时代的艺术珍宝库。

这场精神解放运动使政府陷入危机。新的家族的国王重整旗鼓，经过艰苦卓绝的努力，在一定程度上恢复了埃及帝国的威严。其中，西蒂一世及其子拉美西斯二世（见图3.23）是两位最杰出的国王。然而，虽然他们能重振埃及帝国的雄风，却无力把赫梯人赶出叙利亚。这是因为这些来自小亚细亚的赫梯人骁勇善战，他们以入侵别国为能事。他们还拥有铁制武器，因而有很强的战斗力。而这时衰落的埃及帝国还处于青铜器时代，埃及帝国是青铜器时代的最后一支强大力量，但在使用铁制武器的入侵者面前，却只有甘拜下风。

即使在今天的底比斯也能清楚地看到帝国即将崩溃的迹象。如果我们留心观察一下底比斯神庙中描绘大型战争场面的图画，就会发现在帝国晚期的战役中，埃及军队中夹杂着许多外国人。这表明埃及人对战争的兴趣已日渐淡漠——无论什么人都不会长久保持这种兴趣，因此，他们招募外国人替他们打仗，这是他们

图3.23　拉美西斯二世的巨大雕像，位于埃及努比亚的阿布·西姆布尔

在神庙前有四尊75英尺高的人物雕像。神庙和雕像都是依悬崖就地取材而建的。这些雕像的脸依然完整清晰，远比伟大的斯芬克斯和阿蒙霍特普三世的面部保存得好。从图中我们可以看出，它是人物肖像。拉美西斯二世的脸与其木乃伊的脸非常相似。

第三章　埃及的故事：封建时代与帝国时代

的必然选择。在这些外国雇佣兵中，有一些人来自北部的地中海地区。此前我们曾在石器时代晚期见过他们。现在，居然又在埃及的遗迹中发现了他们。地中海人从东方人那里学会了使用金属，不断强大起来。画中的地中海人为埃及人的雇佣军，手挥青铜剑在为埃及人作战。善战的地中海人最终征服了埃及，原本已摇摇欲坠的埃及帝国最终于公元前21世纪中叶崩溃。

那些以国王的身份维持了四百多年统治的法老葬在底比斯（见图3.24）。当图坦卡蒙的坟墓被发现之后，人们就知道了有一条由西部沙漠中很深的凹陷地构成的荒凉的河谷。这条河谷就在阿蒙霍特普三世巨大的塑像背后的悬崖的另一端。在这里，有四十多个巨大的岩洞长廊。长廊深入山内几百英尺，有工匠凿成的洞室，埃及国王就葬在里面。帝国崩溃后，这些洞穴曾遭到抢劫。只有图坦卡蒙的墓穴幸免劫难。国王的后继者们势单力薄，软弱无能，只能在底比斯苟延残喘，他们为保全国王尸体东躲西藏。最后只有在西部的崖壁上开凿洞穴，力求墓穴隐蔽，把尸体藏于其中，免得被发现。就这样一直保存了三千多年。直到1881年，这些尸体才被发现，并被运往开罗国家博物馆收藏至今。因而，我们现在才有可能看到这些埃及和西亚王公贵族的真实面目。他们从3500年前登上历史舞台，到3100年前"谢幕"，历时四百多年。最后一位君王约于公元前1150年辞世。

尼罗河沿岸的金字塔、坟墓和庙宇向我们展现了早期埃及经历的三个历史阶段：吉萨金字塔及其邻近的孟菲斯墓地所代表的金字塔时代，沿尼罗河航行时所见到的崖壁墓穴所代表的封建时代，底比斯庙宇和崖墓所代表的帝国时代。翻开尼罗河这部巨型历史书卷，我们看到了人类在由野蛮走向文明的过程中所经历的一个又一个阶段。它还给了我们这样一个启示：随着埃及帝国的衰微而终结的这三个文明阶段并不是历史的终结。因为埃及的制度和文化一直延续到基督时代，对欧洲后来的历史产生了巨大影响。

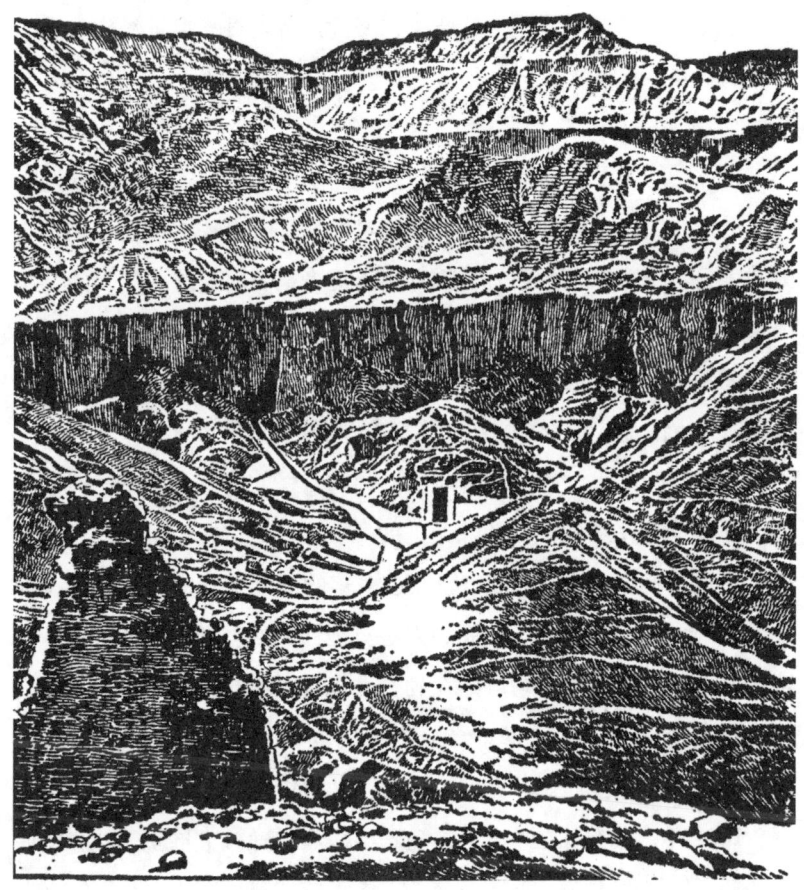

图 3.24　安葬帝国法老的底比斯谷地

　　帝国时期（公元前 1600 年后）的法老们已不再建金字塔了。他们在河谷的崖壁上开凿墓穴。墓穴深入岩壁几百英尺，形成一个长廊。图坦卡蒙的墓穴位于图中央最显眼墓门（拉美西斯六世）的右下方。

五、商博良对古埃及文字的破译

对埃及文字的破译向世界揭开了人类历史长河中被遗漏的一章，尼罗河谷中的遗迹因而获得了新生，它更生动地对我们讲述了人类文明历程中的那段美妙故事。

通过在尼罗河上的航程，我们在那些遗址遗迹中了解了古埃及人的生活。我们已注意到，只有了解最早的文字资料才能形成对远古历史的完整看法。如果我们是在100年前泛舟尼罗河，这些埃及的文字记录对我们就毫无意义。因为能读懂埃及象形文字的最后一个人早在一千多年前就已死去了。从那以后，再也没有人能明白在尼罗河畔发现的遗物上的那些稀奇古怪的文字究竟是什么意思。

很长时间以来，许多学者对尼罗河的奇怪文字感到困惑，对这些文字的解读虽几经努力，却毫无进展。后来，一位叫商博良的法国人拣起了这个问题（见图3.25）。经过多年的令人沮丧的失败之后，他终于找到了头绪并取得了进展。先是英国伟大的物理学家托马斯·杨博士发现了用象形文字写成的托勒密和克娄巴特拉两个名字。商博良通过这两个人名确定了12个象形符号的发音——后来证实这些符号属于一个字母表。此后，商博良发现，他还能读出另外几位贵族的名字。1822年，他给法国科学院写了一封著名的信，报告了他的发现，并解释了他取得的成就。

直到这个时候，商博良才能真正利用那块著名的罗塞塔石碑。这也就是说，罗塞塔石碑虽然是释读古埃及文字的关键，但它并不是商博良借以解读古埃及文字的第一把钥匙。罗塞塔石碑使他更迅速地增加了象形文字的符号数量，同时对于他了解词意、弄清句子结构也有

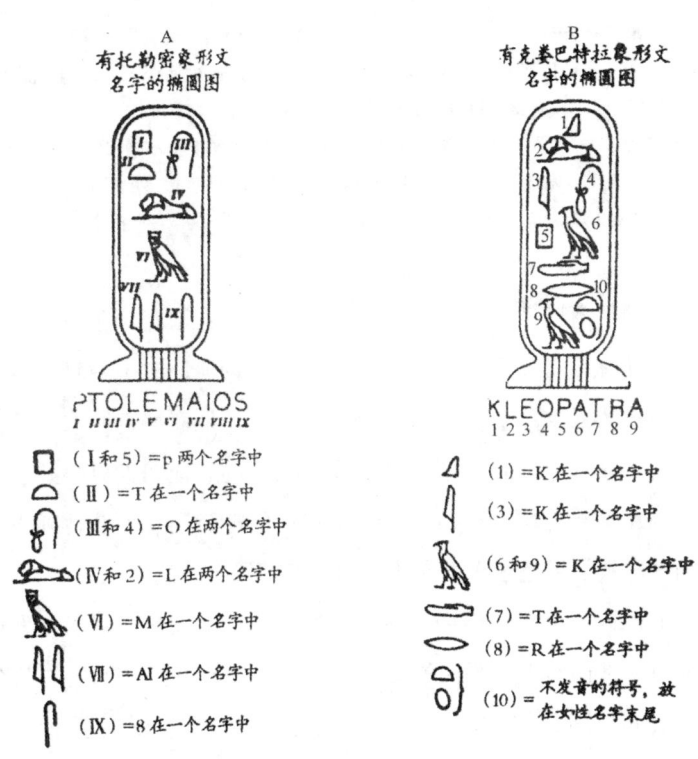

图 3.25 商博良破译埃及象形文字的第一步的图解

商博良发现了一个基座上刻有希腊铭文的方尖碑。铭文显示，方尖碑属于托勒密国王及王后克娄巴特拉。碑柱上刻着象形文字的碑文。商博良想，在这些象形文字中，肯定有托勒密和克娄巴特拉的名字。同时，另外一些学者也发现，椭圆图在埃及纪念碑上很常见。他们断定那肯定是贵族的名字。经过仔细观察，商博良在这块方尖碑石柱上发现了两个椭圆图，他推断，这两个椭圆中的象形文字应该是托勒密和克娄巴特拉。然后，他将其与这两个人名的希腊文进行比较（其中，托勒密为 Ptolemaios）。从图中可以看到，希腊拼法正好和象形文字的拼法相对应。左边的配对符号用罗马数字标示，右边的配对符号用阿拉伯数字标示。A 中的第一个符号（Ⅰ）是一个长方形。如果它真的是托勒密名字的第一个字母，那么它一定和字母 P 对应。而克娄巴特拉的第五个字母也是 P，那么，椭圆 B 中的第五个符号也应该是长方形。令商博良兴奋的是，椭圆 B 中的第五个符号确实是一个长方形。起初，他被下一对比较困扰了一段时间。在两个椭圆中，Ⅱ 和 7 并不能证明是字母 T。不过，他断定 7 是 T 的另一种形式。他的推测是对的。在椭圆 A 中，接下来的两个符号（Ⅲ，Ⅳ）与椭圆 B 中的 4 和 2 一样。这就说明他的思路是对

第三章 埃及的故事：封建时代与帝国时代 107

的。尽管元音字母给他造成了一些麻烦（如Ⅵ和3），但他很快就看出，埃及人对元音字母很不重视，书写时并不准确，有时甚至会忽略。通过对比这两个人名，他推断埃及人有一个字母表，而不只有整体符号或整体单词。他还摸索出了其中12个字母的发音（见名字下的符号表），这为在罗塞塔石碑的帮助下完全破译埃及文奠定了基础。他终于知道了如何正确使用罗塞塔石碑。此前，其他学者在那上面花费了很多的精力，却一无所获。这项发现于1822年完成。随后，商博良向巴黎法国科学院公布了他的发现。

很大的帮助。商博良于1832年逝世。其时，他已总结出了一些语法规则，并且还在准备编写一本小型的象形文字词典。时至今日，虽然还有许多有关埃及文字和语言的问题尚待研究，但商博良所取得的惊人成就已为埃及文字学奠定了基础。埃及文字的破译向世界揭开了人类历史长河中曾被遗漏的一章，尼罗河谷中的遗迹因此而获得新生，它更生动地向我们讲述了人类文明历程中的那段美妙故事。

人们以同样的方式破译了在底格里斯河与幼发拉底河沿岸发现的历史遗迹，从而对世人解说了发生在那里的古老故事。继埃及人之后，西亚各民族相继走出了蒙昧，他们开始了工业生产，学会了使用金属，创造了文字系统，最终取得了在古代世界的领导地位。在下一章中，我们将去追寻亚洲东方的古老故事。

第四章 西亚：巴比伦尼亚

图 4.1 闪米特民族生活情景

闪米特游牧民族在加利利海边肥沃的新月形土地（肥沃新月）上生活的情景。这里的春天草木繁盛，但植物很快就枯萎了。牧人们四处游荡，逐水草而居，每发现一处新的草场，就在那里搭起他们的深色驼毛帐篷。他们以牛奶和畜肉为食。

一、文明进化图景　了不起的白种人

东半球上这块由西北部分构成的四分之一个地球表面包括整个欧

洲、西南亚和北部非洲。地球上这四分之一部分是人类高级文明的摇篮。

现在，我们要在更广泛的意义上考察人类文明的发展进程，并且从地理位置上来确定我们薪火相传的文化发祥地。它是地处乌拉尔山西边的辽阔大陆。亚洲的西部边界之一——乌拉尔山脉，在亚洲地图上我们一眼就可以看到。乌拉尔山靠近格林尼治东第六十条子午线，并且与其平行。这条子午线向南延伸，直到印度洋。我们的文明就是在这条子午线以西、北纬20度以北的地域发展起来的。这两条线围成了一个巨大的三角地带，分别是东部边界与南部边界。东半球上这块由西北部分构成的四分之一球体包括整个欧洲、西南亚和北部非洲。这四分之一的地球表面是人类高级文明的摇篮。

这个地区中央是一个高原带，它西起大西洋，东到亚洲高地，两侧分别是北部平地和南部平地。高原带以南东部盆地上的地中海，正好把南部平地（在北非）的中间地区与高原带分开。在考察古埃及的时候我们已经了解到，正因这种地理环境，地中海的宽阔水域使南部平地的中段免受冰川时期由高地下滑的冰川的影响。然而，在地中海以东南部平地的亚洲地区却直接与高原带毗邻。亚述和巴比伦尼亚就在这个地区。这里的独特地理位置决定了它的重要历史地位。由于它紧邻北部冰雪覆盖的高原地带，因此这块平地上的国家的史前文明进程就受到了冰川高地的阻碍。

自冰川时期开始，西北半球的气候逐步稳定下来，形成对比鲜明的气候特点。非洲（撒哈拉地区）南部平地的大部分常年少雨；地中海地区夏季炎热干旱，冬季雨量充沛，形成所谓的"地中海气候"。再往北，高原带及北部平地冬寒夏暖，气候潮湿多雨。就这样，从南向北，气候由干燥少雨到潮湿多雨，形成了该地区各种各样的独特而鲜明的气候。

自石器时代以来，活动在西北半球的一直是白种人。文明的进化正是这些白种人努力的结果。伴随着文明的不断发展，他们的体格特征也在不断变化着。在与西北半球毗邻的地区，居住着两个差别很大的种族：一个是蒙古人，另一个是黑人。在西北半球东部偏僻的亚洲高原上，居住着蒙古人。他们头发硬直如金属丝，脑袋圆，皮肤黄，脸上几乎无毛须。后来，这些黄皮肤的亚洲高地人走出高地，四散移居。不过，他们是在西北半球已有了相当高的文明之后才到达那里的。同样，在他们进入西北半球很久以后，他们的文明才有了长足的发展进步。在西北半球南面，黑人与白种人被撒哈拉沙漠分隔开来，而撒哈拉占据了南部平地的大片地区。一方面由于沙漠的阻隔，另一方面也由于北部的白人无法适应热带气候，黑人的世界因而封闭隔绝起来。他们的早期文明没有受到外来刺激，因而长期处于停滞状态。鉴于此，当我们在考察文明的源头及其后续发展的时候，东部直发、圆脸、黄皮肤的蒙古人和南部多毛、长脸、黑皮肤的黑人并不包括在内。①

白种人统治着西北半球，他们由许多不同的支系组成。在北部平地，有金发长脸的北欧日耳曼民族；在中部高原地带，有圆脸的阿尔卑斯人或亚美尼亚人；在南部平地，有黑发、长脸的地中海民族。尽管埃及人肤色棕褐，但他们也属于地中海民族。毫无疑问，闪米特人以及希腊、意大利和西班牙的大多数民族也是他们的同宗。长期以来，由于语言的关系，他们被称为"雅利安人"，但这与种族无关。从石器时代一直延续到现代的欧洲人也是白人的一种。随着冰川的后退，平地上的人们迁徙到没有冰川的地方繁衍生息。这些人就是我们刚才所

---

① 蒙古人后来曾对欧洲产生过巨大影响，但这已超出了本书的范围。

说的三支白种人。他们栖息于西北半球,成为现代欧洲人的祖先只有先弄明白这些地理上和人种上的差异,我们才能更好地理解亚洲以及世界人类的文明进程。

我们已经注意到,亚洲文明起源于西部,更准确地说是西南部的顶端、地中海地区的最东端。东经60度线贯穿于亚洲的最西端,这是一个四面环水的地区。它的北部有里海和黑海,西部是地中海和红海,东南部则是波斯湾和印度洋。这一地区的水域面积在冰川期将结束时比现在大得多。那时,波斯湾比现在向北多延伸550英里左右。后来的整个巴比伦和亚述部分地区都在当时的波斯湾水域。波斯湾北岸沿高原带南翼形成一块高地。这与埃及的低平地势形成了鲜明对比。这里最早的居民因为被冰川期的严寒所阻,史前文明没有得到发展。冰川沿高原带南部斜坡推移,直到南部平地。这种情形与埃及有很大的不同,地中海阻挡了冰川南下,保护了埃及。冰川期终于结束了,但冰雪消融所形成的激流又使那里的居民遭受了更多的灾害。这块被洪水冲得四分五裂的地区,现在被称为美索不达米亚。由于冰川的影响,在石器时代人类的后冰川期发展过程中,美索不达米亚人并没有多高的地位。那时,还没有巴比伦平原。后来,高原带的后冰川水流挟裹着高地上的土壤涌下来,并不断扩散,使波斯湾北岸的边缘陆地不断扩展。波斯湾北部不断被淤积,最终形成了一个冲积平原,这就是我们所说的巴比伦尼亚。西亚陆地的形成完全依赖于冰川的消融,而我们知道,埃及从不曾受到冰川的侵袭,正因如此,西亚文明的发展比埃及文明晚得多。

西亚文明的发展虽然比埃及文明晚得多,但巴比伦平原上的西亚文明发展进程也是各大陆间彼此接触、相互影响的过程。这是毫无疑问的。苏伊士地峡是连接大陆的桥梁。在这个过程中,在连接非洲与欧洲大陆的苏伊士地峡两侧形成了埃及—巴比伦文化的核心。农业和畜牧是这个文化中心的基础,它孕育和创造了地球上最早的文明,在很长的一个时期内,这是唯一的文明中心。而此时,其他地区还未走出野蛮蒙昧的石器时代。如果我们研究一下我们的新大陆,会看到与那时非常相似的情景。在地球上,未经外来帮助而由石器时代过渡到拥有农业、金属及文字的开化时代①的地区只有两个。一是旧大陆,二是新大陆。就像旧大陆中埃及—巴比伦文化中心起源于非洲与欧亚大陆相连的地区一样,新大陆文明的发祥地也在连接南北美洲的桥梁两端。一小队精干的美洲史学者经过一番艰苦的考察研究后认定,在西半球各大陆的接合处形成过一个文化中心。两边的大陆文化在这个中心融合,并缓慢地向南、北两个方向扩散。甚至当新大陆被发现,殖民地时代开始的时候,这个文化融合的过程仍未停止。在研究新大陆文化中心的时候,我们当然会接受文化融合的观点。非常明显,在旧大陆的文化中心地区,这种文化融合已持续了上千年。但是,因为古希腊及罗马的传统和人们的习惯观点的影响,这个事实没有被广泛接受。文化融合论的观点在教育和思想观念上,尤其是在大众的文明进化观念中,至今仍未受到应有的重视。

二、国家和种族

西亚历史是一部旷日持久的斗争史。来自北部的山地人与来自沙漠的游牧者为争夺这片绿洲而争斗不休,这片土地成了为争夺生存之地而战的竞技场,这种斗争直到今天仍在继续。

---

① 应该注意的是,新大陆并没有发展起畜牧,那里没有家畜,虽然那里也有美洲驼之类的例外。在西半球,饲养的牲畜和像马等用来驮运东西的动物没有发挥重要的经济作用。这里也没有产生语言文字。

西亚是亚洲大陆西边突出的部分,东经60度线穿过那里,这是西亚人世代生息繁衍的家园。其南部是漫漫沙漠,北部是连绵不断的群山。西亚是一块天然的月牙状的边缘地带。这块月牙地处于南部平地与北部高原带之间,土地肥沃,适于耕作。西亚向南张开,西面为地中海的东南角,中央为北部阿拉伯,东面为波斯湾北端。如果将这块大陆比作一支军队,那么,我们看到的是这支军队面朝南方,西翼沿地中海的东海岸延伸,东翼延伸到波斯湾,而中军则背靠北部山岭。西翼到巴勒斯坦,东翼到巴比伦,中央大部分地区为亚述。这一带半圆地区我们不妨称之为"肥沃新月"。

肥沃新月还可以看作沙漠湾的沙岸。从北部山上向下望去,沙漠湾一览无余。当然,沙漠湾不是海湾,它是一大片沙漠荒地。该地区横跨500多英里,北到地中海东北部的阿拉伯沙漠北部的延伸部分。沙漠湾是石灰石高原,它地势很高,不能得到底格里斯河与幼发拉底河的自然灌溉,两河在这个高原上切出两条地峡。不过,冬天落下一些雨水,北部沙漠湾的广大地区也会长出稀疏的绿草。到了春天,这块沙地还会形成绿洲。西亚人的历史是一部旷日持久的斗争史。来自北部的山地人与来自沙漠的游牧者为争夺这片绿洲而争斗不休,这片土地成了为争夺生存之地而战的竞技场,这类斗争直到今天仍在继续。

阿拉伯境内没有河流,只是在冬季中期才有几周所谓的雨季。实际上这块沙漠很不利于人类繁衍生息。沙漠中的人是白种人的一支,我们可从上古时期的白人那里找到他们的祖先,这些人被称作闪米特人。闪米特人分成许多不同的部落,各部落合并成一个统一国家的情况还从未出现过。我们从对美洲印第安人的考察中就能了解到这一点。

美洲印第安人有的叫作苏人，有的叫西米诺尔人，有的则叫易洛魁人。同样，在闪米特人中，我们也会发现许多名称各异的部落或群体。其中，我们最为熟悉的是阿拉伯人和希伯来人，他们的后代现在仍生活在我们中间。从体型上看，他们更接近地中海民族。长期以来，他们在阿拉伯世界或南下或北上，四处游荡，寻找适合放牧的草地。我们称这些人为游牧部落。我们不要忘记，使他们的生活方式发生改变的是绵羊和山羊的驯养。

很久以前，这些游牧者四处迁徙，动荡不安。当春天的绿草枯萎之后，游牧者便不断由沙海向北部沙岸迁徙。倘若他们能在那里定居下来，他们的生活方式也会慢慢地由沙漠游牧生活向定居的农业生活过渡。有时，这种迁徙会形成一场巨大的移民潮。当肥沃的沙岸被粗野的游牧部落占据的时候，人潮就由沙漠涌进城市，使城市人满为患。我们可以看到，这个过程经历了数千年。我们都熟悉《圣经》中所描写的希伯来人从沙漠进入巴勒斯坦的情景，这正是这种运动所致。此外，有的读者可能会想到阿拉伯人对这里的入侵，那场入侵声势浩大，直逼欧洲，甚至要包围地中海地区。在过上城镇生活之后，闪米特人就不断向外开辟殖民地。他们的殖民地向西跨过地中海，进入北非境内，抵达南西班牙和大西洋。不过，闪米特人的殖民战线历经几个世纪，才自东向西慢慢建立起来。我们应该先从沙漠说起。

沙漠广阔无垠，没有明确的边界。沙漠边缘的草原像空气一样，任何人都可以拥有。谁先来到这里，谁就拥有这片草地。在沙漠的部落中，任何人都没有属于自己的土地。因此就没有拥有土地的富人，也没有地无一垄的穷人。沙漠民族没有"法律"概念，只知道"血亲复仇"。他们经常翻山越岭去抢劫。当看到相邻部落的羊群在草地上吃草的情景,他们睁大了充满嫉妒和欲望的双眼,眼中射出劫掠者的狂野目光。他们知道,如果杀死那孤独的牧羊人,这些羊群就会归他们所有。但他们同时明白,倘若实施了这种杀掠,那么,他们的亲人也必得付出非死即伤的惨痛代价。掌握家人性命的就是被他们所杀的邻人家庭的其他成员,但不是国家。这就是人所共知的"血亲复仇"。这种习俗所起的作用很大,其功能类似于法律。在游牧条件下,根本不可能形成国家,文字和记录更不可能出现,也不能形成工业。就这样,沙漠游民们过着完全自由的生活。直到今天,统治阿拉伯的政府对在荒野中游牧的阿拉伯人控制力仍然十分微弱。我们的政府在控制无法无天的西部牛仔时也遇到过这类情形。

这些游牧部落带着他们的牧群在肥沃新月上四处迁徙,最后他们在棕榈丛中发现了一座城市。于是,他们进入了这座城市。他们的到来,引起了城里人的极大兴趣。城里人好奇地打量着这些牧人,像观赏一群有趣的动物。牧人们出入市场,在城里做搬运工,为他们运送武器、器皿和服饰之类的东西。这些东西不是游牧者需要的,他们很早就学会了将货物从一地搬运到另一地。于是,他们成了定居群落的运输队。慢慢地,他们自己也做起了生意,成为商人,并以他们大无畏的精神征服了沙漠。他们往来于叙利亚、巴勒斯坦和巴比伦尼亚之间。就这样,他们成为古代社会最伟大的商人。直到今天,他们的希伯来后裔仍以善于经商理财著称。

荒凉的旷野原本是游牧者的家园,旷野的寂寥环境造就了他们的孤僻性格。这些生活在沙漠中的人想象沙漠中充满了看不见的神秘动物。这些动物无所不在,每一块岩石,每一棵树,每一个山头,以及每一泓泉水都是它们蛰居的场所。这些动物就是游牧者心中的神。牧人们认为,他们可以用咒语来控制这些神灵。这也许就是最早的祈祷。

牧人们深信，咒语可以使神无力伤害他们，也可使神在他们需要的时候助他们一臂之力。

在游牧者看来，这个大世界的每一个小角落都由一个神灵掌管着，但他们的权力只限于此，也许他只掌管一眼泉水以及周围的草地，而另一处泉水，就由别的神灵掌管了。他们掌管的时间也有限，或许仅过了一天，就有另一位神来到这里，它属于别的部落，因为这里已被别的部落占据，这位神灵也就随之来接管了。每一个部落都有一位钟爱和独有的神。牧人们深信，部落神是随着他们走南闯北的，从这片草地到那片草地，神灵都在和他们共饮同食，分享他们的收获。

这些沙漠游子关于神的思想是十分粗略的，他们的宗教习俗十分残忍。为了取悦饿神，他们甚至不惜献出自己的孩子。同时，正义感和是非观念已开始在这些牧人中形成。他们觉得有善待同伴的义务和责任，当然，他们仍把这看成神的意志和要求。这种感情最终演化成一种高尚的道德观，这使闪米特人成为文明世界的宗教老师。

早在公元前 3000 年，闪米特人从沙漠迁徙到肥沃新月的巴勒斯坦，并且在那里定居下来。我们发现，到了公元前 2500 年，他们已拥有了环绕着围墙的城池。巴勒斯坦的那些希伯来人的祖先来到一个叫迦南的部落；他们北边很远的地方有一个叫亚摩利的强大部落；北叙利亚住着腓尼基人，在定居之前，他们也是过着居无定所、四处游荡的生活。公元前 2000 年之前，所有这些西部闪米特定居部落没有对人类文明的发展做出多大贡献。古代文明在很大程度上是从埃及和巴比伦开始的。但闪米特人的家园在地中海东岸，这一带是连接埃及与巴比伦的重要通道。这一独特的地理位置使这些闪米特人可以接触这两个国家。他们的文明因此而得以迅速发展。但腓尼基人属于地中海民族，在介绍东部地中海历史的时候，我们将会讲述他们的故事。

我们现在来考察一下肥沃新月东部的游牧人的生活。这一地带是底格里斯河与幼发拉底河的下游（见图4.2）。以后，我们就将这两条河统称为"两河"。两河发源于北部高地，穿过肥沃新月蜿蜒南下，最后穿过沙漠北湾入海。西亚的这两条河流孕育了亚洲最早的文明。像在尼罗河上看到的那样，两河流域的西亚文明史也经历了三个阶段。

图4.2　冬季巴比伦的幼发拉底河

　　冬天降雨很少。幼发拉底河水面迅速下降，露出了部分河床。到了夏天，随着雨水增加，再加上东部山区的冰雪融水流入河中，河水暴涨，泛滥成灾，淹没巴比伦尼亚平原。右边是德国考古探险队的住房。在巴比伦的考古发掘工作一直持续到1917年。

在两河低处河谷的河口附近，我们会看到，底格里斯河与幼发拉底河历经了三个历史时期。最早的一个时期即巴比伦尼亚时期。两河各依自己的河道南下，在距离波斯湾约160英里或170英里的地方，开始靠近，①然后在沙漠中合而为一，接着进入下游平原。河水冲积而成

---

① 这里所说的是古巴比伦和亚述时代。从巴比伦早期至今，两河使波斯湾淤积了150英里或160英里，因此，今天的波斯湾已短了许多。

的低处平原，土壤肥沃，这块平原就是巴比伦尼亚，它处于肥沃新月东部。在巴比伦城兴起之前的一千多年间，这里一直是一个小村庄，它在历史上所起的作用自然是微乎其微的。那时，这块平原被称作"希纳尔"。到了公元前 2000 年，才开始有了巴比伦尼亚这个称呼，就像人们曾称恺撒大帝时期的高卢为"法国"一样，这很容易使人产生误解。

希纳尔平原不大，宽不过 40 英里，可耕地面积不超过 8000 平方英里，大致相当于新泽西州或威尔士的面积。① 希纳尔平原属地中海气候，冬季多雨，夏季干燥。这里的年降雨量非常少（有的年份只有 3 英寸），因此非常需要农田灌溉设施。灌溉是希纳尔平原保持丰腴肥沃的首要条件。农业是古希纳尔的主要财源。前面已提到，在这块平原上，高地人和游牧人之间战争频仍，烽火连绵。下面，我们就从这里发生的一系列战争开始，去追述那段持续了一千多年、直到公元前 2000 年才结束的古代故事。

三、苏美尔文明的发展、苏美尔人与闪米特人的早期对抗

今天，我们只能从残存的古巴比伦城的遗迹和泥板上的古老文字中去探寻那遥远时代的城市生活了。苏美尔人与闪米特人之间的漫长斗争只不过是在"肥沃新月"中展开的游牧人与高地人之间的诸多斗争中的一种罢了。

---

① 现在的关于巴比伦尼亚耕地面积的地图大都忽视了这样一个事实：古代的巴比伦平原比现在小得多。同时也没有考虑到：其北面的美素不达米亚是一片沙漠，而且不属于巴比伦尼亚，整个美素不达米亚只有北部是可耕种的（尤其是巴里克河和喀布尔河的上游谷地）。《历史地图册》将沙漠划在幼发拉底河右岸，而且还不包括在美素不达米亚。这使人们认为巴比伦尼亚可耕地面积大大超过了实际面积。

北部高地人不是闪米特人,我们也没有发现他们与阿拉伯沙漠中的游牧闪米特人有什么关系。然而,从外貌上可以看出这些北部高地人属于白人种族。他们头呈圆形,这种人在高原地带甚为常见。不过,他们的族系我们还难以确定。在一些石刻遗迹上,我们可以看到,他们的脸刮得很干净,身着粗毛制的裙子。现在我们已经知道,在他们中间,有一些是苏美尔人。尽管那时高地人还处于使用石制工具的阶段,但从很早的时候起,其中的苏美尔人就开始经过东部和北部山口,进入两河流域了。他们中的一部分也许在底格里斯河河岸定居下来,有的甚至到了北边的亚述,另一部分人则直抵冲积扇平原。令人惊讶的是,他们甚至早在公元前 3000 年以前很久就开始开垦两河河口的沼泽地了。他们一步步占领了希纳尔平原的南部地区,他们所占地区最后被称作苏美尔。

图 4.3 古巴比伦人的播种器

两头牛拉着播种器,旁边一个在赶牛引导方向。播种器后面是一个操作者,他扶着播种器的两个把手前行。播种器行进的时候,就在土地上犁出浅浅的垄沟。播种机架子上直立着一根管子(a),管子上端有一个漏斗(b)。第三个人走在旁边,一只手往漏斗中撒种,一只手握着挂着的种子袋,种子从管子中漏下,撒进垄沟中。这幅图刻在一个小石印上。

底格里斯河河岸太高,不利于灌溉。苏美尔人选择了幼发拉底河,沿幼发拉底河岸建起一间间低矮的泥屋。定居在这里的苏美尔人学会了筑堤坝控制洪水,开挖灌渠引河水灌溉,同时也学会了种植和收割成片的庄稼。此时,他们已开始种植大麦和小麦了。这是他们最主要的粮食作物,这和埃及完全相同。尤其值得注意的是,他们用埃及的名称称呼破开的麦粒。他们已有了家畜,饲养牛、绵羊和山羊是他们生活的重要组成部分。那时,牛拖犁,驴拉车,他们的日子过得红红火火。在这里,用于运载重物的轮子还是第一次出现,[①]但他们这时还不知道"马"这种可用于运输的动物。通过与上游地区的交往,也许是通过尼罗河谷,他们拥有了金属。他们的匠人学会了打制黄铜器皿,但他们还不知道把铜和锡熔在一起,制成比黄铜更硬的青铜。

贸易和行政管理需要记录。正是出于这种需要,苏美尔人学会了用粗制的草图来做记录。他们开始使用最原始的"纸笔"——扁平的椭圆形或圆形的黏土片和苇尖。这种黏土记录经太阳曝晒会变得很硬。如果再经炉火充分烘烤,它就会变成不容易磨损的记录泥板(见图4.4)。在保存至今的这种泥板上,我们可以看到这些原始文字(见图4.5)。这一点又和我们在埃及看到的十分相

图4.4 早期的苏美尔楔形文字泥板(公元前28世纪)

这块泥板文是早期苏美尔城邦国家时期的作品。这时即将进入萨尔贡一世时期。泥板上记的是商业账目,其中的圆圈、半圆圈及其他半圆弧符号代表各种数字。这些符号是书吏用苇尖笔的上圆端压印出来的。图中记号是由一系列的楔形线组成的。

---

① 可能早于西方瑞士湖村的车轮或晚石器时代的双轮车跑道。

似。在泥土上刻制图形的尖笔是芦苇做成的。将苇秆斜着切断，便会形成一个尖，再将苇秆劈开，尖笔就制成了。不过，这些图形不是用芦苇尖划在泥土上的，而是印上去的。记录者把苇秆一端压在黏土板上，并且把带尖的一端也压进去，这样就印出一条线来，形成一个三角。在黏土板上印成的三角形颇似楔子，因此，我们将这种文字称作楔形文字。我们可以看到，苏美尔人记录的每一幅图形都是由一组楔形线构成的。例如星星曾被写成 ▶︎⊥ 的样子，而 ⊵⊣ 则是脚的符号（见图4.5，V栏第三图及Ⅰ栏第三图）。在使用过程中，这些由楔形线构成的图形越来越复杂，尤其是随着书写速度的加快，楔形文字就越来越难以辨认了，因此，所有与先前图形相似的特征慢慢地都消失了。

文字逐渐由图形阶段过渡到了语音阶段。苏美尔文字最后由三百五十多个符号构成，每个符号都代表一个音节或单词。[①]这就是说，每个符号都代表一组音素。在苏美尔文字体系中，从来不曾出现一个字母表。也就是说，在苏美尔文字体系中，我们可以找到表示像 kar 或 ban 这样的音节符号，但找不到表示字母 k 或 r、b 或 n 的符号，而音节正是由字母组成的。然而，我们却不能像讨论埃及文明时那样，为苏美尔文字总结出一个字母表来。

这些泥板记录表明，为了便于计算时间，苏美尔抄写员是按月进行记录的。每当新月出现时，就开始新的记录，而12个月即合为一年。我们在前面提到过，由这种方式合计的12个月不足一年。正因如此，每当发现离年末还差一个月的时候，抄写员就会在记录中额外加进一个月。这种既不方便也不准确的日历后来被犹太人和波斯人继承下来。直到现在，东方的犹太人和伊斯兰教徒们仍在使用这种历法。同埃及

---

① 后来的元音字母及一些幸存的图像符号是仅有的例外。这些图像符号用作图解提示，它们很像埃及文字中的限定词。

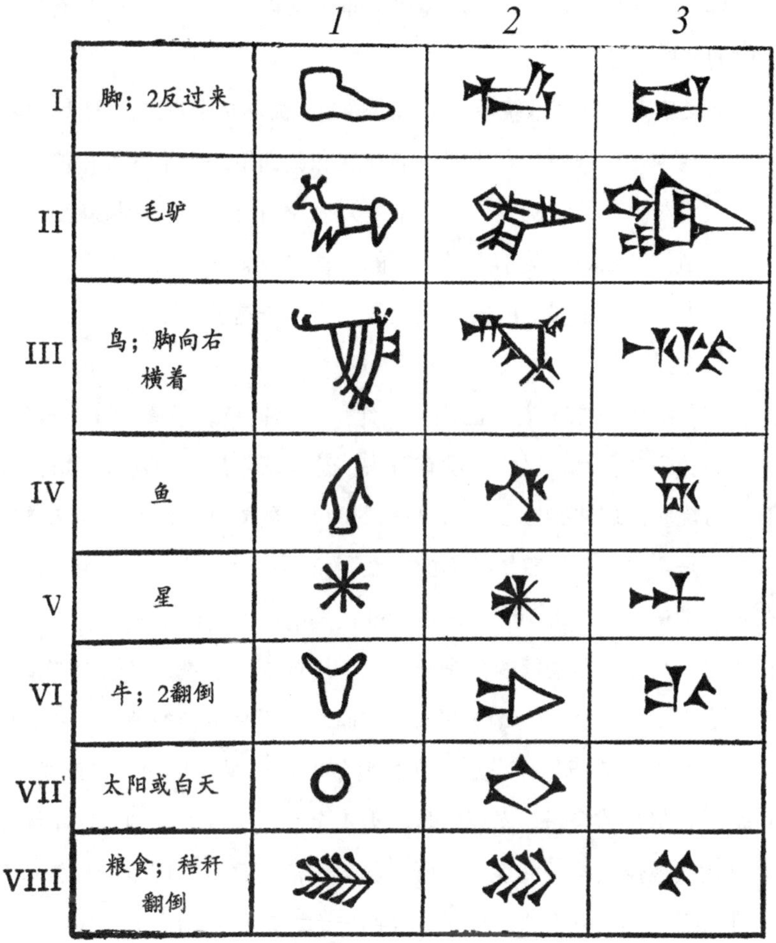

		1	2	3
I	脚；2反过来			
II	毛驴			
III	鸟；脚向右横着			
IV	鱼			
V	星			
VI	牛；2翻倒			
VII	太阳或白天			
VIII	粮食；秸秆翻倒			

图 4.5 早期巴比伦符号及其图像原形

最早的形式是第一列；第二列的符号开始与原图形分离，出现楔形线；第三列是最晚的一种形式，这种形式全由楔形线构成，原形的痕迹完全消失了。第一列中的原形 V、VI 和 VII，在第三列中已看不出来了，但在第二列中仍可看到原形的特征。

人一样，苏美尔人也是按当年发生的重大事件来记录年代的，而不是按时间顺序记录。

苏美尔人的数字系统用的是六十进制，而不是十进制。也就是说，一些大数字是由许多个六十组成的。这和我们用二十来计数相似。今天，我们对圆周的分割（六个六十度）以及对时、分的计量就沿袭着六十进制。米纳是苏美尔人最主要的重量单位。一米纳分成六十个谢克尔。米纳相当于我们的磅，只是我们在引进这种计量单位后，换了一个名称罢了。

在希纳尔平原中央，巴比伦人建了一座高塔。塔高300多英尺，塔底周长300英尺。巴比伦没有石头，这座塔全用砖块建成。塔的表面是用烧制的砖块砌成的，这可以抵御风雨的剥蚀。这座高大建筑物基本上是正方体。沿着塔外面的一系列阶梯往上，整个塔身由下往上在不断稍稍变窄。塔前有三段近150英尺的高大台阶，三段台阶最后在塔门口会合，而塔门的位置几乎到了塔前部的半腰。塔的上部是一个方形庙宇，一个露天厅堂在庙宇前面，后面是供神的地方。我们把这种建在塔顶的庙称作塔庙。在尼普尔的塔庙是这里的第一座塔庙，它是恩利尔神的祭坛。恩利尔是苏美尔至高无上的大气神。这座塔庙很早就被视作最神圣的地方，所有苏美尔部落都敬拜塔庙。苏美尔人在进入巴比伦尼亚平原之前是住在山中的，他们对山中的一切都很熟悉。进入平原以后，他们就企图按山的样子来建筑圣坛，以表示对大气神的虔诚敬仰。尼普尔的第一座塔庙就是基于这种思想建起来的，后来，别的城市也接受了这种思想。这就是巴比伦尼亚平原上出现这种塔庙的缘由。至今，在希伯来人中间还流传着关于巴比伦塔的神话故事。宏伟的巴比伦塔代表一种新的建筑观念，它对建筑艺术做出了巨大贡献。它是后来的教堂尖塔的原型（见图 4.6）。

图 4.6 柯底威绘制的通天塔复原图（以最新发现为蓝本绘制）

巴比伦塔的遗迹现已十分罕见。原型到底是什么样子，现在众说纷纭。古阿述尔城被发掘出来之后，人们大都认为最有可能是方形梯式建筑，四面环绕着斜面。在第一次世界大战期间，巴比伦泥板被发现。通天塔——至少是巴比伦城塔庙——的确切尺寸也随之为世人所知。巴比伦的发掘者柯底威已发现了马尔克神庙的正方形地基，同时还发现了塔庙三段楼梯的底端。根据新发现的事实，结合乌莱率领的英美探险队在乌尔塔庙前发现的类似的三段楼梯，柯底威教授绘制出一幅新的复原图。他于 1925 年去世，但他的代理人同意在本书中发表该图。乌莱和他的同事也绘制出了精美的通天塔原型图。上面所说的体积（每侧宽 300 英尺、高 300 英尺，体积为 92 立方米）是巴比伦城的马杜克神庙的体积。这也许是较早的塔庙，尤其是尼普尔的塔庙专有的神圣尺寸。

在塔庙周围，一系列贮藏室和神庙事务办公室是它的附属建筑。四周的围墙把整个城市挡在塔庙及其附属建筑的外面，这是为了使神庙免受干扰。这座神庙中的僧侣特别富有，他们是塔庙的管理者。塔庙的土地和财产全由他们掌管，一些抄写员是他们的助手。国王或城市统治者的地位高于僧侣，他们也出身于僧侣。人们称他们为"帕泰西"。帕泰西既负责庙内事务，又管理城市社区，里外忙碌，日理万机。

农民们来到塔庙，在祭坛上奉献供品。供品有山羊和装着几枝棕榈树枝的水罐，这种水罐象征着土地的繁荣。农民们祈求神让河水上涨，泽润大地，使这里地肥水美，永葆绿色风光，年年丰收。后来，装着棕榈树枝的罐子演变成了"生命之树"。在希纳尔地区的遗迹中，经常发现这种象征符号的刻绘。朝圣者将供品敬献给土地神、空气神、天空神或海神，他们祈求风调雨顺、年年丰收，他们也祈祷神灵保佑他们免受洪水带来的灾害。曾几何时，神灵放任河水泛滥，他们的土地被吞噬了，巨大的灾难降临到他们头上。父辈们曾向他们诉说过这样的灾祸。这种洪水意识为后来的希伯来人继承下来。

还有一点很值得我们注意，那就是，苏美尔人死后的埋葬方式与埃及人的做法很不相同。苏美尔人死后就埋在城中，甚至有的埋在自家的庭院里，或埋在房间的地板下（见图4.7）。死者没有墓穴，没

图 4.7　巴比伦尼亚葬俗

将两个大陶罐的开口对接在一起，就成了一个棺材。有时，尸体被放在长方形墓穴的底部。墓穴用土坯垒成，形成粗陋的墓室。那时，人死后不是埋进坟场，而是埋在院子的地下或屋子的地板下。现在，我们很少找到巴比伦尼亚的坟墓，随葬的物品也很少见。少数墓穴内随葬着一些陶罐或铜罐，或一些金银及珍珠等做成的装饰，偶尔会发现一些武器或工具。

有棺材,更没有大量所谓在另一世界生活用的随葬品。另一个世界对他们来说是模糊的,是令人难过的,那是地下的一个黑暗而肮脏的地方,人死了以后,不管好歹贵贱,都免不了要去那里。我们还记得,埃及的坟墓非常考究,墓内随葬着精心制作的物品,埃及墓葬对我们研究古埃及历史十分有益。然而,在巴比伦,我们却找不到这样的随葬品。

市民的房屋建在塔庙院外,庙墙外就有民房,向四处延伸开去。民房为长方形建筑,建筑材料是晒制的砖块(见图4.8)。每座房子都

图4.8 一座早期巴比伦房子的复原图
  巴比伦的早期城镇很小,城镇中的房屋主要用土坯建成,只有一些简单的装饰,如一些垂直的嵌板和墙顶的齿状边沿等。门洞为拱形,这一点不同于埃及。埃及人也知道如何做拱顶,但他们更喜欢把门洞做成平顶的。

有一个庭院,庭院在房子的北面。每个院子有一间主屋,主屋在院子南侧,由主屋可以进入其他房间。最初,这只是一座几百英尺宽的城镇,后来不断扩展。城镇大都建在人工堆成的山包上(见图4.9)。这一点对于今天的考察非常重要。

晒制的砖块是整个古代世界最普遍的建筑材料。在东方，直到今天许多普通人家的房子仍然用这样的砖块垒墙。由这种砖砌成的墙不耐风吹雨淋，随着时间的推移，这样的房屋终将被风雨摧毁。每一场暴雨袭来，就会有古屋坍塌。即使在今天，如果房屋倒塌了，人们依然只是将房屋垮塌的垃圾铲平，再在上面盖新的同样的房屋。几千年来，那里的人们一直在这样建筑他们的居所。年复一年，许多世纪之后，村庄就累积成了一个大垃圾堆，而城镇就建在上面。

在这些古代的人造山包上，至今还保存着许多古代东方城镇遗迹。这样的山包在那些古老国家中很常见。在特洛伊，在巴勒斯坦境内的耶利哥和哈米吉多顿或美吉多，在埃及的安利芬坦，都可以见到这样的山包。这样的巨型山包，在今天的巴比伦尼亚随处可见。它们早就被遗弃了，现在已是一片荒凉。图4.9向我们展示的，就是它们今天的风貌。

图4.9 古巴比伦尼亚尼普尔城废墟形成的山包

前面的空地长着稀疏的沙漠灌木。这里曾经是一个大庭院或广场。人们经常在这里进行交易或卸货或进行其他公共活动。远处山包下是尼普尔神庙的主要建筑，它占据了神庙的南部，最高的部分下面是以前的神庙峰。仅有处于较低位置的神庙在山包下保存下来一部分。在这些山包之下的建筑中，大约5000年前，书吏和官员们在忙碌地处理着城中的一切事务。在图4.10中的庙峰顶上可以看到整个神庙区。

在那个时代，到处都在使用泥板，人们用来做家务记录，写信，记账目单，开具收据、便条等。当房屋坍塌的时候，泥板被压在下面，现在它们仍然埋在土包中。在庙宇和公共建筑中埋藏的文件，大多是政府工作的重要记录。在统治者的住宅或办公室中的泥板则往往记录

图 4.10　对古尼普尔城的发掘

　　从 1889 年至 1900 年，费城大学探险队先后三次大规模发掘古尼普尔城。图中就是发掘工作正在进行的情形。一长队的当地民工正在用箩筐搬运挖出的废土，这些废土曾是垒墙用的土坯。民工们将废土运到远处的土堆。曾被埋住的残破建筑物逐渐显露出来。在发掘过程中，不时会找到一些泥板或用陶、石制成的器物。古巴比伦尼亚的记录和古物因此而得以重见天日。这些古物埋在不同的地层，在底层发现的东西最古老，而较晚时代的器物则埋得较浅。本图是从图 4.9 中最高的山包顶上看到的情形。在民工将废土运出去的那一端，可见到辽阔的地平线，我们可以由此想象昔日那平坦的巴比伦平原。以前，保存在欧洲的巴比伦尼亚及亚述的古代文物只能装一个展柜，只占几平方英尺。自 1840 年以来，考古队挖掘出了大量的古文物。这些发掘工作让我们认识了更为真实的历史。

着战争或征服异邦的功绩。有时,统治者还会将他的建筑物、他的胜利,以及其他光辉业绩记在泥板上,并深埋在建筑物的地基下,留待后来的统治者去发现它们。除文字记录外,山包中还埋着许多家用物品和雕刻艺术品。这些建筑物都已化为废墟,我们已不可能指望它们能像埃及的遗迹那样,告诉我们那段古老的历史。尽管如此,这些山包仍不失为一个内容丰富的巨大文物仓库,它记载了古巴比伦的文明。下面,我们来追溯这段历史。

山包的最底层埋着苏美尔人的石雕作品。这些作品创作于公元前3200年左右。那时,他们的石雕工艺刚刚出现,作品还显得十分粗糙。后来,在日常交往活动中,个人图章成为一种必要的信物印记,这就促进了石刻艺术的长足发展。从在石头上雕刻图章(见图4.11),到在坚硬的石头上刻绘小型图案,雕刻艺术迅速发展起来。宝石工是人们

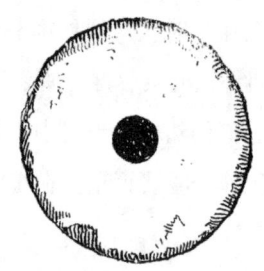

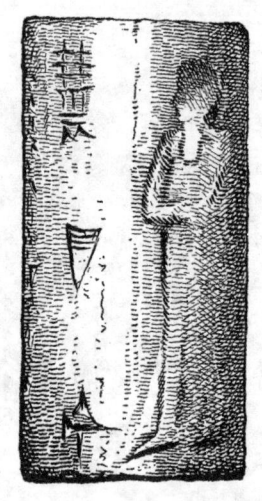

图 4.11 早期苏美尔的圆筒印章

早期的苏美尔人不是直接在泥板文件上签名,而是用小型的石头滚柱或滚筒来签章的。滚柱或滚筒上刻有图案,有的上面还刻着主人的名字。只需将这样的圆柱石印在松软的泥板上一滚,图案或名字就印在泥板文件上了,这和签名的作用一样。在巴比伦尼亚废墟中,人们发现了许多这样的石滚印章。经过对这些石滚印的研究,我们发现巴比伦艺术大约经历了2500年的兴衰,即从约公元前3000年开始,至约公元前500年结束。本图左侧为石滚印的一端,右面为石滚面。

对拥有这种雕刻手艺的人的称呼。早期的苏美尔宝石工很快就成为古代东方世界这一行业内最精巧的工匠，他们的工作对我们的装饰艺术产生了深远影响。这种工艺现在仍能看到。苏美尔人不仅创造了石刻艺术，而且，他们还能在金属制品上精雕细刻。许多金属制品被雕饰得非常漂亮（见图4.12）。

古巴比伦城静静地沉睡在土丘之下。当年，这里也曾有过沸腾喧闹的生活，然而，今天我们只能从所存的遗迹和泥板上的古老文字中去追寻那遥远时代的城市生活了。我们已在最早的泥板上发现了一个居住在城中、拥有私人土地的自由民阶级。自由民拥有土地，他们役使大量奴隶为他们耕种土地，还与沙漠中的商队和穿行在河上的小船自由交易。他们就这样过着自由自在的生活。我们知道，官吏和僧侣凌驾于自由民阶级之上，他们是城中的贵族。这些人聚在一起，就

图4.12　苏美尔城国王的银制花瓶

这个花瓶是巴比伦尼亚早期最精致的金属制品。花瓶表面有两条宽宽的雕饰带，是早期苏美尔装饰艺术的代表。在下面那条较宽的饰带上，一只狮头鹰抓着两头狮子的脊背，两头狮子各咬着一只羱羊。这种对称的掠食动物构图是公元前3000年前的苏美尔艺术的一个独特创意。这里的鹰和雄狮象征着苏美尔拉嘎什城邦王国或武器。后来，这种对称的动物图形传到了欧洲，并一直沿用至今。在今天的国王或国家的纹章或武器上，仍能看到这种装饰。在俄国、奥地利、普鲁士及其他欧洲国家，常能在武器上看到鹰的形象。就这样，5000年前的拉嘎什鹰流传至今，最后传到美国，成了我们的"美国"鹰。

第四章　西亚：巴比伦尼亚

构成了一个社会。他们只拥有城市周围几英里的土地,他们还组成了政治单位或政体。我们称这样的社区为城邦。因此,我们称这一地区最早的文明阶段为苏美尔城邦时代。我们还不能断定这一时代是从什么时候开始的,因为我们所掌握的最早的巴比伦文献的确切日期尚待确定。① 这些文献告诉我们,苏美尔城邦时代也许可以上溯到公元前32世纪。我们的所有文献都来自乌尔,这是巴比伦尼亚历史上最早的城邦之一。乌尔有一个叫安尼帕达的国王,乌尔城外的一个郊区庙宇中有一块安尼帕达时代的石碑,从现有的发掘成果来看,那碑文是亚洲最早的皇家记录。这块碑的历史可追溯到公元前31世纪。城邦时代延续几个世纪,到公元前27世纪或28世纪结束。

当时,苏美尔城邦在众多城邦中处于领先地位。在南部,由许多城邦组成了一个城邦群,苏美尔地区就由这样的城邦群占据着。它们沿幼发拉底河分布,这些城邦废墟的土包形成一带蜿蜒的曲线。尽管城邦人民饱受贵族压榨,苛捐杂税多如牛毛,不平等的制度令人憎恨,但还是不能抹杀统治者或帕泰西的历史功绩。城邦的许多事务都

---

① 最近,一份新的朝代表被发现。于是,人们便不再用以前的那种天文计算方式。这份朝代表彻底否定了从前流行的关于早期巴比伦历史的年代考证。早期巴比伦历史年代有两种可能的计算系统,两种系统之间有120年的时间差。下面是早期的年代大系,这些年代都可以减去120年:
1. 克伊斯最早的统治及最早的苏美尔君主文献,可能在公元前32世纪之前(或120年后)。
2. 苏美尔早期城邦国结束于公元前2773年(或120年后)。
3. 阿卡德的萨尔贡王朝,最早的闪米特辉煌时代,约历经两个世纪。从公元前2772年至公元前2576年(或120年后)。
4. 萨尔贡一世在位56年(或55年),从公元前2772年到公元前2717年(或120年后)。
5. 苏美尔与阿卡德王国(与第一巴比伦王朝的年代交叉),从公元前2418年到公元前2083年(或120年后)。
6. 第一巴比伦王朝,闪米特(阿拉米)第二个辉煌时代,历经三个世纪,从公元前2169年到公元前1870年(或120年后)。
7. 汉穆拉比执政,早期巴比伦文明的顶峰,历经43年,从公元前2067年到公元前2025年(或120年后)。
8. 赫梯人和卡塞特人入侵,巴比伦文明的第一个伟大时代结束,约从公元前2000至公元前1900年(或120年后)。

离不开帕泰西,最重要的是,战争和水利灌溉离不开统治者的统一管理。灌渠和堤坝需要经常护理修缮。倘若统治者中断了对堤坝和水渠的维护,渠堤会很快损坏,水源就会被切断,农田就不能得到灌溉,就无法播种,更不用说收获,那么全城邦的人就会受到饥饿的威胁。

至于战争,在墓穴中的绘画上,我们可以看到,城市的统治者大都亲率士卒冲锋陷阵。在那个时代,很多城市统治者都这样英勇无畏。在统治者的率领下,部队士气高昂,战士们顶盔掼甲,持枪挽盾,排开方阵,威风凛凛地向前推进(见图4.13)。在尼罗河畔产生了最早

图4.13 率领方阵部队的苏美尔城邦国王(约公元前2900年)

图右边的国王的脸已脱落。国王身先士卒,走在方阵前面,他身后是一队士兵。在古代亚洲战场上,士兵组成这种被称作方阵的战斗单位,这是战争史上的首创。许多世纪以来,古代人的战斗一直是不规范和松散的。而集结兵力组成方阵,就需要严格的训练和严明的纪律。这时候,埃及还没有出现这种阵法,也没有这样的训练。这些苏美尔士兵手握长矛,一字排开,向前推进。但他们没有带弓箭。这些士兵戴着头盔,头盔也许是用皮革制成的。高高的盾牌挡住了他们的整个身体,这增强了他们的防卫能力。图上的士兵正踏过敌人的尸体,这表明他们正在消灭敌人。这幅图刻在石头之上。可以看出来,当时巴比伦尼亚、苏美尔的雕刻艺术还很粗糙。而这时,埃及正处于金字塔时代,埃及的肖像雕刻已经取得了很高的成就。

第四章 西亚:巴比伦尼亚

的高度发达的和平艺术。而在苏美尔人这里，我们看到了人类历史上最早的高度发达的战争艺术。只要城邦获悉邻邦有企图占有他们哪怕只是一寸土地的动态，他们就会迅速行动起来，自发地聚集到帕泰西身边，发誓跟随他出生入死，坚决打击侵略者，直至把敌人驱逐出境。城邦之间经常发生领土争端。因而可以这样说，在公元前28世纪前的几个世纪里，苏美尔的早期历史在很大程度上就是由这些城邦间的战争构成的。

虽然苏美尔各城邦之间战火连绵，但在非常时期，各城邦也会联合起来，共同对付外来的敌人。沙漠中的闪米特游牧部落很早就已经在苏美尔北部定居下来，这个地区名叫阿卡德。因此，巴比伦尼亚最早的闪米特人被称作阿卡德人。阿卡德最古老的城市是克伊斯。克伊斯处在两河距离最近的地方，它是古代从两河通往东部山区的要道。作为养育了一系列王族或王朝的第一座城市，它在巴比伦尼亚的历史上赫赫有名。就我们现在所知，这些最早的阿卡德人一直是沙漠中的游牧民，他们不懂战术，更没有什么作战计划，而苏美尔人却精于战争之道。在战争中，阿卡德人的主要武器是弓箭，他们害怕短兵相接，因此他们练就了高超的射箭本领。倘若敌军靠得太近，他们便会散开队形，赤手空拳进行搏斗。他们的队形散漫而单薄，显然不是苏美尔密集方阵的对手，因此常常被打败。那时，在希纳尔平原上，这两个敌对民族经常展开这种面对面的斗争。北部是半定居的阿卡德闪米特游牧部落，南部是曾居住在高地的苏美尔人。这两个民族之间的长期斗争只不过是肥沃新月中发生的游牧人与高地人之间的各种斗争中的一种罢了，当时，战争的频繁远不止于此。

四、闪米特人的第一次胜利——萨尔贡时代

公元前28世纪上半叶,闪米特民族史上第一位杰出领袖萨尔贡成了希纳尔平原的主宰。他东伐西讨,南征北战,功绩显赫,成了西亚第一位建立国家的统治者。

公元前28世纪上半叶,一位叫萨尔贡的闪米特首领诞生于阿卡德。他精于战事,可以组织起战斗力很强的队伍冲散密集的苏美尔长矛方阵。萨尔贡最后成为希纳尔平原上的主宰。原来的苏美尔王被打败,两河河口城镇落入萨尔贡手中,城民们成了他的子民。接着他带着骁勇矫健的阿卡德弓箭手从东部的伊拉姆山向西挺进,沿幼发拉底河溯

图4.14 早期的巴比伦尼亚闪米特弓箭手们正以松散队形投入战斗

游牧部落没有组织,也没有经过训练。在战斗中,每个人都依自己的方式行动,他们的战斗只不过是一群人捉对儿搏斗。在人们学会训练队伍、集团作战之前,这种散乱的搏斗就是人类最早的战斗形式。苏美尔最早发明了集团作战方式。因此,在很长一个时期内,训练有素的苏美尔城里人在与肥沃新月一带的毫无组织观念的沙漠游牧部落的战斗中一直占据优势。

流而上，一直冲到地中海岸。当时，埃及正处于兴盛时期，埃及法老的舰队已经停泊在腓尼基城的港口中。我们相信，倘能幸运地找到一些当年的泥板，其中一定会有幼发拉底河君主与尼罗河君主之间的来往信函。此时，尼罗河君主正处于辉煌的吉萨金字塔时代。萨尔贡不愧为闪米特民族史上第一位杰出领袖，他也是第一位在西亚建邦立国的统治者。虽然征服者萨尔贡并未耀武扬威，四处伸手，大肆扩张他的统治和管辖范围，但他的威慑力量无时不在震撼着周围的人们。从东部的伊拉姆到西部的地中海，再到北面的两河地区，全都受到了这位伟大人物的影响。他东伐西讨，南征北战，功绩显赫。这给两河世界打上深深的烙印。萨尔贡的后代们继往开来，在征服异邦的历史上，续写了新的篇章（约公元前2717年～公元前2576年）。那拉姆·金就是其中功绩最卓著的一位。

在随萨尔贡四处征战的过程中，阿卡德游牧部落的生活方式发生了很大变化。首先，这些游牧者不得不放弃他们早已习惯的居无定处的生活方式，选择合适的地点定居下来。他们丢弃了帐篷，建起了砖房，从此以后，他们就再也不用日出拔营、日落扎寨了。起初，他们根本没有文字记录，也没有任何工业。而到了这时，他们当中已经有人学会了用苏美尔楔形符号写闪米特语了，闪米特语第一次形成了文字。先前的游牧者们不懂如何管理定居社区的事务和政府行政事务。现在，他们开始向苏美尔人学习。定居的闪米特阿卡德人采用了苏美尔日历、度量衡、数字系统及行政管理方式。他们既学会了和平之道，又学会了战争之术。他们学会了怎样在战斗中保护自己，他们用皮革和铜制作头盔，一个头盔有两磅多重，戴上可预防作战时头部受伤。金属头盔的制造，开创了战争史上使用金属保护身体的先河。后来，装有钢甲的战舰和炮塔也应运而生了。不过，这已是现代的事了。

除了上述的文明进步之外，阿卡德人还学会了雕刻艺术。而且，他们的成就很快便超过了他们的苏美尔老师。尤其引人瞩目的是闪米特人创作的第一件伟大艺术品——那拉姆·金浮雕（见图4.15），它完全可列入早期世界的真正艺术成就之列。可以说，苏美尔人图章艺术是在阿卡德人的聪明才智的推动下，才发展到相当完美的程度的。

就像英格兰诺曼人与英格兰人的融合一样，沙漠中的闪米特人与巴比伦平原上的非闪米特人融为一体。先前，在幼发拉底各地城镇的街头巷尾，只能看到短发整洁、光脚无须的苏美尔市民。现在，皮肤黝黑、脚穿便鞋、蓄须长发的阿卡德闪米特人在这里随处可见。他们为幼发拉底河地区的城镇增添了新的景象。衣饰整洁的苏美尔人挽盾持矛，他们与佩着弯弓、蓄着胡子的闪米特主人并肩作战。倘若没有机灵的苏美尔差人的帮助，闪米特贵族将寸步难行。于是，我们就看到了这样的景象：国王的兄弟身边带着闪米特随从，而修饰整齐的

图4.15 最早的闪米特优秀艺术品——阿卡德国王冲上要塞（约公元前2700年）

图中，阿卡德国王那拉姆·金（可能是萨尔贡一世的一个儿子）追击敌人，冲上了伊拉姆的一个山头堡垒。国王身材魁伟、英姿勃勃。他面前的矮小敌人胆战心惊，丧魂落魄，一个用乞求的目光盯着征服者，希望他大发慈悲，放他们一条生路。国王手中的武器垂下来，这表明他完全掌握着被征服者的生命。雕刻者生动传神地刻画了这个戏剧性的场面。如果将这件高超的阿卡德闪米特雕刻作品与两个世纪前的苏美尔艺术比较一下，就可以看出闪米特人在艺术方面有了多么大的进步。

图 4.16 巴比伦和亚述的动物雕刻

A 图是萨尔贡一世时期巴比伦石刻印章中的精品。在左图的左端,英雄吉尔伽美什正在杀一头牛,他是赫拉克勒斯的原型。半人半牛的英雄英吉杜在帮助他。在左图的右端,吉尔伽美什在独自同一只雄狮搏斗。在 A 图右边的石印上,一只雄狮在搏杀一头野牛,这幅图采用了对称布局。

B 图是一幅猎狮图。这是我们所看到的阿舒尔巴尼帕时期最好的亚述浮雕作品之一。从图中可以看出,亚述浮雕艺术受两千多年前的古巴比伦石印动物雕刻艺术的影响。

苏美尔秘书也常跟在他的左右（见图4.17）。

图 4.17　闪米特王子及其苏美尔书吏（公元前 27 世纪）

那第三个戴着帽子的人是王子乌贝尔·伊什塔尔，他是国王的弟弟，他留着的胡子表明他是闪米特人。另外三个蓄须、长发的随从也是闪米特人。王子后面的那个头发、胡须刮得干干净净的人是王子的秘书，他是苏美尔人，因此他能书善写，完全胜任秘书工作。他的名字叫"卡尔凯"，这从右上角的铭文中可以看出。铭文写着："乌贝尔·伊什塔尔，国王之弟，卡尔凯书吏及随从。"这则铭文是用当时的闪米特语（阿卡德语）写成的，闪米特人借用了苏美尔人的文字符号。这幅图刻在卡尔凯的私人图章上。上面的画是卡尔凯的圆筒图章滚过泥土后留下的印痕。这是巴比伦石印艺术的典范。这幅石印收藏于大英博物馆。

五、苏美尔人与闪米特人的联盟

公元前 2400 年前不久，阿卡德闪米特人已被希纳尔平原接受，他们成了统一国家的组成部分，希纳尔平原上的第一个国家名为"苏美尔和阿卡德"。"苏阿国王"是这一时期国王的自称。

阿卡德闪米特人进入城市之后日渐衰弱下来，萨尔贡的军队也开始堕落。在这种情势下，南部的苏美尔城邦又振作起来，重新掌握了整个国家的统治权。在公元前2400年前不久,这一地区的统治出现了以古城乌尔领头,由三个苏美尔古城轮流执政的局面。不过,从那以后,阿卡德闪米特人已被希纳尔平原接受,他们被视为统一国家的组成部分。这时,希纳尔平原的第一个国家"苏美尔和阿卡德"也随之产生了。"苏阿(苏美尔与阿卡德)国王"是这一时期国王们的自称,有时是苏美尔人,有时是闪米特人。他们没留下什么宏伟建筑,也没有留下辉煌的业绩。但是,这个新统一的苏美尔与阿卡德联邦一直在繁荣发展,持续了三个多世纪。

文学首次兴盛于亚洲。那时,人们一直在考虑生死问题,一直试图解开生死之谜。在一些简单的故事中,我们可以看出,两河流域的人们已在开始回答这样的自然问题了。后来,他们创作了牧羊人伊塔纳历险的美妙故事(见图4.18)。故事中讲道,伊塔纳的羊群患上了不育症,所有的羊都不能育羔了。为了羊群的繁衍,他去寻找生命之源的草药,一只老鹰驮着他,飞上天空。他四处寻觅,眼看就要接近目标了,却突然被摔回地面。这是历史上最早的飞天童话。

人们对生死的不解还引出一段渔夫阿达帕的故事。传说渔夫阿达帕正泛舟水上,突然南风女神掀翻了他的船。阿达帕勃然大怒,他一气之下竟折断了女神的翅膀。于是,他被传到天神的宝座前,接受天神的训斥。天神终于消气了,并送给他面包和水。假如他当时接受了这些圣食,他就能获得永生,死亡就不会威胁到他。但是,阿达帕过于警觉,对圣食产生了怀疑,最后拒绝了天神的面包和水。结果不只是他自己,连整个人类都失去了永生的机会。

还有这样一个故事:一位叫基尔嘎米斯的伟大英雄屡建奇功,一生有许多冒险经历,也有过许多奇遇。这样的英雄自然希望能够永生,然而,他也和阿达帕一样,终于未能获得永生。在这些英雄故事中,

图 4.18 伊塔纳飞翔图

在图的右边,伊塔纳坐在飞鹰背上,上方有一弯月亮,下面两只狗紧随其后,边狂叫边望着他飞行。在图左侧,一个羊倌正赶着三只羊走过来。在前方,走着一个男子,他拿着一件形似雨伞的东西。羊等生灵都惊奇地仰望着在空中飞翔的伊塔纳。在羊倌上方,一个陶工正在制作陶罐。在罐子右边,一个面包师蹲在那里烤制圆面包。这幅图刻在一个滚筒石印上。本图是筒印在泥土上滚过留下的印迹。这是一件巴比伦石刻精品。

还真有一位被神灵赐予永生。这则英雄永生的故事是这样的:在洪水泛滥、生灵惨遭劫难的时候,英雄和他的妻子乘坐在一艘大船里幸免于难。神灵怜惜英雄,把英雄夫妻双双带到极乐世界。这当然是一种理想,不可能是事实。即使苏阿国王也无法进入彼岸的极乐世界,更不用说普通百姓了。还有一些创世纪和大洪水的故事,为后来的希伯来人家喻户晓。

这些故事与苏美尔人和闪米特人的生活密切相关,它们以两种语言在民间广为流传。但当时的人们认为苏美尔语言更为神圣。后来,苏美尔语就被作为一种神圣的语言使用,这一点和罗马加尔文教堂使用拉丁语的情形相似。在古老的苏美尔城迅速衰落(公元前23世纪)

之后，苏美尔语就失去了它的辉煌，但是，在苏美尔口语不再被使用后的几个世纪中，人们还在用苏美尔文字来书写宗教故事。

总的来说，"苏阿国王"时期有这样一些特点：在乌尔城居于领导地位的一个世纪（约从公元前2418年开始）中，这里一派繁荣。此后的三个多世纪，这里被乌尔的敌人占领。苏美尔和阿卡德处于闪米特国王们的统治之下。在这个时期，局势动荡不安，各种矛盾冲突此起彼伏，社会开始衰退。苏阿国王时期在希纳尔平原的文明史上占有相当重要的地位，这一时期的文明发展形成了这一地区最基本的商业特点。这一时期形成的许多文化特点，后来一直被保留下来。法律、商务形式、习俗、语言、文学以及其他许多的文化要素都开始成熟起来，并且在苏美尔和阿卡德时代为民众所普遍接受。

六、汉穆拉比及其后的时代

经过一个世纪的争夺，巴比伦亚摩利人迎来了第六位头领，这位头领的名字叫汉穆拉比。在他的治理下，巴比伦王国出现了前所未有的秩序和体制。

随着"苏美尔和阿卡德国王"们的渐渐衰落，另一支闪米特部落像昔日的阿卡德人在萨尔贡率领下由高地进入平川一样，开始进入幼发拉底河流域。这些新来者是原来生活在地中海岸的叙利亚闪米特亚摩利人。公元前2200年后，这支西部闪米特新部落经过一代人的奋斗后，占领了当时还只是幼发拉底河边的一个偏僻村庄的巴比伦小镇。随后，巴比伦亚摩利头领们四处征伐，走上了征服和统治苏美尔和阿卡德的道路。

经过一个世纪的争夺，巴比伦亚摩利人迎来了第六位头领，这位头领的名字叫汉穆拉比。在即将攻下苏美尔城时，汉穆拉比遇上了骁勇善战的伊拉姆人。这些人来自东部山地中的伊拉姆，他们开始同汉穆拉比展开了争夺苏美尔城的战争，战争持续了三十多年。最终，汉穆拉比赢得了战争的胜利，伊拉姆人被赶出苏美尔城。班师回朝之后，汉穆拉比将巴比伦城首次推到了至高无上的位置，并在这里统治整个国家。从时间上推算，直到公元前21世纪，巴比伦才最后取得了统治地位。巴比伦的权力之巨大，影响之深远，使今天的我们称这一带为"巴比伦尼亚"。

汉穆拉比的王国维持了12年。无论是在战争时期，还是在和平年代，和历任国王相比，汉穆拉比都堪称精明强干、出类拔萃。如果说萨尔贡是第一位伟大的闪米特领袖的话，那么汉穆拉比就是第二位。蓄须是闪米特人的一大特征，汉穆拉比的上唇却剃得很干净。蓄须是沙漠游牧部落的传统，就像萨尔贡的先人们一样。几代之前，汉穆拉比的祖先还毫无组织地在沙漠中游荡，汉穆拉比创立了先人们想都不曾想过的业绩。他的统治遍及巴比伦王国的每个城镇。

在汉穆拉比的统治下，巴比伦王国出现了前所未有的秩序和体制。一封他的书信和一块刻着他的法律的石碑，向我们揭示了这位伟大国王的业绩及性格特征。

通过汉穆拉比的书信（见图4.19），我们第一次从侧面了解这位强大的东方统治者的繁忙工作和生活。这些信笺的内容告诉我们，汉穆拉比经常端坐在巴比伦宫廷内的行政办公室中，忙碌地处理国家事务。有一个苏美尔秘书随侍左右。我们可以设想：在苏美尔的大小城邦都接受了他的统治时，他必然要经常向各城邦的地方官员传达他的指令。他向秘书口授短信，他说出的句子是简洁的。秘书从腰带上的皮袋中掏出一支芦苇尖笔，飞快地在一小块黏土板上用楔形线条做记录。记录完毕，他又在湿软的泥土板上撒一层干土粉，以免写好的信与泥土信皮粘连。在松软的泥信皮上写上地址，再将信送出去让人放进炉中烘烤。那时，他们已能熟练地包裹信件了。

类似的信件也不断由信使送到宫廷来，那是下属官员的汇报或请示。汉穆拉比的这位秘书是一位可靠的心腹职员，他当着国王的面把干硬的泥信皮敲碎，然后向国王朗读。国王很快就口授批复，秘书则迅速做着记录。乌尔城与拉尔斯城之间的幼发拉底河道被洪水淤堵了，很多船只停在那里无法航行。知道这种情况后，国王在复信中责令拉尔斯的官员迅速疏通河道，保证航运畅通。

图 4.19　巴比伦尼亚国王汉穆拉比写的信（约公元前2067年～公元前2025年）

汉穆拉比国王的大量泥板信件中的一件。它们已有四千多年的历史了。这些文字是在松软的泥板上写成的。图中的文字反映了当时书吏的记录速度之快。这块泥板已被烤过，它曾包有写着地址的泥信皮，但泥信皮现已剥落了。这封信的内容是命令某个统治者重视一位官吏的申诉。这位官吏认为他是因为没有得到公正的法律待遇而败诉的。

也许是出于游牧者的本性，汉穆拉比对他的羊群一直兴趣不减。在春天该剪羊毛的时候，他召集官吏们来到巴比伦，一同为剪毛日的到来而庆贺，这个日子成了一个盛大的节日。有时，历法与季节不合，按照年历，有的年份会相差一个月。国王很关注这种情况，他通知所有官员："既然年有不足，那就把将要开始的这个月记为第二个（月的）伊洛尔吧。"

但是，汉穆拉比警告各地官员，在插进一个月之后，不可因此而延迟下月应缴的赋税。对那些办事不利的税务官，国王特别提醒他们严守职责，要按时收税，不得延误，更不得营私舞弊，倘若发现官员中有收受贿赂者，他会给予严厉的惩罚。我们看到，国王满面怒容，正在口授逮捕令，逮捕宫廷门口的三个官员。看见国王的可怕脸色，那几个官员早吓瘫了。拉尔斯的官员们经常受到国王的严厉警告。国王提醒他们忠于职守，一切该办的事都要马上办妥。

那时已形成了最早的诉讼程序。许多没能在地方法官那儿获得公道的人，便到国王面前申诉。他们深信在这里正义会得到伸张，会获得公正的裁决。对此，他们毫不怀疑，也不会失望。国王对宗教性宴会很感兴趣，他对宗教盛宴的热心不亚于对伸张正义的关注。有这样一个例子可以说明这一点：神庙的主面包师被牵扯进一桩重要的诉讼案，在他接受审查时，忽然接到皇家命令，让他即刻启程前往乌尔城为即将举行的宗教宴会服务。他的案子得到国王允许推迟诉讼的御旨。他必须马上离开都城，到乌尔尽一个面包师的职责。由此足以看出，汉穆拉比对宗教宴会情有独钟。在他口授的书信中，有很多是与神庙的财产和管理相关的，这也说明了他对宗教的兴趣。

汉穆拉比才思敏捷，精力充沛，对国家的大小事务了如指掌，甚至可以说他熟悉他的国家的每一个角落。他发现，国家的现有法律和商务惯例五花八门，以致常常互相矛盾。他认为，将所有的法令规定进行归纳、整理并形成一部统一的国家法律是当务之急。于是，他下令收集古老的法律文书、商务及社会生活惯例，然后进行系统整理和归纳完善。他根据自己的判断,对这些法律进行了增删。最终编订出一部伟大的法典。这部法典不像一些老的法律文本那样用苏美尔文写成,而是用阿卡德和亚摩利的闪米特语言写成的。法典写好后,他下令将它刻在一根大石柱上,并在石柱的上端刻上他从太阳神那里接受法律的情景。随后,又将这部新法典竖立在巴比伦伟大的马杜克神庙中。汉穆拉比法典石柱一直存留至今,是保存至今的一部最古老的古代法典(见图4.20)。

汉穆拉比法典坚决维护寡妇、孤儿和穷人的正当权益,当然,其中不乏守旧和幼稚的条款。汉穆拉比法典的一个最明显的特点是"以眼还眼,以牙还牙"。这一原则要求对罪犯的惩罚依照他给别人造成的伤害进行,即罪犯使别人受到了什么样的伤害,法律也要求他受到同样的伤害。这常常导致一些偏离正义的结果。例如,一座房子因建筑质量问题而

图 4.20 最古老的法典:汉穆拉比法典(约公元前 2050 年)

法典刻在一个八英尺高的石柱上。共有三千六百多行。石柱的上端刻着一个精致的浮雕,它表现了汉穆拉比向太阳神接受法典的情景。汉穆拉比站在左侧,太阳神坐在右侧。汉穆拉比的上唇剃光了胡须,这表明他来自叙利亚沙漠。由于他的脸正处于阴影中,因此上唇的剃须特征难以看清。太阳神的肩头喷着火焰,这显示了他的身份。这幅图是闪米特艺术中的杰作。

倒塌，压死了房主的儿子，房子的建筑工自然就成了罪犯。根据法律，建筑工的儿子就必须同样失去生命。这样，无辜的建筑工之子就会被处死，这显然是极不公正的。汉谟拉比法典对男女之间的婚姻关系做出了细致的规定。法典明文规定，男女结婚需办理正式的法律手续，双方签订婚约后方为有效。和埃及一样，早期的巴比伦王国的妇女社会地位不低，巴比伦妇女可以自己选择工作，根据自己的能力，她们甚至还可以成为一名职业书记员，但她们必须在下面将介绍的学校接受训练（见图4.21）。

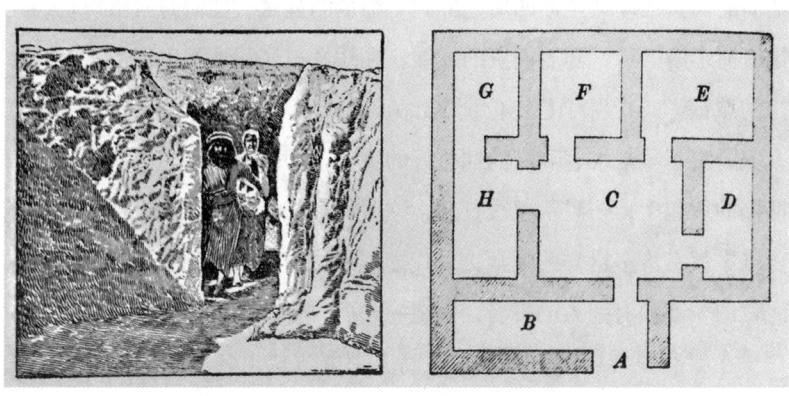

图4.21 汉谟拉比时代的巴比伦校舍图

　　右边是校舍平面图，约55平方英尺。学童们通过门（A）走进一个长形屋子（B）。那里也许有一个守门人拿着一块泥板记录迟到学生的名字。穿过长屋后，就来到了一个露天大院（C）。我们可以猜想，孩子们在这里分开，依年龄大小进入不同的房间。在校舍某处，也许在大院（C）中，放着一堆或一箱软泥。在这里，那些能用楔形符号写泥书板的孩子可以很快挖出一团泥自制出一块新泥板来。左边是世界上最古老的校舍。图中是校舍的一道门。发掘这个遗址的当地阿拉伯民工站在门道中。图中校舍的土坯墙仍有八九英尺高。

在法律的规范下，巴比伦社会出现了空前的繁荣景象。巴比伦的社会生产仍以农业为主，农作物主要是谷物和枣类。巴比伦人拥有大量牛羊，他们的羊毛和皮革业非常兴盛。在那时的西亚，羊毛服装非常普遍。羊毛纺织成为一种重要工业。那时，黄铜已被青铜取代，青铜器皿的制造迅速发展起来。在一则文献中，提到过铁，但这种金属当时还比较稀少，并没有在工业中占据重要地位。在汉穆拉比时代之后约1000年，铁才得到了广泛使用。

巴比伦有一支常备军守卫国家边疆，有效地保证了巴比伦的安全。巴比伦商人们带着毛驴商队缓慢地穿梭于城镇之间，安稳地做着生意，他们的商贸活动甚至向四周延伸到了很远的社区。他们时常出现在幼发拉底河上游一带，随着商贸的发展，在幼发拉底河上游出现了一个叫哈拉的城镇。哈拉源于巴比伦词 Kharanu，意为"旅行"。当时镇上许多人家的院子里都堆着高高的捆扎好的货包，印着商人姓名的泥章附在一捆捆的货包上。一旦货包被打开，这些泥章就会脱落，在巴比伦城的废物堆中就有许多这样的泥章。现代挖掘者从废墟中找到了这些泥章，在泥章的一面印有商人的姓名，而在另一面，打包的线痕仍很清晰。

在叙利亚各城镇，许多本地商人都能辨认出随同货包而来的图章和泥板账单。这是当时通行的以信记为凭的买卖方式，这种买卖方式适合于山地的商务交往。随着这种方式的商务往来，巴比伦楔形文字传遍了西亚，连叙利亚的商人也开始用泥板签单写信了。在西方，汉穆拉比时代的商业产生了极其深远的影响。汉穆拉比死后，他的名字在希伯来时代仍为叙利亚与巴勒斯坦地区的人们广为传颂。

尽管巴比伦商人已成为一股强大的力量，在有的地方他们甚至被称作"统治者"，但是，由于宗教的影响，真正在商业中起主导作用的却是神庙。神庙占有很大的资产，它们很自然地成了商业活动的中心。

它们像银行一样贷出银钱,同时也经销商品,并拥有大片土地。那时,还没有金属铸造的货币,但称定分量的银块已广为流通。因此,人们就以银子的重量来衡量商品的价值。例如,你可以说一头公牛值多少银子,那时的重量单位叫"谢克尔",因此,你在买卖中所说的是某某货物值多少"谢克尔"银子。当时,借贷已很普遍,利率很高,年利率为20%,以分期付款的方式偿还,每月付还一次。当时金子用得不多,因为金子太昂贵,其价值是银子的15倍。

商业在巴比伦人的日常生活中占主导地位,甚至宗教也深受商业利益影响。如前面所说的,神庙在商业活动中占重要地位。众所周知,宗教是从来不会维护穷人及下等人的权益的,宗教更不会支持穷人反抗富人和强权。在神庙举行的各种仪式上,祷告者实际上只有一些有罪恶意识和羞耻心的人。宗教最大的优势在于它能从神那里获得物质利益,并能讨神欢悦。这使富有者和强权者对宗教越来越感兴趣。

苏美尔神仍然深受人们敬仰,但是,巴比伦的政治领袖们却强迫人们接受闪米特神马杜克,并且让马杜克凌驾于诸神之上。过去,苏美尔古神恩利尔是众神之王。后来,在一些神秘故事中,马杜克的名字出现了,并且居于诸神之上。与此同时,亚洲伟大的女爱神伊师塔也跃居巴比伦女神之首。再后来,伊师塔跨过地中海,摇身一变,成了希腊爱神阿佛洛狄忒。

神力无边,它不仅可以使人获得物质利益,而且还可以为人预示未来。这种预言未来的活动叫作占卜,而从事占卜的术士,人们称其为占卜家。具有相当能力的占卜家能破译为献祭而宰杀的绵羊肝脏上的神秘符号(见图4.22)。虔诚而热切的咨询者深信占卜家能为他们揭示未来。占卜家还能指出恒星和行星的位置,并且通过观察星座及行星的运行推断出神的意旨和人未来的命运。这种占卜活动后来传到

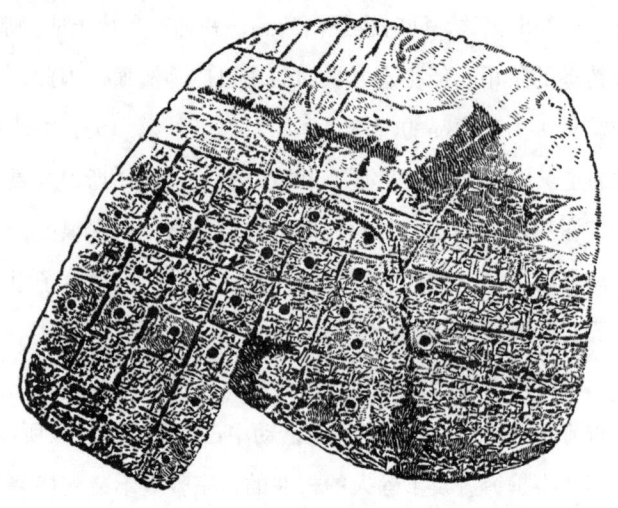

图4.22 古巴比伦占卜师的泥制羊肝模型（约公元前2100年）

模型表面刻着许多线条和小孔，占卜师参照模型在相应部位寻找神秘符号，预卜未来。巴比伦人把绵羊肝上的那些千变万化的自然形状和斑纹，都看成神的暗示。羊肝各部位的情形所代表的意义都用楔形文字写在相应的地方。这个模型很像一种写满释文的羊肝形地图。当时的人都相信这种预测术。这种剖肝卜的方法后来传到了欧洲。

了西方，如破解羊肝上的各种符号的活动在罗马就十分普遍。在迦勒底人那里，由巴比伦人解读星体运行轨迹的技术发展出占星术，这是天文学的原型。后来，希腊人也开始研究占星术。占星术经久不衰，一直流传到现在。

要训练占卜家、培训商务职员或培养政府行政人员，学校是必不可少的。巴比伦的学校通常设在神庙内，许多学校与神庙相连。从一所汉穆拉比时代的学校遗址中可以看到，学校的地板上还留着四千多年前男女学童的泥板练习本。从这些泥板可以看出，当时的孩子们的学习生活是漫长而艰苦的，他们要弄懂并学会书写三四百个符号。这样的学习任务无疑是艰巨的。

学生们使用的泥土书板是松软的，随时都可以用一块扁平的木头或石块将泥板表面的练习抹去。起初，学生们练习着简单的楔形线。他们用手中的芦苇尖笔在书板上按水平、垂直和倾斜三个方向一行行地练习书写楔形线。当单一的楔线写得足够整齐后，老师就让他们把楔线组合起来，练写完整的楔形符号。最后，他们学习词汇和短语，从古文献中摘录句子和段落。在已出土的校舍中，我们发现了这样一块书板，上面写着："擅长书板写作的人，会像太阳那样光芒四射。"由此可见，古巴比伦人很重视文字写作，很尊敬从事文字写作的人。毫无疑问，这句青春寄语式的话，对古巴比伦的年轻人起了极大的鼓舞作用，坚定了他们的学习意志。虽然识读、练习书写文字，既需要一丝不苟，又需要坚持不懈，是一段漫长而枯燥的生活，但正是在这种精神鼓舞下，练习者乐此不疲。

　　巴比伦伟大的艺术品和建筑都展现了当时的高级生活。遗憾的是，这些杰作很少幸存下来。汉穆拉比城彻底消亡了，那个时代的楼舍已荡然无存。我们只能根据残留的遗址进行考察。一些从古山包中发掘出来的遗迹表明，当时西亚还没有柱廊建筑。而在埃及，柱廊建筑却非常普遍。在巴比伦的建筑中，拱门建筑非常多。拱门备受人们欢迎，欧洲建筑中的拱门就源于巴比伦。早期巴比伦最重要的建筑是庙塔，然而，神庙已无一幸存至今，庙塔更是可想而知。直到今天，我们还没有发掘出一座神庙。①

　　油画艺术在汉穆拉比时期还没有出现。在刻着法典的石柱上，我们曾看到汉穆拉比接受太阳神授予他法律的雕刻。这是一件优秀作品，令人过目难忘。石柱雕刻庄严典雅，但是，巴比伦人那种包裹得严严

---

① 现在在艺术和建筑史著作中，有一些所谓的早期巴比伦神庙的图样，但这完全是想象出来的。德国探险队现已发掘出了晚期巴比伦神庙，并画出了复原图。

实实的穿着习惯,根本无法显示出人体曲线,雕刻家也无法刻画出人体美来。巴比伦人的这种穿着习惯,影响了艺术刻画,以至于在一些肖像画中,很难将此人与彼人分辨开来。巴比伦时代最伟大的艺术是图章艺术。遗憾的是,这一艺术只在萨尔贡时期辉煌一时,涌现出一批精美作品,此后就明显地衰落了。这说明,尽管巴比伦在商业上取得了很大的成功,在艺术上却进入了衰退阶段。

巴比伦艺术的衰落似乎是一个预兆。汉穆拉比以其非凡的才能缔造了巴比伦王国,并且使国家高度组织化,实施了卓有成效的管理。然而,死亡是每个人的最终归宿,汉穆拉比也是血肉之躯,同样摆脱不了生老病死的自然法则。过了一个时期之后,被汉穆拉比赶跑的高地人再一次下山,进入了巴比伦平原,就像很久以前的苏美尔人那样。这些人被称作卡塞特人,这是一支白种人,但无法从语言和体格上辨明其渊源。他们的到来起初并未引起巴比伦人的重视,引起人们注意的是他们带来的一种"新的动物",这种新的动物对整个巴比伦地区产生了重大影响。这是一种被他们牵着在巴比伦城走街串巷的新奇动物,巴比伦人从来没有见过这样的动物,因而一时还叫不上这种动物的名字,于是就称它为"山中动物"。这种动物就是"马"。约4000年前,在巴比伦这块文明土地上,人工驯养的马就这样随着卡塞特人的进入而第一次出现了。马从出现之日起,就成了战争和工业中的重要角色。①

与此同时,赫梯人自小亚细亚南下幼发拉底河,侵入了巴比伦王国。战争开始了,在卡塞特人和赫梯人东西夹击之下,巴比伦势单力

---

① 这些山民(巴比伦卡塞特人)虽然把马带到了巴比伦尼亚,但也许并不是他们自己驯养的。它们也许是从北方或小亚细亚通过贸易换来的。在那里,讲印欧语系语言的部落很早就开始驯养动物了。在史前的西欧出现的马车道也许比这要晚。约公元前1700年,埃及出现了马,比巴比伦尼亚约晚300年。

薄，寡不敌众。在巴比伦平原上，游牧部落与高地人之间展开了旷日持久的斗争，汉穆拉比的军队惨遭覆灭。而来自山地的卡塞特马倌们取得了最后的胜利（公元前 19 世纪）。然而，他们的统治极其野蛮，他们的胜利标志着古老的巴比伦文明进程的终结。从此，巴比伦一蹶不振，陷入了停滞，在此后的 1000 年中一直没有复苏。直到迦勒底人时期，人们才重新看到了文明的发展。

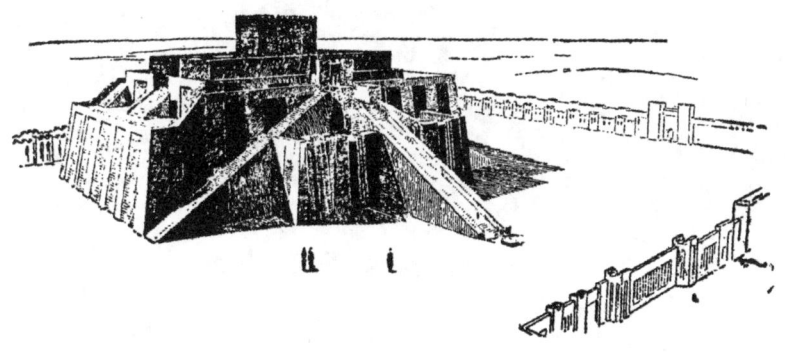

图 4.23　古乌尔城塔复原图

　　该图是根据盎格鲁—埃及探险队的最新发掘成果绘制的。现在，在 C. L. 乌莱先生的指导下，挖掘工作仍在进行。在巴比伦尼亚的所有这类建筑中，乌尔城的这座毁坏得较轻。据最近的发掘情况来看，塔前台阶有一半保存完好。这说明以前所画的带有盘旋斜面的复原图是不对的。这种建筑结构导致了一种独立的建筑形式——塔的出现，最后发展成我们的教堂尖顶。

　　当我们追溯两河流域文明史的第一个重要阶段的时候，我们看到，从公元前 3000 年城市首领时代的后半期开始，这段文明史持续了约 1000 年。在此期间，苏美尔的高地人在希纳尔平原上奠定了文明基础，并且一直与沙漠中的闪米特人斗争着。尽管后来两个民族融合起来，结成了联盟，但闪米特人还是取得了最终胜利。在两位伟大领袖萨尔贡（公元前28世纪）和汉穆拉比的领导下，闪米特人取得了两次伟大胜利。苏美尔语在强大的闪米特势力下消失了，而闪米特语则成为巴比伦的通用语言。汉穆拉比时代的艺术不断衰落，但汉穆拉比的统治将巴比伦文明推到了顶峰，同时，它也标志着1000年文明发展的结束。两河流域的历史上第一个伟大而重要的篇章，就此画上句号。要考察它第二个重要阶段的文明发展状况，我们还得溯两河而上，就像我们考察尼罗河那样。

第五章 亚述与迦勒底

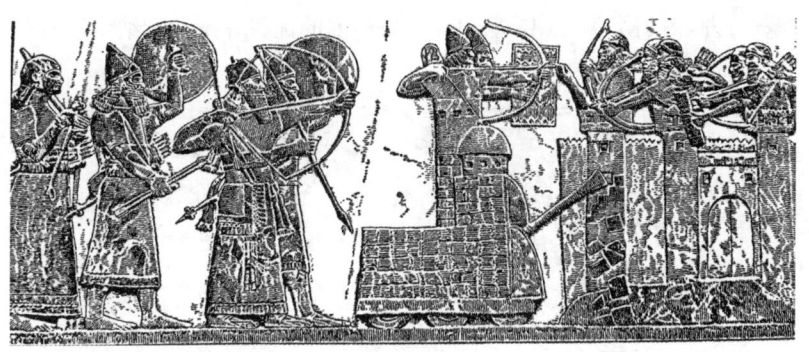

图 5.1 亚述军队攻城场景

亚述国王正在攻打一座堡垒（公元前 19 世纪）。在亚述帝国之前一个世纪，亚述人就已有了威力强大的攻城器械。右边是护城墙保护下的城池，城墙用晒制的泥砖筑成。萨马拉城就拥有这种城墙。亚述人用装在六个轮子上的攻城槌由左向右猛撞城墙。城墙上的弓箭手们顽强抵抗，企图击退攻城之敌。这种攻城器械上装有铁甲，可称之为最早的"坦克"，"坦克"上有与城墙等高的塔。亚述的狙击手在塔顶上与守城者搏斗。"坦克"内部藏着一些士兵，他们负责推拉沉重的攻城槌撞击城墙。槌头上装有铁盖，使之耐磨耐撞。在攻城槌撞击之下，城墙开了一个口子，砖块塌下来。瞭望塔上装有铁皮圆顶，还留有一个瞭望孔。军官坐在里面指挥士兵操作攻城器械，铁皮圆顶像护身盾牌，十分安全。在后边（左侧），亚述王正挽弓搭箭向城上的敌人射击。他使用的弓威力很大，是埃及人发明的，射程可达 1000 英尺到 1400 英尺。这样，国王就可以在安全的地方弯弓劲射了。这是一幅刻在厚雪花石膏板上的浮雕，是幸存至今的最早的亚述宫殿浮雕之一。从中可以看出，那时的艺术家还不善于刻画人物，图中的人竟和城墙一样高。

一、早期的亚述及其敌人

在萨尔贡之后一千多年间,亚述人受到南北夹击,他们纷纷武装起来,奋起保卫边疆。连绵的战火锻炼了他们,他们变得更坚强了。同时,马匹和战车也被用于战争,使他们的军队如虎添翼。

我们从巴比伦出发,溯两河而上至东北角的沙漠湾,就翻开了两河历史的第二章。这里东有底格里斯河,西部和南部毗邻沙漠,是一块易守难攻的高地(见图5.2)。这块高地的优势并不为希纳尔平原上

图5.2 暴风雪后的底格里斯河和亚述海角
左边是底格里斯河,右边是一带平原,平原与东部山区相连。右边的残垣断壁是亚述城废墟。前景中的建筑是考古队的临时住所,他们在这儿进行考古挖掘。

的城里人所了解。人们只知道那里叫亚述，后来就称之为亚述国。

亚述处于肥沃新月边缘，在高原带南坡。亚述的气候与巴比伦平原大不相同，要凉爽得多。亚述东部和北部的山中蜿蜒着许多肥沃的河谷。在山里，亚述竞争者们早已建起了城镇。这里的岩岬可以开发采石场，可以从中采到石灰石、雪花石膏和其他坚硬石材。因此，亚述的建筑也与巴比伦大不相同。巴比伦没有石头建筑，只有土砖建筑，而在石材丰富的亚述，自然会有很多石头建筑。在东部河谷的草地上大大小小的麦田里，翻滚着绿色的波浪，真可谓粮草丰美。一群群牛羊徜徉在绿色的山坡上，一派盎然生机。最初，这里没有马，毛驴是主要的驮运动物，这一点和巴比伦一样。这里农业人口占绝大多数，从事工业的人极少，更没有人像它们的南部"亲族"那样四处奔走从事贸易。在这一点上，亚述和巴比伦有很大的差别。

到了公元前3000年，一支来自沙漠湾的闪米特游牧部落在亚述定居下来，像他们的同宗阿卡德人同时在希纳尔平原定居下来一样。他们和巴比伦人一样说闪米特语。亚述方言和巴比伦方言差别不大，甚至还没有德国不同地区方言之间的差别大。最初，亚述人也像他们南部的苏美尔人那样建起了一个小城邦。显然，他们同苏美尔城邦有着密切的交往，他们从苏美尔人那里引进许多他们原本没有的东西。他们接受了苏美尔人的雕刻艺术和文字，苏美尔人的历法等绝大多数文明成果都被他们接受下来。在亚述人的城镇里甚至还住着一些苏美尔人。

虽说早期的亚述文明源自南方，但北部和西部地区对这个小城邦的影响也很大。小亚细亚北部的赫梯族一直敌视亚述，有些赫梯人已进入两河流域。亚述曾多次被赫梯贵族统治，后来，它又处于萨尔贡、汉穆拉比及其他巴比伦贵族统治之下。在萨尔贡之后近一千多年的时间里，亚述人一直受南北夹击，他们因此武装起来，奋起保卫边疆，经过连绵战斗的洗礼变得更坚强了。同时,马匹和战车被用于战争,这使他们的军队如虎添翼。接下来,亚述国王开始向西扩张。公元前1300年,亚述人将幼发拉底河的赫梯人赶走了。同时,他们还向南部的底格里斯河推进。他们的势力如此强大,以至于巴比伦尼亚也曾被他们掠为属地,成为巴比伦尼亚的统治者。以前,巴比伦尼亚一直是亚述人的征服者,而这时它的命运却掌握在来自东部的半开化的卡塞特人手中。这些山里人把马牵到了巴比伦尼亚,同时也把巴比伦尼亚推向堕落的深渊。

当时的亚述还只是一个内陆强国,有点像缩小了的俄国。亚述要想统治西亚,首先必须打通通往地中海的道路。但在地中海海岸,有一支新的敌对势力挡住了亚述人,这就是腓尼基人。腓尼基人的祖先也是闪米特游牧人。他们是以闪米特人从前在地中海湾建立的城镇为基地发展起来的,这时已发展成富庶的腓尼基城邦了。这些城邦海运条件非常便利,商业十分发达。很明显,这些发达的腓尼基城市是亚述西进道路上的顽固障碍。同时,又有一些闪米特游牧部落冲出沙漠湾。公元前1400年,这些闪米特人夺取了地中海西岸,占领了巴勒斯坦和叙利亚,这种情形类似于亚述人当年在亚述的所作所为。占据巴勒斯坦的是希伯来人,在他们北面,阿拉米人[①]或叙利亚人占据着叙利亚,他们迅速夺取了肥沃新月西端,这就彻底阻断了亚述与地中海的联系。公元前1200年以后,阿拉米人在西部建立了一系列大大小小的王国。这些王国既受赫梯文明影响,又受埃及文明影响,占尽天时地利,日益繁荣昌盛。这些叙利亚王国的国王们纷纷建起繁华都城。都城中有富丽堂皇的王宫(见图5.3,H–L)。在这些王国中,大马士革是最强大的一个(见图5.4)。

---

① 阿拉米人又称叙利亚人。巴勒斯坦北部地区被称作叙利亚。

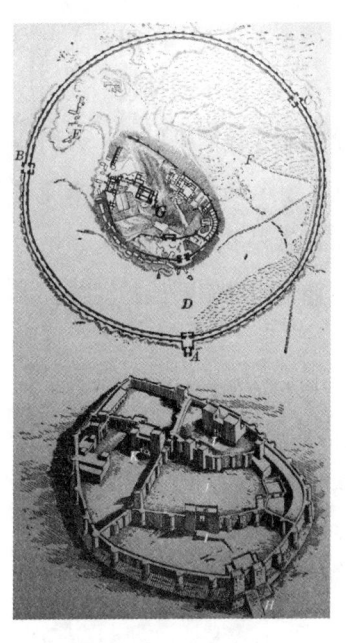

图 5.3 阿拉米人的萨马拉城,是亚述的西部劲敌之一

上边是萨马拉城示意图。城宽约半英里,周围是建在厚厚的石基上的双层砖墙(A,B,C)。城墙上每隔 50 英尺就有一座城塔,共有 100 座。城中央的山上(G)是萨马拉国王的王宫。城墙与王宫之间是市民的住宅(D,E,F)。这些民房是用泥砖建成的,现已荡然无存,唯有王宫残存下来。下边的图为王宫复原图(H,I,J,K,L)。城墙下的石头地基很宽。萨马拉地处北叙利亚,扼守着地中海与幼发拉底河之间的联系通道,同时受小亚细亚赫梯人和埃及人影响。这座王堡的建筑可见一斑。宫殿前的门廊建有廊柱(K,L),体现出赫梯和埃及的建筑风格。门廊上的浮雕体现了赫梯艺术风格。

图 5.4 现代的大马士革城

今天的大马士革仍然是叙利亚最大的城市,有 30 万居民。很久以前,当它成为最强大的阿拉米城邦的时候,也像萨马拉城一样,周围有高大的城墙,中央有富丽堂皇的王宫。古代的大马士革已无法发掘了,因为它的废墟在现代的大马士革下面。

第五章 亚述与迦勒底

阿拉米商人很有活力,他们把生意做得越来越大,向四面八方发展,远远地越过了边界。他们的商队沿沙漠湾边缘不断推进,远达底格里斯河源头。最后,整个西亚的市场全控制在他们手里了。人们在尼尼微城的废墟中发现了许多青铜秤砣(见图5.5)。这是阿拉米商人遗留下来的。这表明,在亚述的市场上曾经有很多阿拉米商人。虽然阿拉米人还没有一个统一的国家,但是,像他们同宗同族的现代犹太人一样,他们是那个时代的商业领袖。

阿拉米人已高度文明化。公元前1000年,他们引进了腓尼基人的字母文字,并广泛地运用于日常生活。据说这是最早使用字母的文字系统。阿拉米人还引进了埃及的纸和笔,这是书写字母文字必不可少的

图5.5 发现于亚述的阿拉米秤砣

秤砣由青铜制成,形似狮子,上配一个把手,下部刻着阿拉米文。人们曾在某地发现了15个这样的秤砣。这表明阿拉米商人经常出现在亚述市场上。

工具，因为这些工具便于书写新的字母文字。像早期的巴比伦商人使楔形泥板传遍西亚一样，阿拉米商人在带着他们的账单和收据往来于西亚各地时，将他们的字母文字传播到各地，这种书写方便的字母符号排挤了楔形符号，楔形符号逐渐不再受重视。腓尼基—阿拉米字母慢慢传遍了西亚。这种字母符号沿幼发拉底河而下，传到波斯和亚洲内陆腹地，最后传到东印度。印度的梵语字母就是由这种字母演变而来的。随着阿拉米商人的足迹，这种东方字母广泛流传。印度以西文明地区的所有字母符号都是源于这种字母。

同时，阿拉米商人还在商业活动中使他们的语言得到了传播。阿拉米语逐渐在沙漠湾地区普及开来。随着阿拉米语的普及和流行，最后各地亚述人中讲阿拉米语的人竟多于讲亚述语的人。在一些亚述建筑废墟中，人们发现了一种记有阿拉米语便函的亚述文泥板，这是因为阿拉米人有时会收到用亚述语记录商务信息的楔形文板，读完信息后需要写个便笺，为了方便，就会掏出笔来，用阿拉米语在原板上书写。由此可见，亚述语和阿拉米语是当时的公共事务通用语言。有些阿拉米人已在政府中任职，于是就出现了这样一种常见而有趣的现象：在同一个办公室里，亚述帝国的阿拉米官员用蘸水笔和莎草纸记录，而他们的亚述同事却用尖笔在泥板上刻画。

最后，阿拉米语成为整个肥沃新月的通用语言，甚至代替了巴勒斯坦的希伯来语。希伯来语和阿拉米语有许多相似之处，可以说是姊妹语言。很久以后的耶稣和其他巴勒斯坦希伯来人仍在使用这种语言。后来，在伟大的泽诺比阿领导下，阿拉米商人们以自己的实力在帕尔梅拉组建了一支沙漠部队，他们不断骚扰罗马帝国，使罗马皇帝伤透了脑筋。阿拉米的商业文明产生了极其深远的影响，这种影响甚至远大于强大的亚述军事帝国对后世的影响。遗憾的是，现代考古工作者只在叙利亚发掘出一个阿拉米城市废墟，还有许多废墟至今仍未得到发掘。因此，我们也只能通过为数不多的遗迹来探索阿拉米的发展历程。

作为富有的商业之王，大马士革的阿拉米国王们拥有雄厚的实力，他们建起了坚固的城池，这些城池在阻挡亚述人向地中海推进方面发挥了很大作用。当时，希伯来王国已衰落了，但由于大马士革的庇护，它们并没有遭到亚述人的攻击。我们可以由此想象当时的阿拉米国王们的实力，可以想见他们的威力和影响力。直到公元前1100年，亚述人才推进到西部，到达地中海沿岸。然而，亚述人在这里被挡住了，在强大的阿拉米人、腓尼基人和希伯来人的顽强抵抗下，亚述人征服并占有西部地区的企图未能实现。到了公元前8世纪，亚述军队完全陷入了敌人的包围之中。

在亚述即将成为帝国的时候，它的势力似乎不再那么强大了。现在，让我们重新回顾一下这两千多年的历史发展进程，回顾一下从苏美尔人那里接受了诸如楔形文字之类的东西后，亚述文明的发展历程。亚述深受北部和西部文明的影响，对其影响最大的是赫梯人。无论是在宗教方面还是艺术方面，赫梯人都曾做出过杰出贡献。亚述吸收并发展了这些文明成果。亚述人从巴比伦引进了楔形文字符号并使之增加了二百多个。在北部叙利亚赫梯艺术的影响下，亚述雕刻家们学会了通过精心雕刻的石画描述国王的英勇事迹（见图5.6）。当时最常用的雕刻材料是雪花石膏，那也是当时最好的雕刻材料。刻在石膏板上的浮雕特别生动，人物栩栩如生，很有意境。亚述王宫的墙上装饰有一排排这种浮雕，这种建筑雕刻艺术是巴比伦所没有的。亚述人拥有丰富的优质石材资源，因此他们的建筑和雕刻艺术得到了很大的发展，而巴比伦则缺乏石头。亚述人也像赫梯人和叙利亚人早就开始做的那

图 5.6 萨马拉的阿拉米国王和拿着埃及书写工具的书吏（公元前 8 世纪）

左边的国王坐在一个用乌檀木、象牙和黄金雕饰的御座上，脚踏一只同样精美的脚凳。国王面前站着一个书吏，腋下夹着一个像书的东西。不过，这时还没有装订成册的书。那个书吏左手拿着装有笔和墨水的埃及文具盒。这种全景浮雕源于尼罗河，通过萨马拉城等叙利亚属地，浮雕艺术传到了亚述。这种艺术在亚述有了很大发展。

样，建筑时先铺筑坚实的石头地基，而在地基上他们还是用土坯砖建墙。这一点仍和巴比伦一样。

亚述人吸收了各种文明成果。巴比伦的神秘故事和象征符号也被他们吸收了。他们接受了这些故事，并抱着敬畏的态度进行研究。但是，亚述人依然眷恋他们的民族神阿舒尔。阿舒尔既是他们的城市名，也是他们的部落名。阿舒尔是一位彪悍的战神，亚述人视之为太阳。他们认为，正是在阿舒尔神的指引下，亚述国王才能凭借他的强弓利箭，南征北战，征服敌人，不断取得胜利（见图5.7）。叙利亚赫梯人的带着双翼的太阳盘（见图5.8），被亚述人引来作为阿舒尔神的象征。

图5.7　记录劫掠某亚洲城市所获物品的亚述书吏和阿拉米书吏（公元前8世纪）

　　妇女和儿童被放在牛车上送往亚述做奴隶。一个人赶着掠夺来的羊群。左侧有一位亚述军官拿着一块泥板宣读从那座城市掠夺来的战利品数目，对面的两个书吏正在做记录。前面的书吏左手拿着一块厚厚的泥板，握着尖笔的右手刚从泥板上抬起来。另一个书吏左手拿一卷莎草纸，右手用笔在上面飞快地记录着。他显然是一个阿拉米人，写字用的是墨水笔。我们可以从中看出，西亚在这个时期出现了两种不同的书写方法共存的情形，在亚述的泥板文书向外传播的同时，又引进了埃及的纸、笔和墨水。

赫梯人的太阳盘又是从埃及人那里传来的。由此可见亚述人对阿舒尔神的无限崇拜。亚述人心目中最伟大的女神是爱神伊什塔尔,我们在巴比伦见过这位女神。好战的亚述人不相信"因果相报"之说,这和巴比伦一样。亚述人的葬俗也和巴比伦人一样,他们把死者埋在其生前住房的地板下,或埋在庭院里。

前不久在阿舒尔王宫的人行道下挖出了一系列砖砌的拱顶墓室。在这些墓室内,发现了许多大石棺的碎片。还有两具尚未破损的石棺(见图5.9),这是迄今所发现的最古老的亚洲王室墓葬,也是第一处被发现的亚述王室墓室。在这些石棺中,曾殓过当年强大的亚述国王们的尸体。在长达两千年的历史中,他们的作用不可忽视。他们生活在亚述,统治着亚述,建设着亚述,最终创建了亚述帝国。

图5.8 阿舒尔神的象征,其下是古巴比伦尼亚生命之树的象征

上端是一个埃及双翼太阳盘,被亚述用作太阳神阿舒尔的象征。图中,太阳神拉满搭了箭的硬弓,可见很有威力。下端是源于古巴比伦尼亚的象征生命的棕榈树,早期的巴比伦人以插在水罐中的棕榈树枝为崇拜物。在艺术家手下,棕榈枝逐渐演变为装饰性很强的棕榈树。其中部树干笔直,顶部和周边的花饰如一簇簇棕榈树树冠。后来,希腊人多采用这种形式作为装饰图案。

第五章 亚述与迦勒底

图 5.9　帝国创建前一个世纪某亚述国王的石棺

这是公元前 9 世纪的一位亚述国王的石棺。这具石棺埋在用晒制的泥砖砌成的墓室内。墓室上面是阿舒尔王宫。德国考古者在这座宫殿的地板下发现了五个墓室。可见，亚述国王也和普通的亚述人及巴比伦人一样，死后都埋葬在住所下面。这是最早在亚述发现的王墓。这些墓穴在两千多年前曾被入侵者打开并遭到了劫掠。国王的尸体也被肢解，许多棺材被毁坏。帕提亚人是元凶。发掘者们发现这些墓穴的时候，墓穴中大都已空无一物。

二、亚述帝国（约公元前 750 年～公元前 612 年）

亚述以独特的方式继续推动着历史发展。它的大规模的军事组织使亚述帝国逐渐形成了独霸世界的思想，较以往大大迈出了一步。

到了公元前 8 世纪中期，亚述重新启动向西扩张的计划。大马士革联合西部各城邦极力对抗亚述的扩张，但抵抗者最终还是被打败了。大马士革被攻克（公元前732年），这些西部国家都被征服了，成为亚述的属邦。一度只是占据着一个不起眼的小城的阿舒尔赢得了帝国霸主的地位，统治了整个西亚。阿舒尔征服的许多诸侯国组成了亚述帝国。帝国的建立使两河流域进入第二个辉煌时期。

在亚述向西扩张到希伯来人的撒玛利亚城的时候，亚述军队的一个将领趁战乱夺取了王位。他夺得王位后，称自己为萨尔贡。早在2000年前，第一位伟大的巴比伦统治者就叫萨尔贡。亚述的这位新国王取用这么一个名字，可见其勃勃雄心。我们称这位新的亚述国王萨尔贡为萨尔贡二世。他无愧于这个名字，他将亚述帝国带进鼎盛时期，他的后嗣们都是杰出的亚述国王。[①] 萨尔贡二世在尼尼微东北部建起了亚洲前所未有的豪华王宫，他将之命名为都尔沙鲁金（萨尔贡堡，见图5.10）。这座王宫占地1平方英里，其中的宫殿建筑占地25英亩。即使在昔日的巴比伦最强盛时期，也无力建这么豪华的宫殿。这座王宫象征着亚述的西亚霸主地位。

萨尔贡二世的儿子辛那克里布是早期东方的一位杰出政治家，他继承王位后所取得的辉煌业绩胜过了他的父亲。公元前700年后，辛那克里布率领他的军队洗劫了底格里斯，遥远的东部爱奥尼亚希腊要塞也被攻陷，小亚细亚陷入一片恐慌。而后，亚述大军的铁蹄踏向地中海，横扫了地中海以南的地区。他的军队攻城略地，一直推进到埃及边界。然而，在尼罗河三角洲的沼泽地里，他的军队染上了瘟疫，绝大多数战士失去了战斗力，因而他只能望埃及而兴叹，再无踏过埃及边境的可能了。但他没有放过老对手巴比伦，并且采取了最为残酷

---

① 萨尔贡二世王朝的国王：萨尔贡二世——公元前722年~公元前705年；辛那克里布——公元前705年~公元前681年；伊沙哈顿——公元前681年~公元前668年；阿舒尔巴尼帕（希腊人称沙达那帕鲁斯）——公元前668年~公元前626年。

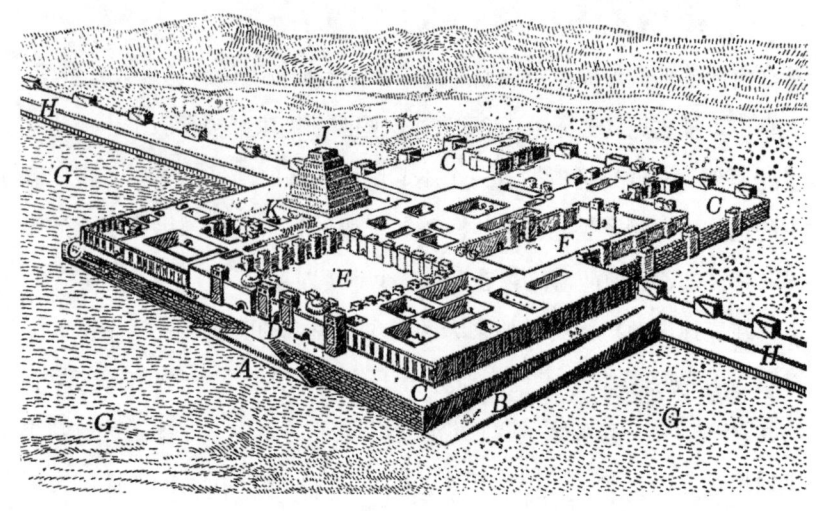

图 5.10 萨尔贡二世的王宫及萨尔贡堡一角复原图

  城墙将王宫分成墙里墙外两部分。王宫建在面积约 25 英亩的砖石平台上。城墙外侧的平台上建有斜道和楼梯,这样,国王就可以坐车直接从低处的街道驶上高处的宫中小道。宫中有许多露天庭院,庭院四周是一间间厅堂屋舍。宫殿主门前建有台阶,台阶之下就是街市。主门上建有巨塔和拱顶门廊,门塔和门廊都用色彩绚丽的琉璃砖装饰。门口立着巨大的人头牛身雪花石膏雕像。王宫大院后部建有高塔,类似于巴比伦的庙塔。它是基督教堂尖顶的始祖。在宫殿之外、城墙之内,街道纵横交错,有一片片民舍。城内可居住八万多人。

的征服手段。巴比伦人民的奋力反抗如火上浇油,他像一头被激怒的雄狮,咆哮奔突,冲锋陷阵,脆弱的巴比伦城终于在战火中化为废墟。摧毁了巴比伦城后,辛那克里布又引来运河水冲刷这个废墟。

  巴比伦就这样被毁灭了。亚述人仍不断骚扰尼罗河流域。多如牛毛的苛捐杂税、沉重的贡赋使各城邦国家越来越难以忍受,人民叫苦连天,怨声载道,这就给了埃及可乘之机。在埃及人的策动下,各附属国纷纷揭竿而起。亚述认为必须制止埃及人的这种行为。公元前 674 年,辛那克里布的儿子率军攻打尼罗河三角洲东部要塞。最初,他被埃及人打败,后来他又重整大军,再次进攻尼罗河。虽然他在攻进三角洲之前就死去了，但埃及最终还是被亚述人征服了，辛纳克里布的孙子统治了尼罗河下游。

公元前 700 年，亚述帝国夺得了整个肥沃新月。环沙漠湾地区和北部山区的许多地方，都纳入了亚述帝国的版图。因为亚述征服了西部的埃及，所以尼罗河下游的河谷地区也成了他们的属地。不过，亚述帝国对这里鞭长莫及，不能进行长期有效的统治。经过萨尔贡二世及以后两代人的努力，亚述建立起一支强大的军队，这是亚述能统治肥沃新月地区，称雄天下，成为当时世界上版图最大的帝国的根本原因。

辛那克里布建立了帝国后，贪欲也随之膨胀。他不满足于仅仅扩建在阿舒尔和萨尔贡堡的王宫，又在阿舒尔北边的尼尼微城大兴土木，最终将此城建成著名的亚述帝都。随后，一代代亚述国王不断在底格里斯河畔修筑宫殿和庙塔，留下了一处处豪华宫殿和一座座雄伟的庙塔。辛那克里布在尼尼微的王宫宫墙高大厚实，雄伟壮观，沿底格里斯河岸延伸 2.5 英里远。这位霸主在极尽奢华的宫殿中向属国的人民横征暴敛，统治着整个西亚。

亚述国王掌握着一切国家大权，国王的办公室就是国家行政管理中心。国王建立了一套皇家通信系统，筑起了最早的公路。萨尔贡二世修建的从尼尼微王城通往萨尔贡堡的一段公路是留存至今的最古老的公路。在这条公路主线的每一个重要关口，都有专职官员驻守，以便顺利转运皇家所需物品。皇家与外界往来的泥板信件和产品、货物可以万无一失地通过公路传送。这就是后来的邮政系统的雏形。在东方，这种传递形式延续了好几个世纪。亚述国王可顺利收到治下 60 个省区的官员的各种书信和报告。那些在亚述国王统治下的各附属国的国王与亚述国王之间的往来信函，也是以这种方式传递的。人们发现了几封特殊的泥板书信，这些书信是辛那克里布在被封为王子时写给他的父亲萨尔贡的。那时，国家的第一要务是维持一支强大的军队。国家就是一个庞大的军事机器，军队具有最高的权威。想一想美国国防部在华盛顿所占据的中心地位，我们就不难理解当时的情形。政府的主要精力都用于处理国防部的事务，国家和军队几乎可视为同义语，现在和过去都是如此。

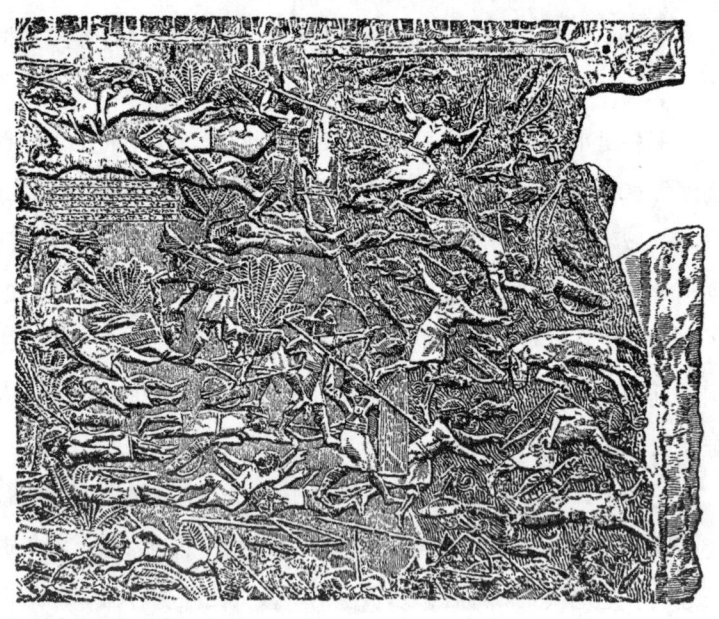

图 5.11　亚述士兵追歼渡河逃跑的敌人

　　亚述艺术家的作品。图中右边是河流，可以看到其中的漩涡和游鱼。丢弃的弓弩和装满箭的箭囊顺水漂流，还有两具马尸，其中一匹四蹄朝上。在河流中，漂着两个被射死的人。岸边，在追击者的穷追猛打之下，三个活着的人正在跳水逃命。亚述长矛兵挽盾挺矛，弓箭手们手握箭和弓，他们可以在远处射击，不需要什么保护。图左边是陆地战场，河流沿岸尸横遍野。上方，秃鹫正在啄食战死者的眼睛。中间，一个亚述人正在砍敌人的头。在他的旁边，一个亚述人脚踩着敌人的头搜索他的武器。在尸体中间，河岸上生长的植物清晰可辨。

在与西部赫梯人频繁接触的过程中，铁被引进亚述。于是，亚述军队成了第一支拥有铁制武器的强大军队。在萨尔贡宫的一个武器库中，人们发现了两百吨铁制武器。铁制武器的使用大大增强了军队的战斗力，可以说，铁器的引进在很大程度上促进了亚述帝国的创立和强大。

亚述军队主要由弓箭手组成，在全副武装的长矛队和盾牌手的配合下，弓箭手几乎无坚不摧（见图5.12）。尼尼微的著名马队和战车也具有极大的威力，在对东方的征服中发挥了巨大作用。亚述人还首次使用了可怕的攻城槌和其他攻城器械。在这些攻城装置面前，亚洲的土坯城墙简直不堪一击，有的被戳穿，有的被撞倒。在凶猛的亚述军队的强大攻势下，任何城邦都不可能抵抗很久，最终都会被摧毁。

亚述军队不仅拥有铁制武器等威力强大的战争装备，更重要的是他们本身具有的那种凶残本性。亚述的铁骑纵横于整个西亚，所过之处，哀鸿遍野。在尼尼微大军铁蹄蹂躏下，西亚人民过着悲惨的生活。一座座城镇被摧毁，废墟中那一排排高大的木桩上钉着起义领袖们的尸体，他们被亚述刽子手活活剥了皮。亚述兵极为凶残，嗜杀如命，亚述部队所

图5.12　亚述帝国士兵（阿舒尔巴尼帕浮雕）

亚述帝国称霸亚洲长达一个半世纪的辉煌业绩，就是这些强健、勇敢和凶猛的弓箭手和长矛兵创建的。

第五章　亚述与迦勒底

经之处，生灵涂炭，血流成河。在滚滚烽烟中，附属国的财富——一群群牛羊、驴马以及一队队驮着金银珠宝的骆驼被赶往尼尼微。被征服者们的家底被劫掠一空。在俘虏队伍中，那些倒霉的王国首领走在最前面，他们的脖子上挂着自己的子孙的头颅。亚述人以其强大的武力，肆意侵略各地，劫掠各国王族和人民的财产，嗜血成性，凶残无比，在历史上留下了血腥的一页。

这些掠夺来的财富主要用于供应军队，但也有一部分被用于发展建筑艺术等更高级的目的。那些富丽堂皇的亚述宫殿建筑，就是用掠夺来的财富建成的，如果没有强大的财力物力，根本不可能建成这些建筑。亚述的建筑师们继承了巴比伦的拱门结构，在他们那里，拱门第一次成为一种经久不衰的雄伟建筑特色。亚述王宫的大门是三重拱门建筑，表面用色彩绚丽的琉璃砖贴嵌装饰。罗马凯旋门大概就源于这种拱门。拱门两侧立着巨大的人头公牛像，是用雪花石膏雕成的。拱门上是用烧制的砖筑成的城墙。城墙雄伟高耸，站在城墙上，整个王城内景尽收眼底。

宫殿的墙下基镶嵌着几百英尺雪花石膏浮雕。这些浮雕与帝国前一个世纪的作品相比有了很大的发展，这些浮雕主要是描绘了国王作战和狩猎的事迹。其中人像的构图单调无个性。坚毅、冷酷、无情，是亚述浮雕人物的普遍特征。人物表情平淡刻板，既没有喜悦，也没有悲伤。但是，亚述雕刻工匠刻画野生动物的手段却要高明得多。有些动物雕刻可以说栩栩如生（见图 5.13），动物的野性被淋漓尽致地表现出来。亚述雕刻家创作的人像反映了亚述人的残忍本性，只是他们的人物雕刻还处在粗制阶段。他们的动物造型代表了亚述人雕刻艺术的最高成就，对动物的表情、动态的表现，都堪称精湛。早在2000年前的萨尔贡一世时期，巴比伦就已经有了精美的雄狮、野牛等石刻

图 5.13 濒死的母狮

　　后半身已被利箭射瘫的母狮。亚述雕刻家的艺术才能通过濒死动物的痛苦表情充分体现出来。

图章,亚述艺术家们从中汲取了艺术营养。1924 年,在柏林博物馆里发现了一首配有音乐符号的诗。直到今天仍没有人破解这套音符,但可以推测,这套音符是用来配器的乐谱。这种古老的乐谱每五个音符为一个音阶,每行有四个音阶。当时大概是用竖琴弹奏的,竖琴有 22 根弦,音色柔美清澈。后来,这种乐器在地中海地区,尤其在埃及极为普遍,而这种乐谱大概是亚述人从巴比伦学来的。

　　亚述的手工业和艺术很大程度上借鉴了外国人的成果(见图 5.14)。琉璃制作工艺是从埃及学来的,所有装饰艺术也都是从埃及借鉴来的,腓尼基工匠们制作的乌檀象牙家具也体现出埃及风格。尼

图 5.14 在亚述王宫内发现的埃及象牙双翼斯芬克斯碎片
  这种象牙雕饰是镶嵌在贵重家具上的,是腓尼基工匠制作并献给国王的。这些工匠吸收了埃及的造型艺术,并糅进亚述艺术。带翼的走兽最早出现在埃及艺术中,后来传到叙利亚的腓尼基人和赫梯人那里,从那里传到亚述。在亚述发展成为巨大的带翼牛像,立在王宫大门两边的就是这种牛像。

  尼微的腓尼基手艺人制出了式样华美的青铜浅盘。辛那克里布宫殿的正门,是仿照赫梯宫殿建成的。其实,早在很久以前,亚述的祖先们就已开始模仿西部赫梯人的样式来设计正门了。我们可以看出来,利用外国的资源,借鉴外国的成就,是亚述国王们最明显的特点之一。

  在尼尼微,沿河分布着许多美丽的花园。辛那克里布的花园中有许多稀奇的植物。这些花草树木来自帝国各地,其中有一种棉花树,是从印度引进的。辛那克里布曾提到过这种树,他说:"这种树能生产棉毛。将棉毛摘下来,经过仔细加工,可以用来制作衣服。"在这里,我们看到,作为现代生活必不可少的重要物资——棉花,在古代的亚述第一次出现了。

亚述人逐渐培养了一些高级情趣。文学开始繁荣起来。辛那克里布的孙子阿舒尔巴尼帕是亚述最后一位伟大国王。他的父亲不仅教他学会了骑马射箭,而且也教他学会了写泥板字,还让他学习了所有的知识。阿舒尔巴尼帕为此而自豪。在尼尼微的阿舒尔巴尼帕图书馆废墟中,人们发现了2.2万件泥板文书。这些文书距今已有2500年了,现在被收藏于大英博物馆。阿舒尔巴尼帕图书馆秉承国王的旨意,系统地收藏了历代宗教、科学和文学等方面的著作(见图5.15),称得上是亚洲最古老的图书馆了。在这些领域,亚述人比巴比伦人前进了一大步,因此,我们不能把亚述文明仅仅看成巴比伦文明的翻版。

亚述国王在国家的大政方针上犯了像后来的许多统治者犯过的严重错误。他们的征服扩张战争给本土和附属国人们造成了极大的危害,工商业者和劳动者都深受其害。尽管亚述也引进了棉花等纺织材料,但它并没有也无力像巴比伦那样建立起工业和商业体系。亚述人口绝大多数是农业人口。亚述统治者可以随时征召农民进入军队,或调农民短期从事边防军务。随着帝国的扩张,临时凑起来的农民军队已不能满足军事需要。于是,农民们被迫离开自己耕种的田地,被编进常规部队。统治阶级趁此机会购买田地,扩建庄园。据说,萨尔贡曾努力恢复农业生产,由此我们不难想见,在那战火不断、兵荒马乱的年代,一定有大量田园被抛荒了。总之,随着帝国版图的不断扩张,以前的军队已远远不够用了。

新的起义又爆发了,尼尼微的统治者急火攻心,为了充实军队,

图5.15 在尼尼微阿舒尔巴尼帕的图书馆废墟中发现的古巴比伦大洪水故事的残片

这是一块大型亚述楔形文字泥板的一部分。一系列类似的泥板组成一部书。这则洪水故事的主人公是英雄乌特·纳庇斯梯姆,他在大洪水到来之前造了一条大船,因而在大洪水中幸免于难,而其他人全都丧命于大洪水之中。阿舒尔巴尼帕图书馆的泥板藏书,每一册都加有"书签",和现代图书馆中的藏书标签相似。为了防止有人把书带走,或在书上写上他人的名字,书签上还有这样的警示:"不管是谁,如果将书带走,或在本人的名字旁加上他自己的名字,那将会触怒阿舒尔和贝里特,神会将他处死。他的名字连同他的子孙后代将会被一起除掉。"

他强行向各附属国征兵。于是亚述帝国出现了这样的局面:在军事上,依靠外国人从军打仗;在经济上,手工业凋敝,农田荒废,商业完全控制在阿拉米商人手里;在语言上,在帝国各个城市,包括尼尼微,阿拉米语似乎更流行。亚述帝国似乎已丧失了元气,开始走向衰败。

亚述的内部实力逐渐衰落,而外部压力也一天天增大。肥沃新月两翼的阿拉米游牧部落经常冲出沙漠,骚扰帝国边疆。在某场战役中,辛那克里布从巴比伦抓获了20万俘虏,其中大部分是阿拉米人。同时,另一支名为"卡勒底"的沙漠游牧部落逐渐来到波斯湾尽头,沿东部的山脚和海岸定居下来。这就是迦勒底人，也是闪米特人的一支。像阿卡德人定居阿卡德、亚摩利人进入巴比伦、亚述人定居阿舒尔一样，迦勒底游牧部落最后也定居下来。

另外，在北部山区，以米提亚和波斯诸部为首，印欧语族部落也在进逼亚述。亚述帝国出现了根本的动摇，埃及人也摆脱了亚述的控制。因害怕北部野蛮部落的进犯威胁到自己，埃及法老曾派一支部队支援亚述。1923年，人们在大英博物馆中收藏的一块泥板上发现，埃及军队曾与亚述军队在幼发拉底联合作战，想到当时的局势，这一史实确实有些出人意料。当时，巴比伦已被迦勒底占领，他们又联合东北山区的米提亚人攻打尼尼微城。

亚述陷入了内外交困的境地。在其内部，统治者的堕落使国力日渐衰落；在其外部，各敌对国家联合起来不断发动进攻。最后，盛极一时的亚述王城终于被攻克了（公元前612年）。在希伯来先知纳洪的描述中，我们可以听到欢呼声响彻云天，回荡在里海与尼罗河之间。东方各国人民终于挣脱了亚述奴役的枷锁，亚述人带给他们的苦难已彻底解除了。亚述的崩溃非常彻底。两个世纪后，当色诺芬率领他的万人部队经过这块一度极其辉煌的土地时，亚述帝国已成了一个悠久、模糊的传说了。而帝国首都尼尼微早已成了一个巨大的废墟。随着亚述人的失败和亚述帝国的灭亡，亚述语也渐渐被人们遗忘。亚述帝国的属地的人们都讲起了阿拉米语，像当年阿拉米语成为巴比伦的语言一样。历史上演了相似的一幕。在短短一个半世纪（约公元前750年~公元前612年）之后，随着亚述帝国的灭亡，两河文明的第二部辉煌篇章结束了。

亚述帝国的崩溃既突然又彻底，带有一种神奇的戏剧色彩。已退出历史舞台的亚述帝国对西亚各国产生了深远的影响。这些国家在帝国成立前后的处境迥然不同。亚述帝国灭亡后,地中海东岸的一系列国家开始形成君主专制统治,并且采用了亚述帝国式的组织和管理方式。在亚述灭亡后60年,波斯帝国创建并迅速崛起。波斯帝国沿用了亚述帝国的行政体系,亚述帝国模式继续影响着历史的发展。在大规模的军事组织方面,亚述帝国称霸世界的思想比以前进了一大步。到了罗马帝国时期,这种世界霸权思想发展到顶峰。尽管亚述统治是残酷的暴政,但这并不能抹杀亚述对人类文明所做出的贡献。尼尼微城内及周围的豪华宫殿,是亚洲建筑史上的光辉一页。更值得注意的是,尼尼微还拥有亚洲最早的图书馆,这同样是对人类文明的巨大贡献。最后,我们还要指出的是,亚述的统治者促成了一种国际化环境,正因为有了这种环境,希伯来人才能够将他们的神与亚述的战神作对比,并将他们的神推崇到至高无上的地位。这种神圣观的形成对后来的人类历史产生了深远影响。

三、迦勒底帝国:最后一个闪米特帝国

在巴比伦城的新式建筑上,可以看出迦勒底时代的巴比伦所达到的更新、更高的文明水平,这种文明是以亚述文明为基础的。迦勒底人在恢复汉穆拉比时代的巴比伦文明方面做了不懈努力。

上文提到的卡勒底人或迦勒底人成了巴比伦的新主人,他们建立了一个短期帝国,揭开了两河文明历史长卷的第三个篇章。[①]迦勒底人是

---

① 两河文明的三大篇章:
　1.早期的巴比伦尼亚(公元前32世纪~公元前20世纪:萨尔贡一世,约公元前2772年;汉穆拉比,约公元前2067年)。
　2.亚述帝国(约公元前750年~公元前612年)。
　3.迦勒底帝国(约公元前612年~公元前539年)。

巴比伦尼亚最后的闪米特主人。迦勒底人在巴比伦建立了首都，重建被辛那克里布摧毁的巴比伦城。迦勒底人以自己部落的名称称呼这个地方。现在，我们也以迦勒底来称呼这个我们将介绍的国家。公元前605年，在幼发拉底河畔的加西米斯，迦勒底人打败了西部各国联军。他们后来又打败了埃及人支持的亚述残部，最后占领了整个肥沃新月，将米提亚人赶进了北部山区，建立了迦勒底帝国。

尼布甲尼撒是迦勒底帝国最伟大的王国。加西米斯之战胜利后，他凯旋巴比伦，开始了四十多年的统治。他的赫赫声威使他成为伟大的东方历史人物。《圣经》中也有关于他的记载。后来，在埃及的怂恿下，西部国家不断起来反抗迦勒底，这使尼布甲尼撒大为震怒，对起义者施以严厉打击，希伯来人的犹大王国受到的惩罚最为严厉。许多希伯来人作为俘虏被送往巴比伦，他们的首都耶路撒冷也被摧毁（公元前586年）。

在这个战火连绵的时期，迦勒底国王仍努力抽出时间和精力，聚积财富扩建和美化巴比伦城。迦勒底人的建筑沿袭了亚述建筑的风格，但所取得的成就远远超过了亚述。国王在城南那片神庙区为巴比伦人信仰的神灵重修了神庙。在神庙和宫殿之间，修筑了一条宽阔的节日大道，这条大道穿过一座名为"伊师塔门"的门洞（见图5.16）。这座门洞雄伟庄严，是专为献给这位女神的。巨大的王宫和政府部门就在伊师塔门后面。在所有的塔式建筑中，有一座"通天塔"，那就是马杜克神庙。沿平台拾级而上可登上王宫顶部，那里种植着各种热带植物，是一个美丽的宫顶花园，使宫殿建筑更加多姿多彩。在花园上俯瞰，伊师塔门等建筑尽收眼底。置身于那棕榈成荫、蕨草成片的花园之中，令人流连忘返。国王虽然政务繁忙、日理万机，但也会抽空在妻儿的陪伴下登上花园游览。当他放眼远望，看到王城的雄伟气势，得意之情可以想见。尼布甲尼撒的宫顶花园就是后人所说的神奇的巴比伦空中花园。空中花园声名远播,后来被希腊人列为世界七大奇迹之一。像亚述和埃及的许多王城一样,巴比伦城名垂千古。

在尼布甲尼撒手里,巴比伦被建成这里规模空前的大城市。巴比伦城区宽阔,城墙坚固,易守难攻。有一道城墙竟横贯底格里斯河与幼发拉底河之间的辽阔平原。幼发拉底河上建起了一座桥,这座桥是迄今所知的世界桥梁建筑中的首例。残留的桥墩至今还立在干涸的幼发拉底河床上,这是幸存至今的最古老的桥梁建筑遗迹。尼布甲尼撒的巴比伦城

图 5.16 迦勒底帝国时期巴比伦王宫的伊师塔门(公元前 6 世纪)

这是德国人的考古发掘成果。它是巴比伦最重要的建筑之一。门两侧的高塔上装饰的琉璃瓦上有动物像,亚述王宫中也使用过这种琉璃瓦。大门之内就是尼布甲尼撒的雄伟王宫,王宫顶上是巴比伦空中花园。

保持了一个多世纪的辉煌,希罗多德对此感触颇深。我们可以从他对巴比伦城市的描述中体会到他们的感受。所有基督徒都知道,巴比伦城曾是希伯来俘虏的囚禁地。现在,巴比伦城的荣耀和辉煌都已烟消云散了。从 1899 年到 1917 年,人们一直在挖掘这座古老城市的遗迹(见图 5.18)。在发掘者的努力下,古代建筑遗迹一个个重见天日,于是,我们知道了桥墩、节日大道和伊师塔门。伊师塔门是整个巴比伦国内幸存至今的最令人难忘的建筑。在别的地方,只能找到一些土坯

图 5.17　尼布甲尼撒宫墙上的用琉璃砖嵌成的雄狮

　　这幅用琉璃砖嵌成的雄狮图绚丽夺目。这种用琉璃砖或琉璃瓦装饰墙壁的艺术是从埃及传到亚洲的。在迦勒底时代,这种装饰艺术也被用在亚述宫墙和巴比伦城墙的装饰上。尼布甲尼撒通往伊师塔门的节日大道两侧的墙壁上就装饰着一排排这样的雄狮。

图 5.18　对古巴比伦的发掘

　　图中的土包下面深埋着尼布甲尼撒宫殿。远处为幼发拉底河岸边的棕榈树丛。阿拉伯工人们已挖出了尼布甲尼撒的节日大道或游行大道。这条大道从宫殿的伊师塔门通向神庙。在迦勒底时期的巴比伦城之下,是汉穆拉比时期的巴比伦遗迹。但辛那克里布摧毁了当时的巴比伦。在对巴比伦长达 18 年的发掘中,除了挖出尼布甲尼撒时期的巴比伦城遗迹外,再没有别的收获。

第五章　亚述与迦勒底

墙的残片。从这些破砖烂瓦中很难看出巴比伦城所经历的兴衰荣辱。

迦勒底和巴比伦平原上的其他闪米特入侵者一样,很大程度上是在巴比伦文明的基础上发展起来的。在迦勒底时代,商业贸易已兴盛起来,手工业和艺术已有了很大发展,人们的宗教和文学修养已有了很大的提高。宗教信条和文学作品仍和过去一样用楔形文字写在泥板上。

当时,科学天文学有了显著的进步。迦勒底人仍沿袭通过识辨天体预测未来的旧习。占星术发展得更细致、更系统了。实际上,它正在向科学天文学前进。迦勒底人把赤道划分成360度,占星师们第一次画出了12群恒星的图样,这就是我们今天所称的黄道十二宫。迦勒底人开了绘制天体图的先河。

当时的人们已经认识了五大行星(水星、金星、火星、木星和土星),他们视这五大行星为控制人类命运的五种神力。巴比伦的五大神等同于这五大天体,流传至今的巴比伦神就是以这五大天体命名的。只是这些古代巴比伦神经欧洲最后传到我们这里时,已被译成罗马名称。迦勒底人的爱神伊师塔星成了金星(维纳斯),大神马杜克星成了木星(丘比特),等等。迦勒底的占星师们对宇宙天体的观察越来越细致准确,他们已可以预测日食。后来,希腊人沿袭了迦勒底人的天文观察。正是以这种观察为基础,希腊人大大发展了天文学。占星术流传到今天,"他的幸运之星"或"灾星降临"等短语仍为今天的人们使用,这就是占星术对人们的影响,虽然人们有时并没有意识到这一点。

巴比伦城的新式建筑(见图5.19)体现了迦勒底时代的巴比伦所达到的更新、更高的文明水平,当然,这是建立在亚述文明的基础之上的。但是,当时迦勒底人的目的却是恢复汉穆拉比时代的巴比伦文明。迦勒底人为此而不懈努力。书吏们坚持使用古代文字和古老语言；国王们为了取得祖先的记录，不断在神庙地下挖掘，以期找到类似于我们今天的奠基石之类的东西。

一味尊古、崇古和复古即意味着倒退。迦勒底在尼布甲尼撒统治时期达到了鼎盛。尼布甲尼撒死后，这块古老的东方土地似乎失去了

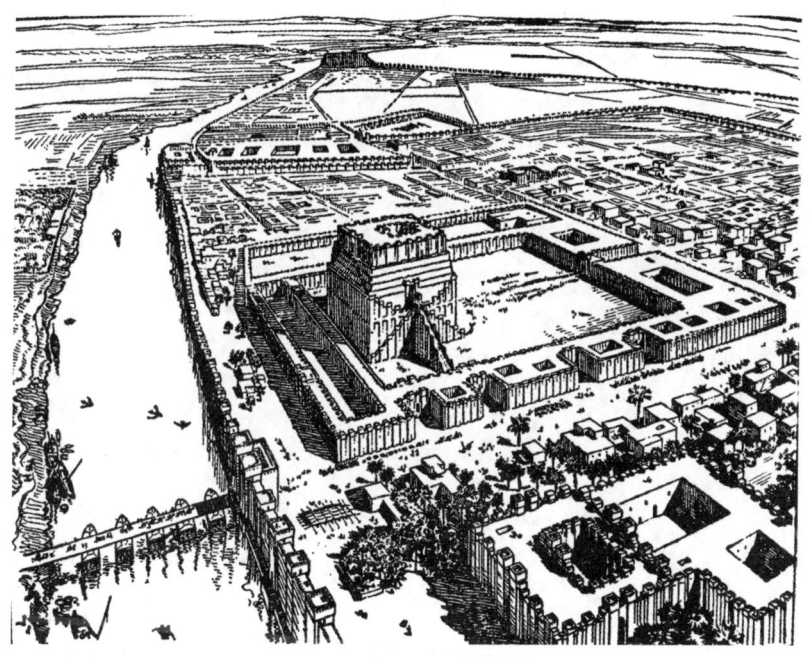

图 5.19　尼布甲尼撒时期的巴比伦城复原图

　　近处是城南的神庙区。高塔是雄伟的马杜克神庙，马杜克神庙周围是其他神庙和建筑。希伯来人的"通天塔"故事就是以巴比伦的塔庙或另一神庙为原型演绎出来的。在图中河流的拐弯处，是带有空中花园的尼布甲尼撒王宫。东边（右边）是从宫殿的伊师塔门通往神庙区的节日大道。西侧（左边）是幼发拉底河，河上有一座大桥，这是迄今所知最古老的桥梁。这座桥大约建于公元前 6 世纪，今天，桥墩的残余仍立在干涸的幼发拉底河床上。城周围的护城墙是尼布甲尼撒修建的。一支德国考古发掘队在柯底威率领下用了将近 20 年时间，才真正摸清了巴比伦城全貌。

第五章　亚述与迦勒底

不断开拓前进、创造文明的动力。两河历史也像尼罗河历史一样，其发展过程历经了三个伟大时代。当闪米特民族领导早期世界的时代结束时，印欧语系的新兴民族走上了历史舞台。历史翻开了新的一页，那些来自南部沙漠的游牧部落开始被北部和东部山区的硬汉征服。现在，我们开始追寻印欧人的足迹，去展读另一段古代文明史。

第六章　米底—波斯帝国

图 6.1　古波斯的圣坛和陵墓

古代波斯的拜火圣坛，旁边是波斯历代伟大国王的陵墓，距波斯首都波斯波利斯不远。这些国王一定经常在圣坛上对着燃烧的圣火祈祷。

一、印欧民族的扩散

在北方草原上，古代游牧民四处漂泊。随着时间的推移，几千年来，北方游牧民涌进欧洲和西亚，他们是白色人种中的一支，我们称之为"印欧人"。

我们知道，阿拉伯沙漠曾是南方游牧民族的故乡，他们不断从沙漠边缘的草原向城镇迁徙，并定居下来。与这些南方草原相对，北方也有一片类似的草原。北方的这片草原自地势较低的多瑙河流域向东延伸，沿黑海北岸，经南俄罗斯直到亚洲北部和黑海东岸。古代的游牧民们就在这片草原上四处漂泊。随着时间推移，北方的这些游牧民涌入欧洲和西亚，像南方的闪米特人曾涌入肥沃新月一样。

这些北方游牧民是庞大的白色人种中的一支，我们称其为"印欧人"。这些古代印欧人基本可以称作现代欧洲人的祖先。我们知道，美国人的祖先来自欧洲，因此这些印欧族游牧民也是美国人的祖先。北方草原上的游牧民想寻找一块适合定居的乐土，结束漂泊无定的生活，于是，他们开始了大规模的迁徙，这种迁徙早在遥远的时代就已开始。最初，他们的迁徙路线各不相同，后来，他们开辟了一条从东方的印度边界向西穿越整个欧洲直抵大西洋的主线。通过这条主线，他们到达并定居在今天欧洲人所处的地理位置。北方民族的这条迁徙路线在南方与闪米特民族的一条类似的线相抵，后者从东方的巴比伦尼亚穿越腓尼基和希伯来，向西一直延伸到迦勒底和地中海西部腓尼基闪族人的定居地。

我们将要追溯的古代世界的历史，在很大程度上，就是由这条始于南方草原的南方闪米特线和始于北方草原、在南方与更古老的闪米特文明相遇的北方印欧线之间的斗争构成的。我们从图6.2中可以看出，这两个伟大种族在地中海地区相互对立，像两支巨大的军队在从亚洲至大西洋的广大区域对峙着。后来发生在罗马与迦太基之间的战争基本上在闪米特线左翼；而在闪米特线右翼，波斯在对迦勒底的斗争中取得了胜利。

经过长期斗争，我们的祖先取得了最后的胜利，印欧民族征服了中央和两翼地区。到了希腊和罗马时代，他们夺得了整个地中海世界的绝对统治权。夺得了这场两大种族之间斗争的胜利后，印欧系各成员之间又为争夺统治权展开了旷日持久的斗争。统治权逐渐从北方线的东端转移到西端，最初是波斯人，后来是希腊人，最后是罗马人。

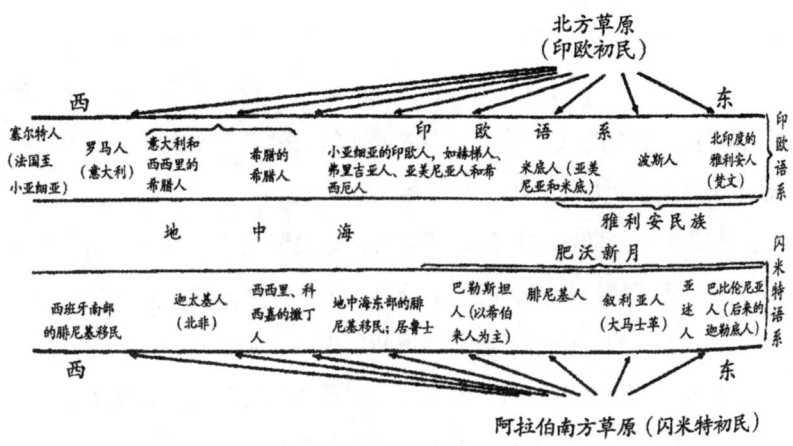

图 6.2　闪米特系和印欧系分布示意图

　　实际的分布不可能是互不相干的，有时会彼此交叉混合，如两系中都提到过西西里。埃及在地理上属于南方，而实际上它与闪米特系的关系也很密切，但在图中却没有得到体现，这是因为埃及人从不曾在南方草原居住过。在西方，这两大种族在地中海的大部分地区相互对立；在东方，它们在肥沃新月边缘对峙。图中，赫梯人被列入印欧民族，这是以语言而不是以最初的血缘归类的。

　　现在，我们上溯到印欧人离开草原上的故乡之前的时期，有关研究者至今仍不能确定印欧游牧民最早的居住地在哪里。有些证据显示，黑海东部和东北部广阔的无树大草原可能就是后来的印欧人祖先的居住地。最初，他们是一个民族，讲同样的语言。这种语言后来发展演变成为现代欧洲文明居民的语言，其中也包括我们的英语。①

在迁徙流散之前，印欧初民仍处于石器时代，虽然当时已有了铜，但他们并没有学会利用。据此推断他们分裂和流散的时间不会晚于公元前2500年。他们分裂成许多部落，各部落逐水草而徙，放牧他们的羊群，他们已有了家畜，包括牛和绵羊，但其中主要是马。我们知道，东方开化民族直到汉穆拉比时代之后才认识了马。这些印欧初民不仅将马当作坐骑，还用它来拉二轮马车。一些部落已定居下来，开始种植谷物——主要是大麦。在耕种土地时，公牛被套上轭来拉犁。由于没有文字，他们的社会单位很小，但他们仍称得上是古代世界有较高天赋和丰富想象力的民族。

在进一步分散的过程中，部落与部落之间失去了联系。语言和风俗习惯的地理特征越来越明显，最终形成了巨大差别。比较一下曾经是同一种语言的英语和美语之间不断增大的差别，就不难理解这一点了。起初，印欧语系的两个部落相遇时还能相互理解，而随着语言之间的差异的增大，当这些分散的部落偶然相遇时，会感到再也不能理解对方了。在经过漫长的岁月之后，他们失去了关于共同祖先的全部记忆。他们之间的亲属关系直到最近才被重新发现。现代欧洲的各种语言就是这样演变而来的。从西方的英国开始，向东穿越整个欧洲直到北印度，我们可以在不同语言中找出不止一个相同的单词。于是，就出现了"印欧语系"这一词语。请比较以下几个单词：

---

① 今天的一些使用印欧语的民族并不一定有印欧人的血缘。一些具有印欧血缘的民族却失去了原来的语言而接受了别的语言。在人类历史上，语言和血缘上的这种转换和融合不断发生。但是，如果据此断定印欧人由于与更古老的欧洲居民融合而失去了自身的特性，这也是不正确的。我们必须承认，对于印欧初民的身体类型我们几乎没有什么了解，但基于事实，我们可以得出这样的结论：在印欧人的流散过程中，纯正印欧血缘的人所具有的大量天分和才能被分散了，其中也包括语言。

	西方				东方	
	英语	德语	拉丁语	希腊语	古波斯和阿维斯陀语	东印度语（梵文）
（兄弟）	brother	bruder	frāter	phrātēr	brātar	bhrātar
（母亲）	mother	mutter	māter	mētēr	mātar	mātar
（父亲）	father	vater	pater	patēr	pitar	pitar

早在公元前 2000 年，这些来自北方草原的漂泊者就已从西方穿越多瑙河流域到达了巴尔干半岛。其中一些已进入了意大利，这证明了我们对石器时代欧洲游牧民族迁徙的研究所得出的结论。他们赶着羊群，在草原上辗转迁徙。这些希腊人和罗马人的祖先部落在不断迁徙、漂泊的过程中分散开来。在后面我们将追溯他们征服地中海的活动。在此之前，我们先介绍广阔的印欧语系的东部分支，他们在向南推进的过程中与闪米特语系右翼发生了冲突。

二、雅利安民族　琐罗亚斯德

印欧语系东翼的部落来到黑海东岸的草原上定居下来，成为雅利安民族。琐罗亚斯德是第一位伟大的宗教创始人。在琐罗亚斯德创立宗教后到公元前 700 年，它一直是肥沃新月山区的米底人最重要的宗教。

公元前 2000 年左右，印欧语系最东端的部落离开了他们的祖居地，在黑海东部广阔的无树草原上放牧。这是人们公认的历史事实。在那里，他们被称作"雅利安人"①。雅利安人没有留下任何著述，也没有留下任何遗迹。然而，由其后代人的信仰可推知，雅利安人已经有了一种比较高级的宗教，这种宗教主张人应该"良思、笃行"。这种宗教非常重视火，它的教士被称作"播火者"。

雅利安人约于公元前1800年分成两支。东部的一支向南迁徙，最终进入印度。在他们的梵文"维达斯"圣书中，我们能听到雅利安人作为一个整体的时代的回声，书中还有很多雅利安人在黑海东部的故乡的线索。

另一支保留了"雅利安"这个称呼——"伊朗"。这一支离开了故乡后，向西和西南推进，进入了肥沃新月旁边的山区，这就是伊朗人②，米底和波斯是其中的两支强大部落。我们已介绍过，在亚述帝国统治下，米底人曾从北部山区撤退到尼尼微。最后，向南方推进的印欧系东翼征服了闪米特系右翼，统治了肥沃新月。

亚述帝国衰亡后，在公元前600年，米底人在底格里斯河东部山区建立了一个强大的伊朗帝国，它从居住着波斯人的波斯湾，沿山脉向西北扩张到黑海地区。至此，印欧系东翼边缘与底格里斯河完全平行了，但它并没有止步于此。尼布甲尼撒及其住在巴比伦的后继者们焦急地注视着米底人的举动，他们感到了威胁。幼发拉底河畔的这些迦勒底人掌握着南方草原的闪米特血统的民族的统治权力，他们的权力后来被来自北方草原的印欧血统的民族夺去了。迦勒底人在米底人和波斯人的强大攻势面前退缩了。要记住，我们正在追溯一次巨大的

---

① 雅利安初民没有给他们的大部落群体起一个共同的名称。"雅利安"常被用来称呼初民，但这是错误的。"雅利安"（由其派生出了后来的"伊朗"和"伊朗人"）只是一个部落群，是初民的一个分支，在分散后，他们过了几个世纪才定居到黑海东部。人们在用"雅利安"来指称欧洲的印欧人，或听到别人说我们是雅利安人的后代时，应该明白，这种用法存在着史实方面的错误。雅利安人是印欧初民的东方后代，而我们则是初民的西方后代。雅利安人是我们的远亲，而不是我们的祖先。
② 他们以巨大的伊朗高原作为自己部落的名称，伊朗高原从扎格罗斯山脉向东直至印度洋。这一地区在希腊罗马时代被称作"雅利安那"，近似于"伊朗"，很明显是源于"雅利安"一词。

种族变迁过程。新的波斯东方统治者是我们的远亲，我们和他们的共同祖先就是那些约于5000年前在遥远的亚洲内陆草原上放牧的印欧初民。

三、波斯帝国　居鲁士的崛起

在尼尼微沦陷后约60年内，居鲁士统治着一个小王国。他利用亲属关系，将几个波斯部落联合成一个国家。这个国家的势力不断壮大，横扫从小亚细亚到地中海广大区域，最终成为东方世界的霸主。

波斯人是伊朗人中的一支，他们是琐罗亚斯德教的忠实信徒。我们正是从他们那里了解了琐罗亚斯德教。公元前612年尼尼微沦陷，这时，波斯人早已定居在扎格罗斯山东南端、波斯湾北部地区很长时间了。波斯湾沿岸的生存条件比沙漠好不了多少，但山区的山谷中却有肥沃的土地，很适合定居。波斯人在这一山区占据了一块约400英里长的地带，建立了农业社会。他们属于山地野蛮民族，已形成了简单的社会制度，没有文字和文学，也没有艺术，但他们对祖先却怀着深切的缅怀之情。在耕种劳作之余，他们常聚在一起回忆他们的祖先雅利安人和创造了他们的宗教的古代先知的故事。

波斯人中的一个叫安闪的部落定居于埃兰山区，并建立了一个小王国。在尼尼微沦陷后约60年内，一个叫居鲁士的波斯人统治着这个小王国。他利用亲属关系成功地与其他几个波斯部落联合成一个国家。接下来，居鲁士立即开始反抗米底人的统治。他率领他的农民士兵，用了三年时间打败了米底国王，征服了米底地区。居鲁士的非凡魄力和经历引起了所有西方对手的关注。

这个新崛起的征服者和他的农民士兵身上爆发出无坚不摧的巨大能量。波斯军队主要由弓箭手组成,波斯农民都是优秀的弓箭手,他们用强弩在远距离射出的疾风暴雨般的箭矢克敌在先,基本用不着近身搏斗。波斯骑兵在弓箭手两翼游弋,等待敌人被箭矢制服后投入战斗,彻底消灭敌人。波斯人的这种战术是从亚述人那里学来的,弓箭手一度是东方最具有战斗力的战士(见图6.3)。为了对抗居鲁士的军队,巴比伦尼亚(迦勒底)、埃及和小亚细亚西部克雷兹王统治的吕底亚,以及希腊的斯巴达联合起来,组成了一个强大的联盟,以抵御像闪耀的新星般升起于东方天空的居鲁士的威胁。居鲁士从容不迫,先发制人,出兵攻击敌对联盟的主要领袖吕底亚的克雷兹。公元前546年,居鲁士攻克吕底亚首都萨狄斯,俘获了吕底亚国王克雷兹,居鲁士进一步夺得了小亚细亚南部海岸。在五年时间里,这个埃兰山区的波斯王国的势力日益强盛,横扫从小亚细亚到地中海的广大区域,成为东方世界的霸主。

居鲁士再次转向东方,他毫不费力地击败了由年轻的摄政王伯尔撒扎率领的迦勒底军队。在《但以理书》中(见《但以理书》

图6.3 波斯士兵

虽然王宫卫士在执勤时手中持有长矛,但他们的主要职责仍是弓箭手,这可以从他们背上箭囊的大小看出来。在伊苏士战争中,国王身边的卫士也要弯弓射箭。图中的王宫卫士身穿华丽长袍,是用色彩明亮的釉砖嵌成的——这是波斯的一种装饰美化其宫殿墙壁的艺术。

第五章),伯尔撒扎是一个基督教世界家喻户晓的名字。巴比伦虽然拥有尼布甲尼撒王修建的巨大坚固的城墙,波斯军队还是于公元前539年进入了这座城市,似乎没有遇到任何抵抗(见图6.4)。

在73年——仅仅两代人——的时间里,从尼尼微陷落开始,在北方草原和南方草原之间的斗争中,东方闪米特人被印欧人彻底打败了。大约10年后,居鲁士在一次与东北部伊朗游牧民的战斗中阵亡(公元前528年)。他的遗体被安葬在帕萨尔加德一座巨大的坟墓里,居鲁士就是在那里建立了波斯国都。第一位有印欧血统的伟大征服者长眠于此。

现在,波斯国王统治了西亚所有的国家。居鲁士王国仍继续扩张,公元前525年,居鲁士死后第三年,他的儿子冈比西斯征服了埃及。这一征服使波斯王国最终成为波斯帝国。波斯帝国囊括了所有的东方

图6.4 记录居鲁士攻占巴比伦的筒形黏土书(公元前539年)

它记录了居鲁士占领巴比伦的经过:"未经任何战斗和厮杀,马杜克(巴比伦神)就让他(居鲁士)进了他(马杜克神)的城市巴比伦;他消除了巴比伦的灾难,把不敬畏他的(迦勒底)国王那波尼德送到他(居鲁士)手中。"那波尼德是巴比伦迦勒底国王,与教士们不和,于是教士们把巴比伦城送给了居鲁士。

文明古国，从尼罗河三角洲、整个地中海东端直到爱琴海，以此为西部边界向东几乎扩张到印度。从居鲁士打败米底人算起，这一伟大的征服过程仅用了25年，不可否认，昔日的亚述帝国为这一成功做了许多铺垫。现在，波斯人开始从那些伟大文明中汲取更多营养，使自己更加强盛。

图6.5　位于波斯波利斯附近的居鲁士墓

　　这是波斯最古老的建筑，可能是居鲁士主持修建的。主建筑周围环绕着柱廊，图左侧有这些廊柱的残迹。亚历山大大帝参观这里时，居鲁士已葬在这里将近两百年了。当时，墓穴中的皇家陪葬品已被洗劫一空。亚历山大下令将居鲁士的遗骨放回原处，并封闭了墓穴。现在那里面什么都没有了。

四、波斯帝国的文明（约公元前530年～公元前330年）

　　波斯帝国的行省制是国家高度组织化的最早范例。它的势力扩张到海洋，成了海上霸主。它吸收了各种东方文明并将之融于帝国生活。

进入巴比伦后，波斯人发现，那是一座无与伦比的伟大城市。尼布甲尼撒修建的那些横贯两河之间的巨大防御工事和那些从遥远的巴比伦平原上就能望见的豪华宫殿、神庙建筑使它无比壮观。巴比伦是西亚的商贸中心和早期东方世界最大的市场。现在，尼罗河畔那些伟大城市已处于波斯国王的统治之下，我们已参观过那些巨大的纪念碑。我们将会看到，尼罗河和幼发拉底河文明很快就对波斯人产生了深刻而巨大的影响。

这时，阿拉米语——巴比伦繁华的商业区中的阿拉米商人使用的语言——已成为整个肥沃新月的通用语言。各种商业文件都用阿拉米文写成，用笔和墨水书写在莎草纸上。那种刻在黏土板上的楔形文字已不再被使用。波斯官吏在管理商业和收税时，也要使用阿拉米语。阿拉米语通行于波斯帝国西半部，甚至连尼罗河和小亚细亚西部那样遥远的地方，波斯官吏发送的官方文件也使用这种通行的商业语言。

波斯国王采用"双重语言"——阿拉米语和古波斯语。甚至在波斯的书面语中，阿拉米字母也被大量使用，像罗马字母被我们用来写英语一样。与此同时，也许是受阿拉米字母的启发，波斯抄写员发明了一套有39个楔形符号的新字母表，用于在黏土板上写波斯文。在巨大的纪念碑上，他们就用了这种文字（见图6.6）。这些长期没有文字的波斯人在进入肥沃新月后，开始用文字来记载他们的历史，那些纪念碑就是流传至今的早期波斯文献。

波斯帝国的疆域从印度洋到爱琴海（相当于美国东部到西部），从印度洋到黑海的沙漠。管理这样一个大国是一项艰巨的工作，需要建立一套庞大的组织管理体系，这是以前任何统治者都不曾尝试过的。

图 6.6 大流士胜利纪念碑——贝希斯敦悬崖上的亚洲"罗塞塔石碑"

这座纪念碑给人留下深刻印象,它是留存至今的亚洲最重要的历史文献。纪念碑由四部分组成:浮雕(A)和三种铭文(B、C、D)。B是一块巨大的铭文,约12英尺高,被分成几纵列,记载的是在大流士即位典礼后发生的大规模叛乱,大流士打败所有敌人,平息了叛乱。铭文用的是波斯语,用波斯人发明的包含39个字母的新楔形文字写成。C和D是波斯文(B)的译文。因此C和D与B的内容相同,只不过铭文C用的是巴比伦尼亚语,用包含上百个楔形符号的巴比伦尼亚楔形文字写成。铭文D也是楔形文字,用的是苏撒地区的语言——苏西安语。这座纪念碑用东方最重要的三种语言公开而广泛地宣扬伟大国王的辉煌胜利。国王把这一记录安放在俯瞰主要大道的贝希斯敦悬崖上。往来于巴比伦和普拉提亚的商旅抬起头就能看到300英尺高处的这座高25英尺、宽50英尺的雄伟纪念碑。攀上这样的高度是很危险的。亨利·罗林森爵士不顾危险,攀上悬崖将三种楔形铭文全部复制下来(1835年~1847年)。罗林森爵士用这些复制品成功破译了古巴比伦尼亚的楔形文字。这座大流士纪念碑使现代历史学家们再现了业已失落的巴比伦尼亚和亚述的语言和历史,它对于西亚的历史犹如罗塞塔石碑对于埃及历史一样重要。

这样一项庞大的政治工程，绝非居鲁士一人所能完成。从他开始直到大流士时代（公元前521年～公元前485年），才最终完成了这一伟大历史任务。大流士时代的波斯组织管理机构，如果不是整个古代世界，至少是古代东方的一项伟大成就。尽管像以前一样，被统治者在政府中没有任何发言权，但大流士的统治大体而言是公正、仁慈和明智的。国王拥有绝对权威，国王的话就是法律，所有人都要听命于他。在贝希斯敦铭文上有大流士的这样一段话："凭胡拉玛达神的慈悲，这些土地全部听命于我；我向他们发出命令，他们会绝对遵从。"我们可以从中看到这样一个重要事实：这一统治体制的核心是以个人集权来统治一个规模空前的巨大帝国。这样一个由一个人统治的波斯帝国的范例，一直被后来的人牢记。

大流士并不打算进行新的征服，他努力使自己的帝国维持并发展下去，使自己成为巴比伦尼亚和埃及的国王。他将帝国的征服地划分成20个单位，每个单位为"行省"。"行省"的最高长官是"总督"，由"伟大的国王"波斯君主任命。这与迦勒底、亚述和埃及的统治体制相似，但波斯帝国进一步发展了这种体制。波斯帝国是以行省方式使国家高度组织化的最早范例，我们称这种体制为行省制。在按期纳贡和为"伟大的国王"的军队提供兵源的前提下，各行省在地方性事务上享有很大的自主权。为了监督和防范行省总督或人民反抗波斯政府的叛乱，各行省都有国王派驻的官吏。按古老的埃及风俗，这些人被称作"国王的耳朵"或"国王的眼睛"，他们的职责就是及时向国王汇报各行省内部可能发生的反叛，这些都是在亚述帝国统治体制的基础上发展出来的。

农业用地被划分成一个个大领地，由有权有势的贵族和其他大土地所有者领有，帝国内的小土地所有者很少。土地上的物产主要用来向帝国纳贡。在东方,自古以来就以实物纳贡;西方主要居住着吕底亚和小亚细亚西部的希腊移民,直到公元前600年,那里一直使用金属铸币,所以那里就交纳金属货币。东部地区各国——埃及、巴比伦尼亚和波斯——很久以后才采用这种便利形式。大流士开始铸造金币,并允许各行省总督铸造银币,两种货币的比是13∶1,也就是说,金币的价值是银币的13倍。至此,由国家发行金属铸币带来的巨大商业便利终于被引进东方了。

作为一个睿智、伟大的政治家,大流士预见到了海洋的重要性,他努力使波斯成为海上强国。对于一个处于内陆腹地,与海洋之间隔着大沙漠的民族而言,要想控制海洋是很困难的。为实现这一目标,大流士做出了种种努力,德国国王为创建一支强大的海军所做的努力大概可以与之相比。与威廉国王不同,大流士只能雇用外国水手。他曾雇用一名叫西拉克斯的精于航行的地中海水手去考察通往印度河的航线,后来大流士又命西拉克斯沿亚洲海岸从印度河出海口向西航行至苏伊士地峡。西拉克斯是迄今所知的第一位沿当时(约公元前500年)还鲜为人知的亚洲南海岸航行的西方水手。

大流士疏浚了连接尼罗河和红海的久已淤塞的古埃及运河,使之恢复畅通。在这条古老的航线上曾发现过大流士建立的巨大石碑的碎片。在这些碎片上我们看到了有关大流士修复运河的描述,其中有这样一段话:"我下令开凿这条运河,从埃及的尼罗河直到从波斯湾伸展出来的大海(红海),这条运河最终按我的命令开挖完毕,船只可以从埃及经运河航行到波斯,如我所愿。"另外,大流士还有一个愿望,即希望波斯的南方海岸也能参与当时印度与地中海世界之间不断增长的商业贸易,但这个愿望被证明是不能实现的。当时的波斯缺乏小土地所有者,当然也就不会有富有进取精神的小商人,因而也就缺少有力

图 6.7　波斯波利斯波斯王宫的大门和阶梯

　　图中的巨大平台就是王宫的入口,高度相当于美国的一幢普通两层楼房,上面原来建有雄伟的宫殿。平台外侧就是王城。

的贸易推动者。

　　与亚述人的残暴统治截然不同,大流士对腓尼基人的城市施以仁政,从而成功地创建了一支强大的腓尼基舰队。大流士的儿子薛西斯便是依靠这支舰队在地中海地区发动战争和运输物资的。我们看到,伟大的波斯国王取得了亚述帝王们从未取得的辉煌成就,使波斯成为亚洲第一个拥有强大的海上力量的国家。

　　波斯帝国以遍布境内的大路网维持交通。对于波斯帝国来说,这些大路所发挥的作用就像今天铁路给我们带来的便利一样,只是规模大小不同而已。在此基础上,波斯帝国还建立了比亚述帝国更完善的邮政系统。邮政使者尽职尽责地传递着信件和商品,尽管将商品从苏撒运到爱琴海所需要的时间几乎和现代人环绕世界一周所需要的时间一样长。还有一个例子可以很好地说明这些大路所发挥的作用。今天，我们都非常熟悉鸡这种家禽，但当年的地中海人却根本没听说过这种东西。直到波斯人通过大路将鸡从它的故乡印度运到爱琴海，欧洲才开始认识并饲养鸡。大流士还将埃及历法引进波斯，这种历法每年12个月，每月30天，尤利乌斯·恺撒将这种历法引进罗马则是在大约5个世纪之后。大流士在被征服民族中发现了科学萌芽，并对其产生了浓厚的兴趣。他在埃及创建了一所医校，这是迄今所知的最早的医校，也是最早的专门学校。

坐落在扎格罗斯山区的苏撒古城埃兰是波斯君主的主要居住地，也是波斯的首都。巴比伦尼亚平原气候温暖，在寒冷季节，它吸引波斯君主迁到巴比伦城中先前的迦勒底帝国王宫中居住。早期的国王们一直坚持住在他们的故乡。居鲁士曾在帕萨尔加德——打败米底人的战场附近建起一座宫殿，大流士也在波斯波利斯建了一座豪华宫殿，在居鲁士王宫南方约40英里处。在这些建筑废墟附近，居鲁士、大流士、薛西斯等波斯国王的陵墓矗立在那里俯瞰着历史的变迁（见图6.8）。

波斯建筑师在向那些被帝国征服了的东方古老民族学习的过程中，融合了多种艺术形式。耸立着波斯宫殿的巨大平台模仿的是巴比伦尼亚的样式，宫殿大门上装饰的双翼公牛是从亚述和西方学来的；而王宫正面和宽广大厅中的柱廊——亚洲最早的柱廊——同两千多年前尼罗河畔的式样相同。再如王宫门口的门楣，与其说是亚洲式的拱门，倒不如说是源于埃及的技术。宫殿墙壁上镶嵌的色彩绚丽的瓷砖是从尼罗河通过亚述和西方传到波斯的。这些文明成果被用来装点帝国，并且融进了波斯帝国的生活。

图 6.8　早期的波斯国王陵墓

居鲁士和冈比西斯之后，从大流士开始，历代波斯国王都在这个悬崖上开掘自己的墓穴，这里距波斯波利斯王宫约 6 英里。波斯最早的六位国王中的五位的陵墓都已被发现，他们分别是：大流士一世（左起第三个）、薛西斯（最远处）、大流士二世和阿塔薛西斯一世（左起第一和第二）的陵墓。还有一位国王——埃及的征服者冈比西斯的墓至今未被发现。还有三座分别属于阿乞迈尼德世系（大流士世系）的最后三位国王（阿塔薛西斯二世、阿塔薛西斯三世和大流士三世）的墓穴开凿在波斯波利斯王宫后面的山崖上。每个墓前柱廊上都雕有国王在祭火坛前向胡拉玛达神祈祷的像。这些陵墓都和居鲁士的墓一样，在古代就已遭到盗掘和抢劫，墓中只剩下大石棺，大流士、薛西斯等国王及其家人就曾葬在里面。

五、对波斯文件和楔形文字的破译

对西亚楔形铭文的破译，使我们终于理解了巴比伦尼亚和亚述的城市废墟对我们述说的两河流域的三部伟大历史篇章——那些几乎已被世界完全遗忘的西亚民族两千五百多年的历史。

波斯人对他们在肥沃新月发现的东方混合文明的吸收，对现代人而言具有极其重要的科学意义。正是通过波斯人用楔形文字写下的文件，我们才破解了西亚的楔形铭文。倘若波斯人没有留给我们这些文件，现代学者将永远无法读懂那些黏土板。他们对巴比伦和亚述的历史的研究将永远充满无休无止的争论。

在阿拉米语取代了巴比伦尼亚和亚述的语言之后，人们不再用古代楔形文字书写黏土板或其他记录了。到了大约两千年前，最后一个懂楔形文字的人死去了。巴比伦尼亚和亚述的历史被埋在了底格里斯河和幼发拉底河沿岸的城市废墟之下。

1800年之前，欧洲旅行者从波斯带回了大量楔形铭文复制品，这些铭文是他们在波斯王宫的残垣断壁上发现的。经过研究发现，这些铭文中包含的楔形符号的种类并不多，使人觉得解读这些铭文似乎不太困难。1802年，一位德国教师戈罗特芬德在这些波斯铭文中辨认出了大流士、薛西斯的姓名及另外一些单词和姓名，最后，他译出了两个短篇楔形铭文（见图6.9）。这是第一批被近代人解读出来的波斯铭文，这使有关学者大受鼓舞。但它们实在太短了，只包含了波斯字母表上很少几个楔形符号。绝大多数波斯铭文仍然未被破译出来。与此同时，另外一些欧洲学者已发现了波斯楔形字母表上所有其他符号的音调。也是在这个时候，一位天才的英国军官亨利·罗林森爵士在波斯驻扎时，收集到了很多波斯铭文，这是在欧洲根本做不到的。其中就包括著名的大流士贝希斯敦铭文。1847年，罗林森发表了一套完整的古波斯楔形文字的字母表，这套字母表包含了39个语音符号。同这个字母表一起发表的还有贝希斯敦铭文波斯语部分的完整译文。这说明他已完成了对古波斯楔形文字的破译——尤其值得注意的是，罗林森一直在东方，对欧洲学者的研究一无所知，也就是说，他是在完全

图 6.9 首次被译解的两篇古代波斯铭文

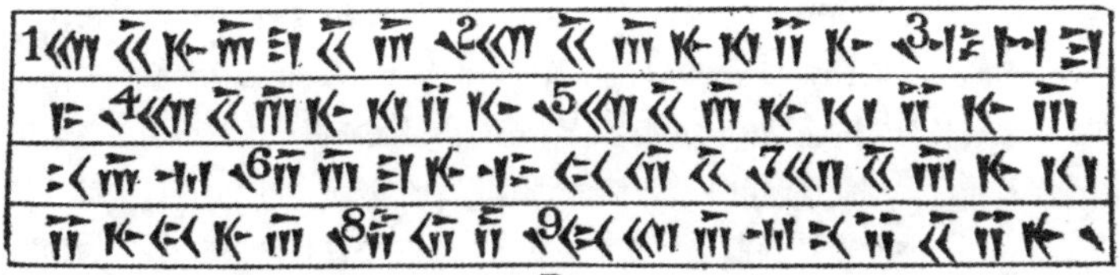

波斯书记员在铭文的相邻单词间插入一个斜的楔形作为分隔的标记，图中加入的阿拉伯数字是为了便于区分出不同的单词。因此这些数字（除1外）都在斜的楔形符所指示的新单词的起点。戈罗特芬德注意到一个单词在同一篇铭文中出现了很多次，其中2，4，5，6就是同一个单词。这个单词在 B 中也出现了 4 次（2，4，5，7）。这些铭文是在波斯国王们的画像上方发现的，戈罗特芬德推想这个频繁出现的单词很可能是波斯语中的"国王"。这个单词在每篇铭文中都出现在第二位，那么它前面的那个单词（第一位）很可能就是国王的名字。于是两个单词就可以组成这样的词组："大流士国王"。后来，戈罗特芬德又发现，这些作为波斯国王头衔的单词在后来的波斯文件中是已知的。于是，他试着对这些词的排列顺序和意义做出了如下猜测：

1	2	3	4
某位波斯国王的名字	国王	伟大的	国王
5	6	7	8
国王们的	国王的	某位波斯国王的名字	儿子

6、7、8意为"某某国王之子"。接下来他试着将已知波斯国王的姓名加进去，根据这些名字的长度，他推测 A 中第一位国王的姓名很可能是"大流士"，B 中第一位国王可能是"薛西斯"。

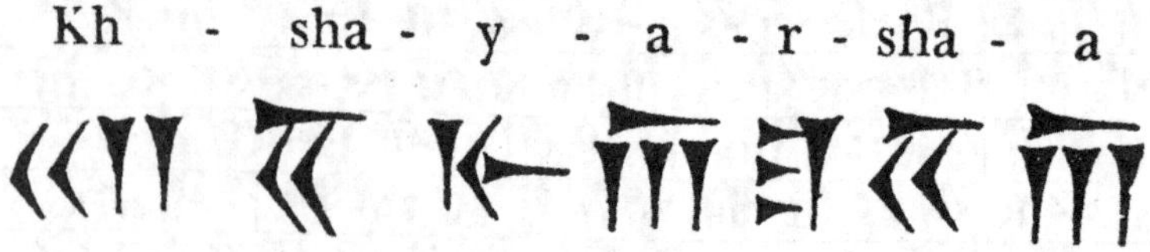

Kh - sha - y - a - r - sha - a

图6.10 薛西斯的古波斯楔形文姓名

  这是图6.9B中的第一个单词，戈罗特芬德推测为薛西斯。就像"查尔斯"是古代姓名"卡罗斯"的一种简略形式一样，我们所说的"薛西斯"在古波斯语中读作"克沙亚尔沙"。于是，上图的七个符号应该读作Kh-sha-y-a-r-sha-a。戈罗特芬德就是以这种方法读出这些符号的音调的。在戈罗特芬德认为是波斯语"国王"的单词中包含了其中的一些符号，他据此推测出古代波斯语"国王"的发音。我们也可以来试一试：在纸上画出"国王"这个单词的前三个符号。然后将这三个符号与"薛西斯"对照一下，我们会发现，这三个符号分别与"薛西斯"中第一、第二和第七个符号一样。将这三个符号(1、2和7)排成一行，我们就得到了Kh-sha-a。由此可断定，在古波斯语中"国王"这个单词一定是以Kh-sha-a开头的。我们将它与"shah"这个现代波斯国王的头衔比较，可以看出戈罗特芬德破译古波斯楔形文字的路子是正确的。

独立、毫无借鉴的情况下完成这项破译工作的，因此，他的这一成果便显得更加可贵。

  现在，学者们可以解读古波斯铭文了。在解读现存的古波斯铭文的过程中，他们获得了许多有价值的信息，其中尤以对著名的贝希斯敦铭文的研究为最。但现有的波斯铭文并不多。对古代波斯楔形文字的破译，其最重要的意义在于可以帮助我们破解古巴比伦尼亚楔形文字。

  学者们发现，贝希斯敦纪念碑上的铭文C中的楔形符号与在巴比伦尼亚发现的黏土板和石碑上的楔形符号一样。此时，巴黎和伦敦的博物馆收到了尼尼微和萨尔贡王宫的巨大雪花石膏雕板，这些雕板上有许多铭文，其中的文字和贝希斯敦纪念碑铭文C的文字一样。学者们据此推测，如果能破解贝希斯敦的铭文C，就能够解读巴比伦尼亚和亚述的所有古代文件了。这将使我们更清晰地认识那个伟大时代。

许多证据都证明，贝希斯敦铭文 C 是已被罗林森破译的波斯文的巴比伦尼亚译文。贝希斯敦铭文很可能会成为西亚的罗塞塔石碑，它很可能是我们破译古代巴比伦尼亚语的桥梁，就像罗塞塔石碑是破译古埃及语的桥梁一样。可以用图解直观地表示如下：

罗塞塔石碑包含：
1. 埃及铭文通过与2比较由学者破译
2. 学者已理解的希腊文

贝希斯敦铭文包含：
1. 巴比伦尼亚楔形铭文将通过与2比较得以破译
2. 学者已理解的波斯文（由罗林森翻译）

在破译巴比伦尼亚楔形铭文时，学者们发现这项工作远比译解波斯文困难。因为波斯楔形文字只有40个符号，而巴比伦尼亚文仅现已发现的就有五百多个符号。这项艰难工作还是罗林森完成的。1850年，他的研究结果问世，第二年，贝希斯敦铭文巴比伦尼亚语部分的全部译文发表出来。

巴比伦尼亚和亚述的城市废墟开始向我们述说两河流域的三部伟大的历史篇章——几乎已被世界遗忘的西亚民族两千五百多年的历史。随着对巴比伦尼亚和亚述城市废墟的考古发掘的不断进行，大量楔形文字文献重见天日，于是出现了一群研究写在黏土板和石板上的楔形文字的学者。这些学者在孜孜不倦地埋头研究，我们称这些学者为亚述学家。这是一门新兴学科。这门学科的创立和对古代西亚历史的认识要归功于波斯国王留给我们的这些文件。

六、波斯帝国的统治

贝希斯敦铭文中有大流士的这样一段话:"为此缘故,我得到了胡拉玛达神的帮助……因为我不是邪恶者,也不是说谎者,更不是暴君,我和我的家族都不是。我依据正义原则进行统治。"

对整个东方世界而言,波斯帝国的统治带来了将近200年的和平与繁荣(至公元前330年)。斗转星移,居鲁士和大流士的时代过去了,后来的波斯国王们已不再像他们的祖先那么强大。对奢华和安逸的贪恋使他们将大部分的统治职责推给了行省总督和下属官吏。帝国进入腐败无能的统治时期,这最终导致了帝国的软弱和衰落。

波斯统治者一直被后来的世界,尤其是希腊,视为野蛮残忍的东方暴君,这种指责是有失偏颇的。早期的波斯国王们一直以给予治下各民族以公正的统治为自己的责任。在贝希斯敦铭文中有大流士的这样一段话:"为此缘故,我得到了胡拉玛达神的帮助……因为我不是邪恶者,也不是说谎者,更不是暴君,我和我的家族都不是。我依据正义原则进行统治。"这段话说明,波斯帝国——古代世界最大的帝国——的统治比以前任何一个东方国家都更公正和仁慈。

大流士的另外一些言辞还表明,波斯统治者是琐罗亚斯德教的忠实信徒,是其教义的实行者。这一伟大宗教随着他们的扩张而传遍整个西亚,尤其是小亚细亚。密特拉神——琐罗亚斯德所说的胡拉玛达神的助手——在波斯成了光明神,并最终成为太阳神,它的光辉甚至掩蔽了胡拉玛达神。后来,密特拉神经小亚细亚传至欧洲。我们在后面将会看到,对波斯上帝的信仰传遍了罗马帝国。

波斯帝国冲破了民族界线,开启了一个漫长的宗教纷争时代。在这个时代，东方的各主要宗教为争取国教地位而相互斗争。在这些为夺取波斯帝国国教地位而斗争的宗教中，希伯来人的宗教最值得介绍。当波斯王族及东方那些皇族贵胄们走向衰落时，波斯帝国在西方的一个属国——小小的希伯来王国——引起人们的注意，同早期世界的所有伟大帝国相比，它对人类文明产生的影响更为深远。

图 6.11　波斯波利斯废墟

第七章 希伯来人 东方的衰落

图 7.1 迦南人的商队

这是公元前 1900 年在埃及的一个迦南人商队,他们正在一个埃及封建主庄园中进行交易。这幅画和另外一些画被画在一个埃及贵族的坟墓中,留存至今天。这些迦南人所穿的鞋、平底靴和羊毛衣等,都是巴勒斯坦城镇服饰。他们带着金属武器,这说明叙利亚和巴勒斯坦的城镇制造业已兴盛起来。另外注意他们那突出的鼻子,这表明这些巴勒斯坦早期居民的闪米特血液中已混进了赫梯人的血液。

一、巴勒斯坦:希伯来人定居之前的居民

巴勒斯坦是连接亚洲和非洲的桥梁的延伸,是多种文明的交汇地带,周边的文明古国有埃及、巴比伦尼亚、腓尼基和小亚细亚诸王国。这些周边国家的商品在巴勒斯坦的市场上进行着和平竞争,他们的军队则在这里兵戎相见。

希伯来人的故乡现在被称作巴勒斯坦,它位于肥沃新月最西端,地中海西南角,是沙漠与海洋之间的一块狭长土地。西面是海洋,向北延伸的沙漠和荒地构成了巴勒斯坦的东部边界。这块狭长土地约150英里长,面积不足一万平方公里,只比佛蒙特州稍大一点儿。

巴勒斯坦南部为石灰岩山丘,是一片贫瘠的不毛之地,这是沙漠肆虐的结果。耶路撒冷城就处于这种贫瘠土地的包围中。巴勒斯坦北部的山谷中有肥沃的土地,但由于这里夏季很少降水,灌溉土地全靠雨季(冬季)。因此,同那些有丰沛的夏季雨水灌溉的地区相比,它的收获要少得多。巴勒斯坦北端有很好的天然港口,但那些港口一直控制在腓尼基人手里,因此,巴勒斯坦与海洋之间的联系被切断了。它的自然资源极其贫乏,从不曾发展起来,从不曾具备像尼罗河畔和幼发拉底河畔的国家或它的叙利亚和腓尼基近邻那样的经济和政治实力。

肥沃新月的西端也和其东端一样,来自沙漠湾的闪米特游牧民在北部山区与当地居民混居在一起。那些北方居民,主要是来自小亚细亚的赫梯人,在巴勒斯坦的闪米特人身上留有他们的印记。他们那突出的鹰钩鼻子,至今仍被认为是闪族人尤其是犹太人的特征,实际上那是属于赫梯人的(非闪族)。赫梯人与巴勒斯坦的闪族居民通婚,赋予了他们这种赫梯式的脸庞。巴勒斯坦集市上到处可以见到异域人的面孔,可听到各种各样的方言。在这里,华贵的珠宝、铜盘和尼罗河畔的工匠制作的象牙家具,与来自爱琴海的陶器、赫梯的红陶和美丽的巴比伦尼亚毛织品放在一起。在集市的喧嚣声中不时会听到毛驴的嚎叫,这些北方民族的驮运工具沿着尼罗河、幼发拉底河岸随主人一路跋涉而来。在巴比伦庙塔下,在泰班的方尖碑旁,都曾留下它们和主人的身影。在同巴比伦尼亚的交易中,这些西方闪米特人学会了书写楔形文字。巴勒斯坦是亚洲和非洲之间的桥梁的延伸,是一个多种文明交汇的地区,埃及、巴比伦尼亚、腓尼基和小亚细亚诸王国的文明和商品汇集到这里,这是早期东方世界的其他任何地方都不可能出现的。

这些国家的商品在巴勒斯坦的市场上进行着和平竞争,他们的军队则在这里兵戎相见。巴勒斯坦夹在尼罗河畔和幼发拉底河畔两大强国之间,这使它在长达几个世纪的时间里成了这些强大的国家互相争斗的战场。巴勒斯坦中部的卡尔迈勒山脉是进入内陆的唯一障碍,扼守这条主要通道的就是后来希腊战争中的美吉多要塞。正是由于这种地理位置,哈米吉多顿平原成为长期以来各国争斗的战场。像1914年德法战争期间的小国西班牙那样,不幸的巴勒斯坦一次又一次经受着战争的痛苦。埃及曾占领巴勒斯坦达几个世纪之久,迦勒底人也曾占领过它,后来它又成了波斯帝国的属国。总之,从希伯来人最初拥有这片土地起,他们就一直未能挣脱外国的压迫。

二、希伯来人定居巴勒斯坦 希伯来王国

希伯来游牧民走出沙漠,漂泊四方,逐渐进入并定居在巴勒斯坦,建立了统一的希伯来王国。

希伯来人原来是阿拉伯沙漠中的游牧民,他们赶着牛羊四处漂泊,最后迁徙到巴勒斯坦并定居在那里。在长达两个世纪(约公元前1400年~公元前1200年)的时间里,希伯来人不断走出沙漠移居巴勒斯坦。有一支希伯来人被埃及人掠为奴隶,在一位残忍的埃及法老统治下受尽苦难(见图7.2)。后来,他们在犹太人的英雄摩西带领下逃出埃及,

图 7.2 古埃及绘画:在砖场劳作的亚洲俘虏(公元前 15 世纪)

在摩西将他们带出埃及之前,希伯来奴隶就像图中那样在埃及砖场中做苦工。在左下方,他们将柔软的黏土混成两堆,一个奴隶将一筐黏土放到另一个奴隶肩上,后者要把它运到右上方的制砖者那里。制砖者则将黏土填进长方形模具中,制成砖坯。他已经制出三块砖坯了。左上方,一个奴隶将制好的砖一块块垒起来,中间留出空隙通风,砖块很快就会被太阳晒干。坐在右上方角落的手持木棍的是监工,他负责督促奴隶们劳动。在他下方,一个肩上套着轭的奴隶,正在运走晒干的砖。在长达几千年时间里,从东方到爱琴海和罗马,那些作为城市主体的建筑就是用这种泥砖建成的。

图 7.3 砖石贮藏室,由埃及的希伯来奴隶建造(公元前 16 世纪)

尼罗河三角洲东部庀松城的一个贮藏室,建于拉美西斯二世时期,是用晒制的砖块筑成的。

摩西成了他们的领袖,他们永远不会忘记这位伟大的民族英雄。最初进入巴勒斯坦的希伯来人发现,迦南人早已定居在有坚固城墙保护的繁荣城镇里。希伯来人只能去占领那些势力较弱的迦南人城镇。粗野的希伯来人大都散居在巴勒斯坦北部高地的山上,迦南人的坚固堡垒将他们挡在城外。约旦高地上的耶路撒冷人在长达几个世纪的时间里一直顽强抵抗着希伯来入侵者。

我们应该记住,那些迦南城镇在被征服时已有了1500年的文明,他们住在舒适的住宅中,已有了自己的制造业、商业以及文

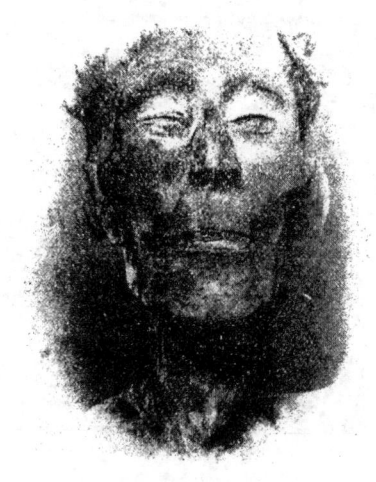

图7.4 拉美西斯二世的木乃伊,他被认为是将希伯来人掠为奴隶的法老

拉美西斯二世约死于公元前1225年。死时约90岁。据《出埃及记》第五章第六节至十九节的记述,他大概就是残忍地虐待希伯来奴隶的法老。

字和宗教,并建立了自己的政府——粗野的希伯来人很快就吸收了这种文明,因为他们必然要同这些顽强的迦南城镇进行商贸往来,而商贸活动更加强了他们之间的联系。这一切对希伯来人的生活产生了深远的影响。大多数希伯来人不再住帐篷,而开始像迦南人那样修建房屋(见图7.5),他们脱下了在沙漠中穿的粗硬的羊皮衣,穿上了色彩鲜艳、质地柔软的迦南羊毛衣。过了一个时期,希伯来人的外表、职业和生活方式已经同迦南人完全一样了。可以做这样的类比:希伯来人吸收迦南文明就像那些新来的移民很快接受了我们的服装和生活方式一样。迦南人与希伯来人相互通婚,使希伯来人的血液中混进了赫

第七章 希伯来人 东方的衰落 213

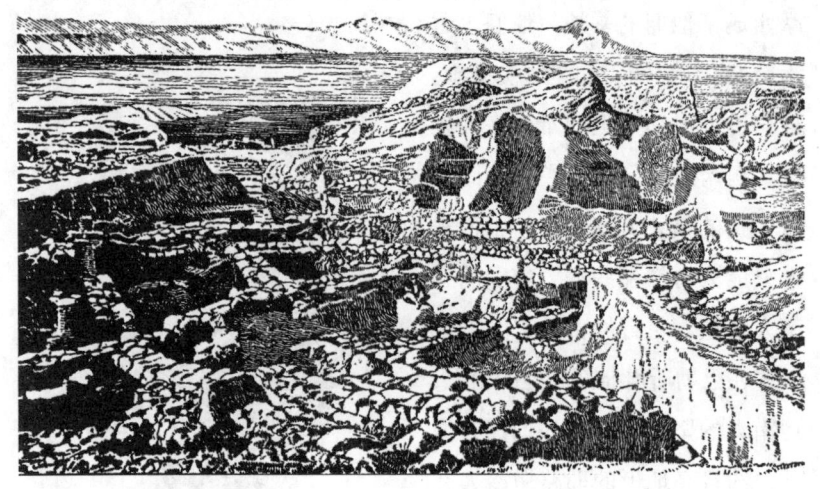

图 7.5 古耶利哥城的房屋废墟

只有这些房屋的石头地基留存至今。用晒制的泥砖砌成的墙早已被三千多年的风雨还原为泥土。这些房屋大约是公元前 1500 年修建的,希伯来人进入巴勒斯坦时见到的迦南人就住在这些房屋里。考古发掘者在这里发现了许多陶罐、玻璃和盘子,还有印章和护身符等石刻物品及金属饰品。迦南人的制造手艺显然是从埃及学来的。在废墟中还发现了楔形文字黏土板,这显示了巴比伦尼亚商业对这里的影响。

梯血液,这可以从他们酷似赫梯人的脸形上看出来。

然而,不同地区的情形也有很大的不同。生活在相对贫瘠的南部的希伯来人仍沿袭着祖辈传下来的沙漠生活方式,大多数人不愿离开帐篷,不愿失去沙漠赐予他们的自由。直到今天,在耶路撒冷的城墙上仍可见到当年约旦高地放牧者的痕迹。至此,希伯来人中出现了两种生活方式:在富饶的巴勒斯坦北部,希伯来人过着城镇定居生活,在城外的土地上耕种;而南部的希伯来人仍过着古老的游牧生活。几个世纪以来,生活方式的差异一直是希伯来人之间不和的重要原因。

这时,埃及已经衰落(公元前 1100 年),亚述还没有征服西方。但是,地中海的腓尼基人却已从克里特岛来到了巴勒斯坦西南部的沿

图 7.6　覆盖耶利哥古城的土丘

城墙和房屋的废墟变成了土丘。公元前 2500 年左右的许多巴勒斯坦古城现在都成了这样的土丘。

海平原。公元前 1100 年,腓尼基人建起一个高度文明而又崇尚武力的国家,也许把当时的腓尼基国家称作城邦集合体更合适。希伯来人受到这个集合体的严厉压制,希伯来的地方领袖——他们的"执政官"——发现,要建立他们自己的国家并非易事,需要付出长期的巨大努力。大约公元前 1100 年前,希伯来人中间出现了一个众望所归的领袖,他成功地建立了希伯来人的王国,登上了国王宝座。这个国王叫扫罗,是南方人,他不改古老的游牧习俗,喜欢住帐篷。在扫罗率领下,希伯来人与腓尼基展开了斗争,在一次同腓尼基的激烈战斗中,希伯来人全军覆没。扫罗在自己的军队被打败后,自感无力回天,便引剑自裁了(约公元前 1000 年)。

又过了几年,扫罗最得力的助手之一,曾被扫罗不公正地宣布为罪犯的大卫(约公元前 1000~公元前 960 年),凭自己的能力赢得了南方的支持并当上了国王。聪慧过人的大卫认识到了坚固城堡的重要性,他夺取了当时为迦南人占据的耶路撒冷的一个陡峻山岭上的一座古代堡垒(见图 7.7),将那里作为自己的住所。大卫取得了成功,他作为南方国王取得了一些业绩,他是一名英勇无畏的战士,他所取得的胜利使他赢得了富裕的北方的支持。腓尼基人被击退了,大卫统治了整个希伯来王国，在他的统治下，王国进入了安定、繁荣的发展时期。大卫既是一位无畏的战士，又是一位诗人和歌手，他的民族永远不会忘记他。

大卫的儿子所罗门是一位类似于汉穆拉比的商人国王。他组织马队从事交易，并与腓尼基国王希兰联合创建了一支海上贸易船队。商贸活动给他带来了巨大财富，他娶了埃及国王的女儿，他喜欢东方的奢侈品并且喜欢炫耀。在希兰的帮助（借给他许多腓尼基能工巧匠）下，他在耶路撒冷建造了一座华丽的神殿（见图7.8），抛弃了原来希伯来人的帐篷神殿。为了保障这种奢华所需的大量费用，所罗门对希伯来人课以重税。重税政策引起了臣民的极大不满，到了所罗门的儿子统治时期，北方各部落退出了统一的希伯来王国，建立了自己的王国（约公元前930年）。希伯来王国存在了不到一个世纪，就分裂成两个王国。

图7.7 埃及驻耶路撒冷总督的一封信，是向法老报告希伯来人侵入巴勒斯坦的事情

这份信件是埃及总督用巴比伦尼亚楔形文字写在黏土板上向法老告急的："希伯来人夺走了国王的城市。国王属下的统治者都不存在了。我的主人，一切都失去了。"当时的埃及国王是阿克那顿，这时埃及帝国已无力控制亚洲。这封信是在阿克那顿王宫的一间屋子中发现的，是300封楔形文字信件中的一份。这些信件被称作阿玛纳信件，是最古老的国际邮件，正是在这些信件中，我们最早发现了希伯来人的踪迹。

图 7.8 从迦南古堡下方的低谷眺望耶路撒冷城墙

　　山谷右侧的房屋是现代塞勒姆乡村。左侧是围绕着神殿遗址的耶路撒冷城墙。左上方是大卫夺占的迦南堡垒。堡垒高居几百英尺之上,俯瞰着这个山谷,但早已变成废墟了。我们所看到的墙是后来修建的。迦南古堡看上去与大卫时期的王国北邻萨马尔王的城堡相似。

三、两个希伯来王国

　　以利亚这个来自沙漠的粗野人物引发了一场战火。这场战争实质上就是希伯来耶和华信仰和迦南神信仰之间的暴力斗争。以利亚的后继者们最终不仅消灭了整个北方王室家族,而且屠杀了迦南神(或巴尔)的教士。

分裂开来的两个希伯来人的王国相互敌视,有时甚至会相互争斗。希伯来人的北方王国以色列,繁荣富足,它的城市中的制造业和商业很发达,它的土地肥沃,可生产大量粮食,以色列人过着富足的城镇生活。南方王国犹大却是贫穷的。它土地贫瘠(见图7.9),除巴勒斯坦之外没有别的大城镇,大多数人仍赶着羊群四处漂泊。

生活方式的不同导致了两个王国之间多方面的矛盾冲突,其中最重要的是宗教方面的冲突。几个世纪以来,每个迦南古城镇都有各自的地方神,即他们所说的"巴尔"①或"主"。城镇中的希伯来居民非常自然地接受了迦南人的神。

图7.9 犹大王国的不毛之地

犹大王国大部分地区是图中那样的贫瘠山区,前景是正在生长的稀疏的庄稼。

---

① 巴尔,闪族的某种神的名字或称号,意为"主人"。也可作为一种敬称,在阿卡德语中称 Bel。

而在那些保守的希伯来人看来，这是对古老的希伯来神"耶和华"①的不忠不敬。一些虔诚的希伯来人——尤其是南方人——在信仰上同城镇居民产生了抵触。在他们看来，迦南神是城里那些奢华者和不公正的富人阶级的保护神，而耶和华则是他们这种过着沙漠游牧生活的人的守护者，是穷人的保护神。

这一信念不断增强，双方的矛盾也不断激化。在统一的希伯来王国分裂不到一个世纪，发生了这样一件事情：北方王国的国王亚哈逼死了他的一个臣民那波斯，为的是夺取他的葡萄园以扩建王宫花园。这种恶行激怒了居住在约旦东部沙漠中的一个叫以利亚的希伯来游牧民。这个穿着羊皮的沙漠希伯来人出现在亚哈面前。在那座亚哈用卑鄙残忍的手段夺来的葡萄园中，以利亚怒斥国王的罪恶行径。于是，这个来自沙漠的野蛮人挑起了一场战火。以利亚的后继者们最终不仅消灭了北方王国的王族，而且屠杀了迦南神（或巴尔）的教士。然而，这种暴力手段并不能为人们带来持久的安宁。

除了以利亚之类崇尚暴力的领袖外，希伯来人中也有许多爱好和平的人，他们同样遭受着城镇生活的不公。他们怀念过去的岁月，怀念广阔的沙漠上的游牧岁月，那时，希伯来人民族团结，没有"榨取穷人的血汗"的恶行。在有关希伯来族长亚伯拉罕、以撒、雅各和约瑟的故事中就有这样的描述。这是一幅描绘希伯来人游牧生活的美丽图画，是描述希伯来人祖先们的事迹的叙事诗。这些故事是远古流传下来的伟大文学作品的一部分（见《创世纪》24、27、28、37、39～47章等12节）。这些希伯来人的故事历经数代人传到现在，它

---

① 希伯来人把他们的神的名字读作"耶和华"，他们写作 YHVH，没有元音字母。随着时间的推移，他们认为这个四字母的单词非常神圣以至于根本不能为人读出，所以在其中插入了希伯来单词"神"（Lord）的元音字母，然后又忽略 YHVH 中的辅音字母，读成他们经常使用的单词"神"（Lord）的音。由此产生了"耶和华"（Yehovah 或 Jehovah）这个单词。

们是最早的散文形式的历史著作。这些希伯来故事的无名作者是人类历史上最早的历史学家。遗憾的是，希伯来人自己也忘却了这位天才历史学家的姓名和身份，他们最终将保存下来的那些作品归到他们的伟大领袖摩西名下。

又一个世纪过去了，到了约公元前750年，在伯特利街头出现了一个披着肮脏羊皮的身影。这个城市中有一座北方王国的重要神殿，这个人就是阿摩司——一个来自南部犹太山区的牧羊人。在长期孤独的牧羊生活中，阿摩司对耶和华有了新的认识和理解：耶和华是一位要求人们从善的神。对耶和华的新的领悟使这个牧羊人异常激动，他尽其一生去努力传播这种耶和华精神。阿摩司来到北方王国，向那些奢侈的城里人宣布：你们的生活是邪恶的，你们必须弃恶从善。

富裕的北方希伯来人发现，一个披着羊皮的粗野的牧羊人在城镇的街道上向人群演说。他谴责他们的华丽服饰、舒适的住宅和漂亮的家具，谴责他们奢侈的生活及对穷人的不公和残忍，谴责他们夺去穷人的土地抵债，将希伯来同胞变成奴隶，剥夺他们的劳动成果。他告诉人们，这种种邪恶从不曾在沙漠中出现。阿摩司冒着生命危险向人们宣传他对耶和华的理解，呼唤希伯来人的良知，他因此成为亚洲第一位社会改革家。人们称这位伟大的希伯来领袖为先知。阿摩司为人们指出了一条通往充满无私、兄弟般情谊的崭新的理想世界的道路。其实，在埃及早就有一些人在做同样的事情，他们努力引导人们向所有人，尤其是穷人表现公正和仁慈，对于这些，阿摩司很可能有所了解。阿摩司知道，仅靠口头宣传不可能使他的教义永远流传下去，于是，他将他的说教写成文字，它们因而得以保存至今。

这时，希伯来人学会了书写。像他们在肥沃新月游牧的先辈那样，他们抛弃了黏土板，开始用埃及的笔和墨水在莎草纸上书写。他们引进了腓尼基和阿拉米商人的字母文字，这大大促进了希伯来文明的发展。最早的希伯来史学家非常崇拜游牧生活，他们也向往这种生活。然而，游牧民族没有文字，他们必须接受城镇生活中的那种新的、巨大的便利，那就是书写。他们这样做了，接受了埃及的笔墨和莎草纸。在埃及的一个希伯来人社区发现的一份用希伯来文和阿拉米文写的文件，用的是埃及人已使用了两千多年的莎草纸。那些有关希伯来族长的优美传说，那些记载着阿摩司先知教义的卷册，是最早的希伯来著作，也是他们最早的文学作品。文学是希伯来人唯一的艺术形式，他们既没有绘画，也没有雕塑和建筑，但是，一旦他们有这方面的需要，他们就会从那些伟大近邻——埃及、腓尼基、大马士革或亚述那里引进。

四、亚述和迦勒底摧毁希伯来王国

在大马士革被攻克后，以色列王国成了亚述的又一个牺牲品。许多不幸的希伯来人被掳为奴隶，以色列存在了两个多世纪后灭亡了。

早在希伯来人陷入内部冲突的时候，许多阿摩司之类的明智者就已预见到并提醒人们警惕来自巴勒斯坦边界之外的危险，尤其是亚述。阿摩司曾预言，北方王国将因人们的罪恶生活方式被亚述灭掉。被阿摩司不幸言中了，亚述人攻克了大马士革，于是以色列王国暴露在亚述人眼前了，它很快就成了亚述的下一个牺牲品。公元前722年，以色列的首都撒马利亚被亚述人攻占。许多不幸的希伯来人被掳为俘虏，北方王国以色列存在了两个多世纪，最后灭亡了。

至此，犹大这个小王国寄托了希伯来人民族复兴的全部希望。它坚持斗争下去。在这场世界大冲突中，亚述成了当然的胜利者。希伯来人已经习惯于他们的上帝居住于巴勒斯坦并统治这里。这位上帝似乎无力顾及这个各个伟大国家于此争斗的世界竞技场。于是许多绝望的希伯来人面对被亚述军队践踏的巴勒斯坦丘陵，不由的会认为，亚述人的阿舒尔神远比希伯来人的上帝耶和华强大得多。

  在希伯来人的怀疑和恐惧中，在公元前700年前的那段日子里，出身于王族的希伯来先知以赛亚，在耶路撒冷街头发表鼓动演说。这时，辛那克里布已临城下，城中的希伯来人陷入了绝望。他们想象着城墙被强大的亚述战争机器摧毁的惨景，像大马士革和撒马利亚被亚述人摧毁一样。这时，英勇无畏的以赛亚以其必胜的信心和豪迈的演

图7.10 亚述国王和纳贡的希伯来人

  亚述国王沙尔马纳赛尔三世站在左边，后边是两个随从。他前面有一个带翼日轮。公元前9世纪中期，他参加了西方反抗大马士革的运动，希伯来北方王国极为恐惧。图中是国王的使者给亚述国王送礼的情景。我们可以看到这个使者伏在亚述国王脚下。使者后面站着两名亚述军官，他们各引领着几个带着金银等礼品的希伯来人（本画面上没有）。这是距亚述国王占领大马士革之前一个多世纪的事，这一事件预示了希伯来人的命运。这幅图是底格里斯河王宫中的一根黑色石柱上的石刻，后来被近代考古学家发现，现为大英博物馆收藏。

说鼓舞了人民，消除了人们的绝望。他说，在耶和华的统治下，阿舒尔绝不会取得最终胜利。即便亚述人真的摧毁并洗劫了巴勒斯坦，那也是被耶和华当作手中的鞭子来惩罚犹太人的恶行的。这个绝妙的东方式比喻使人们清楚地了解到了以赛亚的思想的特点。

图 7.11　亚述国王辛那克里布接收希伯来俘虏

图中表现了南巴勒斯坦的石质山脉，图中的土地看起来像鱼鳞一样。一队由大臣率领的亚述士兵走向山顶，来到坐在宝座上的亚述国王面前。大臣向国王报告希伯来俘虏已被带来。士兵后面有三个跪在地上的俘虏，他们在伸出手臂请求怜悯。大臣头上方的铭文是："辛那克里布，世界之王，亚述之王，坐在他的宝座上。莱基的俘虏从他面前经过。""莱基"是一座南巴勒斯坦小城。许多这样的希伯来城镇都被辛那克里布占领，20万希伯来人沦为俘虏。但辛那克里布从未说他曾占领过耶路撒冷。这是装饰辛那克里布尼尼微王宫的许多雪花石板雕刻之一。

第七章　希伯来人　东方的衰落

在人们认为耶路撒冷注定会毁灭时,以赛亚预言了希伯来人的光辉未来和将降临到亚述人头上的灾难。后来,尼罗河三角洲东部沼泽地区的一场瘟疫摧毁了辛那克里布的军队,希伯来人因而得救,人们认为这是耶和华的毁灭天使在惩罚亚述人(《列王纪(下)》第十九章32~37节)。于是,希伯来人终于承认:耶和华统治的是一个比巴勒斯坦大得多的世界。

希伯来人终于摆脱了辛那克里布的威胁。又过了一个世纪,尼尼微被摧毁了。希伯来人认为亚述王国灭亡后,他们就可以不再受外国的压迫了,但他们没有想到,世界局势的变化只是给他们换了一个外国压迫者而已,迦勒底成了巴勒斯坦的新主人。他们不愿接受这一事实,于是,以色列的命运又降临到了犹大王国。公元前386年,迦勒底国王尼布甲尼撒摧毁了巴勒斯坦,所有居民都被流放到了巴比伦尼亚。从扫罗即位起存在了近四个半世纪的希伯来王国灭亡了。

五、被流放的希伯来人　波斯解放希伯来人

希伯来人接受了波斯的统治。波斯国王准许这些被放逐者返回他们的故乡。于是,他们重建了他们的家园和神殿。

希伯来人被流放时,有一些难民逃到了埃及。忧郁的先知耶利米就在其中,耶利米曾预言巴勒斯坦城将与它的耶和华神殿一起被毁灭。他告诫人们,要在自己的心中建起一座耶和华神殿,这样即使巴勒斯坦的耶和华神殿被夷为废墟,心中的神殿也能永远存在。最近的考古发掘使我们了解了埃利潘蒂尼地区的希伯来侨民的真实情况。显然,那些逃到埃及的希伯来人并未像耶利米所教导的那样,在每个人心中

建起一座耶和华神殿。他们又修建了一座耶和华神殿，继续在那里膜拜自己的上帝。

同样，被流放到巴比伦尼亚的希伯来人也没能消除思想郁结。他们的伟大先知们所宣讲的教义并不能使他们心悦诚服。他们仍然怀着无限忧伤和无法解答的困惑，我们可以从他们那忧伤的歌中体会到：

> 在巴比伦河边，
> 我们悲伤哭泣，
> 我们思念锡安（巴勒斯坦）。
> 在杨柳林中，
> 挂着我们的竖琴。
> ……
> 在这他乡异国，
> 我们怎能颂唱耶和华之歌？

种种困惑笼罩着人们的心灵。后来，在这些被流放的希伯来人中响起了一个不知名者的声音[①]，使他们解脱了长达几世纪之久的痛苦。这位最伟大的希伯来人宣称，耶和华是唯一的上帝。他为居鲁士波斯的兴起而高兴。他说，所有国王都是耶和华的工具，耶和华将利用波斯人毁灭迦勒底人，希伯来人将被送回自己的土地。

至此，希伯来人关于耶和华的整体构想已形成：从游牧时代把耶和华视作凶猛的部落战争之神，只局限于沙漠一隅，到认为他是一位仁慈的父亲，是整个世界的公正的统治者。这是一种以耶和华为唯一

---

① 这是一个伟大的不知名的讲诗者，其名已失。他的演讲留传下来16章。不知出于什么缘故，在希伯来著作的古代版中，这些演讲被插到《旧约》中的《以赛亚书》中（第四十至五十五章）了。

图 7.12 埃及的一个希伯来社团用阿拉米语写给统治巴勒斯坦的波斯总督的信（公元前 5 世纪）

　　这封信是 1907 年发现的,被埋在埃及埃利潘蒂尼城废墟中。那里有一个约 600 到 700 人的希伯来人社团,其中许多人大概早在尼布甲尼撒毁灭巴勒斯坦之前就已到了埃及。他们曾在尼罗河畔修建了一座耶和华神殿。这封信叙述心胸狭隘的埃及教士发动了一次进攻,烧毁了希伯来人的神殿,抢走了神殿中的金银器皿,于是社团中的全体希伯来人都坐下来哀悼。在后来的三年时间中,他们一直努力要求重建神殿,但并没有得到许可。公元前 407 年,社团领袖给巴勒斯坦的波斯总督写了这封信,请求他运用他对埃及波斯总督的影响力,允许他们重建神殿。这封信是用笔和墨水写在莎草纸上的,用的是阿拉米文,当时希伯来语正逐渐被阿拉米语取代。这种文字在被西亚广泛采用之前一直使用腓尼基字母。这一页书法优美的莎草纸约 10 英寸 ×13 英寸,其中含有希伯来人使用的字母,它使我们了解了《旧约》中的古代著述的原来的样子。在其他类似的文件中,还可以看到亚伯拉罕、以撒、雅各布和约瑟夫的故事。

上帝的一神教。经过几个世纪的痛苦和灾难的磨炼,希伯来人的认识终于上升到了这一层次。像我们不断从自己的错误中吸取经验,从自己的过失所造成的痛苦中不断发展和完善我们的品质一样,希伯来人也在痛苦和苦难的磨炼中不断发展和完善自己的思想。

当居鲁士进入巴比伦的时候,那里的希伯来游牧者将他看作他们的救星。希伯来人接受了波斯人的统治。波斯国王们准许这些流放者返回他们的故乡。一些已在巴比伦尼亚发达了的希伯来人不愿回去,但大多数希伯来人还是先后回到了耶路撒冷,他们在一块小小的土地上重建了他们的家园和神殿。

返回故乡的希伯来领袖凭借波斯政府赋予的权力制订并颁布了一部宗教法典,法典中的很多内容沿用了早期宗教教规,包括已流传了很久的《旧约》前五篇。从此以后,犹太人有了自己的宗教法典。这一由巴比伦尼亚希伯来流放者的领袖返回家园后组织起来的宗教,就是我们现在所说的犹太教。古老的希伯来王权并没有得到复兴,一位耶路撒冷高级教士成了犹太人的统治者。所谓的犹太国其实是一个宗教组织,一座有一个高高在上的教士的教堂是他们的最高组织机构。

这座教堂的领袖们致力于研究他们手中的本民族的古代著作。这样的著作原本有很多,《旧约》中曾提到一些,但大都已遗失了。我们今天所知的那些希伯来著作,如律法书、《诗篇》、《启示录》等,几个世纪以来,只是以卷册的形式流传,从没有人将之汇集成书。这时,教堂的领袖们开始做这项工作。随着时间的推移和在重建的神殿中的礼拜仪式的完善,他们整理出一部有150篇宗教赞美诗的著作——第二神殿赞美诗——《诗篇》。他们还编辑了先知们的语录、无名史学家的故事、无名先知的演说和其他古希伯来著作。在做这项工作时,他们有时会把不同作者的作品归于一个人名下,那时还没有著作权概念,而且也从没有人想到过读者会被误导。

六、东方的衰落　对东方文明的回顾

东方衰落了。在政治方面，在对自然界的思考方面，在文学艺术和其他许多领域，还有无穷无尽的事情需要去做。这一切历史性地落到了欧洲这块大陆上。

波斯是古代东方最后一支统治世界的力量，自公元前400年开始，它持续衰落下去，其统治地位很快就被崛起于欧洲的印欧民族希腊取代了。现在我们要到那里去了。在此之前，我们再来回顾一下东方文明，回顾一下它在以前三千五百多年中所取得的成就。古代东方经历了从驯养动物、发明农业、发现金属、发明文字，到尼罗河的三部伟大历史篇章（约公元前3000年～公元前1150年）和两河流域的另外三部伟大历史篇章（公元前3200年～公元前539年）。当这六部伟大历史篇章结束时，东方落入波斯统治下。最后，印欧人统治了东方（自公元前539年开始）。

在这漫长的历程中，古代东方发明发展了最早的实用艺术，包括金属工艺、纺织、玻璃制造、造纸及其他制造业。为了把制造业生产的产品卖到世界其他地方，它建造了最早的海船，修建了第一条道路和桥梁。古代东方人搬移重物和修建宏伟建筑的成就，直到今天仍为现代人称道。这些早期东方世界的发明，直到近代才被超越。

东方创造了人类最早的建筑——石屋、柱廊、拱门、塔和尖塔。它最早创造了精美的雕塑——从栩栩如生的人物、埃及的巨型石雕到早期巴比伦尼亚的精致印章。它发明了最早的字母表。在文学上，它最早创作出叙事作品，包括叙事散文、诗歌、历史著作、社会评论和戏剧。它创立了数学、天文学和医学，最早的历法也是东方的发明成果。它还首创了政府行政机构和制度，领取薪俸的官吏被有效地组织起来负责税收和政府各项工作，它首创了大型的政府机构。

在宗教方面，东方最早发展出对唯一的上帝耶和华及其对全人类的慈父之爱的信仰，首开了人类共同的宗教生活的先河，现代文明世界的主导宗教正是在此基础上发展起来的。当东方取得这些成就的大部分的时候，欧洲还处于未开化的野蛮状态。

现在，我们来看一看东方文明的缺陷，有许多至为重要的东西是东方没有的。国王或皇帝的专制独裁统治在东方人看来是天经地义的，人们总是盲目地相信统治者都是善良和公正的。从没有人想到过，政府中应该有人民自己的代表向政府阐述他们应当如何被统治。没有人产生这样的想法：一个自由公民，一个我们所说的爱国者，有责任也有权利通过投票参与政府管理。我们所说的自由并不为东方人理解；我们所说的"民主"——人民统治，是东方人从不曾想过的。正因为如此，东方人缺乏西方公民的那种积极的责任感。这种责任感——如关注公共问题、参与投票或参军保卫国家——可以使人头脑灵活敏捷，行动果断迅速，这正是希腊、罗马产生那些伟大人物最主要的原因。

东方人无条件地接受了"国王"的绝对统治，而且也盲目地接受了"神"的统治，这是他们的传统，这种传统妨碍了他们对外部世界的认识和思考。在他们看来，每一场暴风雨都出自某个神的旨意，每一次日食都代表着某个神或恶魔的愤怒。东方人很少思考这些现象的自然原因。宗教和古老的传统观念严重禁锢了他们的心智，使他们的思想越来越僵化。因此，东方在自然科学方面并没有取得多大成就。宗教因迷信和僵化而失去活力，文学艺术也因缺乏刺激而失去了灵感的源泉。

综观东方古代文明,从整个人类文明进步的立场来看,在政治方面,在对自然界的思考方面,在文学艺术及许多其他领域,还有很多事情需要做。现在,我们必须回到欧洲,到地中海去追寻正在那里兴起的文明。早在四五千年前,文明就已从东方传到了早期的欧洲。

第八章　欧洲文明的发端　东地中海世界的崛起

图 8.1　花瓶

这是克里特雕刻家雕刻的石花瓶的上半部分，下半部分已断掉并丢失了。浮雕上描绘的是一群克里特农民在扛着木杈行进。这是一支由年轻人组成的歌唱队，他们正在唱着一首祝颂丰收的歌，他们在歌颂大地之母——是她赐予他们肥沃的土地。领唱的是一位祭司，他留着埃及人似的发式，他举着一种来自古埃及的手摇乐器。这件作品传神精妙，我们似乎能感受到队列行进时的那种热烈气氛。

一、欧洲文明的发端

石器时代的东南欧赶上了金属时代的黎明——大约在公元前3000年。

我们已经介绍了欧洲早期人类的生活，我们追寻了它五万年的发展史。为了更全面地了解人类文明史，我们离开了欧洲去到东方，了解东方文明的发生及发展过程。那时，欧洲尚处于晚石器时代，人类的足迹已遍及欧洲大部分地区。在瑞士的森林、湖泊和山谷中，到处都有人类的定居地。他们散布在平原上,偎依在海湾边,他们从那些平原、海湾沿河流和谷地慢慢地进入了欧洲腹地。随着畜牧业和农业的发展,欧洲人的生活——特别是瑞士以南的欧洲人——有了很大的改善。这大概是欧洲与埃及之间的西西里地区所起的桥梁作用所致。这是欧洲在东方文明影响下的第一次进步。石器时代的东南欧人赶上了金属时代的黎明。这大约发生于公元前3000年。

偶尔会有一些来自地中海沿岸的生意人来到这里,这是很受当地人欢迎的事情。人们非常喜爱这些商人带来的商品,有人想要一些带装饰图案的陶罐,有人则想要那种蓝色的珠子。当然,这些商品的利润也是相当可观的。当商人拿出一些亮晶晶的珠子,或一种形状奇特、分量较重的红色项链时,当地人会露出艳羡的神情。它们是那么漂亮,村民们争相购买。当然,最受青睐的是那种由不知名的材料制成的匕首(见图8.2)或斧头。这些斧头,尽管它们比石斧薄得多,但却不像石斧那样容易崩刃,砍出来的东西也比石斧砍出的光滑。

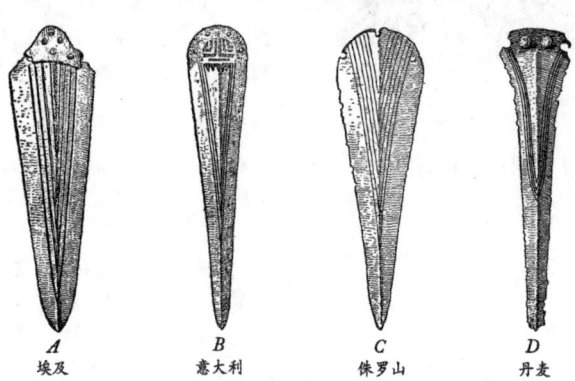

图8.2 受埃及影响的丹麦铜或青铜匕首

遗失的刀柄是木质、骨质或象牙的。刀身上固定刀柄的铆钉孔仍可看见。从这些匕首上,我们可以看到早期的埃及形式(A)是如何从埃及经欧洲大陆传到斯堪的那维亚诸国的。后来的西欧匕首都是由古老的埃及匕首演变而来的。

欧洲内陆腹地的居民们还从来到这里的商人那里听到了关于那些商品产地的令人向往的故事，以及辽阔的地中海水域之外的各伟大民族的传奇。在晚石器时代，某些欧洲人可能朦胧地记得祖先传下来的说法：谷物、亚麻以及牛羊等东西，都是由神秘而遥远的东方传来的。

商人向他们描述那种巨大的海船，他们全神贯注地听着，惊讶不已。与商人描述的那种大船相比，他们的那些粗糙的独木舟只能称作小木片。那种大船两旁有很多划手，船上有高高的杉木桅杆，巨大的布船帆鼓张着，借助风力可以从一块陆地迅速驶往另一块陆地。这些船从埃及那条大河驶出，载着大量货物横渡地中海，运往群岛、东南欧海岸或邻近的亚洲。那些商人告诉他们，那条河是世界上最大的河。当年，第一批登上美洲的欧洲人，曾吸引了北美印第安人惊奇的目光。而在未开化的欧洲，人们隔着地中海看到尼罗河文明，听着那些伟大民族的故事，他们的心态类似于当年的印第安人。

欧洲人慢慢学会了使用金属（见图8.3）。但这并没有使欧洲人进入更高级的文明（公元前3000年～公元前2000年），只是提高了日常生活的文明水平，并且学到了较先进的造船技术。他们仍然没有文字，没有修建石材建筑的技术，也没有用于远航贸易的大船①。在建筑方面，他们虽然有了一些进步，但比以前的石窝子好不了多少，也就是说西方和北欧在这方面仍是落后的。青铜时代的欧洲并未发展出像我们在东方见到的那种高度发达的文明。然而，爱琴海周边地区发展出了一种高级文明。这是很自然的事，因为那里是欧洲离埃及最近的地方。

---

① 在这方面，挪威人走在北欧最前列，早在公元前1500年，他们的航海技术就已十分发达。

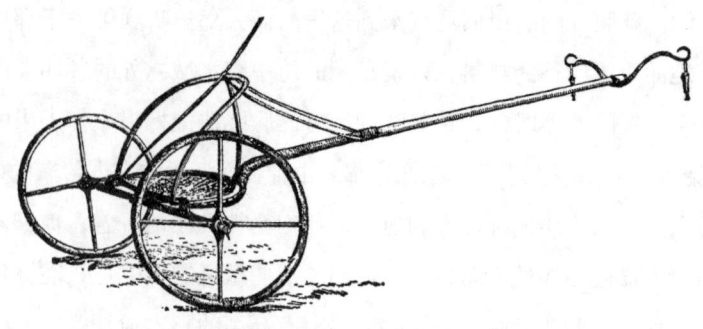

图8.3 青铜时代的欧洲工匠制造的轻便马车

我们可以通过这辆轻便马车看到,青铜时代的欧洲工匠用青铜工具制造木器的工艺到了多么高的水平。它的出土使我们了解了欧洲青铜时代远方贸易的情况。这辆马车是跨地中海运到埃及的,被葬在一个富有的埃及人的墓中。直到今天,它的各构件状况仍然完好。它主要是用榆木和桉木制作的,车辕用白桦纤维缠裹。地中海以南不生长白桦树,因此,这辆马车只能是地中海以北地区制造的。

二、爱琴海世界的岛屿

航船将古文明中心和爱琴海岸连起来。爱琴海和它的群岛及周边的海岸组成了一条经济链,爱琴海世界成了尼罗河流域和两河流域古文明中心之外的第三个伟大文明中心。

爱琴海很像一个大湖,几乎处于陆地的包围之中。它的西部和北部,是欧洲大陆,东面是小亚细亚,在它南部是像一道防波堤一样的克里特岛,它是地中海和爱琴海的分界线。爱琴海的南北长度不超过400英里,它的宽度并不一致,大都比密执安湖宽得多,有的地方宽度是密执安湖的两倍。它的海岸线上有很多深深的海湾和港口。爱琴海中散布着几百个小岛,在爱琴海上航行,每一两个小时就会看到一座小岛。事实上,在横渡爱琴海的航程中,不仅不可能全程见不到陆地,而且有时能在同一时刻在不同方向上看见陆地。可以想象没有铁路的密执安湖周边地区,湖岸上布满了芝加哥、密尔沃基这样的商业城市,它的港口都由航线连接起来,这与当时的爱琴海的情形一样。我们将会看到,未来的文明会通过航船把爱琴海海岸连接起来。因此,爱琴海就和它的群岛及海岸一起,组成了一条经济链,一个爱琴海世界。

爱琴海世界向北方远远地延伸,越过了高地地区。这使它拥有了各种气候特征,爱琴海世界的大部分地区气候温暖、天空晴朗,地中海的这一地区却处于冬季多雨、夏季干燥的气候带。虽然爱琴海世界地形破碎,但美丽的海滨、河谷随处可见,坡度舒缓的海岸边还有许多小块平原。在这种自然环境中,种植小麦、大麦、葡萄和橄榄可以不用引水灌溉。面包、葡萄酒和橄榄油是这里的人们的主要食品。葡萄酒是他们的茶和咖啡,橄榄油则是他们的黄油。在荷马史诗中,所有人都吃面包,喝葡萄酒,连孩子们也是如此。雨季来临,高地上生长出丰美的绿草,牧羊人在各处山头上放牧他们的羊群。在世界上很难再找到这样的地方,它似乎是天赐的快乐富足之地,这里的人们感谢众神赐予他们的大海和陆地。

爱琴海世界是欧洲大陆东南端的一个半岛(希腊),一系列岛屿是它的前哨,其中克里特岛横亘于东方水域。埃及船队很早就在这里穿梭往来。这就是北地中海地区最早的高级文明出现在克里特岛的原因。同时,爱琴海世界深受亚洲的影响。亚洲最西部的高地(小亚细亚)一直延伸到爱琴海海岸,在这里,欧洲和亚洲隔爱琴海相望。有一条重要的贸易通道穿过小亚细亚,因此小亚细亚是爱琴海世界与肥沃新月的连接纽带。

爱琴海世界是通过这样两条路线接受古老的东方文明的：第一条，也是最早的一条，是来自埃及的船队穿越地中海的路线；第二条是始于幼发拉底河流域穿过小亚细亚的陆路。这样，爱琴海诸岛自然就成了连接东方和欧洲的桥梁。早在晚石器时代，爱琴海诸岛就成了伟大的东方文明的前哨，这里所说的东方文明是指我们曾在尼罗河和幼发拉底河流域发现的文明。也就是说，在北地中海地区的爱琴诸岛，欧洲的高级文明发展起来了。

我们称爱琴海地区的最早居民为爱琴人。大约公元前3000年，爱琴人就已居住在那里，一直延续了许多个世纪，他们创造了辉煌的文明，直到希腊人进入这一地区。这些爱琴人就是今天的北地中海地区的希腊人的祖先，他们属于地中海民族，是白种人的一支。他们与古希腊人没有直接关系。他们曾经在地中海北岸扩张，在有文字记载的历史之前，他们就已占领了希腊半岛和爱琴海诸岛，而且进入了爱琴海东岸的小亚细亚。

克里特岛一直是爱琴文明的领袖。这个远远伸进地中海的大岛，人们甚至不知道应该将它归于欧洲还是非洲。在欧洲文明的黎明时期，"克里特几乎成了东方世界的一部分……类似于今天的君士坦丁堡"。水手们驾着古老的船只从尼罗河口出发向西北航行，只需几天，就可以看到克里特山脉。克里特南部与埃及相望，北部则与爱琴海连接。

我们看到，晚石器时代克里特村落中的房屋都是用晒制的泥砖筑成的，早在公元前3000年，来自尼罗河的商船队就为克里特带来了铜。后来，克里特工匠开始开采北地中海地区的铜矿，他们将铜与锡混合，制出一种我们称作青铜的合金，它比纯铜更硬。这样，从公元前3000年开始，克里特岛就进入了青铜时代。此后，他们缓慢地持续发展了1000年，学到了许多非常重要的东西。在埃及金字塔时代，克里特工匠们从埃及人那里学会了使用陶工转轮和封闭式火炉。他们制出了更精致的陶罐和花瓶，陶器样式和烧制技术都有了很大的提高。他们还从埃及人那里学会了雕刻各种石材，制出各种漂亮的花瓶、碗和坛子等（见图8.4）。在很长一段时间里，克里特人都是用粗糙的图画记事的。在古埃及文化影响下，他们的图画式符号逐渐演变成真正的语音文字，这是爱琴海世界最早的文字。

图8.4　早期克里特人制作的石花瓶和他们所模仿的埃及花瓶

左边是早期埃及的花瓶，与右边的克里特花瓶对比，可以看出克里特工匠的作品模仿的是金字塔时代（约公元前2700年前～公元前2600年）后期的埃及作品。

公元前2000年，克里特人已经成了一个拥有高度发达的文明的民族。在海岸线附近，因为海上交通方便，他们建起了以陶瓷业和金属业为主的手工业城市，同其他民族进行贸易往来。岛屿内陆的绿色山谷中，散布着富足的乡村，乡村中的农人在这里耕种土地，放牧牛羊。这时，在离北方海岸中部不远的克诺索斯兴起了一个王国，这个王国最终囊括了这个岛屿的大部分。晚石器时代的克诺索斯城镇早已倾毁，几代克里特国王在那废墟上建起了一座埃及式的宫殿。在南部的内陆地区也有一处宫殿，这也许是王朝的另一支系，也许是另一个王国的都城。

这些宫殿不是军事城堡，它们及周围的城镇都没有城墙，但这并不等于克里特王国没有设防。他们的宫殿中有军械库，其中藏有黄铜铠甲和武器。在克诺索斯宫殿已坍塌的军械库中，人们发现了安在烧焦的箭杆上的青铜箭头，还有武器、铠甲和轻便马车等装备的清单。

可想而知,有了这些武器,就会有使用这些武器的军队。克里特国王还曾将船只用于战争,直到今天,人们仍习惯于称他们为"克里特的海上王"。①

克里特进入了空前繁荣时期。克诺索斯陶工制造出了又薄又细的杯子,可与现代陶瓷茶杯媲美。他们用各种色彩亮丽的图案装饰杯子、陶罐和花瓶,这即便在东方也称得上是最美的器皿。遥远的尼罗河流域的富人们也购买这种精美器皿,就像那些精美的法式瓷餐具远销法国之外一样。封建时代的埃及贵族非常喜爱这些多姿多彩的花瓶,他们不仅珍藏和使用陶器和瓷器,死后也要用这些器皿陪葬。现代考古学家从埃及古墓中发现的这些东西说明,公元前20世纪至公元前19世纪,克里特手工艺品受到了普遍欢迎。可以想见,公元前30世纪穿梭于东地中海的埃及船只,这时一定增添了克里特港口的繁华。同时,夏季的北风也一定会帮助克里特人横渡大海到达尼罗河口,到那里学习帆船制造。埃及人那里有很多东西值得克里特人学习,克里特和尼罗河流域之间的往来自然就非常频繁了。

现在,克里特人需要一种比那种图画符号更简便的文字。这需要将原先的图画做很大的省略和减缩,需要大大简化形式,每幅图只用很少的线条构成。这种书写快捷便利的文字,称作线形文字(见图 8.5),可以刻在陶片上(见图 8.6)。在宫殿的兵器库中的每一个武器箱上都挂着一块标签。标签上用线形文字注明箱中的武器名称和数量。武器箱中还有许多作为记事本和清单以及处理重要的王室资产的文件等的陶片。这些陶片大都被埋在宫殿的废墟中,尽管有关学者做了很大努力,还是没有破解这些珍贵记录,这是我们迄今所知的

---

① 克里特人的海上力量被近代作家过分夸张了。古代克里特的海上国王,被称作弥诺斯,因此,早期克里特文化又称弥诺斯文化,这是现在最常用于克里特文化的词。就好像我们也以"爱琴文化"来指称"迈锡尼文化"。

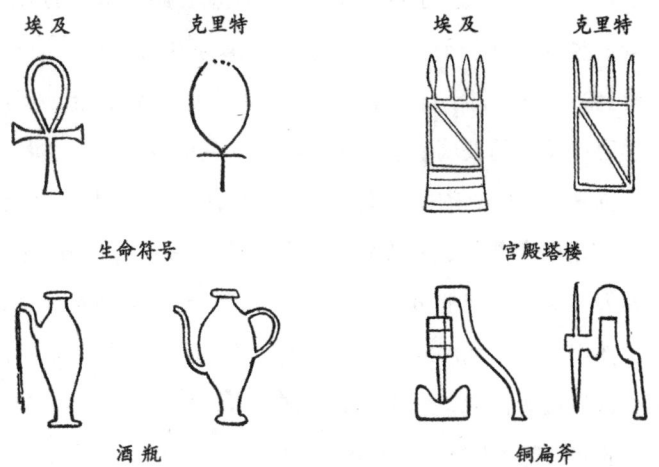

图 8.5 克里特象形文字和埃及象形符号
　　第一栏是埃及象形文字,第二栏是克里特人的象形文字。

欧洲世界边缘的最早文字。我们没有发现碑文之类的文字记载,克里特国王们似乎并没有像东方帝王那样为自己建纪念碑,或将文字刻在建筑物上,以纪念他们的胜利和业绩。对于历史研究者来说,这是十分遗憾的。

　　几个世纪后,克里特文明进入巅峰时期,我们称之为格罗特时代(公元前1600年~公元前1500年)。当旧的克诺索斯宫殿被一座更大、更辉煌的建筑取代

图 8.6 陶片
　　上面刻有克里特速写文字——线形文字——记录,这种文字是由象形文字演变而来的。

第八章　欧洲文明的发端　东地中海世界的崛起

时，克里特人的生活发生了巨大变化。这座新宫殿有宽阔的大厅，有设计合理的楼梯，面积很大，堪称北地中海地区第一座真正的建筑。宫殿墙壁上的图画取材于日常生活，生动而美丽，都表现出运动形态；也许是学习埃及人的玻璃制造工艺的结果，克里特人喜欢在墙上嵌一些玻璃装饰画。这时，陶器绘图工也已不再使用多种颜色。他们在亮色的背景上用暗色绘画，或设计出浮雕造型。贵重的花瓶大都较大，图案内容大多取材于陆上植物或海洋生物。随着克里特人对大海越来越熟悉，他们的艺术表现的内容越来越丰富多彩。这些陶器代表的是早期东方世界最有活力、最伟大的装饰艺术。它是有史以来人类创造的最优秀的装饰艺术品之一（见图8.7）。

无论从这种陶器的制作方法上还是从其外观上，都能看出埃及影响。例如，用彩色琉璃制作墙壁装饰画，埃及人早在2000年前就已这么做了。但是，克里特艺术家并非一味接受埃及模式。埃及绘画中的植物，显得刻板僵硬，而克里特艺术家描绘的同类植物则线条舒展流畅（见图8.7-B），枝叶生动，似乎能听见风吹拂在上面的声音，似乎可以听到"摇曳的花朵般的令人愉快的音乐"。这是最有生命力的古代克里特装饰艺术。克里特人的象牙雕刻，以及他们的金匠和青铜匠制作的各种艺术品，至今仍是世界上最伟大的艺术品。

站在克诺索斯宫殿（见图8.8）向外看，可以看到一座平原城镇，城中房屋全是用晒制的泥砖砌成的。可以推知，那一定是当时的商人和陶工、金匠、画匠等工匠居住的地方，还有很多人因受国王雇用而住在宫殿中。在城郊或山谷中，住着种田的农民。在某个庆祝丰收的节日里，农民的游行队伍会穿过城镇的街道。

这时，贵族男女们就会坐在宫殿中向下观看。贵族们过着令人惊叹的自由舒适的生活。贵族女士们的衣服，即便在现代的纽约或芝

图 8.7 两个代表克里特人装饰艺术水平的花瓶

　　花瓶 A 是一件早期克里特陶器，用"白色、橘黄色、深红色、红色和黄色"在暗色的底上绘出图案。制作这种花瓶的陶工和漆工，称得上是第一批天才的克里特装饰艺术家。他们从公元前 2000 年开始发挥出了他们的天赋，一直到克诺索斯第一宫殿时代。我们可以看到，他们所绘制的图案，并不是对自然花草动物的描摹（尽管在那些涡旋线之间，也有一个类似于莲花的图案）；这几乎全是对埃及艺术的借鉴和发展。花瓶 B（约比花瓶 A 晚 500 年）说明格罗特时代的艺术家们已学会了埃及人的装饰艺术，从大自然中寻找自己所需要的装饰形象，我们看到，花瓶上的图案主要是埃及的莲花。这种图案不需要多种颜色，上面的线条是浮雕式的。花瓶 B 将近 4 英尺高，比花瓶 A 大得多。格罗特时代的石花瓶和金属花瓶也常带有人形图案，并且有华丽的刻边。

加哥，也只是近几年才被高雅女士穿在身上。宫殿台阶上挤满了衣着华丽的女士，她们在观看拳击比赛，戴着沉重的金属头盔的参赛者在凶猛地搏击。她们也许正在为勇敢的斗牛士喝彩。公牛是 1000 年前欧洲晚石器时代的人们就已开始捕猎的一种巨兽，现在，那头公牛野性未灭，怒气冲天，正与紧紧抓着它双角的勇士进行殊死搏斗。宫殿中有这些斗牛士的舒适住处，里面甚至设有洗澡间和排水管道（见图 8.10）。

图 8.8 带廊柱的大厅和楼梯,格罗特时代的克里特克诺索斯宫殿

　　柱子和屋顶是现代人修复的。这个大厅在宫殿的最低处,厅后的楼梯被栏杆挡住了,共五层 52 级台阶,通向主殿。

图 8.9 克诺索斯宫殿台阶上的克里特贵族男女

　　这是宫殿内墙上的装饰画的一部分。画面已部分受损,但我们仍可从中体会到克里特艺术家捕捉远处的人群给人的印象的能力,并且能使画面组成一个有机的整体。

　　克诺索斯宫殿距港口 3.5 英里,克里特国王走出宫殿北大门,坐上轻便马车,只需一个半小时就可到那里。站在港口向北望,可以清楚地看到最近的爱琴海岛屿。就是从这里,国王的贸易船队将克里特艺术品和工业产品运往地中海广大地区。克里特船队是北地中海地区最早的海

图 8.10　克里特克诺索斯宫殿的排水管

这些陶制排水管（长 2.5 英尺，直径 4 英寸～6 英寸）是经过精心设计和铺设的宫殿排水系统的一部分。这是欧洲最早的排水系统，世界最早的排水（铜管）系统在埃及的金字塔神庙中，比克诺索斯的排水系统早 1000 年。

图 8.11　克里特金匠在两只金杯上制作的野牛图

这两只杯子是在斯巴达附近发现的，来自克里特。杯上的图案非常精美生动，金匠们先用锤子和冲头模子敲出轮廓，再用刻刀做更细致的修饰。这种作品应归于人类最伟大的艺术品之列。

图 8.12 格罗特时代用象牙和黄金制作的克里特妇女小雕像

　　这个小人骄傲地站在那里，双肩向后缩，双臂伸出，两手中各抓着一条金蛇，金蛇缠在她的小臂上。她的头发精心地卷起来，头上戴一顶精巧的冕状头饰。身上穿着镶荷叶花边的衬衫和紧身裙，纤腰尽现。这一人物造型及其服饰具有惊人的现代意味，如果这位克里特女士出现在现代都市的街头，一定不会令人惊异。人物是用象牙雕成的，上衣的荷叶花饰和裙带都是用黄金制作的。她代表的也许是伟大女神克里特之母，也许只是王宫中的耍蛇人。但不管怎么样，雕塑家一定是把她作为那个时代贵族妇女的形象来雕制的。即使是后来的希腊雕刻家，也没有像古代克里特艺术家那样赋予一个小小的雕像这么迷人的魅力和活力。

上力量。虽然克里特船队远优于晚石器时代的独木舟，但此时的克里特国王仍然是埃及法老的属臣。公元前15世纪，埃及法老图特穆斯三世的一位将军就有过"海中诸岛总督"的头衔，"海中诸岛"就是指爱琴海群岛（见图8.13）。

　　我们可以看出来，克里特岛是一个崭新的世界。在成熟伟大的埃及文明的刺激下,克里特人创造了新的文明,它摆脱了欧洲晚石器时代的停滞僵化,进入了最有活力的时期。于是,在尼罗河流域和两河流域这两大古文明中心以外,在东地中海地区又崛起了第三个伟大的文明中心——爱琴海及克里特岛。这个文明中心是东方文明与后来的希腊文明和西方欧洲文明之间的纽带。

图8.13 格罗特时代埃及爱琴海诸岛总督的金盘

这个金盘被法老图特穆斯三世赐给他的一位将军,这位将军曾做过爱琴海诸岛总督。盘子上刻着他曾拥有的头衔"海中诸岛总督"等字样,埃及人将爱琴海诸岛和小亚细亚海岸统称为"海中诸岛"。

三、爱琴海世界的大陆

小亚细亚是爱琴海世界和两河流域的联系线,这条线上的赫梯人同肥沃新月有密切的联系并深受影响,它发展出一种较高级的文明。

尽管欧洲及小亚细亚的大陆远远落后于岛屿发达文明,但埃及和克里特船队与希腊大陆一直保持着贸易往来。他们逐渐进入了南部各海湾,其中阿戈斯海湾就直接与南面的克里特相望。在港口后面的阿戈斯平原上的铁拉(见图8.14)和迈锡尼(见图8.15)出现了一些石砌的防御要塞。这是公元前1500年之后建垣立塞的爱琴王国,它们引进了克里特和埃及的陶瓷工艺和金属工艺。在这里的宫殿废墟和坟墓中埋藏着许多引进埃及玻璃工艺和墙壁装饰工艺制造的艺术品碎片,这是欧洲最早的文明生活的标志。这一时期(约公元前1500年~公元前1200年)被称作迈锡尼时代,因为人们是在迈锡尼最早发现这种文明的。

但是,大陆地区仍然落后于岛屿,因为克里特文字并没有随克里特的贸易进入大陆地区,而在欧洲大陆,似乎也没有产生过任何书写

图8.14 铁拉的城堡和宫殿复原图

这种城堡是阿戈斯平原上的各个城邦的核心。与克里特宫殿不同,这个爱琴国王的宫室要坚固得多。一条向上的坡道(A)通向大门(B),双重的城墙更有利于防御。左手拿盾的进攻者走到这里(C、D)时,其右半身必然会对着城墙。进了门(E)就到了宫殿前面的大院子(F)。宫殿的主要入口(G)通向它的前院(H),考古学家们在这里发现了国王的私人祭坛。穿过前院(H)就进入了宫殿大厅(I)。这是欧洲最早的带有石砌围墙的城堡。普通民众的村庄集中在距城堡不远的山脚下。

图8.15 迈锡尼城堡的主要入口——狮门

在爱琴文明的格罗特时期,阿戈斯平原上的铁拉和迈锡尼两城都用石块砌出这种坚固的大门。这门上方有一块三角形的大石头,石头中间刻着一根柱子,柱子两侧各刻一头雄狮。这无疑是这个城市的象征,或国王武力的象征。双狮表明他们是拉伽什地方巴比伦双狮的后代,这种两侧各有一头狮子的布局,体现了当时人们的平衡布局思想。

文字。在希腊北部的高地——如铁萨利等地区——虽然有一些文明水平稍高的居民点，但也只是比晚石器时代的文明水平稍高而已。当时铁萨利人虽然已认识了金属，但他们普遍使用金属却是大约公元前1500年以后的事情。克里特文明对这里的北方地区的影响微乎其微。

爱琴海地区的亚洲部分是一片高地。我们发现，这里的文明水平远高于欧洲部分。其中自然有克里特贸易活动的影响，尽管这种影响并不大。而克里特文明对亚细亚海岸几乎没有什么影响。在克里特人刚开始使用金属的时候（公元前3000年），小亚细亚北方的偏僻角落里出现了一个晚石器时代的小村庄——特洛伊。它很可能是一些商人的汇集地，他们被那些常在这里停泊的往来于亚洲和欧洲之间的船只吸引到这里，于是形成了这个小村庄。

最初引进金属几个世纪后，到公元前2500年，特洛伊变成了富裕的商业王国，原来的破落村庄也变成了爱琴海世界最早的要塞，比迈锡尼和铁拉的城堡早1000年。在1000年间（公元前2500年～公元前1500年），特洛伊历经数次重建，一直保持着繁荣，最后成为小亚细亚北部相当大的一片国土的统治者。早在大约公元前1500年，这个神奇的特洛伊城就已是一座势力强大的要塞（第六座城）了，它的经济之繁盛、力量之雄厚可与我们曾在南方见过的克诺索斯匹敌。这两座城市隔爱琴海遥遥相望，我们认为克诺索斯的文明更高级，因为直到今天，我们还不知道特洛伊人是不是会写字。

从特洛伊和爱琴海世界向大陆腹地走，越过小亚细亚绵延的丘陵和山脉，就到了白色人种的定居点。这些白人与爱琴人不属同一人种，但其文明却与爱琴文明同源。在这些人中，包括几种具有明显体形特征的人，主要是赫梯人（见图8.16）。赫梯人头形宽扁，长着鹰钩鼻。他们的土地大部分在爱琴海世界以外，一端延伸到爱琴海东岸。也就是说，赫梯人的土地是一个长600英里、宽300～400英里的大半岛，与得克萨斯州差不多，是高地地区的重要组成部分，其内陆是一片高原。在这片高原周围大部分地区是高高的山脉，一边是海，一边是高原。山脉两侧是肥沃的山谷平原，这些平原出产大量谷物。在它面对海洋的山坡上，尤其是在黑海沿岸的山坡上，生长着茂密的森林。小亚细亚北部和哈里斯河东侧的山中蕴藏着丰富的铁矿。因此，在地中海世界和东方的青铜器时代结束时，赫梯人成了最早的"播铁者"。

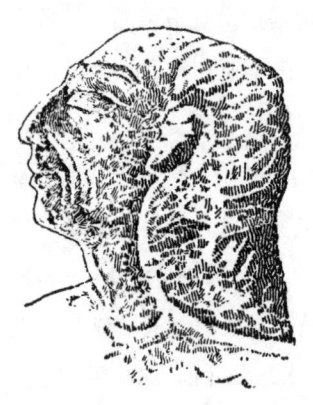 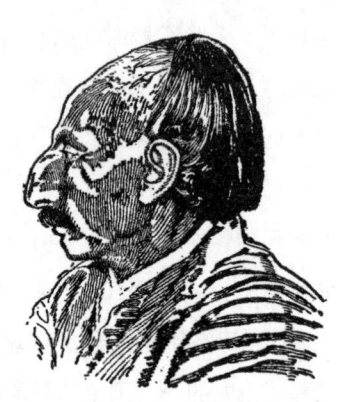

图 8.16 古赫梯人及现代亚美尼亚后裔

　　左边是一个古代赫梯人的头部雕像，是3000年前的埃及雕刻家的作品，是在埃及底比斯的一个庙宇中发现的。将雕像和右边的亚美尼亚人画像对比，可以看出两者的轮廓相像，特别是那坚硬而突出的鼻子。地中海东部沿岸的闪米特人，如迦南人也具有赫梯人的这种特征。

　　在介绍东方对爱琴海世界的影响时，我们说过，小亚细亚是沟通爱琴海世界和两河流域的枢纽。赫梯人是这条重要线路上最重要的人群之一。因为他们占着地利之便，在他们的国土东端可以很容易地从地势较高的幼发拉底河流域进入地势较低的肥沃新月，而且，他们与那里的人民早已融合在一起。我们已了解了那里的历史。我们已知道了他们是如何占领亚述，如何对抗巴比伦的。我们还知道他们很早就借用了古巴比伦的盾形徽章——单狮头、双狮头或鹰等图案。比如鹰，就由他们从爱琴海世界传到后来的欧洲，并一直传到了现在的美国，这就是"美利坚雄鹰"。

在赫梯人的领土两端——爱琴海世界和肥沃新月——的邻居们身上，也都打上了赫梯人的印迹，例如那突出的鹰钩鼻。希伯来人也有这种面貌特征，这说明赫梯人曾经大量地进入过肥沃新月最西部。同样，西方的小亚细亚爱琴海沿岸城市受赫梯人的影响也很大。我们发现，在后来的希腊人那里，也存在赫梯人的影响，尤其是在商业事务中，如在铸币等方面更为明显。在宗教和建筑方面也可以看出这种影响。

赫梯人之所以能发展出一种较高级的文明，是因为他们与肥沃新月联系密切并深受其影响，其中最重要的是文字。这种文字的最早传播者是巴比伦的沙漠商队。早在汉穆拉比时代或更早，巴比伦商队就沿幼发拉底河进入了小亚细亚，他们带来了用楔形文字记下的账单或商业文件的陶片。这样，像其他西方民族一样，通过商务交流，赫梯人早在公元前2000年或更早就学会了楔形文字。考古工作者在小亚细亚发现了一些泥板，那是赫梯人学习书写和拼读楔形文字的字典。克里特人使用的泥板很可能是赫梯人传去的。

埃及文明通过叙利亚北部城市——如萨马尔——对赫梯人产生了很大影响。受埃及象形文字影响，赫梯人发明了包含图画和声音意义的第二种文字系统（见图8.17）。赫梯人也像埃及人一样将他们的象形文字刻在石头上。这些刻在岩壁或石墙上的文字，至今仍可在从爱琴海到幼发拉底河的大部分小亚细亚地区见到。这样，赫梯人就有了两种文字系统，使用两种书写方法——楔形文字和象形文字。遗憾的是，赫梯人刻在石头上的象形文字，至今还没有破译出来。而对那些楔形文字的译解已取得了成功，这一成功揭开了赫梯语言之谜：这是一种混合语言，像英语一样。大体而言，赫梯语属于印欧语系，只是它包含了一些印欧语系以外的因素，至于这些外来语言因素到底源于何处，还不能确定。

图 8.17　部分赫梯象形文字

　　从中可以看出埃及文字对赫梯文字的影响。它被发现于幼发拉底河地区的克希米西，现在还未得到破译。

　　在建筑方面，赫梯人也取得了一些进步。国王的宫殿被称作"双塔屋"。它的前面中间有一门廊，有两根柱子支撑着屋顶，而在门廊的两侧，各建一方塔，"双塔屋"之名即由此而来。这种门廊建筑曾被亚述帝国引进，甚至传到了波斯。门廊入口两侧，刻着两头威武的狮子，这是赫梯人从埃及的斯芬克斯那里得到的启发。后来，赫梯人的这种在宫门两侧放置猛兽雕像的做法传到了叙利亚。赫梯宫殿门廊也有装饰性的墙裙，是刻在石板上的浮雕（见图8.18），这大概也是受埃及艺术的启发。亚述人从赫梯人那里学会了这种装饰艺术，亚述王宫墙壁上的一排排石刻图画就是这种艺术形式的再现。但亚述人的雕刻艺术水平远非赫梯人所能比，因为赫梯人的雕刻技术太差，赫梯人又在亚述人的影响下有了一些进步。

图8.18　正在猎鹿的赫梯王子

　　王子乘一辆轻便马车奔驰，身旁是一个驾车人。他正弯弓搭箭瞄准一只奔逃的牡鹿，一只猎狗在拉车的马旁边奔跑。画上方有一些赫梯象形文字。这是一幅刻在石头上的画，从中可以看出赫梯的雕刻艺术是比较粗糙的。

　　通过这些画，我们可以看出来埃及和巴比伦文明对赫梯人的宗教的影响。我们在前面已认识到了这种影响，这些画中既有巴比伦的鹰，也有尼罗河畔的带翼日轮。赫梯人崇拜地母，地母是他们的主要神祇，我们在克里特也发现了这种崇拜，后来的希腊人也崇拜地母。

在埃及帝国强盛时期，克诺索斯正处于格罗特时代，北方的特洛伊正在建设他们的城邦，这一时期是公元前1500年前后，此时，哈里斯河东部的赫梯诸王国中的一个开始壮大起来。它在哈提城邦建立了非常稳固的都城，哈提就是赫梯这个现代地名的旧称。哈提国王们修建了宏伟的宫殿和庙宇，并环绕城邦筑起了围墙。公元前1400年以后，周边各赫梯和非赫梯王国都被这个王国征服了。在此基础上，他们建立了一个帝国，这个帝国的疆域包括小亚细亚大部分地区。

这个赫梯帝国存在了两个多世纪，从公元前1400年以前到公元前1200年以后。那时，赫梯人已经有了马，赫梯人驯养马的时间或许比巴比伦人还早。赫梯帝国中有许多善于驾驶战车的人，这些战车驾驶者忠于国王，有很强的战斗力。因此，在埃及第一帝国时期，他们是地中海东部诸国中的一个非常活跃的角色。在阿肯那顿革命时期，叙利亚的埃及力量被削弱，赫梯国王们抓住了这个难得的机遇（公元前1400年以后），夺取了埃及帝国的北方海湾。于是，一种极富历史意义的国际政治形势形成了。这可以说是东西方之间的较量。它既是巴比伦和亚述之间长期斗争的延续，也是新兴的赫梯帝国与古老的埃及之间的较量。在这场角逐中，那些东方古国的帝王在泥板上写下了许多有趣的楔形文字信件和条约，我们正是凭借这些资料辨清当时的政治形势的。赫梯国王是一位杰出的政治家，他订立了一个又一个和平条约，他先与周边的近邻缔约，再与南方的对手埃及缔约。他清醒地认识到，赫梯帝国的主要危险在东方，当时，亚述人已占领了巴比伦。在相互敌对的四方中，亚述人取得了最后的胜利。公元前1200年之后，亚述开始向西方扩张，强大的赫梯帝国受到了毁灭性的打击。它遭到了尼尼微军队和欧洲越来越强大的希腊军队的双重打击。希腊人对特洛伊城实施了突然袭击，揭开了希腊入侵赫梯西部的序幕。这将赫梯帝国推向穷途末路，公元前1200年过后，赫梯帝国瓦解了。

在有关赫梯人的故事中，最重要的是他们开始在黑海沿岸开采铁矿。爱琴海世界之所以很快就有了铁，正是由于赫梯人开采了铁矿。一份某个赫梯国王写的泥板信件告诉我们，他曾送给拉美西斯二世一船"纯铁"，这是收信人向他要的，同时，还有一把铁剑被作为礼物送给了埃及国王（公元前13世纪）。总体而言，在落后于埃及文明和巴比伦文明的岁月里，作为爱琴文明的诸多邻居之一的赫梯文明，也肩负了极为重要的历史使命。

四、北地中海地区的新发现　东地中海世界的崛起

一个既没有高超技术又没接受过正式训练的考古学家使我们认识了一个崭新的、以前一直不为人知的爱琴文明世界。这个世界在希腊人出现以前，就已繁荣了许多世纪。

上面所说的"爱琴文明"故事，在几年前还完全不为人知。这个一端在爱琴世界，中间经过赫梯国，另一端在两河流域的地中海东端北部地区，在不到50年前，没有人会认为在希腊人之前曾生活过文明人。如果有人说在爱琴海世界发现早于希腊人的文明遗迹，一定会被指斥为"胡说八道"。然而，爱琴文明还是被发现了，这个发现爱琴文明的人，就是海因里希·谢里曼。

谢里曼是生于德国的美国公民。到美国之前，年轻的谢里曼过着生意人的浪漫生活。在荷兰海岸发生海难后，他还只是一个少年，但已经在一家杂货铺中开始了生意人必须经历的职员生涯。每天，他在卖出熏鱼和成卷黄油的短暂间隙，坚持自学希腊语，并且开始阅读荷

马史诗。在这个少年的耳朵里充满了特洛伊平原上古希腊英雄的呐喊,那个昏暗低矮的荷兰小杂货铺中的嘈杂声和书页翻动声。这种"交响乐"伴随着他成长,他的学习热情从未受到影响。直到多年后退出生意场时,他仍保持着关注人类世界早期历史的兴趣。他从俄国石油中获得了生意上的巨大成功后,开始着手实现他的梦想。

1870年,谢里曼带着一个土耳其工人开始对特洛伊大土堆(见图8.19)进行考古调查。在不到四年的时间里,他在这个大土堆中发现了九座港口城市遗址。这些城市是按历史顺序层叠的,每一座都建在

图8.19 掩埋着九座特洛伊古城的大土堆

我们已经知道这个大土堆的成因了。1868年,谢里曼第一次来到这个土堆时,它约125英尺高,上面长着土耳其人种的小麦。1870年,谢里曼在土堆顶上挖了类似于弹坑的坑,在接下来的四年中,他一直挖下去,"贯穿"了九座依历史顺序建立的城市。在那个坑(约深50英尺)的底部,谢里曼发现那里曾是75英尺高的山顶,在这里,晚石器时代的人们曾建起过一个定居点(约公元前3000年),他们的房子是用晒制的泥砖砌成的。在这个晚石器时代的遗迹之上,是后来建起的城市,最上面是罗马人的建筑。纵深50英尺的遗迹代表了第一个城市(晚石器时代)到第九个城市(罗马)之间的3500年的历史。在第二个城市遗迹中发现了在这个城市系列中最早的铜。第六个城市就是荷马所歌颂的特洛伊城。

下面的、比它更早的另一座城市的废墟上。在第二座城的带塔楼的入口处,谢里曼发现了一颗精美的金珠,谢里曼认为这就是荷马史诗中所描绘的英雄们的特洛伊城。现在我们知道,第二座城比荷马的特洛

伊城早1000年，而荷马的特洛伊城应该是第六座城（见图8.20）。

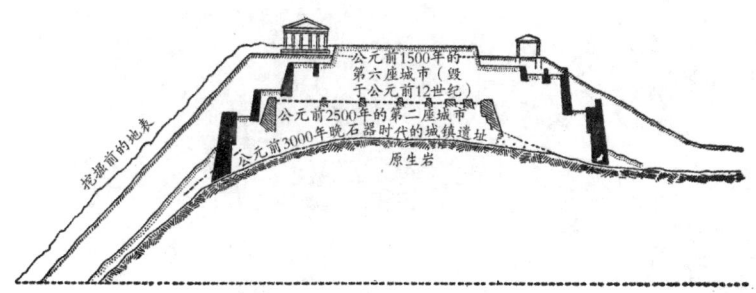

图8.20 特洛伊土堆上的第二和第六座城市的城墙及山顶上的罗马神庙

本图与图8.19相比，高度与宽度的比例与实际不符，这是为了方便而将其宽度缩小了。最下层是曾居住过晚石器时代居民的山体岩石。其上是第二座城市的斜墙（阴影）。再往上，是高出许多的第六座城市的城墙（黑色）。谢里曼从来没有看到过第六座城市的城墙，因为他在挖掘这个土堆时，第六城市的墙被挖出的土埋住了。

谢里曼穿过希腊大陆，去考察史前的迈锡尼要塞和城堡。在市场街道下面，谢里曼发现了一系列石墓室，墓室中有许多非常精美的金器和饰物，包括一顶精致的金皇冠，这说明墓室主人中有一位国王。谢里曼推测这些东西属于特洛伊（见图8.21）战争中的希腊英雄们，但实际上这些东西的年代更久远。在邻近的史前铁拉城堡，谢里曼得出了相似结论。就这样，在短短几年内，这个技术上并不高明而且没有受过正式训练的考古学家为我们揭示了一个崭新的、以前一直不为人所知的爱琴文明世界，使人们认识到，早在希腊人出现之前，这个文明世界就已繁荣了许多个世纪。

但是，谢里曼并没有揭开早期爱琴文明的来源之谜。关于克里特岛是不是爱琴文明的发源地的问题，从1900年起考古学家就在不断论证。他们认为克里特岛就是这种文明的发源地，而且文明中心曾从

图 8.21 荷马史诗中的特洛伊城墙（建于约公元前 1500 年）

这是特洛伊土堆中第六座城的城墙。城墙的倾斜面朝外，左侧是城市内部。这是迈锡尼兴盛时修建的，用以保护本地居民不受希腊人的侵袭。到了公元前 1200 年以后这座城市在一场战争中被摧毁了，有关这场战争的传说和英雄故事，可以在《荷马史诗》中看到。谢里曼从未见过这些被希腊英雄们摧毁的城墙。第七座城市房屋的墙是建在第六座城市房屋之上的，这可以从图中看出来。

这个岛屿转移到另一些岛，最后到了铁拉和迈锡尼希腊大陆。美国的考察者也得出了类似的结论。他们的根据主要是一位英国考古学家亚瑟·伊文斯在克诺索斯的考察。伊文斯发现了克里特宫殿，他将那些埋藏着克里特艺术品和工业产品的土堆一层一层地清理、发掘。发掘出的工艺品将我们一步步带回远古时代。他找到了土堆最底层的晚石器时代人的定居点，第一座宫殿就建在这里。

与此同时，在小亚细亚也发现了更多赫梯遗址（见图 8.22）。其中，最重要的是维克勒的发现，他在 1906 年～1907 年的冬季领导了

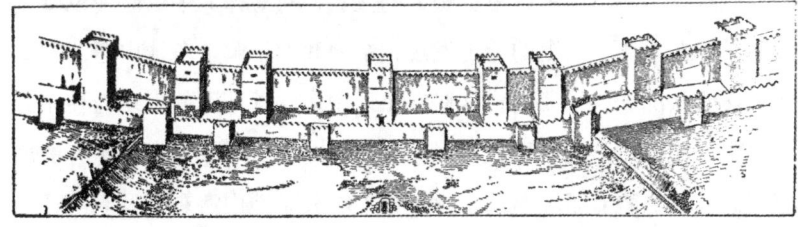

图 8.22 坐落在小亚细亚中心的赫梯人都城

上图是一座带城墙的城市遗址。这个城市已成了一系列小山丘,像古罗马城那样。这座废墟附近的一个村庄的村民给它取了赫梯这个现代名字,但古赫梯人称之为哈提。下图是公元前 13 世纪这里作为赫梯国王驻地时部分城墙的复原图。

德国考察队对哈提的考察。哈提的那些赫梯泥板就埋在一层薄薄的浮土下面,路过那里的人们随时可能踩到它们,维克勒发现了这些泥板。在赫梯帝国兴盛时期,哈提王国的宫廷资料室中曾堆满了这种泥板,其中有赫梯国王与邻国王室的来往信函,还有埃及、巴比伦、亚述等国国王的信件。那封赫梯国王告知拉美西斯二世送他一船铁的信就在其中,还有埃及王后的那封求援信,我们可以认出那封信的主人就是阿克那顿的女儿、图坦卡蒙的妻子。除了这些信件外,还有大量协议,这是迄今为止发现的最早的协议文件。遗憾的是,我们对这些重要文件的研究工作因第一次世界大战爆发而中止了。后来,奥地利学者赫罗兹尼的研究成果使他获得了荣誉,从此以后,人们就能够解读那些用楔形文字写成的文件了。福瑞尔对那些历史资料的翻译又大大拓宽了我们的视野,使我们对公元前 1400 年以前的早期东方和史前的希腊有了更清晰的了解。那些以前只存在于朦胧的史前希腊传说中的人物，逐渐成为真实的历史人物，他们的名字就写在这些赫梯人的楔形文字文件资料中。除此之外，德国考察队还发掘出了古城墙和主要建筑，他们的建筑艺术也被现代人了解了。

尽管我们还不能解读克里特人的文字，对赫梯文字的破译也刚刚开始，但在那块土地上的考古发现，却使我们了解了东地中海北部地区的文明状况。如果我们将这些在东地中海北部地区的发现与在东方和地中海南面发现的早期人类联系起来，对考古学家和有关学者的勘探和研究工作就有了大概的了解。他们考察了地中海东端及周围几乎所有地方，从尼罗河河谷，到肥沃新月，直到小亚细亚和爱琴海。

爱琴文明的发现使我们了解了地中海东端的所有古代文明人，他们的工业和商业以及他们创造高度文明世界的过程。我们应该注意，这个世界所在的爱琴海只是一个北方港湾。我们曾在尼罗河看到埃及船只在约公元前3000年驶进东地中海时的情景。现在，我们又了解了地中海东部和北部地区的文明。我们已经知道，在克里特的格罗特时代将结束的时候，灿烂的爱琴文明已经与古老的东方文明，尤其是尼罗河文明相互交往融合了几个世纪，而且，在它与小亚细亚赫梯文明交汇融合的过程中，也与肥沃新月的文明联系起来。

东地中海地区发展起来的艺术、工业和商业引起了世人的关注，巴尔干山脉和黑海的野蛮人开始向这个文明的世界发起进攻。这些北方野蛮人就是希腊人。他们将迅速征服东地中海，东地中海地区的历史因这些北方入侵者的到来而揭开了新的篇章。

第九章　希腊人征服爱琴海世界

图 9.1　腓尼基人做了俘虏

图中是一队俘虏，有的双手被绑在前边，有的手被缚在头上。他们戴着羽状头饰，这表明他们是腓尼基人，他们是被希腊人赶出克里特的一支部队的一部分。这些人在逃跑时进入了埃及，被拉美西斯三世——埃及的末代国王俘获，其时约为公元前 1200 年之后不久。这是埃及底比斯神庙墙壁上的一幅雕刻。

一、希腊人进入爱琴海世界

希腊人赶着羊群，驾着粗笨的马车，载着他们的家人，浩浩荡荡地向南迁徙。当他们看到美丽的铁萨利草原、白雪皑皑的奥林匹斯山及蔚蓝的爱琴海后，他们就决定定居在这里了。

希腊人是印欧族部落的一支。我们一直在追随印欧人——希腊人的先辈的踪迹，他们从大西洋到北印度一线开始向不同方向迁移。当希腊人的东方亲族沿黑海东岸向南迁徙的时候，黑海东岸的希腊人则从广阔的草原上沿多瑙河向南迁徙。

希腊人赶着羊群，驾着粗笨的马车，携妇将雏，浩浩荡荡地向南前进。当他们看到美丽的铁萨利草原、白雪皑皑的奥林匹斯山（见图9.2）、蔚蓝的爱琴海后，他们就决定定居在这里了，这是约公元前2000年之后不久的事。他们定居的希腊半岛面积约2.5万平方英里，[①] 被起伏的山脉和海水分割成许多小块平原和半岛。这些平原和半岛有的隔海水相望，有的各倚山势，两两相背。东海岸的海湾像锯齿一样，附近散布着不下500个小岛。

这些曾多次侵入肥沃新月、现在想寻找到一块定居地的游牧民侵入爱琴海城邦，像铁拉人和迈锡尼人一样定居在这里了。这些后来者遥望海上，那些海上岛屿隐约可见，在那里，各繁荣城邦正忙碌地进行着工业生产，主要生产陶器和金属制品，这些产品有很大的贸易市场。

可以想象这些野蛮人看见蓝色海面上的白色帆船时所产生的疑惑。

[①] 比南卡罗来纳州小1/6。在希腊半岛的大多数地方都可以看见奥林匹斯山。站在斯巴达的山上，可以看见从克里特到科林斯海湾北部的群山，两地相距225英里。

图 9.2 奥林匹斯山——众神之邦

奥林匹斯山坐落于希腊北部边境,但无论在雅典城邦还是在优卑亚南端都可以遥望到它的雄姿。它高近一万英尺,一面是马其顿,一面临铁萨利。从南面遥望此山,可以看到整个铁萨利平原,这里是希腊人首次进入海拉斯的地方,也是后来古老的荷马英雄史诗完成的地方。

在他们第一次见到这种情景以后,很可能又过了很长一个时期才敢下到海中冒险。在看到了穿梭于爱琴海各岛屿之间的帆船,以及强大的东方国家的繁荣壮观景象之后,这些进入伟大的东方世界边缘的希腊人开始了创造高度文明的伟大历史进程。这是一个创造了高于以往东方文明的人类文明的前所未有的伟大进程。

最早来到这里的希腊人(亚加亚人)慢慢推进到南方的伯罗奔尼撒,有些希伯来人与铁拉和迈锡尼城外的爱琴居民混居在一起,像希伯来牧民与迦南的市民混居一样。有些希腊领袖可能占领了爱琴世界的某些要塞,像当年大卫占领耶路撒冷一样。但对于希腊的状况,我们知之甚少,因为当时那里的居民还没有文字,因而不可能留下记载

第九章 希腊人征服爱琴海世界

自己的历史的文字资料。但有一点是可以肯定的，后来，第二次希腊游牧民（多利安人）迁徙浪潮席卷了伯罗奔尼撒，并且征服了先他们而来的亲族（亚加亚人），他们也征服了最初就居住于此地的爱琴居民。这时是公元前1500年。

多利安人并没有停留在希腊半岛南端，他们在向爱琴人学习了一些航海技术后，于公元前1400年扑向克里特。而克里特是个没有城墙的城市，很快就落到了入侵的多利安人手中。他们紧接着占领了爱琴海的其他南方岛屿。从公元前1300年到公元前1000年，希腊人从南到北、从东到西纵横扫荡，所有爱琴海岛屿都落入他们统治之下。

在新发现的赫梯文字资料中，记载了希腊人对小亚细亚的入侵。在这些记录中，希腊人被称作亚加亚人。在同叙利亚国王订立的条约中，赫梯国王将自己与埃及、巴比伦、亚述、亚加亚等强国的君主相提并论。到了公元前1325年，一位叫厄特俄克勒斯、自称伊奥利亚的安德鲁斯之子的亚加亚国王，开始在小亚细亚南海岸发动征服异邦的战争。他与赫梯国王建立了"兄弟"关系，像埃及、巴比伦同亚述国王之间的关系一样。当我们查阅那些最早的希腊神话中的名字时，我们发现，那些自称厄特俄克勒斯和安德鲁斯之子的人，在古代西亚的历史记载中经常出现。过了两代，约在公元前1250年前后，赫梯国王与亚加亚国王的友好关系破裂了。亚加亚国王阿特琉斯在小亚细亚西部的一场战争中被打败，但他并不甘心失败，又亲率100只船在卡里亚海岸登陆，征服了这一地区，但勇敢善战的赫梯人很快就组织了反攻并获得了成功。福勒[①]发现，在赫梯人的有关小亚细亚西部动荡局势

---

① 福勒将发现的赫梯泥板上的楔形文字人名鉴定为古希腊人名，这并未被所有学者公认。楔形文字中的人名和希腊人名对译是一项新工作。有关学者在研究中会遇到的问题：资料中的希腊人的名字，比希腊人学会写字早几个世纪。在这种情况下，有人反对是很自然的。对许多用楔形文字写成的希腊名字的辨识，笔者认为，受政治和词源学综合影响，其中有许多交叉点，而不只是一种偶然现象。在对赫梯古文字资料的研究不断发展的今天，我们相信，这项工作会取得更大的进展。

的文字资料中，特洛伊被称作亚苏瓦，这也许就是这个词的词源。阿特琉斯的名字为希腊文学的读者所熟悉，他是阿伽门农的父亲，阿伽门农是率领希腊远征军攻打特洛伊的首领。在我们看来，希腊人远征特洛伊是无可争议的事实。经过长期围困，特洛伊城被攻破，并被希腊人纵火焚毁。这件事发生于公元前12世纪。这是一次希腊人永难忘怀的胜利。取得这次战争的胜利后，希腊世界涌现出了大量关于战争冒险的英雄颂歌。最后，希腊人征服了小亚细亚地区，多利安人居于南方，爱奥尼亚人在中部，伊奥利亚人在北部。在公元前2000年到公元前1000年，希腊人首先占领了整个希腊半岛，后来又征服了整个爱琴海世界。

小亚细亚内陆经历了类似的遭遇。另一队印欧人——希腊人的亲族——也随着希腊人向南推进。这些印欧人发现越过赫勒斯蓬特进入小亚细亚比继续向希腊推进容易一些。公元前1500年左右，赫梯人中间就出现了很多入侵者。这些赫梯人开始放弃自己的语言，而使用新来者的印欧语了。在赫梯人的楔形文字泥板中，就有大量印欧语词汇，而且语法规则又与希腊语十分相似。最近的赫梯文字解读成果证明了这一点。历史在继续，到了公元前1200年，印欧人——尤其是弗里吉亚人和亚美尼亚人——开始了对小亚细亚的第二次入侵。

最终，从地中海北端到地中海东端的所有地方都被印欧人占领了。也就是说，无论是爱琴人，还是他们的小亚细亚邻居赫梯人，都被印欧人征服了。赫梯帝国崩溃了。辉煌灿烂的爱琴文明也未能挡住外来侵略。爱琴世界的城邦被战火焚毁，当金碧辉煌的克里特宫殿、精美的珠宝和克里特艺术在浓烟中化为灰烬时，爱琴人从海上仓皇逃跑。当然，普通人很少能逃走，但贵族和富人——我们前面见过的那个衣着华丽的克里特女士雕像所代表的阶级——一定有机会逃生。

公元前1200年，来自北方的印欧希腊人的侵略造成了爱琴人大逃亡。逃亡者穿越海洋，冲上地中海东南海岸，经尼罗河口岸来到腓尼基。这场爱琴人大逃亡加速了本已摇摇欲坠的埃及帝国的覆灭。一幅埃及浮雕表现了那场最早的海上战争（见图9.3）。在这场发生在叙利亚海岸附近的战争中，末代埃及国王击退了一支爱琴海军。

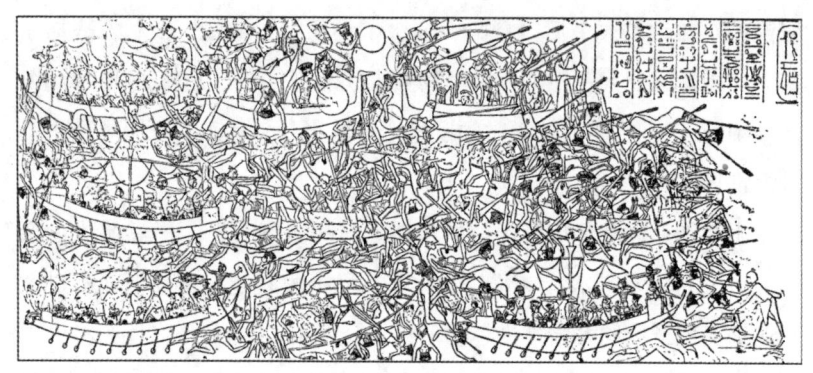

图9.3　逃亡的爱琴舰队与埃及舰队之间的战争

　　这是埃及底比斯神庙墙上的一幅雕刻画，这是迄今所发现的最早的海战图。它记录了地中海人被埃及末代国王拉美西斯三世打败这一史实。这场海战发生在公元前1200年之后不久，战场在叙利亚附近海岸某地。图中的九艘战船中，有四艘是埃及人的（船头有狮头标记）——三艘在左侧，一艘在右下方。另外五艘是爱琴人的（船头有鹅头标记）。有一艘爱琴船被打翻了（中间偏下）。这些人头上的羽饰表明他们是腓尼基人，我们可以从中看出他们是从克里特来到巴勒斯坦的。那些爱琴人以圆盾、长矛或双刃剑为武器。而埃及船上主要是弓箭手，埃及人先对敌人进行集体远射，然后逼近腓尼基船将其抓获。

　　逃出来的爱琴人很多，但集中在一起建立一个国家的只有逃到巴勒斯坦南部的那些人。这里的一个克里特部族被称作腓尼基人。他们尽管遭到了我们前面提到的那场海战的打击，最后还是建立了自己的国家。公元前12世纪，他们建起了一系列繁华城市。我们知道，他们差点打赢了那场几乎毁灭希伯来民族的战争。有趣的是，正是这些来自爱琴海世界的逃亡者使巴勒斯坦有了现在的名字，"巴勒斯坦"就是"腓尼基"这个名词的演变形式。

就这样，爱琴海世界高度文明、发达的社会被印欧侵略者彻底摧毁了，克里特被摧毁得尤为彻底。公元前1200年，灿烂的爱琴文明几乎完全消失了，那里倒退到只比欧洲晚石器时代稍好一点的程度。爱琴文明中的一些重要的东西，如克里特的文字，在希腊人入侵后就彻底消失了。但还是有很多的爱琴手工业品保存了下来，这正是希腊人后来创建古代世界最高级文明的最重要的基础之一。

像文明的巴勒斯坦迦南人同入侵的希伯来游牧民混居在一起一样，那些未逃走的爱琴人与希腊征服者混居在一起。爱琴人和希腊人的混合产生了一个混血民族，这就是史称的希腊民族。虽然我们并不知道在这些希腊人身上爱琴人的血缘占多大比例，但可以肯定，古希腊人中之所以涌现出大批天才，在某种程度上也是他们与克里特人混血的结果，而且与希腊人对待异族的宽容和良好的艺术直觉有关。

希腊人与爱琴人的混血，自然会导致语言上的混合，然而，它并不像英语和法语同盎格鲁－撒克逊语的混合那样，是几种语言上的平等混合。作为征服者的语言，希腊语逐渐成为爱琴海世界的语言。但希腊人并没有将爱琴语言的痕迹全都抹掉。他们沿用了爱琴人的城市名、河名和山名，如帕纳塞斯山，就像美国沿用印第安语中的地理名词一样，如我们用密西西比这个古老的印第安名称称呼我们最大的河流，密西西比即"众水之父"。今天仍在使用的希腊地名就是爱琴语的残余，但爱琴语作为一种语言，任何地方都不再使用了。有趣的是，爱琴人指称文明生活设施的名词被保存下来，希腊语中原本没有这些词语。希腊语中的"浴盆"一词，就是一个古爱琴语词。希腊人原为游牧民族，他们以前是没有浴盆这种生活用品的，但我们在爱琴人那里却发现了真实存在的"浴盆"。显然，希腊人沿用了这个词，当时也学会了使用这种生活器具。希腊语言后来发展成为人类历史上最丰富、最优美的语言。

二、希腊人从游牧到定居

希腊人并不是一开始就能驾船出海，成为一个航海民族的。我们发现，希腊诗人赫西俄德在面对大海时，眼中流露出的仍是畏惧。

在夏季风平浪静的日子里，一叶扁舟就可以带你从一个岛到另一个岛，游遍从希腊到小亚细亚的整个爱琴海。正是由于这种地理因素，希腊游牧部落占领了爱琴海诸岛屿和小亚细亚海岸。但我们知道，希腊人并不是一开始就能驾船出海，成为一个航海民族的。几个世纪以后，我们发现希腊诗人赫西俄德在面对大海时，眼中仍流露出畏惧。希腊人在占领爱琴海以后很长一个时期内，一直没有发展海上贸易，仍坚持着游牧生活。要想了解爱琴海世界之后的情形，首先必须了解什么是游牧生活。我们曾在亚洲的肥沃新月见识过这种生活。游牧民没有政府组织，因为他们没有这种需要。即使在今天，那些游牧民仍然不纳税，因为他们没有可以征税的土地。游牧民没有政府官员，没有诉讼法庭，没有法律事务，人们只受诸如"血亲复仇"之类的传统约束。游牧的希腊人侵入爱琴海世界时就过着这种生活。

他们的部落仍保持着在草原上游牧时的松散形式，每个部落由许多更亲密、更小的"胞族"家庭组成。由老人（长老）组成的议会负责处理胞族间的纠纷和部落的重要事务。由部落中全体武装人员组成的"大会"一般每年召开一次，或在某些重要节日召开，对宣战或迁徙等重大问题做出表决。这是后来欧洲的政治制度和今天美国制度的原始形式。①

了解了迈锡尼城的君主制度后，希腊人才像希伯来人一样，产生了想为自己立一个国王的念头。于是，那些率领军队作战、主持宗教仪式、处理部落事务的游牧民头领，就变成了这些游牧民族的国王。

随着局势的稳定，这些牧民开始耕种土地。他们结束了漂泊不定的生活，建起房屋，过上了真正的定居生活。但是，他们仍然保留着许多游牧民的习惯。男人的主要职业仍然是参加战争和放牧，像北方草原上的游牧民千百年来一直做的那样，而耕种土地起初只是妇女的工作，是一种副业。甚至在从事农业生产几个世纪后，希腊人仍然将牲畜和家禽视为主要财产。

当各部落定居下来形成村落时，人们就开始通过抽签分配住地周围的土地，部落仍然是土地唯一的最终所有者。后来，家族土地私有制逐渐产生了。土地私有制的产生，必然会导致有关地界、土地继承等方面的纠纷。随着纠纷的增多，需要当权者过问的事务就越来越多。这就需要设立相应的政府部门来处理这类事务。从公元前1000年到公元前600年，希腊人经历了定居带来的各种纠纷、各土地集团之间的斗争以及日益加剧的贫富分化。定居和土地私有制导致了阶级分化。

肥沃新月的闪族游牧民族也曾有过类似的经历。但对他们而言，解决这些问题要容易得多，因为他们已经掌握了文字。以前的肥沃新月定居者的文字系统被后来的闪族游牧民继承下来。而爱琴人的克里特文字却已在战火中消失，在希腊人定居下来时，没有人会写希腊文。

---

① 可将其与英国上院（相当于"长老议院"）和下院（相当于"大会"）或者美国的参议院（由拉丁文"年长者"衍生而来）和众议院比较一下。

这使政府在处理各种事务时极为不便。于是，一些共同体出现了专职"记忆者"，他的任务是记住合同用语、贷款数额以及居民签订的各种协约等，这一切都被视为应该记在心里的事；而在文明社会中，这一切却是需要用文字记录下来的。

后来，部落中的核心村落联合起来，合并成为一个城市，这是希腊政治发展史中的一个重要阶段，因为城邦就是希腊人心目中最高级的国家组织。一个城邦就是一个主权国家，每个城邦都有自己的法律、军队和神祇，城邦公民也只对本城邦负有爱国义务。国王是城邦的最高统治者，国王的城堡建在城市中心的山顶上，我们称之为"城寨"或"卫城"。后来，人们又修建了城墙以保护山下的房屋和市场，使城邦更为安全。国王成了受人尊敬的、有权势的城市统治者和掌管祭祀的人。国王和议员们每天都在市场处理各种事务和纠纷，进行审判和做出裁决。尽管这种统治方式还非常原始，而且常有腐败和不公正的现象发生，但它毕竟第一次建立了城邦和不受干涉的政府，这是一个很大的进步。

希腊文明就是在众多的城邦中兴起的。在希腊大陆、爱琴海沿岸和各岛屿上有几百个城邦，在希腊人定居下来之后，爱琴海世界就是由这种小国家组成的。希腊人就在这些由国王统治的小城市王国中定居生活。尽管早在公元前 1000 年以前就出现了希腊国王，但希腊文明的真正兴起，却是那以后两个半世纪中的事（公元前 1000 年～公元前 750 年）。

第十章　希腊的君主时代

图 10.1　希腊陶瓶画
　　这是一幅表现特洛伊战争场面的希腊陶瓶画。中间倒地者是阿特琉斯。人们为了争夺他的尸体而进行了一场生死决斗。希腊战士左手挽圆盾，右手持长矛。长矛和盾是早期希腊人的主要武器。也有人用双刃重剑，但很少有人用弓箭，图中只有一个战士在使它。战士的脸部靠插有马鬃的重头盔保护，身披从头包到腰的铜铠甲，膝盖以下以铜胫甲保护。左边观战的是雅典娜女神。这是一幅老式图画，是在红色背景上用黑色颜料画成的。艺术家把每个战士的名字写在画中，有的从左到右书写，有的反方向书写。

一、爱琴文明遗产　腓尼基商业的发展

　　公元前1000年以后的很长一个时期内，希腊人仍然是粗鲁，甚至是野蛮的。辉煌的爱琴文明已成了一种漂浮在阿戈斯平原上空的记忆。

在一个重要方面，希腊人比他们的爱琴前辈要幸运得多。我们已经知道，从赫梯传往东方的铁，这时已传到了希腊（公元前13世纪）。当然，铁制工具和武器完全取代铜制品则是几个世纪以后的事，就像汽车可能要过很长时间才能完全取代现代人生活中的马一样。在希腊人普遍使用铁器五百多年后，希腊诗人埃斯库罗斯仍称之为"从海那边来的陌生人"，或"迦勒底的陌生人"，迦勒底是小亚细亚盛产铜的地区。到了公元前1000年，铁器已在希腊普遍使用。至此，铜器时代结束了2000年的历史，这个时期差不多与爱琴文明的历史一样长。因此，可以这样说，爱琴文明的历史正好与青铜时代吻合（公元前3000年～公元前1000年），而希腊文明是在铁器时代初期兴起的（约公元前1000年）。

公元前1000年以后的很长一个时期内，希腊人仍然是粗鲁，甚至是野蛮的。昔日辉煌的爱琴文明已成了一种漂浮在阿戈斯平原上空的回忆，然而，古代爱琴王国的巨大石墙仍耸立在迈锡尼的希腊村庄上方。希腊人常以敬畏的目光瞻仰它们，以为它们是以前的独眼巨人建造的。有时，他们带着一种神圣而崇敬的心情，抚摸着那些残存下来的古代爱琴工匠制造的贵重金属制品。希腊人崇敬传统，他们从未忘记克里特是他们的文明的故乡。希腊牧民和农民仍未摆脱落后，他们没有工匠，他们在建造房屋、开办工场以及从事手工业生产方面，都非常笨拙。在书写方面，他们更为落后。我们知道，希腊人没有继承爱琴人的文字。在很长一个时期内，他们的住所非常简陋。就连希腊国王的住所也只是用晒制的泥砖砌成的，与简陋的农舍几乎没有什么区别，家禽可以自由进出于国王的厅堂，或在王宫门前的太阳地里挤成一堆。虽然，希腊人已有了制铜业，但他们的铜制品都极为简陋粗糙。他们装饰简陋陶器的粗糙图画（见图10.2），只表明1000年前的克里特人制作精美陶器的工艺在某个衰落的城邦中被保留下来，并且已发生了严重的倒退。

图 10.2　希腊君主时代的绘图陶瓶

这是一个罕见的保存完好的早期希腊陶瓶，高约有 3.5 英尺，前不久由纽约大都市博物馆收藏。它是公元前 8 世纪希腊艺术的代表。善用美丽的花朵、海生植物等自然界的东西装饰是爱琴装饰艺术的特征之一。偏爱几何线条的早期希腊瓶画者曾抛弃过这种风格。瓶上有两列画，上面表现的是一个葬礼，尸体被放在高高的尸床上；下面是手挽哑铃形盾牌列队行进的战士，战士后面跟着四轮战车，每辆车由三匹画得非常粗糙的马拉着。同一个半世纪后的希腊人所画的精美的马和四个半世纪后所画的绝妙的马比较可知，早期希腊的制陶匠和瓶画艺人的技术是对爱琴前辈的粗糙继承。

东方文明曾对早期的爱琴文明产生过强烈影响。现在，希腊人也正处于东方的强烈影响之下。城里的希腊人已脱去了游牧时代穿的破旧羊皮衣，换上了用羊毛织成的衬衫。这种服装被称作"科同"，这不是希腊名词，而是从卖给他们这种衣服的外国商人那里学来的（见图 10.3）。

城里人经常去海边购买他们自己不会制作的东西，如"科同"等。这些希腊男女围在靠岸的商船旁边。留着大胡子的商人站在高高的船尾上，拿出埃及出产的玻璃、雪花石膏香水瓶和精美的蓝色瓷碟向这些希腊人展示。即便妇女们不为这些东西所动，她们也很难拒绝一种象牙梳子的诱惑,那上面有透雕出来的狮子,在阳光下闪闪发亮(见图10.4)。富有的希腊人对用象牙镶嵌的精美家具感兴趣,那些铜制或银制的装饰着精美雕刻的大圆盘(见图10.5)也吸引着他们的目光。挂在船尾的漂亮紫袍,使那些展出的金首饰更加光彩夺目。经常来这里的还有科同人,这是他们对那些跨海而来的黑皮肤的外邦人的称呼。他们是腓尼基人,希腊人穿的那种衣服的名称便是一个腓尼基词语。

东地中海落到腓尼基人手中。公元前1200年前不久的一封赫梯国王寄给拉美西斯二世的孙子的信上说,埃及的运粮船每年都会驶到小亚细亚南海岸。但仅仅过了一代人之后,随着埃及帝国的

图10.3 被希腊人接受的腓尼基服装

希腊人称之为科同(最初拼成 Ke-ton,后来为 chi-ton)。在后面的有关图画中可见到这种妇女服装。

衰落,埃及舰队便退出了爱琴海及周围水域。公元前1000年,腓尼基人抓住了东地中海没有任何商船的有利时机。我们知道,腓尼基人原本居住在沙漠中,像希伯来人一样,但他们很早就占领了叙利亚沿海城市,并且很快就成了优秀的水手。当时的希腊工匠没有能力制造像腓尼基商人提供的那种精美器物,所以,这些东方商人无论走到哪里,市场都很好。

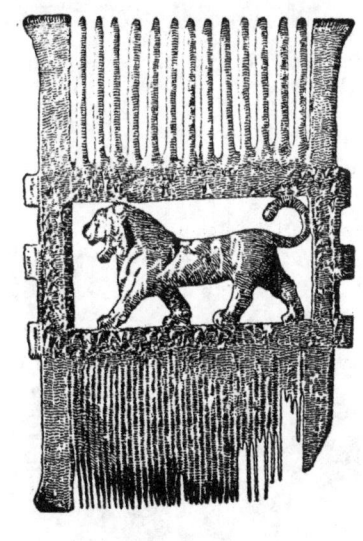

图 10.4 古代腓尼基的象牙雕刻梳子

这类工艺品是西顿和铁拉生产的,由腓尼基人传到地中海。在西班牙的古墓中也曾发现过这种梳子。梳子上的狮子形象源自叙利亚。制作这类工艺品的腓尼基工匠曾被亚述国王留在尼尼微,在那里也发现了许多有腓尼基标记的工艺品。

图 10.5 带精美雕刻的古代腓尼基盘子

这是一只精美的银盘,现为柏林博物馆收藏。中央的玫瑰花饰周围环绕着一圈水面。四艘尼罗河船(其中一艘为天鹅形)停泊在水面,四艘船外围是一圈纸草花。这种装饰图案融合了埃及和叙利亚艺术特点。腓尼基人善于制作这种金属器皿。在西到西班牙、东到尼尼微的许多地方都发现过这种器物,都是腓尼基商人带去的。

腓尼基人的商业活动并不只局限于爱琴世界,他们还向西方开拓市场,进入了西地中海,最后在西班牙的大西洋沿岸建立了殖民地。后来,他们的殖民地迦太基成了西地中海最重要的商业城邦和罗马最强劲的对手。在公元前1000年之后的三个世纪内,腓尼基人一直是地中海上最具活力的商人,他们凭借先进的交通工具不断拓展市场

(见图 10.6)。于是,一个伟大的地中海商业世界逐渐形成了。但是,腓尼基人没有军队,几乎没有什么政治组织。发展成为强大城邦的腓尼基殖民地只有迦太基。

图 10.6　西顿的古腓尼基港口(现在的面貌)

　　腓尼基殖民者从这个港口出发,远航西地中海,尤其是迦太基,建起了一系列新城市。在荷马史诗中,腓尼基人被称作西顿人。图中的城市完全是现代的,古代城市一次次被摧毁,又一次次重建。腓尼基的商船在这里装上城里制造的商品,运往希腊和地中海地区。字母也是在这里最先流行的。

　　腓尼基人从埃及人那里学会制作各种商品的方法,如制造玻璃和瓷器,亚麻编织和染色,切割、锤打和雕刻金属等。1922 年,人们在腓尼基最古老的港口贝布罗的某个坡地发现了某著名腓尼基国王的墓地,这位国王大约于埃及封建时代的公元前 2000 年左右在位。这座王墓中保存着一些非常精美的金银制品,那些物品的图案和工艺明显来自对埃及人的模仿。然而腓尼基人并非只认埃及一家,腓尼基工匠是很有些国际主义精神的。他们制作的那些金属盘子上的图案,既有借鉴埃及的,又有借鉴亚洲的。可以说,腓尼基艺术是主要来自尼罗河和两河流域的东方艺术的混合。我们知道，腓尼基工匠曾受亚述国王们雇用，为其制作家具和金属器皿。希伯来国王所罗门也曾雇用腓尼基工匠为他在耶路撒冷修建希伯来神殿。因此，自公元前1000年以后，腓尼基人成了从东部的尼尼微到西部的希腊这一广大地域中最伟大的手工艺术品制造者。

希腊人看到，在从腓尼基运来的金属盘子和象牙雕刻家具上的装饰图案都是荷花、棕榈树、亚述的生命之树以及尼罗河边的狩猎场景等。其中最特别的是那些东方人虚构出来的带翼怪物：斯芬克斯、鹰头狮身怪和飞马等。希腊人深受启发，很快就开始模仿这种装饰。于是，东方装饰艺术被引进希腊人的生活，并一直影响着西方文明民族的装饰艺术，在今天的装饰艺术中仍可看到这种影响。也许，在爱琴诸岛的腓尼基作坊中，希腊人经常同腓尼基工匠一起工作，并学会了埃及人发明的制作空心青铜模具的技术和许多使腓尼基人获得巨大的商业成功的制造技术。但是，格罗特时代的爱琴艺术精品保存下来的太少了，而且希腊人的模仿能力毕竟有限，因而这一时期的希腊手工艺品甚至比中石器时期的某些制品还差。

二、腓尼基人给欧洲带来了字母

在希腊人从腓尼基人那里得到的礼物中，有一件比所有的东方手工艺品都要珍贵，甚至可称之为无价之宝，这就是字母。

公元前1600年或更早，临近埃及的西闪米特人参照埃及象形文字发明了一套字母。后来，腓尼基人采用这套包括22个符号的字母系统来记录他们的语言。这套字母系统没有音节，每个符号代表一个辅音，没有元音符号。最早发明纯粹由字母组成的书写系统的是西塞姆人，这是最早出现的真正的文字。公元前12世纪，腓尼基人抛弃了不便的巴比伦泥板，大量进口埃及的莎草纸作为书写材料。

腓尼基人对字母顺序作了调整，将这22个字母列成一个表，以便于学习（图10.7，第一栏）。他们发现，如果给每个字母起一个名字，这个字母表就容易掌握了。因此，他们为每个字母起了名。他们把第一个字母叫作"公牛"，因为公牛在腓尼基语中是"aleph"，由第一个字母开头；第二个字母叫"房屋"，因为在腓尼基语中房屋是"beth"，由表中的第二个字母开头。22个字母全都被用这种方法取了名字。这有点像我们的老识字课本，我们的父母就是照着那上面学说"A 代表'斧子'（Axe），B 代表'床'（Bed）"等的。当腓尼基商人的孩子被要求背诵字母表时，他们说的就是"公牛，房屋"等，就像我们的孩子在背字母时会说"斧子，床"，而不说"A，B"一样。

腓尼基人似乎没有什么文学作品，他们留下的文字资料就是商人们用这种简便的文字写在纸草上的商业文件。腓尼基字母被阿拉米商人从地中海带到了亚洲和印度，腓尼基人向西越过地中海时则将这种字母传到欧洲。那群围在腓尼基商船旁边的希腊人经常看见腓尼基商人手中拿着许多淡黄色的纸，那上面画着一些奇怪的黑色符号，那是各种商品的名称和价格。起初，希腊人认为那是一些神秘而危险的符号。在这一时期的一首古希腊歌谣中就称之为"有害的符号"。后来，希腊人好奇地拿过腓尼基商人的纸页，终于弄懂了写在上面的那些符号的意思，渐渐学会了用腓尼基字母拼写希腊词语。

在这方面，希腊人表现出了他们的智力优势。他们发现腓尼基字母中没有元音字母，而且腓尼基字母表中有几个辅音没有出现在希腊语中。于是，他们从公元前900年开始将这些字母当作希腊语的元音

(见图 10.7，第一、二栏)，最终完成了这套字母书写系统的最后一步。这套字母系统首先在爱奥尼亚使用，后来传遍了希腊各城邦。然而，有很长一个时期里，它只被用于商业事务和行政管理。在长达几个世纪的时间内，希腊贵族们一直怀疑这种记事方法的效用，不愿去学习读写。但我们从那些带花纹的陶瓶上发现，到了公元前 700 年，连绘陶工匠都已学会书写了。后来，各阶层都学会了书写这种字母文字。然而，由口头文字转变为书面文字，远比在商业中使用文字晚得多。

希腊儿童沿用腓尼基字母名拼读。由于希腊人不懂得这些奇怪的字母名称的意思，就将它们做了一些改变，但希腊儿童却仍按腓尼基字母的顺序和字母名称的发音，读作"alpha、beta"等。就像今天的儿童们学习 A、B、C 一样，希腊儿童则学习 alpha、beta，由此产生了字母表"alphabet"一词。"字母表"一

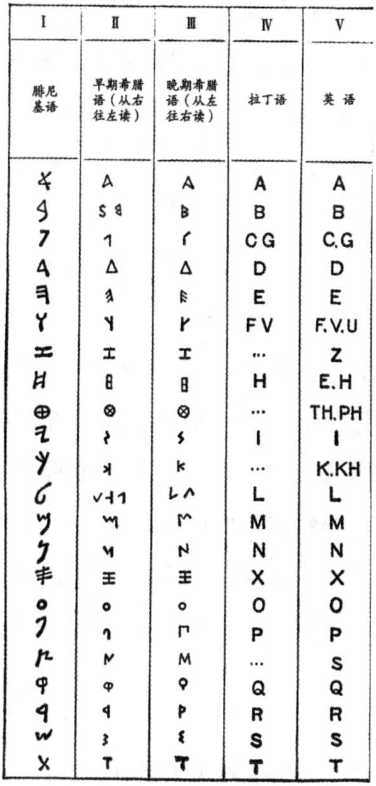

图 10.7 腓尼基字母经希腊语和拉丁语形式演变成现代英语的过程

I 栏是只有辅音的腓尼基字母表。腓尼基人习惯自右向左书写，最初，希腊人也这样书写。希腊瓶画上的战士的名字就是用这种方式书写的，II 栏中的 B 就是"倒过来"的。后来，希腊人形成了自左向右书写的习惯，III 栏中的字母的书写方式近似于我们的方式（如 B）。希腊字母的晚期形式（III 栏）转变成拉丁形式（IV 栏），拉丁字母的形式与我们今天使用的字母（V 栏）几乎没有什么区别。

第十章 希腊的君主时代

词即包含着"公牛"和"房屋"两个腓尼基词,它提醒我们应该感谢东方人,尤其是腓尼基人,因为他们送给了我们一份无价的礼物——字母文字。腓尼基字母从希腊传到意大利,最后传遍了整个欧洲。事实上,印度以西的文明世界的每一种字母都是由腓尼基字母演变而来的。

笔、墨、纸等书写工具是随字母一起传到欧洲的。"paper"是由"纸草"(papyros)演变来的。希腊人沿用了这个外国词称呼他们所用的埃及莎草纸。希腊人所用的纸张都是由腓尼基商人从他们的古老城市贝布罗运来的。像我们称来自中国的餐具为"瓷器"(china)一样,希腊人称从贝布罗城运来的纸张为贝布路斯(byblos),用这种纸写成的书籍被称作比布利阿(biblia)。我们的"圣经"(Bible)一词就是从这个词演变而来的。因此,英语中"圣经"一词的本义是一个腓尼基城市名,这是使希腊人深受其益的书籍和纸张来自古代东方的又一个证明。

三、希腊战士与英雄赞歌

围绕高高耸立的众神之邦奥林匹斯山,涌现出一批歌颂众神和英雄的歌谣,这些歌谣是对远古战争的回忆。

这是一个希腊贵族热衷于战争的时代,他们以战斗和劫掠为职业。希腊战士告别家人,远离家乡,驾着战车义无反顾地驶向战场的情景,在希腊的艺术品中屡见不鲜。瓶画中有很多这样的战士形象。在昔日的伟大战争故事中,希腊人描述了从前的英雄们操着青铜兵器作战的情景。事实上,那时的铠甲虽然是用青铜制成的,武器却大都是铁制的了。

那些拥有铜铠甲和铁制武器的人在战争中起主导作用,而只有拥有相当财产的人,才能置备得起这些武装。没有铠甲的普通人在战斗中发挥不了多大作用。因为,这种战斗是由一系列两个英雄的较量组成的。他们完全凭自己的武艺、经验和胆量取胜,而不是凭训练有素的团体纪律取胜。战败者的铠甲和武器就成了胜利者的战利品,胜利者会将失败者的尸体拖在战车后面驰过战场。当一个希腊城市被攻占时,最不幸的是那些普通市民,他们有的被杀死,有的被掠为奴隶,他们的房屋会被摧毁和焚烧。胜利者在这种暴虐中享受着野蛮的快乐,他们认为这种行为可以为胜利者增添声望和荣誉。

在战争背景下,战争业绩和英雄们的英勇事迹最为人们喜闻乐颂。铁萨利平原上耸立着云雾缭绕的众神之邦奥林匹斯山,围绕着它,涌现出一批最早的歌颂众神和英雄的歌谣,这是最早的古希腊文学作品。这些歌谣对远古战争进行了深切的回忆,深受人们喜爱。其中描述希腊人攻克并摧毁特洛伊城的过程的歌谣,更是人人皆知。约公元前1000年,这些歌谣传到了爱琴世界亚洲部分的爱奥尼亚海岸和群岛。

一个职业吟游诗人阶层应运而生。他们弹着竖琴,唱着国王和贵族的战斗冒险故事,漫游各地。这种诗歌热情洋溢,语言形式非常古老,有固定的格式,这些颂歌在许多宫廷中回响,欧洲最古老的文学便由此产生。随着歌曲数量不断增多,吟游诗人把它们汇集起来,串联成一个整体。于是,一部围绕希腊人征服特洛伊的传说编成的宏伟史诗诞生了。这部史诗并不是某个人的作品,而是由几代歌手集体创作的,其中有些甚至是公元前700年以后的人。这部史诗正是在那时被第一次写成文字的。

在这些古代歌手中,有一个最为著名,他的名字叫荷马。他之所以最著名是因为人们认为这部史诗是他编撰的。最早的史诗比流传至今的要长得多。无论从哪个方面来看,这部史诗都不可能是荷马一个人的作品。后来,希腊人也认为荷马不可能是整部史诗的作者,于是,他们只把《伊利亚特》①——关于希腊人远征特洛伊的故事,和《奥德赛》——一部讲述英雄奥德修斯从特洛伊返回故乡的流浪经历的故事——归于荷马名下。完整地保存至今的也只有这两部作品,但是其中仍然存在着许多问题。即使在古代,也有人怀疑荷马到底是不是《奥德赛》的作者。然而,不管怎么说,这些古代的吟游诗人不仅把《伊利亚特》这部伟大史诗保留下来,而且最早用文学形式记录了他们对神和人的世界的看法,使之流传千古。那时,希腊人没有别的神圣典籍,于是荷马史诗便成了希腊人的圣经。它是各城邦中的希腊人共同的文学读本,是他们共同对抗亚洲的历史,可以激发希腊人的共同信念。

四、最早的希腊宗教及其早期发展

最早的希腊宗教是一种自然崇拜。荷马是希腊人的宗教导师。早期的希腊宗教并不具备引导人们培养良好举止和性格的影响力。

荷马史诗是一部关于战争和英雄的历史,也是希腊宗教经典,荷马是希腊人的宗教导师。那时,希伯来人还只能通过父辈的讲述了解他们的上帝,而荷马史诗却已把众神栩栩如生地展现在希腊人面前。但是,像希伯来宗教一样,希腊宗教的发展经过了一个漫长的过程,逐渐从较低级的宗教发展成更高级、更高尚的信仰。早在荷马史诗之

---

① 因特洛伊的希腊语名称伊利乌姆而得名。

前，希腊人就已有了自己的宗教。

荷马史诗之前的希腊宗教是一种原始宗教。像所有原始人一样，那时的希腊人认为树木、泉水、岩石、山岭以及飞禽走兽都具有神秘力量。他们认为在地球的黑暗洞穴中有一个能使谷物发芽、树木开花的精灵，在幽深的海水中住着一个能使大海动荡不安的精灵，在天空有一个统治着遥不可及的太空的精灵。划过天空的闪电和隆隆的雷声令希腊人惧怕，温柔的降雨使他们欣喜。仰望雄鹰在广阔寂寥的天空翱翔，他们感觉到了苍穹的神秘，而那神秘的鸟就是统治天空的强大精灵。雷火焚烧树木是天空在生气，天空心气平和时会降下清凉的雨水。能在空中自由翱翔的神鸟当然就是天空的精灵，因此，他们认为天空的精灵是一只老鹰。

希腊人认为，每个精灵，无论是好是坏，都需要人们赠送礼物，尤其是食物，这样才能博得它们的好感，使它们不生气。他们宰杀绵羊让血流到地上以取悦大地的精灵，焚烧羊腿使其香味随着轻烟飘上天空以取悦天空的精灵。后来古希腊人的精灵变成了男神和女神，随之兴起了新的宗教崇拜。那时的崇拜活动没有固定的神庙或房屋，宗教崇拜活动也都很简单，一般在山洞中或在家中的露天庭院里举行这类活动。

我们知道，希伯来人从不曾放弃对天神耶和华的崇拜，他们将这种信仰带到了巴勒斯坦。希腊人也是如此，他们把对天神的崇拜带到了希腊，这是他们在草原上游牧时一直崇拜的神。他在不同地方有不同的名称：在一个山谷中，他被称作"雨师"，而在另一个山谷，他又被称作"雷火"。后来，他有了一个通用的名字——宙斯，这是古印欧语言中"天空"一词的希腊语形式。他成了凌驾于所有男神和女神之上的大神，是希腊人最崇敬的神。

希腊人进入爱琴世界后,他们的宗教继续发展。在这里,他们发现爱琴人最崇拜的是大地的精灵——地母或大母神,她使土地生长出各种谷物和果实,为人类提供食物,保障人类生存。希腊人从爱琴人那里引进了这个神,使她成为希腊宗教中的女神。希腊人就这样将他们在爱琴海世界发现的男神和女神吸收进他们的宗教,像希伯来人吸收他们在巴勒斯坦发现的迦南太阳神一样。

早期希腊宗教中的神祇往往具有动物的形象。在荷马史诗中也出现过神的动物形象,例如,其中提到某女神有一张"猫头鹰的脸",另一女神有一张"母牛脸",快乐的森林精灵萨提斯长着山羊蹄子和羊角,人头马神则是马身人首。那些作为男神和女神的自然界精灵拥有崇高的地位,在荷马史诗中,他们有人类的形象和品质,但他们有无穷的法力而且永生不灭。

通过荷马史诗和各种原始希腊神话传说,希腊人知道众神都住在云雾缭绕的奥林匹斯山。在那里,天神宙斯高居在云中的宫殿中,手握闪电,统治着众神,就像尘世的君主一样。每个神祇掌管着自然界的一个领域,或人类的某些事务。太阳神阿波罗的光芒是金色的利箭,他是掌管致命的弓箭的神灵,但他也保护牧羊人的牲畜和农夫的田地,而且是一个音乐家。他知道宙斯的一切安排,只要人们以他认可的方式向他咨询,他就会告诉咨询者未来的事情。阿波罗的这些品质使他在希腊人心目中比宙斯还重要。在实际崇拜中,太阳神是希腊世界最受爱戴的神。

雅典娜是希腊最伟大的女神。最初,她是掌管空气和涤荡希腊大地的暴风雨的神。这种权力又使她成了女战神,在希腊人的想象中,她是一个手持闪亮兵器守护希腊城市的神灵。在和平时期,她还帮助陶匠给坛子塑型,帮助铁匠锻铸金属,帮助妇女纺织羊毛。希腊人还相信，是雅典娜带来了橄榄树，她还是掌管手工业和艺术的智慧而优雅的女神。她是众神公认的最聪明的女神。据说，她是在她的父亲宙斯的头脑中诞生的，是全副武装地从宙斯的脑袋里蹦出来的。她是希腊人生活中所有最优秀的事物的圣母，是最受喜爱的保护神，希腊人认为她时时处处都在保护他们。宙斯、阿波罗和雅典娜是希腊宗教中的三位主神。

在希腊人的崇拜中，古代的自然精灵也成了大神，他们各自掌管一个特殊领域。住在大海深处的黄铜宫殿中的波塞冬统治着大海，古老的地母神德墨忒耳仍掌管土地的出产，同时，还有另一个土地神，即掌管葡萄收成的狄奥尼索斯，他带来的葡萄酒很受人们喜爱。古老的月亮神变成了赫耳墨斯，他是众神的信使，脚上生翅，为众神跑腿，他还是人们交往的保护神，是商业和贸易之神。以前，希腊人认为空中的月亮是一位女神，看到月光洒在林间空地上，人们又想象她是一位夜里驰骋于山林的女猎神。他们称她为阿耳特弥斯。也有人把天上的月亮想象成宙斯的妻子赫拉，她成了婚姻保护神。我们在肥沃新月遇到的闪米特人的爱情女神伊师塔，也从叙利亚城市经塞浦路斯来到这里，成了希腊人的爱情女神，希腊人称她为阿芙洛狄忒。

希腊人把所有这些神灵——包括他们原来崇拜的和原本不太重要的神灵——都赋予了人形。荷马还为我们描述了众神之父宙斯和妻子赫拉的家庭纠纷，和希腊人的家庭生活中发生的这类事情一样，他当然是以一种荒诞笔调来描写这些天神的。从中可以看出，希腊人的众神也有人类的各种性格弱点，他们也会施出各种骗人的花招。这些神祇的性格并不比人类好。因此，希腊宗教并不具备引导人们培养良好举止和性格的影响力。当时的希腊人正在经历宗教的早期阶段，就像我们在东方文明中看到的那样。

希腊人的神之所以没有集中体现人类的所有良好举止和性格，原因之一在于他们对死亡的认识。他们认为所有人在死后都要坠入阴暗的地下王国。在那里，好人和恶人都受到折磨，国王哈得斯和他的妻子佩尔塞福妮女神是那里的主宰。英雄和神圣的人会被众神赐予永生，可以进入美丽的埃里斯草原，或遥远的西方未知大海中的祝福岛，享受无尽的快乐。希腊人一直保留着早期游牧生活的习俗，对死者实行火葬。定居在希腊后，他们仍保留着这种习惯，但他们也接受了爱琴人的习俗：像埃及人那样保存和埋葬尸体。为死者提供食物和饮料的原始观念也保留下来。因此，祖先的坟墓就成了圣地，人们按时给死者供奉食物和饮料。

希腊的城镇居民认为赫斯提女灶神掌管着每个家庭的安全。在君主时代的希腊，家家都设了神位，王宫中还有一间专门供奉这些神祇的圣殿。前庭中设立一个神坛，供人们露天献祭。在民间，神的居所就在人的家中，而且可能根本没有神庙。在某些团体中出现了这样一些人，他们通晓有关神的知识，普通人想了解有关献祭和崇拜仪式的知识时，就去询问他们，越来越多的人去询问他们，这些人中的一部分就慢慢变成了祭司。

第十一章 贵族时代的希腊

图 11.1 君主时代的希腊海战图

这幅古希腊瓶画描绘了贵族们在海上及周边地区进行掠夺的情景,他们的武器和陆上士兵的武器一样。右侧的支柱上方、横线下方有这幅画的作者亚里士多诺斯的签名,签名从左到右再转下,写的是"亚里士多诺斯制造",这是欧洲最早的带签名的花瓶,也是欧洲最早的带签名的艺术品。这只花瓶仍然比较粗糙。在自己的作品上签名,表明希腊艺术家开始为自己的作品自豪。

一、君主制的消亡　贵族的统治

几个世纪中,希腊民众们一直为争取自己的权益而斗争。君主制终于消失了,但随之而来的是贵族压迫。

虽然希腊文明是在东方文明的影响下开始它的文明进程的,但随着希腊政治的发展,希腊文明表现出与东方完全不同的特征。在东方,早期的城邦最终发展合并成为两个强大国家——一个在尼罗河,另一个在两河流域。但在希腊,各种因素都不利于各城邦联合成一个国家。首先,希腊被高山和海湾分隔成小块,各城相互隔离,各岛屿和小亚细亚的希腊人也与他们的大陆同胞分离。

另外,在希腊的传统中,从不曾出现过联邦国家。在公元前14世纪的赫梯文书中,我们发现亚加亚的阿利安国王曾将希腊大部分地区联合起来,这是曾经出现过的早期联盟。到公元前1000年,希腊人已经在各不相同、相互隔离的社会环境中生活了很长时间,形成了各不相同的语言和风俗习惯。各地的差异之大甚于路易斯安那州与新英格兰地区之间的差异,类似于北方德意志和南方德意志之间的差异。各城邦的居民只忠诚于自己的城邦和神灵,因此,希腊不可能像东方国家那样,将所有城邦联合成一个国家。公元前1000年以后,希腊出现了许多小城邦国家,不但各个岛屿和小亚细亚的各城邦没有联合起来,即使在同一个岛屿上,也出现了许多小城邦,如克里特岛上就存在着50个小城邦国家。

希腊大陆明显由四个相对独立的地域组成,如拉哥尼亚半岛和阿提卡半岛,这使各区域有联合成一个国家的可能。阿戈斯是其中最古老的国家,阿戈斯城夺取了平原上古老的迈锡尼、铁拉及邻近地区的要塞，建立了阿戈斯国家，阿戈斯平原即由此而得名。斯巴达国王征服了南部两个半岛，随后又夺得了西部美塞尼亚的土地，建立了联合国家。阿戈斯和斯巴达占据着伯罗奔尼撒的大部分地区。

阿提卡半岛上的小城邦逐渐被雅典吞并，整个半岛最终接受了雅典的统治。阿提卡半岛北部边境的比奥提亚被底比斯占领。因为比奥提亚地区各城邦国家势力强大，底比斯无力完全控制他们，比奥提亚地区没有成为一个统一国家，而是成立了一个城邦联盟，底比斯是这个联盟的盟主。在希腊的土地上，从未出现过一个稳固持久的联盟。斯巴达和雅典虽然是希腊两个最重要的联盟的盟主，但它们仍然是城邦国家。由于统治阿提卡半岛的国家叫雅典，所以在阿提卡半岛上每个农民便都成了雅典人。

约公元前750年，希腊城邦国家的政府机构发生了新的变化。这种变化是东方国家不曾发生的。无论东方国家的普通民众多么不满意他们的政府，都不会威胁到国王及其继承者的地位，国王的大臣也不会被罢免，古代东方从未出现过除君主制以外的其他任何形式的政府。

几个世纪以来，希腊民众们一直在为争取自己的权益而斗争。经过艰苦的长期斗争，最终在一些希腊城邦建立起一种新的政府，这种政府称得上是真正的民主制政府。民主是一个希腊词，意为"人民统治"。希腊民族是世界上第一个拥有民主权利的民族。

经过长期斗争，君主制消亡了，但随之而来的是贵族压迫。那些从腓尼基商人那里购买各种奢侈品的富人开始压榨农民、剥夺民众的权利了。他们依靠欺诈、非法侵占、家族联姻等手段不断夺占土地等财产，由此产生了一个享有继承权的阶级——大土地占有者和巨额财产拥有者，他们被称作贵族。

贵族占有的土地越来越多，甚至扩张到了城邦周围数里以外的村庄。为了尽可能地接近国王，在议会中占据一席之地并影响政府，贵族们大都会离开他们的土地而住进城里，他们的势力越来越大，最终完全控制了议会。贵族们有足够的财力购买昂贵的武器，并且有大量空闲时间练习使用这些武器。因此，战争期间，他们是保卫国家的主要力量。他们凭借武力不断对外掠夺。他们熟悉了海洋后，便驶船从一个港湾航行到另一个港湾烧杀抢掠，夺取大量财富。当时"海盗"成了对贵族的通称和巨大财富拥有者的代名词。

城市贵族和农民之间的贫富差距越来越大。乡村农民只能与自己的兄弟们分享家族的有限土地，农民的土地越来越少，他们越来越贫穷。农民辛勤劳作，还得节衣缩食，他们没有时间去训练使用武器，也没有财力去购买武器，他们在战场上发挥的作用是有限的。事实上，农民没有更大的奢望，如果能凭那块小小的土地勉强维持一家人的生活的话，他们也就知足了。很多农民债台高筑，土地被抵押给贵族，自己则成为富人雇用的劳动力。有些人甚至只能以身抵债，卖身为奴了。这些雇农和奴隶没有任何政治权利，当然也没有在公民大会上投票的权利。

如果农民想在政府中发挥作用，就必须进城参加在那里举行的公民大会。而在公民大会现场，像他那种肮脏的、穿着粗劣山羊皮的人很少。公民大会议员全靠富裕贵族们支持，他们穿着东方式的华丽衣服，带着精良武器，都经历过战争锻炼。在贵族的淫威之下，公民大会这个曾经是部落中所有拥有武器者的集会，已成了一个由贵族控制的只有少数农民和市民参加的会议。农民和市民们享有的权利并不比旧时代更多，他们所能做的只是表决同意那些已经由君主和议员们决定了的议案。农民们参加过这种公民大会后回到自己的农庄，思来想去，对参加这种集会越来越不感兴趣。

然而，贵族们却变本加厉，不但不承认民众的权利，而且认为自己应该享有同君主一样的权利。他们认为自己是君主统治的支柱，没有他们，君主就不能发动对外战争；没有他们，君主就无法治理国家。公元前750年，某些希腊城邦的君主制政府就已徒具虚名，有的君主已被武力推翻。许多城邦国家的贵族们自己推选官员来处理先前由国王处理的事务。这大大削弱了国王的权力。在雅典，贵族们选出一名贵族为战争时期的领袖，另外推选一名贵族以"执政官"的名义帮助君主处理国家事务。君主的权力逐渐被贵族和平取代了，最后，君主成了管理宗教事务的领导人。在斯巴达，由贵族选举出来的第二国王限制了君主的权力。在这种情况下，斯巴达虽然仍然保留着君主，实际上已形同虚设。从公元前750年到公元前650年，君主制迅速消亡了，在一些小城邦中，君主制后来也只持续了很短一个时期。这场政治斗争的结果是贵族大获全胜，他们成为许多城邦的统治者。

君主制消亡了，王宫当然也就空出来了。王宫的殿堂和大厅成了宗教场所。在我们介绍古希腊建筑时，将会看到那些由王宫变成的神庙。被称作雅典卫城的古代阿提卡国王的王宫就成了著名的神庙。

二、贵族时代的希腊扩张

贵族时代，希腊的势力从黑海沿地中海北岸延伸，几乎到达大西洋。希腊和腓尼基人的扩张，最终形成了一个伟大的地中海世界。

在贵族时代，希腊历史上发生了另一次伟大的变革。在这一时期，希腊贵族崇尚海上漂泊生活和海外掠夺。当希腊的海上贸易发展起来后，对船的需求也越来越大。于是，希腊工匠开始做一件至关重要的事情——建造自己的船。他们参照腓尼基船建造出了自己的船（见图11.2）。当时腓尼基船是他们唯一的借鉴。后来，当腓尼基商人进入爱琴海港口时，发现在各个海港中希腊船只越来越多。当时，希腊东部亚洲海岸各城市与欧洲的阿提卡和优卑亚之间的交通极为重要。在亚洲的希腊人中，控制海上贸易的是爱奥尼城邦。当希腊商人熟悉了爱琴海水域后，海上交通的地位迅速提高，因为海上运输比陆路更容易和快捷。陆路虽然并不比海路远，但需要穿越森林翻越高山，会出现许多麻烦。

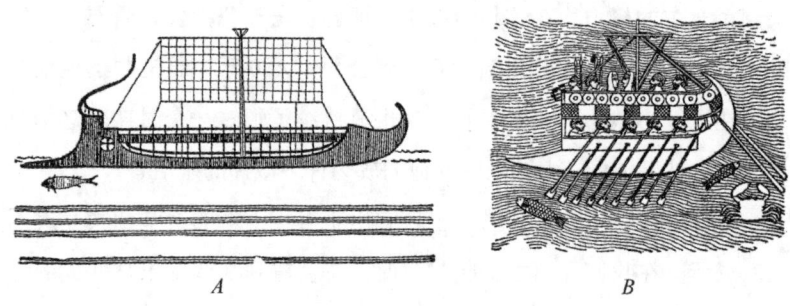

图11.2　早期的希腊船和腓尼基船

最早出现在地中海地区的船是埃及船。埃及船的特点是两端上翘，早期爱琴海地区的船就是模仿埃及船制造的。腓尼基船的结构则不同。他们的船的船头是尖的，有像鸟嘴似的撞角，没在水下。亚述国王辛那克里布曾有过这种船，在他的宫廷浮雕中就有这种船的形象（B）。希腊船是仿照腓尼基船建造的，也有一个鸟嘴似的船头撞角。这是公元前18世纪的一幅花瓶画，其中的船就是这种形状（A）。

在贵族的压迫下，希腊农民越来越贫困，他们不得不到爱琴海世界以外去寻找新的土地和家园。希腊商人不仅来到爱琴海北部，而且航行到更远的北方海域，他们称那个地区为"本都"，就是我们现在所说的黑海。他们在旧石器时代欧洲人的后裔的居住地建起了商站，这里有大量土地可以提供给那些对政府不满的希腊农民。希腊农民纷纷涌向那里，早在公元前600年以前，希腊人就在黑海沿岸建立他们的家园和城市。希腊人在南部多瑙河流域开垦出一片片麦田，占据了黑海东南海岸古赫梯王国的铁矿。然而，这里的希腊人并没有像爱琴海地区的希腊人那样，涌现出大批天才。也许因为气候恶劣，这块北方土地上没有产生一位伟大艺术家或文学家。因此，尽管本都是希腊的粮仓，它对希腊的思想和文明却并未做出什么贡献。

在东方，希腊沿小亚细亚南海岸向外扩张，但它遇到了辛那克里布的强大的亚述帝国。约公元前700年，辛那克里布在西里西亚打败了希腊军队，这是最早的一次希腊与东方世界的冲突。希腊人在塞浦路斯停留下来。我们从公元前13世纪的赫梯文书中得知，在很长一个时期内，塞浦路斯一直是希腊世界的最东端。在南方，希腊人同埃及人保持着良好关系，在亚历山大之前，希腊人在尼罗河三角洲的诺克拉底斯建起了一个贸易市场。诺克拉底斯的地理位置非常重要，是大型的商船集散地。后来，希腊人又在三角洲西部建起了西奈城。

当时的西方相当于早期希腊殖民者的"美洲"。许多希腊"哥伦布"驾船抵达这个陌生、神秘、危险而又遥远的世界边缘。人们深信传说中的英雄们就住在那里的祝福岛上。从希腊西海岸向西眺望，就可以看到50里外的靴子形的意大利海岸，希腊人只要渡过海面，就可以沿西西里岛的海岸航行，并深入西方。那是一个充满诱惑的新世界。尽管腓尼基人早已到达了那里，但对希腊而言，发现意大利的重要性相当于欧洲人发现了美洲。

公元前750年左右，希腊人开始向西方世界扩张，经过不到一个世纪的时间就占领了意大利南海岸的边缘地区——从意大利靴子的跟部到足背的北方那不勒斯，因此南意大利地区被称作"大希腊"。希腊殖民者从这里向北遥望，可以看到野蛮人聚居的丘陵，这个地方成了后来的罗马。希腊人做梦也没有想到这个不起眼的小城镇后来会成为世界霸王，甚至连希腊各国的那些骄傲的市民都成了它的臣民。因为希腊文明比意大利的任何地区都发达，所以意大利的文明史始于希腊人的进入，文字、建筑和艺术都是希腊人带来的。

希腊殖民者也到达了西西里，他们赶走了除西西里岛西海岸之外的所有腓尼基人，那里的贸易原本掌握在腓尼基人手里。西方的希腊殖民者像希腊本土居民一样生活，西西里岛东南角的叙拉古一度成为希腊世界文明程度最高的强大城市。他们还在后来的法兰西海岸的马赛建立了一个城镇，在那里控制着莱茵河以上的贸易。为了夺取塔特苏斯银矿，他们甚至扩张到了西班牙的地中海海岸。

就这样，在贵族统治时代，希腊从黑海沿地中海北岸不断扩张，几乎抵达大西洋。希腊人的扩张是印欧线向西延伸的一部分；同时，腓尼基帝国也在使闪米特线的西翼沿南地中海延伸，与北面的印欧人对峙着。

由于希腊和腓尼基的扩张，一个伟大的地中海世界形成了。那么，究竟谁是地中海文明的主导者？是以希腊本土及其殖民地为中心的希腊文明，还是腓尼基平底船和各地的腓尼基居民点传播的东方文明？要想回答这个问题，需要先了解爱琴海地区希腊文明的形成和发展过程。现在，我们开始讨论这个问题。

三、贵族时代的希腊文化

这个时代的希腊人开始思考人类自身的行为。在当时的希腊人看来，美德不再只是指在战争中英勇无畏，还包括待人的友善和无私。

希腊人对自己的国家产生了我们称之为爱国主义的情感。

我们知道，希腊城邦一直保持着分裂状态，从不曾联合成一个统一国家。但希腊城邦中也存在着有利于统一的因素，战争和体育比赛就是其中的两个主要因素。体育比赛源于早期的希腊风俗。在为英雄举行的葬礼上，古希腊人就举行体育比赛表示纪念。尽管在比赛中不同地区之间会进行竞争，但在纪念共同的英雄和筹备体育比赛的过程中，人们会产生一种联合情绪。这种活动最终演化成在固定季节为祭神而举办的体育比赛。早在公元前776年，在奥林匹亚举行的体育竞赛就成了公众节日，以后每四年举办一次。这是全体希腊人都参与的体育盛会。

宗教也是一种促进希腊统一的强大力量。在希腊神庙中供奉着全体希腊人共同的神，对共同的神的崇拜使各城邦国家组织起一些共同的宗教理事会。理事会由各相关城市的代表组成，他们定期聚会。在这个共同的神庙组织中，每个城市都占有席位。这些理事会相当于古代世界的代议制政府。其中最重要的有两个，一个是负责奥林匹克比赛的理事会，另一个是服务于德尔斐的阿波罗，即负责组织得洛岛上每年一度的阿波罗节的理事会。

在理事会中，各城邦的代表们讲着各种希腊方言，但他们都能听懂彼此所表达的意思；就像在美国，一个缅因州的公民能听懂一个路易斯安那州的人讲的话一样，尽管他可能会取笑对方奇怪的发音。各希腊城邦之间语言相通也是促使他们联合的因素。荷马史诗也是促进联合的重要因素。荷马史诗是希腊人的共同遗产，它讲述了希腊人联合起来对付亚洲的特洛伊城的战斗故事。

因此，共同的风俗、宗教、语言和传统是希腊联合的纽带，激发着共同的民族情绪。这种民族情绪使希腊人把本民族与其他民族区分开来。希腊人称所有非希腊民族为"野蛮人"。他们的这种称呼最初并没有蔑视非希腊民族的意思,而是一个表示与"他们自己"有关的词,其中也包含着希腊人的联合情绪。后来,希腊人称自己为"海拉斯",他们认为自己都是海拉的后代。这种名称并不是指哪一个希腊国家或城邦,而只是指所有说希腊语的人或城邦。

希腊一直没有表现出政治上联合的倾向,这不仅表现在战争方面,在贸易关系上也有明显的表现。任何一个城市的商人都不能在别的城市享有合法权利。只要不是那个城市的公民,那个城市就不会保障他的权益,甚至连生命安全也没有保障。希腊城邦从没有制定过保护陌生人的法律。在别的城邦的商人们只能通过古老的友好习俗寻求保护,成为某个市民的客人。如果他在这个城邦找不到这样的"主人",而城邦政府又需要接受这个异乡人,就会指定一位公民作为他名义上的主人。这体现了各希腊城邦强烈的地方主义情绪。这是希腊人最致命的性格弱点,最终导致了联合的失败:每个城邦都坚持自己的地方特性,不愿消除相互间的嫉妒和成见。在这种情况下,根本不可能形成一个大的联盟,或建立一个包括全体希腊人的大国家。

即便引进了东方的各种奢侈品,如华丽的服装和假发,贵族时代的希腊人仍然是粗俗的,他们的生活仍然非常简单。在很多方面,希腊人仍然是落后的。在各希腊城邦中,所有房屋都是用晒制的泥砖砌成的,街道狭窄,只能称之为小巷。君主的王宫和城堡建在最高处,这些王宫和城堡是长方形的泥砖建筑。王宫前面有一个带一排木柱的大门廊,宫殿有一个尖形屋顶,四面是三角形的山墙。最早的希腊神庙就是这种粗陋建筑。这个时代的神像都被雕刻在木柱上,在木柱上端砍凿出粗略的头像,披上衣服,这个木柱就成了神的代表。

那时，能够阅读的人很少，拥有或能阅读荷马史诗手抄本的人更少。希腊人通过讲述寓言故事来教育孩子。他们通过各种动物的故事来传播他们的道德观念，以象征方法区别美丑善恶。那时的希腊人已开始思考人类自身的行为。希腊美德不再只是在战争中英勇无畏，还包括待人友善和无私。他们对自己的国家形成了爱国主义情感。他们认为即便是神灵也要有正确的行为，贵族充当海盗是不光彩的。

随着希腊人新的行为准则的确立，一种新文学应运而生了。荷马时代的诗人从不描述自己，不描述现实世界的生活，他们专注于颂扬古代英雄们的业绩。早期诗人颂扬的英雄及其光辉成就早已过去。现在，各种现实问题困扰着希腊人。农民们所进行的艰苦的生存斗争，使人们意识到现实生活的重要性。普通农民的日常生活成了当时的伟大文学的主题。

讴歌英雄的声音渐渐消失了，欧洲上空响起为穷人和卑贱者的歌唱（公元前750年～公元前700年）。希西奥德——比奥提亚赫利孔山脚下的普通农民——开始为农民的痛苦和无望的生活，即他自己的生活而吟唱。他为包括自己在内的在难以承受的负担下苦苦挣扎的贫困者歌唱。在他的吟唱中有这样一个故事：他的兄弟珀西斯通过贿赂法官夺去了父亲遗留下来的土地。

在欧洲农民反抗贵族的时候，地中海地区的希伯来人也开始了同样的斗争。希西奥德呼吁公民平等的声音如同巴勒斯坦地区的希伯来人呼声的回响。在巴勒斯坦地区要求正义和平等的呼声中，产生了一种推崇世人兄弟般情义的宗教；而在希腊，正义的呼声唤出了一种新政权——民主政权，人民的统治。在新的政权下，希腊民众不再受少数权贵压迫。下面，我们将对希腊民主——人民统治的形成过程做一番介绍。

第十二章 手工业革命 僭主时期

图 12.1 希腊最古老的神庙——奥林匹斯赫拉神庙遗址

建筑物周围残存的立柱的形状和体积各不相同,因为它们是不同时期修建的,是为了取代原来的木柱。这些柱子都是多利斯式的,墙壁倒塌时将普拉西泰勒制作的精美的赫耳墨斯塑像埋在下面,后来的考古学家们在那里发现了它。

一、手工业和商业的革命

为了满足日益增长的贸易的需要，为了同腓尼基人竞争，希腊人在大力发展商业贸易的同时努力改进生产工艺。就这样，希腊开始摆脱对东方的依赖，走上了自己的新路。

希腊的殖民扩张和手工业发展引发了一场变革。手工业产品是各新建殖民地人们的生活所必需的，而且他们还可以因此而开展对内陆的商业贸易，因此欧洲广大地区就成了希腊手工产品的市场。希腊本土立刻开始了满足各殖民地对各种商品的需求的生产。爱奥尼亚城邦率先行动起来，附近群岛也不甘落后。最后连希腊大陆也受到了冲击。最早是科林斯（见图12.2），而后雅典也开始分享日益增长的希腊贸易的利益。很快地中海北部、西部和南部海岸都出现了满载希腊的金属器皿、羊毛织物和陶器等各种商品的商船，驶向远方异域。同时，他们带回了异域的各种产品，包括矿物原料、粮食和手工艺品，如来自北意大利伊特鲁里亚人的精美青铜器等。在得洛岛每年的节日和集市上，伊特鲁里亚青铜器与艳丽的东方地毯混杂在一起。

为了满足日益增长的贸易的需要，为了同腓尼基人展开贸易竞争，希腊工匠努力改进他们的生产工艺。公元前7世纪，希腊的手工业还远远落后于东方，但到了公元前600年后，希腊人开始领先于他们的东方老师。萨摩斯人学会了埃及人铸造空心青铜器的技术。而后，他们用自己设计的图案来装饰陶器，这些图案主要取材于神和人的生活，既生动有趣又有深刻的含义，于是，来自东方的那些半人半兽的形象越来越多地被希腊人自己设计的图案取代。就这样，在手工业方面，希腊开始摆脱对东方的依赖，走上了自己的新路。

图 12.2 科林斯地峡——伯罗奔尼撒与北希腊之间的交通要道

如果站在古代科林斯南边的山丘上（在画面左边之外）顺地峡向北望，可以看见两边的大海。在左边（西）是科林斯湾的一端，右边（东）是萨拉尼湾。科林斯地峡是东西方之间贸易的必经之处，科林斯湾因而成为东西方重要的交通中心，科林斯成为一个繁荣的商业城市。许多世纪以来，无数希腊的名人和斯巴达的军队，从这条长约60英里、通往伯罗奔尼撒的唯一通道走过（在观察者的背后）。地峡中间的那条发白的线条是运河，这条运河约有4英里长，最深水位约200英尺。

随着贸易的不断增长，希腊的小手工作坊越来越跟不上需求。小作坊只能满足小范围的需要，大规模的生产需要大批工人。由于找不到这么多工人，那些有钱的作坊主就大量购买奴隶，将奴隶训练成工人，把小作坊扩大成拥有大量工人的大工场。从此以后，奴隶劳动成为希腊人手工业生产的重要部分。

雅典人进入手工业领域的时间远远晚于爱奥尼亚城邦，但它们进入这一行业后，很快便取得了巨大成功。可以说，雅典在手工业方面所取得的成就，绝不亚于它后来在艺术、文学、哲学及军事方面的成就。雅典的工匠们早就要求在城中划出一个手工业作坊区，后来的雅典手工业工场远远超出了工匠们原来的想象。现代考古工作者发掘出来的希腊绘画陶瓶几乎半数出自雅典的六个工场，由此看来，雅典的工场一定是当时希腊世界最大的工场。现代考古学家在小亚细亚的墓穴中发现的陶瓶带有雅典陶瓶画匠的标记，那标记竟与从北非尼罗河三角洲和意大利的伊特鲁里亚城市公墓中发现的陶瓶上的名字一样，这实在令人震惊。这表明当年的雅典手工业者成了古代世界庞大商业的一部分。

商贸的发展需要先进的海上运输工具，造船工匠迅速做出了反应，他们建造了一种比"50支桨"帆船大得多的商船。新的"生意人"拥有了带风帆的船只，这种风帆早在好几个世纪前就由埃及人发明出来了。这种船太大了，不能再像从前那样把它拖到海滩上，因此，必须有避风港供其停泊，同时，锚也被发明出来了。为了向商船提供保护，必须建造威力强大的军舰，于是，战船或战舰与商船区别开来。第一艘双层战舰是科林斯人制造的。这种战舰上层给战士留出了更多房间，也更平稳，下层有保护桨手的装备。因为战舰不能依靠风力航行，所以它们仍然靠划桨推动行进。桨手们排成三列，每三个人坐一张长凳，每人划一支桨，它比老式的"50支桨"帆船的动力提高了三倍，但船的体积却没有增大。到了公元前500年，这些发明得到了广泛运用。强大的海上武装使希腊手工业和贸易如虎添翼，地中海市场上的腓尼基人很快就被希腊人击败了。

与此同时，货币的运用使希腊商业进入了一个新时代。爱奥尼亚人从小亚细亚内陆引进了一种东方商贸方式，即以贵重金属的重量作为价值依据进行交易。基本重量单位采用巴比伦尼亚的米那。60米那等于一个塔兰同，一塔兰同银子值1225美元。公元前700年之后，小亚细亚的吕底亚国王把银子分成重量一定、尺寸和价值都十分合适的小块。他们在上面印上国王或城邦的标志，表明其价值受国家保障，这种银片是迄今所知最早的货币（见图12.3）。

货币的发明大大方便了商业贸易，爱奥尼亚城邦迅速引进了这种便利，接着，这种便利传到了海上诸岛和欧洲希腊（公元前7世纪早期）。雅典人将米那银块分成100块，百分之一米那的银块价值18美分至20美分，这是当时通行的最小货币单位。欧洲大部分地区一直沿用着这种货币单位，法国的法郎、意大利的里拉和奥地利的克朗价值都为20美分，直到第一次世界大战为止。雅典人称这种货币为得拉克马，意为"一把"，因为它在日常交易中可以用来交换"一把"铁条或铜条，这类似于我们的铜板。五个得拉克马值一美元，而雅典人把四个得拉克马作为一元钱。古代的

图12.3　最早的铸币

这些经过粗制的银块与东方在很久以前用过的那种类似，上面加盖印章。其中1和2上留下了盖戳时铸造工具的痕迹。这种造型上的缺陷后来渐渐消除。由于印章是圆形的，铸币也随之变成圆形的了。1.吕底亚货币的两面（约公元前550年）；2.希腊凯俄斯岛货币的两面（公元前550年），从中可以看出希腊人对吕底亚货币的模仿；3.辛都斯的伽里安货币的两面（公元前650年～公元前550年），方形印章中的一例；4.雅典的一枚四得拉克马货币（公元前6世纪），带有雅典娜女神头像和猫头鹰与橄榄枝（方形印章）图案，刻有"雅典"一词的前三个字母。

得拉克马的购买力比现在的美元大得多。例如，一只绵羊值一个得拉克马，一头公牛值五个得拉克马，而拥有年收入500得拉克马土地的人就是富人了。

  以前，希腊的财富只包括土地和牲畜，有了货币以后，希腊人开始积攒货币，借贷业也出现了，后来又从东方引进了利息概念，借贷因此而普及开来，年利率一般为18%。一部分从未想到发财的农民现在越来越有钱了，手工业的发展和商业冒险给这个卑微阶层带来机遇。于是，一个富裕的工商业阶级兴起了，他们要求在政府中占有席位。他们很快成为一支颇具影响力的政治势力，贵族阶级再也不能无视他们的存在了。到了公元前6世纪初，甚至连梭伦这样的贵族也说："金钱成就了人。"①

  希腊的繁荣当然不能造就现代城市那样的城市。雅典和科林斯大约各有2.5万居民。其实，农业仍然是希腊人最大的收入来源。但以今天的眼光看，当时希腊人的农场和地产是很小的。当时最大的农场也不足100公顷，而拥有50公顷土地的人就可列入富裕阶级了。

二、民主的兴起　僭主时期

  以历史眼光来看，人民权力的增长是产生僭主的直接原因之一。不管公众看法如何，僭主都称得上是第一批民主斗士。

  随着富裕的工商业阶级的崛起，绝大多数农民的处境却越来越糟糕。许多农民的土地上立着作为抵押标志的石碑，这是当时希腊人惯用的标志。有钱的债主总想取消抵押，从而夺取土地。那些土地原来

---

① 有人认为这句话是阿里斯托德摩斯说的。

的主人有的正被卖往国外做奴隶，有的则逃往海外躲债。贵族统治者并不想去改变这种状况，相反，他们一直在千方百计地利用职权从无助的农民和小农场主的身上谋取利益。但是，贵族阶级也有了新的敌人。首先，新兴的富裕阶级憎恨贵族；其次，雅典手工业的发展使金属制品变得非常便宜，普通人也能买得起武器和铠甲了。另外，在斯巴达人的领导下，古代战术有了很大的发展，出现了人数众多、组织严密的长矛兵团，这种兵团类似于我们在古巴比伦见过的那种军团，有很强的战斗力。在战场上，每个军团都像一堵坚不可摧的墙，连战车也不能冲破，于是战车的历史至此结束了，成了只有在赛车场上才能见到的竞技用具。普通公民在军队中的地位大大提高，因而大大增强了下层阶级在城邦中的势力。

贵族阶级内部存在着宿怨，使他们分裂成相互敌对的党派。这种党派领袖常常以那些对现实不满者的代言人的面目行事，并且成为他们的领袖。农民和新兴工商阶级的公民大都在这样的贵族领袖领导之下。这样的贵族可以战胜并驱逐他的贵族对手，顺利夺得统治城邦的权力，成为城邦的统治者。

这种统治者实际上就是国王，这个新国王和旧国王不同，他没有王室祖先，是通过某种手段或暴力夺取城邦统治权的。因此，人们对他不像对以前的王族那么尊敬，他们也许会感激他，但绝不会忠于他。这种统治者总有一种危机感，希腊人称这种统治者为"僭主"，当时这并不是一个贬义词，只是用来专指这种身居高级职位的统治者。然而，在这种君主统治下，民众失去了更多的自由，希腊人往往会杀死僭主，杀死僭主的人被视为英雄和民众的救星。

早在公元前650年，希腊就开始出现僭主，但我们只称公元前6世纪（公元前600年～公元前500年）为僭主时期。他们主要出现在小亚细亚的爱奥尼亚城市和群岛，在优卑亚、雅典、科林斯和西西里的殖民地也有僭主。也就是说，当时靠工商业致富的希腊城邦中都曾出现过僭主。从历史的角度来看，人民权力的增长是产生僭主的直接原因之一，不管公众看法如何，他们都称得上最早的民主斗士。有些僭主，如科林斯的佩里安德、雅典的庇西特拉图等，关心人民的权利，削弱贵族的权力，注意公共设施的修建和维护，扩建港口，修建城市建筑和神庙，扶植艺术、音乐和文学。总之，他们注重一切文明建设。

当时，希腊所有法律都未形成书面条文。而东方早在很久以前就有成文法律了。故意曲解口头法律以袒护贿赂者对法官来说是很平常的事。人民要求把祖辈传下来的口头法律写成文字。经过长期斗争，雅典人争取到了这样一部成文法典（见图12.4），它是由一个叫德拉古的人于公元前624年编写的。这是一部非常严厉的法典，"德拉古的"这一形容词进入我们的语言后，就成了"严厉"的同义词。

当时，雅典内部的局面极为严峻，而雅典与邻国的冲突使局势更加严峻。迈加拉商人占领了俯瞰雅典港的萨拉米斯岛。萨拉米斯失守及贵族统治者多次收复失败，使雅典人极为愤怒。于是，一个叫梭伦的人站了出来。梭伦出身于古老的贵族世家（雅典的古代国王就属于这个家族），他靠海上商业冒险发了财。在雅典危急关头，他以其激昂的诗歌激励他的同胞，号召雅典人洗雪失败的屈辱。萨拉米斯终于被收复了，梭伦受到了雅典各阶层的拥戴。

梭伦于公元前594年被推选为雅典的执政官，他可以全权改善农民的恶劣处境。他宣布禁止以土地作抵押，债主不得限制公民的人身自由。梭伦是一个成熟的政治家，他没有同意下层阶级将贵族所占的土地进行重新分配的要求。他制定了一项法律，规定任何公民都可以

图 12.4 哥廷纳的古代法院遗址和刻在墙上的希腊最早成文法律

这座法院在克里特的哥廷纳,是公元前 6 世纪修建的一个环形建筑,周长约 140 英尺。任何一个认为自己受到了不公正对待的公民,都可以从刻在这个建筑物石墙里层的 12 根立柱上的法律条文中寻求帮助。刻在墙上的法律条文约有 30 英尺长,高度正好便于人们阅读。它是保存至今的最长的希腊铭文。其中有这样的规定:禁止债主夺走债务人的工具或家具抵债。这说明梭伦时代的希腊有一种伸张正义的倾向。

向通过抽签选出的由 30 岁以上的公民组成的陪审团提出上诉——像败诉的希西奥德那样。这些改革使公民有了更多寻求公正的机会。梭伦的法律被写成文字,是第一部希腊法典。这部法典规定,所有自由人在法庭上一律享有平等权利。

梭伦还颁布了一部新宪法,这部新宪法规定全体公民都有参与国家管理的权利。它根据公民的总收入把他们划分成四个等级。只有贵族才能担任最高职务,农民只能担任低级职务。这样,政府就完全掌握在贵族手里了,但是贫贱的自由民现在有了参加公民大会的权利和投票权。

梭伦是以其流传下来的诗歌而出名的第一位伟大的希腊政治家,他的性格特征是中庸和正确的判断。当所有雅典人都以为他要成为"僭主"时,他果断地辞去了已超过期限的执政官职务,离开了雅典,几年后才回来,这是为了使他的宪政能够有充足的实践检验机会。

梭伦使雅典避免了一次巨大的社会灾难,雅典在工商业方面所取得的成就,很大程度上要归功于他的改革。但是他的宪法没有使富裕的工商阶级得到担任政府领导职务的权利,他们仍在为获取权力而斗争。梭伦虽然缓和了矛盾,但并没有使雅典摆脱僭主统治。

在一支由某个极有势力的贵族家族成员组成的雇佣兵的支持下,庇西特拉图从流放地回来,成了雅典城邦的僭主。他的统治是非常明智的,得到了许多雅典人的支持。他建立了一支拥有48艘战船的舰队,夺取了赫勒斯蓬特海峡,从而控制了黑海的门户。后来的事实证明,此举非常有利于雅典的发展。他对雅典的许多公益事业进行了改革,把农民在春季举行的酒神节引进城市,促进了剧院和雅典戏剧的发展。在他的统治下,雅典的手工业和商业出现了空前的繁荣。至庇西特拉图去世时(公元前528年,与波斯王居鲁士同一年),他已为雅典以后的发展奠定了基础。

庇西特拉图的儿子西帕库斯和希庇亚斯很有才干,然而,雅典人对这两位僭主再一次表现了偏见。雅典人的爱国热情爆发了。雅典青年哈莫狄乌斯和阿里斯托基顿以自己的生命为代价杀死了其中一个僭主(西帕库斯),另一个(希庇亚斯)被迫逃亡。公元前500年前不久,雅典从僭主统治下解放出来了。

在贵族克里斯提尼率领下,人民从贵族那里夺取了新的权力。为了削弱贵族的势力,克里斯提尼打破按血缘关系划分部落的习惯,完全按地区来划分部落,那些旧贵族氏族被分开了,他又把被他分开的各部分安置在不同地区的部落中，这样，贵族在各部落中就只占少数了。这就大大削弱了贵族的力量，使他们无法采取联合行动。

为了防止僭主的产生，克里斯提尼颁布了一项法律，规定每年通过公民投票指控某人为危害城邦安全的人，此人将被流放10年，一个公民想投票反对谁时，只需在市场上捡一片碎陶片，在上面写下某人的名字，把它投到投票罐里就行了。这种陶片叫"奥斯特拉空"，"放逐"某人（意为"投他以陶片"）意味着通过驱逐罢免他的行政职务，尽管高级职务只能由贵族担任，但是有了这条法律，拥有除土地以外的财富的公民就拥有很大的政治权利了。至此雅典建立了使人民享有极高权力的政府。雅典成了民主制城邦。

在这个时期，斯巴达的势力也有了很大的发展。斯巴达人在军事上不断取得胜利，最终伯罗奔尼撒半岛的1/3落到它的统治之下。公元前500年前不久，斯巴达人以武力强迫邻近的城邦加入"斯巴达同盟"，几乎所有伯罗奔尼撒国家都加入了这个同盟。这个同盟的领袖斯巴达是希腊最强大的城邦。它没有手工业，因此也没有富裕的工商业阶级。希腊僭主产生的原因便是工商业阶级对贵族的打击。斯巴达没有出现僭主，它通过指定两位国王共同执政来分割王权，它反对民主，敌视雅典的民主制度。

三、僭主时期的文明

僭主时期是世界史上最伟大的时代之一，是一个全新的科学和哲学的世界。这种充满活力的希腊新生活的内在影响力体现在政治家身上，体现在文学和宗教上，体现在雕塑绘画上，体现在房屋和建筑上。

尽管雅典贵族被迫交出了很多政治权力,但是,他们仍然享有担任最重要职务的特权,他们仍然掌管着各种重要的社会事务。他们引领着当时的社交潮流,是一切公共场合中最引人注目的角色。贵族的光环仍在他们头上闪耀。在公共体育竞赛中,那些贵族出身的希腊青年为夺取体育竞赛的奖品而角逐。奥林匹克比赛的优胜者除了可以得到桂冠外,雅典籍的优胜者还可以得到500得拉克马奖金,而且可以在城邦的公共餐桌上用餐。当时的许多伟大诗人,尤其是品达,都曾赋诗向胜利者祝贺。

贵族青年大部分时间都在公共体育馆中锻炼身体。这时,文字已经成了人们生活中的重要部分,年轻人更是一刻也离不开它。贵族青年们所接受的教育主要是在体育馆中锻炼。这被视为一种强身的艺术,而不是为了竞技场上的角逐。于是,他们按照这项艺术的要求进行锻炼,不愿再为博得体操训练场边的围观者的掌声而放弃这项原则。希腊文明中的最大缺陷是妇女在城邦中所起的作用极其有限。因为妇女没有受教育的权利,也无权参加各种社会活动。

在当时的人们看来,没有音乐训练的教育是不完善的。在僭主时期,希腊音乐发展成为真正的艺术。音符系统之于音乐就像字母之于文学,亚述人发明过一套音符,现在希腊也发明了一个类似的系统。笛子很早就从埃及传到了克里特,后来又从克里特传到了希腊。这种一直很受人们喜爱的乐器,在希腊人那里得到了很大的改进,一位希腊音乐家还写了一首笛子曲,描述的是阿波罗与巨龙搏斗的情景。还有一种乐器叫里拉琴,最初只有四根弦,希腊人将它改成八弦,里拉琴独奏曲很受欢迎。这两种乐器都可用于歌曲伴奏,也可以同时为男女青年组成的合唱队伴奏。在这里,我们找到了为合唱伴奏的交响乐的起源。

音乐对当时的文学产生了很大影响,诗人们开始创作一些能和着里拉琴曲演唱的诗歌，因此这类诗歌被叫作"里拉"诗。诗歌创作从梭伦式的严肃讨论转向表现普通人的心情、愿望、梦想、希望和激烈情感的歌曲，底比斯的品达是那一时期最伟大的诗人。品达为自己的高贵出身，为自己是僭主和贵族的朋友、亲信同时又是无畏的进谏者而骄傲，享有的财富和所担负的等级义务使他感到非常荣耀。他尽情地歌颂恢宏壮丽的场面，他的描述生动感人，读他的诗，似乎可以看到战车在飞驰，可以听到骄傲的优胜者戴上桂冠时群众的欢呼声。他经常在激昂的演说中热情赞美贵族的生活和统治。他那不朽的诗句体现着对神的虔诚信仰和赞美。他最崇拜的是阿波罗，他认为阿波罗是一个预言家。他是一个即将逝去的时代的最后一个，也是最伟大的代言人——贵族统治行将让位于人民的统治。女诗人萨福也是当时最伟大的里拉歌手之一，她是最早的伟大的文学女性，是世界最伟大的女诗人之一。

合唱是一种很受欢迎的演唱形式，乡民们多以这种方式庆祝节日。这一时期，西西里诗人斯特斯卡洛创作了许多合唱歌曲，用这种形式讲述古老的神话。歌手们在沿着乡间大道游行时披着山羊皮，用酒糟涂脸，或戴着面具。这是宗教化装表演，东方很早就有这种表演了，在表演中，歌曲分别由合唱队和他们的领唱演唱。为了吸引农民观众，领唱者经常打着手势、做着动作，形象地表现歌曲叙述的故事。领唱者也是演员，这可以说是现代舞台表演的先驱。庇西特拉图将酒神节引进雅典之后，这种表演形式迅速发展起来。领唱者由一个人变成两个人，并且出现了两个领唱的对话，表演变得更加丰富生动。增加了一个领唱后，大部分台词仍由合唱队朗诵。后来又产生了音乐剧，剧中的表演和台词由合唱队和两个演员分担。希腊人称这种戏剧为悲剧，其意似乎为"山羊剧"，这大概是因为合唱队总是披着粗陋的山羊皮的缘故吧。

合唱队常在山坡上表演，在那里，观众可以眺望乡村和大海的美景。雅典人就在卫城山的斜坡上观看演出，他们可以遥望大海另一边的阿戈斯山。在卫城南面，庇西特拉图为酒神建起了神庙，并修建了最早的剧院，后来又添置了布景，这一切都被现代的剧院继承下来。

僭主们似乎特别热衷于修建宗教建筑，并且做了很大改进。当时，希腊的城市建筑，包括政府建筑，还都是砖瓦结构。我们在尼罗河畔见到的那种宏伟的石头建筑，在爱琴时代以后的欧洲根本没有出现。现在，那种砖瓦结构的粗陋神庙已被僭主建造的石灰石建筑取代。德尔斐的阿波罗神庙的前门甚至是用大理石砌成的。希腊世界的僭主时代是历史上建造神庙最多的时期。在今天的西西里和南意大利，这个时期修建的宏伟神庙依然存在，向我们展示着希腊建筑独特的古朴之美。这一时期的神庙不再用贵族时代的木柱，一行行多利斯式石柱（见图12.5）整齐地环绕在神庙周围。尽管埃及廊柱建筑形式仍然很受重视，但僭主时期的希腊建筑师做了很大改进，创造出了超越所有早期建筑师所设计的廊柱的最

图12.5　古埃及立柱及由它演化而来的多利斯立柱

最早的希腊立柱是一种柱身带凹槽的石柱（B），与约公元前3000年埃及的立柱（A）十分相似。每根希腊立柱都体现出希腊人对埃及人的模仿，希腊人使这种立柱更加完美，增加了柱头，增加了更美丽的线条。在波斯人引进之前，东亚一直没有这种立柱。

美丽的廊柱。这些希腊神庙也像尼罗河畔的神庙一样涂有鲜艳的颜色。

这种神庙饰有三角形的山墙,墙上有一组组浮雕神像,这些浮雕表现了各种神话。希腊的雕刻家们深受东方浮雕艺术的影响,但这些浮雕却都是独创性作品,表现了希腊人在艺术上的突破。希腊雕塑受埃及雕像的影响,他们的早期作品显得呆板僵硬。在为体育竞赛优胜者雕像时,受爱国主义精神的鼓舞,他们力求在艺术上有所突破,努力创作东方未曾有过的作品,他们终于取得了成功。他们为那两个因刺杀庇西特拉图的儿子而牺牲的青年铸了一座纪念雕像(见图12.6)。这座雕像表现了这两个人攻击僭主的瞬间,尽管这件作品仍有一些旧形

图12.6 雅典杀死僭主者——哈莫狄乌斯和阿里斯托基顿——的雕像

这组雕像立在战神山的坡地上,在市场上方,雕像表现了两个青年英雄攻击僭主的情景。他们在刺杀庇西特拉图的两个儿子时牺牲了,把雅典从僭主手中解放出来(公元前514年)。萨拉米斯战役后,这组雕像曾被波斯人运走,雅典人又制作了一组新的。后来亚历山大或他的继承者在波斯发现了原来那组,把它运回并安放到了原来的地方。于是,在那里就有了两组雕像。上图是一个大理石复制品,可能是根据后来那组雕像复制的。

第十二章 手工业革命 僭主时期 311

式的痕迹，但已在表现人体剧烈运动方面有了明显进步。这座塑像是用青铜铸造的。

绘画艺术也有了很大进步。在诗人开始根据客观事物进行创作的时候，陶瓶画师也不再只描绘传说中的神和英雄，而开始从日常生活中提取素材，并且尝试着对绘画技法进行改进。逐渐地，他们所画的人物越来越自然真实了，早期的艺术家从不曾达到这一高度。他们掌握了从不同视角表现物体的技术，这种被称作透视的问题第一次被希腊画师们解决了。这种取材于现实生活的绘画艺术使僭主时期的陶瓶（见图12.7、图12.8）成为现代人了解希腊生活的宝库，这使我们想起了在尼罗河的墓画中所了解到的2500年前的埃及生活。

希腊的文学和绘画告诉我们：当时的希腊人非常热爱他们的生活。我们从文学艺术作品中了解到，他们比以往更关注品行问题，并且他们对正确和错误有了更深入细致的认识和区别。人们不再相信荷马（见

图12.7　希腊陶瓶画，表现的是希腊妇女的家庭生活

右边，一个女仆正递给女主人一个埃及雪花石膏香水瓶，在玻璃器皿中也有这样的造型。女主人坐在那里，手里拿一面镜子，正在对镜整理鬓发。在她身后，有一位女士正走向她。左边有一位女士正在绣屏上刺绣，她前面有一个人正看着她工作。这个人穿着外出的服装，显然是个来访者。刺绣女士身后有一个拿着篮子的女士。图中的人物形象十分典雅。这些人物当初是红色的（红土的颜色），底色用的是当时流行的黑亮颜料。

图 12.8 雅典绘画陶瓶（公元前 6 世纪早期）

这件精美艺术品（高 30 英寸）是在意大利的一个伊特鲁里亚人坟墓中发现的，是梭伦时期制作的，被运到了意大利。陶瓶上标明，陶匠俄戈蒂穆斯赋予它美丽的造型，画匠克里蒂俄斯给环绕着整个陶瓶的图画涂上华丽的色彩。从中可以看出希腊艺术家已经摆脱了东方艺术的影响，他们以自己的想象力描绘出了希腊传说中神和英雄故事中的情景。公元前 6 世纪末

期，希腊陶瓶画家开始把整个陶瓶涂成黑色，然后用红颜料在上面作画。这使他们能更细致地描绘图形，使装饰图案更加丰富多彩。这一时期的希腊人已成为世界上最优秀的绘画者。

图 12.9）诗篇中神对恶人的纵容。斯特斯克卡洛十分敬仰妇女的忠贞，他不接受关于美丽的海伦的传说，于是，他在节庆诗里演绎了另一个完全不同的古代故事。人们对善恶有了更深刻的认识：无论是凡人还是神仙，即使宙斯和他的奥林匹亚也必须品行端正。人们开始相信，在死者的世界里，恶人将受到惩罚。哈得斯成了专门折磨坏人的神，他有一只怪兽一样的狗克伯鲁斯，这是一种可怕的东方动物，最古老的形象是吉萨的守卫者斯芬克司。

图 12.9 荷马的理想雕像

这尊头像由波士顿工艺美术博物馆收藏，是一位晚期希腊雕刻家为一个从未见面的诗人制作的理想雕像。早期希腊还没有这种作品，这是希腊化时期的作品。

第十二章 手工业革命 僭主时期 　313

人们相信在另一个世界有一个好人居住的福地。在埃里西斯的神庙里,祭司们给新来者看一些表现得墨忒耳和狄奥尼索斯的尘世生活的图画,那是一幅幅幸福生活图景。据说,看到那些画的人能获得永生,并且可以住进祝福岛,那里原先是只允许古代英雄进入的地方。现在甚至连最贫穷的奴隶也可以进去,当然,他们必须是好人。

这时,人们比以前更渴望得到关于今生来世的知识。人们都相信阿波罗的神谕可以预示每次未来冒险的结果,于是阿波罗在德尔斐的神庙成了整个希腊世界的宗教中心。

同时,一些有独立思想的人抛弃了一切信仰,尤其不相信神统治世界的说法。很长一个时期内一直是爱琴海地区的商业领袖的爱奥尼亚城邦是思考这些问题的先锋。在同埃及和腓尼基的交往中,这些思想者掌握了东方的数学和天文学的基本知识。一个爱奥尼亚思想家竟然制出了一个埃及影子钟。在爱奥尼亚的米利都有一个叫泰勒斯的政治家,他曾到过很多地方,他在巴比伦得到了一卷天体观测记录,上面记载着巴比伦人对日食发生的大致时间的预测。泰勒斯根据这份记录计算出下次日食发生的时间,他告诉米利都人,在某年年底将会出现一次日食。日食真的像他所说的那样发生了,整个米利都轰动了,泰勒斯因此而声名远扬。

巴比伦准确预测日食的成就对泰勒斯产生了巨大的影响。在此之前,人们一直认为日食等天空中发生的各种异象都是神灵发怒的结果。现在,泰勒斯宣称天体运行遵循着某种固定规律。在人类思想史上,这也许是最重要的一步。神祇被赶出了天界,一直由宙斯的鹰统治的神秘苍穹被打破了。每个希腊旅行者在像泰勒斯那样参观过东方的那些巨大建筑——如当时就已有两千多年历史的吉萨金字塔——之后,一定会否定神的存在。神被赶出了历史,也被逐出了世界的开端。

后来，另一个米利都公民——也许是泰勒斯的学生——提出了关于动物起源的新观点，他认为高级物种是从低级物种演变而来的，这与现代进化论极为相似。他考察了大量海洋和陆地物种，绘出一幅以地中海为中心的世界地图。这是迄今所知最早的地图，虽然此前埃及和巴比伦就已有地图了，但那些地图所代表的区域非常有限。另一个米利都的地理学家赫卡泰乌斯在游历了许多地方——包括尼罗河上游——之后，写了一本地理书。在这本书中，仍然以地中海为中心，周围是距海岸很近的作者考察过的所有地方。赫卡泰乌斯还编写了一部由早期希腊神话和他游历东方时听到的传说合成的历史。在那位希伯来历史作家之后，赫卡泰乌斯是早期世界最早的历史作家。移居意大利的爱奥尼亚思想家毕达哥拉斯致力于数学和自然科学研究。他和他的学生发现，直角三角形斜边的平方等于另两边的平方之和，他们还发现琴弦的长度与音调高低之间存在着数学关系，还发现地球是一个自转的球体。另一个爱奥尼亚人在论述地球的起源时，提醒人们注意保存在岩石中的海洋植物和鱼类化石，这证明陆地曾被海洋淹没过。

就这样，这些爱奥尼亚思想家拨开了古代神话的迷雾，从神那里夺回了自然世界，打破了神是自然世界统治者的古老观念。他们是后世自然科学和自然哲学的先驱，他们试图弄清人类世界的由来、统治这个世界的自然规律是什么。他们最早进入了一个新的思想领域，我们称之为科学和哲学。这是一个早期东方的思想家从不曾涉足的世界。泰勒斯等爱奥尼亚思想家迈出的这一步至今仍然是，并将永远是人类思想史上最伟大的成就，这一伟大成就将世世代代受到敬仰。这些伟大发现使僭主时期成为最伟大的历史时代之一。商业、政府和社会等方面的激烈斗争刺激了当时的人们的思想，这种环境使他们解脱了古老思想的束缚,开辟了一个全新的科学和哲学世界。这是充满活力的希腊新生活的内在影响力,这种影响力体现在那个时代的政治家身上,体现在文学和宗教上,体现在雕塑和绘画上,体现在房屋和建筑上。当时的杰出人物形成了一个个群体,其中一个主要由僭主组成的群体被称作"七贤"。他们是希腊最早的政治家和思想家,他们的政治和思想成就永远为后人所敬仰。直到今天,人们还经常引用他们的名言,如"认识你自己",这是一条刻在德尔斐(见图 12.10、图 12.11)的阿波罗神庙大门上的谚语,"凡事有度,过犹不及"是梭伦的至理名言。

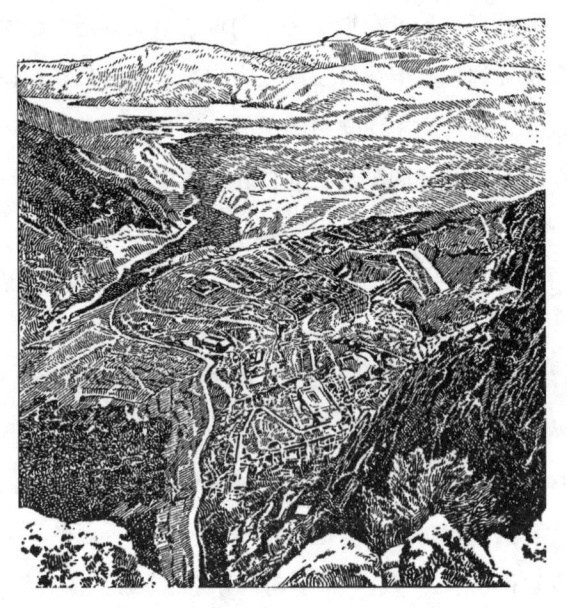

图 12.10　山谷至大海的景象和德尔斐遗址

　　这个美丽的峡谷位于科林斯湾北部的帕纳塞斯山,它很早就成了阿波罗的圣地,据说阿波罗在这里杀死了巨龙皮索。谷底的白色路线向下通往科林斯湾。路左边的悬崖有 1000 英尺高,路右侧的陡坡上是古代德尔斐神庙的遗址,前不久被法国人发掘出来。在大道右面的遗址上,有一条崎岖的山路通往山顶。

图 12.11 德尔斐建筑

自公元前 6 世纪起,这里就成了全体希腊人的圣地,所有希腊人和很多外邦人都到这里领受阿波罗的神谕。图中心最高大的是阿波罗神庙,是多利斯式的,曾多次重建。一条崎岖的小路由建筑群右下方延伸到这里,路边建有金库,用于存放希腊人奉献给阿波罗的财物,主要是金银雕像和象征胜利的三脚架,这些东西大都是城邦国王奉献的,也有些是个人奉献的。德尔斐最后被罗马人摧毁。尽管罗马皇帝尼禄(公元 54 年~ 68 年)曾从这里搬走 500 尊雕像,但当里维几年后访问这里时,仍然见到了 3000 尊雕像。

然而,庇西特拉图的儿子的统治被推翻后,僭主制逐渐消失了。尽管在某些城邦中僭主仍然存在——主要在小亚细亚的西西里,但总体而言,这时的希腊(约公元前 500 年)已走出了僭主时期。

第十三章　击退波斯

图 13.1　波斯浮雕

波斯波利斯的薛西斯王宫门厅上的一幅浮雕。图中，薛西斯在他的宝座上坐着，前面是他手下的贵族们，后面跟着他的随从和打扇人。在萨拉米斯，他曾坐在埃哥雷山顶俯瞰海湾，那时，他一定就像我们现在所见到的样子。

一、波斯人的到来

爱奥尼亚的城市文明刚刚进入最辉煌的时期,却不幸丧失了自由,沦为东方专制国家波斯的臣属。波斯人在爱琴地区迅速扩张,开始侵犯正在崛起的希腊世界。

爱奥尼亚的小亚细亚邻居对其在僭主时期所获得的领导地位构成了严重的威胁。这里除了有赫梯人的后代之外,还混居着后来的入侵者。我们在前面见过的吕底亚王国的国王克罗伊斯是他们的领袖,以萨蒂斯为首都,那是小亚细亚最强大、最坚固的城市(见图13.2)。希腊人就是从它那里学会使用货币的。后来,小亚细亚爱琴海沿岸的所有希腊城市几乎都臣服于吕底亚人了,只有米利都除外。

吕底亚的实力已经强大到足以遏制米底,但我们应该没有忘记,波斯的居鲁士在侵略小亚细亚时曾打败过克罗伊斯,并且占领了萨蒂斯。爱奥尼亚的城市文明刚刚进入最辉煌的时期,却不幸丧失了自由,成为东方专制国家波斯的臣属。波斯人在爱琴地区的扩张已危及正在崛起的希腊世界。

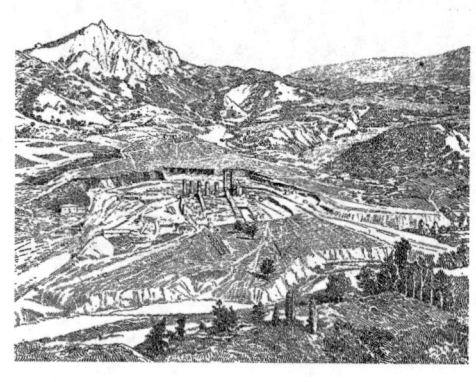

图13.2 正在发掘中的克罗伊斯的萨蒂斯城

图中,萨蒂斯遗址被背景山坡上的输水渠和一个水库的破损部分掩盖。图中的堤坝就是掩盖遗址的泥土的边缘,我们可以从图中心凸起的神庙后面看到这次考古发掘的范围。这次具有重大意义的发掘是在已故的霍华德·科洛思比·巴特拉教授的指导下由美国人完成的。

我们知道，波斯文明是一种高级文明，它的统治是一种开明统治。但另一方面，东方的政治传统中缺乏自由的公民权，而且在科学领域，东方人的思想被宗教传统束缚着。因此，波斯对希腊的统治将会妨碍希腊天才的自由发展。这些希腊小城邦根本看不到希望和光明，就算他们联合起来也难以有效地对抗这个庞大的、统治着古代东方所有我们已知的国家的东方帝国。但是，爱奥尼亚城市还是爆发了对抗他们的波斯主人的起义。

在同波斯的斗争中，雅典派了20艘战舰支援爱奥尼亚。波斯军队因此而进行报复，大流士军队侵入了欧洲。在这次穿越赫勒斯蓬特和色雷斯的远征中，大流士的陆军大量减员，随行的舰队在企图绕过阿陀斯山海角时又发生了海难（公元前492年）。因此，大流士放弃了这条入侵希腊的路线，另外制订了一个穿越爱琴海的入侵计划。

公元前490年夏初，一支由运输船和战舰组成的庞大波斯舰队离开萨摩斯岛，穿过爱琴海，驶进优卑亚和阿提卡之间的海峡。波斯人烧毁了曾派船支援爱奥尼亚人的小城埃拉特里亚。接着，他们在马拉松海湾的阿提卡海岸登陆，准备扑向更强大的对手雅典。庇西特拉图的儿子、雅典的前僭主、年迈的希庇亚斯是波斯人的向导，他怀着强烈的夺取对雅典的统治的渴望将波斯人引向雅典。

所有希腊城市都紧张不安起来。爱奥尼亚起义的失败，米利都被波斯攻占，在希腊人的心中留下了深刻印象。雅典一位戏剧家将这个城市所遭受的劫难编成一出戏剧，雅典人看过之后都被深深地感动了，他们在擦着眼泪离开剧院后竟向作者问罪，并对他处以罚款。现在，征服爱奥尼亚的波斯人在东北距雅典只有数英里的地方驻扎下来。在慌忙向斯巴达派出信使，发出几乎不抱什么希望的援助请求之后，雅典公民们开始为他们的城市的无望处境担忧起来。见雅典人没有什么防备，大流士派出进攻雅典的军队并不多，大约不到两万人。但雅典人能投入战斗的人数更少，还不到波斯人数的一半。幸运的是他们的将军中有一个经验丰富而又机智灵活的指挥官米尔提阿得斯。这个人很有谋略，性格坚强，而且他曾在赫勒斯蓬特住过，对波斯的战术极为熟悉。克利马库斯元帅对他十分信任。雅典公民们全都响应号召武装起来，并聚集到了城里。米尔提阿得斯说服了其他将领，他主张不要死守雅典被动地等着波斯军队前来攻打，而应该率军队穿过半岛，在东海岸的群山中阻击波斯军队，扼守通往雅典的道路。这个勇敢而明智的建议让陷入绝望的希腊人看到了光明和希望，升起了勇气和热情。

但是，当他们进入山中安营扎寨后，看到下面以几百艘战船为侧翼的波斯军队几乎驻满了马拉松平原（公元前490年）（见图13.3），恐惧和失望的阴影又笼罩了这支小小的雅典军队。他们吓得瑟瑟发抖，这支雅典军队是由没有任何战斗经验的公民组成，要同取得过多次胜利的波斯职业军人对阵确实非常困难。米尔提阿得斯使将士们紧密地团结在一起，几千名普拉提亚希腊人的加入又使雅典人恢复了勇气。希腊人顽强地把守着通向雅典的大道，据守在俯瞰大道的山上，使波斯人很难前进，除非他们放弃前进的路线，以避免把侧翼暴露给雅典人。

波斯人在有利位置同雅典人僵持了七天，始终没能把雅典人引出来。后来，他们企图沿着通往雅典的道路推进，并调遣一支精锐部队防守大军侧翼，使对方无机可乘。米尔提阿得斯熟知波斯人习惯把人数最多的部队放在中间。因此，他加强了自己部队两翼的力量，而中间的力量则相对薄弱。这是一场弓箭对长矛的战斗。雅典人面对波斯人如疾风暴雨般的箭矢毫不畏惧，两翼勇敢地向后面跪着弓箭手的波

图 13.3　马拉松平原

　　图中是马拉松平原南端的山丘。向东北方眺望,越过马拉松海湾的一角,可以看到优卑亚岛上的山脉。波斯人的船只在这里被拖上海岸,他们的营地就在这片平原上。希腊人抢占了山上俯瞰平原的最佳位置(在画面左侧之外),扼守着通向雅典的道路,防线在我们后面 25 英里处。当波斯人开始沿海岸线向右推进时,希腊人穿过平原展开了攻击。战死者的坟墓离这里太远,在画面上看不到。

斯盾牌手的防线发起进攻。在波斯的中军击退雅典力量薄弱的中军时,雅典军队的两翼从两边包抄过来,从后面攻击乱成一团的波斯军队。亚洲军队被这两支勇猛的雅典部队的两面夹击打得溃不成军。波斯人的弓箭失去了用武之地,而希腊人的长矛却充分发挥了长处,给波斯人造成了大量伤亡。后来,波斯人逃回了船上,在战场上留下了 6000 具尸体,而雅典人损失了不足两百人(见图 13.4)。当不愿接受失败的波斯统帅率舰队绕过阿提卡半岛来到雅典海港时,他发现登陆也不是最佳选择,因为雅典城附近被获胜的雅典军队严密地防守着。波斯人无奈地撤退了,我们不难想象雅典公民们在看到波斯舰队消失在海的那一边时的心情。

图 13.4 纪念在马拉松平原牺牲的希腊人的坟墓

该墓高约 50 英尺。1890 年,考古发掘者发现了其中埋葬的 192 个战死的雅典公民以及他们使用的一些武器和随葬陶瓶。

二、击退波斯人与腓尼基人

公元前 480 年,希腊人分别在东西方两条战线击退了波斯人和腓尼基人的进攻。向西扩张到爱琴海的波斯在遭到一连串打击后,被迫离开了欧洲。从此以后,波斯军队再也没有踏上欧洲希腊的土地。

塞米斯托克利斯是参加马拉松战役的雅典军队中的一员,他是希腊最聪明、最有才干的政治家,曾担任过雅典城邦的最高职务——执政官。他认识到必须建立一支强有力的海军,这项建议得到了庇西特拉图的支持。因此,在担任执政官时,塞米斯托克利斯竭力向雅典人说明,雅典只有成为地中海的海上霸主才是抵抗波斯侵略的唯一希望,但这项建议没有获得批准。现在,雅典人亲眼见到了波斯人的舰队穿越爱琴海在马拉松登陆的情景,他们开始认为一支强大的雅典海军也许能够阻止他们。

大流士一世还没来得及洗雪他的军队在马拉松的惨败之耻就死去了,他的儿子薛西斯继承了王位,决心继续实现这一梦想。薛西斯制订了一个征服从希腊到西西里的地区计划。他认为,在他掌握的腓尼基城市的协助下,他能够轻而易举地做到这一点。他的父亲大流士的海军政策使波斯人拥有了一支空前强大的腓尼基舰队。如果将来从海上进攻希腊,那将主要是一场闪族人的战争。同时,薛西斯强令腓尼基的迦太基进攻西西里。因此,由腓尼基人组成的强大的东方和西方(迦太基)的闪族大军的两翼将要攻击由希腊人组成的东方和西方的印欧防线。薛西斯听从了他的将军马多尼乌斯的进攻策略,取道赫勒斯蓬特向希腊进军。

就在波斯人准备再次入侵希腊时,希腊人也正为对付波斯人的侵略做着准备。他们发现,薛西斯的将领们正在阿戈斯的海角背后开挖运河,为的是开辟一条捷径,尽可能避免在绕过那个险要的海角时再遭遇上一支舰队那样的不幸。这一消息传到雅典,塞米斯托克利斯竭力说服雅典公民大会组建一支由大约180艘三排桨战舰组成的庞大舰队。于是,希腊人第一次拥有了从海上和陆上同时阻击波斯军队的实力。

塞米斯托克利斯是非常英明的,他针对波斯军队的进攻计划制订了相应的作战计划。亚洲人的陆军和海军,以海陆协同的方式沿希腊大陆东海岸扑来。塞米斯托克利斯的部署是先集中全部兵力迎击波斯海军，尽量打一场快速的具有决定意义的战役。一旦海上获胜，希腊舰队就可以沿希腊东海岸而上，从而对波斯军队的运输补给线构成很大威胁。力量薄弱的希腊军队要想挡住强大的波斯陆军的正面进攻是根本不可能的，除非能在只需要少量兵力把守的北部关隘尽量拖延他们的时间。经过一番努力后，联合希腊各城邦共同抵抗波斯人的希望落空了，但斯巴达和雅典还是把他们的军队合并起来迎击共同的敌人。塞米斯托克利斯说服斯巴达人接受了他的计划，条件是授予斯巴达希腊联合舰队的指挥权。

公元前480年夏天，亚洲军队来到了位于优卑亚岛西端对面的温泉关隘口。亚洲军队有20多万人，还有几乎相同数量的随军家属；波斯舰队大约有舰船1000艘，其中2/3是战舰。在一次风暴中，波斯人损失了数百艘舰船，但剩下的大约500艘仍然可以参战。斯巴达国王里奥尼达率领大约5000人在温泉关隘口阻击波斯人，同时由不到300艘三排桨战舰组成的希腊舰队在优卑亚北海岸的阿特米斯乌姆抗击波斯海军。两个大陆的海军和陆军展开了较量。

在几天的观望后，波斯人从陆上和海上发动了全面进攻。希腊舰队灵活而有效地抵抗着占绝对优势的敌人。勇敢无畏的里奥尼达同波斯军队持续战斗了一整天，保住了温泉关隘口（见图13.5）。

此时，波斯军队在陆海两方面都采取了迂回包抄的战术——一支陆军翻越山脉从背后袭击里奥尼达，另一支有200艘战舰的舰队绕过优卑亚，企图从背后攻击希腊舰队。一场风暴摧毁了一支波斯舰队，这使两军主力舰队的较量更加具有决定意义了。虽然波斯的海上分兵夹击行动未获成功，但对温泉关隘口的夹击却获得了胜利。由于腹背受敌，作战时冲在最前面的英雄里奥尼达在率领他的小部队抗击敌人时光荣

图 13.5 温泉关隘口

在波斯入侵希腊时,左边的山峰是垂直地插入海中的,中间只有一条狭窄的小路。2400 年的风雨使它不再像从前那么陡峻。周围的河流不断流进大海,大量泥沙使海后退了几英里,否则我们就可以在右边看到它。翻山而来的波斯人进入一边是海一边是悬崖的小路,根本不能展开阵形。直到波斯军队在一个希腊叛徒带领下乘夜间翻过左边的山岭,突然出现在扼守隘口的希腊人背后时,里奥尼达率领的斯巴达人才在敌人的前后夹击下全军覆没。

牺牲了,他的士兵也被波斯军队消灭。由于希腊陆军的失利和波斯军队的推进,希腊舰队在遭受了重创之后,被迫撤到南部,驻扎在萨拉米斯湾。而此时,斯巴达的主力部队和其盟军也撤退到了科林斯地峡,这里是希腊陆军在下一次作战中唯一有可能获得决定性胜利的地方。

当波斯军队通过温泉关隘口向南推进时,从不轻易认输的塞米斯托克利斯把雅典居民转移到了萨拉米斯的小岛和埃吉那以及阿戈斯的海滩。这时,希腊舰队已经作了一番休整,而且战舰数量超过了 300 艘,力量大大增强。人们从萨拉米斯向北望去,看到的只是岸边的道路上蠕动的密密麻麻的波斯军队；而在南面，亚洲人的舰队正从雅典的古老港口法勒姆驶来，一些人又陷入了绝望。高高耸立的阿提卡山上空被燃烧着的卫城的火焰映得通红，浓烟掩蔽了东方的地平线。这一切都清晰地向他们说明，雅典人的家园已化为乌有。塞米斯托克利斯充分发挥自己的机智和才干，将那些丧失了信心的将领团结起来，同时，他巧妙地利用假情报，说希腊舰队要悄悄溜出海湾，以诱使薛西斯舰队截击。

波斯国王薛西斯在能俯视萨拉米斯湾的山顶上安置了他的宝座，在那里观看整个战斗的进展情况。希腊人所处的位置正好在萨拉米斯海角的突出部分和阿提卡之间（见图13.6），对于大型舰队而言，这里实在太狭窄了。亚洲舰队在这片狭长水域挤成一团，在希腊人发动进攻之前就已陷入了混乱，甚至连逃跑的空隙几乎都没有。战斗持续了一整天，当夜幕降临萨拉米斯海湾时，波斯舰队已所剩无几了。雅典人从此成了海上的霸主，薛西斯的军队再也不能像从前那样横行无忌了。由于组建了一支完全属于自己的强大舰队，希腊获救了，塞米斯托克利斯因此而成为希腊最伟大的政治家。

到了这时，薛西斯开始担心自己的退路会被获胜的希腊舰队切断。塞米斯托克利斯也确实在竭力劝说斯巴达与雅典一起这么做，但小心谨慎的斯巴达人不愿轻易尝试在他们看来是冒险的事情。假如塞米斯托克利斯派希腊舰队封锁赫勒斯蓬特的计划能实施的话，希腊就不必第二年又对付波斯军队了。在疾病和供给不足的沉重打击下，薛西斯将军队撤退到赫勒斯蓬特，从那里退回亚洲，把他的将军马多尼乌斯和一支约五万人的军队留在铁萨利过冬。同时，希腊收到消息说，从非洲进攻西西里的迦太基军队被叙拉古的僭主基隆打败。亚洲从东西两面对希腊世界的进犯，在同一年被相继打退了（公元前480年）。

图 13.6 比利埃弗斯,雅典的海港,萨拉米斯岛和海峡

图中是这个繁华的雅典港口城市的现代建筑。远处是萨拉米斯岛的山峰,它一直向右延伸到遥远的北方,直到埃里西斯对面。右边四艘汽船就是那场激烈海战发生的地方。波斯舰队从左边(南面)驶来,因为有汽船后面的比斯塔利阿小岛的阻挡,它无法将战线充分拉长以进攻希腊舰队。处于比斯塔利阿背后和狭长的萨拉米斯海角的希腊舰队从右面(北面)出发,绕过比斯塔利阿,在四艘汽船停泊的地方与波斯舰队的前锋相遇。薛西斯驻守比斯塔利阿的一支部队被希腊人消灭。

在我们看来,塞米斯托克利斯的政策是非常明智的,但雅典人却不这么认为。冬季过后,他们感到萨拉米斯战役并没使希腊彻底摆脱波斯军队的威胁,因为马多尼乌斯很有可能会在春季来临时进攻阿提卡。塞米斯托克利斯派海军进入赫勒斯蓬特的建议本来可以将波斯军队完全赶出希腊,但城邦中的一些对他怀有戒心的派别却不分青红皂白地罢免了他的指挥权。但即使如此,马多尼乌斯最诱人的条件也没能使雅典人抛弃自由而与波斯人合作。

冬雨季节过去了,当马多尼乌斯率领他的军队再次对阿提卡发起进攻时,可怜的雅典人只能像从前一样逃离家园,这次主要是逃到萨拉米斯。每当发生危险需要做出迅速有效的反应时，斯巴达的行动总是迟缓的，直到最后它才把军队投入战场。在阿提卡的马多尼乌斯发现斯巴达国王保萨尼阿正穿越科林斯地峡准备断他的后路，便向北撤退，阿提卡大部分地区又一次遭到蹂躏。在斯巴达、雅典和其他同盟城邦的联合部队的策应下，保萨尼阿的三万步兵追赶马多尼乌斯来到了比奥提亚。

几天后双方在普拉提亚展开决战，在这几天的军事行动中，波斯人智胜保萨尼阿，攻占了希腊人后方的南侧山隘，夺取了他们的武器储备库。马多尼乌斯率领弓箭手疾速前进，波斯弓箭手跪在盾牌后面，向希腊人射出如暴雨般的致命箭矢，尽管希腊将军们有很多被射死，但他们并没动摇进攻的信念。希腊长矛队冲破波斯的盾牌阵，如同在马拉松一样，长矛队的抵近进攻是弓箭手无法抵挡的。马多尼乌斯努力维持他的被攻破的防线，但几乎没有任何效果，最后连他自己也倒下了。幸亏有波斯骑兵从后面的掩护，他们才没有被彻底歼灭。

欧洲希腊脱离了危险，同时，爱奥尼亚也被从亚洲专制统治下解放出来。希腊的三排桨战舰来到了米利都的迈加拉半岛，将那里残留的波斯舰队彻底摧毁。雅典人还夺得了赫勒斯蓬特的欧洲部分——塞斯图斯，控制了从亚洲到欧洲的通道，可以防止波斯以后的入侵。扩张到爱琴海的波斯在西方遭到失败后，被迫离开了欧洲。从此以后，波斯军队再也没有踏上欧洲希腊的土地。

第十四章 雅典和斯巴达对立 雅典帝国崛起

图 14.1 被流放的雅典人

这是一块陶罐残片,上面刻着塞米斯托克利斯的名字。公元前 472 年,在 6000 名公民的要求下,雅典人流放了塞米斯托克利斯,刻此陶片者就是那些公民中的一个。他们过去多次想过对其实施流放,只是一直没能如愿。

一、雅典与斯巴达对立的原因

希腊分裂成两大阵营:一是斯巴达,它成为传统的堡垒,代表着少数人的特权;另一个是雅典,它是先进文化的使者,代表着民众的权利。这两大城邦之间不可调和的矛盾代替了他们在争取自由的斗争中结成的情感同盟。

雅典人归来后,看到的是千疮百孔的雅典城,他们开始体会到他们对希腊的奉献和所取得的成就是多么巨大,那时的雅典卫城一如今天这般凄凉。在斯巴达不太及时的援助下,雅典人战胜了历史悠久的东方强国,这使他们产生了世界主人的感觉。过去的都已过去了,一个更加繁荣昌盛的全新的雅典即将崛起。

但是,斯巴达人对这一切却感触很少。斯巴达人全都是从军的士兵,只以军事训练为能事。国家中的男性全都是军人,由国家供给公共午餐,每15人聚集一桌,每天一起进餐。提供这种公共午餐是每一位公民应尽的义务,只要完成了这一义务,便可取得公民权。公民的田地交给奴隶耕种,公民唯一的任务就是进行军事训练,因此,整个国家就是一部军事机器。

这些士兵公民的数量不大,总数不过几千人。与拉科尼半岛其他无选举权的人的差异在于,斯巴达公民组成了小小的贵族阶层。因此,斯巴达实行的统治是有限的僭主统治。军人将自己奉献给战争,不从事任何商业活动,对艺术和工业也没有丝毫兴趣。由于他们的固执及对自己军事实力的自信,他们没有为自己的城市修筑围墙(图14.2)。当时的斯巴达既缺少公共设施,也没有纪念性建筑,只是由一些分散的村庄所组成,因此称其为城市多少有些牵强。他们的组织类似于军事俱乐部,生活在赖以生存的土地之外,由奴隶替他们耕种,完全靠榨取隶属于他们的没有选举权的人的血汗生活。在战争期间,他们的两位国王便成了军事指挥官。

现在,我们已经清楚,这些感情淡漠的斯巴达人,被严密的军事组织的盔甲束缚着,想象力极其缺乏,面对这个深受希腊文明影响着的大片世界,他们显得茫然不知所措。虽然他们也期望希腊成为军事强国,但却不想承担对外扩张的重任。这样,希腊便分裂成两大阵营:一是斯巴达,它成为传统的堡垒,代表着少数人的特权;另一个是雅典,它是先进文化的使者,代表着民众的权利。最终,希腊两大城邦之间的不可调和的矛盾代替了他们在争取自由的斗争中结成的情感同盟(这本来极有可能使古希腊成为一个统一国家)。两大城邦的斗争持续了一个世纪,这种内部斗争最终使希腊失去了世界霸主地位。

图 14.2 斯巴达所处的平原

现在,这片斯巴达人曾居住过的地方,已经长满了橄榄树。它没有城墙,在灭亡以后很长一个时期内仍然没有围墙。站在平原边缘的山上(近8000英尺高)向北眺望,可以越过雅典一直望到优卑亚。向北100英里,就是科林斯湾,向南125英里,则是克里特岛。图中的这座山将希腊一分为二。

现在,塞米斯托克利斯成为推动雅典发展进步和实施扩张政策的核心人物。他认为,雅典不能再走斯巴达的老路了。他机智地骗过了斯巴达人,为新雅典城筑起了一道牢固的城墙,斯巴达人是不赞成这么做的。与此同时,他还加强了雅典港口——比利埃弗斯要塞的防卫能力。在波斯人被赶走、斯巴达人放弃了希腊联合舰队的指挥权之后,强大的雅典舰队——塞米斯托克利斯的伟大创举——成了爱琴海的主人。

二、雅典帝国崛起 民主的胜利

雅典的公民大会制定并颁布法律。平民掌握着实权。同其他古代国家相比，雅典拥有更多有智慧的公民。

因为亚洲的希腊城邦惧怕波斯人的报复，雅典人便很自然地与爱琴岛和亚洲的希腊城邦结成了一个长期防御同盟。富有的城邦送来了战船，其他城邦则每年向同盟缴纳一笔贡金，由雅典负责指挥联合舰队并征收贡金。雅典又将重大事项的调度和征收贡金这样关系大局的事情交给亚里斯泰迪兹掌管，他是一位爱国公民，因其正直无私而被称为"公正的人"。亚里斯泰迪兹曾极力反对塞米斯托克利斯发展海军的计划，失败后遭到流放，但后来却在萨拉米斯战役和普拉提亚战役中声名显赫。尽管他过去不赞同塞米斯托克利斯，但现在却热情地支持新组建的防御同盟并为之做出了巨大贡献。他把多年积蓄的钱财都用在保护提洛岛的阿波罗神庙（见图14.3）上。从此，联盟以提洛同盟而闻名于世（公元前478年～公元前477年）。萨拉米斯战役后第三年，提洛联盟建立起来。将联盟变成一个由众城邦组成并依附于雅典的帝国，已是非常自然的

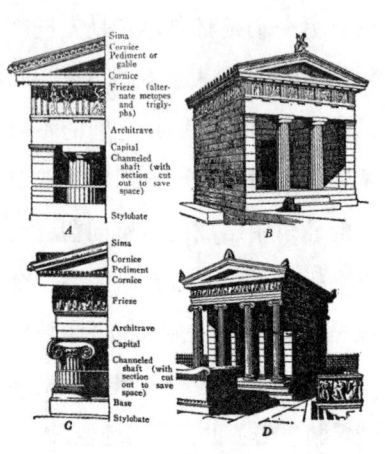

图 14.3 两种风格的希腊建筑：多利斯（A和B）与爱奥尼亚（C和D）

多利斯建筑是德尔斐雅典人的宝库，里边收藏着献给阿波罗神的各种祭品。马拉松战役的战利品就摆放在建筑物左侧的地基上。上方的墙壁上刻着阿波罗颂歌，颂歌还标有音符，这是留存至今的最古老的歌谱之一。D中华丽的爱奥尼亚建筑是纪念雅典卫城之战胜利的神庙的复制品。可以看出，同多利斯建筑相比，爱奥尼亚的廊柱更修长，房顶更牢固，设计也更为精妙、优美。从A图和C图中可以看出两种风格的不同之处。

事了。这一切都招致了斯巴达人更大的忌恨和怀疑。

在马拉松英雄米尔提阿得斯的儿子奇蒙率领下,联盟舰队已将波斯人彻底赶出了希腊海域。奇蒙没有意识到雅典统治希腊的重要性,却要与斯巴达结成同盟。对于这一问题,雅典内部产生了严重的政治分歧。贵族、富人和思想保守者支持奇蒙,愿意与斯巴达结盟;但反对保守落后的雅典进步人士却支持塞米斯托克利斯,同意他对斯巴达开战的计划。

塞米斯托克利斯没能获得公民大会的一致支持,于是遭到流放,后来又被判叛国罪(公元前 472 年~公元前 471 年),被迫逃往异乡。这位雅典历史上功不可没的政治家在其后半生服务于波斯国王,他没能亲眼看到他从波斯人手中解救出来的城市成为一个帝国的主宰。

奇蒙最后打败了一直游弋在西方海域的波斯海军(公元前 468 年),他光荣地返回了雅典。后来,斯巴达发生了叛乱,斯巴达人请求雅典出兵帮助镇压叛乱,奇蒙随即调派军队出兵斯巴达。这一点上,奇蒙高估了斯巴达人对雅典的友谊,因为斯巴达在叛乱尚未平息时,就非常无礼地要求雅典撤军,这一无礼的要求直接冲击了奇蒙对斯巴达的友好政策。雅典人通过投票流放了奇蒙(公元前 461 年)。

奇蒙被流放是平民反对贵族统治的胜利。平民并没有就此停止斗争,他们开始攻击完全由贵族组成的长老会。长老会被称作阿利奥勃古斯,因他们常在市场附近的阿利奥勃古斯山上开会而得名。平民制定了新法律,将阿利奥勃古斯的权力限制在审判谋杀案和处理国家宗教问题上,彻底剥夺了它的政治权力。与此同时,根据当时的需要,一个 500 人的小议会产生了,议会有管理绝大多数政府事务的权力。这个 500 人议会 50 人为一组,分成 10 组,每个组行使权力的期限每年约一个月多一点的时间。另外,梭伦建立的公民陪审法庭也逐渐发展起来，最后人数增至6000人，这6000人被分成更小的陪审法庭，有陪审法官501人。这些陪审法庭与今天处理各种案件的法庭相似。由于贫穷的公民无法放下手中的农活儿参加陪审，平民便颁布法律，为从事陪审人员提供酬劳。公民法庭的权力不断增大，最后成为国家最高立法机构，法庭在公民大会的帮助下，开始制定和颁布法律。平民真正掌握了实权。

除此之外，公民担任官职的范围也有了很大的扩展。除了没有任何财产的劳动阶层外，所有公民都有资格出任执政官。只有一点例外，高层官员不再经过选举产生，而是在全体合格的公民中抽签决定。这导致了这样一个后果：以前的地位显赫的国家官员现在变成了轮流坐庄的"贵族"，因而就没有多大的影响力了。另外，国家公务由这么多公民承担，这本身就是一种教育，是一段十分有益的人生经历。因此，同其他古代国家相比，雅典拥有更多有智慧的公民。

只有一种官员不能用抽签方式决定，那就是执政官（strategus）。这些重要官员仍通过选举产生，由有才干、有威望的公民担任，因为国家政策的方向直接受他们影响。共有10位执政官，每人负责一个部落，这些部落都是由克里斯蒂尼建立的。他们不仅带兵作战，而且掌管着政府，国家财库、帝国事务以及外交事务等差不多都在他们的掌握之中。首席执政官（或总统）是国家中最具影响力的人，也是通过选举产生的。这样，一位贵族若想成为有权有势的人，就必须接受军事训练；如果他是位雄辩的演说家，就必须为国家规划出一系列发展蓝图，并通过演说来说服普尼克斯山上的雅典公民大会接受（见图14.4）。

奇蒙被流放之后，继任的是一位风流倜傥、聪慧过人的雅典青年伯里克利，他是贵族克里斯蒂尼的后代。他渴望建立一个塞米斯托克

图 14.4 普尼克斯——雅典公民大会的所在地

　　正前方是一个讲坛,有三层台阶。参加公民大会的雅典公民坐在左边的山坡上(当时可能是平地)聆听演讲。公民就座的地方曾有半圆形的围墙,右端与图中的直围墙相连。这是一个露天议会大厅。在这座大厅里,公民直接选举政府官员,而不是选举公民代表,他们受经常在这里讲演的塞米斯托克利斯、伯里克利等伟大的雅典领袖的影响。从普尼克斯山向东眺望,可见到卫城和帕台农神庙。阿利奥勃古斯山在图左侧附近。

利斯梦想的强大的雅典帝国。伯里克利是进步势力的领袖,他逐渐扩大了平民的权力。他使平民不断增强自信,这使他得以连任执政官,他因此成了这个强大国家的真正首领。可以说,自公元前460年至30年后他突然去世,伯里克利是雅典真正的政治"寡头"。

三、商业的发展　雅典对斯巴达的战争

　　资金雄厚与否成为决定战争胜负的关键。商业的兴旺使雅典拥有比其他城邦更大的优势,斯巴达人在看到雅典繁荣时,心中的忌恨和

恐惧更深了。

希波战争的胜利使希腊成为像公元1914年世界大战爆发前的英国一样的商贸领袖,在此后的一段时间内,希腊商业持续繁荣。科林斯城和与雅典相邻的阿提卡的门户埃依那岛很快发展成为希腊最繁荣的商业城。同时繁荣起来的还有港口小城比利埃弗斯,该城在塞米斯托克利斯的深谋远虑下被建成了雅典的港口。繁荣忙碌的港口码头上停靠着来自地中海世界的希腊商船,由于腓尼基人在东西方的失败导致了腓尼基商业的衰败,他们的绝大部分商贸都转移到希腊人手里。港口中,满载着鱼和谷物的黑海商船与埃及大船、叙拉古商船并列停泊着。阿提卡生产的粮食再也无法满足自己的需求,因而必须进口粮食。码头上还堆放着雅典作坊生产的大量商品,一队队搬运夫正大汗淋漓地将产品装上船,准备运送到地中海各港口。海岸线上旗帜迎风飘扬,忙碌的船坞,繁忙有序的码头,成千上万的工人来来回回,一片喧闹。

尽管希腊航海业有了长足的发展,但我们不要认为希腊的船只就一定很大。在公元前5世纪的希腊,人们所称的大船,指的是250吨至300吨的船只。希腊船只只能在海岸线附近的海域谨慎地航行,很少有人敢在冬季风大浪高的季节里驶进深海。他们既没有罗盘、航海图,也没有灯塔,而且海上海盗横行,因此海上贸易是一项充满危险的事业。那时的船只寿命也不长,因为希腊人还没有发明油漆,埃及人用融化的蜂蜡调制的油漆对于他们来说又过于昂贵。

但是,海上贸易的巨大利润又极具诱惑力。凡是能抵达黑海北岸或海盗出没的亚德里亚海岸的商船大都能以极高的价格卖掉船上的货物,即使扣除所有成本和费用,仍能赚到差不多等于货物进价两倍的利润。因此,很多人愿意冒这样的风险,不少人借贷从事海上贸易。

当时的借贷利率比梭伦时期低得多，大约在10%～12%之间。制造业的回报率则相当高，有时可达到30%。

在看待雅典经济繁荣时，我们当然不能用今天的贸易额来衡量。当时，一万元已是一笔数目相当可观的钱，而拥有两倍于此的财富的人则被理所当然地认为是巨富。工人每天的工资是6～10分钱，熟练的工匠每天能赚到20分。希腊军人经常自己武装起来替外国国王打仗，每月可挣5元。脑力劳动者，如建筑师，每天工资也不过20～30分，而一门长达数年之久的修辞学课程的学费只有60～80元。

在波希战争结束后的30年间，雅典公民身份的获得是相当容易的，很快就有3万移民定居繁荣的雅典。在伯里克利时期，雅典人口增至10万，阿提卡的人口竟高达20万。其中奴隶约占8万，他们为当时的社会提供了最低廉的劳动力。

随着贸易额的不断增大，雅典的货币量也大量增加。贡银和阿提卡的银矿确保了新币的不断铸造。在地中海世界的市场上，雅典的银币成了第一货币，波斯的金条（相当于5美元）也大量涌入。像今天一样，货币的大量增加，必然会导致货币贬值。相同数量的钱已很难买到过去那么多东西了，物品价格在不断上涨。小麦的价格比梭伦时期上涨了一倍，而羊的价格则相当于从前的五倍。以今天的眼光来看，当时的生活水平仍然是很低的。即使富裕人家，每天的生活费也不会超过20分，拥有价值200美元家具的富人会被视为挥霍者。

钱在政府的运作中越来越重要了。以前，担任公职者不要求酬劳，这在农牧业国家是行得通的。但是，随着货币的出现和工场数量的猛增，已经很难再让无论哪一个公民无偿为国家服务了。大多数雅典公民要用昨天赚来的钱去购买家庭明天所需的食品。陪审法官和500人议会议员全年的薪俸加在一起多达10万美元。修建富丽堂皇的大理石神庙必然要花费大量的人力物力,即使在今天,这也是一笔不小的开支。而在各种神庙中举办的献祭、宴会和庆祝活动等也要耗费大量金钱。

用于战争方面的费用仍然是国家的最大开支。武装士兵(士兵无力武装自己)及供养士兵的费用都要靠国家筹集。用于战舰的经费在各种军费中是最多的。战舰的制造、装备,以及使用过程中的养护都需要金钱。一艘三排桨战船,需配备200名水手和桨手,每人每天支付半个得拉克马(约10美分)的报酬,每月加起来就需要600美元。一支由200艘战舰组成的舰队,每月仅工资一项就需支付12万美金。

国家的行政管理和安全防御也需要大量资金。对于雅典来说,虽然阿提卡的银矿发挥了很大的作用,但这远远满足不了国家的需要,政府不得不通过征税来解决这个问题。获胜的民主派不设固定税收,只有在国库空虚或战争时期才征税。除税收外,国库还依靠在比利埃弗斯港征收的进出口关税来充实。雅典的关税不高,除特别的战争费用外,关税率不超过进出口产品价值的1%。在前面,我们还提到过雅典帝国各属国的进贡,但帝国各项收入加起来也不到伯里克利时期的75万美元。

这笔钱在今天算不了什么,但在当时的希腊诸国,还没有谁具有这个能力,斯巴达更没有这种财力。由于缺乏商业竞争意识,斯巴达人仍然以古老的传统方式保守地生活着,他们所使用的仍是铁币,而不是银币。虽然斯巴达的常规军不用耗费国家的钱财就可以直接投入战争,但要统率伯罗奔尼撒同盟的联合军队,斯巴达所能拿出的全部资金,连三个星期都维持不了。保证庞大舰队正常运转所需的费用是惊人的,这是斯巴达及其他同盟国所不及的。资金雄厚与否成了决定战争胜败的关键,因而商业的兴旺使雅典相对于其他城邦有了越来越大的优势。了解了这些,我们自然就可以理解,当斯巴达人看到雅典的繁荣时,心中会产生怎样的忌恨和恐惧。

伯里克利得到了一些公民的支持,他们都倾向于惩罚斯巴达。伯里克利预感到与斯巴达之间的战争一触即发,于是着手巩固雅典的防御体系。他说服人民筑起两道长墙将雅典城与比利埃弗斯港的防卫要塞连接起来,这样便形成了由两道围墙护卫的大道,从雅典通往港口。

伯里克利成为雅典领袖后不久,与斯巴达之间的战争爆发了(公元前459年~公元前446年)。战争持续了15年,双方难分胜负,局势错综复杂。雅典商人不愿意看到竞争对手——处于阿提卡门户之外的埃依那岛商业的兴盛。经长期围困之后,埃依那岛最终陷落。伯里克利派出雅典舰队,以同样的手段长期封锁雅典的竞争对手——斯巴达的盟友科林斯,使科林斯商人无法进行海上贸易。

这个时期,埃及爆发了反对波斯的叛乱,雅典派出一支由200艘战舰组成的舰队开赴埃及提供援助。在以后的岁月中,雅典既要对付斯巴达,又要抗击波斯。支援埃及的雅典舰队全部被歼,雅典海军从此一蹶不振。得洛岛上的提洛同盟银库已不再安全了,随时都有遭受波斯袭击的危险。伯里克利将银库从得洛岛转移到雅典,从此以后,雅典真正成了雅典帝国的首都。

当和平再次到来时,雅典只得到了埃依那岛,当然它还掌握了埃维亚大岛。双方同意维持30年的和平,至此,第一次伯罗奔尼撒战争便以雅典及其对手的精疲力竭而结束。在这场战争中,伯里克利的海上军事领导才能并没有完全表现出来。雅典也与波斯修好,自马拉松战役起双方保持了40年的和平。但是,雅典与斯巴达在希腊的争霸却远远没有结束,双方很快就拉开了更加旷日持久、几乎耗尽全部精力的第二次伯罗奔尼撒战争的序幕。在介绍这场战争之前,我们有必要简单回忆一下伯里克利时期不断进步的、繁荣的新雅典。

第十五章 伯里克利时期的雅典

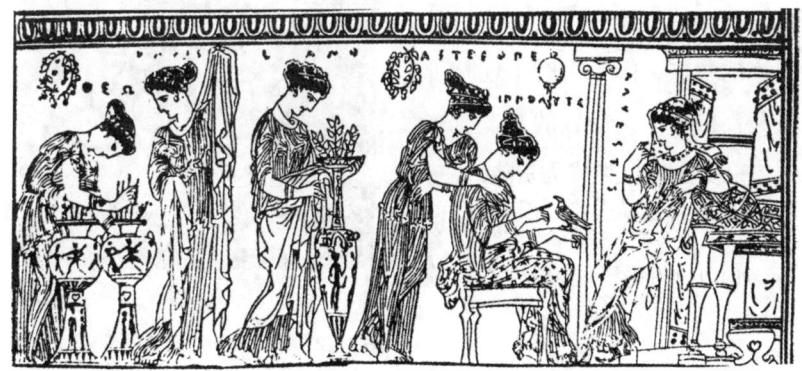

图 15.1 待嫁新娘的闺房

右侧，新娘端坐在躺椅上。新娘身边是她的两个朋友，一个坐着，一个站在坐者后面，她们在与一只驯养的小鸟嬉戏。另一个朋友正朝她走来，双手捧着装满结婚礼物的高脚彩绘花瓶。左侧，一位来访者正把花插进花瓶。旁边，一位夫人在整理自己的衣裙。墙上挂着表示喜庆的花环。那时的室内家具大都是木制的，特别富裕的家庭也有用象牙、金银装饰的家具，家具主要包括床（如图中的躺椅）、椅子、脚凳、单人餐桌以及壁柜和由其演变而来的衣箱，等等。

一、社会、家庭及对年轻公民的教育和训练

不能从事体力劳动的人不会有什么社会地位，人们崇尚朴实之美。

女孩没有受教育的权利,男孩到一定年龄便被送进学校,年满18岁就可成为雅典公民,然后还要接受一年的军事训练。

我们知道,阿提卡人包括公民、奴隶和外国人三种,每10个人中,约有4个奴隶,1~2个外国人,剩下的就是自由人。许多富裕公民凭所拥有土地的收入在雅典过着富足的生活,他们是国家的贵族,因为当时土地是价值最高的财产。有钱的制造业主努力购买土地以期成为贵族地主,他们可以以此扩大自己家族的影响,但并不能跻身于真正的贵族行列。

另外一方面,不能从事体力劳动的人则不会有什么社会地位,会被人看不起。雅典是各种人才的宝库,有大量技术熟练的工匠和小商业主。在这个阶层中,正在形成近似于工会组织的各种行会,如石匠行会、木匠行会、陶工行会、珠宝行会,等等。众多缺少一技之长的劳动者和自由民则属于更低阶层,他们比奴隶强不了多少,比利埃弗斯码头上的搬运工就属于这个阶层。各阶层中都有公民,但阿提卡的地主和农民才是雅典公民的主体,尽管由于波斯的破坏,可

图15.2 埃及雕像与希腊早期雕像

埃及雕像(B)比希腊雕像(A)早两千多年。这位尼罗河畔的贵族(B)的立姿是埃及雕刻艺术中常见的姿势,双臂自然下垂,左脚稍在前。两个雕像都是挺直的,这是早期艺术并未发展完善的表现。在希腊雕像上可以清楚地看出埃及雕像的影响。

以耕种的土地已大大减少。

在波斯人将雅典焚毁后,雅典人进行的重建工作十分仓促,因而房屋结构不可能发生明显的变化,几乎没有出现雄伟壮观的建筑。虽然欧洲建筑的历史已有数千年,但还没有尼罗河畔那么美丽壮观的建筑。富人的单层住房的墙上,大都有黑砖裸露在外,没有任何装饰,大理石更是少见。房屋不开窗户,门是唯一的出口。如果是两层楼房,则有可能在二层安一两扇窗户。房门直接通向露天庭院,庭院四周是柱廊。在温度适宜的希腊,家庭成员在家的大部分时间都在起居室中度过。起居室中央设有家神宙斯的祭坛,庭院四周开着很多门,分别通向起居室、卧室、餐厅、储藏室和厨房。

希腊人的房屋中几乎没有什么生活便利设施。烟囱就是在房顶上挖个洞,厨房里生火做饭所产生的烟气,本来应该从屋顶上那个所谓的烟囱中排出,但却大部分弥散在屋子里,从门口溢出。冬季到来时,寒风可以直接吹进房子里,因为门口没有门扇,当时的人们根本不知道窗格玻璃为何物。好在希腊的温度还比较适宜,生一盆木炭火就可以抵御穿堂风的寒冷。由于缺少窗户,楼下的房屋只靠通往中庭的门采光。到了夜晚,唯一的照明设备就是一盏昏黄的橄榄油灯。房中没有任何管道,也没有排水系统,更没有卫生设施,生活用水全靠奴隶从附近的水泉和水井处挑来。

房中的地板是泥土地,用石夯夯实。当时没有油漆,只有一种刷墙水粉。可能主要用于粉刷房屋的内墙,而外墙即使粉刷过,也会在短时间内脱落,露出泥砖。希腊房屋的简陋和缺乏装饰与希腊匠人制造的精美家具形成鲜明对比。希腊人已拥有很多金属日用品,其中女士用的铜手镜已很流行,最多的是绘有美丽图案的罐子、花瓶和碟子,还有不那么美的日用陶器。但我们不要忘了,希腊的陶器是古代世界最精巧别致的陶制品。

站在卫城上向远处望去，进入你视野的是一片矮小的平房屋顶，看不到一座烟囱。新城区比老城大很多，显然没有像现代城市那样对街区布局进行过设计。整个城区东西约十个街区，而南北延伸得更远。所谓的街道只是一些小巷，蜿蜒于一片片用泥砖建造的低矮房屋之间。没有马路，也无所谓人行道，下雨时，人们穿过城区时就要从泥浆中蹚过。家庭生活垃圾随意抛在街道上，根本没有排污系统。如果人们走过两层楼房下，随时都有可能听到大声喊叫，行人要迅速向边上一跳，这样才可能避过从二楼倒下来的污水。从几眼水井和水泉接出来的城市供水管所提供的水极其有限，无法满足冲洗街道的需要，也没有专门负责街道清洁的机构。在炎热的夏天，雅典自然更加肮脏。

雅典人喜欢户外生活。雅典的生活有一种朴实之美，在追求装饰和绚丽多彩的东方服装的风潮过去之后尤为突出。几乎所有公民都穿着朴实的白色长袍，今天我们已将它视为古希腊的一部分。在希腊很难见到华丽的服装，雅典人的朴素服饰继承了祖先的传统。但是，也有心灵手巧者将唯美的习惯保留下来。他们以身穿华美的服装为荣，不仅注意服装整体美，而且对波浪线以及由此演变而成的衣褶极为钟爱。

希腊妇女则不太情愿放弃古代服饰的美，因为除服饰和治家外，再没有什么可以让她们操心的了。希腊公民都把妻子留在家中，妻子的地位相当于管家。她们不能介入男人的知识生活，更不能出入男人的社交圈，因为那是男人们进行严肃谈话的场合。妇女无权观看奥林匹亚的体育比赛，当时她们的地位还比不上暴政时期。后期的希腊再也没有出现过萨福那样的女诗人。

家中一般没有花园，孩子们只能在庭院中嬉戏，或拉着玩具车、玩具狗到处乱跑，或在保姆怀里打滚。女孩无权接受教育。男孩长到一定年龄后，将被送进学校，由一个年龄较大的奴隶"pedagogue"（这个词的意思是"孩子的带路人"）来照管。他的主要责任就是为孩子背着书和行李。希腊既没有国家开办的学校，也没有正式的教室。那些穷困公民的家就是学校，他们大概是为了生活才开办学校的。在办学者中，还有上了年纪的士兵和外国人等。教师的社会地位很低，很受歧视，其报酬由家长支付；国家设有专门管理学校的官员，为的是监督学校的教学内容是否恰当。

教师没有受过任何专门训练，他们仅仅是把自己青年时期学过的古老学科再传授给学生。优秀的音乐素养历来为希腊人所推崇，音乐不仅用于娱乐，而且被认为是培养良好举止的手段。除了学习古人的读书和写字方法外，学生还要背诵古代诗人的诗篇。记忆力好的孩子能将《伊利亚特》和《奥德赛》全篇背诵下来。孩子们大多会逃避数学、地理和自然科学等方面的学习。这种逃避是可以理解的，因为希腊教师都非常严厉，学生既厌恶学校，也厌恶教师。

在雅典青年年满18岁离开学校时，如果父母均为雅典公民，

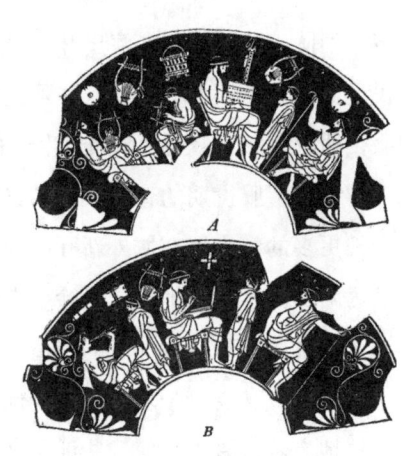

图 15.3 伯里克利时代的雅典学校

这两幅画在陶制的盘子的中心周围。图 A 的左边是一位拿着竖琴的音乐教师，他正在教坐在他对面的男孩。中部坐着一位阅读和文学教师，手中捧着一册书卷，站在他前面的少年正在学一首诗。少年身后坐着一个奴隶（或家仆），家仆的职责是送他上学，为他背书包和行李。图 B 的左侧正在上歌唱课，老师用笛子定音。中部坐着的那位教师正在批阅站在他面前的学生交来的作业，坐在学生身后的也是家仆。

第十五章 伯里克利时期的雅典　347

那么他就可以被接受为雅典公民。加入公民行列,要庄严宣读公民誓约,誓约就是他即将承担的义务。公民誓约是梭伦制定的,它号召青年人"永不要使神圣的双臂遭到玷污,永远不背叛自己的战友,不管是孤独一人,还是集体战斗,都要誓死为神殿和共同的利益而战,不能使祖国有丝毫沉沦,努力使祖国更加繁荣昌盛,服从执政官命令,遵守法律,为祖国而战,敬仰国教"。

接下来,青年公民将到比利埃弗斯港驻守一年,在那里接受军事训练。到了19岁,国家发给年轻公民一支矛和一套盔甲。他们穿上戎装,列队走到剧场,在演出开始之前,他们要与聚集在那里的雅典公民见面。然后,他们要被派往阿提卡戍守一年。一年后,年轻公民的服役期就结束了。当然,如果生活有保障,也可以加入雅典骑兵队。

结束了服役期的青年,如果家庭富裕,而且住处较近的话,他们会把更多的精力用在城外新开辟的运动场地上。在帝帕隆门外有一块名为阿加的米的场地,这里除了有奇蒙整理过的橄榄树林之外,还有浓密的林荫道和供人休息的躺椅。阿加的米很快成了雅典人消闲的最佳去处。城东也有一块类似的场地,叫吕克昂。后来,人们习惯于在这些地方聚众讲学,使这些地名(如阿加的米和吕克昂)有了我们今天所理解的意义。

当时的主要竞技项目包括拳击、摔跤、跑步、投标枪和掷铁饼等。除了拳击,其余项目组成了"五项全能"综合比赛,如果能在奥林匹亚获得这种比赛的胜利,那是极其荣耀的。历史最悠久的奥林匹亚竞技项目可能是200码短跑,希腊人称之为stadion,原意为600希腊尺。后来不断有新的项目加入其中。到了伯里克利时代,拳击(或拳击与摔跤混合的比赛)、五项全能、马车比赛、赛马等项目都成为雅典青年人踊跃参与、渴望夺魁的目标。又过了一代,有些哲人对此提出了严厉批评，他们不赞成希腊人将过多的时间和精力消耗在体育竞技上。

不太高雅的消遣形式似乎更为流行。每天，在去竞技场之前，雅典青年通常会在市场上找几个朋友聊一会儿。下午，他们也许会到港口的商店中游逛，或找一家酒馆掷骰子，或花上几个得拉克马玩上一会儿其他形式的赌博。太阳落山时，雅典青年常常三一群五一伙地到某个朋友家中聚餐。他们会喝很多酒，伴着竖琴的悦耳音乐放声歌唱，直到全都喝醉为止。这样一群醉鬼走到街头，轻则会举止不检点，重则会滋衅闹事，这种事在我们这个时代多半以拘留的方式加以解决。

二、高等教育、科学和公共事务

雅典的年轻人开始接触高等教育。而在这以前，他们的最高理想只是在奥林匹亚运动会上获胜，或身穿盔甲、伴着雅典骑兵的马蹄声抖一抖过时的威风。一批新派教师的出现拉开了希腊历史崭新的一幕。

雅典有许多严肃的思想者，在这些人看来，朋友聚会是畅谈艺术、文学、音乐和个人品行的最佳场合。雅典生活中的这个方面因为具有进步思想的家庭教师——诡辩论者的出现而获得了长足发展。这是一批在各国游历过的教师，他们聪慧过人，思想敏锐。很多青年人在那些过于落后的私人学校学完音乐、阅读和写作后，开始意识到他们所受的教育还远远不够，于是要求父母资助他们去投到这些新教师门下，聆听他们的讲演。

雅典青年最早开始接触高等教育。而在此之前，他们的最高理想只是在奥林匹亚运动会上获胜，或身穿盔甲、伴着雅典骑兵的马蹄声

第十五章　伯里克利时期的雅典

抖一抖过时的威风。这些新派教师的出现拉开了希腊历史崭新的一幕，尽管仅仅局限于雅典。更为重要的是，诡辩论者充分认识到了雄辩的演讲的威力，他们或对众多的公民法官演讲，或对公民大会演讲。在讲授修辞和演讲技巧方面，他们获得了巨大的成功。许多父亲缺乏演讲才能，看到自己的孩子成为公共演讲者时，高兴之情溢于言表。正是由于诡辩论者的教育活动，才产生了第一批希腊优秀诗歌。与此同时，诡辩论者开始将注意力转向语言研究，逐渐形成了语法。诡辩论者还讲授数学和天文学，雅典青年开始接触一些真正的自然科学。这样，泰勒斯时代的希腊哲人发现的真理，150年后终于逐渐在平民中传播开来。

父辈越来越难以理解孩子们的新思想。他们看到自己的孩子手中的诡辩论者的书，便认为这些书是对神的大不敬，因为那里面开篇就对神的存在表示了怀疑。那些愚昧顽固的公民尽管听说连雅典最伟大的人也在家中阅读这些书，他们还是通过投票决定，驱赶新教师，焚毁他们的书籍。在诡辩论者当中，有几位重要人物与伯里克利有密切关系。当他们因为自己的教学而遭受迫害时，伯里克利挺身而出，想方设法解救他们。泰勒斯时代就已开始出现的思想革命现在影响着越来越多的希腊人，而这种思想革命在保守派看来则是世风日下的原因。

在诡辩论者的不断努力下，知识得到了传播，但一般雅典人的科学知识仍然极其有限。他们还没有精确测量时间的观念。他们仍称上午的某个时间为"满市场的时候"。市场上的埃及影子钟仍然没有使雅典人习惯以数字作为一天中各小时的名称，而在埃及，这种计时法已经被使用了数千年。当法庭上要限制公民讲话的时间时，他们就使用水漏。水漏是一个底部带有小孔的罐子，一旦水流光，发言就必须结束。希腊人仍然沿用"月历",他们已习惯在某些年份增加一个月份。雅典人还会在举行公民大会的普尼克斯山上看到一块特殊的牌匾,上面刻着一种新式日历,是一个叫密顿的建筑工程师建造的。这个日历推算出的一年长度只有半个小时的误差。后来,他又设计出一种新日历,仍以太阴月作为一年的基础,但却极其巧妙,以至于在每19年中,太阳月历的最后一个月的最后一天与太阴历的最后一个月的最后一天完全吻合。所有这一切都很难被雅典的普通公民所理解。那套年代久远、很不方便、很不准确的太阴历,虽然在每8年中有3个13个月的年份,但他们却早已习惯了,因而被继续使用下去。

科学家们不断有重大发现。有位科学家认为太阳是一个燃烧着的巨大石块,它比"整个伯罗奔尼撒还要大"。他还认为月亮的光源自太阳,月亮也像地球一样既有山脉,也有峡谷,甚至还有生命。当时没有客船,因此人们要旅行是很困难的。公路上除了简陋的马车外,再也没有其他交通工具。修路架桥,即便在东方也是一个新事物,而在欧洲则几乎没有开始,因而也就没有四通八达的大道。路面情况极其糟糕,外出旅行,除了乘坐马车外,就只能骑马或徒步行走了。尽管如此,有钱的希腊人还是喜欢外出旅行,只是旅行的目的是收集信息,而非为了消遣,消遣旅行是150年以后才出现的事情。希罗多德在埃及和其他东方国家旅行过,他收集了大量信息。他所绘制的地图表现了红海与印度洋相连这一事实,而这个事实是他的前辈赫卡泰乌斯所不知道的。对于为什么北方寒冷而南方炎热,科学家们仍没有弄清楚,他们还不能对这一有趣的差异做出科学的解释。

尽管没有显微镜,也缺少化学知识,医学仍然取得了长足的发展。尤为重要的是,希腊医生已不再相信疾病是恶魔带来的,而是竭尽全力去找寻疾病产生的自然原因。为了探寻病因,他们企图弄清人体各种器官的构造,在这方面,古希腊医师从埃及医学中获得了很大帮助。正是因为有了埃及莎草纸医书,希腊人才能够了解到大脑是控制关节活动的枢纽,认识到这一点就离认识到大脑是意识的中心和思维器官不远了。但是,动脉、血液循环和神经系统仍未被当时的医学认识。没有关于血液循环方面的知识,外科医生便不敢轻易做截肢手术。但总的来说,医学还是取得了很大进步。当时最著名的医生是希波克拉底,他是科学医学的奠基者。希腊的医学发展到了相当高的水平,就连波斯国王宫廷也聘请了希腊医师。

伯里克利时代接近尾声时,希腊不断遭受自然灾害,正是在这个时期,长期从事历史研究的历史学家希罗多德发表了自己的历史著作。他在著作中向全体希腊人表明,任何人都不能怀疑雅典在希腊的绝对领导地位。正因有了雅典,希腊人才能从波斯的统治之下解放出来。这部著作在希腊产生了深刻影响,这一影响如此之大,以至于在战争所导致的财政紧张的情况下,雅典公民还是通过投票决定奖给希罗多德10塔仑——约合12万美元——的奖金。希罗多德认为自己是秉承神的意旨探索历史事件的,是从神谕中获得启示的,因此他没有按照自然发展的规律来编撰历史事件。

许多雅典青年除了接受诡辩论者的教育外,还经常参与对公共事务的管理,这使他们积累了丰富的经验,从而形成了一个智慧公民群体。在500人议会中,公民们学会了怎样妥善地管理政府的日常事务。某些时期,充当陪审法官的人数多达600人。这意味着有1/5的公民担任过这个职务,这个经历使他们增加了知识,使他们得到了法律和商业事务方面的训练。同时,担任这些职务还会使公民牢记自己对国家和社区应尽的义务。

另外,这也激发了公民慷慨捐献的热情。每一艘战船,除了船体和桡杆之外，其他所有设施都分给某个公民负责，当然，这种责任也带有一定的强制性。在全国性节日期间，富翁们往往慷慨出资，宴请"家族"中的全体成员。在公共场合举行的合唱表演，尤其是在剧场中的演出，大都由私人筹划，排练和服装费用也由他来负责。我们知道有这样一位公民，他在九年内拿出了一万四千多元用于公共宴会和合唱，这在当时可是一笔不小的款项。

公共节日也成为雅典生活中的重要组成部分。在每年春天举办的狄奥尼索斯戏剧节上，每个伟大剧作家都会推出三幕悲剧和一幕喜剧，角逐国家颁发的大奖。每逢此时，雅典人都到剧场看戏，以至于万人空巷。其他以音乐和狂欢为庆祝形式的国家节日，每年都有很多，甚至隔六七天就有一次。国家最重大的节日泛雅典娜节，每四年举办一次庆祝活动。由年轻英武的雅典骑兵、高级政府官员、祭司以及各种

图 15.4　菲狄亚斯的帕台农神庙廊柱上的部分雕像

　　雅典青年在泛雅典狂欢节上骑马奔驰，雕像生动地表现出了群马奔驰的优美姿态。同 300 年前希腊未开化时期的花瓶画工画的马匹相比，已见不到缰绳和马饰了。

第十五章　伯里克利时期的雅典　353

牺牲贡品组成的游行大军，簇拥着由雅典妇女为雅典娜女神精心绣制的美丽的新袍子，在音乐声中穿过市场，涌向卫城。在那里，奉献给女神的新袍子被放置在各种光彩夺目的祭品中间。为了给那些来参加节日狂欢的成千上万的观光者带来更多欢乐，雅典还安排了音乐比赛、竞技比赛、军舞以及在萨拉米斯海峡举行的赛船比赛等活动。

三、艺术和文学

对雅典光辉前景的展望激起了诗人、画家、雕刻家和建筑师的美好向往，音乐、戏剧、艺术和建筑全都凝聚着展望辉煌繁荣的未来的灵感。

在伯里克利时代的前15年，虽然与斯巴达和波斯的战争使国家伤痕累累，但雅典的高雅艺术仍得到了充分发展。在前文提到的各种影响的共同作用下，对雅典光辉前景的展望激起了诗人、画家、雕刻家和建筑师的美好向往。但受影响的并不只有这些人，就连地位卑下的匠人和商人也焕发出了活力，各阶层人民都积极参与社区公共生活。欧洲人呈现出一种崭新的风貌。音乐、戏剧、艺术和建筑全部都凝聚着展望未来国家繁荣的灵感。公民们发现，每一件由灵感激发出来的伟大作品都是他们有望实现的目标。

我们随雅典公民漫步于伯里克利兴建的新雅典街头，你会看到许多纪念性建筑。走进市场，站在梧桐树下与朋友闲谈，你会看见有好几处柱廊向市场中心突出。其中一座柱廊是奇蒙家族献给雅典城的，人们称之为"画廊"，因为这个柱廊的墙壁上绘有许多精美的图画。作者是来自雅典某个属岛的艺术家，他把马拉松之战的赫赫战功用绘画的形式展示给雅典人。在画中，先辈们的历史贡献一览无余。在群雕当中，你会看到塞米斯托克利斯、米尔提阿得斯和克利马库斯战死沙场的雕像和著名悲剧诗人埃斯库罗斯的雕像，你还会见到表现波斯人逃跑情景的群雕。如果你恰巧碰上一位老兵，他会给你详细地讲述埃斯库罗斯的兄弟如何拦住了一艘波斯战船，阻止它靠岸，恼怒的波斯人举起板斧，砍下了这位英勇的希腊英雄的一只手的故事。在众多入迷的听众中，你会看到一位向老兵仔细询问的人，他便是希罗多德。希罗多德不断从幸存者那里搜集素材，这使他的历史巨著得以顺利完成。

在前面看不见的地方，耸立着一座叫"市场山"的小山。围绕着"市场山"的是一片朴实、简陋的建筑物，那是政府的办公处，其中包括阿利奥勃古斯和500人议会的议会厅。组成500人议会的10个包括50位议员的小组就在这里办公，处理政府事务。很多公民都曾作为议员在这里度过一段难忘时光，他们在这里处理政务，在这里进餐——餐费由国家支付。而且奥林匹亚运动会的获胜者和声名显赫的公民也能在这里免费进餐。虽然国家不断发展进步，但诸如雅典议会厅等公共建筑所用的建材却仍是泥砖，最好的建筑也不过是用粗糙的石块建成的。地中海世界的人们的头脑中还没有产生为政府办公处所修建雄伟华丽建筑的思想，甚至在整个欧洲也还没有出现这种苗头。

对国家的崇拜常常与对神的敬仰密不可分地联系在一起。爱国本身就包含着浓厚的宗教情感，因此，希腊最雄伟的公共建筑是神庙，而不是政府办公建筑。当公民们从"画廊"边经过时，他们会看到许许多多吱呀作响的马车，载着大块的白色大理石穿过市场，送往正在修建的忒修斯神庙工地（见图15.5）。在雅典人心目中，没有阿提卡的这位保护神就不会有国家的统一。

第十五章 伯里克利时期的雅典

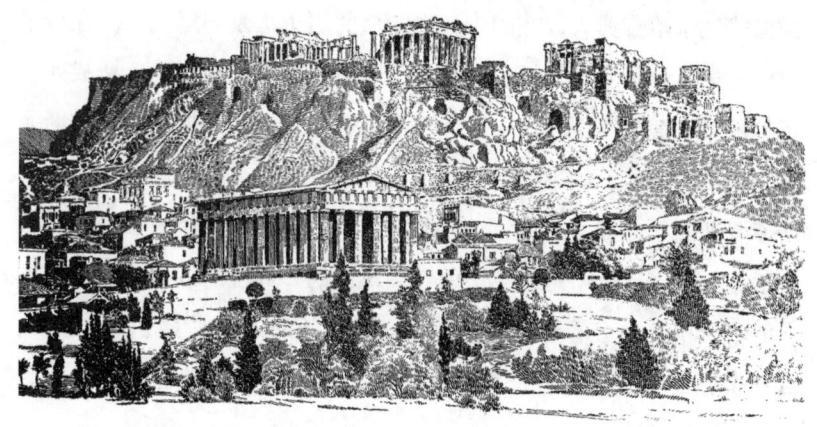

图 15.5 雅典忒修斯神庙、阿利奥勃古斯山及卫城

前面耸立着的是忒修斯神庙，据说是忒修斯统一了阿提卡，雅典人将他奉为神灵，为他修建了神庙。修建神庙的材料是采自彭代利孔山的大理石，在伯里克利去世几年后才竣工。经历了两千三百多年的沧桑，这座神庙是现存最完整的古雅典建筑。图的右侧，在一片房屋后面，是阿利奥勃古斯山一角，这座山又称战神山。这里还保存着一处据说是使徒保罗在雅典布道的地方。我们现在所见到的卫城只是波斯人劫掠后的断壁残垣。山顶的帕台农神庙有一个大缺口，是 1687 年威尼斯人的炮弹击中土耳其人的火药库引发爆炸造成的，这座建筑的中部被这次爆炸毁掉。忒修斯、阿利奥勃古斯山和卫城之间的空地是雅典的市场。

雅典有两个街区在一千多英尺高的卫城（见图 15.6）山上。雅典娜的雕像矗立在最高处，她张开一只手臂保护着她珍视的雅典城。虽然波斯人已经被赶走多年了，卫城却仍然是一副烟熏火燎的样子，由庇西特拉图修建的雅典娜神庙在被波斯人焚毁后一直没有得到重建。直到伯里克利时代才终于开始修复，其规模和壮观程度是希腊历史上前所未有的。这项宏大计划耗资 250 万美元，如此巨大的开支，除了雅典，希腊其他任何共和国都无力做到。走过市场山公民法院时，公民们会听到老议员们正坐在这座古老的议会厅中谈论着这笔巨额资金，发泄自己的不满和怨言。这个保守的古老议会，虽然过去曾辉煌一时，但现在已无力反对人民的意愿了，公民们只会报以会心的一笑。从这里还可以看见普尼克斯山，伯里克利曾多次在普尼克斯山上发表演讲，向公民大会解说他的宏伟规划，公民大会投票支持他的计划，那个热闹场面令每个在场者终生难忘。

当人们面对雄伟坚固的大理石柱时，不由的对以卫城为代表的辉煌建筑成就感到震惊，发出赞叹。它充分体现了雅典人的伟大创造能

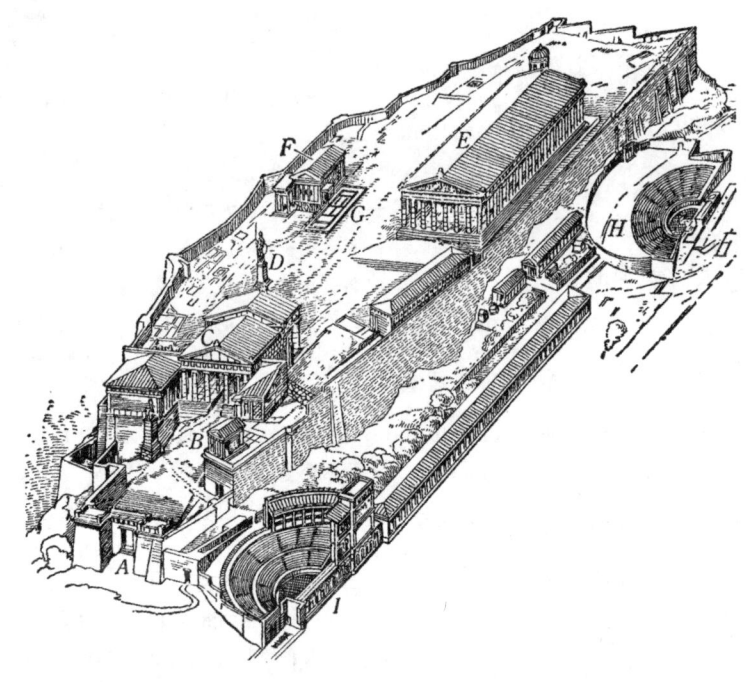

图 15.6 雅典卫城复原图

低处的入口 A 是罗马时期建造的。从入口进去，右侧是小巧雅致的胜利神殿 B。再向前走就来到了由穆莱西克利设计的带廊柱的建筑 C。穿过 C 处，我们便到了菲狄阿斯铸的高大雅典娜铜像 D 处。D 的左前方是伊莱克提翁的圣殿 F。最右侧下方是剧场 H。与剧场相似的建筑 I 是音乐厅，是罗马时期的富翁希罗德斯·阿提卡斯捐建的（公元2世纪）。G 处是原来的一座古庙的地基（已毁坏），它比帕台农神庙的历史还要久远。

第十五章 伯里克利时期的雅典

力，这一近乎完美的建筑渗透着每个雅典人的心血。在雅典公民的努力下，通向卫城入口处的大理石廊柱慢慢建起来了。工程还在进行中，建筑师穆莱西克利正拿着图纸指导工匠们工作。他发明了一种新的廊柱，称作爱奥尼风格（见图15.7），它与庄重的多立克风格相比显得更细腻修长，装饰也更丰富。从远处的高山传来了铁锤击打声，那是石匠们在分割大理石板，准备用来修建供奉雅典娜女神的帕台农神庙。伯里克利经常到这里检查和监督施工情况，雕刻师菲狄阿斯和建筑师伊克提努正在忙着，也许正在向伯里克利汇报工程的进度。为了使这些奇迹般的希腊建筑得以顺利竣工，两位建筑师和雕刻师正在共同努力着。

菲狄阿斯是雅典最负盛名的雕刻家。帕台农神庙（见图15.8）柱廊内侧上方的大理石巨幅雕像，就是菲狄阿斯和弟子们用灵巧神奇的手雕刻而成的。雕像表现的场面是雅典领袖们在泛雅典娜节日中庄严地走在游行队伍中。实

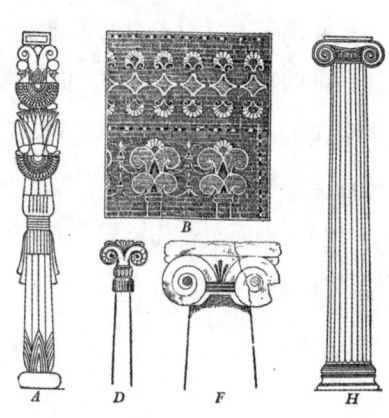

图15.7 爱奥尼式圆柱与古老的东方圆柱

A为埃及（公元前15世纪）家庭和神庙中常见的木制圆柱。注意A图上方的百合花花瓣的顶部呈螺旋状向外弯曲，这种柱头叫螺旋柱头。B为墙壁图案，是巴比伦城尼布甲尼撒皇宫寝宫墙壁上用彩色釉面砖镶嵌的装饰图案。在这块墙壁上，百合花图案出现了两次。D为早期的小亚细亚希腊建筑中的柱头，柱头上的百合花瓣向外弯曲的幅度更大，但仍与A图有相似之处。在F图中，这种变化就更明显了，在这个从雅典卫城发掘出来的柱头上，我们已见不到百合花了。H是成熟的爱奥尼式圆柱。圆柱的涡旋状柱头完全没有表现出百合花的形状。H圆柱是雅典卫城胜利神殿的廊柱。这种圆柱样式在今天的公共建筑中很常见。

际上，雕像表现的并不是雅典的普通公民，不是参照行走在雅典大街上真实的雅典公民雕刻的，而是雕刻师们想象中的雅典人。这些雕像的完美形式与被波斯人焚毁的神庙中的粗陋雕像形成了鲜明的对比。建筑师清理了卫城山顶，那些古老雕像的碎片被扫地出门，掩埋在垃圾之下。在新建的神庙（见图15.9）中，高大的雅典娜雕像光彩夺目，雕像是菲狄亚斯用黄金和象牙精制而成的。即使在山下的城里，人们也看得见众神雕像，这些雕像被菲狄亚斯安置在建筑物的房顶山形架处。在柱廊入口处后面的开阔

图 15.8 帕台农神庙一角

从多利安廊柱向这座建筑的东南角望去，可以看见远处的伊米特斯山。左侧是内墙地基，曾被炮弹炸毁。可以看到菲狄阿斯设计的房架中楣。

地上矗立着菲狄阿斯的另一件作品，这就是雅典保护神的巨大铜雕，仅底座以上就有七十多英尺高。这位庄严肃穆的雅典女神手握长矛、顶盔掼甲挺立在那里。长矛的镀金枪头金光闪闪，就像一盏灯塔，连绕道伊米特斯山岬角的水手也能看见。

尽管有诡辩论者的怀疑，神庙中的众神依然是雅典人最崇敬的神。难道不是因为雅典娜和其他诸神的帮助才使得雅典拥有了战胜敌人的力量，并获得了今天在帝国的崇高地位吗？雅典公民能忘掉埃斯库罗斯的戏剧《波斯人》中所表现的情景吗？《波斯人》再现了萨拉米斯战役的辉煌战果，这出戏把同波斯人斗争、争取自由的伟大事件神化

了。剧作家充分运用诗人的智慧,将萨拉米斯战役的壮观场面生动地再现于雅典公民面前,并揭示出诸神为解救希腊所作出的努力,雅典人怎能不为之感动和自豪。

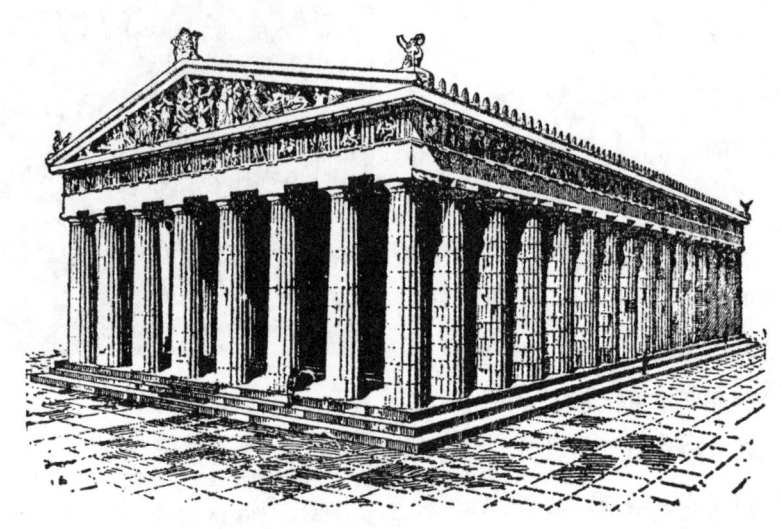

图15.9　公元前5世纪的帕台农神庙复原图

这是伯里克利时代的建筑师伊克提努和雕刻师菲狄亚斯在雅典卫城建造的宏伟的雅典娜神庙。图中是这座辉煌的多立克式建筑刚完工时的样子。在神庙山架处是一个三角形的雕刻,刻着雅典娜的诞生,以及她与海神波塞冬争夺阿提卡时的情景。内墙一圈的中楣是菲狄亚斯设计的。

当雅典公民绕过卫城山的悬崖走向神殿时,首先会看到剧场,观众正在按顺序入场,因为狄奥尼索斯的盛宴已准备就绪。昨天,他和他的邻居们一起从国库中拿到了一笔入场费。当然,公民们能感觉出来,剧场和剧场里的所有一切都属于人民,当公民们向下俯瞰并在合唱队中看到自己的朋友、邻居和儿子时,他们的主人意识自然会更加强烈。座位是木制的,是依卫城山脚的斜坡建造的。这样座椅就不必用木头支撑,当然也就不存在坍塌和砸伤观众的危险,而在此之前,在市场上临时搭建的剧场就曾发生过类似事件。包括一般公民在内的所有人从剧场门口蜂拥而入,当看不到精彩戏剧时,还会放肆地吹口哨,向演员扔食物。那时的戏剧在今天的人们看来是非常奇怪的,没有布景,只有男性演员,脸上罩着各种面具,这是远古时代遗留下来的传统。故事主要通过合唱来表现,一旦演员换了,道白也随之改变,以现代标准衡量,那根本不能称作戏剧。

索福克勒斯的戏剧正在公演。观众席上的一位公民正在伸着脖子向他身旁的另一位公民讲述,很多年以前,16岁的他是如何站在萨拉米斯海岸上的人群之中亲眼见到波斯舰队被击败的情景,他全家则是逃难来到萨拉米斯的。这悲剧性的场景使诗人的心灵产生了多么强烈的震撼!难道他所看到的不正是无所不在的神的意志的体现吗?当雅典面临极度危险之际,他引导公民重现宙斯的辉煌,难道他所赞颂的不是无处不在的宙斯的伟大吗?索福克勒斯对诸神充满敬仰之情,从来不与诡辩论者交朋友。公民们认为,他真正代表了人民的心声。他虽然生活在新时代,歌颂的却是古老的神。索福克勒斯在他的戏剧中用了三个演员,而不是沿用过去的两位,这一革新使戏剧的趣味性和戏剧性大大增强,就连埃斯库罗斯也对这种革新做出了让步。当然,这并不意味着革新得越多,公民就越欢迎。

在欧里庇得斯的新剧中,更能鲜明地看出公民们对革新的态度。欧里庇得斯是萨拉米斯岛农民的儿子。有一个时期,他曾演过戏剧并参加过春天的戏剧节,他是诡辩论者的伙伴和朋友。对于宗教,他的心中充满了怀疑,他的新剧中交织着与神有关的各种问题和精神纷争,这又导致了一系列问题和疑惑,只要观众认识到这些问题,就很难再将它们忘掉。老派的雅典公民想尽一切办法阻止欧里庇得斯的戏剧获

A   *B*

图 15.10
A 悲剧诗人索福克勒斯的雕像　这位伟大诗人安详地站在那里，似乎陷入了沉思，这尊雕像同时向我们展示了希腊服饰的特点。这大概可称得上是希腊最出色的雕像，它代表着公元前 4 世纪——伯里克利去世百年之后一个时期——的雕刻艺术。
B 欧里庇得斯的头部雕像　雕像的底部镌刻着诗人的希腊文名字。

奖。索福克勒斯迎合了所有保守公民的口味，因此即使欧里庇得斯的水平再高，他得奖的希望也微乎其微。那些保守公民心急如焚，因为他们的儿子都成了欧里庇得斯的狂热追随者，他们在阅读欧里庇得斯的剧本，并与诡辩论者们一起讨论其中涉及的问题。

  上午演出庄重的悲剧，下午公民们便希望有轻松的娱乐活动，如上演喜剧等。乡村欢宴庆典中的面具游戏和滑稽喜剧已经演变成舞台

图 15.11

A 墓碑石雕：永别父母的女儿　墓碑雕刻表现的是父母向被死神夺走的女儿告别的场面，站着的年轻女子看上去异常平静，妈妈坐在左侧，恋恋不舍地拉着女儿的手，父亲站在一边，手抚胡须，神态肃穆，心情沉重。

B 苏格拉底雕像　在保存下来的众多苏格拉底雕像中，这一座并不是最优秀的，但它却有一个特别之处，在大师的名字之下，刻着九行文字，那是柏拉图《理想国》中苏格拉底同一个朋友的对话。

喜剧。喜剧演员的滑稽表演赢得了台下雷鸣般的掌声和大笑。喜剧作家们也将国家权贵们搬上了舞台，连伯里克利也难以幸免。甚至像欧里庇得斯这样伟大庄重的哲学家和剧作家也被编入荒诞离奇的喜剧，在舞台上哗众取宠，出丑卖乖，台下的雅典公民则尽情嬉闹，纵情欢笑，将所有不快都在这里发泄出来。由于雅典人的聪敏机智以及对传统文学的理解，喜剧中的打油诗很快便会传遍雅典的大街小巷。

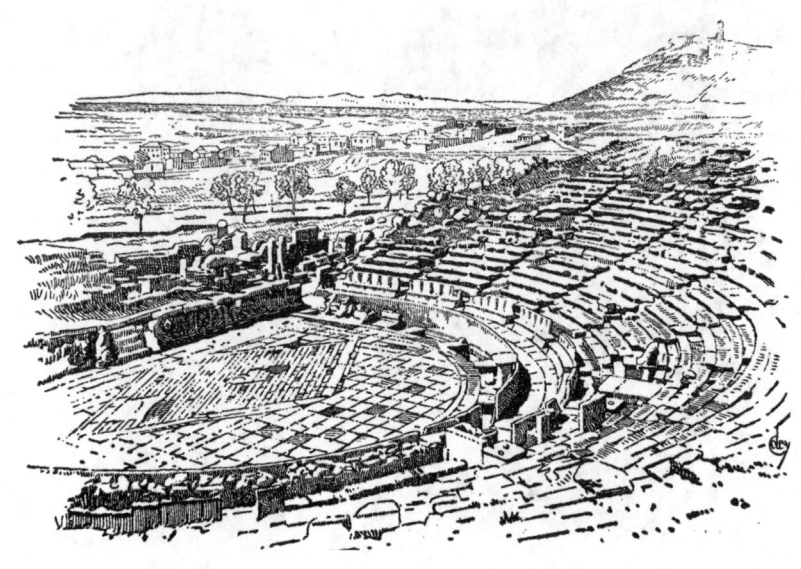

图 15.12 雅典剧场

这座剧场是希腊戏剧产生和发展的最好见证,最早的戏剧源于在春天举行的祭祀葡萄神狄奥尼索斯和祝愿五谷丰收的欢庆活动。左侧是神庙所在地。在雅典人还不知什么是剧场的时候,他们就已聚集在这里举行春天葡萄神节的庆典活动了。他们围着合唱队席地而坐,合唱队用歌声描述诸神的故事。人们围坐的圆圈最后成了演出的场地,而为观众设计的木制座椅则成半圆状围在一侧,歌唱和表演都在平地上的圆圈里。在观众的对面是为演员建造的亭子或帐篷,后来慢慢发展成了舞台。圆圈的后半部被建成了舞台,座位都是石头的,可容纳 1.7 万观众。前面的大理石座位是专门为雅典权贵安排的。埃斯库罗斯、索福克勒斯和欧里庇得斯在这里演出他们的戏剧时,座位可能还是木制的。坐在座位上,雅典公民可以眺望远处的大海和同他们作对的埃依那岛,甚至连 40 英里外的阿戈斯山也可以看到。希腊的剧场是露天的,舞台和观众席上端都没有篷顶。在罗马时代,人们才开始在舞台后半部建造柱廊。

在各种活动结束后,直到下一次狄奥尼索斯春季庆典到来时,人们才能看到新戏剧。同时,公民们也在热切地期盼着公民陪审法庭能够尽快做出裁决,宣布悲剧奖和喜剧奖的获得者以及为最优秀的合唱团颁发铜鼎奖。人们对戏剧和剧场越来越感兴趣,下一次的戏剧节要求近2000位雅典公民和男孩利用空闲时间练习各种不同的合唱,并且要背熟写在纸草上的诗句。还有成千上万的公民在孜孜不倦地阅读已演过的剧本。

图15.13 纪念在音乐节上夺魁的雅典公民的纪念碑

雅典的每条大街上都有这样的纪念碑。建立这座美丽的纪念碑的公民叫莱西克拉提斯。这座纪念碑的碑文依稀可辨:"莱西克拉提斯……合唱队队长,带领阿卡曼提斯部落的童子军合唱队荣获大奖;西奥恩是风笛演奏师;莱西亚狄斯是导演;尤埃尼图斯是小丑。"在小丑的名字之后刻着建立纪念碑的时间:公元前335年~公元前334年。纪念碑西面,可见到卫城的背影。

在雅典人的生活中,书籍变得越来越重要。在雅典公民图书馆的书架上,整齐地摆放着卷成圆筒形的一排排书籍。荷马史诗和其他古代诗人的作品都被抄写在纸草书卷上,长达150~160英尺。直到这时,有知识的希腊人才能够坐在那里阅读这些书卷中的一部分,而埃及人早在很久以前就已读书了。由于缺乏良好的照明设施，人们只能在白天读书，但渴望知识的希腊人已尝试着在暗淡的橄榄油灯下读书。除了文学书籍以外，其他各方面的书籍也开始不断涌现。雕刻师著有关于雕刻技艺的著作，伊克提努还就帕台农神庙的设计写了一本书。大量署名为希波克拉底的医学书籍流传于世。数学和修辞学方面的书籍也传播开来，甚至连雅典的管家都可以在书店中找到与烹饪有关的书籍。

在溯尼罗河而上时，我们发现，古老的埃及帝国早在希腊伯里克利时代之前一千多年，就已涌现出一批才华出众的人，他们在底比斯创建了一个有各种雄伟建筑的帝国大城市。但这些优秀的埃及人却没有公民身份，绝大多数底比斯人都没有权利参与国家管理和城市规划。而伯里克利时代的新雅典却完全不同。雅典有大批智者，他们是进步的社区生活和国家管理共同影响的结果，在不断完成各种使命、解决各种问题的过程中，在与文学、戏剧、绘画、建筑和雕刻等优秀作品不断接触的过程中，他们逐渐成为古代世界——无论东方还是西方——前所未有的最有智慧的伟

图15.14　阅读卷筒书的雅典青年

注意这位青年拿书的姿势，他一手拿着书卷起的部分，一手打开将阅读的部分，把要看的部分平整地展开，阅读着图21.18所示的那种古老的希腊书籍。这样的一个书卷就算作一页。读完这一部分后，他不是像我们那样将这一页翻过去，而是卷起来放在左侧，然后再从右侧拿起新的一卷。

大群体。

雅典不仅与我们所讨论过的所有古代国家不同,而且伯里克利时代的雅典也与波斯战争之前的旧雅典截然不同。新生活在不断发展变化,城市的每一个角落里都在讨论着各种问题。由于认识到自己有可能成为大国之民,新雅典人努力思考着自己的权利和义务。他们认识到,一个拥有权利的新公民不可避免地会与国家和传统发生冲突。虽然他们对神怀有这样那样的疑问,但他们仍然对古代的神和传统伦理表现出敬仰和畏惧。伯里克利时代的雅典,正像伯里克利本人所希望的那样,正在发展成希腊世界的领路者。但是,掌握在人民手中的雅典能否明智地领导希腊世界,新权力能否继续保持下去,还有待进一步的观察。当雅典公民正在全力寻求英明、成功的领袖时,我们发现,这个伟大社会出现了令人心痛的情形。

第十六章 雅典对斯巴达的战争 雅典帝国的灭亡

图 16.1 雅典胜利神殿

精巧别致的胜利神殿今天仍立在卫城山巅。这座神庙曾被土耳其人毁掉,曾被土耳其人当作营房。1835 年,土耳其人的弹药库爆炸以后,此神庙的残壁断垣被发掘出来,并被拼合复原。但是,殿顶部分一直未得到复原。胜利神殿可能是在伯里克利后期得到重建或开始重建的。柱廊是爱奥尼式的,这种建筑形式最有代表性的是精美的柱廊。

一、暴政下的雅典　第二次伯罗奔尼撒战争

雅典帝国的内政因暴政而变得非常糟糕，同时外部形势也变得非常严峻。雅典表面的辉煌、商业的兴旺、权力影响的显著增强、对外部敌对势力的不宽容、辉煌夺目的民主——所有这一切都不可避免地成为顽固、保守的军事帝国斯巴达的嫉妒目标。

在伯里克利时代，虽然雅典已经成为希腊世界最文明的地区，但它的政治形势无论是在内部还是在外部，在许多方面都变得异常严峻。波斯的威胁早已不存在，希腊一些岛屿城邦企图摆脱雅典的统治，雅典当然不会让它们轻易达到目的。它派出自己的战舰，到各反叛岛屿平叛，强迫它们缴纳贡银而不再只是提供船只了。各岛屿的居民经常遭到驱逐，他们的土地则被雅典移民瓜分。雅典舰队派出一支分队在爱琴海上巡逻，用武力征收贡银。伯里克利时代，雅典的宏伟建筑就是用这些钱建造的。

另外，雅典的民主对于雅典以外其他城邦的外邦人来说却是极其不民主的。在伯里克利时代，雅典废除了先前将公民权授予外埠人的开放政策，颁布了一项非常严格的法令，规定只有父母都是雅典公民的人，才能获得雅典公民权。这项法令事实上就是将帝国的人民当作外人看待，雅典因此失去了属地的大批忠诚公民。

这个时期，雅典帝国的人民在发生法律纠纷时，只能到雅典由公民陪审法庭处理。这样，那些居住在偏远岛屿城邦的人民就必须花费大量钱财，经过艰难的旅行来到雅典。帝国民众缺乏统一情感，因为由帝国各城邦代表组成的议会，过去还有权管理帝国事务，现在却连会都不开了。雅典大权独揽，完全以自己的意愿管理帝国。在这种情

况下，斯巴达联盟成员国的生活环境就显得相对平和宽松，于是，有些城邦便派使者来到斯巴达，秘密策划推翻雅典的统治。

雅典帝国的内部事务已经变得非常糟糕，而外部形势也变得极为严峻。雅典表面的辉煌、商业的兴旺、权力影响的增强、对敌对势力的不宽容、看似辉煌夺目的民主——这一切都成为顽固、保守的军事帝国斯巴达嫉妒的目标。在斯巴达，大部分公民不能阅读，铁币仍作为主要货币流通，城市仍然是没有城墙和防御设施的开放式居住地。对雅典怀有敌意的国家并不只有斯巴达，这种敌意普遍存在于希腊各个城邦。科林斯商人一直对雅典怀恨在心。北爱琴海的雅典属地发生叛乱，并受到科林斯和斯巴达的援助，这意味着斯巴达与雅典之间的30年和平条约履行了不到一半时间就失效了，战争已不可避免。

不属于雅典帝国管辖的希腊欧洲部分也团结起来共同反抗雅典，因为除阿戈斯之外的整个伯罗奔尼撒都在斯巴达手中。底比斯统治下的阿提卡北边的比奥提亚及比奥提亚的西方邻国也敌视雅典。支持雅典的只有附近的几个小国和组成雅典帝国的各爱琴城邦。雅典为这场战争投入了大量的财力物力，主要是在战舰上的投资，雅典战舰则使雅典成为海上霸主。但是，一旦与敌人的陆军遭遇，雅典就完全失去了信心，敌方准备投入三万部队于公元前431年春天在伊斯默斯同雅典展开较量。在这种情况下，伯里克利的战略计划是将雅典的全部财力完全用于海上防卫，而对于如何在陆上保卫阿提卡则没有做任何部署。当伯罗奔尼撒的军队轻而易举地攻陷阿提卡时，当地居民在伯里克利的带领下逃离家园，躲到了雅典的市场、广场和神庙，尤其是通往皮埃乌斯的长墙后面等地方。这里有雅典的防御设施和港口，这使他们多少有了一些安全感。为了使斯巴达军队对阿提卡的破坏程度降到最低，雅典唯一可以做到的便是发动海上攻击，在伯罗奔尼撒沿海一带尽最大能力重创敌人,或像从前一样封锁和打击科林斯商船。

人群在雅典城墙之内卫生条件极恶劣的地方挤成一团。雅典城随时有爆发疫病的可能,后来,源于东方的瘟疫在雅典城内肆虐,持续了好几个季节。这场瘟疫夺去了三分之一雅典人的生命,在这场灾难的打击下,雅典再也没有重新振作起来。平民不断接到保卫城墙的命令,却得不到打击敌人的机会,他们只能无奈地静坐在那里,眼睁睁地看着自己的家园遭受践踏。最后他们的不满情绪终于爆发了出来。

其实早在战争爆发之前,伯里克利的权力就已经出现了衰落迹象。他倾向于当时的进步思想,公开同诡辩派交往,明显地表示支持他们的观点。假如我们今天的政治领袖宣称自己是异教徒的话,那么我们就很容易理解雅典民众对这件事的想法了。伯里克利在诡辩派中有一位朋友,曾因持与国家宗教相左的观点而遭到平民迫害,他受到了法律的惩罚。尽管有伯里克利的帮助,他还是不得不逃出雅典。与此同时,平民还对伯里克利的朋友、伟大的雕刻师菲狄亚斯的诚实大加指责,他最终锒铛入狱,并死在狱中。最后,伯里克利也失去了权力,他由于资金使用不当而被告上了法庭,并被处以罚款。

雅典人觉察到伯里克利正在渐渐失去强硬的统治能力,影响正在减弱,于是,一大批政治家都虎视眈眈地企图夺取公民大会的控制权,但却没有人能够代替他。公民们在认识到这些政治家的软弱无能之后,很快又将注意力转向伯里克利,重新推选他为执政官,然而,他的时代已经过去了。他的两个儿子先后死于瘟疫,不久他本人也染上了瘟疫,在重新执政后不久,便离开了人世(公元前429年)。伯里克利虽然是杰出的政治家,但他留给雅典的却是这样一个政府,这个政府无力将伯里克利时代雅典曾拥有的权力延续下去。而失去了这种领导权,雅典帝国也就奄奄一息了。

那些暴富的制造业主现在获得了领导权。他们既缺乏崇高的社会地位和影响力，也缺少政治才能，更没有值得平民信任和尊敬的优良品质。而且，这些新领袖都没有领兵打仗的经验，没有伯里克利那样的指挥军队和舰队作战的能力。当然也有特殊情况，其中较为突出的就是亚西比德。这位聪慧的年轻人是伯里克利的养子，在他家中长大。伯里克利的两个儿子（还有一个私生子）都已死去，如果亚西比德能有养父那样的政治才能，那么过不了几年，他就有可能成为希腊和雅典的大救星。然而，不幸的是，这位青年应对雅典帝国毁灭和导致希腊灭亡负最大责任。

由于没有具有杰出才能的政治家，雅典也就没有什么精心制定的规则和政策可言，结果也就形不成强有力的领导和影响，雅典的管理变得一塌糊涂，混乱不堪。在各种犹豫不定、不断变更的政策的实施过程中，雅典根本谈不上有什么稳定、强大和智慧了。那些领袖的政策朝令夕改，结果只能使局势越来越糟糕。看来再没有强有力的领袖来挽救雅典了。伟大的阿里斯托芬在他的许多喜剧中辛辣地讽刺了风雨飘摇的雅典的情形和皮革匠克莱奥恩等"平民"作为政治家时的丑态。

公民大会的决策不当在对米蒂利尼公民的叛乱事件的处理中得到了充分体现。当米蒂利尼叛乱平息以后，普尼克斯山上的公民大会经过投票一致决定杀掉那里的所有居民，一艘军舰被派出执行命令。多亏在公民大会中的温和派的努力下举行了一次听证会，成功地劝说公民大会取消了这一野蛮的惩罚方式，而改为对那些叛乱首领进行起诉和镇压。在第一艘船即将靠岸时，第二艘船尾随而至，从而使全体米蒂利尼公民避免了一场大灾难。

尽管各地不断发生叛乱，雅典仍然是海上的霸主。随着战争的延续,陆军和舰队都需要大量的钱财来维持,雅典陷入了财政困境。皮革匠克莱奥恩精力旺盛,理财有道,他下令征收所得税,后来又提高了爱琴诸城邦缴纳贡银的数量。然而,出身于制造业的他几乎没有任何军事经验。在旷日持久的战争中,交战双方都有许多出色的军事行动。克莱奥恩封锁希腊沿海的一个岛并抓获了400名斯巴达战士,这是一个典型的成功战例——这场战斗令人终生难忘,使斯巴达人不得不求和!后来在爱琴海北岸的一次远征中,克莱奥恩的错误指挥让人难以理解,雅典因此丧失了1500名战士,他自己也丢了性命。

联盟军队对雅典的进攻既没有彻底摧毁雅典帝国,也没能动摇雅典在爱琴诸城邦中的领导地位。雅典受到的最大打击是瘟疫的肆虐。雅典和整个希腊世界世风日下,道德败坏。这场战争再也激发不出人们在希波战争时的崇高情感。大量如对米蒂利尼的未遂惩罚那样的前所未有的残忍行径使这场战争充满了兽性,对待俘虏缺少起码的尊重,良知和人性在这里完全泯灭了——如果战争期间雅典还有这些品质的话。克莱奥恩去世后,雅典由平庸的贵族尼西亚斯统治。在战争持续了10年后,尼西亚斯促成了50年停战和平。双方都同意放弃新占领的土地,只保留原本属于自己的领地。

二、第三次伯罗奔尼撒战争 雅典帝国灭亡

雅典人曾因打败波斯人而骄傲和自豪,后来,在塞米斯托克利斯和伯里克利等人的领导下,雅典获得了希腊世界的绝对领导地位,创造出了最完美、最高尚的生活,但雅典帝国最终还是灭亡了。

这个时期,双方在履行和平条约时遇到了困难。雅典帝国的一个

北方城邦投靠了斯巴达，拒绝回归雅典联盟。在这个问题上，雅典强硬地要求斯巴达强迫这个城邦遵守和平条约。在这个非常时期，雅典极需要一位伯里克利式的政治家，然而，令人遗憾的是，当时却只能依靠尼西亚斯和精力旺盛但毫无原则可言的亚西比德的无能领导。

由于尼西亚斯一直对斯巴达采取妥协政策，因而在执政官选举中失败。聪慧但天生鲁莽的亚西比德抓住了时机，他极力附和雅典主战派，从而被选举为执政官。虽然斯巴达已因内患被迫向雅典求和，但由于得到了公民大会的支持，亚西比德又与阿戈斯结盟对付斯巴达。备受瘟疫肆虐之苦、又被10年战争拖得筋疲力尽的阿提卡就这样搅进了一场生死决战。

在尼西亚斯的一纸虚文的和平条约订立之后，海上的军事行动又持续了几年，但毫无组织和策略可言。斯巴达人没有立即采取抵御措施，也没有派军队去进攻阿提卡。最后，亚西比德说服雅典人，准备进行一次规模巨大的海上联合远征，攻击目标是西西里。西西里岛上的叙拉古城——科林斯的一个属地——是西方反雅典联盟最重要的城邦。雅典人把这次远征全权交给了亚西比德和尼西亚斯。

就在舰队将起锚远行的时候，有人大不敬地毁掉了雅典的部分圣像，亚西比德受到了牵连。尽管他要求立刻进行审判，但雅典公民大会还是决定等他从西西里回来后再审判。然而，舰队刚刚抵达意大利，那些做事从来都毫无章法的雅典人又突然命令他回来接受判决。这不仅使远征失去了一位强有力的指挥官，而且也给亚西比德创造了一个投靠斯巴达的机会，而他确实也是打算这么做并且真的这么做了。他为斯巴达人的每一次谋划都给雅典带来了致命打击。

叙拉古人看见庞大的雅典舰队来到他们的海岸，万分惊慌。然而，尼西亚斯并没有抓住叙拉古人惊慌失措、尚未修好城市防御工事的大好时机,浪费了宝贵的时间。后来他发起的都是没有多少杀伤力的攻击,对付叙拉古人的陆地部队也没能取得进展。当他手下的指挥官最终说服尼西亚斯封锁叙拉古城时,叙拉古人已经鼓足了勇气,做好了一切防御准备。

在叙拉古人背后的陆地岬角处,雅典人修建了一道围墙,以阻断叙拉古人与外界的所有联系。叙拉古人几乎绝望了,投降似乎是早晚的事。正在这个时候,有位叫吉利普斯的斯巴达将领采纳了亚西比德的建议,率领自己的军队,成功地突破了雅典防线,扫清了进城的道路。叙拉古人顿时恢复了勇气,雅典人不得不由进攻转为防守。这时,叙拉古人也组建了一支舰队。雅典的舰队虽然已开进了这个港口,但在岬角处却无法实施偷袭,或者说无法运用他们最擅长的海上战术。最初,雅典人也赢得了几次胜利,但叙拉古人却是最后的胜利者。

占领这座城市几乎已不可能,于是,尼西亚斯准备撤军,但是,在雅典本土的将军们却不赞成这种做法。斯巴达已对雅典发动了进攻,但那些民主领袖却不管这些,仍派出一支舰队和数量更多的陆军增援尼西亚斯。在希腊,还从不曾有哪个城邦派出如此庞大的军队漂洋过海去作战。得到了增援的雅典军队却在一场夜袭中伤亡惨重,远征计划面临着搁浅的危险。

灾难来临之际,雅典人除了撤退已没有别的办法。恰在这个时候,发生了月全食。迷信的尼西亚斯坚持等到吉利的月份撤退。这一个月的停留使雅典人受到了致命打击。叙拉古人封锁了港口入海的海峡,雅典舰队被围困在港口内。他们强行突围,结果伤亡惨重。绝望的雅典军队抛弃了老弱病残,没命地向内陆逃跑,但一切都太晚了,结果雅典军队全军覆没。叙拉古人残酷地对待雅典俘虏,在处死了将领之后,他们将俘虏全都关进了牢房,总数达7000人。俘虏或被作为奴隶卖掉，或者被赶到叙拉古的采石场（见图 16.2），多数人惨死在那里，生还者寥寥无几。雅典的远征就这样以惨败告终了（公元前 413 年）。这一场灾难加上先前的瘟疫肆虐将雅典推向了灭亡的边缘。

图 16.2 囚禁雅典俘虏的地方——叙拉古采石场

从这个采石场向远处望去，可以看到通往古奥尔蒂贾岛的小港湾。这个古代小岛现在成了一个海角，我们可以看到岛上的现代建筑。采石场上长满了郁郁葱葱的常春藤和其他绿色植物。7000 个雅典俘虏被囚禁在这里，缺少足够的水和食物，结果生还者寥寥无几。

开始时，斯巴达采取观望态度，表面上是遵守尼西亚斯的和约，没有侵略阿提卡。但是，当西西里远征军启航、雅典防御能力不足时，斯巴达便迅速入侵了阿提卡，并在亚西比德的提议下，占领了德塞里亚城。① 德塞里亚城离雅典很近，斯巴达人在这里筑起永久要塞，派重

---

① 与斯巴达人之间的这场战争一直持续了九年（公元前 413 年～公元前 404 年）。这场战争就是史称的"德塞里亚战争"。

兵守卫，雅典因而处于被围困的境地。雅典的农业全部荒废，所需粮食只能依靠进口。人们终于认识到了派舰队远征是一个多么大的错误，保家卫国、对抗强大的入侵者是多么需要他们。

在这些灾难打击下，雅典帝国已出现了崩溃的迹象。在战争指挥方面，民主政治的无能使贵族有理由指责平民统治，权力一度重新回到贵族的手中。外部敌人袭击的危险又因为内部的暴力和流血事件而加剧，财政已濒临崩溃，贡银制度被废除了，而改为对所有进出口物资统一收缴5%的关税。这个方案获得了初步成功，税银大量增加，远超过了以前的贡银。但是，这一方案并没有使帝国实现统一，也没能缓解帝国各属国的不满情绪，不断有属国脱离帝国。斯巴达的战舰在爱琴海上游弋，为叛乱者提供帮助，而正是因为有了斯巴达的支持，那些反叛者才有胆量发动叛乱。

将雅典进一步推上绝路的是，斯巴达的舰队得到了小亚细亚西端的波斯总督的帮助。实际上，雅典和斯巴达很早就想与波斯修好以获取帮助，斯巴达率先承认了波斯对亚洲的希腊诸城邦的统治权。曾经为摆脱波斯统治而与雅典结成提洛联盟的小亚细亚诸希腊岛屿和城邦，现在却与斯巴达和波斯联合起来，共同对抗雅典。曾对亚洲强敌进行过顽强斗争的希腊联盟现在却卑躬屈膝地乞求波斯的支持和援助。

此时，亚西比德置身于波斯总督的保护之下，极力鼓动雅典的叛乱者，他希望雅典由于受不了痛苦煎熬而最终将他召回并且请求他帮助。果然不出他所料，那支仍有战斗力的小舰队向亚西比德发出了求救信号，并最终将舰队交给他指挥（公元前411年），但这并没有得到雅典的认可。在接下来的几场战斗中，亚西比德以其杰出才能彻底摧毁了伯罗奔尼撒的舰队，雅典夺回了海上控制权。

斯巴达不得不向雅典求和，亚西比德却机智地利用了舰队中的抗战情绪而拒绝求和，统治雅典的民主领袖们也拒绝求和。后来，亚西比德被推举为执政官（公元前407年），得到了对舰队的法定指挥权，其实在此之前他已指挥了长达四年的时间。他在八年前去西西里之后，第一次回到了雅典，人们取消了过去对他的各种宗教诅咒，他被没收的财产也给送回来了。

要想再次将一盘散沙的希腊城邦联合起来，重振大希腊民族的雄风，现在最需要的就是像亚西比德那样的领袖。然而，在这个关键时刻，亚西比德却没有勇气控制政府。这种机会非常难得，一旦不及时抓住就会一去不复返。他再度派出了舰队，却因没有亲自率军作战而使舰队遭受了一场不大不小的失败。在再次竞选执政官未成功后，他来到了赫勒斯蓬特，隐居在一座城堡里。他再也没能回到故土，后来死在波斯屠刀之下，成了望乡台上的鬼魂。

雅典人又一次失去了最有才干的领袖，但他们仍拼尽全力将战争进行到底。在阿吉纽西群岛周围的小亚细亚沿海，他们沉重地打击了刚刚组建的伯罗奔尼撒舰队（公元前406年）。战斗刚结束，风暴突然来临，雅典士兵趴在船板上，随时都有葬身大海的危险，指挥官们看在眼中急在心里，但却无力去救援。雅典公民大会因此指控指挥官们犯有渎职罪，并判处他们死刑。尽管做了多方努力，八位将领还是有六位被处以极刑，其中就包括伟大的政治家伯里克利的儿子——小伯里克利。另两位指挥官想到落入雅典民主派之手可能会有的结局，便逃走了。

因为没有优秀的舰队指挥官，雅典舰队的损失越来越严重。拥有180艘战船的舰队由一批指挥官轮流指挥，每位指挥官每隔一段时间去指挥一天。做出这种荒唐安排的民主派领袖们竟充满信心地送自己的舰队起锚远征，去将这场战争进行到底。而这场战争因他们拒绝斯巴达的求和而无休无止地拖延下去。一连几天，雅典人从赫勒斯蓬特附近的港口开出来，但伯罗奔尼撒的军队却不应战。雅典人每天按惯例做完该做的事后，便将战船停靠在岸边，回到岸上。亚西比德从他的城堡中走出来，告诉雅典的将领们，把舰船停靠在距敌人这么近的地方是兵家大忌，但谁也听不进他的忠告。而伯罗奔尼撒的指挥官、有杰出指挥才能的斯巴达人莱桑德却利用这种每天重复一次的演习，在等待机会消灭雅典人。等雅典人停船上岸时，他发动了突袭，捕获了雅典的几乎所有船只（公元前405年）。

在伯里克利发动对斯巴达的战争27年后，雅典的资源完全枯竭。当雅典城里的人们得知这个可怕的消息时，没有人再睡得着。这个消息被莱桑德的舰队封锁比利埃弗斯这一事实证实了，来自黑海的运粮船再也无法驶进雅典港口。斯巴达国王进驻阿加的米的树林，要求雅典投降。顽强的民主派领袖们坚持了几个月，拒绝接受和平条约，因为一旦接受了和平条约就意味着雅典势力的彻底崩溃。然而饥饿最终使公民大会彻底清醒了，雅典终于投降了。比利埃弗斯的城墙及要塞全都被拆除，剩下的战船归斯巴达掌管，雅典失去了所有属地，被强迫加入了斯巴达联盟。这些条件虽然苛刻，但却使雅典避免了科林斯所期望的彻底毁灭。在世纪之初，雅典人曾因打败波斯人而骄傲和自豪，后来在塞米斯托克利斯和伯里克利等人的领导下，雅典赢得了希腊世界的绝对领导地位，创造了最近于完美的、最高尚的生活，最终，帝国灭亡了（公元前404年）。

第十七章　希腊各城邦之间的最后斗争

图 17.1　迈敦斯（Maidens）的精美柱廊

该柱廊在卫城圣殿伊莱克提翁（Erechtheum）中。这座年代久远的雅典神殿的名称可能源于史前的国王伊莱斯尔姆的城堡。据说雅典娜正是在此地战胜了海神波塞冬，夺取了雅典。柱廊所在之处正是波塞冬投下他的三叉戟的地方。当人们呼唤雅典娜时，她把一些橄榄树作为礼物送给了雅典人，因此这里也长着一些橄榄树。这个建筑建造于最后一次伯罗奔尼撒战争时期，尽管当时雅典财政已陷入困境。它是古希腊人留给后人的最美丽的建筑之一。

一、斯巴达人的统治　民众权力的衰落

斯巴达人以武力建立和维护贵族等少数人的统治——"寡头政治"。尽管寡头政治存在很多问题，但那些思想深刻的人认为，雅典的民主政治也同样存在着明显缺陷。

雅典为保持希腊城邦的政治领导地位所进行的不屈不挠的长期奋斗以失败告终。现在，我们换一个角度来考虑一下，雅典的竞争对手斯巴达是不是就适合担当这一领导责任。没有哪一个国家像斯巴达那样，将全部精力都用于发展军事力量，以满足自己肆意干涉别国事务的需要。斯巴达军官率部队进驻希腊的许多城市。为巩固自己的统治，斯巴达采取了比以前的雅典僭主政治更蛮横强硬的手段。

斯巴达用这种强制手段镇压它所敌视的民主。在它所占领的每一座城市中，斯巴达人都以武力建立和维护贵族等少数人的统治。这种统治被称作"寡头政治"，希腊语意为"少数人的统治"。寡头政治的执政者迫害和流放政敌，将他们的财产全部没收，犯下了不可饶恕的罪行。而当民众获得权力时，他们也以牙还牙，将寡头政客们赶出城市。在这种斗争中，两个派别都有许多人被流放，许多雅典领袖一直过着流亡生活。他们在国外不断策划反抗国内敌人的活动，因此，寡头统治一直受外界势力威胁。

尽管寡头政治存在着很多问题，但那些思想深刻的人认为雅典的民主政治也同样存在着明显的缺陷。伯里克利时期的民主政治的辉煌成就也掩盖不了雅典民主政治存在的突出问题。这些问题我们在伯罗奔尼撒战争中就已有所体会，这类问题也存在于雅典内部事务的民主管理中。现在，我们来看看在民主政治中出现的和一直存在的错误。

没有其他任何方面比雅典法庭更能暴露雅典民主中存在的问题了。公民陪审团大肆挥霍国库的财富。当国库空虚、无力支付陪审团的费用时，喜欢坐享各种服务而并非任劳任怨地工作的陪审员们发现，可以通过对被起诉人处以罚款来充实国库，而不必考虑他们是否真的有罪。当时，几乎所有的律师都极力主张法庭没收被起诉公民的财产，这样陪审员们便可以顺理成章地得到他们的酬劳了。以各种莫须有的罪名指控有钱人成了利润丰厚的交易手段。而遭此厄运的人大都宁可用钱来平息对他的起诉，也不愿面对那 500 名愚昧无知的陪审员。

我们应该还清楚地记得，在梭伦执政期间，上层阶级对下层人民的压迫差点导致了国家的灭亡。在不到两百年的时间里，下层人民得到了绝对的统治权，正如我们已经知道的，他们对上层阶级的统治也一样腐败，最后也发展到同样专制。对外战争的失利使两个阶级之间的不断升级的暴力斗争进一步加剧。

雅典民主政治的另一个缺点是它极不合理的财政政策，这种政策使雅典的国库不断地被无谓地消耗。导致雅典国库空虚的原因很多，主要有三个方面：其一是支付为国家服务的公民的费用，尤其是数千人的公民陪审团；第二是支付公民的入场费（show-money），这是国库支出的很大一部分；第三是长期战争的费用。

为了摆脱这种财政困境，雅典政治家唯一能够做到的就是增强税收力度。但是，与我们所知道的伟大的东方政治不同，希腊城邦没有专职税收官员。税收权通常归于出价最高的投标人，这位中标者拥有征缴税款的权力。为了确保有大量资金投入竞标并获得税收权，许多有钱人联合组建公司。这些公司私底下联合起来垄断税收事务。因此，他们的出价总是绝对低于税收权所标出的数额，而人民所付的税款却比城邦从收税者那儿得到的多得多，这中间的差额自然就进了收税者的口袋。雅典的税率一直居高不下，至少占个人财产的 1%～2%，有时甚至更高。

雅典人很早就开始动用储存在雅典神庙里的财产，卫城中的一块石碑上刻写着偿还所借财产的契约。今天，侥幸保存下来的残片还清清楚楚地记录着雅典人的破产和对雅典娜的债务。在雅典对斯巴达的长期战争结束后，所有的希腊城邦实际上都已空无一文。那时，海军将领或陆军将领常常发现自己在面对敌人时无力发放军饷或动用部队。同时，如果他在战役中失败，在国内却要因此而受处罚。因为无钱支付公民陪审团的报酬，还发生过雅典法庭停止办案的事情，即便有极其重要的诉讼，他们也不受理。

面对这种情况，地中海各邦第一次开始研究筹资以应付政府开支的办法，进行了国家财政学和政治经济学方面的种种尝试，但征收税款的方法仍是将收税权转让给出价最高的投标人。在这方面，东方遥遥领先于地中海北部各城邦。国家的财政管理越来越需要专业人员，对于一般没有任何经验的公民而言，要将政府的财政事务管理得井井有条越来越困难了。

尽管在伯罗奔尼撒战争期间财力和人力损失惨重，雅典最终还是走上了复兴之路。雅典的农场曾遭到斯巴达军队的多次蹂躏，农业已很难完全恢复以前的繁荣。农场主们便将自己的农场一点点卖掉，然后在城里购买产业。这是无可非议的事，因为雅典工业的发展为想发财的人提供了各种各样极其诱人的机会。与此同时，那些在产业上发了财的人为自己购置了一个又一个农场。在这个过程中，雅典的土地逐渐集中到一些城市大地主手中。这些城市地主不是一般意义上的农场主，但他们却拥有大片大片的庄园。每一个庄园都由众多农场组成，监督奴隶为庄园干活。那种自己拥有土地、自己种植、自给自足的农场主慢慢消失了。希腊开始出现波斯人统治下小亚细亚的那种大庄园。

雅典仍是地中海地区最发达的商业中心和最繁荣的城市。正如我们所了解到的，当制造业还没有像现在一样被公司所控制时，有钱人就开始组成联盟以筹备足够的钱来竞争征收税款的权力。像今天一样，这种联合导致了雅典商业生活中的一个弊病。另有一些人把资本合在一起共同创办了最早的银行。希腊人不再将他们积攒的钱放进庙宇的财库以求安全，而是把它们存入银行贷出去，用于商业以获取利润。正像纽约和伦敦是当今世界的金融中心一样，雅典也成为古代世界的金融中心。它的银行家们是当时富甲一方的人，其中，帕森是最出色的一位。先前，他只是一个奴隶，后来以其杰出的商业才能为自己赎回了自由。

银行中资金周转得越来越快，物价持续上涨，政府的开支越来越大，政府依然为陪审团和入场费提供巨资。富有阶层的生活更加奢侈。他们开始对自己的住房进行彻底装修，用墙画、地毯和各式各样的饰品来装饰房间。正如我们这个时代的一些人将当代居室的华美与乔治·华盛顿和独立革命时期的朴素相比而提出种种指责一样，当时一位演说家也对如此奢华的房间提出批评，他说："真没想到在密泰亚德（Miltiades）和波斯战争时期，还有如此奢靡的事。"

现在，人们已不再像过去那样愿为国家无私奉献了，而是变得越来越热衷于自己的职业，在兵役方面表现得更突出。除斯巴达外，每个希腊人在军队短期服役期间依然可以保留原来的职业，在一次时间不长的战争结束以后，他便可重新干老本行。所以，当时参加国民军的人对军队的贡献比今天服务于军队的人多不了多少。但旷日持久的伯罗奔尼撒战争使许多希腊人长时间在部队过着军旅生活，成为一名职业士兵，为那些能为他们提供机会的地方服务。这些为酬劳而向外国提供服务的士兵被称作"雇佣兵"。在殖民时代,对一个希腊青年而言,很少有土地可以供他们移民,在东部,波斯也采用封锁阻挠手段将这种移民的可能性降到最低。希腊青年在家乡找不到合适的机会,不得不到埃及、小亚细亚、波斯等国应征当兵。希腊青年中的杰出者大大增强了外国的势力,对壮大希腊的力量却没有丝毫帮助。

在伯罗奔尼撒战争中,军队指挥官也成了一种固定职业。对一位公民来说,如果当上一支部队或一支舰队的指挥官,便可以辉煌战果使自己闻名于世。其中最具传奇色彩的是雅典人色诺芬。约公元前400年,他与年轻的波斯王子西瑞斯一起在小亚细亚服兵役。西瑞斯打算推翻他的兄弟波斯国王,率一万希腊雇佣军穿越小亚细亚来到幼发拉底河,顺流而下直抵巴比伦。在这里,希腊人打败了波斯国王的军队,但由于西瑞斯战死,希腊士兵无奈之下被迫撤退。色诺芬率部队北上底格里斯河,越过尼尼微,忍着饥饿和寒冷,经过几个月艰苦的山地战斗,终于抵达黑海,最后占领了拜占庭,摆脱了困境。

关于那次攻击波斯国王的军事行动,色诺芬留下了一部纪实性的著作《长征记》,这是流传至今的最伟大的著作之一。该书类似于今天的军事学著作,它对那场战争中运用的军事手段及策略做了详细阐述。他与他的同伴们共同讨论军事理论在实践中的应用、各种用兵策略及各种精良的武器装备等。悲剧家欧里庇得斯也曾在他的悲剧《海格立斯》中描述了弓与矛的效力和功用。色诺芬曾要求西瑞斯的一名军官将他手下的人分成两部分,一队使用泥块,一队使用棍棒。经过两队人马较量后,大家都认为近距离手握棍棒比远距离抛掷泥块更有效,这说明近距离的矛比远距离的弓更具战斗力。攻城槌、移动塔梯等器械也从西西里传到了希腊本土,在这些先进设备的威胁之下,雅典丧失了安全感。地中海地区早就接受了东方的和平思想,同时也从它们那里学会了将先进武器用于战争。人们还建造了更大的战船,五排桨战船的威力远非过去的老式三桨战船所能比。这些武器装备的改进或出现使战争费用迅速增加。

色诺芬万人部队的超强战斗力最终使斯巴达下决心攻占小亚细亚波斯领土。斯巴达人雇用了这支还剩下 2/3 的部队,但斯巴达的军规引起了太多的不满和怨恨,希腊人的叛乱也使他们在小亚细亚的胜利变得暗淡无光。在起义叛乱中,利散德被杀。雅典和底比斯结成联盟共同对抗斯巴达,甚至连雅典昔日的敌人科林斯也加入联盟。阿戈斯也是联盟的一员。

这一联盟的幕后操纵者是波斯,波斯促成这个联盟是为了牵制和削弱斯巴达的力量。在这种糟糕局势中,雅典的一支舰队竟与波斯协同作战,帮助波斯维护对希腊亚洲城市的专制统治。希腊人在漫长、痛苦、毫无益处的战争中没有学到任何东西,现在它又糊里糊涂地卷进了长达八年的科林斯战争(公元前 395 年~公元前 387 年)。这时,雅典人已有能力重建自己的舰队,并用这支舰队去打垮斯巴达的舰队,他们也已有能力再次修建长城了。

最后,波斯也开始担心雅典的再次强大会威胁到自己在小亚细亚的统治。而且,斯巴达发现同波斯言和是非常容易的事。希腊的各个与斯巴达交战的城邦也都愿意做出一定的让步。在波斯国王的淫威之下,希腊接受了屈辱的条约,终于实现了和平。这项条约就是著名的"国王和平条约"。但这一条约并没有结束斯巴达对希腊的统治,而且把小亚细亚的希腊城市割给了波斯。在"国王和平条约"之后一个时期内,希腊人增加的只是对斯巴达专制统治的怨恨,而对于希腊各城邦间存在的各种问题,仍未找到任何可行的解决办法。

二、斯巴达的衰落　底比斯的统治

雅典和斯巴达都曾试图使希腊团结起来建立一个统一国家,但都没有获得成功。后来,另一个希腊城邦在大陆取得了胜利,完成了雅典和斯巴达未完成的事业。

在伯罗奔尼撒战争结束后25年间,斯巴达一直在不断加强对整个希腊的统治。即使如利散德这样的人也未能使斯巴达的保守制度得到改变,也没有使它在领导和处理希腊世界的事务时变得宽容一些。斯巴达对雅典的敌意更深了。在底比斯,寡头政治的执政者被一群勇敢的爱国公民刺杀了,斯巴达的守卫部队随即放弃抵抗而投降,民主政治得以建立,公民们取得了对比奥提亚的领导权。而此时,雅典在"国王和平条约"庇护下,力量得到了进一步增强,并且能够像雅典帝国的第一个联盟那样开始缔结第二个海上联盟。这一联盟(公元前378年)包括底比斯和其他经常受斯巴达侵犯的希腊城市。斯巴达在陆上战败,在海战中输给了雅典,于是他们准备求和。

为共商和平大计,各希腊城邦的代表汇集到斯巴达开会,通过这些会议,他们达成了为了共同利益而联合管理希腊公共事务的共识。斯巴达的领袖们以为通过召集各希腊城邦并使它们拥有管理希腊的发言权,就能使希腊联合成一个强大国家,但事情并没有这么简单。所有和平提议都通过了,斯巴达却拒绝底比斯拥有整个比奥提亚,底比斯因而拒绝承认其他的条款,而缺少这些,和平便没有希望。斯巴达和底比斯的关系仍处于战争状态。

几乎所有的希腊人都认为底比斯将会被斯巴达的强大方队摧毁。以前,斯巴达的指挥官们在制订作战方案时,一直将方队放在右路,组成多个纵队，这种习惯已经保持很久了。斯巴达的精良方队战斗能力之强，可以轻易突破敌方的防线，长驱直入敌方的阵地。我们不难想象这种大规模的方队攻势所产生的效果，那种情形大概像许多人喜欢玩的美式足球。一旦突破对手的防线，这种方队便会以绝对优势消灭在他们面前溃逃的士兵。

现在，斯巴达仍和以前一样，他们只习惯于一种"打法"，而且他们喜欢看到自然而然的胜利。底比斯的一位叫埃帕米纳达斯的军官，具有很高的军事天赋和强烈的爱国心。通过认真分析，他对斯巴达过去惯用的"打法"有了深入了解。于是，他有针对性地制订了一套全新的兵力部署方案，这个方案不仅能挡住而且能重创斯巴达右翼方队。在战线布置上，他采取了不同于斯巴达的措施，他将右翼部队布置在比左翼部队离斯巴达的部队更远的位置。同时，他在左翼投放了15个纵队，以强大的阵势来对抗斯巴达右路军的进攻。

战斗在比奥提亚南部进行。一开始时，战斗并没有迅速全面展开，底比斯最前沿的强大的左翼部队首先与斯巴达部队对阵。底比斯攻势强劲，斯巴达右翼部队无力抵抗只能溃退。当底比斯中路和右路发起进攻时，斯巴达其他部队的战斗力大大减弱。包括国王在内的多数斯巴达士兵战死。战无不胜的斯巴达军队终于被打败了，斯巴达的赫赫声威毁于一旦。历经三十多年（自公元前404年开始）的斯巴达统治终于结束了。

雅典和斯巴达都曾试图把希腊团结起来组成一个统一国家，但都没有获得成功。现在，第三个希腊城邦在大陆取得了胜利，底比斯能否完成雅典和斯巴达均未完成的事业呢？在埃帕米纳达斯领导下，底比斯也建起了一支海军，并在海上大大削弱了雅典的势力，获得了希腊的领导地位。但底比斯的统治是以个人天赋为基础的霸权统治，当埃帕米纳达斯在曼梯尼的最后一次战斗中被斯巴达打败时，底比斯的势力便迅速衰落了。

只有结束希腊各城邦之间的冲突，使冲突不断的各个城邦组成联邦，才能形成一个强大的希腊国家。在外部征服者到来之前，希腊就已开始了衰败。尽管希腊文明是无与伦比的文明，但希腊政治的衰退已是无可挽回的了。

这一切发生在伯里克利之后不到两代人的时间里，小时候见过伯里克利的老人们大都还活在世上。我们对雅典、斯巴达和底比斯在这个时期的政治兴衰做了一番回顾，但我们的描述还远远不能代表故事的全部。尽管在伯里克利之后，希腊各城邦迅速衰落了，但希腊人，尤其是雅典人，在他们的生活、艺术、建筑、文学和思想方面所取得的伟大成就，使这一时期极有可能成为人类历史上最伟大的时期。现在，我们来具体看一看伯里克利之后的各种文明成就。

第十八章 伯里克利之后的希腊文明

图 18.1 阿德勒修复的卡利国王陵墓

自阿德勒修复后,人们就称之为"摩索拉姆"。卡利是国王的古赫梯语名称。它建于公元前4世纪中叶,是地中海北部最雄伟壮观的陵墓,远近闻名。高高的方形墓基上建有爱奥尼风格的柱廊,柱廊上方是一个梯形金字塔,像一顶王冠将整个陵墓罩在下面。金字塔的最高处是一辆豪华四轮马车,车上坐着国王和王后。这座建筑是建筑家和雕塑家费修乌斯设计和修建的。其中的雕塑是雕塑家斯科帕斯和另外一些雅典雕塑家的作品。这些雕塑家都是王后为建造国王陵墓而特地召集来的。

一、建筑 雕塑 绘画

宏伟的摩索拉姆是古代最著名的纪念碑之一,它之所以闻名于世主要是因为那些装饰它的超凡脱俗的雕像。雕塑家的灵感和创作在许多方面直接受到绘画艺术作品的影响，因此，那些画家才是真正的开风气之先者。

雅典的财富已被长期的战争和民主政治消耗殆尽，因此，它已不可能出现像伯里克利时代那样伟大辉煌的作品。在这个时期，雅典不得不去建造防御工事、军火库和战船。剧院中已用坚固结实的石头代替了古老的木制座位。希腊其他各城邦也都修建了与雅典相似的耐用、持久的石头剧院。一些地方的居民还修建了耐用的赛跑场地。在这一时期，国家已不再关注艺术和建筑，艺术家只为少数私人购买者创作一些作品。但是，希腊最美丽壮观的建筑之一，伯里克利生前就已着手建造的伊莱克提翁宫殿最终还是建成了，而且大部分工程是在最后一次伯罗奔尼撒战争那段抑郁沉闷的日子里完成的。伊莱克提翁宫殿是一座爱奥尼风格的建筑，有很多精美的柱廊。它的旁边是传奇国王克可洛普斯的陵墓，建筑家们在上面修建了一个精美别致的柱廊，美丽的大理石雅典少女雕像支撑起廊顶，守护着这个古代国王的安息之地。

我们知道，埃及建筑家很早便开始用花卉或棕榈树来装饰柱顶。希腊人从中得到启发，他们发现老鼠簕属植物异常美丽，便将柱头做成这种植物叶子的形状。这种新型的柱头比多立克和爱奥尼的朴实无华风格更豪华和典雅。虽然我们是在雅典最早发现这种柱子的，但人们却将这种柱子称作科林斯柱（见图18.2）。

虽然雅典无力再修建宏大的国家神殿，但并不是所有希腊城邦的财政都这么空虚。财力雄厚的小亚细亚卡利国王的遗孀摩索拉斯王后，为了纪念丈夫不惜重金为他建起了一座宏伟壮观的大理石陵墓。这是古代最著名的纪念碑之一。这座纪念性建筑物以摩索拉斯命名，它远近闻名主要是因为那些装饰它的超凡脱俗的雕像。为修建它，王后特地招来了全希腊最优秀的雕塑家。

自伯里克利之后，希腊雕塑有了飞速的发展。菲狄阿斯和他的学生们用大理石雕刻神像，这些神像表现出了众神的高贵、威严，超越了人类的一切弱点和情感。就连菲狄阿斯雕刻的人像也不是雅典街头随处可见的日常生活中的男女老少。菲狄阿斯和他的学生们相继去世之后，雕塑家们开始在他们的作品中表现日常生活中普通人的情感和经验，他们的作品中的人物有了与常人相似的气质与特点。在他们当中，雕塑家颇瑞西特勒斯应该拥有较高的甚至是最高的地位。

图18.2　科林斯柱

图中为柱基和柱身两部分。与埃及的柱顶造型相似的是，这一圆柱柱顶用老鼠簕属植物的叶型作为装饰，每隔两层便用爱奥尼式螺旋装饰，并形成一个平台的四个角，支撑着顶部的结构。

由于他的家乡无力修建大型纪念物，颇瑞西特勒斯便应其他城邦邀请创作小型雕像。与菲狄阿斯的严肃高傲不同，颇瑞西特勒斯雕刻的众神似乎离我们更近一些（见图18.3）。我们一见就会立即喜欢上他们，就像喜欢自己一样，他们有与我们一样的生活乐趣，做着我们自己喜欢做的事。这些雕像平和安详地立在那里，那种和谐流畅的造型赋予它们的超常美丽是早期希腊雕塑家的作品难以比拟的。斯科帕斯的作品（见图18.4）则完全不同于颇瑞西特勒斯的风格，他为摩索拉姆创作了许多雕像。他喜欢将人物置于暴力行为中而不是平和的情感之中，通过强烈的情绪来表现人物，如战斗中的战士等。但无论是颇瑞西特勒斯还是斯科帕斯，他们的雕像的面部都不再像早期雕塑家的作品那样毫无表情了，艺术家们都在作品中倾注了自己的感情。在他们的作品中，可以看到艺术家们在现实生活中的影子。这个时期的雕塑家在很多方面直接受到绘画艺术作品的影响，那些画家才是真正的开风气之先者。

图18.3　颇瑞西特勒斯的作品——赫耳墨斯与幼年的狄奥尼索斯嬉戏

这尊雕像是在奥林匹亚的赫拉神庙废墟中发现的，它是目前在希腊发现的几件真正的古希腊雕塑家的作品之一。古希腊雕塑大都被毁掉了，我们现在见到的大都是罗马人的复制品。雕像中的赫耳墨斯抬起右手（已断掉了），很可能是拿着一串葡萄，正在与小孩嬉戏。

　　木版画的发明，使艺术家们彻底摆脱了只能在国家建筑物的墙壁上作画的束缚，他们可以无拘无束地在作品中表现自己的情感。我们知道，那时还没有油画颜料，但希腊画家借鉴埃及人的方法将颜料与液态蜂蜡调和在一起，用刷子和调色刀将这种混合液体涂在木板上。从此以后，画家就可以在自己的画室中工作了，可以尽情表现自己的审美追求，可以把自己的作品卖给那些希望拥有它们的人了。富人用绘画装饰自己的居室已成为一种时尚，这种个人对艺术的支持普遍存在，绘画因此而取得了长足进步。

图 18.4 摩索拉姆建筑上的斯科帕斯表现战争场面的雕塑

　　这些充满战斗精神的宏大的战争场面与颇瑞西特勒斯人物的安详平和形成了鲜明对比。斯科帕斯的作品没有一件完整保存下来。有些雕塑碎片据说是他的作品，摩索拉姆上的雕刻也可能是他的作品。上图不是斯科帕斯的作品，但明显具有他的风格。这是一件很有代表性的表现暴力场面的雕塑作品。

　　早在埃及绘画方法被引进之前，雅典画家阿颇勒德乌斯就在长期实践中发现，光往往是从一侧照射到物体表面的，受光的一面色彩明亮，而未受光的一面则显得暗淡。他在画一位妇女的手臂时，运用了这种技法，画上人物因此而显得更加生动；而在画廊中那些以马拉松旧式画法画出的人物的四肢都是死板的、平面的。阿颇勒德乌斯作品中的背景人物看上去总是比前面的人物小很多，这就是我们现在所称的透视法。他的绘画很有层次感，当他画一个房间内部的东西时，你就如同真正看见了那个房间。雅典人称其为"阴影画家"，但老派画家们却不承认他的成就，而更欣赏过去的风格。甚至连伟大的哲学家柏拉图也批评这种新画法是深度知觉和错觉的欺骗。

　　然而，这种新的画法却获得了成功，年轻绘画家们运用这种技术绘出了令全城人震惊的作品。有这样一个一直为人们所津津乐道的故事：画家宙西斯为了打败他的竞争对手帕瑞海斯乌斯，便画了一串葡萄，画面自然逼真，以至于引得鸟儿飞来啄食。宙西斯应邀前去帕瑞海斯乌斯的画室观看他的作品，他发现有一幅作品盖着一块布帘，于是便想将它揭掉。当他的手触碰到画面时，他惊讶地发现这块"布"竟然比他所画的葡萄更逼真。可惜的是，这些希腊绘画都未留传下来，现在只有保留在庞贝的一些复制品可供我们欣赏（见图18.5）。

图18.5 庞贝壁画：伊芙琴尼亚的牺牲

古希腊伟大画家们的作品全都被毁掉了，人们发现，后来的希腊房间装饰画和意大利壁画都是这一时期的艺术精品的复制品。从这幅画中可以看出古希腊绘画艺术的某些影响。这幅画描绘的是少女伊芙琴尼亚将要作为牺牲被带走时的情景。左边立着一个戴纱巾的人，如在现代艺术中经常表现的那样，人类不忍目睹这场即将到来的灾难。画中人物的四肢看上去十分真实。

同样，这一时期的瓶画也经常复制伟大雕塑家和绘画家的作品。但在伯罗奔尼撒战争中迅速发展后，瓶画艺术便日渐衰落了，从此再没有得到复兴。同时，为了满足人们对艺术作品的需求，一些未成名的艺术家开始绘制人们喜爱的著名古典作品的小画，并开始为这些著名的古典作品创作妙趣横生的漫画（见图18.6-B）。这一时期，甚至连石匠打制的墓碑上的浮雕也透露出一种淡淡的忧郁，这时的希腊人开始探索通过光与影来表现人物情绪的变化。

图 18.6 拔刺的希腊男孩（A），后来的漫画（B）

（A）中的男孩正专心致志地拔脚上的刺。这尊精美的雕像可能是波斯战争后不久创作的。这种情景无论在古代还是在现代都是日常生活中常有的。(B)缺了一只脚，这件表情夸张的陶土人物漫画作品是幽默、滑稽的希腊作品的代表作。

二、宗教 文学 思想

雅典最多时也不超过 2.5 万到 3 万公民，然而，这一时期的雅典人却取得了领先于人类的各种成就，在各个领域都出现了许多伟大人物，这在世界其他任何地方都是前所未有的。

在伯里克利逝世时出生的雅典年轻人会发现，自己生活在一个充满矛盾的时代：对外作战时，他要加入雅典军队，手握长矛长期奔波在雅典、斯巴达、底比斯的战场上；发生内部冲突时，他被裹挟在议会激烈的叫骂声或热烈的欢呼声中，或置身于街头与闹市的骚乱和流血之中；在最后的思想冲突时期，他发现，自己崇奉的旧事物同新观念之间产生了不可调和的矛盾。

他会想起儿时在保姆怀里听到的神的故事。当他问她雅典娜和诸神的模样时,她便指着父亲房间中的漂亮花瓶,那上面有雅典娜赐给雅典人橄榄枝的动人情景,有发怒的海神将他的三叉戟抛掷在卫城的情景。花瓶上绘着人性化的众神,这使他以为众神就是和其他雅典人一样的人,他觉得这些神就在他身边,父亲经常设家宴向他们馈赠礼物。后来当他离开学校并能诵读荷马史诗时,他了解到更多的关于神的传奇故事。他站在拥挤的人群中随父母一起参加国家花巨资举办的酬谢保护雅典的诸神的活动。当时的每一个雅典人都不怀疑神具有支配雅典的权力。在这样的环境中,他模糊地感受到了诸神的尊严与崇高。但当他看到像颇瑞西特勒斯这样的艺术家创作的诸神雕像(见图18.7)时,

图 18.7　颇瑞西特勒斯创作的两尊希腊神像

这些神祇神情安详,举止优雅,表现出一种沉静平和的心情。我们可以依此想象出这样一幅图景:在乡村的那些阳光下的土墙上,一只蜥蜴在那里爬着,墙边一个小伙子正在拿一块石头戏耍那只蜥蜴。颇瑞西特勒斯将这一平常动作赋予了他塑造的太阳神阿波罗;他还把提壶倒酒这一十分生活化的动作用在了他雕塑的森林之神身上。这些人性化的神祇与菲狄阿斯的神祇完全不同。

诸神再次表现出了平凡的一面，就像他儿时在花瓶上所看到的那样可亲可近。

他从来没有接受过正式的宗教训诫，因为雅典没有教堂和牧师，也没有专门的宗教教师，没有像《圣经》那样被许多人奉为经典的宗教书籍，没有人告诉他众神会关注他或他的行为。他知道只要他能够重视众神祇所希望得到的仪典，便用不着畏惧他们。同时，他也清楚如果他有罪，他将被判处死刑而被打入阴森恐怖的地狱，而美好的生活最后会使他进入圣洁的天堂。

在港口城市比利埃弗斯，雅典人发现大街上挤满了来自埃及、腓尼基和小亚细亚的外国商人。这些外国商人也同样相信神的保佑和天堂，并带来了他们所崇拜的神：小亚细亚的伟大母亲，尼罗河大瀑布神庙中的伊西丝，等等。来自遥远的撒哈拉的阿蒙神在希腊城市克瑞尼享有一座圣殿。希腊诗人品达还以无比敬仰之情写了一首赞美诗，并制作了埃及神的雕像。作为一名喻示未来的预言者，阿蒙已经成了和德尔斐的阿波罗一样备受希腊人崇敬的神。一艘雅典轮船定期从比利埃弗斯开往克瑞尼，运送希腊人去阿蒙神殿。埃及的信仰在希腊人的墓碑上也可以见到。

某些外国的宗教信仰对年轻的雅典公民产生了很大影响。当他离开儿童时期的老师，去倾听杰出的辩论家的演讲时，他发觉没有人能准确地知晓诸神是否真正存在，人们对诸神的长相也不甚了解。现在，他开始同情那些走在伊卢西斯神殿朝圣之路上的人，蔑视那些几乎每天都要捧着古怪的东方诸神吵吵嚷嚷、吹着长笛满街游行的下层民众。不过，他发现尽管他不相信愚昧无知人们的迷信，但也不能做到像他的那些受过高级教育的邻居那样，远离和拒绝承认诸神。

回想他的青年时期，他现在已经对种种疑惑感到厌烦。他曾愉快地阅读伟大的喜剧家阿里斯托芬的剧本。他们随着阿里斯托芬对欧里庇得斯的怀疑和心理斗争的讥笑而大叫大嚷,随着他对诡辩论者们的喜剧性的尖锐讽刺而发出嘲笑,然而现在,他们却从诡辩论者那里得到了新的启发。诸神到底是什么样子?他们敢肯定,诸神绝对不像他在荷马史诗中看到的那些英雄前辈。现在,他不再去读荷马史诗。除了阿里斯托芬的作品之外,他和他的那些有教养的朋友还阅读欧里庇得斯的伟大悲剧。他们心中充满了对生活和诸神的怀疑、冲突和不解。欧里庇得斯,这个一生中几乎从来没有取得过胜利的雅典人,这位被阿里斯托芬讽刺的人,现在终于赢得了胜利。这一胜利标志着旧的一切的失败、怀疑论者的胜利、对神的抛弃以及一个思想和信仰新时代的到来。但旧有的一切并不是自然地消失的,斗争过程本身就是一出悲剧。

人们对阿里斯托芬的另一部喜剧记忆犹新,这部喜剧当时受到了雅典观众的热烈欢迎。剧中的人物叫苏格拉底,是雅典的一个穷人。阿里斯托芬将他描绘成危险人物的代表,所有善良的雅典人都极力回避他。他是一个石匠或小雕塑家的儿子。自第二次对斯巴达的战争爆发以后,穿着破烂衣衫、相貌丑陋的苏格拉底便成了雅典人人皆知的人物。他常常站在闹市中,向他所遇到的每一个人问各种问题。人们都认为苏格拉底被他自己搞得神志不清了,因为他好像对人们认为极为平常的每一件事都提出了疑问。

这位石匠的儿子是希腊最伟大、最有智慧的天才。苏格拉底从来没有从政做官的愿望,但国家却是他最感兴趣的东西。他坚信正如国家属于公民一样,国家应该由公民管理,可以通过教育使人明辨善恶并充满正义感,因此,国家必须也只有依靠受过教育的具有较高素质的人们来领导和管理才会有出路。

苏格拉底的最伟大成就，就是他绝对肯定地相信人类的意识足以认识和确定什么是善良、正确、真实、美好和诚实，而这些信念对于人类的生活有极其重要的意义。对他而言，这些信念便是真实的存在。他认为通过提出尖锐的问题并进行深入的探究，可以使人们避免和放弃错误认识，认清真相，坚定正确的信念。他走遍了雅典，同所有追随他的人讨论，他坚信他可以引导每一位公民去明了极为重要且必须遵守的美德。他还相信一旦公民了解了这一美德便会在自己的行为和生活中自觉地运用它。苏格拉底并没有把宗教作为指导人们优秀品行的手段，而是通过辩论与逻辑推理来传播各种美德及相关观念。但是，他本人却是一个具有坚定的宗教信仰的人，全身心地尊奉诸神，尽管这些神已不再像他的父辈那样受人尊敬了。像希伯来先知一样，苏格拉底被一种发自内心的神圣的声音召唤着，促使他去完成他的崇高使命。

这位最伟大的希腊先哲，以其质朴而充满魅力的人格赢得了人们的尊重。他的盛名远播四方，据说，当人们询问德尔斐的传谕之神谁是最有智慧的生者时，得到的回答是苏格拉底。他身边聚集着许多追随者，其中最负盛名的是柏拉图。但人们并没有正确理解苏格拉底为雅典利益所付出的努力。苏格拉底的尖锐提问似乎对一切旧信念都提出了怀疑。雅典人排斥一切拒不接受旧观念和宗教的激进者。雅典人对苏格拉底提出指控，指责他以邪恶的教义诱骗年轻人。亚西比德曾拜苏格拉底为老师，他被作为证明苏格拉底的教义使人堕落腐化的例子。许多人都看过或读过阿里斯托芬的喜剧，人们对这个人物极为不满，他不断受到凌辱和咒骂。在受到指控时，苏格拉底原本可以轻而易举地离开雅典，但他却毅然来到了审判庭，并且为自己做了有力和充满尊严的辩护。最后，法庭判处他死刑，他在与学生和朋友们轻松愉快的交谈中度过了人生的最后一天。他平静地喝下了致命的毒酒(公元前399年)。这一时期的雅典民主就是这样处理国家事务的,虽然处死苏格拉底遵循了法律程序,然而,处死这样一位伟大而纯洁的人,只能说是雅典的莫大耻辱。

柏拉图在他的伟大著作中为我们描述了苏格拉底的伟大人格,苏格拉底在生命最后时刻的平静震撼了整个希腊世界,为人类留下了一笔最宝贵的财富。他是最伟大的希腊人,他是希腊精神的杰出代表。在他的学生们的著作中,苏格拉底甚至比那些活着的智者更具影响力。

这一时期,产生了以前的人们不了解的有关现实世界的科学知识。而且,这些新的科学知识不再像过去那样仅仅是少数哲学家的发现。在那些有探索精神的公民的家中,收藏着数学论文,天文学(它将一年计算为365又1/4天)、动物学和植物学等有关自然科学方面的书籍。除了几本关于当时已知世界的带地图的地理书外,还有矿物学以及关于天气预报的小册子,有关于历法的专著,也有一些关于素描、耕种、养马和烹调等的书。

在我们的图书馆里,有一本用科学方法记录国家兴衰的不同寻常的历史书,作者是修昔底德,他是第一位客观、科学地记录历史的人。在希罗多德及以前的历史著作中,国家的兴衰都是由神的意志决定的,但修昔底德却以现代历史学家的洞察力去回顾人类历史上发生的事件的来龙去脉。在我们的图书馆中,希罗多德和修昔底德的书并排放在一起。它们的问世时间仅相隔30来年,但两位历史学家撰写历史的风格却有很大的差异。尽管修昔底德的书晦涩难解,但他却是希腊伟大的散文作家之一。通过他的著作,我们了解了那场漫长战争的全过程,修昔底德的著作深受希腊人称颂。

修昔底德的散文体著作获得成功说明雅典人的兴趣已不再局限于

诗，而扩展到了更具活力的新颖的散文艺术。诗和剧本创作出现了衰落迹象。现在，成功的演讲要提前准备好底稿，在集会上的演讲，尤其是在公民审判庭上的演讲，要求人们练习散文写作和对公众演讲的技巧。

雅典的修辞学教师是以前的诡辩论者的继承者，他们使雅典成为整个希腊的教育中心。其中较有名的人物是伊索克拉底，他是一个优秀长笛制造商的儿子。他在伯罗奔尼撒战争中失去了父亲的产业，后来以教授修辞学为生，并在这方面表现出了非凡的才能。他以当时的人们最关心的政治问题作为演讲稿的主题。他并不擅长演讲，但却全身心地投入到演讲稿的写作中。后来，这些演讲稿都作为政治杂文发表出来。这些著名的文章在全希腊广泛流传，伊索克拉底因而成了即便不是整个希腊至少也是雅典的政治代言人。

尽管自然科学越来越受人们关注，但雅典人最关心的还是人类的事务而不是自然。人类社会的政府应该怎样管理？自由国家的最完善的形式是怎样？苏格拉底和所有雅典人都将对公民的教育放在首位。最理想的国家应该是怎样的？东方已经有了自己的理想主义，但东方的有识之士从来就没有讨论过什么是理想国家的政府形式这一问题。他们自然而然地认为他们生活中的君主政治就是国家的理想形式。但在希腊，关于政府的形式到底应该是君主制、共和制还是寡头政治正处于激烈辩论阶段。于是，一门新兴的学科——政治学——诞生了。

柏拉图——苏格拉底的最有天赋的学生——以对话的方式再现了苏格拉底的思想，将他所敬爱的老师的思想以文字形式发表出来。柏拉图在埃及和西方游历了一番之后回到雅典，在阿加德米创办了一个学园。虽然柏拉图认识到雅典的民主政治已没有希望，但他仍不愿放弃作为一名政治家的一切理想，他在雅典定居下来专心致志地从事教学和传道。

柏拉图既是哲学家又是诗人。他发展了苏格拉底提出的人类能够明辨真理的理论，认为那是一种永恒的存在，不以人类及人类的意识为转移而独立存在着。柏拉图认为，早在远古时期，人类就形成了善良、美好、邪恶等观念和直觉认识能力，后来的人只是在世俗生活重新回想起和认识了它们。有一些人生而具备这种眼光，他们能够管理好理想的国家，因为他们肯定会遵循这些已明辨的善行美德和正义行事，柏拉图认为，教育可以引导人们弄清这些观念。

柏拉图在伟大著作《理想国》中，提出了理想之国的崇高设想：拥有伟大智慧的人公正地管理社会，他们不从事别的工作，卑微的工匠和奴隶承担所有体力劳动，工业和商业为社会提供一切舒适的享受。柏拉图轻视工商业阶级，他最重视的是教育，但却没有认识到人类劳动的高尚和必不可少。柏拉图的理想国是一个过去在希腊出现过的那种自给自足、自我调控的城市国家。他没有认识到，对当时的希腊而言，最重要的问题是如何妥善处理这些城市国家之间的关系。他没有意识到一个文明国家的生活将不可避免地会超出它的疆界，自己的发展需求和成就不可避免地会对邻邦国家的生活产生或多或少的影响。它并不仅仅局限于政治纲领，随着满载货物的船队的远航，它的贸易领域也会随之拓展到很远的地方。

边界已不能再将国家隔开，任何一个国家的生活都与周围国家的生活密切联系、息息相关。希腊是这样，那些远离希腊的其他地区也是如此。地中海地区和东方世界通过商业、旅行以及共同的经济利益彼此联系起来，逐渐形成了一个文明世界。这个文明世界流传着希腊书籍，使用着希腊器皿，房间中摆着希腊家具，墙壁上装饰着希腊绘画，修建希腊式的剧院，学习希腊战术，等等。尽管柏拉图游历过许多国家，但他却对这个世界将形成政治共同体的趋势视而不见。一旦这个世界被东方文化控制，那么希腊人就不得不放弃他们头脑中的那些崇高的观念，也就是说，希腊人会从此丧失对这个世界的领导权。

在当时，许多人像伊索克拉底那样清醒地认识到了这一点。伊索克拉底劝说希腊人不要太在意他们之间存在的小小分歧，应该将各自狭隘的城邦爱国主义扩展为对整个国家的忠诚，建立统一的希腊。他告诉人们，只有组成统一国家，他们才能轻而易举地打败腐朽的波斯帝国，如果继续像今天这样彼此争斗，波斯国王便可以趁机为所欲为。他在奥林匹亚竞赛上的一次振奋人心的演讲中说："任何来自异国他乡的人看到希腊当前的情况，都会认为我们为了一点点微不足道的小事便发动战争是非常愚蠢的事，如果没有这些内耗，我们本可以征服整个亚洲。"对每一个读过色诺芬万人部队远征故事的希腊人而言，波斯帝国的弱点是显而易见的。人们已表现出了渴望统一的热情。

然而，没有一个希腊城市愿意服从另一个城市的领导。正如地方主义导致了我们的国内战争一样，城邦爱国主义和不可逆转的分裂葬送了希腊的政治前途。其后果就是希腊落到他国强权的制约之下，而这对希腊文化的发展毫无益处。现在，那些曾在雅典热烈讨论过的理想国家形式的理念面临着严峻挑战，即将出现一个专制的独裁者，而这正是希腊人极力避免的，但他们却没有取得丝毫成效。

尽管希腊最后令人失望地衰落了，甚至连希腊在意大利和西西里等西方城市所拥有的财富及显赫地位也丧失了，但这时的希腊文明却处于无与伦比的辉煌时期！希腊城邦间的竞争对希腊的政治而言是一个不利因素，但它却促使所有希腊城邦不断发展进步，因为每一个城邦都想在艺术和文学以及各种崇高的文明事物上超过自己的竞争对手。伯里克利时代是令人骄傲的时代，其后的时代更值得雅典人为之自豪。

雅典公民数量最多时不超过2.5万到3万，它的人口总数远远低于公元1910年我们的特拉华州的人口，但它这一时期却取得了极其伟大的成就，各个领域都出现了许多伟大人物，这在全世界其他任何地方，都是不曾出现过的。在本书中，我们能举出的仅仅是雅典所取得的成就中极为有限的几个例子。直到今天，他们仍然是人类历史中最优秀的，他们以自己的成就写下了人类高尚生活的不朽篇章。尽管希腊的天才们失去了政治领导权，但他们却赢得了更多更大更不朽的胜利。现在，我们来回顾一下其他方面。

第十九章　伟大的亚历山大

图 19.1　古希腊和古罗马安葬死者的街道之一

　　它在底庇隆门外通往伊卢西斯的路上，在这条路的两边排列着许多大理石碑。在东部战役中，为了围攻雅典，罗马的苏拉在这里用泥土堆起了一个通往雅典城墙顶端的堤道。被泥土压在下面的那部分墓地因而得以保留下来，后来被人们发掘出来，这里表现的是古希腊墓碑街道的一部分。图中的纪念碑上，一个英勇无畏的雅典青年骑着马向敌人发起进攻。他在对科林斯的战斗中牺牲，在苏格拉底死后几年被葬在这里。

一、马其顿的崛起

腓力是一位伟大的政治家,他首先对最缺乏抵抗能力的地区展开了征服。他不断地向东部和北部扩张,一直扩张到多瑙河和赫勒斯蓬特。

在巴尔干半岛的北部山区,希腊文化渐渐衰落和消失了,逐渐融进了欧洲石器时代留传下来的原始风尚。这些倒退的北方人——如色雷斯人,说的是与希腊语同族的印欧语,但他们的语言却不为南方希腊同族所理解。希腊文化中的世俗部分开始影响马其顿农民的未开化的野蛮生活。马其顿国王开始学习和借鉴希腊文化和艺术,马其顿国王腓力的母亲也为自己能在暮年学会写字而高兴。

腓力自己也努力学习希腊文化。他于公元前360年统一了马其顿,他很清楚希腊世界的分裂状况。他准备使他的马其顿成为世界的领导者,并以有才干的政治家和战士的双重身份开始实施他的计划。他清楚地了解一个强大国家的各种要素,他首先组建了一支军队。在底比斯充当人质时,腓力从斯巴达的征服者——埃帕米纳达斯那里学到了领导军队的才能。腓力比他的老师更出色。

腓力从他的王国的农民中召集了大批强悍的士兵,建起了一支由职业士兵组成的军队,这些战士再也不可能从事田间耕作了。他将这些人训练成重步兵方阵,像他曾在希腊见到的那样,但他把方阵变得更深更庞大,为方阵战士配备了更长的矛。"马其顿方阵"很快闻名于世。

在此之前的欧洲战争中,骑兵发挥不了多大作用。腓力的王国里有很多马,正在形成武士阶层的贵族们一直习惯于骑着马以一种松散的方式进行战斗。现在,腓力对这些骑士进行了训练,使他们以纵队形式运动和发动攻击。这样一支骑兵纵队的冲击是不可阻挡的,它足以决定一场战役的胜败。后来,腓力进行了最后一次,也是最重要的一次调整:他把重步兵方阵安排在战阵中央,两翼配上训练有素、纪律严明的骑兵纵队,这使他的战阵更加完善,步兵和骑兵在运动和战斗时始终作为一个协调统一的整体,就像一台不可抵挡的机器。

腓力为战争艺术续写了新篇章。因为有这样一个具有非凡眼光和能力的人强有力地把握着全局,希腊人见识了经过有才能的领导者培养出来的军队的力量。腓力是一位优秀的政治家,他首先对抵抗力最弱的地区展开了征服。他不断地向东部和北部扩张,一直扩张到多瑙河和赫勒斯蓬特。

腓力在爱琴海北部的扩张,很快使他卷入了希腊的矛盾和冲突中。当时,希腊北部地区有不少城市。雅典人怀着复杂的心情看着腓力的征服。马其顿国王对希腊怀有崇高的敬意,因此,他对雅典的态度比较友好。这时,在雅典出现了两个党派,其中一派愿意接受腓力表示的友谊,并将他看作希腊世界的统一者和救星。这个党派的领袖伊索克拉底当时已是一位年迈的老人了。另一党派则指责腓力是一个想把自由的希腊城市变成他的奴隶的暴君。

那个反对马其顿的党派以杰出演说家狄摩西尼为首。他一次又一次对雅典人民发表动人的演讲,力图使他们能够清楚地认识到随着腓力庞大军队的一次次胜利,希腊的处境会变得越来越危险。他的滔滔辩才,他的极其动人的演讲,使他获得了雅典国会的支持。他痛斥马其顿国王腓力的"腓力演说",代表着古希腊雄辩术的最高水平,并且被后人视为高昂的爱国热情所激发出来的雄辩力量的最典型的例证。但是,他们对雅典的敌人的斥骂,可以说是极不恰当的,而且他们并没有以政治家的眼光去看待古希腊的持续战争和分裂状态。

腓力和古希腊之间的战争，证明了伊索克拉底的观点。尽管伊索克拉底比狄摩西尼更具政治远见，但在那个时候，他的观点却未能引起人们关注。经过长期的时断时续的战争后，腓力在塞罗尼（公元前338年）的最后一次战役中彻底打垮了希腊军队，巩固了作为古希腊合法首领的地位。只有斯巴达不承认他，仍在继续反抗。他开始为小亚细亚的希腊城市的自由而战斗。在塞罗尼战役胜利两年后，腓力在他妹妹的婚礼宴会上被反对者谋杀了。

他的儿子亚历山大继承了王位，当时，亚历山大只有20岁。值得庆幸的是，腓力为他在马其顿国会中留下了一批很有才能的辅佐者。这些人忠于王族，亚历山大早年的成功，与他们密切相关。但是，我们在后面将会看到，他们的献身精神和卓越才能，正是使年轻国王陷入导致后来的巨大灾难的个人冲突的重要原因。

在亚历山大13岁时，腓力请伟大的亚里士多德——柏拉图以前的弟子——到马其顿王宫来做他的老师。在亚里士多德的教育下，这个年轻人对古希腊文学有了深入的了解并深深爱上了它们，尤其是荷马史诗。古代英雄的事迹点燃了他的梦想，使他的性格带上了一种英雄主义的色彩。随着情感和思想的成熟，亚历山大的性格中表现出古希腊天才和古希腊文化的光辉。

二、亚历山大的征服

亚历山大对亚洲的征服，使希腊文化传到了这个大陆的中心地带。古希腊的艺术和钱币从亚历山大的领土传到东方国家，对后来中国和日本的艺术产生了一定影响。东西方文化出现了空前的大融合。

希腊仍然不愿服从马其顿人的统治，他们幻想着有朝一日能够推翻亚历山大的统治。他们很快就认识到这个年轻人的雄心和智慧的伟大。当底比斯在腓力死后再次起而反抗马其顿时，亚历山大清楚地认识到他必须和波斯作战。他认为，如果不给希腊一次使他们永远忘不了的教训，那么进军亚洲将是非常危险的。于是，他挥军占领并彻底摧毁了底比斯城，只留下了伟大诗人品达的房子。希腊人都接受了这次教训，从此以后，他们对这位年轻国王的权力表现出了畏惧和尊敬。与此同时，他们也认识到亚历山大对希腊天才的尊敬。他们开始承认亚历山大是他们的领袖，除斯巴达以外，希腊形成了一个统一的团体，推举亚历山大为他们的领袖和将军，最后，各城邦都派自己的骑兵队参加了亚历山大的军队。

亚历山大策划的亚洲战役是为了巩固他在希腊和亚洲战争中所取得的胜利。他准备率领统一的希腊对抗亚洲的波斯君主，就像古希腊人对亚洲发起的特洛伊战争一样。他率领马其顿和希腊的混编部队开赴亚洲。来到特洛伊这个荷马史诗中的英雄们战斗过的地方，在这个一望无际的平原上安营扎寨。他来到雅典娜神庙祈祷他在与波斯人的斗争中能够赢得胜利。他使自己置身于特洛伊英雄的氛围之中。在这个英勇无畏的马其顿青年领导下的全体希腊人开创了一个辉煌时代，揭开了他们长期以来一直期望的统一的希腊军队对抗亚洲时代的序幕。

同时，波斯国王也雇用了大批希腊步兵，现在他们要和自己的希腊同胞对阵了。在科拉尼科斯河的一场最重要的战斗中（公元前334年），亚历山大轻而易举地打败了波斯军队。根据马其顿人的传统，这个年仅22岁的国王，亲率他的骑兵突出重围，毫不在意暴露自己的王室身份。如果不是克科图斯——他儿时的保姆的兄弟——在危急时刻冲进去保护他，这个冲动的年轻国王肯定会在这次战斗中战死。接下来，他继续挥师南下，攻占了一个又一个希腊城市，并把小亚细亚永远从波斯人的统治下解放出来。

当时，地中海在一支庞大的波斯舰队的控制之下，这位年轻的马其顿国王在这里所表现的军事才能，说明他对战争艺术有非常透彻的理解。他在国内安排了一支强大的军队，他坚信，摧毁底比斯的教训足可以阻止希腊人在看到爱琴海上的波斯舰队时趁自己远征在外而发动叛乱。于是，他继续向西推进。追寻着色诺芬"万人部队"的路线，亚历山大率领他的军队平安地通过了最艰险的西里西安隘口，绕过地中海的西北角。在他寻找肥沃新月的苏丹的踪迹时，展现在他眼前的是一片拥有 4000 万人口的广阔的亚洲世界。波斯国王已在这片土地上统治了 200 年。在这个辽阔的竞技场上，亚历山大将成为下一个胜利者（公元前 333 年~公元前 323 年）。

在伊苏斯海湾，亚历山大遇到了波斯的主力部队（公元前 333 年），这支军队由波斯国王大流士三世亲自率领，这里是波斯人的最后一道防线。亚历山大的父亲腓力和埃帕米纳达斯在遇到这种情况时，最常运用的战术是发动进攻。现在，亚历山大也运用了这种战术，尽管敌人在河流对岸，并占据着得天独厚的防御位置。

由骑兵组成的右翼距敌方最近，亚历山大亲率骑兵涉过河流，对波斯人的右翼发起猛烈攻击，并最终击溃了他们。而在中部和左翼，战斗异常激烈，处于胶着状态。亚历山大获胜的右翼骑兵转而攻击波斯军暴露出来的侧翼中间部位，波斯人的防线迅速瓦解了，马其顿人将亚洲人彻底赶出了战场（见图 19.2）。大流士一直撤退到了幼发拉底河。这位伟大国王向亚历山大发出了一封求和信，提议以幼发拉底

图 19.2　伊苏斯战役中，亚历山大攻击波斯国王的卫兵

　　艺术家描绘的是波斯人奋不顾身地从马其顿人的包围中解救他们的国王的情景。亚历山大——左边骑在马背上的光着头的人，向波斯国王（大流士三世）——站在战车上（在图的右边）——发起勇猛的攻击。马其顿人的进攻极其凶猛，波斯国王受到严重威胁。一个波斯贵族下了马把他的坐骑让给国王，让国王骑马尽快逃走。忠诚的波斯贵族勇敢地把马牵到波斯国王和马其顿人之间，努力给大流士创造一个骑上马的机会。亚历山大的长矛刺穿了其中一个波斯贵族的身体，大流士哀痛地伸着手，因他的贵族朋友的死而颤抖。战车驾手（在波斯国王身后）正在挥鞭打一匹马，拼尽全力将大流士带离战场。这个惊心动魄的战争场面是用许多小块有色玻璃镶嵌的，是 1831 年在意大利庞贝城发现的。这幅画已被损坏得面目全非，只剩下一堆碎片，尤其是画的左侧，亚历山大和他的战骑都看不见了。这幅画是在亚历山大城拼成的，运到意大利时已损毁。这是一幅更早的古希腊艺术品——在亚历山大绘制的油画——的复制品。

河作为两国的边界，河西侧的所有亚洲地区都割让给马其顿人。

　　这是一个戏剧性的场景，年轻的马其顿国王手中拿着那封求和信，正在思考这件事，一群精干的马其顿青年——和他一起长大的最亲密的朋友——聚集在他身边，还有他的父亲留给他的老臣们。军旅中的亲密相处、行军、作战已在忠诚的马其顿人和他们年轻的国王之间架起了爱和友谊的桥梁。

第十九章　伟大的亚历山大

在他认真考虑大流士的信时,他父亲的老臣——在刚刚结束的战斗中指挥马其顿左翼取得胜利的帕米尼奥,向他提出了忠告。我们可以想象这样一个场面:这位老人亲热地搂着这个高傲的23岁男孩的肩膀,指着地中海对面提醒亚历山大,在他的后面,波斯舰队正在活动着,并且极有可能会在希腊鼓动叛乱。他还说,如果真的像那封信中所说的那样,让大流士留在幼发拉底河对岸,那么波斯与欧洲和希腊世界之间就形成了一段安全距离,他认为,对波斯发动的战争已经取得了所有预期的结果。

在这个关键时刻,摆在马其顿人面前的是两条截然不同的道路。在年轻的亚历山大的眼前,展现出一个以希腊文化为主体的帝国的远景,这是一个目光短浅的人完全无法看到的远景。他没有采纳那位老臣的意见,决定征服整个波斯帝国。这个意义重大的决策,表现了亚历山大作为一个新时代代表人物的伟大人格力量。征服导致了永无止境的冲突——新时代和旧时代的冲突,正如我们曾在雅典看到的那样。再没有什么比我们在这里所看到的亚历山大与那群富有牺牲精神但缺乏较高政治天赋的马其顿人之间越来越多越来越大的摩擦更富有戏剧性的了!这群马其顿人被亚历山大带进赫拉克勒斯——世界主宰——的事业中。

波斯舰队在地中海西端同向南推进的一队人马遭遇了,并遭到了顽强抵抗,这条路线上的腓尼基人的海港统统都被占领了。如果不是运用腓力从希腊人那里学来的围困战术,亚历山大一定会在这个战役中被彻底打败。在进攻提尔城时,亚历山大使用了东方人发明的攻城器械,后来他将这种器械带回希腊。软弱的埃及原本是波斯的一个行省,很快就被马其顿轻易占领了。波斯舰队失去了所有可停靠的海港,并且被切断了与自己的政府的联系。不久,这支舰队就自动解散了。

切断了敌军的一切后援后,亚历山大从埃及返回了亚洲,在肥沃新月的苏丹领土上推进,他越过了底格里斯河——这条河从尼尼微废墟附近流过。在阿贝拉附近,波斯国王聚集了他的全部力量,进行了最后一搏(公元前331年)。那时,波斯人根本不理解希腊人和马其顿人的战争艺术。他们之间的战斗就像中国与日本交战一样,落后于时代的一方根本没有胜利的希望。他们发明了一种新武器——一种在车轴上装有镰刀的战车,这种武器也没能挽救波斯军队。马其顿军队的人数远远超过亚洲军队,他们击溃了亚洲军队,伟大的波斯国王灰溜溜地逃跑了。几天后,亚历山大住进了巴比伦的波斯王宫。

大流士逃到东部山地时,被自己的随从杀死了(公元前330年),亚历山大骑马带着他的部分军官赶去察看了这位最后的波斯国王的遗体,他的辽阔的国土现在已落到亚历山大手里(公元前330年)。亚历山大惩治了弑君的凶手,并以崇高的敬意把波斯国王的遗体送给了他的母亲和妹妹,他已经给了她们妥善的保护和周到的照顾。到了这时,尼罗河谷和富饶的苏丹国土——两个最早的文明的发源地——现在都归于欧洲人的统治之下,并接受了更新更高的文明。这时,这位年轻的马其顿国王进入亚洲还不到五年。

马其顿人不必再担心波斯的威胁了,但为了创建一个大帝国,还有很多事情需要亚历山大去做。在他走过昔日的波斯王国时,居鲁士创建的波斯帝国已经在这里成功地统治了两百多年。他在苏撒逗留了一段时间(见图19.3),参观了在波斯波利斯附近的居鲁士墓地。在这里,他戏剧性地证明了他在亚洲的至高无上的权力,正如波斯人曾对米利都和对雅典卫城庙宇的所作所为一样,他亲手放火焚烧了波斯宫殿。这究竟是一种象征性的行为,还是一个经过认真考虑的政策的一部分,或仅仅是一次醉酒后的冲动,我们都无法知晓。据说亚历山大在给宫殿造成重大损坏之前,就令人把火扑灭了。还有一种说法是他把整个宫殿彻底毁掉了。

来到北部的埃克巴特纳后,他将自己最信任的帕米尼奥留下来处理波斯国王世代积聚的大量金银财宝,他本人则继续西行。在以后的六年中(公元前330年~公元前324年),当希腊世界都在惊奇地注视着他时,这个年轻的马其顿人却好像消失在这个已知世界的遥远边界的迷雾之中了。他率领他的军队,沿着一个巨大的环形路线,穿过伊朗大平原的中心,向北越过了欧克斯和加西特斯河,向南穿过印度河和印度边界,进入了恒河河谷。最后,在他手下的军队将领的抱怨中,开始了返回的征程。

他沿印度河而下,可能还在印度洋中航行过。他在印度河组建了一支舰队,在穿越沙漠时,因为严重缺水和供给不足,部队中很多人渴死了。在离开巴比伦城七年之后,亚历山大又回来了(公元前323年)。他在亚洲游荡了数年,使希

图19.3 建于苏撒的大流士一世的宫殿庭院一角

法国人在苏撒发掘出的文物中,有最好的拉瑞姆-森浮雕和汉穆拉比时期的长柄轴。同时,法国人还发掘出大流士一世于马拉松战役时期开始修建,直到萨拉米斯战役时期在薛西斯手中才最后竣工的宫殿的废墟,这座宫殿建成了亚历山大攻占苏撒前150年。法国建筑师的复原图展现的是波斯国王正在随从陪伴下走进宫殿庭院的情景。我们可以看到,墙的底部装饰的华丽琉璃拼成的排成队列的波斯战士。当亚历山大住到这里,将这里的一切据为己有时,所看到的肯定和我们见到的一样。

腊文化传到了这个大陆的中心地带。他在行军经过的重要地区建了许多以他的名字命名的希腊城市,这些城市作为希腊文化的传承地,对印度边界地区的文化产生了很大影响。通过这些城市,希腊的艺术传入了印度,成了在那里至今仍很有生命力的艺术之源。同时,希腊的艺术作品,尤其是钱币,从遥远的亚历山大地区传到其他东方国家,甚至传到了中国,对后来中国和日本的艺术产生了一定影响。随着亚历山大的征服和扩张,东西方文化出现了前所未有的融合。

三、亚历山大的统治

亚历山大致力于使整个世界希腊化,使地中海地区成为一个统一的帝国。他将自己推到了一个崇高而孤独的地位,在不知不觉中走向暴政之路。

在取得这些非凡成就之后,这个年轻气盛的赫拉克勒斯并没有让自己的大脑休息片刻,他仍在思考成千上万个问题。他派出一个考察队到尼罗河去探索这条河年年泛滥的原因。同时,他派人到里海去建立一支船队,并做了沿里海海岸的航行,当时的人们还不知道这片海的北端在何处。他从希腊引进了众多科学人才,在他们的帮助下,大量自然历史样本被送到希腊,敬献给他的老师——当时正在雅典讲学的亚里士多德。

同时,他要努力统治和管理广大被征服地区。他的大量精力耗费在阅读成堆的官方文件,或向他的官员和秘书口述他各种计划和命令上。他认为,古希腊文化具有无与伦比的优势和力量。他致力于使整个世界希腊化,并通过向希腊和马其顿的殖民地大量移民,使亚洲和欧洲融为一个整体。在他的军队中，马其顿人、希腊人和亚洲人并肩作战，同心协力。但他也认识到，自己不能以一个马其顿人的身份来统治这个世界，必须对波斯世界做出必要的让步。他娶了一个亚洲公主罗克珊娜，并在一个盛大的婚礼宴会上要求他的官员和朋友也娶亚洲贵族的女儿为妻。许多马其顿军人效法国王娶了亚洲妻子。他还委任波斯人为高级官员，并给了他们很大的权力，他甚至采用了波斯人的装束。

同时，他还制订了一个征服西地中海的周密计划，其中包括：组建一支有几千只战船的舰队远征意大利、西西里和迦太基；他还计划沿非洲北部海岸线修筑一条路，这条路规模之大，令人震惊。这条路可以使他的军队很方便地从埃及到达迦太基，为大力神赫拉克勒斯提供有力的支持（直布罗陀）。从中可以看出亚历山大作为一个伟大政治家的眼光。所有这一切本应在波斯灭亡后迅速完成，但亚历山大好像并未意识到，正如他能统一和管理遥远的东方的分散征服地一样，他完全可以成功地把地中海地区纳入他的庞大帝国中。

在他梦想的这张巨大的世界蓝图中，他将自己摆在什么位置呢？在这方面，亚历山大发挥了无穷的想象力。他想象过将阿戈斯山做成他的雕像，在雕像的右手上握着一个一万人的小镇！现在，他开始认为自己具有神性。他期望自己成为一个神，并且决心实现这个愿望，却丝毫没有察觉到自己正走向暴政之路。亚历山大从希腊人的反应中看到了对自己成为神王的支持，许多希腊人都被看成神，在希腊人的观念中，神和人之间并不存在多大差别。亚历山大希望自己进入神的行列。这样，他就可以轻而易举地将自己的意愿强加于希腊城市。在埃及，人们长期以来一直将国王视为神；在东方，人们一般都将国王视作太阳神之子。在这些地方，亚历山大可以很自然地使自己成为神。

七年前，他有意在埃及逗留了很长时间，在一小队人马护卫下深入撒哈拉沙漠腹地，一直来到阿蒙绿洲神殿（见图19.4）。此时，在亚洲还有一支未被彻底征服的波斯军队。在这片辽阔荒凉的大地上，亚历山大独自走进了神殿。没有人知道他在那里遇到了什么，当他再次出现时，他被这座庙宇的主持当作宙斯——阿蒙之子欢迎。亚历山大巧妙地让所有希腊人从各个方面或多或少地了解了这件不同寻常的事情。但是，这些希腊人在过了许多年之后，才真正弄清这件事意味着什么。

图 19.4　撒哈拉沙漠中的西维绿洲
　　这个绿洲上有埃及神阿蒙的庙宇。亚历山大从海边到这里要走近200公里的路程，从这里到尼罗河畔的孟菲斯，差不多有350公里，现代商队从尼罗河来到这片绿洲需要21天。这片绿洲是沙漠平原上的一块洼地。沙漠平原的地平线在图右侧的陡坡顶端。这里土地肥沃，有许多泉水和水井。

　　过了四年，这位年轻的国王开始发现，尽管他宣称自己具有神性，但缺乏能让人看得见的具体表现。必须发生一些外在的、让人看见的事情，以此向他所统治的这个世界的人们展现他作为神的特征。他采用了东方人的做法，命令所有觐见他的人都俯首称臣，并亲吻他的脚。他还向所有希腊城市正式发出通知，解散各地的领导团体。从此以后，他就是各城市的神，接受各城市敬献的贡品。

图 19.5　巴比伦皇宫旁的庙宇，亚历山大每天都到这里供神

在巴比伦考古发掘的德国人发现了一座位于皇宫旁边的庙宇的废墟，这项发掘工作的领导者柯底威教授绘制了这幅复原图。亚历山大将每天的大部分时间都消磨在这座庙宇的一个祭坛上。在他去世时，他正在重修被损毁的巴比伦建筑物，包括已坍塌的庙宇城堡。柯底威教授发现亚历山大已搬运了大量泥土。

从这时开始，欧洲进入了君主专制和君权神授时期。这一时期，通过亚历山大，东方精神传到了欧洲，这些东方精神在马拉松和萨拉米斯时期曾为欧洲所排斥。亚历山大的这些行为，并不像那些意志薄弱的人那样只是满足于一种神威，只是醉心于由此获得的一种超人的荣誉，这是他的政治策略，是经过多年国家政治经验积累逐步发展而来的谋略。

亚历山大的这种世界君主的高贵地位，使这个马其顿青年以及聚集在他身边的朋友和追随者付出了惨重代价，在国家之神亚历山大的波斯长袍下，跳动的是一颗年轻的马其顿人的炽热的心。他把自己推到了一个崇高而孤独的地位。这时，那些原来一直追随他的忠诚的朋友，再也不能紧随其后了。他们无法理解亚历山大的政治策略。最后，他们的友谊被彻底摧毁了。他们也无法容忍他将波斯异族与朋友们同等对待，甚至让波斯人凌驾于朋友们之上！在这种情形下，悲剧就不可避免地发生了。

在大流士死后向西进军初期，菲洛塔斯——帕米尼奥的儿子，早就知道了一个谋害亚历山大的阴谋，但当时的处境和他与国王的不和，使他没有向国王报告。所有的同谋者都受到了公正的审判，亚历山大非常痛心地目睹了他昔日的朋友和同伴，包括菲洛塔斯都被判有罪，并在军队面前被处死。他最信任的帕米尼奥——菲洛塔斯的父亲，当时仍在埃克巴特纳管理着那些波斯人的财宝，也受到了牵连，由一个使者去对这个老臣执行了死刑。这只不过是亚历山大走向世界君主的神圣宝座所经历的苦难历程的开始。

克利图斯对亚历山大的政治策略非常不满。在一次王家宴会上，当大家在商讨事务的时候，克利图斯很不明智地指责他的主人。他完全丧失了自控能力，放肆地指责国王。亚历山大再也压不住心中的愤怒，从一个卫兵手里夺过长矛，刺穿了这个对他有救命之恩的年轻人的胸膛。年轻的国王因此在他的住所里整整呆坐了三天，他一言不发，心中充满了悲伤和悔恨，拒绝进食，他的官员时刻陪伴着他，防备他自杀。在这里，我们所列出的只是亚历山大为他的国家政策付出的沉重的个人代价的一小部分，为的是让读者有个大概了解。

同样，他的所有人在觐见他时都要拜倒在他脚下，并亲吻他的脚的要求，也使他失去了历史学家卡利修尼斯的友谊。后来，卡利修尼斯被发现与马其顿叛乱贵族名单上的一个人有关联，因此，他也被处以死刑。他是国王的老师亚里士多德的侄子，因此老师和学生之间的友谊也化为乌有，并产生了深深的敌意。

在他回到巴比伦时，他最亲密的朋友赫菲斯提翁刚刚去世，亚历山大被失去朋友的悲痛击倒了。亚历山大为他举行了一个前所未有的隆重葬礼。这时，这位年轻的马其顿国王的健康状况也因过度劳累和大量饮酒而变得非常糟糕。每次在狂欢会上狂饮之后，他都要睡48个小时才能完全清醒。当他准备先征服阿拉伯半岛，以便能毫无顾虑地实施征服西地中海的伟大计划时，亚历山大病倒了。几天以后，亚历山大死去了（公元前323年），年仅33岁，在位13年。

第二十章　亚历山大的后继者

图 20.1　叙利亚小镇安条克

亚历山大大帝的将军们曾在小亚细亚中部（公元前 301 年）展开一场你死我活的争斗。战斗结束后，塞琉古在亚洲称王。他以父亲之名建立了安条克城。该城后来发展成为重要的商业中心，居民多达几十万。这座古城后来多次被大地震摧毁。今天，这个小镇上的居民还不足 3000 人。

一、亚历山大帝国的继承人

亚历山大的死对于希腊人民而言是一场灾难，尽管这个民族在世界文明进程中仍发挥着重要的推动作用,但却再也无力去征服世界了。帝国分裂成三部分,分别控制在亚历山大的将军及其后代手中。

亚历山大无愧于"大帝"这一称号。在他之前和之后,再没有哪位天才能够在如此短暂的一生中对人类的发展进步产生如此大的影响。他那无与伦比的征服,使希腊文明的政治优势失而复得。他在实施其伟大征服计划时死去,这对希腊人民而言是一场灾难,希腊民族再也无力去征服世界了,尽管这个民族在世界文明进程中仍发挥着重要的推动作用。在马其顿,他留下了一个遗腹子——罗克珊娜所生,也叫亚历山大。将领的权力之争使亚历山大家族,包括他母亲在内的所有成员流落异乡。

驻守巴比伦的亚历山大的将领们在他的文件中找到了他的伟大的西部征服计划,但无人有能力将之变成事实。这些剽悍的马其顿将领不久便卷进了长期而复杂的内讧之中,旧的矛盾还没有解决,新的冲突又出现了。在诸将领当中,亚历山大的大将安提戈努斯最有才能,他力图控制马其顿帝国。此后,陆战、海战接连不断,欧洲军队从未经历如此残酷的战争。安提戈努斯战死后,帝国分裂成三部分,分别控制在亚历山大的将军及其后代手中。马其顿的欧洲部分为安提戈努斯统治,他和他的爷爷——亚历山大的大将——同名,他的目的是统治整个希腊。在亚洲,前波斯帝国的大部分国土掌握在亚历山大的将军塞琉古手中。而在非洲,托勒密控制了埃及,他是马其顿最有政治才能的将领。

托勒密很快就在埃及自立为王,成为托勒密王朝的创建者。托勒密认为他应该把希腊雇佣军收买过来。他以政治家的敏锐组建了一支舰队,这使他成了地中海的霸主。他将亚历山大创建的、地处尼罗河三角洲西侧的港口城市亚历山大里亚当作抵抗外来侵略的基地。经过持续发展，亚历山大里亚终于成为地中海沿岸规模最大的商业港口。事实上，在将近一个世纪的时间里（约公元前3世纪），东地中海完全属于埃及的势力范围——从希腊到叙利亚，从爱琴海到尼罗河三角洲。为了抵御亚洲的敌人，托勒密国王们先后占领了巴勒斯坦和南叙利亚。于是地中海地区又出现了一个埃及帝国，像我们溯尼罗河而上参观底比斯城的宏伟建筑时所看到的那个比它早一千多年的帝国一样。托勒密国王效法埃及法老，命令舰队开进了红海。从印度洋到达达尼尔海峡，从西西里岛到叙利亚，到处都可以见到埃及舰队，这些舰队搜集各种各样的珍宝异货贡献给托勒密王室。

图20.2　位于尼罗河第一瀑布的菲尔德神殿和棕榈树（C.斯格特·卫特的油画）

　　菲莱岛上的建筑大都是托勒密王朝时期修建的，它代表着马其顿国王们统治下的埃及的灿烂辉煌。直到前不久，这个岛屿还因棕榈树掩映中的神殿而成为埃及最美丽的地方，是全世界最著名的地方之一。自从附近的规模庞大的灌溉堤坝建成以后，在每年的大部分时间里，这些建筑都与河水相映生辉。

这些埃及新统治者虽然是欧洲人，但他们所建立的却不是希腊式或欧洲式的城邦。他们把自己当成了古代法老的继承人，以法老的至高无上的权力统治着这个尼罗河畔的王国。托勒密授予亚历山大里亚等三个希腊城邦自治权，如同希腊城邦一样。如果不是这样的话，埃及就会像东方那样不存在拥有选举权的公民，而形成专制和独裁统治。托勒密政府的主要职责是聚敛大量财富，以保证庞大的舰队和由希腊雇佣兵组成的军队正常运转。过去几千年间，埃及一直存在着庞大的地方政府体系，地方官员在税收方面都很有经验。希腊城邦却没有这样的地方政府，但托勒密王认识到了地方政府的重要性，并将之保留下来。地方官员们可以深入到尼罗河两岸的泥屋村舍。这样，马其顿人在尼罗河畔的大多数地区的统治还是古代东方的君主专制政体。这种专制政体对后世产生了深远影响，希腊和罗马的民主政体最终也被这种政体取代了。

塞琉古人（塞琉古及其继承人）虽不如托勒密那么强大，但在亚历山大的继承人当中也拥有很强的势力。亚历山大帝国的大部分领土都掌握在他们手中，西至爱琴海，东到印度边境，国土辽阔，没有明显的边界，很不容易统治和管理。托勒密的舰队阻碍了塞琉古人的商业发展和兴旺发达，使他们无法靠近希腊，无法开展对外贸易、招募军队、开拓殖民地。塞琉古人只好将目光转向地中海东北角至幼发拉底河流域的地区，并尝试着在这里创建另一个马其顿国，即现在所说的叙利亚。在奥龙特斯河下游，塞琉古建立了安条克城（以他父亲的名字命名），后来安条克城兴旺发达起来，其繁华程度一度与亚历山大里亚不相上下，成为地中海北岸最大的商业中心。

塞琉古人对国家的治理与托勒密人完全不同。对于亚历山大打算将希腊人迁移到亚洲并与亚洲人相融合的计划，塞琉古表示支持。塞琉古和他的儿子——后来的安条克一世——在从小亚细亚、叙利亚、两河流域到波斯，以及印度边界的广阔地区，建起了几十个希腊城邦。这些城邦沿用传统的希腊方式进行管理，每个城邦实际上相当于一个小共和国，城邦事务由公民自主管理。在塞琉古帝国，随处可见这些小规模的自由社区。

为了确保国王的统治，各自治城邦要向国王缴纳贡品和赋税，这种王权统治形式在古代东方早就出现过，亚历山大也曾采用这种方式。人们要对国王俯首听命，敬若神明，而且这种崇敬不会伤害自由民的感情。这种希腊式的生活，以及这种生活所蕴含的崇高和完美在西亚大地上扎下了根，甚至渗透到了亚洲大陆的中心地带。

马其顿的欧洲部分同非洲和亚洲部分比起来显得极为虚弱，希腊诸城邦崇尚的自治成了马其顿人统一巴尔干—希腊半岛的障碍。亚历山大死后，希腊人继续为自由而战，但因势单力薄而难以抵抗马其顿大军，最后不得不屈服于马其顿人的武力之下。勇猛的德谟斯蒂安和其他城邦领袖都在马其顿人的强大压力下投降并被处死了。

在第二代安提戈努斯即将成为马其顿和希腊的主人的时候，他又遇上了来自遥远的北方和西方的新威胁。自法国向东，直到多瑙河下游的欧洲一直掌握在克尔特和高卢人手中，这些蛮族早在公元前400年就侵入了意大利。一个世纪之后，他们在巴尔干半岛大肆扩张。至公元前280年，他们越过北部山脉，吞并了马其顿，攻占了希腊及希腊的德尔斐神殿。这些蛮族人像汹涌的洪水一样一直推进到小亚细亚，其中一支蛮族在这里定居下来，并以他们的名字命名这个地区，这就是后来的伽莱舍。安提戈努斯二世在色雷斯打败了蛮族，将其残余逐出了马其顿，并自立为王（公元前277年）。北方蛮族也对希腊产生了深刻的影响，这在当时的艺术作品上有集中体现。打败高卢人以后，安提戈努斯二世重振声威，努力扩张他的帝国势力。但是，爱琴海完全控制在埃及手里，这严重妨碍了他统治希腊的努力。由于亚洲的安条克也饱受埃及舰队封锁之苦，于是安提戈努斯和安条克联合起来共同对付埃及。安提戈努斯精力过人，为组建自己的舰队全力以赴。在与埃及舰队长达15年的海战中，安提戈努斯两度打败托勒密。托勒密的后代不如他们的祖辈那样志向远大，没有重建埃及舰队，这使得马其顿和亚洲能够自由出入东地中海，并且从中获得了巨大的利益。在取得海上胜利后不久，马其顿人又面临着希腊人的抗争，马其顿同希腊诸城邦之间的一场旷日持久的战争又要打响了。

二、希腊的衰落

波斯人涌进了希腊的各个商业中心，希腊往日的商业繁荣一去不复返了，甚至连舰队和军队都无力维持了。

希腊往日的商业繁荣一去不复返了。亚历山大大帝的胜利为波斯人打开了进入希腊诸殖民地的大门，波斯人涌进了希腊，占据了所有商业中心。希腊人口不断减少，商业中心和领导地位也不断东移，移到了亚历山大里亚和安条克城，以及擅长经营的罗得岛人和以弗所人那里。由于财富的流失，希腊各城邦甚至连舰队和军队都无力维持了，在很短时间内，它们衰败到了连自己都难以保全的地步了。

为了自卫，希腊诸城邦开始结成联盟。公元前300年之后不久，形成了两大联盟，它们分处于科林斯湾两侧。南侧是亚加亚联盟，北侧是埃托利亚联盟。这种联盟很像缩小了的美国。联盟每年进行一次选举，选出自己的将军来统率各城邦的军队，还要选出处理防卫事务和联盟外交事务的官员。但是，各城邦的内部事务依然采取自治方式（如征税等）。尽管两大联盟联合起来赶走了马其顿人，但在绝大部分时间里他们是互相敌对的。要组成一个包括所有城邦在内的希腊联邦已不可能了，希腊从没有形成过美国式的大联邦。

斯巴达和雅典不愿加入联盟。亚加亚人试图强迫斯巴达加盟，但却被斯巴达王克里奥米尼斯在一场又一场战斗中打败。克里奥米尼斯的胜利和他对斯巴达的治理，使斯巴达的昔日雄风得到部分恢复。亚加亚转而向马其顿求援，并利用马其顿打败了克里奥米尼斯。虽然斯巴达人被制服了，但亚加亚联盟却因此而落于马其顿控制之下，再也享受不到自由了。从此以后，除埃托利亚联盟外，整个希腊都落到马其顿人控制之下。虽然雅典也没有结盟，但却在强国的保护下（先是埃及，后来是罗马）保持着中立和自由，保持着自治传统。雅典虽然再没能在政治上有大的作为，但仍是所有代表希腊文明的完美事物的故乡，关于这些我们已经了解了许多。现在，我们再对它做进一步的了解。

第二十一章　希腊化文明

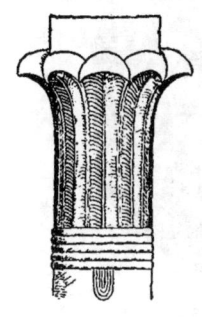 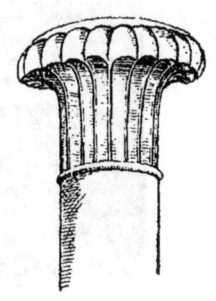

图 21.1　历史悠久的棕榈树柱头
　　图中的柱头使人们很容易联想到尼罗河畔的棕榈树。埃及人是最先在植物界寻找建筑装饰艺术灵感的，这一发现对于后世的装饰艺术产生了深刻影响。右边是希腊化时代的珀加蒙建筑师借鉴埃及艺术创作出来的棕榈柱。可以肯定,科林斯柱也借鉴了外国的艺术。

一、城市　建筑　艺术

　　亚历山大里亚无论在人口、财富、商业、权力，还是在最能代表文明水平的艺术方面，都称得上当时世界上最伟大的城市。

　　亚历山大之后的三百多年，我们称之为希腊化时代，这个时代是希腊文明广泛传播的时代。在这个时代，希腊文明深受东方文化影响。亚历山大的征服使亚洲和埃及落到马其顿统治之下。这些马其顿王都受过希腊文明的熏陶，他们的语言虽然各有不同，但总的来说都属于阿提卡希腊语。马其顿人用希腊语处理政府事务（见图21.2），与希

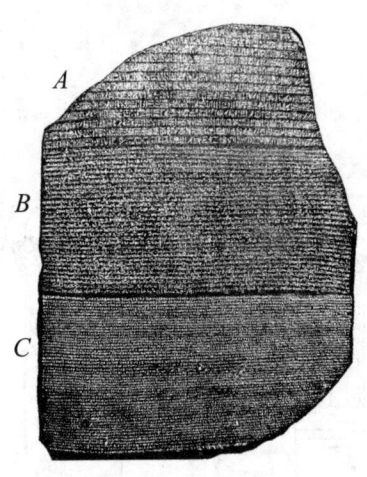

图21.2　罗塞塔石碑，碑文分别用希腊文（C部分）和埃及文（A、B部分）刻成

　　这块著名石碑的碑文用两种文字刻成。之所以用希腊语，一是因为它是官方语言，二是因为埃及有很多说希腊语的人。用埃及文是为了让不懂希腊语的埃及人看懂，就像在新英格兰的工业城镇，所有标志都同时用英文和意大利文两种文字。碑文是先用笔和墨水写成的，当时的人们使用的一般是手写体，即今天所称的古埃及书写体，这种古代手写体文字被刻在石碑的中间（B部分）。而祭司用的神圣的古象形文字被刻在石碑的顶端以示崇敬（A部分），石碑顶端的左右两角已经缺损。A部分的埃及象形文字相当于今天的印刷体，而B部分则相当于今天的手写体。C部分是相应的希腊文。这块石碑是埃及祭司于公元前195年为托勒密王祈祷的公开记录。后来石碑倒塌并破损了，被埋在垃圾中，直到1799年，拿破仑的士兵在尼罗河口的罗塞塔挖战壕时才无意中发现了它，并取名为罗塞塔碑。后来，这块石碑成了英国人的战利品，现收藏于大英博物馆。商博良认出了碑文上的托勒密王和克娄巴特拉等人的名字，他以此为突破口解读出了罗塞塔碑文上的象形文字（A部分），因为底部的希腊文已经使他了解了象形文字的内容。罗塞塔碑成了人们破译埃及象形文字的线索。这块石碑是一块厚厚的黑色玄武岩石板，宽2英尺4.5英寸，高3英尺9英寸。

腊商人之间有大量贸易往来，尊重希腊文化，阅读希腊书籍。阿提卡希腊语成为所有有教养的人必须熟练掌握的语言。在亚历山大里亚的犹太人社区，人们将希伯来语的《旧约》译成希腊语，因为只有这样才能吸引那些受过教育的人阅读。虽然东方民众不可能学到纯正的希腊语，但在大城市、地中海两岸的西西里和南意大利以及东方广大地区，阿提卡希腊语已成为普通人的日常用语。

  城市生活有了很大的进步，富裕的城市市民都住进了石头房屋。传统的中央庭院现在都环绕着华丽的柱廊（见图21.3）。大部分居室仍然很狭窄，很少配备家具，但起居室却非常宽敞，采光良好。地上

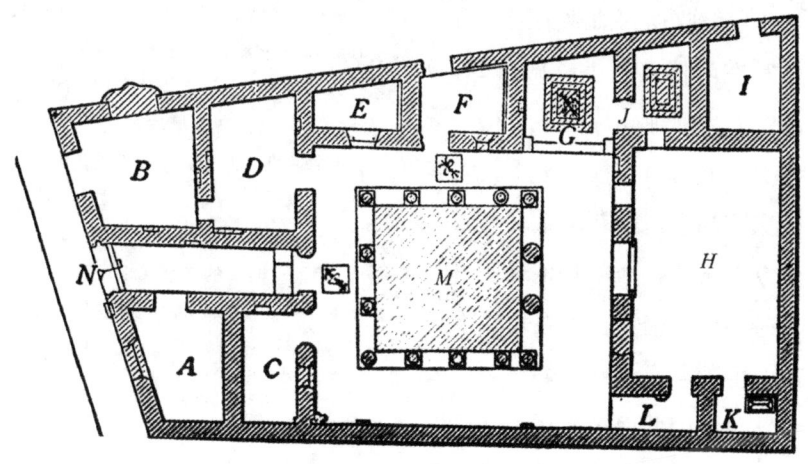

图21.3　希腊化时期的一个希腊富裕家庭的住房平面图

  房屋中心是一个庭院（M），四周环绕着带顶的柱廊。N处为主要的出入口，右侧是门房（A）。F处是后门，主要从这里运进家庭生活用品，此处设有楼梯通往二楼。G处是一间小起居室，内有会客设施。朝向柱廊的一面没有墙。最华丽的房间是H，这个房间约16×26平方英尺，地上铺着七色彩石。墙壁装饰得十分豪华。这个房间有一扇大门和两扇窗户，房间中很明亮。K是一间小卧室，里边有用大理石砌成的浴缸。别的卧室都在二楼，现都无法还原。I是一个小商店。这座房屋是法国人在提洛岛发现的。

铺有七色彩石，墙壁用泥灰涂抹，挂着装饰画。有些富裕家庭用大理石做装饰材料，家具也更精致，工艺独特，甚至用地毯和挂毯装饰房间。住房中第一次有了供水系统，街道上也开出了排水沟渠或铺设了管道，这一切都是伯里克利时代的雅典所没有的。

保存下来的大量家庭文献使我们对当时的生活有了清晰的了解。一般收据和商业契据是用墨水写在陶器碎片上（见图21.4）的，因为那种碎片随手可得。重要文件通常写在莎草纸上。大多数家庭都有这种莎草纸文件，就像今天家庭中的信件和报纸一样。当时的房屋废墟被埋在垃圾堆下面，由于埃及气候干燥少雨，大量莎草纸因此而被幸运地保存下来（见图21.5）。我们可以从中看到参加婚礼的邀请信，父亲写给在他乡上学的有光明前途的儿子的书信，离家出走者的忏悔书，也可以看到家人病逝的时候朋友送来的表示同情和慰问的信。这些文献表明，当时的亲朋好友之间的日常往来与今天人们之间的普通交往相似。那些文字和图画的作者虽然已逝去几千年了，但他们留下的文字让我们觉得自己离他们很近，十分真实。

图21.4　在埃及的一个城镇废墟中发现的陶片文献

希腊化时期，在很多陶器碎片上记载着埃及私人文献，也正因为如此，它们才得以保存下来。这块陶片上记载的是出租土地的凭证，文中最后写道："尤穆卢斯，赫缪卢斯的儿子，代立此据，因为他本人（立据人）写字太慢。"立据人大概不会写字，但为了面子，只好说"写字太慢"。尤穆卢斯写的文字属于当时希腊人常用的一种简便的商用手写体，它完全不同于500年前希腊陶器工匠所写的大写字母。现在的大学生，即使精通现代希腊文，也很难弄懂那种手写体。

图 21.5　一封卷好盖了章等待传递的莎草纸信

在埃及古城废墟中找到了大量的莎草纸信,只要认真阅读信中的内容,就能对古代埃及人的日常生活有个大概的了解。

在希腊化时代,新城邦不断兴起。城市规划严谨,街道宽敞整齐,垂直相交,一个个长方形街区中,房屋密集地排列着。不久前的一次考古发掘发现,一条街道的地底下埋着 11 根铁管,但迄今为止,还没有发现古代公共照明系统。公共建筑也有了很大的发展。在伯里克利时代,城邦政府都在庙宇中办公;到了希腊化时期,开始出现规模宏大、高贵典雅的政府办公建筑。

在古希腊和古代东方,国王的城堡是城市的中心。而在希腊化时期,城市以宏伟华丽的市政府建筑为中心。在这些建筑周围,有集贸广场,广场四周环绕着柱廊。在这一时期,希腊人借鉴并发展了埃及人的那种美丽壮观的建筑形式。公民在市场上进行各种交易。这里还有一座美丽的建筑,里边设有大厅,厅中配有座位,很像现代的剧场。公民大会已不再在露天召开,但各种议事会仍在露天召开。建筑师还修建了体操馆和浴室、赛马场和剧场。即使在一些不足 4000 人的小城邦,如小亚细亚的普林恩城,公共建筑设施也都一应俱全。普林恩城中有几座神庙,其中一座是亚历山大大帝修建的。将希腊化时期的城邦与美国相同规模的现代化小镇作一番比较可以使我们深受启发。尽管现代的私人住房更加宽敞和舒服,但在一般公共设施方面,如法院、市政厅等,却绝比不上 2000 年前的普林恩城。

图 21.6　南意大利帕埃斯图姆的希腊神庙

帕埃斯图姆（希腊语中称波希达尼亚）是距那不勒斯不远的早期希腊殖民地，那里有三座希腊神庙的废墟。其中的海神庙是除阿提卡的神庙外保存得最完整的希腊神庙。它大约建于公元前 6 世纪末，最迟不会晚于公元前 5 世纪后期，它具有典型的古希腊建筑风格。

集市一侧有一个被称作巴西利卡的建筑，这个建筑的顶上开了一个天窗，因而内部很明亮，这种天窗是希腊化时期的建筑师们借鉴埃及建筑的成果。在这个时期，他们对亚细亚的拱门也有了更深的了解，这种拱门的设计思想源于朔月与满月之间的月牙。

他们逐渐将拱门运用到建筑上，虽然我们从未发现希腊的建筑中使用过拱门。曾将柱廊传给希腊的东方，现在又将更美观的建筑形式——天窗和拱门传过去了，但希腊人却从不曾使拱门建筑得到充分、合理的运用。

如果连普林恩这样的普通希腊城市都拥有如此宏伟华丽的建筑（见图 21.7），那么像亚历山大里亚这样的帝国都城、世界商业中心，其景色的壮观程度就可想而知了。无论在人口、财富、商业、权力，还是最能表现文明的艺术方面，亚历山大里亚都是当时世界上无与伦比的

图 21.7　小亚细亚的普林恩城复原图

　　这座小城的考古价值与庞贝城差不多，它的历史甚至比庞贝城还要久。A 处的悬崖上有一个要塞，有一条小道通往这个要塞（B 处）。C 处有一条砖石水渠，这座小城的用水就是通过水渠将山上的泉水引下来的。穿过 K 处的城门，沿着笔直的街道向前走，就会来到一个小集市广场（L）。广场的上方 I 处是雅典娜神庙，据说是亚历山大修建的。然后就可以进入一个巨大的商业广场（M 处），廊柱环绕在广场四周，柱廊后面是大量店铺，只有一边（N 处）没有商铺。那里是一座庄严肃穆的大厅，是重要的商业和节日活动场所，其功用与巴西利卡式会堂相似。正是从这时起，希腊人开始修建这种会堂。过了 N 处便到了市政府的办公大厅，市议会和公民大会都在这里召开。G 处是伊西丝女神庙。P 处是体操馆，Q 处是体育馆。城中的浴室中有大理石浴盆，狮头型的自来水管中不断有水流出。体育馆有一个开放式的大厅，可用作教学和演讲场所。在体育馆座席后面有一条 600 英尺长的美丽柱廊，供比赛休息时观众散步之用，也可以在其中欣赏观众俯瞰比赛时的壮观景象。临街的房屋就像图 21.6 中的那样，但剧场边上的房子则要好得多（如 E 处）。雅典娜神庙（I 处）是用砖石砌成的，非常漂亮，它的正面也没有店铺。城的四周环绕着一道石头围墙。在东边（H 处）和西边（K 处）各有一个城门，沿街道走出城门便来到了祖先的墓地。

城市。港口的码头向海中伸出很远，停靠着世界各地的商船，它们或曾经历西班牙与非洲之间的大西洋的狂风巨浪，或从东方横渡印度洋而来，它们带来了世界各地的商品。码头上堆放着英伦三岛的铁条、中国的丝绸和印度的棉布。商业的发展推动了政府控制下的银行业的发展。夜晚到达的商船上的水手，眼前闪耀的是那耸入云端的灯塔（见图21.8）的光，这座灯塔是亚历山大里亚的标志性建筑，这座由希腊化时期的工匠们修建的最高建筑是由古巴比伦塔寺演变而来的，二者非常相似。

图 21.8 希腊化时期亚历山大港的灯塔

　　法罗斯岛是亚历山大里亚港的天然屏障，一条用石头筑成的堤道将法罗斯岛与市区连接起来。岛上有一座高大的灯塔，它高370英尺（比30层的现代大楼还要高），灯塔的雄伟足可与法罗斯这个名字相配。灯塔是亚历山大港繁荣的见证，自亚历山大建城后，只经过了一代人的时间，它就取得了辉煌的成就、空前的繁荣，成了地中海沿岸最大的港口，相当于今天的纽约或利物浦。这座法罗斯塔是历史上的一个创举，在设计上受东方建筑艺术的影响，后来它又影响了早期寺庙的尖顶结构以及伊斯兰教清真寺的尖塔结构。它一直矗立了约1600年，于公元1326年倒塌。

当旅行者登上 4000 吨以上的商船的甲板，眺望灯塔另一边的市区时，也许可以看到在富丽堂皇的皇家花园旁边整齐地停泊着的雄伟壮观的托勒密战舰。托勒密王的大理石王宫掩映在郁郁葱葱的热带树林之中。王宫所在的岬角延伸到海中，形成港口的东堤。希腊化时期的统治者和建筑师已经知道如何欣赏和布置公园、花园的美景了，无论波斯王的皇家花园，还是埃及人的私人别墅花园，建筑布局都非常巧妙，那些热带树木与小湖、泉水和雕塑相映生辉。将园林艺术与城市规划相结合的艺术形式——一种东方建筑师早已熟悉的艺术——也被欧洲人接受了。

图 21.9　尼罗河的埃勒凡泰尼岛上的古城废墟

此岛在第一大瀑布之下，距菲莱城 5 英里。当晒制的泥砖砌成的屋墙坍塌时，各种家庭文件就被埋在了下面。由于埃及气候干燥少雨，这些文件得以完整地保存下来。这里的某些房子是公元前 2700 年前建造的，在这里发现的古老的莎草纸文件有的如金字塔一样古老。另一些房子则没有这么古老，埋在其中的文件与希伯来殖民地的阿拉米语文件一样。但是，这里出土的文件都属于希腊化或稍晚时期，使用的都是希腊语。离此地不远就是埃拉托色尼井。

王宫花园的一侧有一排大理石建筑，这里就是王室图书馆，馆中有很大的图书室、演讲厅、展览厅、庭院和圆形回廊，以及专供哲人和科学家居住的房屋。附近有塞拉皮斯神庙，塞拉皮斯是新的国教神。再向里走，就会见到豪华的公共建筑群，如体操馆、浴室、体育馆、集会厅、音乐厅、市场、巴西利卡会堂等，这些公共建筑周围是普通市民的住房。令人失望的是，这些华美的建筑没有一座幸存下来，就连它们的废墟也由于埋在现代亚历山大城之下而难以寻觅了。

　　而在珀加蒙城（见图21.10），我们却非常幸运。与亚历山大里亚同一时期发展起来的珀加蒙城受雅典文化的影响很深。珀加蒙的一个

图21.10　希腊化时期的小亚细亚珀加蒙城复原图

　　珀加蒙城在小亚细亚西岸。在亚历山大大帝的后继者的治理下，公元前3世纪珀加蒙成为一个繁荣的城邦。公民的房子都建在低处，即在图中所示的这组建筑的下方。公共建筑建在上、中、下三个梯级上。较低的A处是大集贸市场。广场中心是一座方形宙斯祭坛，用大理石砌成，它三面带有柱廊。祭坛底座上雕刻着一组战神和巨人。中层B处有一排廊柱，廊柱后面是著名的珀加蒙图书馆。其中的石雕书架至今仍在，最高的A处曾经是皇宫。现在见到的神庙是罗马皇帝图拉真于公元2世纪修建的。

国王打败并赶走了来自欧洲大陆的高卢人,这一胜利对艺术产生了很大影响,阿提卡的建筑师在珀加蒙几代国王的鼓励下在那里继续发展着他们的艺术。他们以不久前刚在战场上战死的北方高卢人为原型创作出大理石英雄雕像,他们对人物雕像的戏剧化艺术处理才能至今无人能及。这些规模宏大的艺术雕刻描绘的是战神们和巨人之间的斗争,常常使人们不知不觉中回忆起那场对高卢人的战斗。这组庞大的雕塑在巨大的祭坛基座上围成一圈,这个祭坛是珀加蒙国王为宙斯建造的。

正是由于雅典雕塑家的这些灵感之作,才使人们关注珀加蒙之战,并创作出大量激烈、残酷、动人心魄的悲壮的作品。一具大理石石棺上的浮雕是这一时期雕刻作品的典型代表。浮雕表现的是亚历山大大帝在伊苏斯战役胜利后进行的一次猎狮活动。它的特点是通过悲剧性的瞬间表现人物的勇敢,这种表现手法由后来的罗得岛雕塑家们继承下来,这个岛是希腊化时期的一个繁荣昌盛的共和国。虽然大部分这类雕塑作品已难以找到,但保存下来的作品仍称得上是古代雕塑中的精品。其中有一幅雕塑,描绘的是特洛伊祭司拉奥孔父子三人被两条毒蛇缠死的情景(见图21.11)。

图 21.11　拉奥孔父子之死

这组雕像大约于公元前1世纪完成,是罗得岛的雕塑家阿格桑德和另外两位雕塑家(也许是他的儿子)合作的作品。它表现的是祭司拉奥孔在他主持祭祀的祭坛上与紧紧缠着他和他的两个儿子的毒蛇做最后的顽强斗争的情景。这是表现人类痛苦的最伟大的艺术作品之一,但它并不能像那尊表现高卢首领之死的雕像那样激发我们的同情心。亚历山大石棺上的浮雕和表现伊苏斯战役的彩石画以及这组雕像都是最伟大的古代艺术作品。

这一时期的希腊画家在艺术上也保持着与雕塑家一致的倾向，他们都善于通过大喜大悲的时刻表现喜剧性或悲剧性的事件（见图21.12）。这些画家的作品无一幸存下来。但却有原作的复制品保留下来，它们有的被画在墙上，作为室内修饰物，有的用彩石拼嵌在人行道上。那幅表现亚历山大在伊苏斯战役中打败波斯国王的油画就是以彩石拼嵌的形式保存下来的，但我们已无从得知这位希腊化时期的伟大画家的名字。

图21.12 战败的高卢首领正在杀死自己和他的妻子

他一只手抱着妻子，在敌人追杀下露出惊恐的表情，另一只手正挥剑刺穿自己的胸膛。高卢人的充满力量的强健身体与那个绝望瘫倒的妇女形成了强烈对比。从这幅画中，我们既可以体会到北方蛮族的粗野及其面对死亡时的恐惧，也可以体会到他那种宁死不屈的英勇精神。他宁愿为自己和爱妻选择死亡，也不愿成为屈辱的俘虏。

雕塑家和画家都取得了巨大成就，保存至今的作品让我们看到了当时的艺术家的伟大。遗憾的是这些古画都是石头或金属雕塑，有的是全身或是半身雕像，有的是浮雕，更多的是铸在奖章和钱币上的。那些在木板上绘制的古画无一幸存。最受亚历山大看重的画家叫阿培利斯，他为亚历山大画了许多画像，其中一幅画的是他骑在马上的情景。据说那匹马画得栩栩如生，曾有一匹马从画前经过时冲着画中的马嘶叫。这种绘画艺术因后来的埃及木乃伊而留传下来。

图 21.13 希腊化时期珀加蒙城的雕塑

上图中是一个高卢号手。在他倒地死去时,军号落在脚边。下图是珀加蒙城的宙斯大祭坛底座周围浮雕中的一块,表现的是神与巨人之间的斗争。左边是一个巨人,他长有蛇形的腿,正举起大石块砸向右边的女神。

图 21.14 希腊化时期的铜雕头像

这尊人头雕像是在海底发现的。它的头发制作得非常生动,眼窝很深,与古埃及的铜雕头像相似。现珍藏于雅典博物馆。

二、科学 发明 图书馆 文学

这是一个发明的时代,在这个特殊时代,人类的智慧在觉醒。在科学方面,出现了阿基米德、欧几里得、埃拉托色尼等巨匠;在艺术领域涌现出一大批杰出的田园诗人和剧作家。

在这个特殊时代,人类的智慧在觉醒,智慧的火花处处闪烁。科学被大量应用到日常工作和生活中。那个时代是一个发明时代,像我们所处的时代。一个追赶时代潮流的人既有可能为他的看门人装上自动开门的机械,也有可能在家里装上洗衣设备,这种设备可以在适当的时候自动放水,自动加肥皂。在庄园里,庄园主开始用装有螺杆的榨油器来榨橄榄油。祭司在神庙外安装了自动圣水分配器。另外,利用水压制成的喷水器被用于降低火灾所造成的损失。杠杆、齿轮、曲柄、螺杆等在日常工作中的应用导致了缆绳道的发明。这种缆绳道可以将高处采石场的石块运到低处,水轮的应用大大提高了提水的速度。

与之相似的装置可以将巨大的石弹举起,送进抛石机里发射,有的甚至利用气压原理进行操作。那时的人们经常聚集到集贸市场去观赏自动戏剧。聪明的机械师正在那里"放映"古希腊五幕悲剧"特洛伊之战"。首先是建造船只和战舰下海的情景,最后天空电闪雷鸣,海上起了狂风暴雨,希腊英雄们躲进了船舱。当家中的自来水管断水,人们不得不走出家门,走很长的路去打水时,家主往往会讲述他们的祖母过的简朴生活。

公共大钟——埃及人已经使用了一千多年的影子钟,或希腊人发明的水钟(见图21.15)——通常安装在集贸市场上,以利于市民掌握时间。托勒密王及其祭司们对日历做了进一步修正,在每四年出现一次的闰月中加上一天,但市民很难改变他们的习惯,仍沿用着希腊人的很不便利的月历。当时,还没使用年号,只有叙利亚的塞琉古人将他们开始统治的那一年定为元年,以后每年用一个数字标记。

当时最伟大的科学家是阿基米德。阿基米德居住在叙拉古,他的伟大发明之一就是将滑轮和杠杆组合在一起以成倍地增加力量,国王只需轻轻地转动把柄,就能移动满载货物的大型三桅帆

图21.15 希腊化时期的雅典城钟塔

这座钟塔被叫作"风之塔",今天,它夹在现代楼群中间。在古代,从这里可以眺望雅典的集贸市场。左侧的拱桥是用来支撑古代水渠的,这条水渠是专为塔钟供水的。这种古钟与水漏相似,当水存积到一定的刻度,就会像沙漏中的沙子一样流出。这座钟建于公元前1世纪,当时的雅典正处于罗马统治之下。

船，使之起锚出海。见到这个场景的人们，都对阿基米德所说的"给我一个支点，我可以撬起地球"深信不疑。他设计的战争机器威力极大，在保卫叙拉古城抗击罗马侵略的战斗中发挥了重要作用。阿基米德不只是一个机械发明者，他还是一个出色的科学研究者。他发现了一个将物体浸入水中测量比重的原理，并且曾以此原理测出国王的一顶王冠不是纯金的。他的发现被现代科学称作狭义引力。除在物理学方面的成就外，他还是一位伟大的数学家。

阿基米德与他在亚历山大里亚的朋友保持着书信来往。当时，亚历山大里亚有一大批科学家。科学家们大都住在博物馆里，由托勒密王资助。他们组成了历史上最早的由政府资助的科学研究机构。由于没有经济方面的压力，科学家可以将全部精力投入到研究中。为了研究和交流的方便，还设有专门的演讲厅、实验室和图书馆。在希腊化时代，由这批伟大科学家组成的科学研究群体是历史上最早的系统化、专门化的科研机构。在此后的两千多年间，这批科学家的著作便是世界科学知识的全部内容，直至现代科学兴起。

在亚历山大里亚博物馆的第一代科学家中有这样一位伟大科学家，他的名字今天仍人人皆知，他就是欧几里得。欧氏几何学是在十分严谨的逻辑系统上建立起来的，在当代的英国，它仍被当作教科书使用，是今天仍在应用的最古老的教科书。阿基米德创立了我们今天所说的高等数学——其中一些深奥的高级证明过程已散佚了，有待于人们重新发现。阿基米德不仅在数学方面，而且在天文学领域也取得了巨大成就。托勒密王在亚历山大里亚建立了天文观测台，虽然当时没有望远镜，但仍然留下了不少重大观测成果和发现。一个住在萨摩斯岛上叫亚里斯托库的天文学家，发现了一个很难为当时的人们理解的重大天文现象。他说地球和行星都在围绕着太阳运行，这一发现并未得到人们的重视和理解。无论是这一时期的希腊人，还是此后的古代科学家都把地球看作世界的中心，太阳和行星是围绕着地球转的。有一位希腊化时代的科学家对天上八九百颗位置确定的星做了记录，并依据他绘制的图表来推测未来天空可能发生的变化。

天文学的成就极大地促进了地理学的发展。亚历山大里亚的一位叫埃拉托色尼的伟大数学家和天文学家，巧妙测出了地球的大小（见图21.16）。他观测到的基本情况是：在夏季，太阳逐渐向北方移动，在到达最北端时，正午的太阳正好垂直射进尼罗河第一大瀑布附近的一个井底。

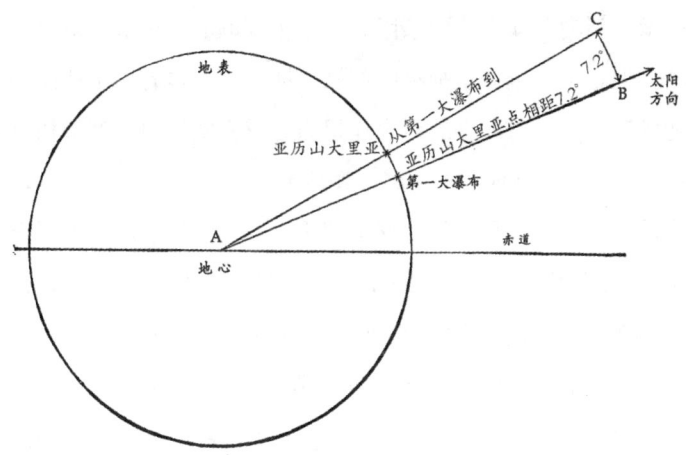

图 21.16　推算地球大小示意图

当正午的太阳直射第一大瀑布时（AB线），在亚历山大里亚也能见到太阳。这就像在大瀑布竖起一根长长的标杆，如果这根标杆足够长，那么在亚历山大里亚就一定能够看到。而对于亚历山大里亚的埃拉托色尼来说，太阳相当于标杆的顶端，他在亚历山大里亚和大瀑布分别安放了仪器，测得两地间的角度是7.2°。AB线和AC线的夹角是一定的。据此，埃拉托色尼推知，第一大瀑布与亚历山大里亚两地所成的角度是7.2°。也就是说，两地之间的距离等于地球圆周的1/50。假设亚历山大里亚距第一大瀑布500英里，那么这个距离应该是地球圆周的1/50。由此可以计算出地球圆周为2.5万英里，这只比实际长度少几百英里，还可以推算出地球直径是7850英里，误差不到50英里。

人们关于地球大小的概念，随着航海和探险活动的进展而不断扩展，对人们生活于其中的环境也有了更深刻的认识和理解。有一位希腊地理学家已开始测量山的高度，尽管他没有必要的工具——气压表。亚历山大对远东的征服使已知世界扩大了许多。亚历山大里亚的商人曾经航行到印度，绕过锡兰南端进入印度东部沿海，他们在那里听到了关于遥远的中国海岸的故事。

早在公元前500年，腓尼基的航海家便穿越了直布罗陀，并由此向南直达现在的几内亚海岸。他们带回了毛人的故事，他们称毛人为"大猩猩"。马赛的一位叫皮西亚斯的天文学家建造了一艘大船，他驶过直布罗陀后向北航行。他亲眼看到了不列颠的三角带并继续驶向北海深处，他是第一个知道神秘的图勒（冰岛）那边有一个冰海的文明人。他发现了朔月对海潮的巨大作用力，返回时带回了许多稀奇古怪的故事，因而人们称他为神秘寓言大师。

通过对大量事实和材料的搜集和积累，埃拉托色尼终于写出了比较完整的地理学著作。他绘制的已知世界的地图（见图21.17）包括欧洲、亚洲和非洲。他不仅十分精确地标出了地中海沿岸地区，而且还是第一个在地图上标出经线和纬线的人。因此，他可以被称作科学地理学的始祖。

在古代动植物研究方面，亚里士多德及其弟子们是无人能比的。因为没有显微镜等设备，他们对植物的认识也是很有限的，他们的结论可能是错的，但是，他们的贡献主要在于对大量新事物进行了观察并做了归纳和整理。在解剖学方面，亚历山大里亚的博物馆里建有一个专门的实验室，用托勒密王提供的死囚做活体解剖。他们通过活体解剖发现，神经就是一条条的线路，所有痛苦和快乐的信息都通过这些线路传向大脑，他们由此认识到大脑是神经系统的中心。虽然这一

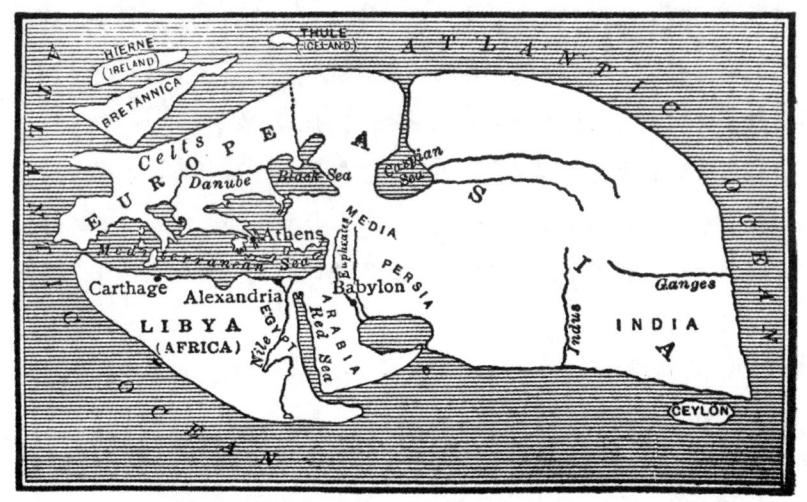

图 21.17　埃拉托色尼绘制的世界地图

发现距发现血液循环系统已经很近了,但当时的人们还是错误地认为动脉是与肺相连的通气管道。亚历山大里亚还是当时世界医学研究的中心,在那里,年轻人需要经过长时间的学习和锻炼才能成为医师,就像今天一样。

　　这时,对自然科学的研究已十分盛行,对语言学和古典文学巨著的研究也逐渐形成风气。据说东方很早就建立了皇家图书馆,而希腊的第一家图书馆在黑海边的赫拉克利亚城,约建于公元前 350 年前,是由政府创建和维持的,后来,珀加蒙国王也建了一个著名的图书馆。但这一切同托勒密王的亚历山大里亚图书馆相比都显得无足轻重。在王宫附近的花园对面,托勒密王专为博物馆配备了一个图书馆,藏书最多时竟达到 50 万卷。

　　为了管理如此多的藏书,第一代托勒密王任命一个叫卡利马科斯的天才哲学家和诗人做图书管理员。卡利马科斯依书名和作者姓名将所有的馆藏书籍做了统一分类，做成120本（或册）分类目录，这是人类第一次进行图书分类。作为图书管理的首创者，卡利马科斯后来又做了许多完善。他有一句名言："最大的书是最令人厌烦的。"意思是装订太厚的书使用起来极不方便。他发明了一种新方法，将一部著作分成很多册，每册称作一本"书"，相当于一部著作的"一部分"。用这种方法，荷马史诗、希罗多德的历史以及其他大部头著作全都被分成了"书"。

为了让图书馆收藏到精确而且誊写出色的名著，需要进行大量的书籍誊写，因此，在整理那些书写潦草的古代名著的过程中，产生了出版这一新兴行业。亚历山大里亚的图书馆和学者们的抄本通常被视作标准版本，并被别的图书馆和抄写员所效仿。在希腊化时期，"亚历山大里亚版本"书籍传播到世界各地，照着这些版本再次抄写的部分抄本今天仍保存在欧洲的许多图书馆中。我们正是从这些转抄本中发展出了荷马、色诺芬和其他优秀的希腊作家的著作的印刷体版本。遗憾的是，亚历山大里亚图书馆已不存在了。幸存至今的最早的希腊书籍是几百年前的考古学家在埃及古墓中发现的。

书的编辑和整理自然需要对语言进行大量的全面的研究。当在两种古代抄本中发现不同之处时，就需要弄明白谁是正本。很多古老词汇需要做出解释，就像我们阅读乔叟的著作常遇到的拼读问题一样。于是，亚历山大里亚的学者开始编写辞典，同时，人们越来越关注语法问题。到了公元前120年，一位叫狄俄尼西奥斯的学者编出了第一本希腊语法著作，书中出现了一些语法关键词，如我们今天仍在使用的"句子成分"等。狄俄尼西奥斯的语法对这些词语做了清晰的解释并做了精心的编排，这部语法流传几个世纪，成为后来文明语言语法的基础，其中包括我们的语言（英语）。我们的语法词汇中的"虚拟语气"就源于希腊化时期的学者创造的相应的希腊词语。

这一时期的文学主要掌握在有丰富学识的亚历山大里亚学者和其他地方的学者手中。伟大的图书馆学者卡利马科斯就是当时著名的诗人之一。这些学者的文学已不再以战争、命运和灾难等戏剧性事件为题材,而是去描绘泉水边的牧羊人等。他们或因听见头顶树枝在风中

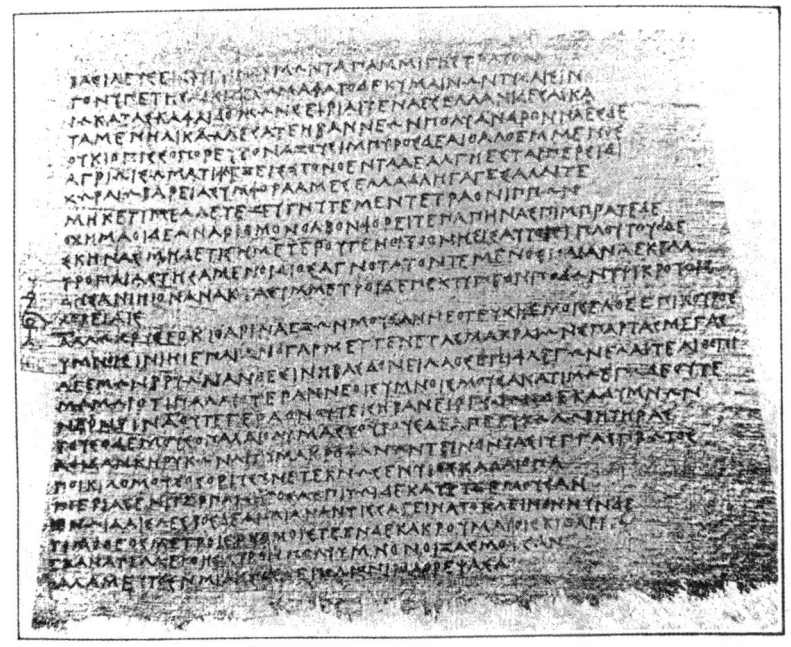

图 21.18　幸存下来的最古老的希腊著作中的一页

这本书是在埃及古墓中的一具男尸旁边发现的。埃及气候干燥少雨,这本书因而得以保存下来。我们所说的一页在古代是卷成圆筒状的,这本书就是由一系列整齐地卷在卷轴上的圆筒组成的。书中有一首名为《波斯人》的诗,是希腊诗人提谟修斯创作的,描述的是萨拉米斯战役。这本书是在亚历山大大帝在世时抄写的。这使我们了解了亚历山大图书馆收藏的大量著作的样子,也使我们了解了那些著作凝聚着当时伟大科学家的多少心血和汗水。

的响声而歌唱，或表现放牧时的愉悦，眼前浮现出美丽的村姑拒绝他的情景。这种对宁静山坡上的纯朴、幽静的乡村生活的描绘和精心推敲而成的优美诗句，给亚历山大里亚这个世界大都市的中上阶层带来的欢愉远胜过那些严肃的古代经典作品。在诗歌方面，当时最伟大的作家是西西里岛的提奥克里图斯，两千多年来，他的田园诗在世界文学中一直占有很高的地位。这个时期的日常生活也被以话剧的形式在舞台上表现出来。当时，话剧被称作"新喜剧"，通过剧中的有趣事件，市民们可以看到自己性格上的缺陷和短处。雅典的麦南德是当时最伟大的剧作家，享有很高的声誉，他有观察生活的敏锐眼光，并且有在喜剧中表现生活的天赋。

三、教育 哲学

教育有了很大的进步。雅典仍然是最著名的哲学之城，柏拉图的弟子们仍在阿加德米幽静的学园中讲授柏拉图的理论和学说。有教养的雅典人不是信奉禁欲主义便是信奉享乐主义。

在希腊化时期的文明程度相当高的城市中，有美丽的民房、宏伟的公共建筑，有高雅的艺术品，有国家图书馆和科学研究机构，因而教育的进步就是自然而然的了。孩子受过初级教育后，父亲便让他们去体操馆演讲厅听各种修辞学、科学、哲学和数学报告。在普林恩城一个大厅的墙壁上刻着两千多年前的学生们的名字，当时的学生是以这种方式来确认离墙壁多远的座位是属于他的（见图 21.19）。

体操馆便成了最好的开发智力的地方，当父亲体力衰退不再参加竞赛时，他们通常会坐在圆形柱廊上观看比赛，或相伴着漫步于柱廊中，讨论最近一次科学演讲或博物馆实验室中的最新实验。当青年人走出体操馆的浴室，走向在外等候的父亲并准备同他一起回家时，往往会听到科学家或哲学家们的辩论。这种氛围极大地激发起人们对科学和哲学的兴趣，于是，便经常有青年请求父亲让他去博物馆或雅典接受几年高级教育。

如果年轻人想进入某专业领域，就需要接受特殊训练。同医学专业的学生一样，建筑专业的学生需要进行长期的刻苦钻研，通过阅读各种书籍，获取建筑安

图21.19　刻着学生名字的普林恩体操馆演讲厅墙壁

这个演讲厅面向体操馆赛场周围的柱廊。在光滑的大理石上刻着几百个学生的姓名。二千二百多年前，这些学生就在这里上课，听演讲。为了占住自己的座位，一个学生在墙上刻下"克利尔科斯之子——克莱奥孔的座位"。在墙壁下面写满了名字后，后来的孩子们踩着凳子或同学的肩膀，在墙壁上刻下自己的名字。

全耐用的拱门等方面的知识。想成为工程师的青年要学习诸如建筑桥梁和重物移动设备等众多机械知识。这是一个技术培训时代。甚至连科学也开始专业化了，科学家们各有所长，或专攻天文学，或专攻数学，或专攻地理学。想进入科学领域的年轻人都要受教于亚历山大里亚博物馆相应科学领域的专家。

当那些年轻人第一次进入漂亮的花园，走进博物馆中时，他会看到那里正在进行各种演讲，包括天文学、地理学、物理学、数学、植物学、动物学、解剖学、医学、修辞学、语法和文学等各种学科。在他掌握了这些领域的已知知识时，他就可以研究新的事实，致力于科学发现了。他可以穿过庭院来到活体解剖大厅，他们会听到那里的动

物的哀号；也可以爬上天文台的观测塔，每晚同一些杰出的天文学家共同观测天象；或在正午时分帮助埃拉托色尼观测太阳，计算地球的大小；甚至可以坐在安静的图书室里整理古典名著，将之编入卡利马科斯的图书分类中。如果他有了足够的知识和阅历，他便可以对学生发表演讲，加入著名科学研究者行列。

从另一方面看，虽然科学源于哲学，但在亚历山大里亚，哲学从一开始就没有激发出多少人的兴趣。雅典仍然是当时最著名的哲学城，柏拉图的弟子们仍在阿加德米幽静的学园中讲授柏拉图的理论和学说。在阿加德米，柏拉图的学说极受崇敬。但是，柏拉图的学生亚里士多德却否定老师的学说。在亚历山大里亚接受了几年高级教育后，他回到了雅典，在吕克昂创建了自己的学园，那里有一条坡道，被称作"林荫道"。亚里士多德在这里教出了一批又一批弟子，他让他们分别研究不同的学科，如解剖学、植物学和动物学等。弟子们将大量科学观察成果搜集起来，在亚里士多德的帮助下进行了系统的整理，这就形成包括当时所有已知事实和新事实的大百科，这是一项无止境的工作。其中很多论文现在都已不知去向。亚里士多德和亚历山大去世后，吕克昂学园也逐渐衰落了。

亚里士多德的著作是人们在对古代知识积累和整理方面进行的最重要、最成功的尝试，这些著作在后来很长一个时期一直占据着崇高地位。在此后的欧洲，人们在解决一切科学问题时，都要从他的著作中寻求答案。人们不再努力去发现新事实，而是一味依赖亚里士多德。历史上再没有哪部著作能够流传如此之广，具有如此之高的权威。许多希腊人并不能从柏拉图阿加德米学园和亚里士多德林荫道学园的学术研究中得到满足。他们希望有一种能使他们获得幸福和满足，使他们过上愉快生活的学说。随着这种期望越来越强烈，雅典相继出现了两个哲学学园。第一个学园的创建者是一个出生于塞浦路斯的东方闪米特人,名叫芝诺。他在雅典集贸市场被称作斯多噶柱廊的"彩色柱廊"讲学。芝诺学园因此而被称作柱廊学园。芝诺认为,善只有一种,那就是美德;恶也只有一种,那就是无德。人们追求的最高目标应该是心灵的平静,而心灵的平静则源于美德。它与快乐无关,与痛苦也无关。芝诺的信徒以刚强坚毅而著名,我们今天所用的表示不怕挫折之意的 stoicism,就是由 stoa(斯多噶)演变而来。柱廊学院非常受欢迎,后来逐渐发展成最伟大的哲学园。还有一所学园是由伊壁鸠鲁在他的雅典私家花园中创办的。伊壁鸠鲁认为,快乐是最高的善,快乐包括肉体和精神两方面的快乐,快乐应该与美德相结合。因此,对那些追求享受(如贪吃)的人,我们通常称其为伊壁鸠鲁派。伊氏学园的影响也很大,拥有很多信徒。后来的人们不能正确理解他的思想,将他的学说歪曲成一味追求感官刺激。东方的"尽情吃喝玩乐,明日就会失去"的谚语因此而得以广泛传播。

这些学园全靠学生和友人的捐赠维持,学园的主人同他的助手和学生们生活在一起。园中有演讲室、图书室和研究室。亚里士多德的学园一度是最兴旺的学园,至少在他活着时是这样的。这些雅典学园都是以亚历山大里亚博物馆为榜样建立的,这些学园又成为后来的科学院和大学的榜样。我们可以想象,希腊化时期的雅典如同一所拥有四个学院的大学,它们分别是阿加德米、吕克昂、斯多噶和伊壁鸠鲁的花园。因此这一时期的雅典虽然没能在政治上取得多大成就,但在其他许多方面都远远超过了伯里克利时代。雅典不仅成了全希腊的教育中心,而且还吸引来了文明世界各地的莘莘学子。

对于受到如此好的教育的雅典人而言,他们的宗教除了禁欲主义就是享乐主义。他们或者把神看成虚幻,或者把神说成是高尚的人。

当时，有一位叫尤西迈罗斯的罗马作家写了一个迷人的幻想游记故事。在故事中，他旅行到了印度洋，发现了一个神秘的群岛，在那里的宙斯神庙里，他看到一块金匾，那上面写着，希腊人所崇敬的众神都是伟大国王，他们为人类文明做出了巨大贡献，死后就变成了神。这位作家的故事广泛传播，但这些神却再也不能成为人们的崇拜对象。这时，再也没有人在表达个人信仰时感到有什么压力了。人们有了充分的宗教信仰自由，这种自由远远超出了后来的欧洲天主教给教徒们的自由，苏格拉底学说的传授者再也不会引起雅典人的责难了。

绝大多数人没有机会接受那种有利于理解深奥哲学的教育，一般人无缘进入哲学园地。但是，他们却有信仰某种形式的神的方便和自由。随着古代信仰的复苏，对东方神的崇拜也盛行起来。我们看到，这些信仰慢慢渗透到希腊生活中。托勒密王也将东方的塞拉皮斯神当成了国教神，并在亚历山大里亚修建了庄严的国教神庙。从巴比伦传来的有关迦勒底占星家的传说，也在地中海沿岸广泛传播开来。这种传说不仅被埃及人接受，连希腊科学也受到了它的影响。东方的各种信仰和信仰物随处可见。人们早就习惯了来自异域的神，现在他们对其他宗教风俗更是见怪不怪了。正因为有这样一个时代，作为东方宗教的一种的基督教才能够迅速传播开来。

四、希腊化世界的形成　市民和城邦的消亡

当希腊文明以希腊的语言、艺术、文学、剧场和体育馆等为媒介使东方希腊化时，东方文明也同样影响着西方，使东地中海地区东方化了。

如果认为仅靠马拉松和萨拉米斯战役就可以将东方影响彻底逐出地中海,并由此而形成牢不可破的防线,那就完全错了。在亚历山大的征服活动摧毁了东方的军事和政治的同时,东方的生活方式和东方文明也对东地中海地区的生活产生了强烈持久的影响,并且逐渐影响到商业、政府形式、风俗习惯、艺术、工业、文学和宗教等各个方面。因此基督教在巴勒斯坦形成后很快便对西方产生了影响,而且这只是众多影响中的一部分。可见当希腊文明以希腊的语言、艺术、文学、剧场和体育馆等为媒介使东方希腊化时,东方文明也同样影响着西方,

图 21.20 随亚历山大大帝猎狮的希腊人和波斯人

亚历山大在图左侧看不见的地方,一个骑马的希腊人用矛刺向一头受伤的狮子。一个没有骑马的波斯人正在挥舞板斧砍杀。这是 1881 年在西顿发掘出的石棺上的浮雕,其颜色依然如初,现由君士坦丁堡博物馆收藏。这幅浮雕是亚历山大逝世后不久雕刻的,是希腊化时期最优秀的艺术品之一。

第二十一章 希腊化文明

使东地中海地区东方化。

世界已极大地扩展了,在这个扩大了的世界里,那些曾创造过希腊辉煌文明的古老的希腊城邦,这时对世界的影响已非常有限了。城民发现自己成了大大超越于城邦的国际世界的一员,他们生活的城邦同那个世界相比显得微不足道,他们已失去了作为城邦公民的感觉。在希腊化时期的大城邦中,不存在城邦公民这种身份。城民对自己的城邦所属的那个国家或帝国的事务没有参与管理的权利,这就像芝加哥的市民可以选举市长,但却无权选举美国总统一样。塞琉古人的帝国甚至没有统一的国名,被征服者无论走到哪里,都以家乡的城邦称呼国家,就像美国人通常被称为波士顿人、纽约人、费城人或芝加哥人一样。他们的祖国概念非常淡漠,根本不存在什么爱国主义。

城邦曾是古希腊的文明中心和权力中心,但现在支撑城邦的最有利、最具影响力的因素已经完全消失了。城邦信仰的神已不复存在了,守城的希腊城邦士兵现在已经为职业士兵替代。职业士兵都来自希腊以外的国家,主要执行消防任务。希腊人不再为保卫城邦和家园而武装起来了。他们发现,保卫市政府办公地点的工作已成了一种职业,就像以前守城的士兵一样。希腊人不再对城邦事务感兴趣,而是转到个人生活和素质的提高上了。那种对城邦的热爱所激发出来的责任感,以及由这种责任感而激发出来的道德观念,再也不能使他们精神振奋,再也不能激励他们去创造艺术、政治、建筑、文学和思想方面的成就。昔日的希腊诸城邦曾经在相互竞争中创造出前所未有的高级文明,但到了这一时期,从政治方面而言,这些城邦其实已经消亡了。在许多希腊城邦中,城民已经不多了,很多人迁往亚洲。在许多希腊城邦的市政厅前的公共广场上,经常可以看见牛群在那里游荡吃草,统一的希腊已成了明日黄花。

古希腊城邦最终被一个强大的帝国吞并，到了公元前200年，这个希腊化时期的东地中海大国发现，它又要卷入一系列不可避免的战争了，因为远方的西地中海地区崛起了一个新的军事强国，它的强有力的铁拳已经伸到这里。所以在历史进入公元前200年之前，我们必须回过头来，对地中海西部的情况做一番考察，这有助于我们理解东地中海以后发生的事。在过去300年中，西部的罗马城逐渐发展成一个强国，它将会把东西地中海统一起来，最终建立一个包括整个地中海沿岸地区的大帝国。

图 21.21　公元前 13 世纪西地中海地区的武士

他们手握沉重的铜剑，剑锋上指。这种铜剑很像加长的埃及匕首。这是努比亚的阿布·辛贝尔神庙墙壁上的雕刻画。神庙是拉美西斯二世修建的，图中的武士是他的军队中的西方人。

第二十一章　希腊化文明

第二十二章　西地中海世界　罗马征服意大利

图 22.1　铜狼铸像

这座古老的铜狼铸像（公元前6世纪），是旅居意大利的希腊艺术家铸造的。这座铸像表明，早在公元前500年，罗马就已受到了希腊文明的影响。母狼腹下的两个小孩是后加的，是为了附会罗马的一个传说。据说罗马是两个同胞兄弟罗穆卢斯和瑞穆斯创建的。他们的祖先是特洛伊城的英雄埃涅阿斯。特洛伊城被攻陷后，众英雄四散逃亡。埃涅阿斯历尽艰险来到了意大利。后来，埃涅阿斯的儿子创建了亚尔巴·隆加城，并自立为王。国王的后代长期不睦。这时，一对双胞胎——据说是战神玛尔斯的双生子——出生了。当这兄弟俩被执政的国王放逐到台伯河时，他们俩爬上了岸，来到帕拉蒂尼山下。在这里，一只母狼发现并哺育了他们，兄弟俩长大后返回了亚尔巴·隆加，要求恢复自己的身份，最后，他们建立了罗马。这个传说明了一点，那就是所有罗马人都了解罗马的早期历史——从王政时期到英雄时代。

一、西地中海世界

东地中海的古希腊和希腊化时期的文明通过南意大利和西西里岛传往西地中海，使西地中海走向文明。

我们在追溯东地中海地区的历史时，很少涉及西地中海地区。从石器时代以后，我们就再没有介绍西地中海，现在，我们重新回到了这一地区，因为我们应该从整体上认识地中海地区。地中海是一片宽阔的水域，与欧洲的长度相当，东西长 2400 英里，差不多等于美国的横向距离，也相当于从纽约到加利福尼亚的距离。我们必须记住，所谓的古代世界大部分是指地中海沿岸地区，当然还有东方和黑海地区。地中海及其沿岸地区是主要的古代历史舞台。

今天的地中海并不像美国的五大湖那样是一片单一水域。由意大利和西西里岛构成的陆桥差不多横穿整个地中海，将地中海分成两部分——西海区和东海区。这两大海区一直没有公认的地理名称，为了方便起见，我们临时称之为东、西地中海。西海区比东海区宽得多，向北延伸得也更多，东海区处于高原南部，西海区则为高原带环绕。同东地中海相比，西地中海的纬度更高，更接近北方的气候带。我们一直在探索东地中海文明世界的历史，现在我们回过头来，对西地中海世界的历史做一番分析和探讨。

在东方的统治下，东地中海世界的文明进程开始得早，而西地中海地区距东方太远，受文明的影响较少，因此一直处于停滞状态，从石器时代的瑞士湖村时期以后，大部分地区几乎没有多大进步。但是，我们可以从地图上看到，西地中海世界与东地中海并没有完全分开，东地中海的古希腊和希腊化文明通过其西部的南意大利和西西里岛传往西地中海世界,在以后的章节中,我们将看到东地中海是如何推动西地中海走向文明的。

在早期的西地中海世界中,意大利是最重要的。意大利的地势基本上是东高西低,向西倾斜,因而它面对西地中海,属于西地中海地区。延伸到海中的意大利半岛长达600英里,是佛罗里达半岛长度的一半,面积是希腊的四倍,而且也不像希腊有那么多山,没有由纵横连绵的山脉分隔而成的许多不平坦的山谷和小平原。虽然亚平宁山主脉在北部穿过半岛,但在其他地方都与海岸线基本平行,大多数余脉的山脊也都与海岸线平行。这里有辽阔的平原,这里的谷物比希腊任何地区都丰富,高处还有广阔的牧场。意大利的平原能养活比希腊更多的人口。意大利海岸线平缓,不像希腊海岸那样犬牙交错,因此这里没有天然良港,由此可知,意大利农业和畜牧业的发展远早于商业。

意大利富饶的平原和覆盖着郁郁葱葱的森林的山坡吸引着贫瘠寒冷地区的北欧人,他们纷纷移居到这块阳光明媚的半岛上。到了公元前2000年,石器时代晚期的瑞士湖村居民也开始向南迁徙,穿过阿尔卑斯山隘口,定居在北意大利的湖边。他们居住了一百多年的桩屋废墟(见图22.2)已经在波谷地下被挖掘出来。波谷曾是一片广阔的沼泽地,这些人不断在沼泽地上建造桩屋,使这片沼泽得到了充分开发和利用。现在的威尼斯城仍然建在桩基上,只是绝大多数木桩已被石块取代了。通过威尼斯,我们可以清楚地了解那时居住在这一地区的湖村居民是怎样修建他们的木桩房屋的。他们对后来的罗马人产生了很大影响,罗马人的军营规划图就在很多方面借鉴了波谷桩屋村的布局。

在来到波谷之前,湖村居民在生活中已开始使用金属,考古发掘者在他们的所有居住地都发现了金属制品。这些金属制品显然来自东

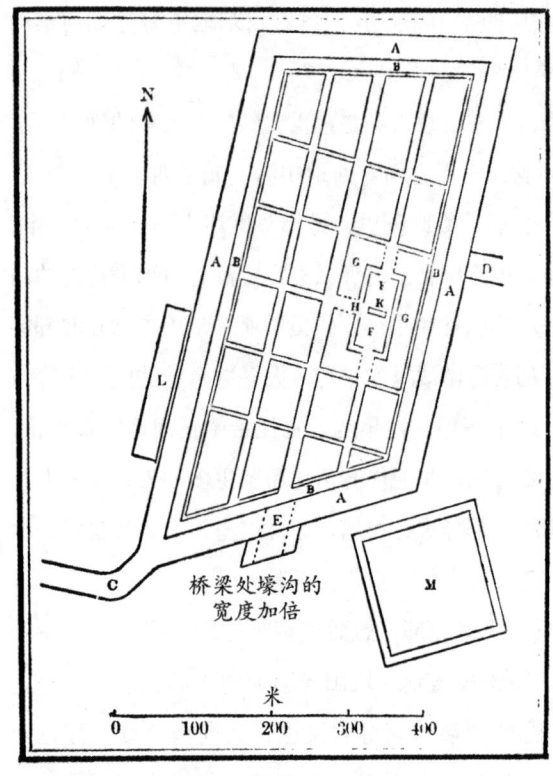

图 22.2 北意大利的史前桩屋村平面图

桩屋村周围是一条宽约 100 英尺的壕沟,壕沟与河道相通(C)。壕沟内侧是一道土墙(B),墙基厚约 50 英尺。桩屋村长约 2000 英尺,相当于四个街区。桩屋村坐落在沼泽中,全凭木桩支撑,类似于湖村。后来的罗马军营就借鉴了这种桩屋村的规划布局。

方,这可由东方传播到意大利的铜和青铜两个词语证明。我们现在所说的"copper"(铜)在意大利曾被称作 Cuprum,是由塞浦路斯岛的名字演变而来,此岛的古代名称是 Cuprus。塞浦路斯在很早就为地中海地区提供了丰富的铜矿,我们现在所用的"bronze"(青铜)一词,似乎源于 Brondesium 城的前半部分,此城后来被称作 Brumdisium,又称 Brundisi(布林迪西)。它坐落在意大利东南角,距爱琴海不远,东方的青铜就是从这里传向西方的。

当桩屋居民在波谷定居下来的时候,最西端的印欧部落也为湿润的意大利气候和长有茂密森林的山坡所吸引,开始向这里迁移。大概就在希腊人向希腊半岛南端迁移后不久,西端的印欧部落便进入了西地中海世界。迁移者一批接一批到来,在所有定居在半岛中南部的部落中,最重要的是古意大利部落,就是最早的意大利人。希腊语中的"意大利",最早只是指南部半岛,后来扩展到整个半岛,这就是意大利之名的来源。在以后的几个世纪中,西西里岛上也住满了意大利人。

我们已经知道,希腊人在征服爱琴海地区时,也占领了与东地中海相邻的文明程度很高的地区,但这与印欧部落入侵意大利完全不同。在当时的希腊人看来,西地中海地区是一片蛮荒之地,没有宏伟的建筑,没有坚固的城池,没有文字,更谈不上有什么文学。在古意大利部落开始扩张时,原来的居民大都四散奔逃,就像最早的希腊人攻击之下的早期爱琴海人一样。这些早期的西地中海人(石器时代欧洲人的后代)的形象在公元前13世纪的埃及遗址中被发现。这些人在埃及军队中服务,也许是在古意大利人的扩张中被迫离乡背井的难民。他们的武器是笨重的青铜剑,很像加长的埃及匕首,这些武器都是从其他地区搞来的。史前的西方人已经掌握了锻铸金属、制造剑的技术。那时制造的剑是单刃的,剑刃部分呈曲线,这种剑在埃及帝国和亚述帝国很流行,但东方军队很少使用这种剑。罗马人的由匕首演变而来的双刃剑则源于西方。

入侵西地中海地区的除古意大利人之外,还有三个互不相让、激烈竞争的部落,他们都来自东地中海地区。就在这些部落相互争斗的时候,古意大利人突然发现有一群凶猛的海盗经常出没于意大利西海岸,我们称其为伊特拉斯坎人。他们究竟来自什么地方至今仍没有完全搞清楚,也许来自小亚细亚东部,在埃及的废墟中发现过这些海盗于公元前13世纪在三角洲沿海公开劫掠的记载。那时,他们正要离开小亚细亚,去意大利寻找新的住所。伊特拉斯坎人于公元前1000年在意大利定居下来,他们打败了古意大利部落,占领了自那不勒斯至热那亚的意大利西海岸地区,包括大部分内陆地区,直到亚平宁山脉,接近波谷地带。他们似乎命中注定会成为意大利的主宰,作为西地中海最重要的部落,他们将走进罗马时代,正如后面将讲到的那样。

另一支是迦太基人,他们于公元前1000年后在商业上取得了巨大成功。腓尼基人的商业扩展到西地中海,他们在西西里岛对面的非洲海岸创建了繁荣兴旺的商业城市——迦太基。迦太基很快发展成为西地中海最大的港口。在很短时间内,迦太基人就控制了从北非到大西洋的广大地区,占领了南西班牙,还控制了包括西西里岛在内的许多西地中海岛屿。

就在迦太基人试图将西地中海地区变成自己的属地时,古意大利人发现了第三个对手,这就是希腊人。我们已经介绍过希腊人于公元前8世纪在南意大利沿岸和西西里岛进行的扩张。他们在这里建立了许多城邦,这些城邦之间的相互斗争使西部的希腊人难以联合成为一个统一国家。在当时的希腊诸城邦中,叙拉古的势力最大。它多次成为众城邦之首,我们知道,雅典人曾试图通过夺取叙拉古,进而夺取整个西部世界。

西部世界的古意大利的三大对手——伊特拉斯坎人、迦太基人和希腊人——的势力都很大。在一段较长的时间里,这三方形成了相互对峙的局面。西西里岛和南意大利的希腊人既要对付迦太基人,又要抵御伊特拉斯坎人。我们已经知道,定居在叙拉古的希腊人在萨拉米斯战役中打败了迦太基人,打退了迦太基人的侵略,保住了西西里岛(公元前480年)。又过了几年,伊特拉斯坎的战舰出现在海上。经过一场激烈的海战,叙拉古人再次打败了疯狂的伊特拉斯坎海盗

(见图22.3)。西部的希腊人占据了政治上的优势地位,他们粉碎了迦太基人吞并西西里岛和南意大利的梦想,也击溃了昔日的海上霸主伊特拉斯坎人。

公元前400年,叙拉古的暴君狄奥尼西乌斯在西西里和南意大利建立了强盛的帝国。西部世界的希腊人似乎有希望将这个帝国变成统一而稳固的国家。但是,狄奥尼西乌斯的继承者却没有足够的政治魄力,他们请来了伟大的哲学家柏拉图,试图将柏拉图的统治理论付诸实践。结果,正是这种理论葬送了年轻的叙拉古帝国(公元前357年~公元前354年)。柏拉图本人也忧虑地说,西西里的希腊语将要消亡了,取代它的可能是迦太基语或某种印欧部落的语言。

图22.3 叙拉古希腊人于公元前474年在库迈战役中缴获的伊特拉斯坎人的头盔

叙拉古暴君希罗将这顶头盔供放在奥林匹亚山上。这是著名的库迈战役战利品中的一件。现保存于不列颠博物馆。叙拉古暴君于2400年前刻在头盔上的供奉辞仍清晰可见。

尽管西部的希腊人并没有同希腊本土联合成稳固统一的强大国家,但希腊文明仍然产生了巨大影响。西部的希腊文明与我们前面所介绍的文明在根本上是一致的。在叙拉古人成功地击败了迦太基和伊特拉斯坎人的进攻后,西部城邦建立了一些精美的纪念碑。这些纪念碑体现了希腊建筑艺术对西地中海地区的影响,在其他方面也体现了我们今天所认识的希腊文化的影响。在古意大利人最初定居到这块土地1500年后,意大利南部发展出璀璨的文明,至希腊化时期,发展到了最高水平,出现了叙拉古的阿基米德等伟大人物。现在,让我们追寻着罗马统治下的中部意大利野蛮部落的足迹,来看一看他们是怎样在伊特拉斯坎人和希腊文化影响下逐步组织起来,发展壮大,并最终走向文明的。

二、早期的罗马

有一群人居住在帕拉蒂尼山城堡附近,这群人的成分十分复杂,有拉丁人,有伊特拉斯坎商人和地主,还有来自其他遥远地方的陌生人和附近社区的流放犯人。这就是公元前一千多年前罗马的最早居民。

台伯河在意大利中部向西流入地中海。台伯河南岸(或东岸)分布着许多被称作拉丁人的古意大利部落。在伊特拉斯坎海盗登上北岸时,这些拉丁部落已在这个长约40英里、宽约30英里的平原上生活了很久(见图22.4),这个平原比美国的许多县还要小。这块平原被称作拉丁姆,拉丁人的名称即由此而来。拉丁人也像他们的近邻那样,在各地聚成很多小社区,他们在平原上种植,在山坡处放牧。拉丁姆土地瘠薄,拉丁人只能在这种环境中生存,正是这种环境培养出了坚毅和吃苦耐劳的人民。拉丁人在阿尔邦山上用粗糙的土砖砌起一个祭坛,所有拉丁部落每年都在这里集会一次,祭拜他们的主神朱庇特。山脚下有个名为亚尔巴·隆加的小镇。拉丁部落一度受这个小镇的领导,因为他们需要和它结成同盟,共同抵抗敌对部落。看到台伯河对岸伊特拉斯坎人的城镇迅速发展起来,拉丁人非常担忧,他们也在努力阻止伊特拉斯坎人过河侵扰拉丁部落。

当拉丁农民需要武器和工具时,他们就会带着谷物和牛羊来到台伯河南岸的集贸市场。由于河下游临近海边的地方是一片沼泽地,因

图 22.4 拉丁姆平原一角及通往阿尔邦山的亚平宁大道

前方是亚平宁大道的一段。亚平宁大道是早期罗马人修筑的道路中最好的一条。大道连接着罗马和卡普亚,终点是布伦狄修姆。图中的高大圆柱塔是一个著名墓地,是为罗马贵妇人赛利丽亚·美蒂娜修建的。

而渡过台伯河最理想的地方是浅水区或某个小岛(见图22.5)。早期的居民在小岛上用金属工具架起了一座坚固的桥,这是一座最古老的桥。从附近的山上看这座桥,可以看到另外几座山上的零零星星的几户人家,可以看到最大的聚居点——帕拉蒂尼山上的城堡。在城堡附近有小桥和浅滩,经常有伊特拉斯坎人的船停靠在那里。这些船在台伯河中逆流而上深入内陆,台伯河是意大利唯一可以供船航行的河流。在四面环山的沼泽地临近村庄墓地的地方有一处露天市场。在市场上,拉丁农民同伊特拉斯坎人交易,用谷物和牛羊换取他们需要的铁制工具和青铜武器。虽然当时铁制工具已广泛使用,但他们并没有忘记祖先的故事,牢记着祖先用青铜工具和武器创下的功绩。那里的居民成分十分复杂,有做生意并在附近购买了田地的拉丁居民,有伊特拉斯坎商人和地主,还有来自遥远的各个不同地方的陌生人和附近社区的

图 22.5　台伯河畔罗马附近的岛

虽然台伯河不是大河,但在春天的涨水期,罗马的大部分地区时常被淹没。我们现在所见到的岛上房屋,有些相当古老,但绝不是我们现在所讨论的年代或更早年代的房屋。图中的那座桥历史悠久,是公元前 62 年法布里西斯用大石板建成的。这座桥已有两千多年的历史了,很多优秀的罗马人,如我们所熟知的恺撒,一定经常从这座桥上走过。

图 22.6　在罗马广场下发现的史前坟墓

图中的骷髅是曾聚居在山顶村庄中的史前村民的遗骨,这些村庄后来联合成了罗马。在墓中发现的工具、武器和陶器说明死者生活在公元前 1000 年之后不长的时间里,在这个时期,铁器逐渐取代了青铜器。

流放犯。这就是公元前一千多年的罗马的最早居民。

拉丁部落所担心的伊特拉斯坎人的入侵终于发生了。公元前 800 年之后，伊特拉斯坎人的城镇不断向外扩张，形成了由众多城邦联合而成的王国，每个城邦都有坚固的防卫设施。大约在公元前 750 年，一位伊特拉斯坎国王跨过台伯河，赶走了最后一位拉丁部落首领，占领了帕拉蒂尼。他在这里建起了城堡和王宫，控制了台伯河上游山上的村庄，这些村庄慢慢聚成了罗马城。伊特拉斯坎国王们很快扩张到拉丁姆平原的拉丁部落和阿尔邦山的亚尔巴·隆加城，这个曾经是拉丁部落之首的城镇从此消亡了。罗马成了伊特拉斯坎国王领导下的城邦王国，同其他伊特拉斯坎城镇一起，自卡普亚向北一直扩张到热那亚港。这种局面一直持续了两个半世纪。虽然罗马处于伊特拉斯坎国王的统治下，但居住在拉丁姆平原的仍是拉丁人，他们仍然说拉丁语。①

图 22.7　伊特拉斯坎人制造的青铜战车

这是迄今为止所发现的最精美的伊特拉斯坎青铜制品。这辆战车是在一个伊特拉斯坎人的墓穴中发现的，现为纽约大都市博物馆收藏，大约制作于公元前 6 世纪。

---

① 从以上表述中可以看出，早期的罗马皇帝都是伊特拉斯坎人。罗马创建于公元前 750 年前不久的传说，与后来伊特拉斯坎人占领罗马并建立了一个强大王国相符合。对于早期的罗马，没有任何文字材料可供我们研究，我们的这个判断主要是根据在罗马、拉丁姆及周围地区的废墟的考古发掘所得到的材料做出的。如果考古研究以罗马文明中的伊特拉斯坎文明成分作为依据，就不会有人再对早期的罗马皇帝是伊特拉斯坎人的观点提出质疑了。后来的罗马人显然不愿相信他们早期的国王是外来人的说法，而更乐意接受所有罗马皇帝都是本土人的传说。这种传说，以及很多优美感人的故事，被写进许多文学作品中，直到今天，仍有很多人深信不疑。

从迈锡尼时代开始，伊特拉斯坎人对希腊的海域就非常熟悉了，伊特拉斯坎人的船只在希腊各港口之间穿梭往来。在同希腊人的交往中，他们学会了借用希腊文字写自己的语言。在很多意大利古墓上至今仍可见到这种文字。虽然我们认识那上面的字母，但却不明白那些伊特拉斯坎人拼成的词的意思，因而也就不能对创造这种文字的伊特拉斯坎民族有更深入的了解。

伊特拉斯坎人在同希腊人的交往中，带回了精美的希腊陶器，后来他们学会了希腊的装饰画。伊特拉斯坎人的墓室壁上同样绘制着很多这样的画，从画中可以看到伊特拉斯坎人的相貌、服饰和使用的武器。在学会了炼铜后，他们很快就制造出了精美的青铜制品，有一个时期甚至超过了希腊金属制品的水平，促进了他们的商业繁荣。他们还学习和借鉴了希腊的建筑风格，不同的是，在他们的建筑中有许多拱门，他们可能对小亚细亚的建筑也非常熟悉。正是伊特拉斯坎人为意大利引进了拱门这种建筑形式，他们的建筑是人们所知的最早的罗马建筑，他们的建筑风格对罗马建筑产生了重大影响。

伊特拉斯坎国王使罗马发生了很大变化。广场——低处的市场河谷——在雨季经常被洪水淹没。他们用石块砌成坚固的、顶部为拱形的排水沟，将水排到河口，大大保障了城市的安全。这一古老的排水系统一直保存到今天。他们在广场与台伯河之间的卡皮托尔山上修建的朱庇特神庙一直存在了几百年，朱庇特在当时被奉为国神。后来，伊特拉斯坎国王的暴政引起了一场叛乱，这场叛乱可能是伊特拉斯坎贵族发动的。在这场叛乱中，国王带着随从跑到一个叫西里的地方。最后在那里死去并埋在那里（见图22.8）。这样，大约公元前500年，罗马的王政时代结束了。伊特拉斯坎人两个半世纪的统治在罗马留下了深刻的印记，对以后的建筑、宗教和部落组织等产生了很大影响。

图 22.8　在罗马北边不远处的古西里镇伊特拉斯坎坟墓的墓道

墓室（有的墓中有几个墓室）中有一石棺，石棺中有一具尸体。陪葬品包括精美的花瓶、金银首饰、家具、工具和武器等。墓室墙壁上绘着装饰画，有的反映了伊特拉斯坎的日常生活，有的取材于希腊神话故事，他们是在与希腊人的往来中了解到这些神话的。这个墓中的伊特拉斯坎主人可能生活在有坚固围墙的城中，此城的废墟大概就在附近的某个地方。伊特拉斯坎人的制造业，尤其是青铜制造业，十分兴旺。离城市几英里有一个港口，伊特拉斯坎人从商业和贸易中获得了丰厚的利润。在一座墓穴中发现了刻在墓壁上的死者的名字。这个人叫 Tarkhnas，可能是 Tarquinius（塔尔奎尼斯）的后代。根据罗马传统推断，这应该是上一代罗马皇帝的名字。

图 22.9　台伯河岸的雅翁狄诺山和伊特拉斯坎人的排水系统

从这里向下望去，左岸是雅翁狄诺山。山脚下的河岸上，有一排排现代罗马人的住房。在这片房屋的尽头，可以看到伊特拉斯坎人所建排水沟的出水口。排水沟在广场地下，用于排放广场中的积水，罗马人称之为大排水道。虽然经过后来的多次修整，但排水沟的最古老的部分仍称得上是罗马最古老的石结构建筑。

三、早期的共和国　先进的政府

虽然罗马人没有希腊人那样的天才，但却有丰富的实践经验，能够将质朴务实的理论常识运用到实践中的各个方面。罗马人处理实际事务的智慧，远远超过了希腊人。

在伊特拉斯坎人统治时期，希腊文明对拉丁姆产生了深刻影响。在台伯河桥下游的码头，希腊南部城市的船只往来频繁。伊特拉斯坎统治时期，罗马的商人慢慢从希腊人递交的单据中熟知了各种商品的名称。过了不长时间，罗马商人就开始用希腊字母做记录，由此而演变出罗马字母，后来又演变成拉丁字母。东方的文字就这样向西方渗透，本书所使用的文字（英语）就是这样演变而来的。腓尼基人的文字以及由此变化而来的其他文字——无论是西方的迦太基语、罗马语，还是东方的阿拉米语——在东到印度，西到大西洋的广大地区广泛传播。

最初，台伯河码头上没有罗马人的船。后来，罗马人也许学会了仿造希腊船。随着罗马船只的不断增加，人们开始觉得用谷物和牛进行物物交换很不方便，那时希腊人已经在使用十分方便的铜币和银币。又过了很长一段时间，罗马人开始在交易中使用粗制的铜板。这种铜板上铸有或刻有牛像（见图22.10-A）。又过了150年，在伊特拉斯坎国王被赶走以后，罗马人才开始使用真正的铜币（见图22.10-B）。后来，由于同希腊城邦之间的往来越来越密切，罗马以阿提卡（古雅典）的货币单位发行银币。同时，罗马人也逐渐接受了东方的长度和体积单位（度量衡）。

图 22.10　早期的罗马铜币

到了亚历山大大帝时代（公元前 4 世纪下半叶），罗马人开始感到用实物，尤其是用牛，进行交易的不便，便将铜加工成铜板，在每块铜板上都印上牛像（A），表示铜板所代表的价值。我们今天所用的 pecunla（财产）一词便源于罗马词语 pecus（牛），我们常用的 pecuniary（金钱的、货币的）也源于这个词。罗马最早制造的铜板很笨重，后来在希腊的影响下，罗马人铸造了圆盘币（B），每块重约一磅。后来，这种被称作阿司（as）的铜币又被分成 12 块，每块称作盎司亚（罗马语 uncla），另外，他们还铸造了 2 盎司亚、3 盎司亚、4 盎司亚和 6 盎司亚的铜币。又过了两代人，铜币不再用作大额支付的货币，阿司（铜圆盘）也减到了原来重量的 1/6。

罗马也开始受到希腊语言的影响。拉丁人购买希腊商人带来的服装、家具、陶器等商品时也对相应的希腊词语有了认识和理解。以一种腓尼基长袍为例，希腊商人称之为 kiton，拉丁农民模仿这个语音念作 ktun（ktoon），后来，他们又在单词后加上拉丁词尾 ic，去掉了字母 k，便成了我们今天所说的 tunic（外衣）。

除有形的东西之外，希腊人还带来了很多无形的东西，这使罗马人对希腊文明的精神方面有了一些了解。罗马农民了解希腊的各种神，他们也有了自己的神。在罗马农民看来，每个神都主宰着自然界和人类生活中的一个领域：朱庇特是主管天空的神和众神之王；玛尔斯是武士的保护神；维纳斯是爱神；朱诺是古代的天空女神，主管妇女、生育和婚嫁；维斯塔是家中的灶神，她的壁炉中燃烧的火是两千年前游牧时期居住在亚细亚大平原的天父留传下来的；克瑞斯是谷物女神，掌管地上的五谷；墨丘利是为众神传递信息的神，并且是维护交通和贸易的神。在罗马，到处流传着希腊众神在人间的英雄冒险故事。罗马人的维纳斯对应的是希腊的阿芙洛狄忒，墨丘利对应的是赫耳墨斯，克瑞斯则相当于得墨忒耳。

后来的神谕增强了这种影响。意大利人深信希腊人西比尔——德尔斐阿波罗神庙的女祭司——所带来的神谕。西比尔书中的神谕被罗马人视为对未来的神圣暗示；伊特拉斯坎人曾盛行过一种占卜术，用祭祀所用之羊的肝脏（见图 22.11）预测未来。这种占卜术是伊特拉斯坎人经过小亚细亚时从巴比伦人那里学来的，并且带到了意大利。

对于讲究实用的罗马人来说，这种占卜术是很方便的。在面对诸神时，罗马人没有产生任何疑问，例如那些一直困扰着欧里庇得斯的

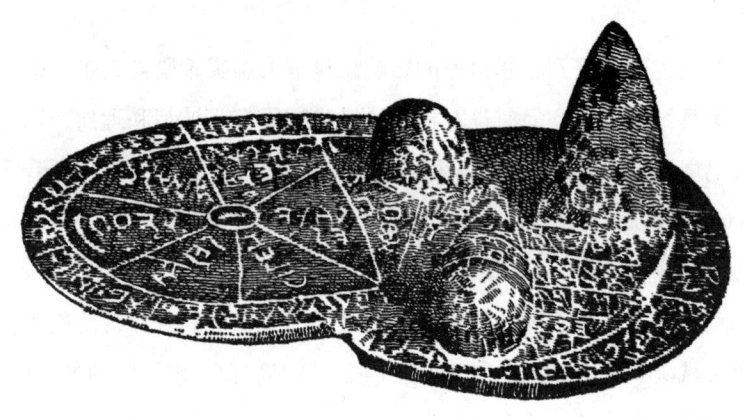

图 22.11　伊特拉斯坎人从古巴比伦人那里学来的用于对照占卜的铜制羊肝模型

这个羊肝模型的表面刻画了很多线条，这些线条将模型分成许多部分，形成一种标示图。这种铜制模型与古巴比伦人用黏土烧制的羊肝模型相似。早在伊特拉斯坎人迁移到意大利之前可能就已受到了东方艺术，尤其是小亚细亚地区的艺术的影响。

问题。罗马人没有希腊人那么丰富的想象力,希腊人凭这种想象力创作出了美丽迷人的神话。罗马人只是把拜神活动视为对契约的履行,他们认为,只要信神者尽了自己的职责,神就一定会保佑他。因此在宗教上,罗马人所遵循的只是一系列刻板机械的仪式,如供奉牺牲等,而这些活动是很容易完成的。在这种契约性宗教之下,罗马人在政治和法律方面取得了很大成就,而在宗教、艺术、文化、科学发现等方面却没有做出什么新的、创造性的贡献。

因此,在早期罗马,我们没有发现荷马式的人物,也就是说,没有人将罗马早期的战争用诗的语言描述出来。虽然罗马人没有希腊人那样的天才,但他们却拥有丰富的经验和实践能力,善于将朴实的理论常识运用到实践中。我们看到罗马政府在管理方面已非常先进,政府事务是由拥有成熟的政治经验和杰出的管理才能的领袖们管理的。希腊城邦中的那种没有任何经验的领袖从不曾在罗马出现过。罗马人解决实际事务的聪明才智,使他们在这方面远远超过了希腊。现在,让我们看一看罗马人是怎样运用他们的政治智慧创建强大的罗马帝国的。

伊特拉斯坎国王被赶走后(约公元前 500 年),罗马便掌握在那些在推翻伊特拉斯坎国王统治的暴动中起决定作用,被人们称作"贵族"(Patrician)的人手里。在这些贵族中,没有一个人强大到可以登上王位。也许贵族与平民达成了某种妥协,于是,他们从贵族中选出两人做执政官。两位执政官拥有同样的权力,任期为一年,在一年的任期结束后,由两位新的执政官接任。为了选举执政官,罗马每年都要召开一次军人集会,军人会议在贵族控制之下。尽管如此,我们还是可以将这种新城市称作共和国,执政官相当于总统,平民有选举执政官的权利。但是只有贵族才有资格当选为执政官,因此罗马政府仍是压迫阶级的政府。平民(当时称其为 pleb,可以与今天的 plebeian 作比较），尤其是拉丁部落的平民对这种压迫极为反感。

缺少平民的支持，贵族们就会失去用于战争的士兵的来源，因此贵族做了一些妥协，让平民拥有更多的参与政府管理的权利，同意他们召集地方集会，选举出他们自己的护民官。护民官有否决包括执政官在内的所有政府官员的命令的权力。在发现有人受到执政官的不公正对待时，他们有权废止执政官的命令，甚至可以推翻对平民的死刑判决。护民官可以影响法律——如果发现某项法律不公正的话——所以他们的权力是很大的。后来，因为政府事务越来越多，护民官的数量也随之相应增加了。

开始时，所有政府事务几乎都由执政官亲自处理。执政官既是战时的军队指挥官，也掌管着国库的资金，还是处理法律事务的法官。这难免有忙不过来的时候。当执政官率兵出征，长期离开罗马时，他们当然无法处理发生在罗马的法律案件，这时发生的法律纠纷就要等到战争结束后才能结案。另外，日常商务往来、金融事务也要耗费执政官的大量时间。他们感到，处理这么多的政府事务实在有些心有余而力不足。

这就需要增设官员协助执政官处理政府事务。于是，执政官任命一种叫作 qucestor 的财政官员管理政府的资金。任命了一种叫 censor 的监察官来管理户口，统计和调查全国的人口，确定公民应缴的税额，处理与选举有关的事务，监督平民的日常行为，防止发生不道德的事件。我们今天的 censor 一词便源于这种罗马官员的名称。他们还设置了一种叫 prcetor 的法官协助执政官处理法律纠纷，这种法官后来增设了很多。在国家发生危机时，还要任命一位德高望重的人作为城市的最高统治者——独裁者，但独裁者的任期很短。

政府除了要处理行政、财政和法律事务之外，还有其他职责。除了日常事务以外，还要解决各种重大问题，如对外宣战、维护和平和颁布新法令等。虽然在处理这些事务时，执政官享有极大的权力，但他还要接受名为senate的元老院的约束（senate一词由senex变化而来，原意为老人）。早在伊特拉斯坎人统治时期，元老院就已存在，伊特拉斯坎国王经常召集元老院为他服务。现在，贵族不但可以出任执政官，还有进入元老院的权利，政府的职位也几乎都被贵族占据，因此贵族享有的权利远多于平民。

护民官可以使平民免受某些不公正的对待，制止一些错判的死刑，但并不能保证平民享有各种权利。如果公共牧场被贵族的大群牛羊占据，护民官并不能解决平民牛羊吃不到草的问题。护民官也不能使平民竞选执政官、进入元老院、与贵族联姻。护民官只能缓解贵族与平民之间的一些不可避免的矛盾，平民同富有的、有权有势的贵族的斗争仍在继续着，他们要想获得更多的权利还需要不断努力。同样的斗争在雅典和其他希腊城市也出现过，但罗马平民的斗争却更灵活、更巧妙，也更成功。罗马平民为争取权利坚持不懈地奋斗，他们并没有使用战争、内乱和流血等激烈手段，在共和国成立之后的两百年间获得了空前广泛的权利。

平民坚持要求将现行法律以文字的形式固定下来，使他们能够在处理法律事务时寻求相应的法律依据。共和国建立50年后，罗马早期的法律都被缩编并镌刻在12块铜表上（公元前450年）。同时，平民还要求享有制定法律和举行公民大会等权利。

在王政时期，平民就已在政府中获得了一定的权利。平民常在被称作comitia的平民议会厅中集会，议会厅由许多氏族或兄弟会组成（与希腊的兄弟会相似）。每个兄弟会都有自己的curia（会堂），因此平民议会厅又被叫作comitia curiata。兄弟会可以自行举行集会和选举，每个兄弟会只有一张选票，要想解决某个问题，就需要多个兄弟会联合起来。

在共和早期，战争连绵不断。平民常被编成军队建制，每100人组成一个百人队，后来，百人队成了一种民众组织。同时，一种新的百人队会堂也产生了，罗马语的词汇中出现了一个新词 comitia centuriata（百人队会堂）。由于需要支付百人队的武器和装备费用，因而在百人队中，富人和贵族的人数便远远超过了穷人，结果百人队会堂也被富人控制了。没过多久，他们就获得了执政官的选举权。再后来，富人便彻底剥夺了昔日的兄弟会会堂的权利。

同时，还产生了另一种组织形式，这种组织的目的是为一般平民创造管理与平民密切相关的公共事务的机会。这一组织是以部落为基础建立的，因此称之为 comitia tribula（部落会堂）。在这个会堂中，所有平民都享有同等的选举权，由护民官主持，主要是为了维护平民的利益，因此它所做出的决定能够切实体现平民的意愿。

百人队会堂和部落会堂完全剥夺了元老院用以制约平民的立法权，因此百人队和部落会堂事实上已经成了罗马的立法机关。百人队中的平民得到了与富人、贵族一样的选举权。于是，平民不仅获得了认可或否决法律的权力，而且还拥有了制定法律的权力。平民逐渐获得了更多的土地，享有了广泛的权利。最后，平民甚至可以选他们的邻居任监察官、财政官、法官或执政官，甚至连元老院中也出现了平民的身影。

随着平民权利的增加，其他方面也发展起来，而这些方面的发展对社会和政府产生了很大影响。罗马公民非常尊重政府和官员。执政官出外巡视时，一般由几位侍从官相随，侍从官举着代表国家权力的牌子，拿着一捆束棒[①]，表示执政官有权依据法律鞭笞犯人，束棒上端

[①] 当代意大利的著名政治术语"fasctii"（法西斯）就源于这个拉丁词 fasces（束棒）。

有一把斧头，表示执政官有权依据法律宣判犯人死刑。其他高级官员外出时，侍从官要少一些。执政官和高级官员们都穿着镶有紫边的白色长袍，执政官退职后，也可以穿这种官服出席宴会。于是，罗马很快就出现了一个新的贵族群，这些贵族原本是平民，只是因为家庭中有人做了高官，家族的全体成员就赢得罗马民众的尊敬。在推选候选人时，人们倾向于从这些家族成员中挑选，尤其是那些曾有人担任过执政官的家族。于是，一个由显赫家族和旧贵族构成的新贵族阶层便出现了。

这直接导致了元老院成员的变化。以前，元老院的成员都是由执政官从贵族中挑选的，后来，新法律将挑选元老院成员的权力给了监察官，他往往会选择那些曾出任过执政官的人。这样，任过执政官的平民便可以进入元老院了，成为新的贵族，这为元老院注入了新鲜血液。

由于种种原因，元老院的成员数量大大增加，多达三百多人。这些人都有丰富的管理政府和公共事务的经验。每当传令官的号声在罗马广场响起，所有元老便会聚集到位于广场一侧的议会厅中，等待执政官宣布会议开始。执政官是元老院院长，也是国家首脑，执政官的权力比元老院中其他成员的权力都大。执政官坐在高台上，下面坐着国家的精英，其中有很多人也曾高踞于他现在的位置，对执政官的职责甚至比他更熟悉。而且执政官只有一年的任期，而台下的元老院成员大都有多年管理公共事务的经验，这样的元老院集体对执政官有很大的影响。执政官并不是表达自己的想法和意愿，而是采纳元老院的提议，将他们的意愿变成现实。执政官实际上成了元老院意志的执行者，元老院做出什么决议，执政官就怎么做。如果我们要对华盛顿的参议院进行改革，古罗马的经验很值得借鉴。

元老院对立法也有一定的影响力。虽然公民大会有制定法律的权力，但却没有颁布新法律的权力。在地方官员尤其是作为部落会堂主持人的护民官将新法律提交公民大会表决之前，通常要征求元老院的意见。护民官有权阻止法律的实施，元老院在颁布法律之前，习惯于先征求护民官的意见。这就使护民官在元老院拥有了席位，从而使得这个强大的立法机构有了更大的权力和影响。

这个时期和这个时期之前，许多罗马公民居住在偏远的地方，这一部分公民不能去罗马城参加选举。那些住在罗马城的少数公民，因为经常出席公民大会进行选举，对元老院成员已经十分熟悉了。他们十分了解那些政治家的智慧、才干和经验，他们知道元老院的每一位成员都有强烈的爱国热情。他们站在元老院洞开的大门前，就会听到他们所崇敬的白发苍苍的老执政官们的出色演讲，演讲声回荡在广场上。那些演讲或是表达对某种爱国行为的支持，或是表示对保卫国家号召的响应。普通罗马公民由于自己在管理公共事务方面的无知，不能对元老院决定的重大决策提出任何反对意见。后来，元老院逐渐变成了由经验丰富的政治家们组成的大型委员会，他们统治着罗马共和国，管理一切公共事务。这个贵族群体对罗马的统治使罗马变成了一个贵族专制国家，所谓的罗马共和政体已徒有虚名了。现在，我们来看一看罗马元老院稳妥而明智的统治还会有什么样的进步和发展。同时，我们不要忘了，虽然元老院的权力增长得并不快，但即使在战争和征服时期，这种增长也从未中断过。

四、共和国的扩张　征服意大利

那些使一个台伯河畔小国成为意大利主人的人是罗马的第一代英

雄，许多有关他们的故事流传至今，通过这些故事，我们对他们有了更深的了解。

推翻伊特拉斯坎国王时，罗马还是一个动荡不安的小国。整个罗马的疆域只不过是罗马城区及其周围几英里的地区。被赶走的伊特拉斯坎国王心惊胆战地在台伯河北岸住了下来。台伯河南岸的罗马的近邻是拉丁部落，这些部落结成了拉丁联盟。拉丁联盟自称是不属于罗马的独立联盟。但遭到外敌袭击时，拉丁联盟又不得不依靠罗马并接受罗马人的领导。因此拉丁联盟与罗马签订了一项永久性条约，条约强调，双方自愿在罗马领导下共同防御外敌入侵。但这项条约只是促成了松散的联合，并没有形成一个统一的国家。尽管如此，罗马元老院还是给了拉丁姆的拉丁人同罗马公民同样的权利。如果外敌入侵罗马城，拉丁人有义务参战。

共和国的前两代人必须尽最大努力保障罗马的生存。他们必须抵御周围的敌人，尤其是伊特拉斯坎人。正是这种环境和斗争激发出小小的罗马的顽强奋斗精神，使它积极地对待生活，稳步地发展。当罗马共和国的第二代人成长起来时，伊特拉斯坎舰队被叙拉古舰队彻底摧毁了（公元前474年）。后来，伊特拉斯坎人又遭到了北部高卢人的攻击。高卢人穿过阿尔卑斯山隘口，进入了波谷，伊特拉斯坎人的城市被高卢人摧毁。在南北夹击之下，伊特拉斯坎人从此一蹶不振，这使罗马幸存下来。而且正因为伊特拉斯坎人的衰落，罗马人才能对维伊进行了十年围困。维伊是伊特拉斯坎人的南部要塞，距罗马8英里。维伊要塞最终被意大利人攻克（公元前396年）。同时，古意大利部落从南、东、北三面将拉丁姆地区围住，古意大利人不断骚扰拉丁人，劫掠拉丁人的粮食和牲口，严重威胁到罗马。罗马赶走了这些强盗，并在台伯河南岸建起一系列防御工事，形成了抵抗南部侵略的缓冲带。公元前400年以后，罗马又征服和攻占了周边很多地区。这些征服地对抵御外敌入侵起了重要作用。

罗马如果派兵驻防这些新的征服地，就要给予那里的居民以罗马公民身份和其他权利。罗马的农民有参与政府管理和为国家而战的权利和义务，他们在罗马的对外扩张中发挥了重要作用。元老院一直坚持推行这种农业扩张政策，这种扩张又使罗马拥有了更多的勇敢无畏的公民士兵。这些公民士兵可以开荒种地，而且随时都可以操起刀剑参加战斗。罗马的这种政策与希腊政策的局限性形成了鲜明的对比，希腊人坚持排斥外邦人拥有公民权。这一政策使罗马稳步发展起来。在推翻伊特拉斯坎人的统治后，只过了二三年时间，这个台伯河畔的小国家便成了整个意大利的主人。

在罗马共和国建立后的第二个世纪，罗马的扩张遇上了一场可怕的灾难，这场灾难差点毁灭了罗马。公元前400年以后的20年间，高卢人在打垮了伊特拉斯坎人后，一步步逼近台伯河下游，派去抵挡的罗马军队也被高卢人击溃。当时的罗马城没有城墙，对高卢人的横行无能为力。高卢人很快就攻进了罗马城（公元前382年），在城中肆意烧杀掳掠，唯一能抵挡蛮族的只有卡皮托尔山的城堡。后来的罗马传说中有这样一个故事：一群高卢人夜袭城堡，在他们爬到山顶时，附近神庙中的圣鹅突然嘎嘎叫起来，守卫城堡的士兵被惊醒，奋起击退了高卢人。由于长时间不能攻下这座城堡，高卢人同意退回北方，但却以罗马拿出大量银两为交换条件。高卢人虽然退回了波谷地区，但仍然威胁着罗马。

经过这场灾难，罗马开始认识到加强防御的重要性和必要性，他们为罗马城修筑了石头城墙。城墙振奋了罗马人的斗志，增强了他们的信心。他们夺得了伊特拉斯坎人的南部领土,当时,刚刚过去的高卢人的入侵已经使伊特拉斯坎人精疲力竭,经不起任何打击。他们还在坎帕尼亚平原夺取了新的领地。罗马的扩张使拉丁部落极为恐慌,他们努力摆脱这个强大的围墙之城的控制。经过两年战争,罗马取得了胜利,元老院逼迫拉丁部落解散拉丁联盟(公元前338年)。接下来元老院同每一个拉丁部落签了条约,条约赋予拉丁人的权利远远比不上从前。罗马拥有对拉丁部落绝对的支配权,这种支配权最后扩大到整个意大利。

公元前338年是很不寻常的一年。在这一年,希腊被马其顿王腓力攻陷。在这一年,希腊人和拉丁人都被他们的征服者征服,征服希腊人的是马其顿,征服拉丁人的是罗马。但征服希腊的是一个人,他不能长生不老,最终会死去;而征服拉丁人的却是一个由英明、智慧者组成的集体——罗马元老院。又过了60年,整个意大利都被这个优秀者的群体征服。

与此同时,罗马的另一个敌人——古意大利部落萨莫尼特——开始出没于意大利半岛的山区,即罗马与内陆地区之间的山脉的主脉。萨莫尼特部落在占领希腊南部城邦期间深受希腊文明影响。他们的军队由吃苦耐劳的农民组成,这支军队一直是所向无敌的。他们没有像罗马那样坚固的中心城市。萨莫尼特部落中的几支来到坎帕尼亚平原,攻占了伊特拉斯坎人的南部港口卡普亚。在高卢人被赶走后的40年间,萨莫尼特人和罗马人的矛盾越来越尖锐。最后终于爆发了一场激烈的战争,这场战争断断续续,延续了一代人的时间。罗马人几次被打败,其中有一次罗马人不得不在萨莫尼特人的逼迫下列队通过"轭门"①,这是罗马人永难忘怀的耻辱。

---

① 轭门是用由三支长矛架成的拱门,战败一方的士兵通过轭门表示认输。

元老院的才智并不单纯表现在打仗方面，在对外扩张夺取土地方面，他们也表现出非凡的智慧。他们在亚平宁山脉东侧和坎帕尼亚平原建立了罗马驻防地（公元前325年～公元前290年）。以这些驻防地为根据地，他们可以分两路从山两侧同时袭击萨莫尼特人。萨莫尼特人打算与罗马的敌人联合起来共同对付罗马。萨莫尼特军队努力推进到了北方，与高卢人和伊特拉斯坎人联合起来，于是整个意大利中北部都卷进了战争。在台伯河上游与意大利东海岸之间的中部山区的森狄纳姆，敌对双方展开了一场大战，最后，罗马大军打败了联合军（公元前295年）。这次战役决定了此后意大利两千多年的命运，通过这次战役，罗马人占领了意大利中部，并且成了整个半岛的主人。

伊特拉斯坎人的城市不是被罗马军队攻占，就是与罗马讲和。野蛮的高卢人也被彻底击溃，被罗马大军赶回了北方，或逃往东南方向巴尔干半岛。但是，定居的高卢人仍然控制着波河流域。罗马的疆界向北扩展到了亚平宁山以南的阿诺河。经过森狄纳姆之战，南部的萨莫尼特人被彻底打败，在此之前萨莫尼特人坚持抵抗了五年。萨莫尼特人和南意大利的其他主要民族（不包括希腊）全都被迫加入了罗马联盟。至此，北起阿诺河，南至南端的希腊城市，全都处于罗马的统治之下了。

到了这时，在西地中海世界，罗马、希腊和迦太基形成了三足鼎立的局面。希腊本土在亚历山大大帝的继承者的统治下，这些继承者仍试图恢复昔日帝国的辉煌，而罗马人则即将成为意大利的主人。西部世界各希腊殖民地之间的斗争持续了四个世纪之久。南意大利和西西里的各个希腊城市犹如一盘散沙，根本无法统一起来。另外，在与古意大利部落及其他民族的长期斗争中，很多希腊城市已经衰败。幸存下来的希腊城市，在罗马的强有力的扩张面前惶恐不安，他们结成联盟，并试图寻求外部援助。

在南意大利各希腊城市中，最重要的当数塔兰托姆。由于不能从日渐衰落的希腊本土得到有效的援助，塔兰托姆便向埃皮卢斯国王皮洛士求援。埃皮卢斯与意大利南端隔海相望。皮洛士是一位精力充沛、才智超群的国王，他同埃帕米纳达斯及马其顿王腓力一起长大。皮洛士对最先进的战争技术非常熟悉，他除了有色萨利骑兵外，还从东方引进了一种颇具威力的发明，即经过训练的"战象"。皮洛士本人骁勇善战，而且拥有训练有素的步兵方阵，的确是罗马的一支强敌。皮洛士的理想是在西西里和意大利建立西部希腊帝国，如果这个理想得以实现，他就会成为罗马和迦太基的强大对手。

公元前280年，皮洛士刚介入这场战争，便在赫拉克利亚将罗马人打得溃不成军。第二年，他又在奥斯库卢姆打败了罗马人。皮洛士在西西里连战连胜，几乎占领了全岛，只剩下最西端的迦太基殖民地利里贝乌姆，因为迦太基人拥有强大的舰队。正当波洛士建立强大的西部希腊帝国的理想即将实现的时候，失败突然降临到他身上。迦太基舰队只需行驶几小时，便可以到达皮洛士的占领地，为了打败这个强大的对手，迦太基派出舰队协助罗马人攻打皮洛士。当皮洛士派使者去罗马讲和时，迦太基战舰已经开到了台伯河口。罗马的态度强硬，表示在皮洛士占据着意大利土地的情况下，他们拒绝讲和。这时，希腊内部产生了严重分歧——这是希腊人在紧要关头常犯的毛病。皮洛士认识到自己已不可能打败罗马人，便撤出西西里，返回了埃皮卢斯（公元前275年）。

希腊城市一个接一个投降了罗马，他们再没有别的选择，只能加入罗马联盟。建立西部希腊帝国的梦想彻底破灭了。从公元前500年到公元前275年这225年间，罗马这个台伯河畔的小国统治了波河以南的整个意大利半岛。西地中海世界只剩下了罗马和迦太基。在讲述这两大对头以后为争夺西地中海世界霸主地位而发生的武装冲突之前，让我们先了解一下最西端的两个对后世产生了深远影响的民族（塞姆族和印欧族）之间的最后冲突。这场冲突将决定白人种族由谁来统治，决定地球上最先进的文明及现代文明的性质。为了更清楚地了解这场冲突，我们需要对大罗马帝国的性质和文明做一番深入讨论。那些使一个台伯河畔小国成为意大利主人的是罗马的第一代人，有关他们的许多故事一直流传至今，通过这些故事，我们对他们有了更深入的认识和理解。

第二十三章　罗马共和国对意大利的统治　罗马、迦太基之争

图 23.1　古罗马西庇阿时代的精美石棺

这具石棺是从亚平宁大道的贵族墓中发掘出来的。石棺上的精美雕刻明显是希腊艺术家的作品。石棺一侧刻着古拉丁文诗句，是对西庇阿的颂扬。

一、罗马共和国统治初期的意大利

在伟大的元老院这个具有杰出能力和丰富经验的群体领导下，罗马人在众多城邦和国家的基础上建立了新政权。在统治这个国家的过程中，元老院表现出前所未有的杰出才能。

在罗马成为意大利的主人之后，幸存者对于那场拉丁战争仍记忆犹新（公元前338年结束），当时的罗马甚至丢掉了小拉丁姆周围的土地。65年后，这座台伯河上的小城却成了意大利的主人。在伟大的元老院这个具有杰出能力和丰富经验的群体的领导下，罗马人在众多城邦和国家的基础上建立了新政权。假如罗马人只是随心所欲地统治他们的征服地，那么意大利人一定会不满他们的统治，反抗也将会连绵不断。罗马到底是怎样统治整个意大利的呢？

罗马人给所有被征服的城市公民公民权，使他们在商业交往中受罗马帝国的保护，在法律上享有与罗马公民一样的权利，还享有其他社会权利（如异族通婚等）。但这些公民权中不包括选举权。偏僻社区的人并没有认识到选举权的重要，因为若想参加选举，他们必须不辞辛苦地长途跋涉赶到罗马。罗马统治下的城市和社区被称作"盟员"，在商业交往中受罗马庇护，这对"盟员"是很有好处的。他们愿意将军队和外交事务全部交给罗马掌握，自己只管理本地的内政。罗马非常巧妙地将不同的权利赋予不同的城市，而对各城市的约束也有很大的差别，因此绝对不会有两个有完全一样的不满情绪的城市。也就是说，所有被征服的城市找不到共同的理由来反抗罗马的统治。

罗马必须不断夺取大量土地以维持战争开支，为不断增多的公民提供土地。罗马公民只有意大利人口的1/6，他们的土地主要在亚平宁山至地中海之间，即北至凯里、南到卡普亚和库迈这一地区，在亚平宁和亚得里亚海沿岸也拥有一些重要城市。罗马的计划是在盟国的领土上建立罗马驻防地，使罗马人的社区遍布整个意大利。罗马通过这一伟大决策最终夺取并统治了意大利。

虽然从地理上来说，罗马统一了意大利，但如果分析一下人口成分，我们就不难发现，罗马统治下的意大利，远远称不上是一个国家。高卢人仍占据着波河流域，被征服的伊特拉斯坎人则占据着意大利北部的大片土地。中部意大利生活着拉丁部落和古意大利部落，这些部落各有自己的语言，而且各种语言差别很大，各部落之间很难沟通。而且，南部还有希腊城市。可见意大利并没有形成共同的语言，这些语言中有的甚至并不属于印欧语系，这是罗马与希腊的一个很明显的不同。

意大利人不同于希腊人，希腊人拥有荷马史诗等共同的文化遗产，拥有继承于特洛伊战争的共同的历史传统。罗马人建立的只是一个有可能逐步融合成一个民族的意大利合众国。意大利的各民族也没有形成共同的爱国热情，其中有些民族对罗马几乎毫无感情可言。由于各民族使用的语言不同，根本无法相互沟通，因此，各民族一直保持着自己的特点。

未来国家的统一语言将是拉丁语，即统治之城的语言，其地域包括整个意大利，将以罗马为政治中心。但从文明上来说，这个未来的国家完全可以改用另一个名称。因为意大利的文明越来越希腊化了。希腊化城市不断发展，向北一直扩展到坎帕尼亚平原（那里有罗马早期占领的卡普亚城，是意大利的第二大城市）。早在与皮洛士对阵时，罗马士兵就见到了帕埃斯图姆和塔兰托姆的神庙，在这里，罗马士兵生平第一次见到豪华剧场，他们可能还看过希腊戏剧，尽管他们可能听不懂台词。对于强壮的罗马士兵来说，在繁华的希腊城市中宏伟的体育馆里观赏美妙有趣的戏剧本身，就已经是最好的享受了。

在意大利南部，希腊化世界的最西端被罗马人占领了。罗马人很快就发现他们所占领的这个新世界已经有了先进的文明。那些地位显赫的名门望族（如西庇阿家族）若想为家人制作石棺，便会到南方请希腊雕刻师。在此之前，罗马神庙已仿照希腊神庙建成椭圆形了，而不再像伊特拉斯坎人那样建成方形。随着罗马势力的进一步发展和扩张，我们将会看到希腊文明对罗马的更大影响。

受希腊影响最大的是商业和制造业。这个时期，在罗马的希腊商人可以得到罗马的保护。在希腊各城邦被攻陷后，希腊的银币发行量反而大大增加。塔兰托姆城沦陷后不久（公元前268年），铜币已不能满足罗马商业的需要，于是罗马人便像雅典人那样发行银币（见图23.2）。罗马人也像过去的雅典人一样认识到了金钱的重要性，一个主要由商人构成的富人阶层出现了，与雅典的富人阶层相似。罗马虽然也有很多作坊，但它从来没能发展成为大工业中心。

图23.2 古罗马银币

在占领了南部的希腊城市之后，罗马人开始铸造银币（公元前268年）。在大宗生意中已不再使用笨重的阿司。大阿司缩小到原来的1/6。这时，罗马开始发行银币，主要用于大宗买卖。

二、罗马和迦太基的竞争

统一了意大利的罗马,不得不面对隔伊特拉斯坎海同罗马对峙的强大对手——迦太基的商业之王,他们已经将地中海变成了自己的海。罗马元老院不得不认真考虑:如果与这个强大的北非商业帝国交战,取胜的把握有多大呢?

罗马通过传统的农业扩张策略逐步征服了整个意大利。新的商业扩张政策将使罗马卷进新的冲突,这种新冲突将在意大利境外的地中海世界展开。罗马农民的眼界无法超出意大利的海岸线,但罗马商人却把生意做到了海外。从台伯河口出发的罗马商船驶进了地中海的一个三角水域——伊特拉斯坎海。伊特拉斯坎海的西边是科西嘉和撒丁岛,东边是意大利,而南侧则是西西里和北非的迦太基海岸。我们可以在有关地图上清楚地看到罗马和迦太基隔伊特拉斯坎海对峙的局面,双方都想发展自己的商业。

隔伊特拉斯坎海与罗马相对的迦太基是罗马的强大对手。迦太基人是被称作阿拉伯沙漠之舟的顽强的塞姆族商人的后代。塞姆人曾将巴比伦变成古代东方的贸易中心,直到两千多年后,罗马商船才出现。迦太基人的先辈腓尼基人的舰队在地中海上航行时,意大利尚处于石器时代,那里的未开化的野蛮人还在好奇地围观东方商人和他们带来的金属器具。在希腊人进入这片海域之前,罗马还只是台伯河上一个无名的贸易小村,而在那时,西地中海最早的探险者腓尼基商人就已经认识到了非洲海岸向西西里凸出的岬角的重要性。早在百万年前,非洲的某些巨大的热带哺乳动物正是通过这个大陆桥迁移到欧洲的。也正是通过这里,东方的农业和畜牧业传到了晚石器时代的中欧湖村居民那里。现在,这个陆桥虽已淹没在水中了,但东方文明仍然沿着这条古老的通道源源不断地传到欧洲。就在这个地区的最北端,在今天被称作突尼斯的地方,来自东方的迦太基人建起了城市,并且迅速发展成为地中海的商业中心,成为罗马最强大的对手。

优越的地理位置使迦太基人充分抓住了一切发展商业的机会。迦太基的贸易不断向东西方扩展,他们同时占领了东西方的沿岸地区——从东方的希腊边境城市昔兰尼加到西边的大西洋沿岸。迦太基商人还占领了南西班牙,那里有丰富的银矿资源;他们扼守着直布罗陀海峡,垄断了大不列颠的马口铁贸易。迦太基人还不断向海峡两端扩展他们的定居地——一方面沿西班牙海岸向北扩张,另一方面沿大西洋的非洲海岸向南扩张到撒哈拉边缘地带。一个叫汉诺的勇敢的迦太基船长甚至到过非洲的几内亚。

希腊人的抗争使迦太基人不能稳固地占领地中海诸岛屿,迦太基的港口离这些岛屿很近。他们一度占领过西西里岛的大部分,站在迦太基城的房顶上便可以望见西西里岛的最西端。迦太基人不仅在撒丁岛和科西嘉建立了殖民地,而且还在撒丁岛与西班牙之间的巴利阿里岛建起了港口。他们不允许其他城市的船只通过直布罗陀海峡,在这些岛屿的港口停留。任何驶入这片海域的其他城市的船只很快就会被迦太基战舰击毁。

迦太基的强大军事力量依靠它的贸易利润支持,因此有雄厚的经济基础。只要迦太基的贸易保持繁荣,它就有财力供养一支庞大的雇佣军队。迦太基没有农民,也没有罗马的那种召集起来即能投入战斗的公民士兵。虽然他们在南方的突尼斯夺取了大片肥沃土地,但那些商业之王只是在那里建起了美丽的大型庄园,用奴隶为他们耕种,因此,这些庄园中既没有农民,也不能提供任何兵源。

这就是迦太基政府的致命弱点。迦太基的城市统治者从来不信任军队，他们把军队当作异族人看待。军队中的士兵与将领之间互不信任，尽管有些士兵是迦太基人。由于害怕拥兵自重的军队将领谋夺迦太基王位，政府与军队之间出现了很多摩擦。毫无疑问，这是一个国家最致命的弱点。迦太基人虽然也选出了两位法官做他们的首脑，但国家实际上掌握在一群商人贵族手里，这些商人贵族占据了议会中绝大多数席位，这就是希腊人所说的寡头政治。迦太基的商人贵族都很有政治才能，很有活力。正因有他们的领导，迦太基才能发展成为一个强国。当时的任何一个希腊城市都不是它的对手，雅典当然也不例外。

但是，迦太基毕竟是一个东方文明强国。我们可以从他们的艺术品中看到，他们的艺术完全是东方的艺术，几乎看不出希腊文明的影响。只有西西里的迦太基商人受到了希腊人的影响，开始使用银币。迦太基城仍保留着传统的东方商业习惯，使用的是贵重金属条。随着贸易往来的日益频繁，迦太基商人认为有必要使用更便利的交换媒介。他们开始发行并使用皮革币，这就是最早的纸币。皮革币上刻有国家印记，以保证它的价值。在文学方面，迦太基探险家汉诺将他在非洲大西洋沿岸的探险过程记录下来。迦太基政治家玛哥组织了对突尼斯农业区的开发，他写了一篇著名的关于农业的论文，后来被罗马元老院翻译成拉丁文，成了意大利农学著作的一个典范。

迦太基人在日用品制作和城市建筑方面的才能与希腊人不相上下。迦太基的城区宽阔而壮观，面积是罗马的三倍。庞大的码头和长长地伸向大海的防波堤后面停泊着满载着商品的商船。城区向内陆扩散，既有宽阔的广场，也有拥挤繁华的作坊和商业区；有贫穷的手工业工匠居住区，也有富商居住的豪华房屋，还有花团锦簇的热带花园。城市被高大的城墙和要塞护卫着，要攻下这样的城市是非常困难的。城墙外是一望无际的棕榈树和热带植物，这里分布着一些乡村别墅，这是迦太基商业之王住的地方，正是他们指挥了抵抗罗马的战争。

在拉丁战争之前，罗马商人的经营规模还很小，罗马元老院与迦太基人签订了一项条约，条约中划定了双方船只不可跨越的分界线。在萨莫尼特战役中，元老院又与迦太基签订了一项条约（公元前306年），条约规定：罗马船只不得进入西西里的港口，而迦太基船只则不能进入意大利的港口。罗马征服了意大利的希腊城市以后，西西里岛上的希腊人只能独自对付强大的迦太基了。他们以前也曾打败过迦太基人，这时却再也找不到可以联合的力量了，只能无奈地等着被征服。迦太基人不断向东推进，最终占领了整个西西里岛。意大利商人眼巴巴地望着繁荣兴旺的西西里港口，看着迦太基人在那里大赚其钱，自己却不能从中获益，实在难以忍受。这时，罗马人开始认识到，他们虽然统治了意大利，扩张到了半岛最南端，但迦太基的商业之王却已把地中海变成了他们自己的海。

迦太基的目的就是要取得这样一个重要据点，这个据点可以将罗马与亚得里亚海岸港口的联系完全阻断。罗马船只要想驶往那些港口，就必然要经过意大利与西西里之间的墨西拿海峡。迦太基人只要占领了西西里，他们就可以在任何时候轻易地攻占西西里的墨萨拉城，然后扼守着海峡，阻止罗马船只通过。当意大利商人朝南眺望，想象着迦太基战舰终有一天会在墨西拿海峡截断亚得里亚海和意大利西海岸之间的航线时，心中涌起的那种恐惧，我们是可以理解的。

罗马元老院无疑也产生了同样的恐惧。元老院不得不认真掂量：如果与这个强大的北非商业帝国交战，罗马取胜的把握有多大呢？罗马没有海军，以前的罗马军队只能勉强抵挡皮洛士之类的希腊军队。在此之前，罗马一直从农民中征召士兵，这使军队的发展受到了很大限制。现在，很多富家子弟也进入了军队，军队的规模扩大了许多。军饷制的实施使许多农民出身的士兵延长了服役期，因为退伍以后他们只能回去种地。这样，一旦发生战争，罗马可投入的兵力有30多万。而且除罗马公民士兵外，他们还可以从"盟邦"征召士兵，但每支部队中的罗马士兵和"盟邦"士兵在数量上应该大致相当。这使罗马军队的规模扩大了一倍，罗马军队因此而成为地中海世界规模最大的军队。

在武器和战术方面，罗马人开始逐步改进希腊战争艺术。战争初期，罗马人在两军对阵时使用的是长矛。而当真正投入战斗时，他们就会改用短剑，因为在短兵相接时，长矛用起来很不方便（见图23.3）。与此同时，罗马人还对士兵方阵做了改进。此前，士兵方阵是一个庞大的整体，不能分成更小的单位，不能灵活调动。罗马人对方阵作了横向和纵向分割，以增强其灵活机动性。

图23.3 罗马兵团的士兵

这是这个士兵的兄弟为他立的墓碑，上面雕刻着他的全身像。他的武器是长矛和短剑，右手握着长矛，矛尖朝上，右肩挂着有佩带的重剑。他戴着头盔，腰和膝盖之间戴着护甲，左手挽着盾牌。

罗马人将步兵方阵分成了三大部分——前部、中部和后部（见图23.4）。每个部分大约包括六排士兵，三部分之间的间隙很小。前部由年轻力壮的士兵组成，年龄稍大者在中部和后部。当前部出现缺口时，中部的士兵便会迅速补充上去。为了避免在替补时出现整排士兵一拥而上的情况，就有必要把每个部分再分割成更小的单位。这样分成的小方阵约20人长、6人宽，总人数约120人，这种小方阵被称作maniple（支队）。每个冲到前面弥补缺口的小方阵就像橄榄球比赛中的后卫，一旦前面出现漏洞，后卫就会立刻上前补位。但是，方阵的三个部分仍是一个整体，这个整体本身并不能灵活变动，中部和后部永远只能处于"补位"的地位。罗马人似乎并没有认识到，中部和后部也可以像橄榄球比赛中的后卫那样灵活调动，既可以变成前部来攻击另一个方向的敌人，也可以让前排士兵独立作战。一旦罗马人认识到这一点，人类战争史就会掀开崭新的一页。

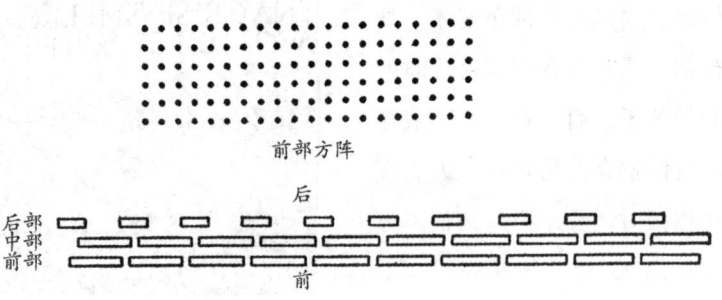

图23.4　分成三部分的士兵方阵图和小方阵

　　从图上可以看出，作为一个整体的希腊士兵方阵被分成前部、中部和后部三个部分，每个部分又被分成更小的单位（支队）。前部和中部的小方阵6人一纵、20人一排。后部小方阵只有前面的小方阵长度的一半。这种士兵方阵不能随意填补可能出现的漏洞，只能由后排替补。

为了便于招募和管理庞大的军队，罗马军队被分成几个军团。每个军团由4500名士兵组成，包括骑兵300人，轻武器兵1200人，军团主要部分是3000人的重武器兵。重武器兵又分成前面介绍的方阵中的三个部分。每个120人的支队（小方阵）又被分成两个百人队，各有60名士兵——这里的"百人队"一词并不代表一百之意。百人队的长官称作"百人长"。百人队和百人长相当于现在的连队和连长。

虽然罗马对军队做了许多改进，但这时的罗马人并没有认识到有长期作战经验的职业指挥官的重要性——这种职业指挥官像希腊军队将领一样以战争为职业。罗马人仍然将军队交给执政官统一指挥，执政官就像今天的总统一样，大都没有军事指挥经验。更可笑的是，执政官还有可能在率兵出征之前突然发现自己的任期已满，而不得不放弃军队指挥权。早在萨莫尼特战役中，这种弊端就暴露出来了，于是罗马人决定在这种关键时刻延长执政官的军事指挥权，这种指挥权得到延长的执政官被称作助理执政官。直到这时，罗马仍没有色诺芬式的职业指挥官，但是军饷制的实施使兵役期限延长了许多，这为罗马培养出了一个具有丰富经验的低级军官群体。

古罗马军队一直以纪律严明而著称，而那时即使希腊军队也有纪律涣散的时候。据说，有一位罗马军官坚持在士兵面前处死了他的儿子，因为他违犯了军纪，与人决斗并将对方杀死。有一位前执政官在接到独裁者的停战命令后自作主张率兵打了一场胜仗。独裁者依据法律以对抗上司命令罪判了他死刑，多亏几位很有影响力的朋友费尽周折才使他免于一死。罗马军队在和平时期集中居住在营房里，这与战争时期的严明纪律是一致的。罗马军队的营房呈正方形，四周筑有围墙，墙上钉有木桩。这可能是从史前的北意大利湖村桩屋变化而来的。

第二十四章 罗马在西地中海的扩张

图 24.1 一块庞贝城壁画残片

图中有一艘罗马战舰,好像正在战斗,左侧有一艘即将沉没的船。船尾两侧有两只舵橹——三千多年前尼罗河上的船只就有这种装置,直到这时舵橹仍没有演变成船舵。虽然罗马人缺乏海战经验,但他们却打败了迦太基人,这主要是因为他们发明了一种装置。这种装置就是装在桅杆上的长吊桥,其末端有抓钩和长钉,遇上敌舰时便将吊桥搭上敌舰,顶端的抓钩和铁钉就会牢牢地钩住对方,然后,罗马人就沿吊桥冲上敌舰。

一、对迦太基的战争——西西里战争(第一次布匿战争)

无论对迦太基人的战争会有什么结果,这场战争都是不可避免的。罗马坚定地迈出了关键的一步,这一步决定了它的未来命运,使罗马第一次在本土之外拥有了领地，成了海上大国。

无论对迦太基人的战争结果如何，罗马人认识到这场战争已是不可避免的了。在墨西拿被叙拉古人围困的时候，一些人向罗马求援，另一些人则求助于迦太基，迦太基迅速出兵攻占了墨西拿城堡，结果墨西拿海峡便落到了迦太基人手中。罗马人在踌躇了很久之后，才做出了一项历史性的决策。一支罗马军队离开了意大利本土，第一次渡海开往墨西拿。罗马与迦太基之间的战争终于爆发了（公元前264年）。

罗马人与叙拉古人结成联盟后，很快便占领了西西里岛东部，但接下来向中西部的推进，却长期没有取得什么进展，这主要是因为他们没有强大的战舰。罗马人借鉴了塞米斯托克利斯的海防计划，决定组建舰队。元老院在促进舰队组建方面发挥了很大作用，在战争爆发后第五年，一支由120只战舰组成的罗马舰队终于建成了，其中包括五排桨大型战舰100艘。

虽然罗马舰队是首次作战，但却在意大利沿海连续赢了两场胜利，战争似乎马上就要结束了。但是，当元老院发现罗马军团在西西里很难取得更大的胜利，便决定出兵非洲，对迦太基本土发起进攻。这次突袭开始时取得了成功，但这时元老院做出了一个愚蠢的决定，召回了一名执政官和大批军队，这使眼看就要得到的胜利化为泡影，留下的那位执政官由于兵力不足而惨败。后来，罗马舰队在海上多次遭遇风暴，其中一支舰队被迦太基人重创，这样罗马人又失去了刚刚夺得的制海权，很长一个时期没有恢复过来。

这场战争断断续续地一年又一年地拖下去。在这期间，迦太基指挥官哈米耳卡尔·巴尔卡经常率舰队骚扰意大利海岸。罗马国库空虚，资源濒临枯竭，幸亏有私人捐助，罗马才又组建起一支舰队。这支舰队由 200 艘五排桨的战舰组成，于公元前 242 年下海。公元前 241 年，迦太基舰队被摧毁，到了这时，迦太基人发现他们已经没有能力再去增援西西里岛上的迦太基军队了。

最后，迦太基人向罗马求和，并接受了罗马提出的苛刻条件。迦太基放弃西西里岛及附近若干岛屿，在 10 年内向罗马支付 3200 塔兰特——约合 350 万美元的战争赔款。公元前 241 年，罗马与迦太基之间的第一次战争，在持续了 23 年后，以罗马获胜结束。

到了战争后期，双方都已心力交瘁了，都对战争艺术有了深刻的认识和理解。罗马坚定地迈出了关键的一步，这一步决定了它的未来命运，它第一次在本土之外拥有了领地，并成了海上大国。这一步一旦迈出后，就再也不能后退了，只有一步一步地走下去。这就像美国占领波多黎各和菲律宾一样，为了取得海外利益，就必然要与别的国家发生冲突，这种利益冲突是无休无止的，只能导致一场又一场的战争。

二、汉尼拔战争（第二次布匿战争）　迦太基毁灭

迦太基人和罗马人之间的这场战争实际上是一场争夺世界的战争，无论谁取得这场战争的最后胜利，都会成为地中海最强大的国家。在这场著名的战争中，战争艺术发展到了一个新的水平。

罗马和迦太基都努力发展自己的实力，罗马以牺牲迦太基的利益来达到这一目的。罗马煽动驻守撒丁岛的迦太基雇佣军发动叛乱，并乘机侵入了撒丁岛和科西嘉岛。尽管迦太基一再抗议，罗马人还是在讲和后不到三年攻占了这两个岛。这样，罗马就拥有了三大岛屿作为

抵御迦太基的基地。几年后，北方波谷的高卢人对意大利发动了侵略，罗马又卷入一场残酷战争。高卢人被打败后，不仅丧失了土地，而且也失去了公民身份。至此，罗马帝国的疆域扩展到了阿尔卑斯山下，阿尔卑斯山以南的整个半岛都落到了罗马人手中。

面对盛气凌人的罗马人，为了弥补被夺去的三大岛屿的损失，迦太基人盯上了西班牙，当时的西班牙居民是西部石器时代晚期欧洲野蛮人的后代。迦太基将军哈米耳卡尔准备开采那里的银矿，并从当地土著居民中招募士兵，创建一支强大军队以对付罗马军队。但是，这个决策还未实施，他便死去了。他的儿子汉尼拔继承了父业。汉尼拔是个天才，他将迦太基在西班牙的领土向北扩张到埃布罗河。汉尼拔在24岁时制订了一个袭击罗马本土的雄心勃勃的计划，这个出人意料的大胆计划有可能摧毁罗马帝国。

当时，罗马人正忙着对付高卢人，没有机会认真考虑迦太基人在西班牙的企图，但它还是与迦太基签订了一项条约，规定迦太基人不得越过埃布罗河。汉尼拔是一位善于冒险、极为果敢的将领，这一规定正好为他在西班牙制造与罗马的边界纠纷（公元前219年）创造了机会。在此后的大战中，汉尼拔充分表现了他的天才，他在战场上东拼西突无人能敌。这场大战可以说是作为一个国家的罗马与汉尼拔的较量，因此，将这场人们所说的第二次布匿战争称作汉尼拔战争似乎更确切。

虽然罗马元老院一再向迦太基首领提出不要使双方的敌对行为公开化，但拥有四万训练有素的军队的汉尼拔早已做好了一切准备，根本不理会这些，他率领军队沿西班牙东海岸向北推进。有几个原因使他决定采取这一行动。他知道，在西西里战役中被摧毁的迦太基舰队已毫无护卫能力，这就使他不能从海上进攻意大利。而且，要将他的六千骑兵从海上运往意大利，所冒的风险太大。另外，在南意大利，他很有可能会受到当地人敌视，而在北意大利则有刚被打败的高卢人，他们正盼望着这样一个机会，对他们的征服者罗马人进行报复。汉尼拔试图通过为他们提供报仇机会，使他们加入他的军队。最后，他还知道罗马的盟友对罗马极为不满，他坚信，只要能在北意大利尽可能快地获得胜利，就可以使罗马的盟友背弃罗马而投靠他，通过战争取得独立，结束罗马人对意大利的统治。当罗马元老院正在盘算如何侵入西班牙和非洲时，却发现汉尼拔已从北方侵入了罗马本土。

在汉尼拔的周密安排下，迦太基避免了与进入西班牙的罗马军队遭遇。罗讷河河宽水深流急，大象和骑兵行进缓慢，还要为避开罗马军队而迂回前进，这都限制了汉尼拔的行军速度，直到深秋，汉尼拔才到达了阿尔卑斯山（公元前218年）。他们有时在暴风雪中挣扎前进，或攀缘在险峻陡峭的山道中，有时因山道太窄，只有凿开岩石，大象才能通过。探身俯视是令人头晕目眩的万丈深渊，抬头仰望是白雪茫茫的山峰，还不时有当地人在上边向他们抛掷石块。这一切使得汉尼拔的军队饥寒交迫，极度疲惫。在崎岖的小道上，哪里需要帮助，这位年轻的迦太基将军就出现在哪里，给战士以鼓励和指导。在他们穿过阿尔卑斯山隘口（可能是塞尼斯山）进入波谷上游地区时，只剩下了三万四千人。

这位英勇无畏的年轻迦太基将军就这样率领这支人数不多的军队闯进了当时最强大的国家。为了抵御汉尼拔，罗马从本国和盟国调集了70万人，罗马可以从这70万人中派出一支又一支大军。由于迦太基人丧失了制海权，汉尼拔根本不可能从本土获得任何援兵。因此只有迅速取得军事上的胜利，才能激发高卢人的复仇希望，从而保证足够的兵源。

汉尼拔与许多希腊人有非常密切的交往，这些希腊人都很了解当时最先进的战略战术。虽然汉尼拔是在亚历山大去世一百多年后侵入意大利的，但他对于亚历山大取得的成就却非常熟悉。当汉尼拔与他的希腊朋友围坐在营帐的篝火边时，那些希腊人一定会给他讲述亚历山大的战斗故事。此外，我们知道，罗马的执政官们虽然拥有军队指挥权，但都是行政官员，他们的军事知识不会比今天的市长们多多少。他们缺乏想象力，思想简单，虽不乏勇气但却只知道与敌人硬拼，因而根本不能与这位年轻勇敢的迦太基天才相比。

通过巧妙地运用他的骑兵（罗马人在这方面相对薄弱），汉尼拔很快在波谷取得了两场胜利。高卢人开始投靠他，尽管他们没有受过专门训练，缺乏纪律约束。这时，汉尼拔还没有接触罗马重点防守的亚平宁半岛防线，因此必须迅速突破，且只能一举成功。在早春时节（公元前217年），汉尼拔历尽千辛万苦，克服重重困难（任何指挥官都会因此而动摇退缩），终于突破了通向亚平宁半岛的罗马要塞。在他们渡过亚努河后，罗马执政官弗拉米尼乌斯竟然不知道这支迦太基军队的行踪，等他知道后，迦太基军队已经推进到了他与罗马之间的地方。在特拉西美诺湖畔，汉尼拔突袭了正在行军的毫无防备的罗马军队，击溃了罗马军团的先头和后续部队，分块瓦解了罗马大军，罗马军队几乎全军覆没，连执政官也被杀死了。距罗马只有几天路程了，汉尼拔原本可以直接对罗马发起攻击，但却没有这么做，因为他们没有必需的攻城器械，而且他的部队人数太少，无力围攻罗马这样的坚固城堡。他的骑兵虽然远比罗马骑兵精良，但并不能用于攻城。因此，他想再夺取一次胜利，使罗马的盟友彻底背叛罗马，与他联合起来进攻罗马城。

汉尼拔率军向东推进，到了亚得里亚海沿岸，他在那里对高卢兵进行了训练,并且得到了骑兵急需的马匹,军队备下了充足的给养。在此危急关头,罗马推举稳健的西庇阿为独裁者,他的对策就是不与迦太基人正面接触,而是抓住一切机会骚扰他们,用这种方法将汉尼拔拖垮(公元前217年~公元前216年)。这一谨慎的游击战政策却不被罗马人理解,人们称西庇阿为逃跑者(cunctator),这顶帽子一直扣在他的头上。公元前216年,罗马选出了新的执政官并催促他马上采取行动,消灭迦太基人。罗马派出一支七万人的大军到意大利半岛的南端,与汉尼拔正面交战。但迦太基人的军事智谋远远高于他们,他们绕道康尼城(公元前216年),切断了罗马的补给线。罗马执政官不得不暂时放弃战斗去准备粮草。

罗马执政官手中有重步兵5.5万,而汉尼拔只有3.2万;汉尼拔只有1万骑兵,而罗马却有6万;双方的轻步兵却相差无几。罗马执政官瓦罗是一个成功的罗马商人,他将重步兵全部集中在中心位置,摆出了一条很短的战线。如果他把战线拉长,凭数量上的优势,他们是有可能围困并击败迦太基军队的。双方都将骑兵分成左右两翼。汉尼拔却没有将重步兵安排在中心位置来对抗罗马的重步兵,而是从非洲重步兵中派出1.2万人,分成两部分,6000人为一队,将他们安排在骑兵两侧。

汉尼拔的训练有素的骑兵击退了罗马军队的左右翼骑兵,然后,汉尼拔将他的骑兵调来攻击罗马的中央部队,这时,罗马人才知道自己完了。一旦认识到这一点,他们就只有撤退和逃跑的份儿了,他们已处于腹背受敌的境地,前面是迦太基的中央主力部队,后面是剽悍的迦太基骑兵,他们只能向两边逃跑。汉尼拔早已料到了这种情况,他迅速下令将其精心布置的陷阱堵死。安排在骑兵两侧的非洲步兵从两侧向前包抄,将5.5万罗马中央部队困住,这样罗马军队就陷入了重重包围之中，大量罗马士兵被杀死。夜幕降临时，罗马军队全军覆没。罗马的执政官、元老、贵族和成千上万的罗马市民都在这场惨烈的战争中丢了性命。罗马陷入了巨大的悲痛之中。在打扫战场时，迦太基人收集了一大桶只有罗马骑士才准许佩戴的代表身份的金戒指，汉尼拔将这些金戒指送回迦太基。直到今天，还经常有人在当年的战场上捡到盔甲残片（见图24.2）。

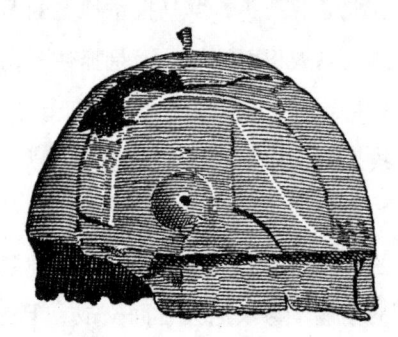

图24.2　在康尼战场上捡到的迦太基头盔

汉尼拔，这位杰出的迦太基年轻人——闪米特族最优秀的将领，在他进入意大利不到两年的时间里，在他未满30周岁的时候，就在四场战役中打败了他的强大对手，彻底消灭了三支与他对阵的军队。现在是罗马的盟友反叛的时候了。几年之内，南意大利诸希腊城邦和西西里的叙拉古人都叛离了罗马，倒向汉尼拔一边，只有几个南部拉丁部落仍坚持反抗他。对罗马而言更糟糕的是，康尼战役刚结束，汉尼拔就向马其顿派出了使者，马其顿国王答应援助在意大利的迦太基人。

在汉尼拔身上，一个政治家所具有的判断力和远见卓识及处理瞬息万变的军事形势的超强能力完美地结合在一起。这使他能打赢每一场战役，能培训新招募的士兵，能保证部队有充足的粮食和强壮的马匹，同时，他还能搞到银两以支付那些极不安分、不易满足的雇佣兵。要做到这一切，既需要有过人的精力，又需要有超凡的远见卓识和细致入微的洞察力。迦太基士兵对于早晨醒来发现身边睡着他们的将领已习以为常。为了拯救迦太基,汉尼拔心中的那团火一直在熊熊燃烧。现在,他所取得的伟大胜利正在使罗马的敌人聚集到他身边,他坚信他一定能为他的祖国除掉最痛恨的对手。

但是,这位热情的天才的对手是罗马意志坚定、有丰富的政治经验、根深蒂固的政治团体和无数罗马人。这是一场争夺世界的战争,无论哪一方赢得了这场战争,都会成为地中海最强大的国家。如果东地中海的亚历山大的后继者们能够认清这场发生在意大利的战争的本质,并且加入反罗马阵营的话,罗马是完全有可能被彻底摧毁的。但是,具有丰富的国际政治经验的罗马元老院非常明智地同希腊人结成了联盟,于是,希腊爆发了反抗马其顿的叛乱,从而有效地牵制了马其顿对汉尼拔的援助。尽管汉尼拔取得了巨大胜利,但在罗马元老院出色稳健的领导下,中部意大利仍忠于罗马。罗马人最后将奴隶和儿童武装起来组成一支军队。正是利用这样一支军队,罗马人逐一地包围和封锁反叛的盟友,再次征服了他们。拥有阿基米德发明的精良设备的叙拉古人也没能逃脱罗马人的围困和占领(公元前212年)。

意大利的第二大城市卡普亚被汉尼拔占领并成了他的军事基地,这时也被罗马人包围和封锁了,汉尼拔想尽一切办法也未能解除罗马人的围困。为了解围,他挥师进攻罗马,他的士兵甚至爬上了这座城市的一个城门,但这座城市几乎是坚不可摧的。双方对峙了不长时间,很多罗马元老一定隔着城墙亲眼看到过这位杰出的迦太基青年的英姿,正是他给意大利造成了强烈的震撼。但是,意大利人拒绝在兵临城下的时候接受和平条件,也没有向他派出使者。他的军队既无力围攻这座最伟大的意大利城市,也搞不到攻城的器械,他不得不无功而返。结果,卡普亚被罗马人收复(公元前211年),并受到了严厉惩罚。

自这件事之后，这位迦太基青年终于领教了罗马自信的威力，在纵横意大利10年后，他开始认识到，如果得不到必要的援助，他的事业是很难取得成功的。他的弟弟哈斯德鲁拔在西班牙招募了一支军队，正在赶往意大利援助他。在意大利的米佗罗河的森蒂纳姆，哈斯德鲁拔的军队被罗马军全部歼灭（公元前207年）。在那些正焦急地等待战斗结果的罗马元老看来，这场战役的胜利意味着意大利得救了，意味着他们的那个差点摧毁罗马的敌人开始走向失败。汉尼拔时刻关注着兄弟的进程，盼望援兵早日到来。但他盼来的却是罗马信使带来的哈斯德鲁拔的头颅，当罗马人把那个头颅抛进迦太基人的帐篷时，汉尼拔的一切希望都破灭了。

在此后的几年中，汉尼拔转战于他在意大利南端占据的最后一块土地。这时，饱经苦难的罗马人将在西班牙的军队交给了一位能力超群的青年将领西庇阿。他将迦太基人全部赶出了西班牙，从而彻底断绝了在意大利的迦太基人的主要后援。西庇阿表现出了优秀军事将领的素质。西庇阿请求元老院派他去非洲攻打迦太基本土，像汉尼拔曾对他们做的那样。

至公元前203年，西庇阿已两次打败迦太基的非洲军队，迦太基不得不紧急召回汉尼拔。至此，他已在意大利驰骋了15年，这场使双方极度疲惫的战争最终要在非洲一决胜负。在迦太基的扎马，最后一场战役打响了（公元前202年）。由于骑兵力量不足，汉尼拔预料，他的两翼骑兵抵挡不住西庇阿的强大骑兵。果然，当罗马骑兵为了追击四处逃散的迦太基骑兵而四散分开时，双方的两翼都失去了骑兵。于是一场出人意料但又是精心策划的军事行动开始了，迦太基人曾运用这种策略打败过罗马军队。汉尼拔将后部防线的两支部队沿相反方向展开，为的是将战线拉长，超过罗马军队，从而形成包围之势。借用橄榄球术语来解释就是，汉尼拔将后卫全部调出来，准备在罗马阵线两端决出这场比赛的胜负。当汉尼拔精心布置的陷阱即将再次使罗马军队陷入其中时，两大帝国都在为自己的命运而颤抖。

但是，罗马军队中有一个拥有与汉尼拔同样智慧的人，他敏锐的眼睛早已看见了迦太基的后防部队调动时扬起的尘土。他清楚地知道这意味着什么，并且迅速安定了军队中出现的恐慌。在康尼战役后，西庇阿就抛弃了罗马的所有传统战术，训练他的前线部队能够在失去后防部队援助的情况下独立作战。这也可以用橄榄球术语来解释，那就是他也学会了在适当时机调动后卫，使前锋在没有后卫策应的情况下单独应战。这位机智勇敢的年轻罗马指挥官立即下达命令，让罗马中央部队的后防部队独立作战。他们的行动像行军操练一样，向左右两边分开，将战线拉得更长。他们迅速进入战斗位置，前沿部队则进入骑兵两侧的位置。当汉尼拔将他的分队调到罗马阵线两端，开始实施围攻时，却发现眼前出现了一道罗马军队的铜墙铁壁，于是，这场战斗就以两条拉得很长的平行线展开了对决。在那位同样优秀的罗马人面前，这位迦太基人的战术失去了威力。当罗马骑兵追赶逃出战场的迦太基骑兵返回时，便将铁蹄踏向了迦太基步兵。汉尼拔只能眼巴巴地看着自己的战线被冲破，直到彻底崩溃。

在这场著名的战争中，我们看到，经过长期发展，战争已从一种毫无组织纪律可言的混战发展成为由经过严格训练的士兵组成的强大方阵，如东方最早的战斗团队对决。后来，在欧洲，继腓力和亚历山大之后，希腊人开始将深层方阵运用到战争中。到了罗马时代，方阵不再是不可分割的整体，他们将方阵分成前后两个战斗单位。而在扎马战役中，西庇阿和汉尼拔又使战争艺术发展到了更高水平，发明了"分队战术"，即以分队为单位调派部队，就像橄榄球教练根据需要灵活调遣后卫一样。

打败了迦太基，罗马成了古代世界最强大的国家。扎马战役结束后，罗马与迦太基签订了一项条约（公元前201年），罗马要求迦太基在50年内支付10万塔兰特（约1100万美元）战争赔款，除三排桨战船外，罗马将所有迦太基战舰据为己有。条约还规定：未经罗马同意，迦太基没有在任何地方发动战争的权力，这使迦太基失去了民族独立性。罗马虽然没有拿走迦太基在非洲的土地，但却使它变成了一个附属国。

图24.3 现在的迦太基港口

这座城市被罗马彻底摧毁了，几乎没有留下任何东西。后来恺撒大帝重建了这座城市，但是，从图中可以看出，连重建的城市幸存至今的也只有很少一部分。现在，对这座城市的考古发掘已经开始，也许能找到有价值的古迦太基文明的遗物。

扎马战役失败后，汉尼拔逃走了。我们所了解到的汉尼拔的伟大战绩都是从他的对手那里得来的，他24岁就开始带兵打仗，在战场上冲杀了20年。他为拯救自己的祖国而勇猛战斗的故事，证明他是历史上最伟大、最有才能的将领之一。他具有狮子般的雄心，具有无比坚定执着的信念，像罗马这样强大的国家也需要倾尽全国兵力才能打垮他。现在罗马强迫迦太基人驱逐汉尼拔，在50岁时，他逃到了东方，他努力鼓动亚历山大的后继者们联合起来共同对抗罗马。

尽管迦太基人需要支付罗马索取的战争赔款，他们的商业还是在持续繁荣和发展着，这充分体现了他们出色的经商才能。同时，罗马这个西地中海的新霸主一直视迦太基为眼中钉，一想到汉尼拔的那次侵略便心惊胆战。一位著名的保守派元老加图认为，迦太基对罗马的威胁依然存在，他曾以这样一句话结束他在贵族院的演说："一定要消灭迦太基。"迦太基人在此后50年中仍自由来往于西地中海，但罗马的铁腕又一次也是最后一次扼住这个城市的脖子。为了打击入侵的努米底亚人，迦太基被迫宣战。这正是罗马人一直等待的，因为这一举动被视为对罗马条约的违背。元老院趁机要求惩治迦太基。经过三年战争（第三次布匿战争），这座美丽的城市被攻克了，并且被彻底摧毁了（公元前146年）。罗马完全占领了迦太基的领土，迦太基成了罗马的非洲行省，这场持续了120年的战争终于以罗马消灭了它的最后一个敌人告终。

伊特拉斯坎、迦太基、希腊和罗马对西地中海的争夺，最后以罗马取得胜利而结束。罗马曾经是台伯河畔的一个不起眼的集市村庄。从种族方面来看，西部的印欧族打败了闪米特族。西地中海完全控制在罗马这个强大的国家手中，就像东地中海曾经控制在马其顿王手中一样。现在，我们要看看罗马是怎样对付东地中海的希腊化世界的。

第二十五章 世界霸主的极盛和衰落

一、罗马在东地中海的扩张

在亚历山大的后继者们相互敌视、相互斗争、相互结盟，不断发动战争的时候，强大的罗马正在西方世界崛起。罗马元老院不能容忍任何一个像迦太基那样的国家出现在地中海地区。罗马的触角伸向了希腊化时期的东方世界，最终征服了亚历山大的三个后继者统治的国家。

公元前 200 年，在亚历山大的后继者们相互敌视、相互斗争、相互结盟，不断发动战争的时候，强大的罗马正在西方世界崛起。罗马的强大及其在地中海的扩张所导致的结果是非常明显的。罗马元老院不会容忍任何一个像迦太基那样的国家出现在地中海地区。罗马这个西方大国的触角伸向了希腊化时代的东方世界，最终征服了亚历山大的三个后继者的国家。现在，我们来了解一下引发第一次冲突的原因。

汉尼拔曾派使者去联合马其顿国王共同对付罗马，马其顿在汉尼拔战争之后的敌对行为全被罗马人看在眼里。马其顿国王腓力的统治和军事指挥才能，很像他 150 年前的祖先——亚历山大的父亲。这位腓力的策略使罗马元老院极为不安：他准备与叙利亚塞琉古国王安条克大帝（安条克三世）签订合作协议，将非洲的埃及瓜分掉。考虑到腓力以前的所作所为，联想到他的这项策略得以实施及势力增强后可能采取的行动，罗马不得不派兵向东侵入马其顿。

希腊城邦当然不会去帮助马其顿人，而安条克正忙着夺取埃及在小亚细亚的领土，无暇也无力援助马其顿。距汉尼拔战争结束还不到一年的时间，腓力发现自己不得不与罗马大军对阵，而且身后没有任何援兵。在腓力的明智指挥下，马其顿军团在一段时间里避免了与罗马军团正面交锋，但到了最后，手握长矛的庞大的马其顿步兵方阵还是与罗马军队对阵了。罗马军团配有在短兵相接中最有威力的短剑，而且分成灵活的小阵，不停地移动，令人头晕眼花，笨拙的马其顿步兵方阵根本不是他们的对手。公元前197年，马其顿军队在希诺斯克法勒战役中惨败，罗马终于使亚历山大大帝的古王国变成了它的附属国。希腊诸城邦作为罗马的盟友也获得了自由。

马其顿之战必然会引发罗马与塞琉古安条克大帝之间的冲突。当时，亚洲波斯帝国的大片土地都控制在塞琉古手里。安条克正努力从战败的腓力那里捞取好处，接收腓力的领地和马其顿属下的希腊诸城邦。同这样一个亚洲强国作战，罗马人并不轻松，而且，从迦太基逃出来的汉尼拔也在希腊，站在安条克一边，可随时为其出谋划策。尽管汉尼拔一再敦促，安条克还是没有抓住时机，最后被罗马军团逼到小亚细亚。在那里，这个西部强国第一次与东方的、由亚洲波斯后继者率领的杂牌军正面交锋。曾在扎马打败汉尼拔的西庇阿也同他的兄弟、另一位西庇阿——执政官和罗马军团指挥官——一起出征，为他出谋划策。东方国家的那些从未受过严格训练的军队在面对由精通最新战术的两位西庇阿指挥的罗马大军时，几乎没有取胜的希望。在马格尼西亚，以罗马为首的西方军队彻底击败了以安条克为首的东方军队（公元前190年），从小亚细亚到哈利斯河都成了罗马的控制区。随后签订的条约规定，安条克不得越过哈利斯河，他的战舰也不得越过这条河的延长线。在12年内（公元前200年～公元前189年），罗马军队已将亚历山大的继承者建立的三大东方帝国中的两个（马其顿和叙利亚）变成了自己的附属国。第三个帝国埃及早就与罗马建立了亲密关系。在罗马军团踏上东方土地三十多年后，埃及心甘情愿地变成了罗马的附属国（公元前168年）。东地中海世界虽然被打败了，但他们给罗马人带来了许多麻烦。东方各国之间的纠纷大都要跑到罗马才能得到解决，于是，罗马取消了马其顿王国，将其变成了罗马的一个行省。同时，罗马以希腊人同情马其顿为由对其进行了残酷的惩罚。很多人被送到意大利做人质，其中仅送往罗马的阿哈伊亚贵族和学者就不少于1000人。尽管如此，阿哈伊亚联盟还是对罗马发动了战争，罗马人再次使用了制服迦太基的方法。公元前146年，继迦太基灭亡之后，科林斯城也被焚毁了。希腊几乎完全失去了自由。也许像雅典这样能给人很多美好回忆的城市的处境稍好一点，但总的来说，那些曾创造过光辉灿烂的文明的希腊诸城邦全都成了罗马的附属国。

　　台伯河畔的这个共和国经过三代人的奋斗后，与迦太基展开了争夺西部世界霸权的斗争。在取得胜利后又与东方为争夺世界霸权而大打出手。这时，参加对迦太基的西西里之战的老兵依然活在世上，焚毁迦太基和科林斯的人就是抵抗汉尼拔的罗马人的孙子。在125年间（从公元前264年始），战争连绵不断，在这一系列战争初期，罗马共和国还只是意大利的主人，不久后（从曾祖父辈到重孙辈），它就已经成了整个文明世界的霸主。

　　罗马元老院在这一系列战争中表现出了非同寻常的能力，现在它已经得到了整个地中海世界，这些领地的总面积相当于整个美国。统治这么大的帝国，并不比大流士管理波斯帝国更容易。我们会看到，罗马元老院在管理新领地方面是失败的。这给罗马造成了致命性的打击，再加上长期战争对意大利造成的破坏，罗马共和国逐渐衰落。现在，让我们来看一看罗马的那些征服地，了解一下长期战争和霸主地位对罗马人和罗马生活的影响。

二、极盛时期的罗马共和政府　罗马文明

罗马成了整个文明世界的霸主，但它在对那些征服地的管理上却是失败的。罗马诗人贺拉斯说过，罗马征服者被希腊文明征服了。最初，罗马毫无管理征服地的经验，就像美国刚进入菲律宾时一样。许多被征服的国家成了罗马的行省，相当于波斯帝国的省。各行省无权组建军队，必须向罗马纳税，服从罗马执政官任命的总督，接受他力不从心、毫无成效的统治。这些措施使罗马行省的情况与意大利本土完全不同。罗马元老院为各行省制定法律，但这些法律并不是强制性的，元老院并不强制各行省的罗马总督遵守这些法律条令。

各行省总督像东方的君主一样拥有近乎无限的权力。他们远离家乡，身边的罗马军队可供他随意调遣。他们掌握着全省的税收大权，可以任意压榨征服地民众，聚敛钱财以维持自己的军队和政府。总督的任期一般为一年，几乎没有政府管理的经验。他们只想在短短的任期内尽可能多地搜刮财富，全不理会辖区内人民的要求，这样的政府只是一个掠夺财富的机构。虽然罗马也认为有必要制定法令约束权力的滥用，并且也确实颁布了相应的法令，但效果却微乎其微。

这种情况很快就对意大利产生了很大影响。罗马的收入大幅度增

加，不再需要向罗马市民征税了。政府和打了胜仗的指挥官获得了大量财富，士兵则在战争中夺得了丰厚的战利品。另外，罗马商人可以自由往来于各行省，还有包税商——他们被允许替国家征收国税并从中大获其利，或得到耕种国家土地的权利。在《新约》中，这些包税商被称作"罪人"，罗马后来的借贷商就是从这些人中产生的。在罗马总督的横征暴敛之下，各行省的公民不得不借贷纳税，借贷商便趁机高利息借出贷款以获取暴利。这些人既是包税商又是借贷商，他们对乡民的剥削比贪婪的总督更残酷。当这些人返回意大利时，便形成了罗马前所未有的富人阶层。

随着购买力的不断增强，罗马日用品出现了供不应求的局面，这促进了进口贸易的发展。从那不勒斯海湾到台伯河口，罗马商船往来不断，罗马的各个港口都停满了商船，船主都是富有的商人。随着钱币流通量的增大，银行业迅速发展起来。早在汉尼拔战争期间，罗马就出现了最早的银行，这就是罗马广场两边的一排排商亭。到了公元前200年以后，具有东方希腊化城市建筑色彩的巴西利卡取代了那些商亭。新兴的富裕阶层聚集在巴西利卡，在那里做金融生意，还在那里成立了一些大公司，或承包征税，或接受政府委托建造道路桥梁和建筑。这些公司开始发售股票，于是最早的证券交易开始出现在罗马广场上。

在各种因素的作用下，罗马发生了巨大变化。随着财富和人口的不断增多，住房已供不应求。租出的房子越多，收到的房租也就越多，于是，地产商便开始兴建高层楼房，当然，古代的所谓高层楼房是无法与现代摩天大楼相比的。同现代人一样，罗马人认识到必须制订限制楼房高度的法律。有的楼房因建筑质量低劣而倒塌了，这种现象在今天的城市建筑中也不罕见。

当某位非洲行省总督归来后建起一幢漂亮的新房子,他的那些仍住在父辈的老房子中的邻居便会自然而然地产生不满足感。那种老房子是用晒干的泥砖砌成的,类似于早期美国人的住房,整座房屋就是一个房间,一切家庭活动都在这间屋子中。一个角落里放着主妇的纺车、凳子和床,另一个角落就是厨房。没有烟囱,烟气从屋顶中央的一个方洞排放,房间被烟气熏得漆黑,因此这种房子被称作"黑中庭"(见图 25.1)。全家人就在这间房子中吃饭、休息,而且这里还是会客、处理生意或公务的地方。

图 25.1 古老的罗马住房——"黑中庭"

  房子前面没有任何装饰。屋顶的方洞既可用于采光,也可以在下雨时使房顶部分的雨水汇集起来流入"中庭"中央的小水池。这座房子后边有一个小花园,这是极为罕见的。后来,罗马人就是在小花园所在的地方修建了希腊式柱廊。

这一时期，有很多罗马人见过希腊城市，他们从卡普亚和那不勒斯的希腊家庭中认识到了什么是舒适、豪华的生活。于是，罗马人在黑中庭两侧隔出了卧室，在房后搭建了一间小屋，作为房主的办公室或密室。没过多久，他们发现这种扩大了的黑中庭仍然有些狭窄，于是又在后边建起一个环绕着廊柱的希腊式庭院，在庭院四周建起了餐厅、书房、起居室和厨房。后来，他们又加了一层，用作卧室和餐厅（见图25.2）。这样，原来的黑中庭就变成了漂亮豪华的大接待室，主人在里面陈列着自己的财富，如雕像、绘画以及从东方掠夺来的艺术品等（见图25.3）。

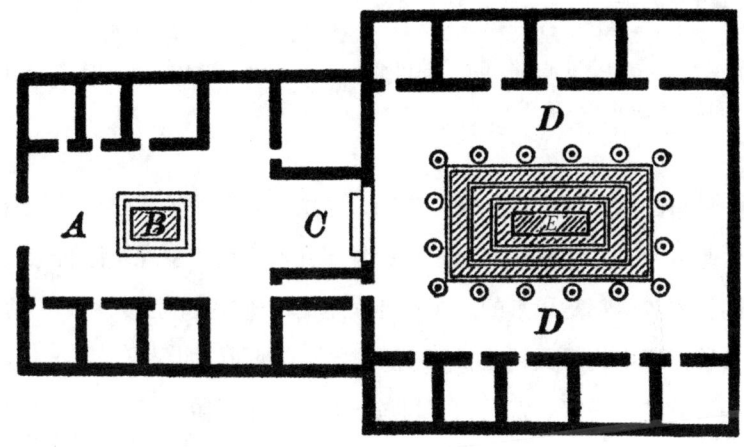

图25.2 希腊式罗马住房平面图

罗马的早期住房只有一个房间（A），房间中央有一个接水池（B）。后来在房后加建了一间小屋（C）作为主人的房间。不久后又在房子两侧建起了卧室。最后，在希腊生活影响下，罗马人又在后边建起了带希腊式柱廊的花园庭院（D）和水井（E）。后来又在庭院两侧建起了餐厅、起居室和卧室。那时的建筑物上还没有窗户，各个房间只能通过开向庭院的门采光。城市房屋还像希腊式的房子那样在前墙上开出一个店铺或一排店铺。庞贝城的房子大都是这种样式。

第二十五章 世界霸主的极盛和衰落

图 25.3　庞贝城的希腊式家庭装饰

　　图中展示的是后来的罗马庭院，即房后的花园。考古学家们发现，庭院中的大理石桌子、大理石雕像、大理石蓄水池仍在原来的位置上，同 1800 年前被火山灰掩埋时的位置一样。这里是家庭生活的中心，可以想象，孩子们就在庭院中嬉闹玩耍，花园中的鲜花和泉水滴答声使这里充满了生机。

　　最早的罗马住房没有任何装饰，家中只有一些生活必需品。一位迦太基驻罗马的领事在罗马家庭中做了几次客后才发现，他们吃饭所用的银器餐碟都是租来的。在对迦太基的战争爆发前不久，一位前执政官曾因家中的银器超过了 10 磅而受到了处罚。而仅仅隔了一代人，某些富有的罗马家庭就已拥有超过一万磅的银制器物了。一位参加对马其顿战争的指挥官返回罗马时竟带回了 250 马车雕像和绘画。一位征服埃托利亚的将军在那里掠夺了五百多件青铜和大理石雕像，而那位毁灭迦太基的将军则使罗马街头到处充斥着希腊雕刻。庞贝城的一个商人竟用表现亚历山大在战场上冲杀情景的罕见彩画做他的壁橱的装饰物，这幅画曾镶嵌在亚历山大城的一座希腊式房屋的地板上。东方的各种最精致的家具、挂毯和地毯都被拿来装饰罗马富豪的住房。

希腊家庭中的所有生活设施都可能迅速被引进罗马家庭，如自来水管道、浴池和卫生设施等。在一些更讲究的家庭中，甚至还安装了暖气管道，这是迄今为止所发现的最早的供暖系统。厨房里放着精美的青铜器具，其豪华程度大大超过了现代普通家庭的厨房（见图25.4）。在举办重大社会活动时，罗马人甚至不惜花大价钱进口山珍海味。买一罐黑海咸鱼要花 75 元 ~ 80 元。保守派元老加图曾在元老院发表演讲，斥责这种奢华生活，他说："世界上再不会有另一个像罗马这样的地方，一罐咸鱼竟然比一头牛还要贵。"

图 25.4　庞贝城厨房中的青铜器皿

　　当考古学家发掘出这个厨房时，那里的厨具仍井然有序地摆放在以前的位置上。图中的器具都标上了字母。如果将这些器具排列起来，逐一说明它们的用途，一定会激起学生们的学习兴趣。

这种奢侈的家庭生活需要有众多的仆人。前门要设专职守门人（被称作 Jonitor，这个词源于拉丁字 janua，意为门）。从前门进入一座房子，可以看到做各种家务的家仆，还有专门侍候主人沐浴的仆人，这些家仆都是奴隶。但普通罗马家庭是请不起厨师的，罗马富人请一位手艺高超的厨师一年要付出 5000 元。

　　虽然从东方引进的各种物质文明对罗马的影响从总体上看是消极的，但毕竟使罗马人以前那种单调、粗糙和马马虎虎的生活得到了改善，罗马人将希腊的能工巧匠制作的一切最美好的东西拿来装饰他们的家庭和元老院大厅。就连在吃晚饭的时候，庞贝城的市民也能坐在那里玩味波斯王大流士战死的壮观景象，但是，罗马却没有能创作出这种美妙绝伦的作品的艺术家。

　　一位到过亚历山大里亚的罗马元老回来后会不由得感叹，虽然罗马拥有最新的楼房，但它的神庙和公共建筑却那么粗糙和破旧，因此，罗马根本称不上繁荣发达，甚至根本没有什么吸引人的地方。他认为亚历山大里亚才是世界上最伟大、最繁荣的城市。他的这番话激发了罗马人的模仿热情，于是罗马开始出现希腊式的建筑（如坐落在罗马广场的巴西利卡）。不久，一座希腊式的剧场建起来了，罗马人还做了一些改进，装上了遮阳篷和类似于现代舞台的大幕，并在乐池中安装了座椅，而这里以前原本是合唱队的位置。

　　在西西里战争即将结束时（公元前 241 年），一个叫彼特罗尼乌斯的少年奴隶被占领塔兰托姆城的罗马人捉住了，后来，他的罗马主人让他恢复了自由。他发现罗马人对希腊文学很感兴趣，于是将《奥德赛》翻译成拉丁文作为罗马儿童的教科书。他还为成年人翻译了许多雅典悲剧和阿提卡悲剧。彼特罗尼乌斯因此而成为历史上第一位进行文学作品翻译的人。通过他的翻译，罗马人的生活开始受到希腊文学的内容和形式的影响。

罗马人对于子女的教育并不重视，这在他们已经成了一种习惯。早期的罗马没有一所学校，但他们有一个古老的习俗，即由父亲负责教育子女。即便后来有了学校，罗马儿童也没有可用作教科书的罗马文学作品，而这时的希腊儿童却已在学习荷马和其他诗人的作品了。出于对法律法规的尊重，罗马家长大多会教子女学习"十二铜表法"，直到他们能够背诵出来，而当时的英语世界的儿童已经在学习"摩西十诫"了。罗马的学校极其简陋，有的学校甚至只是街道的偏僻角落或罗马广场一角的露天场所，条件最好的学校也不过是家庭中的一间空房，根本没有专门的教室。

当罗马的希腊奴隶获得自由、开始创办学校时，罗马人就将子女送进了学校。还有一些家庭有像彼特罗尼乌斯那样受过教育的希腊奴隶，这些奴隶后来就成了家庭教师，教育主人家的子女，教他们学习彼特罗尼乌斯编译的启蒙教材，即拉丁文的荷马史诗。在一个短时期内，罗马涌现出一批优秀的希腊教师。这样，青年贵族就有机会学习修辞和演讲了，这对他们日后担任公职有很大的帮助和实用价值。有些守卫雅典的罗马青年是在那里完成自己的高等教育的。

在罗马占领希腊以后，希腊的物质文明更多地融进了罗马生活。我们知道，曾有1000名阿哈伊亚贵族被作为人质送到罗马，其中有一位有精深文化和文学修养的叫波利比乌斯的希腊政治家。他被送到西庇阿家，后来随西庇阿转战南北，最终以其学识获得了尊重。他亲眼看到了迦太基和科林斯城的灭亡，后来他用希腊文将这段历史记录下来。许多有高深修养的希腊人对西庇阿这种思想较开化的罗马人造成了深刻影响。在波利比乌斯的著作中，记述了他和小西庇阿站在那里，亲眼看到迦太基城在大火中化为灰烬时，那位青年罗马将军竟泪流满面，喃喃念诵着荷马描写特洛伊城被摧毁的著名诗句。

随着罗马人对希腊文学和希腊文明生活越来越熟悉，他们产生了表现自己生活的冲动。事实上，拉丁农民，也有他们自己的朴实诗歌和民谣，但是，当一种更高级的文学传到他们中间时，那些在拉丁姆土地上生长出来的文学之苗很快就枯萎并消失了。因此，我们所说的拉丁文学并没有自己的根，而是在外来文学的基础上发展起来的。正像罗马诗人贺拉斯在他的作品中所说的那样，罗马征服者反倒被希腊文明征服了。

这时，意大利也有了诗人和作家。人们可以读到模仿荷马史诗写成的描述罗马人祖先辉煌业绩的叙事长诗。这些长诗记载了早期罗马的历史，从各种传奇，到罗穆卢斯和瑞穆斯等人的故事，以及早期国王的传说。现在，这些故事已不再被视为历史，但以前却被当作描写早期罗马历史的素材。麦南德的喜剧很受罗马人欢迎，后来，罗马人开始模仿他的作品。拉丁剧作家普劳图斯（约公元前184年去世）和泰兰斯（公元前159年去世）创作的以罗马社会中的各种现象为题材的喜剧获得了很大成功。罗马人在观赏这些喜剧时爆发出一阵阵笑声。舞台艺术的发展促进了剧场的改革和完善，关于这一点，前文已经介绍过了。

随着拉丁新文学的发展，罗马有了越来越多的写在莎草纸上的拉丁作品。后来，出版商开始将奴隶抄写员组织起来，在罗马的偏僻街道上创办了出版作坊。一位征服马其顿的罗马将军将马其顿国王的书籍全部带回了罗马，建起了一家私人图书馆。罗马富人也有了自己的书房。随后，罗马出现了一批图书馆学者，其中就有罗马最杰出的将领。只有那些了解如何根据图书分类井然有序摆放希腊和拉丁作品的人，才能进入这一知识领域。这些人既精通拉丁文，又精通希腊文。

最后，罗马人中分化出两个阶层，即文化阶层和无文化阶层。这两个阶层形成了鲜明对比，而这种差异在早期的农业共和国是不存在的。

三、罗马城市和乡村的堕落

罗马掠夺来的财富和拥有的巨大权力使罗马和意大利走向崩溃。传统的罗马家庭生活中的朴素、纯洁与和睦一去不复返了。罗马人生活奢侈、贿赂成风、强取豪夺、道德沦丧……富人和穷人之间的矛盾越来越尖锐，一场殊死斗争即将展开。

随着希腊文化的传播和各种新的舒适生活方式的出现，很多消极的东西也随之而来。虽然小西庇阿本人非常喜爱希腊的文学和艺术，但当他看到罗马儿童在希腊舞蹈学校里学一些低级下流的舞蹈时，感到十分惊讶，像许多正派人对现今盛行于美国的新舞蹈感到惊讶一样。罗马保守派代表加图对那种新文化以及由此导致的奢侈生活大加指责。作为检察官，他有禁止那些浮华生活方式的权力，他向罗马追求时尚的男女们提出了警告。他和另外一些人提出并通过了一条又一条法令，禁止奢靡之风，如妇女对珠宝首饰的喜爱和炫耀，她们出门时不许再像过去那样抛头露面，而要乘坐马车。然而，这些法令根本挡不住腐化的蔓延。传统的罗马家庭生活的朴素、纯洁与和睦一去不复返了，离婚的人越来越多。罗马传统美德占统治地位的伟大时代已经过去了，尽管在罗马传统美德保障下，罗马的权力仍在继续发展着。

在那些贫穷的、没有文化的阶层中，这种现象表现得更加突出。在他们看来，希腊文明之所以令人向往就是因为希腊物质生活的舒适，绝大多数罗马人都坚持这种观点，他们并没有真正理解希腊文明。科林斯城被摧毁时，波利比乌斯曾见到几个罗马士兵在一幅古希腊名画上掷骰子，他们从墙上扯下这幅名画，铺在地上，就像拿来一块破帆布一样。当一位罗马有识之士试图用一场希腊音乐会慰问罗马士兵时，这些罗马士兵竟然拒绝这场演出，他们冲着乐师大喊大叫，要他们放下乐器进行一场拳击比赛！这一切与伯里克利时代的雅典生活形成了鲜明对照。

罗马领导者不得不通过满足罗马公民的这些爱好以获取选票和支持。罗马贵族们也趁机迎合民众的喜好。早在西西里战争时，罗马人就从伊特拉斯坎人那里引进了一种野蛮习俗，让死囚或奴隶相互格斗，直到一方被杀死为止，以这种方式纪念去世的罗马大人物。这些人后来被称作"斗士"。"斗士"一词源于拉丁语gladius，意思是"剑"。这种血腥表演满足了罗马人寻求刺激的需要。主持葬礼的官员甚至根本不顾葬礼的日程，只是一味延长竞技时间来博取观众的欢心，以此为自己拉选票。

最初，那些野蛮、冷酷的观众只是随意地围成一圈观看角斗（见图25.5），后来罗马人修建了有固定石头座位的专门用于角斗的场所，名为圆形剧场，它很像两个正面相对合建而成的剧场。后来又出现了人与兽的搏斗，在罗马人看来，希腊人喜爱的那种体育竞赛活动似乎太温和了。在希腊的所有体育竞赛项目中只有战车比赛深受罗马人欢迎，罗马人修建了宽阔的跑道，跑道周围砌有观众座位，这种建筑被称作马戏场。

下层罗马人首先走向堕落，他们总在期盼那些公共活动（有时会持续几天）的举行，因为他们在那些日子里可以分享罗马在征服中掠夺来的财物。这些人不事生产，只靠富人无偿提供给他们的食品生活。后来，仅靠私人捐赠显然已不能满足他们的需要了，因此养活他们成

图 25.5 斗剑与野兽

在奥古斯都修建的马塞勒斯剧场中发现的浮雕，它生动地表现了角斗士同野兽搏斗的情景，图中的角斗士身穿短衫，戴着头盔，手挽盾牌，挥舞利剑。左边有一个角斗士露出痛苦表情，他的胳膊被狮子咬伤了。

了国家的责任，由国家定期发给他们谷物。虽然下层民众的这种寄生习惯并不好，但至少不比贿赂更坏。那些渴望做官的候选人以各种形式大肆贿赂。虽然罗马法律明令禁止贿赂，但实际效果却微乎其微。由于只有参加罗马大会的人才有选举权，因此，他们就成了那些千方百计想进入这个统治世界的政府候选人的贿赂对象。

所有这些行为使政治生活费用大大增加。过去，年轻的罗马人可以在他所处的卑微职位上显示他的才干和美德，以此获取社区选票；现在，他必须借钱支付一场长时间的竞技比赛的费用，同时，他还要用更多的钱来贿赂选民。一旦选举获胜，他也没有任何薪俸，还要支付上任后处理各种正常事务的大量费用。罗马政府从来不设任何职员、记账员或会计等今天所说的"公务员"，官员们只能自己出钱请公务员。就连历任罗马执政官也大多是将自己的家改作办公室，同他的助手和会计（大多是希腊人）一起在那里处理事务。

　　罗马政治家谋求职位的目的只是想扩大自己的影响，这有可能使他们当上罗马某富裕行省的总督。如果他们的这个目标实现了，那么无论在选举中欠下多少债，都能在一年的总督任期中偿清，而且还可以成为巨富。因此，执政官的位置通常被当作跳往总督位置的跳板。当退休的总督回到罗马时，他就不再是从前那个过着朴实生活的罗马平民了，而成为享受无尽奢华的国王般的巨富。这些曾在各行省拥有至高无上权力的以谋利为目的的人，在各行省中根本不受罗马法律和共和国体制的制约，拥有国王般的权力，这是罗马共和国的一个巨大的潜在威胁。

　　罗马征服者掠夺来的巨大财富也对意大利乡村产生了很大影响。罗马的元老和贵族认为，从事经营活动，尤其是经商是有失体面的。在他们看来，土地是最有价值的财富，因此那些富有的罗马贵族便大量购买土地，建成大规模的庄园。那些在各行省大肆掠夺的商人也都大量购置地产。罗马北面曾经是伊特拉斯坎人的土地，现在成了罗马富人的庄园，以前的那种小农庄几乎看不到了，整个意大利遍布着一个个大庄园。意大利的小农庄也像希腊的农庄一样逐渐走向消亡。

　　这些有钱的地主根本找不到耕种这么多土地的自由民，而且即便能找得到他们也不会这么做。自汉尼拔战争以来，罗马的征服者将大批迦太基、西班牙、高卢、马其顿、希腊、小亚细亚等地的俘虏带回罗马。这些可怜的俘虏都被卖为奴隶。仅在与意大利一海之隔的亚得里亚海岸，罗马就俘虏了15万人。一个普通劳动力可卖到300元，工匠或有文化的人的价格更高一些，而一个会弹竖琴的年轻姑娘可以卖到1000元。因此通过买卖奴隶可以赚很多钱。我们知道，多数罗马人家中都有奴隶，意大利的各个大庄园则全靠奴隶耕种。

家庭奴隶的工作一般不太辛苦，大庄园中的奴隶过的却是非人的生活。在那里，东地中海的自由民被用烙铁烙上永久性的印记，遭受牲口一样的待遇。夜晚来临时他们被赶进地窖，天刚亮就被赶到地里干活。这片肥沃的意大利土地以前一直由健壮的意大利农夫为自己耕种，现在却是由那些可怜的、毫无希望的奴隶来耕种。当战争不能提供充足的俘虏时，罗马人就从爱琴海和地中海从事奴隶买卖的人那里购买奴隶，海盗们将奴隶运送到提洛岛的奴隶市场上，罗马商人再从那里将他们贩到意大利。

结果意大利和西西里涌进了大量奴隶。奴隶受到的虐待简直无法用语言来表达，很多地方的奴隶起来反抗主人。即使没有奴隶的叛乱，公共安全也是一团糟。在意大利的各条偏僻道路上，奴隶贩子和强盗横行无忌，杀人越货无所不为。无论是居住在乡村的人，还是出门赶路的城里人，都没有安全感。西西里的情况比意大利更糟。在西西里中南部爆发了大规模的奴隶暴动，六万多奴隶聚集起来，他们杀死了庄园主，攻占了城镇，建立了自己的王国。一名罗马执政官亲率大军前去镇压，几年后才消灭了这个王国。

在西西里奴隶暴动期间，各地的那些作为自由民的小农场主也开始焚烧大庄园主的别墅。因此，奴隶暴动是所有乡下低等阶层（无论是奴隶，还是自由民）对有钱的大庄园主的仇恨的集中体现。罗马征服活动带来的财富使富人越来越富，穷人越来越穷，两个阶层的差别越来越大，再也没有共同的生活追求和共同的理想。于是意大利社会分化成了两大阶层，这两大阶层相互敌视，这也是意大利社会的一个巨大隐患。

我们在叙述汉尼拔战争和西庇阿在扎马战役取得胜利的过程中，所看到的似乎只是战争的伟大和由此带来的荣誉。现在我们来分析一下它的负面影响。在历史上,无论战争成果多么辉煌,都不能与人们为它付出的代价相比——包括战争带来的各种负面影响。昔日,无数小农场散布在意大利绿色的山坡和平原上,在那里,罗马家庭幸福地生活着,耕种着自己的土地。在战争摧残下,小农场像秋风中的树叶一样迅速衰落了。意大利南部在汉尼拔战争中荒芜了,土地因无人耕种而慢慢变成了牧场,中部意大利的情况相比之下稍好一点。那些没有受到战争摧残的地方,大多数家庭的父亲和长子要长期离开家乡,在罗马军团服役,为罗马称霸世界转战各地。当他们返回家乡时,大都会感到农场生活单调乏味,因为他们已习惯了海外征战的惊险和刺激,于是他们又离开了农场,重新回到军团,继续那种充满刺激的生活。他们在自己崇敬的将领率领下,到处冲杀劫掠,不再以家庭为念,不再怀念健康的乡土生活。家中的母亲独自带着孩子,看着亲人离开小农场走向战场,农场因而完全荒废。

有的士兵回到生他养他的故乡,却发现原先的那个给了他很多童年记忆的家已不存在了。家人已不知去向,小农场已被卖掉还债,成了罗马富人的庞大庄园的一部分。那些大庄园就像他曾见到的迦太基城周围的庄园一样。他的邻居也不知去向,他们的农场也被富人的大庄园占去了。他站在山顶放眼远望,看到的只有明媚阳光下的一栋栋豪华别墅,别墅中生活着罗马贵族,过去的小农场都成了他们的财产。他无奈地诅咒财富——这就是财富带给他的一切。然后,他就成了罗马城的流浪汉,从政府那里领取口粮,天天盼望着观赏角斗和马戏,加入了罗马贫困者行列。

有的退役士兵找到了自己的家人,发现自己的小农场仍在,于是便留在家乡过上了像父辈那样的耕种土地的生活。因为那些大庄园的田地是由奴隶耕种的,所以它们种出的谷物售价很低。当他辛勤劳作了一年卖掉粮食时,却连家人最基本的生活都无法保障。同时,罗马市场上有从西西里、非洲和埃及等地低价进口的大量谷物。这些谷物的价格很低(有时政府还无偿发放),他根本无法与之抗衡,于是他慢慢地陷入了经济困境,不得不去借款,债务不断增加,最后只能卖掉自己的小农场。于是,他也去了罗马,加入了无家可归者的队伍,仅靠政府微薄的救济品维生。

强健的农民一度是罗马公民的主体,罗马曾经从这些自由民中招募过庞大军队,而且正是这支军队为罗马夺得了现在的权力。罗马元老院正是依靠这支军队建立了世界帝国。但是,现在自由民的数量越来越少。马其顿战争之后的几次人口调查显示,共和国中的意大利公民数量在迅速减少。与此同时,意大利的那些罗马盟友的不满情绪日益高涨,因为他们还没有真正拥有公民身份,他们看到这个世界帝国政府掌握在越来越腐败的元老院和少数丧失了人性的罗马公民手里,他们要求分享罗马帝国的权力,因为他们的士兵也为帝国做了很大贡献。

罗马作为世界霸主,被它所掠夺的财富和拥有的权力推向崩溃边缘。在意大利之外的罗马帝国领土上,尤其在文明的希腊,也像意大利一样,希腊已经不存在农民了。罗马的包税商和总督仍在各行省大肆盘剥,爱琴海的海盗仍在横行无忌地绑架和贩卖奴隶,但共和国无论对那些合法的强盗,还是对那些非法的海盗都无力约束,或不愿约束。这一切都会导致罗马帝国商业和农业的衰落,并最终导致它的毁灭。

希腊化世界也出现了衰退迹象。在亚历山大里亚,那些曾经是伟大的科学基地的辉煌建筑,现在只能使人们记起托勒密王曾经有过的伟大理想和追求。没有政府的支持,科学家和哲学家就失去了维持生活的薪金和退休金,也就不存在什么科学家了。因此我们可以说,希腊化时代的科学主要是以国王的财富为基础的,而不是希腊思想。哲学家只为追求智慧,不需任何外来物质支持而独立研究的时代已过去了。

地中海不仅是东部希腊文明的故乡,而且是西部罗马文明的故乡,但是,罗马元老院却不能从这两大文明中汲取营养为帝国建立一个健全的政府——一个类似于大流士的波斯政府的政府,这将使整个地中海世界的文明走向崩溃的边缘。在阿尔卑斯山的另一侧,北方的欧洲蛮族早在远古时期就试图越过阿尔卑斯山南下,一旦这些蛮族越过这道天然屏障,他们就会将东方人、希腊人和罗马人三千年来在地中海地区创造的文明毁掉。罗马帝国能不能避免这种灾难呢?他们能保住地中海文明吗?

罗马是一个城邦共和国,我们已经看到,城邦在艺术、文学、科学和思想等方面创造出了许多优秀文明成果。希腊的城邦政府虽然存在着许多弊端,但却有很强的生命力。城邦政府根本不适合统治一个大国或帝国,事实证明,罗马共和国的城邦政府也由于其体制上的局限,表现出了在管理广大的地中海世界方面的无能,虽然它也做出了努力。罗马是否能够真正成为一个大帝国,通过建立一种相应的政府机构,更有效地统治地中海世界的不同国家和民族?它能不能像东方帝国曾做过的那样,对一个比西亚和埃及加起来还要大的世界实施有效的统治?

我们现在所讨论的是这样一个关键历史时期,这是从罗马摧毁迦太基和科林斯城开始(公元前146年),希腊化世界的文明日益衰退的时期。在罗马内部,富人与穷人之间的矛盾越来越尖锐,随时都会爆发殊死斗争。虽然内部矛盾极其尖锐,但他们还是努力协调起来去治理地中海世界。同时,他们还要时刻防备北方蛮族的入侵。尽管罗马人面临着各种各样的困难,它还是学会了统治帝国的基本策略,并且守住了北方边疆,将北方蛮族拒于阿尔卑斯山之外,使得人类以数世纪之久的缓慢进步获得的文明保存下来。这个文明因而成了我们的传统,对此,我们将在最后几章中加以探讨。

图 25.6　罗马图书馆的一角
　　书籍都被卷成筒状,这些书卷被码放在书架搁板上,就像卷起的海报一样。书卷朝外的一端贴有标签,上面标着书名。图书管理员可以很容易地找到要找的书,也可以很快将其放回原来的位置,这大大减少了管理员的工作量。

第二十六章 百年革命 共和国的灭亡

图 26.1 参与刺杀恺撒的布鲁图斯发行的银币

正面有布鲁图斯的头像以及他的名字和头衔——凯旋将军。背面有两把匕首,为的是让人记住他刺杀恺撒的功绩,匕首中间有一项自由帽,表示他的刺杀使罗马人得到了自由。为了使人更清楚图案的意思,图案下面标有 EID MAR——3 月 15 日,即刺杀恺撒的日子。

一、由土地引发的矛盾 元老院与贫民的对立

罗马农民出生入死的战斗换来的却是失去自己的土地。他们提出依据公平原则重新分配土地,作为既得利益者的元老院和贵族当然不肯这么做,于是,一系列流血事件爆发了……

我们来回忆一下前面提到的问题，那些问题都是应该迅速解决的。在当时的意大利，最重要最急迫的问题是罗马农民的危险处境，应该增加他们的人口数量，并使他们得到土地。罗马面临的另一严峻的问题是它的意大利盟友的不满情绪，他们一直没有得到选举权，无权担任任何公职。另外，意大利以外也存在很多问题，主要有两方面：其一，需要对各行省的政府进行彻底改革，建立一套切实有效的管理体系来统治广大海外领地；其二是边防问题，应该加强对那些威胁地中海世界及文明的北方蛮族的防御，防止发生史前希腊人摧毁爱琴海文明那样的悲剧。

自萨莫尼特战争以来，一直掌握着罗马政府的元老院就面临着这么多难以解决却又必须解决的问题。像希腊城邦的寡头政治一样，这时的元老院成了一个由贵族组成的寡头政治集团。元老院所拥有的至高无上的权力没有任何法律依据，他们之所以能控制国家，只是凭担任过执政官或别的高级官员所形成的影响和获得的声誉。真正有权控制罗马政府的其实应该是罗马人民。在人民聚集起来召开罗马大会时，从来没有通过任何选举或法律授予元老院这些权力。

对于意大利农民提出的合理要求，元老院的贵族们置若罔闻。早在汉尼拔战争之前，人们就已认识到必须重新分配土地。在勇敢的弗拉米尼乌斯的领导下（后来他出任执政官，在特拉美西诺湖畔遭汉尼拔袭击战死），罗马大会出台了一项法令，这项法令对元老院提出了挑战。法令要求元老或他们的贵族朋友交出所占有的公共土地，重新进行分配。弗拉米尼乌斯因此而为元老院忌恨，后来人们称他为带领贫民同贵族做斗争的领袖。他鼓励贫民去争取权力，并着手制订让不安分的无知平民掌握政府权力的冒险政策。在汉尼拔战争期间，贵族与平民之间的矛盾有所缓和。战争结束后，一位叫卢契尼乌斯的保民官为了贫民利益，成功地让罗马大会通过了一项法令，这项法令禁止任何公民掌握500亩以上土地，拥有的牛不得多于100头，羊不得多于500只。然而，元老院却使卢契尼乌斯的法令变成了一纸空文。

征服意大利之后，罗马只得到了半个半岛。现在，它若想增加耕地面积，只有从意大利盟友那里夺取土地。在毁灭迦太基和科林斯城之前的10年间，罗马共和国夺得了最后一块领地。现在，唯一能使无地农民得到土地的办法就是合理有效地实施卢契尼乌斯的法律，将属于国家的公共土地，即美国所称的"政府土地"分给农民。但过了一辈又一辈，这些土地仍以各种形式为贵族所占有。有时，某一位贵族的某块地产很难搞清究竟是他的私有财产，还是他占有的公共土地。由此我们可以想象，元老院所代表的大地主阶层抵制重新公平分配公共土地的决心多么大。

在弗拉米尼乌斯之后，平民一直没有找到真正有才能的领袖。后来，一位叫提比略·格拉古的贵族成了平民领袖，他希望通过改善农民处境来挽救意大利。他是一位具有奉献精神的爱国者，是扎马战役中的英雄大西庇阿的孙子，他的妹妹后来嫁给了小西庇阿。作为公民选举的保民官（公元前133年），他经常对平民发表充满激情的美妙演讲，让他们了解他们受了多么不公正的待遇："在意大利土地上的所有野兽都有栖身的洞穴，它们可以在那里筑巢做窝，而你们为意大利殊死奋战，得到的却只有空气和阳光，这就是你们得到的唯一财富。你们失去了栖身之所，只能携妇将雏到处漂泊……你们的殊死战斗使别人得到了财富和奢华。你们本应是世界的主人，但却连一块属于自己的土地都没有得到。"

提比略·格拉古向罗马大会提交了一份重新分配土地、保护农民利益的法令。这个法令带有中庸政治色彩，与卢契尼乌斯的法令差不多。他们在意大利所做的这一切都是梭伦在阿提卡曾做过的,而且可以肯定,这个法令比梭伦的法律温和得多。在一场与正常法律程序无关的悲剧发生之后,这个法令终于获得了实施(公元前132年)。为加强这项法令的实行,格拉古决心赢得下一场选举,以连任保民官。在投票之前,他被从元老院大厅冲出来向他和他的支持者发起攻击的暴徒打死。这场流血事件拉开了百年革命或内战的序幕(公元前133年~公元前31年),这场战争将罗马共和国推向灭亡。

提比略·格拉古死后10年,他的弟弟盖约当上了保民官(公元前123年)。盖约不仅为没有土地的农民而斗争,而且还将自己的目标确定为挑战和削弱元老院的权力。他将元老院的敌人聚集起来,于是,那些不在元老院的大商人和大金融家都聚集到他身边。这些人有充足的财力可以买马和养马,可以作为骑兵参战。因此,他们被称作骑士,这一群体则被称为骑士阶层。盖约为他们争得了在亚洲征税的权利,因而得到了他们的支持。为了扩大骑士阶层的权力,他还成立了专门惩罚元老院委派到各行省的贪官污吏的骑士法庭。同时,他还提议给意大利盟友渴望得到的公民身份——这个提议不仅惹恼了元老院,而且也遭到了人民的反对。他的种种努力最终以引发一场暴乱而结束,盖约本人也像他的哥哥一样在暴乱中丢了性命(公元前121年)。

二、权力的集中　马略和苏拉的统治

现在,人们期望得到的不再是保民官之类的领袖,而是一位军事领袖。人民的利益不再依赖那些通过选举产生的行政官员,而是军事力量和掌握军事力量的指挥官。

格拉古兄弟的改革最主要的缺陷在于完全依靠选民的支持，而那些参加公民大会选举的选民是很不稳定的。而且，要在每场选举中都引起选民的关注并获得他们的支持，也是很难做到的。在格拉古兄弟改革期间，由于农事缠身，罗马城外的农民没有时间进城参加选举，尽管他们是格拉古法律的直接受益者。弗拉米尼乌斯及格拉古兄弟等人的努力使人民认识到他们需要领袖，这使国家权力集中到了一个人手里。现在，人们期望得到的不再是一位保民官之类的领袖（如格拉古兄弟），而是一位军事领袖。

　　同时，元老院的腐化堕落和对民众疾苦的不关心使人民得到了许多夺取权力的机会。元老院对海外征服地的无能统治是有目共睹的。在罗马对北非努米迪亚大帝国的战争中，努米迪亚国王尤古尔塔非常了解罗马人的弱点。他通过收买罗马执政官使罗马军队屡屡受挫。这场战争拖了很长时间，罗马人民极为愤怒。尽管元老院委任的指挥官米泰利乌斯为人正直而有才干，并且最终打败了尤尔古塔，但罗马大会还是通过了一项法律，任命自己的将军代替了米泰利乌斯。人民获得了对外事务的决策权和管理权，最重要的是同时接管了军队。人民的利益不再依赖那些选举出来的任期短暂的行政官员，而是依赖掌握军事力量和具有统率军队才能的指挥官，指挥官的任期是不定的。

　　人民信赖的将领马略出身于平民，原是一个卑微的农民，后来成了骁勇善战的将军。由于元老院的腐败无能，对尤古尔塔的战争持续了六年之久，而在马略领导下，战争很快就结束了。当他获胜的消息传到罗马时，尽管他还没有回来，罗马人民还是选举他连任执政官。公元前104年，马略返回罗马，被俘的努米迪亚国王被锁链锁着游行示众。这时，两大日耳曼野蛮部落——辛布里和条顿——同高卢人结成联盟大举南进，冲破了罗马的北方边界。在高卢的边界地区，六支罗马军队先后被打败。罗马军团的威力似乎已完全丧失了。罗马陷入一片恐慌之中,在此危急关头,人民再次选举马略为执政官,亲率部队抗击那些野蛮的北方侵略者。在高卢南部,这位人民英雄与条顿人交战,不仅击溃了条顿,而且摧毁了日耳曼主力部队(公元前102年)。后来,辛布里人翻过阿尔卑斯山,来到了波谷,马略又亲率部队迎敌,将其击退。

马略不仅骁勇善战,而且是一个优秀的组织者。他对罗马军队的改革在军事史和罗马政治史中都具有划时代的意义。为了保证军团有充足的兵源,他彻底废除了只有拥有财产的罗马公民才能进军队服役的旧传统,让一无所有的贫民进入了军队,这些人很快就变成了职业士兵。罗马军队也像昔日的希腊军队一样,发生了巨大变化,公民士兵时代过去了。经过连绵不断的长期战争,许多罗马公民被锻炼成了有丰富战斗经验的职业士兵。马略的军队在一定程度上成了一支专业化军队,虽然每个罗马公民仍有入伍服役的法定义务,但远不如以前要求得那么严格了。

那些长期服役,经常参加战斗的青年士兵可以受到良好的训练,并且积累了大量实战经验,他们能完成很多由短期服役的公民士兵组成的军团不能完成的军事行动。马略确立了新的军事建制,军团规模从4.5万人扩充到6万人。他还将每6000人的部队分成10个分队,每个分队600人,这种分队叫"步兵队","步兵队"是阵形变换的基本单位。战争成败的关键就在于这个基本单位。这些"步兵队"训练有素、充满自信,只要接到命令,便可以迅速进入战斗位置。"步兵队"的创建和运用将古代战争艺术推向了辉煌的顶峰。

尽管马略能征善战,又有组织天才,但他并不是一个成熟的政治家。他出身于平民,仍带有罗马农民的粗鄙本性。他憎恨罗马贵族,但却不知道如何对付他们,也不知道如何驾驭那些赋予他指挥罗马军团权力的平民。公元前100年,在第六次担任执政官时,他与平民党领导人之间的矛盾已经不可调和了。他们采取了极端行动,有两个领袖在暴乱中丧生。温和派越来越不符合民众的要求,元老院再次占了上风。在无可奈何之下,马略下台了,但他的领导已经使人民认识到:平民要想压制元老院,只能依靠一位杰出的军事领袖的领导。这位领袖可以不熟悉法律,可以没有高超的政治统治手段,但一定要具备非凡的军事领导才能。

随着意大利盟友的不满越来越强烈,元老院与平民之间的斗争也越来越复杂。那些意大利盟友也同罗马一样,它们也为征服大军提供了大量士兵,但它们却根本无缘染指那些被征服的土地和掠夺来的巨大财富。古代那种赋予意大利领地公民权的开明政策早已废止,它使人们回想起伯里克利时代后期的雅典。各个意大利社区在未统一成一个国家之前,就已卷进了一系列旷日持久的对外战争。战争使罗马获得了大片征服地,也导致了元老院腐败,罗马统治阶层的心胸也因此而变得越来越狭隘。罗马因突如其来的权力和财富而变得傲慢自大,根本不将意大利其他盟友的感情放在眼里。意大利半岛仍处于分裂状态,罗马负有统一意大利的责任。

幸运的是,某些罗马领导人认识到了统一的必要,他们打算赋予意大利盟友公民权。富裕、无私、受人尊敬的贵族德鲁苏斯就是这样一位政治家,他当选为护民官后,试图逐步赋予意大利盟友选举权。但他遇到了极大的阻力。最后,这位罗马政治家在大街上被刺杀了(公元前91年)。反对德鲁苏斯的人并不只是元老院,罗马的普通公民也害怕失去自己所享有的特权,骑士阶层的富人也不愿将自己进行海外掠夺的权利与盟友分享。意大利盟友很快就认识到,想要从罗马得到他们的权利是毫无希望的。德鲁苏斯被刺杀后，中南部的主要意大利盟友发动了暴乱，建立了自己的政府和国家，定都于中部的一个城镇，并以一个形象的名称"意大利加"作为国名（公元前90年）。

在这场战争（史称社会战争，公元前90年~公元前88年）初期，罗马军队几乎全部被消灭。虽然罗马后来摆脱了这一困境，但各意大利盟友的联合力量是非常强大的。面对这种严峻形势，罗马政治家采取了分化策略，分别授予盟友公民权。这样，意大利盟友的联合被拆散了，各社区又加入了罗马帝国。那些偏远地区的公民要想参加选举或各种政府活动，需要长途跋涉来到罗马。这是非常荒唐的，这再次说明了古代城邦国家无力组建管理大国的政府机构，更不要说治理世界帝国了。但不管怎么说，无论从政府方面还是从语言方面来看，意大利都在走向统一。

在小亚细亚，另一场危险的战争即将爆发。罗马元老院的元老和富人阶层在这一地区都有自己的利益，因此他们努力阻止战争爆发，即使战争爆发也想尽快结束战争。马略以前的部下——一位战功累累的军官苏拉在对意大利盟友的战争结束后被选为执政官。元老院任命苏拉管理小亚细亚。但平民领袖却不承认元老院的委派，在对尤塔尔古的战争期间，公民大会通过了一项法律，决定由马略去处理即将爆发的小亚细亚战争。但是，当时马略手中没有兵马，所有罗马军队都在苏拉指挥下对盟友作战。苏拉无视人民大会通过的法律，率军开进了罗马，在罗马执政官批准下以武力占领了罗马。现在，元老院开始用军队表达他们的意志了，像以前的罗马大会一样。苏拉制定了一条新法令，规定罗马大会对任何决策进行投票，都要事先经过元老院的批准。在打破了平民通过法律对抗元老院的意图后，苏拉率领军队开进了小亚细亚。

元老院虽然获得了这场斗争的胜利，但在苏拉和罗马军团离去后，不愿屈服的人民又发起了暴动。战斗在罗马的大街小巷展开。元老院的军队在广场上遇到手握棍棒的新公民的围攻，被打死打伤者不下百人。在这场暴动中，逃亡到非洲的马略率领他的骑兵回到了罗马。他联合平民领袖攻占了罗马，对元老院进行了血腥屠杀。现在，杀死提比略·格拉古的元老院得到了报应。马略第七次被选为执政官，但他没过几天便逝世了（公元前86年）。在苏拉返回罗马之前，罗马一直在人民统治之下。

苏拉之所以率军远征小亚细亚，是因为蓬土斯出现了一位年轻的国王——天资聪慧的米特拉达特。蓬土斯的快速发展主要得益于罗马对东方的无能统治，蓬土斯很快扩张到小亚细亚的大部分地区。在罗马的统治下，希腊各城邦的不满情绪日益高涨，米特拉达特说服小亚细亚的希腊城邦和部分希腊的城邦联合起来共同反抗罗马。他甚至得到了受罗马压迫最轻的雅典的支持。就这样，本来忙于内战的罗马军队又有了一个突如其来的东方大敌，这个敌人同迦太基一样危险。苏拉围困雅典城，收复了欧洲的希腊城邦，将米特拉达特赶回了亚洲。苏拉迅速结束了对米特拉达特的战争。他向小亚细亚的希腊城邦索取两万塔兰同巨额赔款，要求它们保护罗马借贷商的利益，剿灭东方的海盗。做完这一切后，苏拉返回了罗马。

在返回罗马的路上，苏拉率领的罗马军队击退了平民军的多次堵截，最后逼近罗马城。苏拉尾随平民军队进入罗马城，没有经过任何法律程序，就取得了统治国家的大权。苏拉依靠他掌握的军队当上了执政官（公元前82年），而且他的权力大于以往任何一任执政官。他上台后做的第一件事就是屠杀平民党领袖，将他们的财产充公。马略制造的恐怖气氛还没有散去，罗马城又一次陷入了恐怖之中。苏拉的野蛮行为导致的仇恨成了以后频繁发生暴力的根源,对国家安全造成了很大威胁。

苏拉制定了一套新法律,这些法律完全剥夺了平民大会和护民官的权力,将国家领导权完全交给了元老院,根本无视元老院在统治帝国方面所表现出来的无能。虽然苏拉也进行了一些改革,但都没有多大意义,他将统治国家的最高权力交给元老院是最大的失策。苏拉的个人品格是十分高尚的,他并不想独占国家主人的位置,在他的立法有了一定的成果后,他便交出了权力,退职隐居了(公元前79年)。

三、共和国的衰落　庞培和恺撒的事业

恺撒将古代战争艺术推向了顶峰。在打败昔日的政治盟友庞培后,他成了第一位事实上的皇帝。他的遇刺身亡使他征服从印度到大西洋广大地区、建立庞大帝国的计划落空了。

苏拉在引退一年后逝世。在他死后,人民群众强烈要求废除他制定的那些可恶的法律,那些法律是束缚公民和护民官的锁链。为了实现这个目的,人民认为他们必须有一位自己的军事领袖。在元老院依据苏拉的法律统治了九年以后,平民领袖终于找到了他们需要的军事指挥官——庞培。庞培曾是苏拉手下的军官,前不久,他被元老院派往西班牙,在那里打败了一个马略的支持者,这使他赢得了很大的声望。他支持废除苏拉的法律,因此平民选举他为执政官(公元前70年),上台后,他履行了自己的诺言。在平民拥戴下,庞培成了地位显赫的军事指挥官。

由于元老院在海防上的不力,西西里的海盗肆意横行于地中海。

那些海盗甚至闯到台伯河口烧杀劫掠，在距罗马仅几英里的阿皮亚古道上劫持罗马官员，抢劫从埃及和非洲运往罗马的粮食。公元前67年，平民大会通过了一项法令，将距海岸50英里以外地中海的最高指挥权授予庞培。他拥有200艘战舰，并且有权在必要时随意扩建自己的军队。从来没有哪个罗马军事指挥官拥有这么大的非行政权力。

仅用了40天时间，庞培就彻底扫除了西地中海的海盗。接下来，他率舰队东征，在进入爱琴海后不到七个星期就彻底剿灭了西里西亚海的海盗，焚烧了他们的码头，拔除了他们的据点。第二年，他获得了领兵征服米特拉达特的权力，这时，一位杰出的将领卢库卢斯已经在战争中取得了很大的胜利。在卢库卢斯即将打败米特拉达特，摧毁蒂那尼斯的亚美尼亚王国时，庞培轻松地打败了米特拉达特。他消灭了残存的塞琉古王国，使叙利亚变成了罗马的行省。他还夺取了耶路撒冷，将犹太人归于罗马统治之下。在返回罗马之前，他率领军团一直推进到幼发拉底河，几乎到达里海。自马其顿以后，东方再没有经历过这么强大的征服（公元前67年～公元前62年）。在一般人的心目中，转战于东方大地的庞培很像亚历山大再世。

与此同时，在罗马出现了另一位新英雄，他就是马略的侄子恺撒。恺撒生于公元前100年，在庞培任执政官时，他只有三十岁。他坚决抵制苏拉的法律，支持庞培当选为执政官。他继承了马略的事业，通过演讲为自己赢得了名声，很快从平民领袖中脱颖而出。废除苏拉的法律和没收苏拉财产所激发出来的仇恨造就了大批心怀不满、试图复仇的人，这些人是恺撒的主要追随者。恺撒还有一位叫喀提林的政治伙伴，这个人也有一大批声名狼藉的追随者，不过恺撒仍然支持他和另一位朋友竞选执政官。

由于恺撒受到了怀疑，再加上喀提林的名声不佳，喀提林竞选失败，西塞罗当选为执政官。西塞罗虽然资历不深，但却是杰出的演说家和天才学者。他的理想是通过培养一个处于元老院和平民之间的中间阶层，重建古老的罗马共和国。喀提林负债累累，又在选举中失败，几乎完全绝望了。他的追随者是心怀怨恨的破产者、失去土地的农民、苏拉过去的老兵、奴隶和意大利的所有无赖。这些人都想寻找机会消除自己的债务，使自己的处境得到改善。西塞罗挫败了他们通过暴动夺取政权的企图，喀提林在带领一群乌合之众发起暴动时被打死。对喀提林暴动的成功镇压使西塞罗的权力和影响大大增强，并且在任执政官期间（公元前63年）取得了很大成就。而恺撒则受到了怀疑，他被怀疑参与策划了喀提林的暴动，这种怀疑并不是空穴来风。他的政治生涯因此而出现了严重的倒退。

就在这时，伟大的东方征服者庞培战胜归来了。他没有凭借他的军队去夺取政治地位和权力，而是主动放弃了军队指挥权，但他仍需要通过政治影响使元老院兑现它的两个承诺——支持他对小亚细亚的安排和赠予他的军队土地。过了两年，元老院一再拒绝庞培的要求。这时，恺撒站出来支持庞培，另一位富有的罗马贵族克拉苏也支持他们。他们的策略是：支持恺撒竞选执政官，如果当选成功，必须满足庞培的两个要求。三位伟大人物的秘密结盟（史称三头联盟）使他们完全控制了政治局势。恺撒于公元前59年当选为执政官。

当选执政官只是恺撒心中的伟大计划的第一步。在使庞培的两个要求得到了满足后，恺撒大胆地推行新土地法，使贫民从中受益。接下来，他着手开创自己的未来之路。他明白，只有在军队担任重要职务，才能掌握军队。恺撒在西方抓住了一个重要机会，就像庞培在东方曾抓住的那个机会一样。以前，罗马所占有的只是今天法国南部沿海的一个狭窄地带。在北方，高卢占据着大片土地。现在恺撒出兵攻占了高卢，这使他非常容易地通过了一项法律，担任了伊里利亚和高卢任期五年的总督。这个地区包括阿尔卑斯山以南曾经为高卢人所控制的波谷地区和阿尔卑斯山以北地区。

公元前58年，恺撒成为新行省的总督，他很快就表现出了非凡的军事指挥才能。他对战术的运用有敏锐的洞察力，这在当时就意味着能获得战争胜利，而且他非常了解他的人民的潜力和军队的战斗力。他知道指挥官首先要确保军队的供给，绝不能让军队驻扎在一个既不能补充给养，又不能就地获取给养的地方。他有卓越的组织才能，他认识到自己对军队给养的重视远超过高卢野蛮人军队的将领。他推测野蛮人的军队不可能在一个地方长期驻扎，因为他们既没有储运给养的组织能力，也不能在当地得到充足的粮食。当他们急需粮食时，就会将部队分散成一支支小部队，这时，恺撒就会趁机发起攻击，将小股部队各个击溃。

遵循这个基本行动方针，恺撒用了八年的时间完成了对高卢的征服（公元前58年～公元前50年），夺取了西起大西洋和英吉利海峡，东到莱茵河的大片土地，他还赶跑了侵入高卢的日耳曼人。他指挥军队在莱茵河上架起了一座大桥。他侵占了日耳曼的领土，并且在莱茵河畔划下了罗马新行省的边界。他甚至还穿越英吉利海峡，侵入了不列颠，推进到了泰晤士河，大大扩展了罗马帝国的疆域，几乎将现在的法国和比利时都包括了进去。恺撒的征服使拉丁人进入了法国，现在的法语，就是由拉丁语演变而来的。

在罗马，恺撒已经表现出了伟大政治家的才华，而在高卢，他又充分展现了卓越的军事领导才能。这就是恺撒不同于庞培的地方，庞培只是一位优秀的军事指挥官，他指挥了一场又一场战役，并取得了胜利，但却不能使罗马发生根本的变化。恺撒对罗马的情况非常了解，他坚信，对外战争和对各行省的管理会不断造就一个个政府无法控制的军事领导人，因此西塞罗所设想的成立一个新党派，依靠选票来对抗寒光逼人的利剑是毫无用处的。因为共和国的传统政治机制根本无法阻止一个个野心勃勃的将军的产生——如曾以武力控制政府的马略和苏拉，所以，共和国已无力恢复意大利和帝国的秩序，也不能建立稳固的政府。作为政治家，恺撒显然要比苏拉和西塞罗高明得多。

因此，现在的罗马需要一位既有才干又有爱国心的将军。有军队的支持，完全可以使自己成为罗马政府的永久主人，可以挫败一切竞争对手。凭着这种务实精神，恺撒使自己的理想变成了现实，当然也可以说他终于使他的野心得到了满足。恺撒最高明的一招是出版了他对高卢战役的记录。无论是在坎坷的征途上，还是在战争的关键时刻，只要有时间，他就会进行写作。这本书叙述手法极其质朴，没有丝毫矫揉造作。尽管这本书是拉丁文学中最优秀的著作之一，但在当时它只是一本政治宣传小册子，为的是让罗马人民了解这场伟大征服和这位高卢总督为他们做出的贡献，而且这本书确也不负这一政治使命。今天，它成了文明世界的拉丁语初学者最好的读物之一。

在恺撒第二次任高卢总督的任期将满时，他在罗马的支持者在他安排下，开始为他再次出任执政官进行必要的活动。元老院不想让他回到意大利，采取各种手段制止他再次当选为执政官。马略使元老院接受了教训，元老院知道在指挥官凯旋罗马报复他们对平民的欺压的时候该做些什么，他们必须拥有一位苏拉式的指挥官。这时，三头联盟中最富有的克拉苏已经在幼发拉底河对岸对帕提亚的战斗中战死，三头联盟已不存在了，因此庞培也不再对联盟负责了。在罗马即将发生骚乱和政治冲突之际，元老院向庞培求援，尽管他是由平民大会选举当上军事指挥官的，并且是平民党的领袖。庞培不是政治家，不会为国家的未来着想,他只是希望能够带兵作战,于是他开始捍卫元老院的利益,公开支持人民的敌人。一场本应该是合法的政治斗争,现在却成了恺撒和庞培这两位军事指挥官之间的军事斗争,像马略和苏拉之间的斗争一样。

恺撒也曾努力争取与元老院和解,但在元老院下达了让他遣散军队的命令后,他便放弃了努力,开始实施已计划好的行动。现在,罗马军队中的职业士兵们对政治问题毫无兴趣,他们不知道什么是公民责任感,也不认为自己与政府有什么关系,应该负什么责任,他们只服从他们的军事指挥官的命令。参加过高卢战役的老兵们对恺撒更是极为忠诚,只要他命令一下,他们便会迅速随他向罗马进发,挥舞利剑同庞培率领的元老院军队厮杀。恺撒很快就率领军队打过了他的行省与罗马的分界线——卢比孔河。渡过了河,他就失去了法律上的军事指挥权,因此,越过这条河就代表着某种态度。我们现在的谚语中就有"越过卢比孔河",用来表示采取某种重大措施。

恺撒成功地夺取了罗马,这主要得益于他的迅速行动。在接到元老院的命令一个小时后,恺撒的军团就已离开波谷扑向罗马(公元前49年)。被恺撒的快速行动吓坏了的元老院向庞培求援,但庞培却对他们说,他的军队根本不是强大的恺撒军团的对手。的确,那时罗马帝国根本没有可以打败恺撒的老兵军团的军队。恺撒迅速逼近罗马,庞培率军撤退,大多数元老和贵族也跟随庞培大军逃离罗马。经过一系列机智巧妙的军事行动,恺撒将庞培及其军队赶出了意大利。进入罗马后,恺撒得到了被选为执政官的机会,而一旦他当选为执政官,他就可以名正言顺地利用法律来对付元老院和庞培的军队并保护罗马了。

但是,这时恺撒的地位并不稳固。在东方人心目中,庞培是罗马最伟大的人物，他可以号召东方各民族及各城邦联合起来对付恺撒。此外，他还拥有一支庞大的舰队，这支舰队曾为他剿灭海盗，使他成为海上霸主。庞培可以以东方为根据地积累力量，招募和训练军队进攻恺撒。而且，自他从马略的追随者手里夺取西班牙以后，西班牙便一直掌握在他手下的军官手中。因此，恺撒必须同时对付东西方的庞培的支持者。恺撒决定先消除西方的威胁。他以其一贯的闪电式的行动，于6月份进入西班牙（公元前49年），与庞培手下将领的军队相遇。在恺撒的出色指挥下，仅仅在几个星期之后，他的军队便将敌人的供给线切断了，并且包围了对方。就这样，还没等发起进攻，敌人便被迫投降了。

在得知恺撒出兵西班牙的消息后，庞培和那些元老、贵族便开始准备打回意大利。但是，还未等他们越过边界，恺撒已经战胜回国。更令他们震惊的是，虽然他们控制着大海，恺撒却大胆地选择了走海路。他从布伦狄修姆出发，巧妙地避开了他们的战舰，在埃皮卢斯海岸安全登陆。由于缺乏充足的给养，他不得不将军队分散开来，其中一支军队受到了重创。最后，恺撒不顾兵力上处于劣势，决定在色萨利地区的法尔萨拉斯同庞培决战。

庞培做了周密的部署，但还是没有打败恺撒这位当时最伟大的将军。庞培利用地形巧妙布置了阵地，阵地右侧有一条小河，他以这条小河作为右翼护卫，而将骑兵全部放到左翼。这样，他的左翼骑兵就比恺撒的骑兵多了一倍，他希望从这里突破，然后绕过恺撒右侧，袭击其后部。在两军对阵时，恺撒很快洞悉了庞培的意图，他将一支最精锐的三千多人的步兵调到右侧。在骑兵的掩护下，敌人很难发现这支步兵大队。然后，恺撒命令由高卢和日耳曼人组成的骑兵在庞培的骑兵发起攻击时立即撤退。庞培的骑兵随后追击，进入了恺撒精心布下的陷阱。这样，恺撒的六支步兵大队便处在了庞培骑兵背后，庞培腹背受敌——背后有步兵大队，前面有恺撒的骑兵，整个大军被迅速分割成几小块。然后，恺撒的骑兵迅速绕过敌人毫无护卫的左侧，对庞培军团的后部发起攻击。恺撒调集全部剩余兵力攻击敌阵的中心，元老院的军队再无还手之力，只能四散逃窜。到了第二天早晨，剩余士兵全部投降。

这场战斗使古代战争艺术发展到了最高峰。庞培在他军旅生涯的第一次失败后逃往埃及，在那里受尽屈辱后被杀死。恺撒为追杀庞培进入了埃及，见到了统治埃及的托勒密王朝的最后一代国王——美丽的女王克娄巴特拉七世。女王的魅力打动了这位伟大的罗马人。在这里，恺撒暴露出他最致命的弱点，他留在亚历山大里亚，与那位聪明美丽的女王恩爱缠绵了大半年（自公元前48年10月至公元前47年6月）。后来发生了一场可怕的暴动，这时恺撒才发现自己的军队太少，他本人也遭到了暴徒的攻击，亚历山大里亚图书馆被焚毁。我们不太了解恺撒是如何打败他的小亚细亚对手的。征服小亚细亚后，他对元老院发表了一次著名的演讲："我来了，我看到了，我征服了（veni,

图 26.2　所谓的恺撒胸像

　　这座被认为是恺撒的像，其实是某个不知名者的像。但恺撒是一位精明的政治家，他并没有明令废除共和制。他拥有最高权力，共和制已徒具虚名，没有哪一个罗马人敢反对他。他使自己成为终身独裁者，控制了国家的所有主要机构。

第二十六章　百年革命　共和国的灭亡

vidi，vici）。"恺撒还将胜利扩大到迦太基以南的非洲行省和西班牙，那是他征服世界的最后障碍。公元前45年，他征服了这些地方，这时离他第一次攻占意大利只有四年多时间。

恺撒非常谨慎地运用自己的权力。从一开始他就表示，他不会采用苏拉式的残酷统治方法。他保证不对任何人进行报复，他没有处死西塞罗，尽管他是他的敌人。恺撒从来没有宣称，他在罗马创立的政府是地中海所有被征服地区的政府。元老院的政治家们从他所采取的政策，尤其是他对待元老院的态度中看出，他的最终目的是成为亚历山大大帝那样的世界主人。

在第一次征服意大利（公元前49年）5年后，他死去了（公元前44年）。在这5年当中，他有4年时间在带兵作战，因此他没有充裕的时间重新组建罗马政府和构建罗马帝国的统治体系。在这方面，元老院是无能的。苏拉曾将元老院由300人扩大至600人。恺撒并没有撤销这个古老的政治组织，而是大大扩充了它，他让他的朋友、追随者、以前的奴隶和外国人进入元老院，人们因此不再敬重元老院，使元老院对他唯命是从。新的元老院不再是他的对手，各行省也都以他为中心，只对他一人负责。这期间，共和国的官员仍通过选举产生，但恺撒对腐朽的罗马政府进行了意义深远的改革。他是第一位事实上的罗马皇帝，他影响着罗马帝国的各个方面。由于他的过早逝世，罗马共和制勉强维持了15年。

他制定了重建罗马的伟大计划，如修建宏伟的公共建筑，改造罗马城区，根除台伯河水患等。他使重要的交通线保持畅通，修筑了大路，准备在科林斯城的伊斯穆斯开掘运河。他对城市政府进行了彻底改革。他废除了沿用了几个世纪的很不方便的希腊罗马月历，而改用埃及日历，尽管罗马人又做了毫无必要的调整。在他的伟大征服计划中，罗马帝国的版图不再只局限于西方一隅，而是将北方的大平原也包括进去了。如果他的计划得以实现，那么今天的德语就会像法语和西班牙语那样，是从拉丁语演变而来的了。

恺撒决定于公元前44年3月18日率领军队去东方征服幼发拉底河东岸的帕提亚人。这时，罗马仍有一些人仇恨独裁统治。在恺撒镇压了最后一场西班牙暴乱一年后，在他预定去东方的日子前三天，这些人杀死了这位伟大的罗马领袖。布鲁图斯和卡西乌斯等谋杀者认为他们杀死了一个暴君，那是因为他们并不理解恺撒的伟大理想，他的理想之一就是为地中海人民建立一个公正、诚实、有效的政府。他们根本不明白，他们的一切恢复古代共和制的努力都是徒劳的。在世界君主和军事力量的强大压力下，罗马的共和制已没有任何立足之地。恺撒的死使意大利和罗马帝国再次陷入了内战。亚历山大的死曾使建立东起印度西至大西洋的庞大帝国的计划化为泡影，3月15日的流血事件则中断了一个类似的计划——这个计划的实现会使东西方处于一位世界君主统治之下。

四、奥古斯都　百年内战结束

屋大维征服西方后，又征服了东方，统治了整个地中海世界。罗马终于实现了统一世界的梦想，屋大维的成功标志着整个古代世界一人权力的胜利。

恺撒被杀的消息传到了他远在伊里利亚的外甥屋大维那里，当时，这位18岁的青年正在那里潜心求学。一个密使辗转送来了他母亲的信，要他赶快逃去东方避难，决不要犹豫，以防那些谋杀他养父的人来伤害他。但是，他却决定马上返回罗马，这一充满政治家气魄的决定正是他在日后政治生涯中各种品格的体现。

屋大维回到意大利才知道，他已经过法律程序过继给了恺撒，他现在是恺撒的唯一合法继承人。他提出享有他应得的法定权利，却被马可·安东尼拒绝了，安东尼曾与恺撒同为执政官，也是恺撒的朋友和支持者。他侵吞了恺撒的财产，因为他是执政官，所以谁也不敢反对他。他认为，屋大维只是一个什么都不懂的娇生惯养的继承人，正是这种想法使他的对手保住了性命。谁也没想到在这个年轻人稚嫩的肩膀上长着一颗成熟的脑袋。他以其敏锐的头脑逐渐理清了眼前的复杂形势，时刻谨记他养父在事业上的致命弱点。最重要的便是不能没有或失去军事力量。他重新召集起恺撒的老兵，安东尼的两支大军也投靠了他。有了军队的支持，再加上无人能比的谨慎，屋大维成了一个很有势力的政治家。

屋大维充分发挥自己的聪明才智，大大改善了自己在罗马的处境。在20岁那年，他通过操纵选举当选为执政官。他甚至与另两位更强大的政治家安东尼（恺撒的追随者）和雷必达斯结成了联盟。这个三人联盟（后三头联盟）通过了人民的选举，得到了法律保护。为了获取更多财富，发动战争，增强自己的势力，"后三头联盟"重演了苏拉式的恐怖统治。他们消除一切反对势力，夺取对手的财产。安东尼的士兵还杀死像雅典的德摩斯梯尼那样伟大的演说家西塞罗。像雅典的德摩斯梯尼一样，西塞罗是罗马最后一位演说家兼政治家。杀死恺撒的布鲁图斯和卡西乌斯仍然坚持维护共和制，他们正率领东方大军驻扎在马其顿的菲利皮。屋大维和安东尼处理完罗马的事务后，便率军去攻打布鲁图斯和卡西乌斯。在著名的菲利皮战役中，最后的共和势力被彻底消灭（公元前42年）。

两位胜利者划分了他们的势力范围：屋大维返回意大利，负责对付"后三头联盟"在西方的敌人；安东尼则驻守东方，并继续向东推进，直到东方完全处于罗马统治之下。"后三头联盟"的西方敌人是庞培的儿子，他的战船驻守在西西里，并控制着地中海，直到被屋大维打败。后来，掌管迦太基以南的非洲行省的雷必达也被打败了。在恺撒死后10年间，屋大维已经将意大利和西方世界完全掌握在自己的手中了（公元前42年~公元前35年）。

在此期间，安东尼的所作所为越来越不像一位老练的政治家。在对帕提亚的战役中，他损失惨重，声名狼藉。由于贪恋克娄巴特拉的美色，他频繁往来于亚历山大里亚和安条克。他的领地远至幼发拉底河，他像东方的君主一样，克娄巴特拉就是他的皇后，他参照波斯皇宫为自己修建了富丽堂皇的皇宫。一度希望通过跟着恺撒成为罗马皇后的克娄巴特拉，现在又在安东尼的怀抱中延续着这一梦想。这两个人的风流韵事传到了罗马，罗马元老院认为，这无论对于安东尼，还是对于罗马都非常不利。屋大维为了自己的政治利益鼓动元老院对克娄巴特拉宣战，由他率军攻打安东尼。正如恺撒的西方大军和庞培的东方大军在希腊一决胜负那样，现在，东、西方两大将领又一次在希腊西海岸的阿克提翁相遇（公元前31年）。一场海战爆发了，陆军成了这场海战的观众。在海战将结束时，安东尼的士兵看到他们的将领与他的东方皇后一起丢下他们逃跑了，克娄巴特拉的豪华战舰在皇家舰队护卫下，带着英雄气短的安东尼，穿过茫茫大海向埃及逃去。结果，恺撒的继承人获得了海战的胜利。

第二年，在没遇到多少抵抗的情况下，屋大维进入了埃及，攻占了这块古老的土地。安东尼因被克娄巴特拉抛弃而自杀身亡。那位曾以自己的美貌和魅力使两位罗马统治者拜倒在她脚下的骄傲女王，不愿意面对被罗马将军屋大维打败的屈辱，也自尽而亡。克娄巴特拉是末代托勒密王，自亚历山大大帝以来，托勒密家族在埃及统治了近300年。就这样，埃及被屋大维变成了罗马的领地（公元前30年）。他在征服了西方之后，又征服了东方，成了整个地中海世界的君主。罗马终于真正成了世界帝国，自格拉古兄弟（公元前133年）开始的百年革命或内战终于结束了（公元前30年）。

屋大维的成功是整个西方古代世界个人专权的胜利，在东方，这种专制权力早已存在。百年革命以屋大维胜利而收场，随后便是200年的和平，在这200年间只发生过一次较大的动乱。这个和平时期便是自公元前30年开始的罗马帝国的第一个200年，我们将在后面介绍这第一个200年。

第二十七章　前两个百年和平：奥古斯都及其继承人们

图 27.1　古罗马四合院

　　这座壮观的大理石四合院，是元老院为纪念奥古斯都修建的。院中砌有"奥古斯都祭坛"。这座四合院没有盖顶。保存至今的墙壁下部是较宽的装饰带，上部是浮雕群。门右侧的浮雕表现了传说中的英雄埃涅阿斯正向家庭守护神献祭，这些神都是他从特洛伊带到拉丁姆的。

一、奥古斯都的统治　两百年和平开始（公元前 30 年～公元 14 年）

　　经过 44 年的和平努力，屋大维为罗马帝国建立了一整套新的政府机构和管理体系。这是一个由元老院和国家首脑共同执政的二元制政府。在罗马统治下，地中海世界进入了一个全新的繁荣发展阶段。

屋大维回到意大利时，受到人们最热烈的欢迎。对于这位结束长达百年之久的革命、内战和破坏的英雄，各阶层人民都怀着由衷的感激之情。现在，罗马人已经认识到，要想管理好庞大的罗马帝国，必须有一位大权独揽的贤明统治者。从这时起，屋大维以其44年坚持不懈的和平努力，为罗马帝国建立了一整套政府机构。现在最大的困难在于，如何改变罗马人根深蒂固的古老的政府观念，使他独掌军事权力有法可依。屋大维不同于恺撒，他敬仰罗马共和制度，不愿完全废除它，也不愿成为东方式的君主。在加强个人权力的同时，他将共和政体保留下来，并且最终获得了那个崇高职位。

屋大维回到罗马后，不仅没有与元老院为敌，而且努力维护元老院的威望，提高元老们的地位。公元前27年，他将权力交给了元老院和罗马人民。但是，元老院已认识到了自己的无能，自认没有统治庞大的罗马帝国的能力，于是便正式任命屋大维为军事指挥官，管理最重要的边疆行省。在这些权力之外，他还拥有保民官的权力，他在政府中所拥有的合法权力主要体现在保民官这个职位上。

同时，元老院授予他"奥古斯都"称号，奥古斯都就是august（八月）。他的办公室被称作princeps（元首），意为第一，也就是第一公民的意思。罗马帝国首脑的另一个头衔是指挥官的旧称imperator（大元帅），由这个词演变出了今天的emperor（皇帝）一词。被称作奥古斯都的屋大维却将他的职位看得与罗马元老院委任的普通官员一样。事实上，他的任期也的确不是终身的，但在任期结束后，可以被再次任命。

直到此外，罗马帝国才真正建立起有效的政府，这是一个由元老院和元首（皇帝）共同执政的二元制政府。奥古斯都的伟大养父尤利乌斯·恺撒认为很难做到的事，他却以其智慧和努力做到了，他同那些坚持罗马共和制古老传统的人达成了谅解。这种改革从表面上看仅仅是恢复了共和制，但在奥古斯都的这种二元共和制中，双方的权力并不平衡。元首拥有的权力太大，这使他不可能与普通官员完全一样。在奥古斯都成为元首后，元老院几次加强"元首"的权力。这并不是出于"元首"的要求，而是出于元老院对他一直表示的友善态度和最真诚的尊敬的回报，元老院不能失去他的帮助。同时，由于元老院无力控制军队，所以它也难以保持曾经拥有的权力。

元首奥古斯都才是真正的统治者，因为在他背后是强大的罗马军团，他的所谓的共和国，在我们看来，完全是一个军事君主国。在东方人的眼里也是如此。埃及绝不受元老院的制约，它完全成了元首的私人领地。在这个古老的国家中，元首就是东方的君主。他有征税的权力，可以像法老和托勒密王那样进行统治。在埃及，他被视为至高无上的君主，的确，东方人只能将奥古斯都当作国王来看待，因此他们就以这个称号称呼他，这个称号也对罗马产生了影响。

罗马帝国包括整个地中海地区，或者说包括地中海沿岸的所有国家。自共和时期一直没明确划分的边界是亟须解决的问题。南有撒哈拉，西有大西洋，这都是天然的边界。而在东方和北方，还有发起新一轮征服的余地。奥古斯都的主要政策，不是发起新的征服，而是管理和巩固已征服的领土。在东方，他将幼发拉底河定为边界，北方则以多瑙河和莱茵河为界，后因莱茵河和多瑙河之间三角地区不利于边界防御，奥古斯都在执政后期一直打算将边界推进到易北河。如果能实现这个意图，帝国的边界就会成为一条相对的直线——从东南的黑海到西北的丹麦。后来，罗马军队被日耳曼部落打败，奥古斯都放弃了向北推进的计划。至此，帝国的北方边疆就由莱茵河以西、多瑙河以南的几个行省组成，西起北海，东到黑海。

　　对罗马帝国的西北扇形领土的战略位置做一番分析，我们就会发现一些严重问题。除了靠近里海的东端外，整个高地地区几乎都是罗马帝国的领土，因此这片高地可以作为帝国的北方屏障。在西边，北方平原的西端变成了罗马领地，而莱茵河以东的北部平原的中、东部仍在罗马帝国之外。这里生活着几乎没有受到地中海文明影响的野蛮人，这些野蛮人是一个很大的隐患。高地地区的山峰并不是不可逾越的屏障，而且从爱琴海通往黑海的水路就穿过这片高地，因而从北方平原进入地中海非常容易。在东方肥沃新月东部还有2/3的地区及东边的高地东端未被征服。这个地区的各民族拥有发达的文明，一直在威胁着罗马帝国的东部边疆——后来它们真的占领了这个地区。可见，罗马帝国的疆域除地中海周围的领土外，只有西北的扇形地区的一部分，而且这一地区的东北两面全都是野蛮部落的势力范围。欧洲和整个文明世界的后期历史大都与这一事实有关。看一看包括现在的俄罗斯、波斯和美索不达米亚的地图，我们就会发现，罗马边界之外的西北扇形区域的很大一部分并没有受到文明的影响。奥古斯都所担负的重任（他本人也许并未认识到），便是保持地中海世界的安宁，不仅要预防内部的分裂和衰退，而且要时刻防备野蛮人的进犯。

　　守卫如此漫长的边界，需要有一支稳定的强大军队。然而在奥古斯都整编后，帝国军队的规模却不如在内战时期大。最初他只保留了18个军团，后来又增加到25个。帝国军队一般保持在22.5万人左右，士兵主要由两部分组成：一部分是行省士兵，另一部分就是那些通过当兵来获取公民身份的外国士兵。罗马军团由罗马公民组成的古老传统也保留下来,但意大利本土的人民却再也听不到军马的嗒嗒蹄声,再也见不到他们的军队了,因为军队都去了边疆。

在奥古斯都统治初期,整个帝国从罗马到边疆行省都需要疗治长期动荡造成的创伤,需要休养生息。各行省都尝到了内战带来的苦果,在东方,尤其是希腊,由于多次内战都发生在这里,因而所受的伤害最重。在内战爆发前150年间,行省除受到各种合法的公开的盘剥之外,还遭受了强盗和入侵者的劫掠。蛮族侵略者一度占领了毫无防御设施的希腊城市,以所盘踞的城市作为他们四处劫掠的据点。整个希腊世界满目疮痍,东地中海地区一片混乱。和平是这片文明土地最渴望的东西。

现在,奥古斯都开始治理地中海世界,像500年前的大流士治理波斯帝国那样。虽然那时的波斯帝国比现在的罗马帝国更大,但奥古斯都要治理的世界的文明程度却远远高于波斯帝国,如地中海的庞大商业网络就是前所未有的。现在,他要将一些伟大民族和国家正式归入罗马帝国,并对它们进行合理有效的管理。有些国家曾有过政府体制,如埃及早在远古时代就建立了极为有效的行政体制;有些民族则从没有过任何政府体制,如高卢等西部地区。所有这一切都需要奥古斯都做出安排。

共和制时期的各行省总督任期太短,而且大都没有管理经验。总督相当于所治行省的君主,拥有无限的权力。罗马的执政官一年一换,根本无法控制各行省总督。现在,行省总督改由罗马终身制的统治者委任,被委任的行省总督很清楚自己应该对谁负责,会努力对各自的行省进行有效而公正的管理。成功的管理和所取得的政绩可以使他们保住这个职位,甚至可以被提升到更高的职位。在奥古斯都及其继承人的长期统治下,出现了一些有丰富管理经验的总督。几个次要的行省仍由元老院控制着，仍沿袭原来的制度，但也受到了奥古斯都改革的影响。

在原来的共和制下，没有人想过计算保持政府正常运转需要多少费用，也没有人想到要计算每个行省应该缴多少赋税。奥古斯都综合考察了人口统计数和资产评估数，从而计算出每个行省的人口与财产，最后，他确定了每个行省应缴纳的税额。他下令，各行省居民除了支付海关税和省内税外，还要向帝国缴纳两种直接税——土地税和私人财产税。这样，奥古斯都便掌握了大量税金，他在使用这些税金时，努力做到公正合理。税金的绝大部分被返还给行省，用于修建公共设施，如筑路修桥、开挖水渠、建造公共建筑等。在管理财政方面，奥古斯都借鉴了埃及的许多经验。

罗马在行省管理方面的混乱终于被消除了，奥古斯都终于为各属地建起了公正有效的政府体制。各行省在稳定政府的公正、有效的管理下，很快发生了巨大变化。在下文中，我们会看到各方面发生的变化，而在商业方面的变化是最大的。有钱人不再把钱储藏起来，而是投到各种新的生意中。在共和时期的最后几年中，放贷利率是12%，后来，随着资金越来越充足，利率很快就降到了4%。

至此，在罗马统治下，地中海世界进入了一个新的繁荣发展时期，这是内战时期不可能出现的。现在，地中海世界已统一成一个帝国。以前，我们是分别介绍地中海世界的不同国家的历史的，如雅典、斯巴达、马其顿、罗马、迦太基等，这使我们不得不梳理各种纷繁复杂的线索。现在，这些单线被拧成了一股绳，不同的国家都可归入罗马帝国来介绍。当然，北方的日耳曼蛮族和幼发拉底河东岸未被征服的地区除外。

二、奥古斯都时代的文明

奥古斯都努力恢复古代罗马人崇尚朴素的美德和健康积极的习俗，建起了古代最宏伟的建筑群。奥古斯都时代造就了一批伟大学者和诗人。

奥古斯都决心让意大利人在这个逐步发展壮大起来的地中海帝国中拥有崇高地位，成为地中海各民族的领袖。意大利不能使自己降低到同其他民族一样，不能成为普通民族中的一员。我们已经知道，在意大利未统一之前，突如其来的巨大权力和财富严重腐蚀了早期罗马人所具有的坚毅、顽强等美德。奥古斯都为消除这些影响做出了巨大努力，他大力支持恢复古代罗马人的朴素美德，恢复健康、积极的习俗和对祖先的崇拜。他颁布了保护婚姻的法令，使离婚率大大降低。在希腊盛行了几个世纪、意大利人也已广泛接受了的东方众神被禁止崇拜。他要求人们继承自己祖先的信仰，古老的宗教节庆活动越来越为人们所重视。年久失修、破败不堪的国教神庙也被修复了，罗马等地还建起了许多新的国教神庙，古代罗马的礼仪和习俗在各地得到了一定程度的恢复。

罗马人的那些变化已经根深蒂固，已成了罗马人生活和性格的一部分，并不是政府的权力和法律所能改变的。奥古斯都时代的罗马人毕竟已走进了新的时代，奥古斯都的一切复古努力都只能使人们更清楚地认识到这个时代与共和时期的不同。在奥古斯都时代，罗马第一次有了警察局、消防队、供水队和官办粮站。奥古斯都不无炫耀地说，他接过来的是一个泥砖建的罗马城，而留下的却是一个大理石的罗马城。在参观罗马的人看来，这些雄伟的新建筑就是新时代的标志，因为在共和时期的罗马，根本看不到希腊城市中常见的华丽的广场、体操馆、图书馆、音乐厅等，当然更没有类似于亚历山大里亚皇宫的建筑，所以，单从建筑来看，亚历山大里亚仍是无可比拟的。

奥古斯都开始修建一系列伟大建筑，这些建筑将使罗马成为古代世界最主要的艺术中心。在他手里完成的建筑工程大都是他的养父——独裁者恺撒生前设计或已动工的。在帕拉蒂尼山上，奥古斯都将几间房屋连起来，作为自己的宫殿。这座宫殿十分简朴，那间保存时间最长的卧室极其幽静素雅，深受后来的罗马人推崇。英语中的palace（宫殿）一词就是由帕拉蒂尼山上的这座皇家住宅的名称演化而来的。紧临奥古斯都宫殿的是新建的阿波罗神庙，这座神庙四周环绕着柱廊，极为壮观，里面有一个图书馆。

从皇宫所在处向下俯视，可以看到古代广场附近的一排崭新的大理石建筑。距皇宫最近的是巴西利卡商务会堂，这个会堂最初是由恺撒兴建的，但没有竣工，后被大火焚毁，现在奥古斯都又将它建了起来。商务会堂对面的元老院新礼堂也是恺撒设计但未完成的，奥古斯都也将它建起来了。奥古斯都在广场的这一端建造了一座神庙，用以供奉他的养父，这就是圣尤利乌斯神庙。与神庙遥遥相对的是大理石的演说家讲坛。奥古斯都本打算在广场后方为元老院再建一座建筑，但因恺撒已在这里建了一个广场——恺撒广场而放弃了。后来，随着城市商业的繁荣发展，奥古斯都在恺撒广场边上又建了一个广场——奥古斯都广场。罗马的第一座石头结构剧场大约是庞培于屋大维成为奥古斯都之前25年建成的。奥古斯都建了一座规模宏大的剧场，这就是马尔契卢斯剧场，用以纪念他早逝的侄子。最受奥古斯都器重、最能干的将军和大臣阿格里帕在罗马修建了第一个豪华浴池，为此奥古斯都将古老的玛尔斯练兵场上的一块空地赐给了他。在浴池周围，阿格里帕建起了一系列富丽堂皇的公共建筑，其中包括用于公民大会集会的宽阔广场。元老院修建了一个巨大、豪华的大理石和平讲坛，以此纪念和平时代的到来。

罗马的新建筑虽然受希腊的影响最深，但也可以从中看出东方对它的影响。我们知道，希腊建筑家没有采用东方常用的拱门结构，而罗马人却将拱门结构用到了柱廊建筑上，罗马建筑的两大特色之一就是拱门。正是因为罗马建筑对拱门的出色运用，才使拱门在当代建筑中占了如此重要的地位。多次到过东方世界的奥古斯都似乎对东方的纪念碑建筑产生了兴趣，他的凯旋门就是根据亚述宫殿的正门设计的（见图27.2）。奥古斯都从埃及带回了许多方尖碑，并将这些方尖碑竖立在罗马。他还参照东方形式设计、修建了自己的族墓。有一位贵族甚至修建了一座金字塔墓，这座金字塔至今仍屹立在罗马城外（见图27.4）。

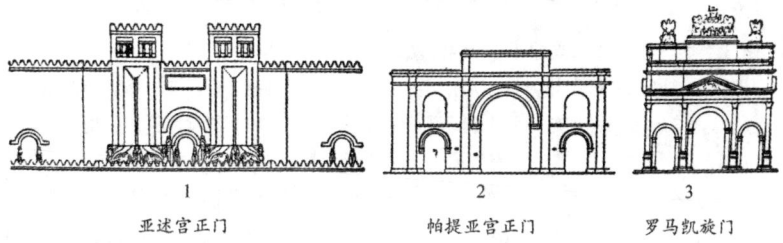

1　亚述宫正门　　　2　帕提亚宫正门　　　3　罗马凯旋门

图27.2　罗马凯旋门及其东方的原型

亚述宫殿正面（1），中央拱门较高，两侧拱门较低，这种样式在帕提亚宫殿正面（2）仍可见到，只是两边的拱门距中央拱门更近。拱门建筑后来逐渐传到西方，希腊人没有使拱门得到充分利用。到了基督化时期以后，教堂建筑中开始出现拱门。罗马人是从伊特拉斯坎人那里学会修建拱门的，它可能是伊特拉斯坎人从小亚细亚引进的，因此，罗马很早就有了拱门建筑。奥古斯都的凯旋门等都是由亚述宫殿的正面演化而来的。中央拱门较高，两侧拱门较低，如罗马人在东方各地见到的那样。

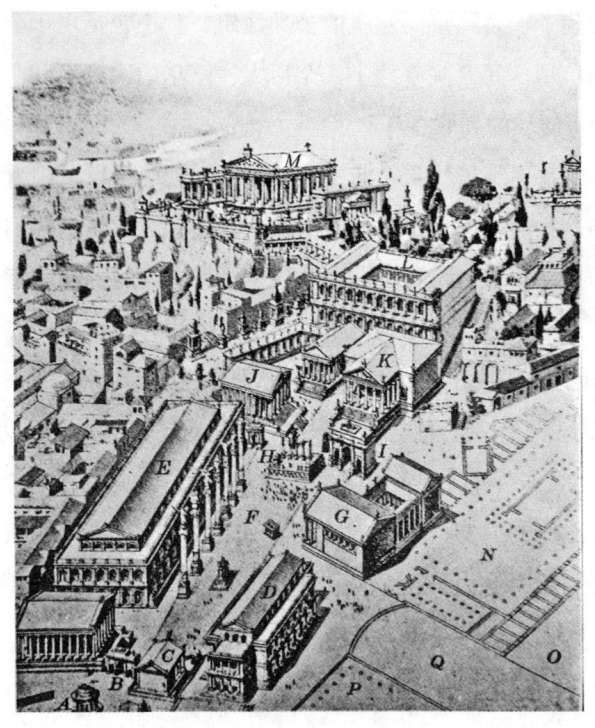

图 27.3　罗马广场和帝国早期的公共建筑

圣道经过圆形的维斯塔神庙（A），穿过圣尤利乌斯神庙（C）前的奥古斯都凯旋门进入广场。广场右侧是古老的埃米利乌斯巴西利卡会堂（D），左侧是新建的恺撒巴西利卡会堂（E）。广场（F）另一边有恺撒设计的新元老院礼堂（G）。广场另一端是演说家讲坛（H）。在它旁边，后来的塞维鲁为自己修建了粗劣的凯旋门（I）。穿过凯旋门，便来到了卡皮托尔山，卡皮托尔山的第一层有农神庙（J）和协和神庙（K），第二层是塔布拉利乌姆，即公众档案馆（L），山顶有朱庇特神庙（M）。恺撒在元老院礼堂后边修建了恺撒广场（N），将先前的广场向北扩展了许多。在这一边有新建的皇帝广场。

穿过广场（F）可以直抵台伯河，河上帆船往来不断。广场的两侧（E、J 和 D、G、I）原先有一排排出卖鱼肉和其他商品的木板商亭。迦太基战争爆发后，一座座华丽的建筑取代了那些木板商亭。方形庭院（J、M）和拱门体现了伊特拉斯坎人的影响，阿提卡式的屋顶、柱廊和天窗（D、E），体现了希腊的影响。

图 27.4 罗马贵族契斯蒂乌斯的金字塔墓

　　罗马的富人们很了解东方文化,当时,可能有很多人像契斯蒂乌斯家族那样修建了这种东方式的坟墓。契斯蒂乌斯的金字塔墓建成时(奥古斯都时代)在罗马城外,300年后,奥勒良为防止蛮族侵入罗马而修建了城墙,将它围进城中。在图中可看到金字塔墓两侧的城墙。

　　虽然罗马的建筑术发展到了很高的水平,但雕刻艺术却没有什么发展。我们可以见到一些仿古的雕刻作品,但却见不到雅典曾出现的那种创造性的雕刻作品。绘画艺术也近乎停滞。罗马没有专业画家,绘画只用于装饰墙壁,我们可以在庞贝城见到这种装饰艺术。

　　可以说罗马艺术是一种模仿艺术,而它在科学方面的模仿更多。罗马没有阿基米德和埃拉托色尼那样的伟大科学家,奥古斯都的大臣阿格里帕在绘制当时已知世界的地图时,只是想为罗马远赴行省任职的总督和商人提供实用信息。因此,在他的地图上,各地之间的路线

图 27.5　奥古斯都像，现由波士顿美术博物馆收藏

图 27.6　罗马无名氏的像
　　这座赤陶头像是至今所发现的最出色的罗马艺术作品之一。这是一位威严肃穆的罗马贵族，从他的神态中可以看出他的刚毅和政治才能。

绘制得很详细，但没有精确、统一的比例，只是在各城市之间留出空间标明各城市的名字。这种地图非常实用——这是无可置疑的，但那上面没有像埃拉托色尼地图上那样的经纬线。因此，国家和海洋都被改变了形状和位置，现在的读者很难在那上面认出自己熟悉的国家的具体位置。

　　当时，地理学方面最重要的书是希腊人斯特拉波在罗马撰写的。在这本书中，他将游历见闻与历史结合起来，并做了生动的描述。这并不是一本真正的科学地理学著作，但在很长一个时期内，一直被人

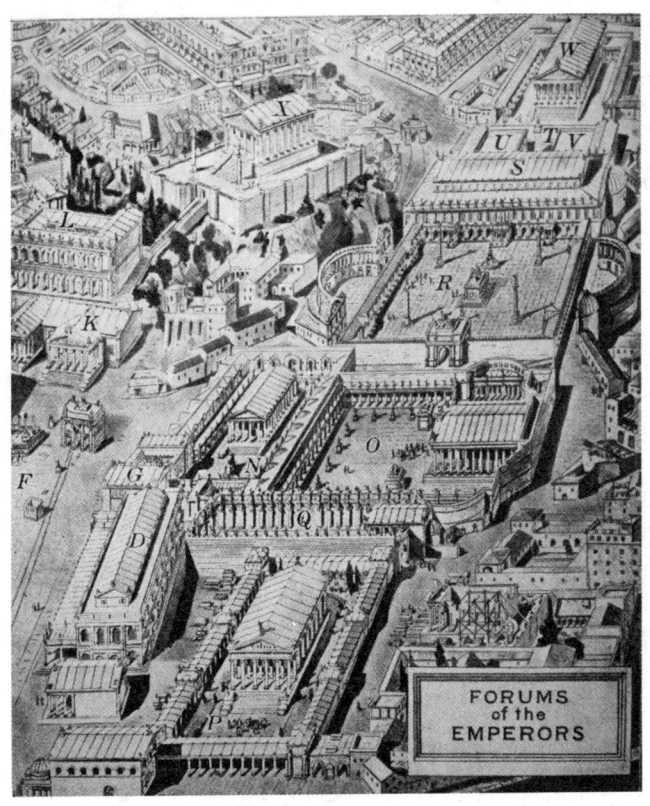

图 27.7 皇帝新广场

恺撒的元老院礼堂（G）和新广场（N）使旧罗马的广场向北扩展了很多，那里曾是罗马公民大会集会的地方。奥古斯都又将广场进一步向北扩展。公元 1 世纪和 2 世纪，皇帝又先后将广场向南北扩展。先是向南（P、Q），后又向北（R、S、T、U、V、W）。公元 1 世纪，韦帕芗修建了漂亮的和平广场（P），涅尔瓦又在其间修建了一个狭长的广场（Q）。到了 2 世纪，图拉真在奥古斯都广场北边（O）修建了最宏伟的广场（R），在旁边修了一座巴西利卡会堂（S），并在会堂北侧建了两座图书馆（U、V），两馆之间有柱廊连接。哈德良建了一座纪念图拉真的神庙（W），至此，这一古代世界最宏伟壮观的建筑群最终完成。皇帝新广场将旧罗马广场同坎普斯、马蒂乌斯的新建筑（如庞培剧场、阿格里帕浴室、帕台农神庙等）连接起来，形成了一个统一的整体。图拉真将卡皮托尔山和奎利纳山连接处的山脊削去了 100 英尺。奎利纳山顶（T）是以前罗马城的制高点。这些宏伟壮观的建筑保存下来的很少。

们视为据以认识世界的地理学标准著作。作为古代游记,这本书是很有趣的,可以使读者增长知识。斯特拉波的著作是古代科学衰落的标志,他是最后一位伟大的古代科学家。正是由于他及以前的古代伟大科学家的成就,才使希腊化时代成为早期世界最伟大的科学时代。

与对科学的漠视不同,罗马人对文学表现出浓厚的兴趣。就连罗马最伟大的人物恺撒在戎马倥偬和政务繁忙之际,也表现出对文学的极大兴趣。他翻越阿尔卑斯山时,一定在思考如何对付高卢人,但他却在这期间写出了一篇关于拉丁语演说的论文。他把这篇论文献给了最伟大的拉丁诗人西塞罗。他们都在雅典和罗德斯接受过教育,并深受最优秀的希腊学术和文学著作的熏陶。与恺撒和西塞罗同一阶层的人每天都用希腊语谈话,他们使用希腊文的时间甚至比使用拉丁文的时间还要多。他们拥有希腊文明与罗马品格共同造就的古代世界最伟大的头脑。在日益衰颓的希腊城市中,再也没有在文明水平和思想深度方面能与他们相比的人。而且,希腊从不曾出现过既有非凡的领导才能,又有很高的文学造诣的双料天才。

西塞罗在论及文学时曾说:"文学可以使年轻人获益,老年人可以此消遣;文学可以使你在幸福时更加幸福,可以在你痛苦时给你慰藉,减轻你的痛苦;文学可以使你独处家中而感到快乐,也可以指引你游历四方;文学可以在夜晚伴你入眠,也可以随你一起漫步于郊外乡间。"西塞罗是罗马最伟大的文学家,他的理想一直深深影响着各国的文人学者。他没有政治家必备的品格和超凡的洞察力,在政治上失败后,他便全身心地投入文学事业。作为罗马最伟大的演说家,他在作为律师和政治家期间发表的演讲对罗马诗歌产生了很大影响,从此以后,罗马诗歌发展得更优美、更成熟了。离职后,他写了一系列关于演说的论文,还写了一系列论品行的文章(如论友谊、论老年等),这些以书信形式写成的文章在他的朋友的珍藏下一直留传至今。尽管西塞罗在内战中被安东尼的士兵杀害了，但他的著作却使他的思想流传下来，这些思想永远影响着后人。他的著作使拉丁语成为人类最美的语言之一，这些优秀文学著作对所有西方伟大文学作品都产生过影响。

奥古斯都和他身边的很多重要人物都深受西塞罗影响。在他们看来，由希腊文明发展而来的罗马新文明在文化方面可以称作西塞罗文化。共和制后期的西塞罗文化深刻影响着早期帝国和奥古斯都时代的理想。奥古斯都在罗马建立了两座图书馆，其中一座图书馆收藏着大量古希腊文和拉丁文著作。后来，那些曾受过希腊罗马式文化熏陶的人开始受罗马大帝国创建过程中的各种辉煌事迹的影响。思想家们的想象力似乎被帝国的强大窒息了，就像鼎盛时期的雅典一样。李维写出了一部罗马通史，记录了从特洛伊战争到奥古斯都时代的罗马历史，这部140卷的著作是李维用了40年时间写成的。留传至今的只有一部分，这残余部分读起来仍非常有趣，但它并不是严格意义上的历史著作。古代最伟大的历史学家修昔底德研究历史的那种严谨态度和方法已消失了。

共和制末期，尽管暴乱和内战连绵不断，在与西塞罗同时代人的努力下，拉丁文还是得到了进一步完善。从另一方面看，早期帝国和奥古斯都时代的太平盛世是最伟大的拉丁诗歌的灵感源泉。著名诗人贺拉斯不仅是杀害恺撒的凶手的朋友，而且参与了反抗奥古斯都统治的菲利皮战役。他并没有在这场惨烈的战争中死掉，而且最终在和平时代得到了安全保证。在和平到来之际，奥古斯都宽恕了他，并成了他的朋友。虽然贺拉斯生于一个被释奴隶家庭，但却曾在希腊受过教育，对古代希腊的抒情诗人非常了解。在那些诗歌精神的鼓舞下，他尽情挥洒自己的诗情，开始用诗歌表现同时代的人和他们的生活。他的诗歌为我们描绘出了奥古斯都时代罗马人的生活画面——这是这位思想成熟、学识渊博的伟大诗人留给我们的宝贵财富,这笔财富的价值甚至超越了希腊文学。

奥古斯都时代的另一位伟大诗人维吉尔是伟大的恺撒和年轻的屋大维的崇拜者。内战曾使维吉尔祖上失去在阿尔卑斯山麓的农场,是奥古斯都把农场还给了他。维吉尔常常伫立在农场的高处放眼远望,像提奥克利特的诗人们那样进行诗歌创作,他的优美诗歌描述了意大利人民的田园生活。他的诗都是模仿希腊诗人的风格创作的,这使他永远不能获得最伟大诗人的称号。后来,他开始用诗歌赞美罗马思想,颂扬奥古斯都的理想,把奥古斯都当成为世界带来和平的使者。当时有多种史诗流传于世,维吉尔也创作了一部史诗。这部史诗叙述了特洛伊英雄埃涅阿斯从小亚细亚到意大利的经历,经过多次充满英雄精神的冒险,埃涅阿斯终于创建了拉丁姆王朝。在这部史诗中,恺撒家族成了埃涅阿斯的后人,恺撒家族中最伟大的领袖奥古斯都拯救了罗马,创造了太平盛世。

维吉尔的史诗《埃涅阿斯》与荷马的史诗不同,它赞美的不是一个英雄时代,而是为奥古斯都创作的。它将奥古斯都放在特洛伊英雄时代的光辉之中,如同亚历山大大帝曾为自己做过的那样。在今天看来,《埃涅阿斯》的作者维吉尔拥有与贺拉斯同样的地位。虽然维吉尔的思想不如贺拉斯深邃,但他在拉丁诗歌的艺术造诣上却比贺拉斯高。《埃涅阿斯》不仅深受当时人们喜爱,而且成了后来文明世界的主要教科书,对后来的文学作品产生了深远的影响。

在奥古斯都活过75岁后,他自感生命即将走到尽头。于是,他将自己的一生功绩整理出来,让人刻在铜板上,在他死后立在他的坟墓前。这些令人难忘的伟大故事再现了奥古斯都的一生,使我们了解了奥古斯都的所有伟大成就。这些成就像连绵不绝的千姿百态的群山，体现着奥古斯都的伟大人格魅力，这是古代世界留传至今的最优秀的伟人传记。奥古斯都在完成了这部传记后停止了呼吸。公元14年8月19日，在这个以他的名字命名的月份，罗马帝国的第一代皇帝离开了人世。

三、奥古斯都家族　第一个百年和平终结（公元14年～公元68年）

奥古斯都在位近半个世纪，后来他的家族又统治罗马半个世纪，历经四代皇帝。尽管其中出现了两代昏庸皇帝，但罗马还是平稳地度过了第一个百年和平时期。

奥古斯都统治罗马帝国44年，接近半个世纪。他的家族作为皇族又延续了四代，继续统治了半个世纪，使罗马平稳地度过了第一个百年和平时期。当时，反对个人专权的势力仍然很大，对于后来的四代皇帝，无论是当时还是后世的作家都以个人偏见做了许多不真实的描写。当然其中有两代皇帝确实令人鄙夷，但另外两代皇帝可称得上是明君，他们为完善帝国统治付出了大量心血。

奥古斯都并没有以法律形式确定继承人，罗马的每一个杰出公民都有成为皇帝的可能。奥古斯都没有儿子，家族中的男继承人也相继离开人世，其中就包括他的外孙，也就是他女儿朱利娅的几个儿子。最后，他只好请求元老院批准将他的妻子与前夫生的儿子提比略过继给他。早在奥古斯都逝世之前，提比略就已掌握了军权，拥有了保民官的权力。奥古斯都死后，元老院指定他继承继父的一切权力，而且没有规定任期。

提比略能征善战，有丰富的统治经验。他向各行省委派了有才干的总督，表现出精明强干的统治才能（公元14年～公元37年），但他缺少继父那种圆通大度，对古老的共和制度不如继父那么尊敬。他认为元老院只是一个摆设，非常厌恶那些元老。他看不起那些在公众场合对他极为尊敬而在私底下却毁谤他、阴谋推翻他的贵族，也看不起平民。在奥古斯都时代，人们仍像共和时期那样通过公民大会选举地方行政官和制订法律，实际上一切都是奥古斯都控制下的元老院早已决定了的。提比略上台后要取消这些闹剧式的形式，不再把皇帝决定的事情提交公民大会表决，这就意味着罗马的政府不再有代表罗马人民的形象了。提比略还推行廉政，大幅度削减了用于公共表演的费用，这使平民的娱乐大大减少，从而使罗马平民产生了更大的敌意。由于为罗马人所不容，再加上亲人相继亡故及个人生活的不幸，提比略离开了罗马城，搬到了与世隔绝的卡普里岛，住进一套富丽堂皇的别墅。在这座可以眺望那不勒斯湾的岛上，他在失望中离开了人世（公元37年）。

由于提比略的儿子早年夭折，盖乌斯·恺撒成了皇位继承人。他是奥古斯都的重孙，在军营中长大，士兵们都戏称他为卡利古拉（"小靴子"）。最初，即位时年仅25岁的卡利古拉很受罗马人欢迎，但权力欲望的不断增强和长期的淫靡放荡使他为人们所唾弃，最后，他患了精神病，他的坐骑被他委任为执政官。提比略执政期间国家积蓄的大量财富被他肆无忌惮地用于荒淫的生活和建造各种古怪的建筑。就在他为夺取别人的财产而疯狂地草菅人命之际，他手下的侍卫结束了他的疯狂统治。他在位四年（公元37年～公元41年），是在帕拉蒂尼山宫殿中被杀死的。

卡利古拉死后，禁卫军士兵在皇宫中抢劫时发现了他的藏在角落里、吓得半死的叔父——提比略的外甥克劳狄乌斯。克劳狄乌斯无论在身体还是在精神上都很软弱，一直是家族中其他成员的出气对象。当时，他已经50岁了，但禁卫军却坚决拥立他为皇帝（公元41年），元老院不得已只好同意。尽管克劳狄乌斯对家族中的女人和自己身边的官员一味顺从，但却比卡利古拉强得多。他在位期间，皇宫成了各种阴谋诡计上演的场所。

虽然有很多令人不满的地方，克劳狄乌斯还是为帝国做了很多贡献，并且对帝国事务尽职尽责（公元41年～公元54年）。他在不列颠成功地指挥了一场战役，使南不列颠成了罗马的一个行省。在此后的350年中，不列颠一直隶属于罗马。克劳狄乌斯对完善罗马的建筑和公共设施产生了浓厚兴趣。他修建了两条规模空前的引水渠，总长达100英里，从山上引来了充足的泉水（见图27.8）。克劳狄乌斯手下的政府官员主要由精明能干、获得了自由的希腊人组成，他们是他执政的得力助手，逐渐形成一个内阁，帝国第一次拥有了一批处理各种政务的有才干的大臣，这些人相当于我们今天的财政部长、国务卿等。

克劳狄乌斯无力根据自己的意愿委任重要官员并有效地约束他们，正是这一点使他送了性命。他的最后一位夫人阿格丽皮娜无视克劳狄乌斯的儿子的存在，让她自己的儿子尼禄继承了皇位（公元54年）。尼禄出身于奥古斯都家族，以他母亲还是就他父亲来说都是。他的母亲曾让他师从于哲学家塞内加。在他统治的前五年——这期间塞内加任他的首相——尼禄的统治是英明和成功的。但后来宫廷兴起了各种阴谋诬陷，塞内加受到了牵连，这位精明强干的首相和尼禄坚强的母亲因此被逐出宫廷。从此以后，尼禄再也无所顾忌，不再约束自己的卑劣品性，于是尼禄这个名字成了历史上最黑暗时代的代名词。

图 27.8　克劳狄乌斯皇帝修建的水渠

　　这项规模空前的引水工程是公元 1 世纪克劳狄乌斯皇帝修建的，这条水渠长达 40 多英里。水渠的 3/4 都在地下，最后 10 英里是用大理石拱支撑起来的。这条拱渠一直通往帕拉蒂尼山皇宫。古罗马修建的水渠非常坚固，其中有四条直到今天仍在使用。罗马的供水比任何一个现代大城市都充足。

　　尼禄非常热爱艺术，并且亲自参与各种艺术活动。他曾将政府事务交给宫廷中的亲信处理，自己以一个作曲者的身份到希腊各主要城市漫游，参加各种舞蹈、歌唱和马车比赛等。他不仅同演员、运动员和职业角斗士混在一起，而且参加过角斗竞技表演。由于宫廷中的阴谋诬陷之风愈演愈烈，性格阴暗多疑的尼禄逼死了他的老师塞内加，杀害了克劳狄乌斯的儿子及很多无罪和正派的人。他还在别的女人的诱惑下杀死了自己的妻子，他对自己母亲的谋杀使他的罪恶达到了顶点。同时，他还在一些行省大肆搜刮，杀害了许多富人和贵族，以夺取财富供他挥霍。他的种种罪行激起了人们的普遍愤怒，这是他被推翻的根本原因。

这时，一场灾难落到罗马人头上。一场大火从竞技场周围的简陋木屋区燃起。烈火迅速烧到帕拉蒂尼山，整个皇宫只有奥古斯都的卧室幸免。接着，大火蔓延到城里，一直烧了一个星期，罗马城大部分化为灰烬。不久，余烬复燃，使损失又增大了许多。灾难过后，罗马城中谣言四起，有人说这场大火是尼禄放的，为的是修建更宏伟辉煌的新城。还有谣言说他在大火肆虐时举办了表现特洛伊被焚毁情景的音乐会。但是，没有证据证实这些谣言。在这种情况下，另一种谣言比较受尼禄欢迎，传说这场大火是基督徒放的，尼禄据此对基督徒进行了残酷镇压。后来，尼禄通过横征暴敛，聚敛了大量钱财，开始重建罗马城。他为自己建起了富丽堂皇的庞大皇宫，命名为"金色宫殿"。皇宫越过现在的圆形剧场所在的位置，从广场的东端向东、北两个方向扩展。向北，皇宫覆盖了埃斯奎利诺山丘，占据了大部分城区。尼禄在剧场入口处立起了巨大铜像，铜像高达一百多英尺。可以肯定，尼禄对艺术的追求是发自内心的，他的确是想把罗马建得更美丽。

尼禄在罗马激起的愤怒以及他对身边有才能的臣下的虐待使他失去了所有支持者。后来，沉重的赋税又激起了各行省的愤怒，最终导致了公开的叛乱，发动叛乱的是西班牙总督加尔巴。面对这场叛乱，尼禄手足无措。叛乱军队开进罗马时，尼禄吓得藏了起来。当听说元老院已通过投票决定处死他时，他戏剧性地选择了自刎。临死前，他大声喊叫："我的死使你们失去了一位伟大艺术家。"公元68年，随着奥古斯都王朝最后一位皇帝死去，百年和平结束了（公元前31年～公元68年）。几位罗马军队指挥官都想夺取王位，罗马帝国随时都可能爆发长期内战。

尽管奥古斯都王朝出现了两个昏庸皇帝，但在提比略和克劳狄乌斯统治时期所取得的辉煌成就并不能被完全抹杀。无论在罗马还是在各行省，政府都比过去有了很大进步。然而，在我们看来，罗马正在变成一个君主制国家，皇位只能父子相传。这一承传过程又由于被称作皇帝的恺撒们赢得了至高无上的崇拜而迅速发展。自尤利乌斯·恺撒起，皇帝们被奉为神明，[①]像昔日的亚历山大大帝一样。帝国公民普遍敬仰皇帝，崇拜皇帝是公民的责任和义务。皇帝的崇高地位甚至没有因为尼禄死后的短暂战争而受到威胁。即使在尤利乌斯·恺撒王朝之后，皇帝的广泛统治仍维持了另一个百年繁荣与和平。对于这一个百年和平，我们将在专门章节中讨论。

---

① 除了尤利乌斯·恺撒和奥古斯都之外，尤利乌斯王朝被奉为神明的皇帝只有克劳狄乌斯。提比略不受欢迎，卡利古拉和尼禄因其令人厌恶的品质而未受崇拜。

第二十八章　第二个百年和平　早期罗马帝国的文明

图 28.1　一具庞贝城人的尸体

　　这个人死于公元 79 年维苏威火山爆发。又细又软的火山灰覆盖在尸体上，尸体在尚未腐烂前已被雨水湿透的火山灰完全裹住。当尸体烂掉后，这块硬实的火山灰外壳就成了空心的模子。现代考古工作者在其中灌满石膏，这样他们就很好地复制出了这个不幸者的模样，就像一千八百多年前他被火山灰窒息而死时的情景一样。

一、第二个百年和平时期的罗马皇帝（开始于公元69年）

尼禄死后，罗马帝国面临着陷入长期内战的危险，值得庆幸的是，一位很有才能的将领韦帕芗被元老院拥立为皇帝，帝国因此而步入第二个百年和平时期。此后的一系列伟大皇帝将帝国推向了空前繁荣。

尼禄死后，几位主要军事指挥官为争夺皇位而钩心斗角，相互倾轧，罗马帝国面临着陷入长期内战的危险。值得庆幸的是，一年后，东方的一位很有才能的将领韦帕芗统率一支强大的军队轻易地取得了胜利。公元69年，元老院拥立韦帕芗为皇帝。在他的统治下，帝国步入了第二个百年和平时期。此后的一系列伟大皇帝为帝国创造了空前繁荣。下面我们将概括介绍这些皇帝在政治和军事方面的作为，以及帝国在第二个百年和平时期的生活和文明。

尽管边疆地区和某些行省发生了战争，但并没有影响帝国的整体和平。韦帕芗在被选为皇帝之前，曾在巴勒斯坦镇压过犹太人的叛乱。第二年，他的儿子——能力非凡的提图斯攻下了耶路撒冷，他残酷地屠杀了大批犹太反叛者，将这座城市彻底摧毁了（公元70年）。后来，罗马人认为应该禁止犹太人回到这座他们热爱的城市——它给了他们太多神圣的记忆，以至于视之为圣城。这座圣城成了罗马的领地，同时，朱迪亚也成了罗马的一个行省。

这个时期的罗马皇帝们所取得的成就主要表现在两个方面：其一，边疆防御体系得到了进一步完善；其二，进一步完善和发展了帝国的政府体系和管理制度。帝国的南边有撒哈拉为屏障，西边濒临大西洋，但东、北两面却没有这种天然屏障。日耳曼游牧部落一直是帝国北部边疆的安全隐患，而东部的幼发拉底河流域则一直受安息——唯一未被罗马征服的文明国家——的威胁。

野蛮人对罗马帝国北部边疆的威胁（我们在马略时代曾提到过）主要表现在大规模的人口迁徙上，这种迁徙浪潮以前曾使印欧部落进入地中海地区，希腊人和罗马人就是在这种迁徙浪潮中来到两大半岛的。北方的野蛮人是地中海文明的最大威胁，辉煌的爱琴文明就是在这种潜在威胁变成现实时被涌进来的希腊人毁灭的。罗马皇帝能不能长期挡住蛮族的入侵，这是关系到人类前途的大问题。如果罗马能扼制他们足够长的时间，就能使他们在同罗马帝国的冲突中逐渐接受地中海文明，并产生对这种文明的敬意，为后人至少保留一部分文明。

弗拉维王朝——韦帕芗和他的两个儿子组成的王朝——为北方边疆安全付出了很大努力（公元69年～96年）。在韦帕芗的儿子提图斯的仁政之后，提图斯的弟弟、韦帕芗的次子图密善保留了奥古斯都划定的边界线。图密善加强了莱茵河上游和多瑙河上游之间较易受冲击的边界的防御。在不列颠，他将边界向北推进了许多，并建起了防御带。但在多瑙河下游，他却没对日益发展壮大的危险的达西亚王国采取相应的防御对策。他送给达西亚国王很多礼物，试图通过这种办法使他停止侵犯。图密善的这一不明智措施给这一地区制造了一个难题，这个难题留给了他的继承者。

图密善死后，元老院推选元老涅尔瓦继承皇位（公元96年），在他碌碌无为的短暂统治之后，多瑙河下游地区的问题留给了勇猛的将领图拉真。图拉真于公元98年继涅尔瓦之后当上皇帝。他很快认识到，如果不越过多瑙河将达西亚王国彻底征服，罗马帝国的多瑙河边界将永无宁日。图拉真率领军队强渡多瑙河，跋山涉水，穿过原始森林，攻克了罗马军团从未逾越过的障碍（公元101年～106年）。他连续攻城拔寨，只经过两次战役，达西亚的首都就被彻底摧毁，达西亚国王和大臣们都自杀身亡。图拉真在多瑙河上建起一座大石桥（见图28.2），达西亚变成了罗马的行省，多瑙河北岸兴起了很多罗马人居住区。这些居住区居民的后代现在仍被称作Roumanians（罗马尼亚人），他们的国家则被称作Rowmania（罗马尼亚），这两个词都是由Roman（罗马人）一词衍生出来的。图拉真的铁腕政策使多瑙河下游地区保持了很长一个时期的安定。

自恺撒时代之后，罗马在军事方面一直没有取得多大成果，但到

图28.2　图拉真在新建的多瑙河大桥边献祭

背景是由巨大的石桥墩支撑的木结构桥梁和栏杆。前面有一座祭坛，皇帝从右边来到祭坛，右手端着一个盘子，准备向祭坛献酒。祭坛左边有一位上身赤裸的祭司，他牵着一头用于献祭的牛。左侧走过来一群举着旗帜的军官。这是罗马图拉真功德柱上雕刻的许多场景之一，这是公元2世纪最优秀的罗马浮雕作品之一。

了这位军人皇帝统治时期,帝国的军事辉煌得到了恢复。接下来,图拉真又着手解决东方边疆问题——北起黑海东端,南到西奈半岛。在东部边疆北部,大部分是以幼发拉底河上游河段为界的。罗马只占领了肥沃新月的西半部,而东半部——亚述和巴比伦尼亚等地区——却从未被罗马征服过。从塞琉古时代早期开始,波斯的近亲、强大的安息在那里延续了350年,曾两次击退罗马远征军。图拉真希望像亚历山大一样建立一个东方大帝国,他率军侵入安息,并最终征服了它(公元115年～117年)。于是,帝国又增加了亚美尼亚、美索不达米亚、亚述等行省。图拉真参观了440年前亚历山大在巴比伦死去的地方,他无限感慨地说:"名声有什么用呢,到头来留下的只不过是一大堆垃圾、石头和废墟而已"。后来,后方发生了叛乱,他不得不率军撤退。想到自己的这场声势浩大的远征就要前功尽弃,图拉真心情极度抑郁,因此患了疾病。公元117年,他在返回罗马途中死于小亚细亚。

图拉真的继承人哈德良(公元117年～138年)既是一位杰出的军事将领,又是一位英明果断的政治家。他没有继续图拉真未完成的对东方的征服,相反,他明智地放弃了除西奈半岛以外的东方边界,把边界缩至幼发拉底河。哈德良加强了北方边界的防守力量,他在莱茵河与多瑙河之间修建一道长长的界墙(见图28.3)。他还在不列颠北部筑起了横贯全岛的界墙,直至今天这些残垣断壁依然可见。从此以后,边疆保持了很长一个时期的安宁,甚至连较大的骚乱都没有发生,直到马可·奥勒留统治时期的北方蛮族大迁徙使这个百年和平时期结束。

在图拉真和哈德良统治时期,帝国驻守边疆的军队规模之大,组织之严密有序,是古代世界罕见的。军队的士兵来自帝国各地,是由多民族组成的军队,就像第一次世界大战时的英国军队一样。驻守在

图 28.3 日耳曼边界的罗马要塞和界墙

这道石墙长约 300 英里,是罗马帝国最易受日耳曼人侵袭的上多瑙河和上莱茵河地区的北方边界的防御设施。每隔一定距离建有地堡,在某些重要地段则建有据点和营房,戍守边疆的士兵就住在里面。

幼发拉底河的可能是一支西班牙军团,而戍守北部边界、抵御日耳曼人侵略的可能是一群来自尼罗河畔的士兵。虽然离家乡很远,这些青年士兵却可以通过覆盖全帝国的军事邮政系统与家人保持联系。我们手中就有一封当年一位守卫边疆的埃及新兵写给远在家乡的父亲和姐妹的家信(见图28.4)。士兵除在边界岗位上执勤外,平日里就同战友们一起生活在边疆军营中,营区中有漂亮的官兵营房(见图28.5)。这种时刻准备抵御入侵的野蛮人的边疆军队有非常严格的纪律。除常规操练外,军队还负有筑路、架桥、建造水渠和公共建筑及维修界墙等职责。

这一时期,帝国发生了重大变化。皇帝们发展了早在克劳狄乌斯时代就初步形成的那套政府机构体系。为了便于管理,皇帝任命了一批罗马骑士,至此,一个具有丰富经验的管理者队伍才算真正形成,

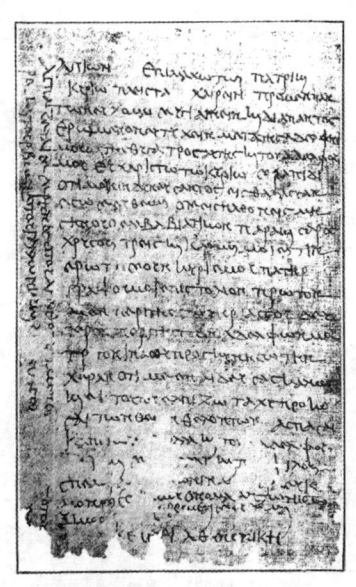

图 28.4 罗马军队的一个年轻士兵亚庇奥恩给他在埃及的父亲庇穆乔斯的信

埃及青年亚庇奥恩与村里的其他青年一起应征参加了罗马军队。他们告别家人后，在亚历山大里亚登上了政府的大船，被运往意大利。在经历了一场海上风暴之后，他们到达了距那不勒斯不远的米塞努姆罗马军港。在那里，他们换上了军装，请人画了肖像，随信寄给父亲。这封信是请人代写的，是用漂亮的希腊文书写体写在羊皮纸上的。信中写道："亚庇奥恩祝尊敬的父亲好运！希望您身体康健，同时祝您、姐姐和外甥女、弟弟万事如意。感谢塞拉皮斯神，我在海上遭遇到风暴时，是他救了我。来到米塞努姆后，皇帝赐给我三块金币作路费。我现在一切顺利。我请求您，我尊敬的父亲回封信给我，先介绍您的情况，然后讲一讲弟弟、姐姐的情况，也可以让我通过您的来信触到您的手，是您将我养育成人。如果神保佑的话，我会很快被提职。替我问候加庇东（一个朋友）、弟弟、姐姐、塞伦尼娜和其他朋友。随信带去我的小画像。我的（罗马）名字叫安敦利乌斯·马克西姆。再次祝您万事如意。"在左边还有两行竖写的文字，那是亚庇奥恩一起参军的朋友写给家人的问候，就像现代人写信时加上的附言一样。信卷好密封，然后交给罗马军事邮政系统投递。信被安全送达，一直期盼着的父亲和家人就在 1700 年前的尼罗河畔小村庄中看到了这封信。斗转星移，老父去世了，这封信便被放在家中的杂物中间，直到被今天的考古工作者在倒塌的墙脚下发现。这封古代的信已经有些破损，与这封信在一起的还有一封这个士兵后来写给姐姐的信，当时他已在罗马边疆驻守多年，并且结了婚，生了孩子。

图 28.5 罗马边疆要塞一瞥（复原图）
左上图为边疆要塞的大门,另外三幅图都是营房内景。

他们管理着政府各部门,或协助皇帝处理各种事务,帝国政府因此而得以正常运转。伟大英明的哈德良在完善政府管理方面取得的成就最大。罗马在统治地中海三个多世纪之后,终于建起了完善而有效的政府组织,而东方早在金字塔时代就已出现了这种组织。

在众多变化中,最重要的变化是包税商包征税收的制度被废除了,这种制度给希腊人和罗马人带来了许多麻烦。现在,政府的征税员负责广大地中海世界的税收工作。当我们想到罗马人这时才建立起来的制度早在三千多年前的尼罗河畔就已发展得十分完善时,我们会不由得发出某种感慨。

这些政府部门完全掌握在皇帝手里,皇帝的权力因而大大增强。

最初，皇帝——如奥古斯都——只是作为第一公民与元老院共同管理国家。现在的皇帝则成了专制君主，元老院已很难再对其权力进行制约，因此，罗马皇帝已与拥有绝对权力的东方君主没有多大差别了。而且，在第二个百年和平时期，皇帝还通过法律和法规使这种专制统治合法化了。但令人不解的是，皇帝们却没有通过法律解决继承人问题，因此，每位皇帝死后都有发生动乱的可能。

同时，意大利也发生了巨大变化，农民的处境十分悲惨，意大利乡村的自由民几乎完全消失了。涅尔瓦和图拉真动用大量资金，向那些生活窘迫的农民发放低息贷款，用贷款利息救助意大利城镇穷困自由民的孩子，希望培养出新的乡村自由民群体。这是有史以来首次出现的政府慈善事业，但并没有取得预期效果。另外，由于意大利没有发达的制造业，意大利公民的地位大大降低。同时，帝国并没有实现奥古斯都的理想，即将罗马帝国变成以意大利为首的帝国。皇帝赋予各行省，尤其是西方行省以公民权或变相公民权，各行省有威望的公民可以在罗马担任高级官职。这样，帝国就发展成了一个地中海国家，这种情况早在奥古斯都时代就初露端倪。意大利成了一个普通的罗马行省。

在这个庞大帝国中，各行省的人民向同一个国库纳税，接受同一套法律约束。那些由罗马皇帝委任的律师都是前所未有的天才。他们大刀阔斧地修改了以前只适用于罗马城的城市法，使之适用于整个地中海地区。他们的天才智慧体现在罗马帝国的大法典中。帝国的法律精神是公平、公正和人道的。在哈德良之后继位的仁慈的安敦尼·庇护皇帝规定，一个被告在没有证据证明有罪之前必须被视为无辜者。今天的法律就继承和遵循了这一原则。这时的法律有效地保护了妇女儿童的权益，使他们免受家长的虐待，而在早期的罗马，对待家人像对待奴隶一样是家主的法定特权。现在，奴隶也受到了法律的保护，主人不再可以随便处死奴隶。当然，我们也应该认识到，在重大事务方面，罗马的法律是根据官阶的不同而区别对待的，更多地维护了贵族的利益，而不是平民的利益。罗马法律在统一地中海世界、建立统一国家方面发挥了很大作用，它不是针对某一个民族制定的法律，而是一部适用于整个大帝国的通法，对于帝国内的各民族，罗马法都提供了同样公正、合理和有效的保护。同时，以前的那些由城邦制定并一直沿用的古老法律只要不危及帝国利益，也可以继续沿用。

帝国仍以行省为单位进行管理，行省数量不断增多，各行省的大多数人生活在城市中。城市与周边社区组成了类似于早期希腊城邦的单位。每个城市都有选举自己的执政官员和管理城市事务的权利。人们仍然热衷于地方事务，进行公职竞选时，候选人之间的竞争十分激烈。在庞贝城的墙壁上可以清晰地看到候选人为拉选票而做的宣传。当然，各城市的主权都归罗马帝国所有，由罗马总督具体管理。

现在，帝国各行省的事务都由有才能的忠于职守的总督们掌管。从小亚细亚俾提尼亚行省总督小普林尼写给图拉真皇帝的信中，我们可以看出他对自己所负职责的忠诚，从中还可以看出皇帝对行省事务的关注。图拉真和哈德良等皇帝对地方事务的关注也在一定程度上减轻了地方的压力。哈德良曾在各行省巡视过几年，非常了解各行省的情况。地方社区越来越依赖皇帝，而对公共事务却越来越不感兴趣。随着帝国对行省控制的增强，人们的公共责任感越来越淡漠。我们在后面将会看到，这正是罗马帝国衰落的主要原因。

二、罗马帝国的早期文明：罗马的行省

罗马帝国的一个行省城市被一场大灾难完整地保存了下来，那就

是被火山灰埋没的庞贝城。走进这座保存完好的城市，我们仿佛看到了早期罗马帝国的真实生活。

地中海地区大约有6500万到1亿人口。假如人的视野不受限制的话，只要站在直布罗陀海峡环视非洲、亚洲和欧洲，就可以将地中海沿岸的所有居民尽收眼底。在右侧的非洲，生活着摩尔人、北非人和埃及人；在东方，居住着阿拉伯人、犹太人、腓尼基人、叙利亚人、亚美尼亚人和赫梯人；而欧洲则是希腊人、意大利人、高卢人和伊比利亚人的家园；在他们后面，是不列颠人和罗马边疆地区的一部分日耳曼人。尽管这些民族在生活方式、服装和习俗等方面各具特点，但都在罗马保护之下，都欢迎罗马创造的意义深远的和平。我们看到，绝大多数人生活在城市里，因此城市生活就是当时生活的代表，尽管那些城市的规模都很小。

对现代人而言，罗马帝国的一个行省城市被完整地保存下来是一件幸事。现在，我们可以看到这个城市2000年前的样子。这座名为庞贝的小城，在提图斯统治时期（公元79年）被火山灰完全埋没。现在，这座城市被发掘出来，城市中的街道和房屋、广场和公共建筑、商铺和集市等灾难来临之前的大部分建筑，我们都能见到（见图28.6）。我们可以看到笔直的街道上马车留下的印迹，可以在餐厅看到墙壁上挂着的精美油画；我们可以看到烤炉中烤焦了的面包和旁边的磨面机械（见图28.7），还可以看见厨房中的炊具以及旁边整齐排放在那里准备组装的炉条。走进这座保存完好的凄凉的城市，我们仿佛看到了早期罗马帝国的真实生活。

庞贝城距意大利南部的希腊城市很近。我们发现，庞贝城的生活和艺术都是典型的希腊式的。在罗马统治的世界里，意大利以东地区

图 28.6　庞贝城的街道

　　街道和人行道维护得很好,这就是被火山灰埋没前的样子。左边有一个公共取水口,前面是一个十字路口。两边的建筑大都只留下半截,但在街道左侧,仍可以看到两家保存完好的商铺门口,二楼的前墙也没有倒塌。

图 28.7　庞贝城带石磨的面包房

　　在面包房旁边的院子里,我们看到了磨面的石磨。磨片中央被凿成沙漏的样子。磨片的上部像漏斗,谷物由此落入磨中,下部则像一个倒放的漏斗,放在固定在底座上的另一片圆锥形磨片上。推动装在石磨侧面的木把手时,两扇磨片就可以将谷物碾碎。

的文明只是希腊文明的延续和发展。在某些方面，罗马有了极大的发展，在道路交通和邮政方面尤为突出。宽阔的罗马公路通向四面八方，路上铺着石子，像城镇的街道那么平整。罗马的公路遇山翻山，遇河架桥。有些大桥直到今天仍在使用。

　　城市附近的公路上，人来人往，车水马龙。人们有时会见到某位罗马总督坐在笨重的大马车里，他可能从行省方向来，朝罗马方向去。车厢的帘子垂着，坐在马车里的总督或是在悠闲地读书，或是向书记员口述着什么。在总督的马车后面，一个小贩骑着毛驴赶路。突然，小贩避到了路边，给一支正在行进的罗马军队让出大道。这些士兵耀武扬威，飞扬的尘土也遮不住他们手中武器的寒光。在他们后面，是一位骑马的军官，旁边跟着一个戴着镣铐的犯人，这个犯人就是基督教的传教士保罗，他被押赴罗马受审。前面来了一个花花公子，他正在向坐在轿子中的两个女子炫耀他的漂亮坐骑的美妙步态。他很不情愿地为迎面疾驰而来的帝国邮车让了路，邮车朝一座山那边驰去。公路上时常会出现长长的驴车队，满载着商品和货物，吱吱哑哑地慢慢前行，这是帝国的货车。人们要想出外旅行，只能乘马车或骑马。旅行和通信的速度并不比一个世纪前尚未使用蒸汽机车时的欧洲和美洲差，而且道路要好得多。同希腊化时期相比，罗马在交通方面确实有了很大的进步，在航海方面最大的变化就是没有了往日横行无忌的海盗。克劳狄乌斯在台伯河河口建了一个大码头，旅行者只要坐上豪华舒适的大船，一个星期内就能到达西班牙。当远在雅典学习的孩子需要交学费时，在罗马的家长就会寄去一张银行汇票，一个星期之后，孩子就可以得到这笔汇款了。罗马商人寄给他在亚历山大里亚的代理人的信，10天之内就能送到收信人手里。来往于罗马港口与亚历山大里亚之间的政府运玉米的大船只能载几吨货物，而一艘埃及尖塔船竟能载300吨～400吨货物，不仅可用于运输货物，而且能容下几百位旅客。当时的罗马皇帝渴望建造这样的大船。各港口都仿效亚历山大里亚港建起了码头和灯塔，以便有效调度和引导进出港的船只。但是，一到冬季，海上运输就停止了。

种种有利因素使罗马帝国的商业有了前所未有的繁荣兴旺。便利的交通使罗马商人可以找到新的市场，可以将贸易发展到罗马以外的许多地方。意大利的商品甚至远销欧洲和不列颠的北部沿海地区，而那里的马口铁又被商人经塞纳河、罗讷河，最终运抵马赛。在帝国的另一边，印度洋季风使对印度的贸易有了突飞猛进的发展。一支由20艘商船组成的船队经常穿越印度洋，往来于红海和印度各港口之间。运到红海的商品又被骆驼商队横穿沙漠运到尼罗河，然后从亚历山大里亚码头运往西方。亚历山大里亚仍然是地中海最大的商业城市，可以称之为"罗马帝国的利物浦"。亚历山大里亚堆满了东印度的珠宝、埃及的莎草纸、亚麻布、华丽的刺绣、精致的玻璃制品、向罗马进贡的大量谷物等。当时有这样一句谚语：除了纷飞的雪花，亚历山大里亚什么都不缺。北方大道使商队进入了东方的中国，中国的丝绸源源不断地运往地中海地区。当时已经形成了庞大的商业网，这个商业网覆盖了东起中国的海岸和印度的港口、西至不列颠和大西洋沿岸港口的广大地区。

商贸和休闲使长途旅行变得十分普遍，当时的人们已经对世界有了更完整的认识。有教养的罗马富裕公民经常在地中海上旅行，像今天出外旅游的人一样。但是，旅行者却很难在偏僻的城镇找到旅店。如果马车没有足够宽大的车厢，或忘了带帐篷，那就只能借宿于商铺的阁楼，并请求店主供给食物。在大多数情况下，那些富有的旅行家一般会随身带着介绍信，以便能够投宿于富家宅邸。

即使在各行省城镇，旅行者有时也会遇上一些成功的商人和官员，他们不仅拥有大量财富，而且大都被封为罗马骑士。在他们中间有时会有一位显赫人物被皇帝直接封为元老。在元老和骑士阶层之下，是由商人、店主、工匠和手工业者组成的自由民阶层。自由民成立了各种各样的行会、社团和俱乐部，这种习俗可以上溯到雅典帝国灭亡时代。在某些方面，行会与现在的工会相似，他们联合起来的目的是使同行业个体相互帮助。有些团体是专为社会活动或节日庆典成立的。团体中有人死了，大家会集资安葬他。自由民大都是没有多大影响力的富人，但各个城镇都有很多自由民，他们是保持帝国繁荣和帝国商贸活动的主体。

当旅行者在城市中漫步时，生气勃勃的城市生活会给他留下深刻的印象。城市中的自来水、剧场、音乐厅、浴池、体操房、学校等公共设施和场所都是富人出资建造，供社区使用的。在这些热心公益事业的人当中，希罗德斯·阿提卡斯的名声最大，他为雅典人捐筑了一座宏伟壮观的音乐厅。希罗德斯是当时的"安德鲁·卡耐基"，在市场上立着一座功德碑，上面刻着人民对他表示的感激。政府大力兴办学校并为教师发薪水，学校接收所有儿童，开设希腊化时期的学校教授的所有学科（见图28.8）。有志经商的男孩可请速记员教他学习速记；希望接受高等教育的少年除了去亚历山大里亚和雅典拜师求学以外，还可以到东西方各地新兴起的大学，尤其是哈德良在罗马创建的雅典娜大学学习。因此，旅行者无论走到帝国的哪个地方，都能见到有教养、有文化的人。

对于在希腊游览的古罗马人来说，600年前的伯里克利时代或波希战争时期的希腊是那样古老和遥远，人们对希腊的了解只限于修昔底德和希罗多德的历史著作中的描写。那时，罗马还是台伯河岸的一

图 28.8　罗马帝国时期的西西里学生在砖坯上写的字

　　学生们经过砖厂，喜欢把在学校学到的希腊文写在砖坯上。在这块砖的上半部，一个小孩认真地写了 10 遍大写的 S（希腊文的 Σ），又写了 10 遍字母 K。紧接着用大写字母写了单词"龟"（ΧΕΛΩΝΑ）、"石磨"（ΜΥΛΑ）和"木桶"（ΚΑΔΟΣ）。然后，一个年龄稍大的孩子过来推开这个小孩子，骄傲地表现自己在文字方面的优势，写下了两句绕口令（类似于 Peter Piper picked a peck of prickled peppers），翻译成现代文字为"Nai neai nea naia neoi temon, hos neoi ha naus"，大意为"男孩伐木造大船，大船下海游四方"。后来另一个孩子又在下面写了两句话。这块砖充分说明了希腊文的广泛传播和罗马帝国时期的教育普及程度。

个商业小镇。当他走到卫城山脚下时，他可能会望一眼那已经消失了的塞米斯托克利斯和伯里克利时代的伟大希腊。他还有可能走进斯多噶学园，回忆起在这里度过的美好的学生时代，在他年轻时，父亲曾把他送到这里求学；或漫步于阿加德米学园，他曾在这里聆听过柏拉图传人的教诲。

　　在德尔斐神庙，古罗马游客可以看见刻在大理石板和还愿碑上的描写海拉斯功绩的生动故事,这都是希腊人献给阿波罗神的礼物。当罗马游客穿行于林立的还愿碑之间时,他会发现有些碑只剩下了底座。这时他会想起他曾在罗马朋友的别墅中见到的:他的朋友把底座上面的雕像搬去做了别墅的装饰品。创造了辉煌艺术的希腊城市将自己的丰富文化遗产毫无保留地赠给了罗马人,但是,它自己的商业却是那么衰败,在政治方面是那么软弱无能。

那位旅行者继续东行,来到小亚细亚和叙利亚的繁华城市,在这里,他完全可以为罗马统治的成功而自豪。在肥沃新月的西半部,尤其是约旦东部地区,过去是荒凉的游牧区,现在已遍布繁荣城镇。城镇中有长长的引水渠,有剧场(见图28.9)、浴池(见图28.10)、巴西利卡会堂等宏伟的公共建筑。这些建筑的废墟可以使现代人想象到它们的巨大规模。所有城镇都被平整的道路连接起来,而且很可能有一条穿过小亚细亚和巴尔干半岛的公路将它们与罗马联系在一起。

图28.9 北非的一个泥屋村庄旁的罗马圆形剧场

这座破落村庄一度是拥有这种娱乐场所的城市,迦太基以西的广大地区都变成了这样的荒凉之地。

图 28.10　英国巴斯镇的古罗马浴池废墟

英国巴斯镇有很多温泉，罗马殖民者在这里建起了豪华的温泉疗养院。近几年，这座罗马建筑被发掘出来，因此我们了解了它的基本布局。这是它的部分废墟的模型图。右侧是一个长方形的大水池，长 83 英尺，宽 40 英尺。左侧有一个圆形浴池。图的上部曾建有华丽的大厅，休息室建在大浴池的两边，洗温泉浴的人可以坐在这里休息或与朋友聊天。

在这些城镇后面的沙漠的另一边，是好斗的安息帝国。受过教育的罗马人一定知道五百多年前的色诺芬和后来的亚历山大大帝曾经拜访过一片废墟，而这片废墟就是曾经打到底格里斯河对岸的尼尼微的坟墓。那位罗马旅行者可能在希腊历史和图拉真的报告中得知，巴比伦城的废墟就在幼发拉底河畔离海很近的地方。因为图拉真的帝国扩张理想没有实现，所以罗马旅行者也不会跨过边界进入异国他乡。

但是，他可以在安条克乘罗马大帆船前往亚历山大里亚，他会在那里看到一个更古老的世界。在那座已有 400 年历史、几个小时前就能看见的巨大灯塔下，罗马旅行者看到了罗马灯塔的原型。在这里，这位罗马旅行者会看到许多希腊富翁和罗马游客。参观了亚历山大里亚宏伟壮观的希腊式建筑之后，这位旅行者溯尼罗河而上，进入了一个他们所知的最古老的帝国。他们看到了比罗马早几千年的建筑。去那里的旅游者也像今天去那里的观光客一样，大都是来自繁华大城市的有钱有闲的猎奇者。他们无精打采地参观吉萨金字塔，荡着小船在神庙湖上向神圣的鳄鱼扔食物，无聊地消磨着下午的时光，在那广阔的底比斯平原上投下长长影子的雕像上刻下自己的名字。他们相互交换着对太慢的船速的不满，谈论着来自罗马的新闻。那些游客留下的笔迹今天仍依稀可辨。但那位有思想的罗马人来这里参观并不只是为了获得一些快乐，他会在笔记中这样写：这块创造过古代奇迹的土地上有成群的牛羊，有无边无际的良田，它是罗马的粮仓，是皇帝取之不尽、用之不竭的财源。

在罗马人看来，东地中海世界就是自己的世界，那里有悠久的古代文明，即希腊——东方式的文明。那位罗马旅行者发现，这个世界中的人们普遍使用希腊语。当他从东方返回西地中海世界时，他看到的则是一个繁荣昌盛的世界。这里像今天的美国一样，文明刚刚兴起。但是，在整个北非、迦太基西部、西班牙全境、高卢和不列颠，他所见到的几乎全都是简陋的村舍，既见不到城市，也见不到真正的建筑。事实上，除了很少的几个地方曾与希腊人和迦太基人有过一些接触之外，从几千年前的石器时代晚期开始，到罗马征服时期为止，西部地区几乎没有什么发展。

塞内加说过："哪里有罗马征服地，哪里就居住着罗马人。"这主要是对西方而言。因为在西方各地都可见到罗马商人和官员，很多城市都有罗马驻防军，通用的交际语言是罗马的语言——拉丁语。而在西西里以东地区，希腊语则是通用语言。直到这时，西欧才开始出现城市，而且都是由罗马建筑师设计的罗马风格的建筑。在迦太基以西的沙漠和海洋之间的北非地区，我们至今仍可见到有壮观的公共建筑的城市遗址，罗马的征服使这片蛮荒之地变成了文明城市。西欧，尤其是法国南部也有很多宏伟建筑的遗迹。我们可以参观和考察雄伟的大桥、大型剧场、精美的公共纪念碑、豪华的别墅和富丽堂皇的公共

图 28.11 法国尼姆的古罗马大桥和水渠

　　这是罗马人于公元 20 年修建的,是为了将 25 英里外的两股泉水引到南部法国尼莫洛(今天的尼姆)的罗马军队驻地。大桥长 990 英尺,高 160 英尺,横跨加尔河谷。水渠架在桥的上方,这座桥现在仍可供人通过。桥两端数英里长的沟渠现已完全消失了。

图 28.12 法国奥朗日的古罗马凯旋门复原图

　　在这种纪念性的建筑形式被接受后,罗马人为纪念重大战役胜利而修建了许多精美的凯旋门。罗马帝国在很多重要城市修建的纪念性建筑,至今仍有一些完整地保存下来。图中是建在罗讷河边的雅洛西(今天的奥朗日)罗马军驻防地的凯旋门,是为了庆祝公元 21 年对高卢人战争的胜利而建的。

浴室——从不列颠到法国南部和德国以及巴尔干北部,到处可以见到这种遗迹。

地中海沿岸遍布着罗马臣民的社区,在那里,同样随处可见罗马式纪念碑和其他建筑——西起不列颠东至耶路撒冷,再到摩洛哥。它使我们认识到这样一个事实——经过长期发展,东方和西方都已拥有了高度发达的文明。这也是那位罗马旅行者在他的同胞治理下的世界中漫游时得出的结论。中央是广阔的地中海,地中海周围环绕着一系列文明国家,罗马军团又使这些文明国家紧密结合在一起。军团驻守在西起不列颠,东到耶路撒冷,再到摩洛哥的边疆,犹如一道坚固的防洪堤抵挡着蛮族。没有他们,蛮族会像汹涌的洪水一样冲进地中海文明世界。现在,让我们再回到地中海世界的政治中心罗马城,去了解奥古斯都时代之后的罗马文明的发展历程——两百年和平的后75年。

三、罗马帝国的早期文明:罗马

到了哈德良统治后期,罗马已成为世界最繁华的城市,无论在规模、人口还是在公共建筑方面都已远远超过了亚历山大里亚。在享受繁华生活的同时,人们的思想变得迟钝了,文学和科学陷入了停滞状态。

哈德良统治末期,罗马已成为当时世界上最繁华的城市。这时的罗马城无论在规模、人口还是在公共建筑方面都已远远超过了亚历山大里亚。在尼禄的金宫所处的广场东部,韦帕芗修建了一座大型圆形角斗场,这就是著名的哥罗塞姆大剧场(见图28.13)。这座大剧场是韦帕芗的儿子最终完成的。提图斯曾在这里让4.5万观众观看了一百天血腥角斗。现在，这座大剧场虽然大部分已残破不堪，但仍可称得上是世界最伟大的建筑之一。这一时期，韦帕芗最终完成了尼禄统治时期发生的大火灾之后的罗马城重建。

图 28.13　古罗马弗拉维（哥罗塞姆）圆形大剧场

　　这是世界最伟大的建筑之一，椭圆形，内部四周有阶梯形观众席，可容纳 50000 人同时观看表演。图中是剧场的外墙。这是皇帝韦帕芗和提图斯修建的，于公元 80 年完工。左侧是尼禄铜像，高约 100 英尺。铜像原本不在此处，而是在广场东侧著名的"金宫"入口处。

　　帝国时期的大部分宏伟公共建筑建在老广场或广场的扩展部分。随着这座伟大的世界之都商业的进一步发展，韦帕芗和涅尔瓦修建了两个规模更大的广场。这两个广场和恺撒广场、奥古斯都广场在老广场北面组成了一个新的广场群。在这个广场群西北角，是图拉真修建的新广场，其规模之大超过了此前地中海世界的所有建筑。这个广场一边矗立着新建的巴西利卡商业会堂，会堂边上耸立着高高的功德柱（见图 28.14），功德柱上有螺旋形的浮雕带，表现的是图拉真指挥的所有伟大战役。功德柱两侧有两座图书馆，一座是希腊文图书馆，一座是拉丁文图书馆。直到今天，这座功德柱仍屹立在现代罗马的街道上，而同一时期建成的其他建筑早已不存在了。

图拉真和哈德良时期的建筑在宏伟、精美程度和工艺方面都达到了罗马建筑的最高水平。尽管我们现在还不知道水泥的凝固特性是谁在什么地方发现的，但我们知道早在希腊化时期，水泥就被用在建筑上了。自哈德良时代起，罗马工匠逐渐熟练掌握了制作大型水泥制品的技术。哈德良万神殿（见图28.15）的圆屋顶就是由整块混凝土构成的，直径为140英尺。可见，1800年前的罗马人已经开始使用我们刚刚开始模仿的水泥结构了。直到今天，万神殿顶依然坚固如初，如同哈德良的建筑师刚撤掉支架时

图 28.14　图拉真功德柱

它高耸于两座图书馆之间的图拉真广场一侧，用大理石砌成，高100英尺。其上环绕着一条由154幅浮雕组成的螺旋浮雕带，绕柱22圈，共刻有2500个人像。如果将浮雕带展开，可以延伸650英尺。仔细观察一下浮雕，我们可以发现这些浮雕都是很有趣很精美的艺术品。浮雕表现的是图拉真指挥的所有伟大战役。图中的那些断柱属于与图拉真广场相邻的乌皮亚巴西利卡会堂。

的样子。哈德良的陵墓是罗马最大的，几代罗马皇帝都选择这里作为自己的最后归宿地。这座陵墓是罗马最伟大的建筑之一，直至今日它依然保存完好。

罗马最优秀的艺术品是这些纪念建筑上的浮雕。图拉真功德柱上的浮雕可以说是一本表现他征服生涯的精美画册，它比罗马的其他艺

术品更能反映罗马人的创造能力。但在人物雕刻方面，这个时期的大多数作品都是对伟大的希腊雕刻家的著名作品的模仿。在意大利的考古发掘中，人们发现了许多罗马雕刻家仿希腊雕刻大师的作品，现代人正是通过这些作品了解了早已失传的优秀希腊作品。罗马的人物雕刻有希腊风格，在罗马的所有雕刻作品中，人物雕像是其中的精品。

墙壁装饰画几乎是这一时期唯一幸存下来的油画作品。希腊家庭中所挂的绘画大师的作品被大量仿制。这一时期，肖像画非常兴盛。

图 28.15　阿格里帕和哈德良所建的罗马万神殿殿顶内侧

这里最早的建筑是奥古斯都的大臣阿格里帕修建的。我们现在见到的万神殿则是哈德良重建的。顶部有一个圆孔，直径约 30 英尺。圆孔到地面的距离是 142 英尺，大殿圆顶的直径也是 142 英尺。这是唯一保存至今的完整的罗马古代建筑。屋顶和墙壁仍保存完好，古罗马人使用水泥的技术在其中得到了充分体现。殿顶内侧的设计极其精致，会给每一个参观者留下深刻印象。可把它同圣索菲亚大教堂作一番对比。

在街头为人画像的画家像今天的照相师一样随处可见，他们能在一块木板上以最快的速度为人画出肖像。罗马军队的年轻士兵为自己能穿上军人制服而骄傲，他们往往会花一点钱请人画张戎装像，随信寄给家乡的父母。我们在尼罗河流域见过这种画像。

这一时期，罗马受过教育的人数大大增加，超过了以前任何时代。国家图书馆向所有人开放，作家和文学家大都会得到皇帝的资助。但是，即使在这么优越的条件下，罗马也没出现具有丰富想象力的创造性的天才作家。罗马文学也像它的雕塑和绘画一样，只是对以前的文学名著的模仿，文学已陷入停滞状态。在奥古斯都时代，曾经有过短暂的文学黄金时期，但后来文学中心很快就回到了雅典，雅典的四所学园合成了一个政府大学，并且得到了皇帝的关注和资助。尽管如此，罗马文学还是产生了很大影响，帝国的作家一直在努力推动文学的发展和繁荣。哲人或修辞学老师将自己的演讲稿编辑成册时，都会在书名下注"成书于罗马"。

诗歌已衰落了，但散文作家却非常活跃。尼禄的大臣塞内加的关于个人行为和品德的论文和信札非常吸引人，这些作品表现了对高贵人性的推崇，很多读过他作品的人都以为他皈依了基督教。他的散文风格产生了很大影响，在很长一个时期内甚至超过了西塞罗。皇帝图密善之后的几代皇帝都奉行宽松的统治政策，这使言论自由有了很大发展，塔西佗因而能够毫无顾忌地在他所著的自奥古斯都至图密善时期的历史著作中表达自己的见解（公元14年～96年）。虽然他只是表达了他的一己之见，揭露了尤利乌斯皇族的阴暗面，但他的著作仍以其独特的表现风格而成为一部伟大历史著作。他还在其他作品中概括介绍了日耳曼，这是我们所掌握的有关北欧人生活的最早史料。小普林尼与皇帝图拉真之间的来往书信也是古代最优秀的作品。这些书信会使我们想起早他们2200年的古巴比伦国王汉穆拉比的书信。

虽然有些拉丁文作家不是生活在罗马,但我们还是应该把他们与同时代的几位伟大希腊作家的作品联系起来。普卢塔克出生于马其顿的腓力王镇压过的希腊维奥迪亚的小村庄海罗尼亚,他通过将希腊、罗马伟人放到一起,把每位希腊伟人同一位罗马伟人做对比,写下一部著名的伟人传记。尽管这部传记中有太多的想象成分,但仍可称得上是一座展示希腊、罗马英雄的长廊。在一千八百多年间,这部作品一直深受人们喜爱。在这一时期,有一位曾出任过罗马小亚细亚行省总督的希腊作家阿里安,他搜集了流传到那时的所有关于亚历山大大帝的故事并做了整理,仿照色诺芬的《长征记》写出了《亚历山大远征记》,他对色诺芬著作的模仿之作是那个时代的大量模仿作品之一。阿里安不是伟大的散文作家,自然也不是伟大的历史学家,但是如果没有他的收集整理,现代人就不会对亚历山大大帝有这么多了解。波萨略编写了一本内容最丰富的希腊手册,这本书对当时的雅典、德尔斐和奥林匹亚等希腊主要城市的所有建筑和纪念碑做了详细描写。它用文字描绘出了古代希腊世界的不朽画卷——从精美的雕像和神庙到壮观的剧场和公共建筑。

在科学方面,罗马人一直是希腊科学发现的搜集整理者。仕途顺畅的普林尼一直勤奋地致力于科学研究和整理,他收集了大量分散在希腊著作中的科学事实,编辑成一本他称为《自然史》的著作(其实是一本百科全书)。他一生痴迷于科学研究,维苏威火山爆发时他为了观察研究火山的活动,勇敢地前往灾区,努力营救庞贝人(他是舰队司令),最后在那里殉职。在普林尼的《自然史》中,并没有作者本人的重大科学发现,并且有许多对科学的误解,这使这本著作的科学价值大大降低。但是，在近现代科学兴起之前的几百年间，他的著作一直被所有欧洲受过教育的人视为权威参考资料，其权威性仅次于亚里士多德的著作。由此可知，这一时期罗马人的思想变得迟钝了，人们仅仅满足于早期的科学发现和成果。

哈德良和安敦尼时代的亚历山大里亚天文学家和地理学家托勒密是古代世界最后一位伟大的科学家。他有很多著述，其中的《天文学大成》中大部分内容是对以前的天文学发现的介绍，后来成为一部权威性著作。其中对太阳系的错误解释广为流传。直到距今400年前，真正的科学事实（萨摩斯的希腊天文学家亚里斯托克利斯早就发现了）才再次被波兰天文学家哥白尼发现。托勒密还写了一本介绍巴比伦天文学的著作，这再次证明当时的科学已经衰落。托勒密和早期希腊天文学家的地球是一个球体的观点被后来的欧洲旅行家和航海家接受，并最终促成哥伦布向西探索印度和东方的航行——正是这次航海发现了美洲。

在罗马，有文化教养的人的地位已完全不同于共和时期。那时有知识的人只是家庭教师。现在，有知识的人有的在政府中担任重要职务，有的成为由政府支付薪水的教师或教授。罗马已不再仅仅是罗马和意大利的罗马，而变成了整个地中海的罗马。各行省都有很多显赫家庭居住在罗马，给衰颓的罗马社会注入了新鲜血液。少年时曾在西班牙的家乡山丘上眺望大西洋的重要人物和在幼发拉底河畔长大的达官贵人都汇集到了罗马街头。来自世界各地的生意人聚集在银行和新广场的宽敞会堂中，或进出于政府的各办公处和行政部门，或讨论国家发行的手抄报纸上的新闻，或坐在图书馆和大学演讲厅中学习，或在拥挤的公共浴室和圆形剧场中休闲娱乐。罗马富豪们有的热衷于举办各种宴会和舞会，有的在雕像林立的花园中散步，有的住在豪华乡村别墅中俯瞰那不勒斯海湾打发时间。这就是繁华的罗马生活，它遍及罗马的大街小巷。我们称这种生活为万花筒式的生活，用一个更常用的词表示便是cosmopolitan（大都市的），这个词的希腊词源的意思是world-cityish（世界性城市）。

整个世界都服务于罗马，这在富贵人家的奢侈生活中表现得非常明显。普通罗马人的住房和服装等与共和制末期没有多大的区别，但富贵人家拥有的奢侈品、装饰品却明显增多了，其中大多是来自东方的奢侈品。罗马的贵妇人们用印度的钻石、珍珠和红宝石打扮自己，身上穿的是中国的丝绸。富贵家庭的餐桌上摆满了新鲜的桃子、李子，这在昔日的罗马是难以想象的。罗马厨师学会了做米饭，而在过去，只有重病患者才有可能吃上一顿米饭。贺拉斯曾讲过这样一个有趣的故事：一个罗马吝啬鬼看到医生在处方中开出一盘米饭时，脸上露出了痛苦的表情。罗马的家庭已不再像以前那样用蜂蜜来做甜食，而是在市场上买一种叫sakari（糖浆）的新产品，据说是公元1世纪的东方水手第一次从印度带到地中海世界的，这使罗马第一次认识了糖。罗马生活中出现了许多新产品，像哥伦布发现新大陆之后美洲的土豆、西红柿和印第安玉米传到欧洲一样。

四、东方宗教的广泛传播　早期基督教的壮大

帝国的思想越来越没有活力了，哲学中充斥着准宗教式的做人道理以及斯多噶和伊壁鸠鲁的道德教条。人们渴望获得来世幸福，于是便到神秘的东方宗教中去寻求慰藉。以"世人皆兄弟"为核心教义的基督教因而广泛传播开来。

与此同时，地中海世界生活的另一方面也受到了东方的影响。它虽不像米和糖那样具体，但对罗马生活的影响却更深远。帝国的思想越来越迟钝，这从前面对罗马的文学和科学的介绍中可以看出来。哲学已不再发展新思想和发现真理，而是充斥着准宗教式的关于做人道理以及斯多噶和伊壁鸠鲁的道德教条。那些善于思考的罗马人只能通过西塞罗的论文和塞内加的对话了解希腊哲学。这些读者不再信奉古罗马神，而是把人生哲理当成了自己的宗教。但只有受过良好教育的智慧阶层才能恰当地把握和运用好这些哲理。

在从众心理作用下，罗马人逐渐被来自东方的神秘宗教征服了。早在奥古斯都时代，因为患病不得不离开战场的罗马诗人狄布罗就在给未婚妻的信中写道："狄丽娅，你的伊西丝能赐给我什么帮助吗？怎样才能让你的西斯特拉黄铜琴[①]在你的纤纤玉手中颤动？现在，女神啊，救救我吧；你的神庙中的许多画像都显示，你能祛除人类的病苦。"狄布罗及其未婚妻应该是思想较开化的人，但他们却在埃及女神伊西丝的信仰中寻求慰藉。哈德良的希腊朋友狄安努斯在尼罗河里淹死后，哈德良在罗马竖起一座尖塔碑纪念他，碑上刻着象形文字，宣告这位青年的灵魂已经和地狱之神奥西里斯达成了和解。在罗马的豪华别墅区，哈德良修建了一座埃及式的花园，主要是为了供奉伊西丝神和奥西里斯神，花园供奉着这两位神的雕像。普卢塔克写了一篇关于伊西丝和奥西里斯的文章，献给德尔斐的伊西丝神女祭司。早在帝国初期，就已有很多人开始信奉埃及神，后来，各大城市陆续建起了伊西丝神庙（见图28.16）。在塞纳河、莱茵河、多瑙河畔发现了许多这位女神的小雕像和象征物。

很多罗马人崇拜小亚细亚的大母神及其丈夫阿蒂斯神。波斯的光

---

① 埃及乐器，用手使之震颤而发出音响。

图 28.16 庞贝城的伊西丝神庙

连庞贝这样的小城也建有伊西丝神庙,希腊化时期,小普林恩城也曾建过这样的神庙。

明之神米特拉斯很受罗马军队欢迎。许多军团都有自己的教堂,每逢取得战争胜利,人们都聚在这种教堂中举行庆祝活动。这些信仰都是非常神秘的,教义包括不怕死亡、可以战胜死亡和永生不灭等。信徒们认为,在神的启示下接受了入教仪式之后,他们就可以祛除罪恶、接受神赐予的永恒生命,并且永远与神同在。

早期罗马的信仰与人的品德没有什么关系,崇拜者也不能从中得到什么祝福。到了帝国时期,人们开始期望得到或保证来世的幸福。饱受现实生活的种种苦难折磨的人们无不期盼着能从某位神灵那里得到支持和力量。于是,人们纷纷从东方信仰中寻求慰藉,相信东方神灵的神秘力量可以赐予他们来世幸福。同时,罗马人还相信,巴比伦的占星术可以为人预示未来。天文学家托勒密曾写过一本这方面的著作。那些以占星为职业的东方人被称作卡尔狄安或 magi（玛吉）。magic（魔术）、magician（魔术师）等词就是从 magi 演变而来的。

由于罗马人摧毁了耶路撒冷的犹太神庙，因此犹太人分散到各个城市。地理学家斯特拉波说："每一个城市都有犹太人。他们散居到世界各地，然后慢慢发展壮大，最终成为所居住地区的主宰。"最初，罗马政府是承认犹太教的，但犹太人却拒不承认其他一切宗教，这种排他性使他们失去了政府的信任，并且与政府产生了摩擦。

后来，罗马民众从众多的东方宗教中选择了一种，很多人皈依了这种宗教。它的传教者说，他们的基督是一位希伯来人，生于奥古斯都时代的巴勒斯坦。他带着最早的几位信徒在各地向人们宣传他们的以世人皆兄弟为核心的教义，这种宣传甚至比希伯来预言家的预言更具影响力。最初几年，基督是用他的母语阿拉米语传教的，后来引起了犹太教的敌视。在提比略统治时期，人们将他告上了法庭，指控他犯有政治阴谋罪。他被带到罗马总督本丢·彼拉多面前，总督下令将他处死了。

在塔尔苏斯城有一个帐篷制作者保罗，他是一位优秀的演讲者，他的演讲极具感染力，他成了基督的忠实信徒。为了宣传基督的教义，他跑遍了小亚细亚和希腊的所有城市，甚至连遥远的罗马也留下了他的足迹。在他的努力下，各地出现了许多虔诚信仰基督的社区，他的传教范围东起巴勒斯坦，西至罗马。他写给追随者的希腊文信件广泛流传，被信徒们视为珍宝。在这期间，人们用他在布道时所用的语言——阿拉米语——将他的生活经历记录下来。现在，阿拉米语版本早已失传，但希腊文版本却保存了下来，并在民间广为流传。最后出现了四种希腊文的耶稣传，这就是我们所说的"四福音书"。后来，"四福音书"和保罗的信札及其他文章被编辑成一本希腊文书，它的英

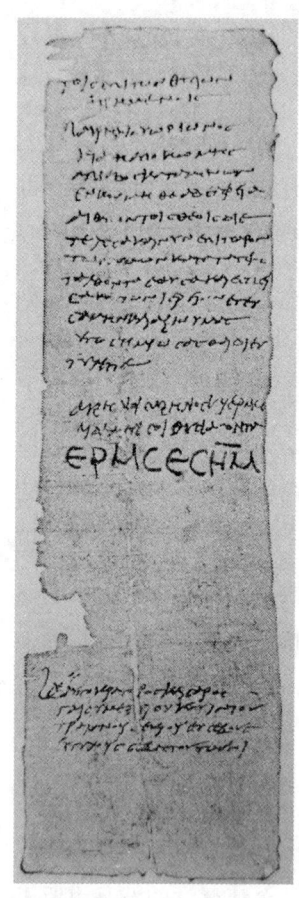

图 28.17　证明罗马公民奉皇帝为神并加以崇拜的证书

在古埃及的乡村废墟中发掘出几十张莎草纸证书。图中的证书证明了一个家在埃及村庄狄亚德勒菲亚的士兵奥利略·哈里昂的身份。他来到有关的政府委员会那里,证明了他对神的信仰,在委员会和证人面前献上了祭品(一头牲口),向神敬献了祭酒,也许还喝了一口酒。在证书中部是有关官员的黑体签字。下面的四行字是发证日期,此证签发于公元 250 年。这一时期的罗马公民无论信仰什么宗教都必须持有它,以便在遇到查询时证明自己的信仰。证书被称作 libellus,持有者则被称作 libellaticus。那些为了免受政府迫害而使用这种证书的基督教徒深为不承认证书的基督教徒鄙视。请与我们现在所使用的单词 libel(侮辱)比较一下。

文版就是《新约》。

尽管其他东方宗教也各有诱人之处,但却不能像这位希伯来传道士所宣传的那样,使人产生对崇高、美好生活的向往,让人体验到人与人之间的兄弟般的情谊和对全人类的爱。他那朴实的布道在罗马帝国的劳苦大众心中引起了共鸣:"到我这里来,一切劳苦大众和做牛做马者。"事实证明这句话的力量远远超过了罗马皇帝的命令。在罗马贫民区之中,无论是奴隶、自由人,还是工匠、艺人等一切地位低下者,都来聆听这句来自东方的"神谕"——对他们而言，这就是神谕。随着时间推移，皈依基督教的人越来越多，人们从它的教义中看到了希望。在第二个和平百年内，它的影响很快超过了罗马帝国的所有其他宗教。

罗马的政府官员慢慢发现，这些改变了信仰的人不仅不再视皇帝为神明，而且公开宣称罗马帝国即将灭亡。因此早期的基督徒多次遭到罗马政府的残酷迫害。他们的宗教使他们不能成为好公民，因为那种宗教禁止信徒崇拜皇帝。

尽管如此，基督教徒数量仍不断增多，各个新基督群体或社区组成了名为 ecclesia 的教民大会，也就是今天的教堂。ecclesia 原本是古希腊文，是公民大会的意思。这种教民大会或教堂为有能力的人提供了成为领导人的机会，找回了随着公民权利范围不断缩小而丧失了的权力。教堂领导人的势力和影响越来越大，在宗教和政治上发挥了很大作用。

五、第二个百年和平结束

表面繁荣的帝国其实已在走向衰落，帝国的宏伟辉煌的建筑难以掩饰地中海文明在第二个百年和平时期的衰退。北方的日耳曼野蛮部落冲破了帝国边界，侵入了意大利，二百年和平到此结束。

罗马帝国的表面繁荣，尤其是那些宏伟建筑渲染出来的繁荣，难以掩饰地中海文明在第二个百年和平时期的衰退。这种衰退在哈德良时代最为突出。公元 138 年，公正仁慈的安敦尼继承了哈德良的帝位。罗马人称安敦尼为 pious（虔诚者），虽然他加强了北方边界的防御力量,但却无力维持帝国对周边地区的威慑力。到了他的继承人马可·奥勒留执政时,边界局势已非常严峻(公元161年)。安息人已在安敦尼·庇护的宽松统治时期增强了自信,不断在东部边界挑衅滋事,马可·奥勒留为此而打了四年战争,保住了东部边界。

从战场返回罗马的罗马军队带来了一场瘟疫,很多人在这场瘟疫中丧命,而此时的帝国正需要他们。因为北方的日耳曼野蛮部落冲破了北方边界。这是他们两百年以来第一次侵入意大利(公元167年),两百年和平到此结束。同时,帝国陷入了财政困境,为了武装和维持军队,皇帝不得不将皇冠上的珠宝卖掉了。马可·奥勒留一直在后来被叫作波希米亚的地方同日耳曼人作战,直到公元180年在那里去世。他是在战场上战死的。尽管他屡次击败野蛮人,但却无力将所有野蛮人赶出帝国。最后他只好做了一次危险的让步,让一些野蛮人作为垦殖者留在指定的边疆区域,这一政策最终使帝国走上了悲惨的末路。

马可·奥勒留是一位杰出的政治家,他的私生活也是纯洁和高尚的。他认为自己所处的地位是神圣和至高无上的,忠于自己的职责。他酷爱阅读和研究前人的哲学和著作,时常思考一些哲学问题。即使在他陷入越来越多的国事困扰的时候,即使他深入野蛮人的心脏地区——波希尼亚的森林,在帐篷中指挥千军万马的时候,他也总是挤时间将自己的心得记下来,最终留给后人一卷希腊文心得集。这卷心得集使人们了解了他对绅士、骑士品质的崇尚和对纯洁高尚生活的追求。他是最后一位品格高尚的罗马贵族,在所有罗马皇帝中,他的崇高精神是独一无二的。但是,帝国劫数已到,无论多么高尚、多么伟大的皇帝也阻止不住早在帝国中期就已开始的衰退。从此以后,罗马进入了革命、内战和无政府状态的恐怖的一百年,帝国进一步走向衰败。

第二十九章　百年革命　罗马帝国分裂

图 29.1　泰西封皇宫废墟

图中是坐落在底格里斯河畔的泰西封皇宫废墟,这里曾是新波斯的首都。对比门洞前的人影可知这座建筑的高大。右侧的巨大圆拱后面建有许多大厅,整座建筑没有任何支撑。拱门宽 84 英尺,是迄今所知最大的大理石拱门。这座宏伟拱门后面是新波斯国王富丽堂皇的宫殿,后来,君士坦丁堡的罗马皇帝模仿它修建了自己的皇宫。要特别注意巴比伦作为小亚细亚和东方大道的水源地的重要性。泰西封离巴比伦很近,它只是这条重要水路上的众多城市(基什、阿卡德、巴比伦、塞琉古、泰西封及后来的巴格达)中的一个。

一、帝国内部的衰败

即使在最贤明的皇帝统治时期，罗马帝国农村地区的勤劳、勇敢、坚强的自耕农阶层也没有得到恢复。自耕农阶层是意大利繁荣的基础，以他们为主体的军团是罗马权力的基石。自耕农阶层的消亡是罗马走向衰落并最终灭亡的诸多原因中最关键的一个。

在第二个百年和平时期，罗马帝国有了比以前更完善的政府，出现了许多更美丽的建筑，教育得到了进一步完善，各种形式的文明更广泛地传播开来。然而，在这种表面的大好形势之下，却是越来越严重的腐败。最初，这种腐败还是比较隐蔽的，不久后就发展成公开的了。这种腐败所导致的最直接、最明显的不良后果是，在共和时期结束时就已很明显的农业衰退越来越恶化了。

尽管政府对土地所有者课以重税，绝大部分土地还是掌握在富人和权贵手里。那种从东方引进的由国家和少数人集中管理土地的制度也对罗马帝国的土地政策产生了很大的影响。那种由波斯人确立的制度通过小亚细亚传到希腊，罗马人在迦太基以南的非洲行省推行了这种制度。到了尼禄时代，非洲行省的一半土地已被六个大庄园占有，分别掌握在六个大地主手里。这种庞大的庄园被称作villa（封地）。这种大庄园制度摧毁了意大利的自耕农阶层，现在又在各行省蔓延开来，最终消灭了自耕农阶层。意大利被分成了一个个封地，高卢、不列颠、西班牙等所有罗马行省也相继出现了封地。此外，土地的贫瘠也是帝国农业衰败的一个原因。

由于无力与那些大封地领主抗衡以及难以承受沉重的税赋，很多自耕农放弃了土地。他们被迫走上那唯一的出路——变成富有的封地领主的隶农。帝国的法律规定隶农及其后代子孙附属于他们所耕种的土地。领主改变了，隶农也就随着变换主人。虽然隶农不是真正的奴隶，但所享的自由很少。他们失去了改善生活的希望。他们不再像早期的自耕农那样为改善自己的生活而勤奋耕作了。很多野蛮人也成了帝国边疆的隶农。

现在，大量的隶农代替了原先各大封地役使的奴隶。战争结束了，奴隶的主要来源消失了，于是奴隶的数量逐渐减少。奴隶的境遇也有了极大的改善，法律加强了对他们的保护，使他们免受种种残酷虐待。我们知道，随着恢复奴隶自由的政策的实施，帝国中自由人的数量越来越多，他们在制造业和商业方面发挥了重要的积极作用。

那些不愿成为隶农的农民离开了土地，进入城市寻找出路，走上这条路的人越来越多。因为长期不施肥和连续耕种耗尽了地力，土地越来越贫瘠，最后几乎长不出庄稼了。到处是大片荒芜的田地，耕地面积逐渐减少，帝国已经产不出足够的粮食来供养它的人民了。在罗马等人口密集城市，粮食短缺现象更为严重，粮价飞速上涨。

为了缓解这种危机，罗马皇帝下令将土地分配给任何愿意耕种的人，但这并没能使耕地有所增加。即便在最贤明的皇帝统治时期，帝国也没有使农村地区的勤劳、勇敢、坚强的自耕农阶层得到恢复。自耕农曾是意大利繁荣的基础，以他们为主体的罗马军团是罗马权力的基石。自耕农阶层的消亡是罗马走向衰败并最终灭亡的众多原因中最关键的一个。

农村中的那种大家庭再也不能维持下去了，结婚成家的人少了许多，帝国人口不断减少。在城市生活的毒害下，先前吃苦耐劳的自耕农彻底丧失了独立性，他们只是希望自己能成为城市贫民大军中的一员，等着政府发放免费的粮食、酒和肉。这些人本应该用于辛勤耕作的宝贵时间现在用在了挤在人群中观看战车比赛,为血腥的角斗和野蛮的竞技表演欢呼喝彩上。尽管在第二个和平百年的宽松统治时期,很多富有家庭迁居罗马,但那里最多的仍是一无所有又不事生产的人,他们完全依靠政府从艰难挣扎的耕种土地的人那里征缴的税收生活。当时,所有主要城市都存在类似的情况。

因此,帝国的各大城市虽然看上去繁荣兴旺,实际上却正在走向衰败。他们非常清楚他们只能完全依靠罗马,甚至连地方事务也要靠帝国政府解决,城市公民已完全丧失了公共责任感。以前的那种相邻城邦之间的健康竞争已成陈年往事,各城市的统治者根本不关心公共生活。更为可悲的是,罗马政府开始将财政负担转嫁到城市统治者身上,后来就很难找到一个领导人愿意承担这些义务了。曾经被视为一种荣耀的、在为社区培养优秀公民方面起过很大作用的、在希腊化时期就已开始败落的公民身份现在正慢慢消失,而且将永远退出古代世界。

同时,城市的财政收入和商业也在衰退。乡村人口大量减少,消费能力大大降低,因此,销售城市商品的乡村市场减少了许多,城市工业阶层再也卖不出自己的产品。城市工业迅速萧条,工商业阶层大量失业,失业者加入了城市贫民行列。城市商业也因铸币用的贵重金属严重短缺而受到严重影响。

地中海周围的金矿和银矿似乎已开采完了。流通中的损耗,运输过程中的丢失,私人的收藏,大量钱币被用来购买来自印度和中国的商品和被作为礼物送给日耳曼野蛮人——这都是贵重金属供不应求的主要原因。政府没有足够的金属铸造钱币以满足交易的需要,皇帝们不得不将别的金属混到贵重金属中来铸造较便宜的合金钱币。在欧洲各博物馆收藏的罗马钱币上可以看出,奥古斯都的钱币是用纯银铸造的，而马可·奥勒留的钱币则是含银25%的合金。马可·奥勒留之后又过了两代皇帝，罗马政府铸造的银币已成了含银量只有5%的合金。一种常用的小银币——登纳利乌斯，在奥古斯都时代的价值为20分，到了100年后的马可·奥勒留时代结束时仅值半分。

马可·奥勒留在筹集资金维持军队方面面临过极大困难。随着帝国财政危机日益严重，政府陷入了瘫痪境地，军队因此而迅速衰落。在没有资金的情况下，要维持一支军队几乎是不可能的。政府在税收中已很难收到钱币，不得不允许以谷物和农产品代替税款，帝国建起了像古埃及那样的巨大粮仓和仓库以代替金库。政府就用粮食来支付军队费用。在边疆，政府由于没有别的东西可以付给士兵，只好分给他们土地。但是，只有土地而不去耕种，便体现不出土地的价值，于是，政府又允许戍守边疆的士兵结婚成家，同家人一起生活在边界的简陋小屋里。由于士兵们只是偶尔被召集在一起进行训练或驱赶入侵的野蛮人，因此他们很快不再受严明纪律的约束，成了一支没有多少战斗力的民兵队伍。这些人被政府称作 limitanei（边疆居民）。

在马可·奥勒留统治时期，一位行省总督发动了一次叛乱。此后，皇帝不得不在意大利维持一支常规军队。后来这支军队的规模越来越小，而来自野蛮人部落的士兵则越来越多，主要是日耳曼人和巴尔干北部的土著，其中伊利里亚人最多。罗马军队中已经几乎没有罗马公民了。后来，政府又不得不允许野蛮人按他们熟悉的方式作战。这样军团组织的严明纪律便消亡了，强大的军事力量也消失了。罗马人见了那些来自蒙昧地区的士兵及其近于兽性的残忍和鲁莽，胆战心惊，这些士兵成了罗马皇帝的依靠。罗马的国家组织一直没有真正得到完善，这是军队迅速堕落的重要原因。罗马统治者一直没有制定有关继承人的法律，也没有形成选择新皇帝的固定惯例。军队很快就认识到，每当皇帝去世,他们就有了拥立新皇帝的机会。军队对他们所拥立的皇帝并不尊敬,一旦皇帝试图约束军队,军队就会废掉他另立新皇帝。罗马帝国的最高权威就这样被野蛮、鲁莽的雇佣军把持了。

随着时间的推移,各行省都认识到他们应该拥有同罗马、意大利一样的地位。早在共和时期,就已有很多外族人来到半岛,贺拉斯就出生于地位卑微的家庭,他的父亲是获释的奴隶。后来,外族人在意大利人口中占了多数,图拉真和哈德良是西班牙人,别的行省也出过罗马帝国的皇帝。公元212年,公民权被授予帝国所有行省的所有自由人。在消除了这些差别后,各行省竞争领导权的机会就更多了。

二、百年革命

罗马帝国的衰败带来了一场持续百年的革命。在这个充满革命、内战和无政府状态的恐怖时期,罗马遭到了极大破坏。

罗马的衰败带来了一场百年革命,这场革命摧毁了帝国早期的文明。这场灾难开始于马可·奥勒留去世后的公元180年。马可的道德败坏的儿子康茂德被人谋杀(这使我们想起了尼禄),那些拥兵自重、窥伺皇位的人因此开始了相互争斗。在这场争斗中,一个叫塞普提米乌斯·塞维鲁的粗鲁士兵成了最后的胜利者(公元193年~211年)。军队的堕落使他意识到必须让边疆军队严守边界。他大力提拔出身低下的军事指挥官,让他们担任政府要职。于是军队和政府的权力落到一群粗鲁无知的外族军人手中。塞维鲁确实有卓越才能,他甚至打败了东方的安息人,收复了美索不达米亚。他为庆祝这场战争胜利而建起了一座凯旋门（至今仍立在罗马广场上）。这座凯旋门非常粗糙，这标志着意大利文化的衰落。雕刻这座凯旋门上的浮雕的艺术家根本不能与他们的前辈相比，他们的祖父辈在图拉真功德柱上雕刻的那种精致完美的作品是他们望尘莫及的。

公元212年，塞维鲁的儿子卡拉卡拉将公民权授予帝国所有的自由人。塞维鲁朝结束后（公元235年），国家陷入了大混乱。各行省的野蛮人军队为了争夺地中海世界的皇位纷纷拥立了各自的皇帝，并为此连年混战。皇帝不断被杀死，新皇帝一个接一个登基。在康茂德遇刺之后的90年内，野蛮人军队领袖成为罗马帝国皇帝的竟达80位。公元248年，还出了一位只当了一天皇帝的人，而正是这位皇帝举办了具有讽刺意味的纪念古罗马创立一千年的庆典。

大多数皇帝与自封为总统的墨西哥土匪差不多。在长达50年的时间里，罗马帝国的权杖被一个又一个军人皇帝夺来夺去，因此帝国内部毫无秩序可言。无论在什么地方，人们的生命和财产都不会安全，到处充斥着动乱、劫掠和谋杀。争夺皇位的斗争和由此带来的动乱使本已不景气的各行各业更加萧条，再加上国家事务变得越来越糟糕，帝国破产已指日可待了。在毫无秩序的公元3世纪，古代文明几乎被完全毁掉了。公元前3世纪，希腊人创造了思想和科学知识的高峰，到了公元3世纪，遭到愚昧和迷信统治所导致的社会大灾难的严重践踏。

看到罗马军队大势已去，北方蛮族知道罗马帝国已走上了穷途末路。东方的一个强悍的日耳曼部落——高斯人的舰队从黑海闯进了地中海。在高斯人对地中海沿岸城市大肆劫掠之际，另一伙强盗从巴尔干半岛向南推进。希腊和伯罗奔尼撒等城市被摧毁，雅典也没逃过此劫。野蛮人侵入了意大利，占领了高卢和西班牙，有些蛮族甚至跨海攻进非洲。在高卢，一座又一座城市被焚毁。当帝国城市中那些美丽的建筑被熊熊烈焰吞没时，野蛮人的首领站在旁边观看着，发出阵阵野兽般的狂笑。

在这种情况下，被蹂躏地区的人民发现帝国已无力保护他们，便自发组织起来自卫自救，高卢就是因此而走上独立道路的。在那个混乱时期，高卢一直由高卢人统治着，他们赶走了野蛮人，逐步重建了被摧毁的城市。他们不再建造大型城市，城区建筑布局紧凑，各种建筑紧密相连，并且修筑了环绕城市的高大城墙。筑城墙所用的砖块主要是从被野蛮人烧毁的建筑废墟中扒出来的。在用这种砖块筑起的城墙外围，考古发掘者发现了罗马城市宏伟建筑的地基，这些建筑是被野蛮人烧毁的那座规模更大的城市的组成部分。

这时，东方也出现了新的危机。波斯人再次爆发出了爱国情绪，他们渴望恢复自己民族的辉煌。他们的领袖萨珊国王结束了安息的统治（公元226年），建立了由贤明的波斯国王统治的新王朝。他们夺取了肥沃新月之后，在巴比伦北边不远的底格里斯河畔的泰西封建起了自己的国都，一个新的东方帝国又在几乎被人忘却的废墟上崛起了。底格里斯河和幼发拉底河两岸出现了一些希腊风格的美丽壮观的波斯建筑。波斯艺术和工艺品开始广泛流传，琐罗亚斯德教得到了复兴。这一切标志着曾创立琐罗亚斯德教和波斯大帝国的古伊朗族的复兴。萨珊王朝建起一个比他们所推翻的安息国更强大的国家。在他们看来，当时的世界上只有他们的国家和罗马两个大帝国。东西方之间再次形成了对立——西方的霸主是罗马，东方的霸主则是新波斯。

在塞维鲁王朝末期，新波斯帝国崛起于罗马帝国的东方，成为罗马的强大敌人。帝国面临北方和东方的双重威胁。在东方，也像高卢一样，罗马帝国的这部分领土上出现了割据者，使这里避免了外敌入侵。东方的一位总督以巴尔米拉为中心建立了独立王国,他完全依靠自己的力量守住了罗马帝国的东部边疆。在这位总督去世后,他的遗孀——美丽的泽诺比亚成了巴尔米拉的女王,统治着小亚细亚、叙利亚和埃及。她的王国在一定程度上减缓了新波斯对帝国的冲击,在一个短时期内使罗马帝国避免了新波斯的侵犯。

图 29.2　巴尔米拉的罗马士兵在中幼发拉底河杜拉要塞祭拜他们的城市保护神

　　这里是我们迄今所知罗马军队到达的东部最远的地方。图中间偏左的地方,一个旗手举着一面罗马国旗或军旗。军旗右侧,一位指挥官领着一队罗马士兵,这位指挥官便是保民官尤利乌斯·泰伦狄乌斯。他正在香炉上焚香,带着他的士兵举行祭拜仪式。军旗左侧是巴尔米拉的三大神(上部)和两位命运女神(底部),巴尔米拉女神居左,杜拉城女神居右。这几位神的头上都有金色的光环,像早期基督教艺术中的圣像一样。这说明这些是由早期基督教的画家参照叙利亚异教神庙中的艺术品制作的。这些罗马士兵是巴尔米拉人,他们在幼发拉底河畔的杜拉城堡这个沙漠地区的中心守卫着罗马帝国的边界,后来罗马在巴尔米拉以东 140 英里、喀布尔河口以下 35 英里的地方建起了驻防地。这是古代杜拉要塞神庙壁画中的一幅,是 1920 年芝加哥大学考古队发现的。

第二十九章　百年革命　罗马帝国分裂　　623

这时，泽诺比亚的王国占据着东地中海，而西地中海的高卢、不列颠和西班牙则由精明强干的元老德特里克利斯统治着，罗马帝国眼看就要形成四分五裂的局面。由此可知罗马帝国内部的混乱已达到了极点。就在这时，一位士兵出身的皇帝奥勒良（公元270年～公元275年）率兵进攻并打败了泽诺比亚，夺回了巴尔米拉，连女王也成了他的俘虏。在对高卢的战争中他又赢得了胜利。他在罗马举行了盛大的庆祝活动，作为这场庆祝活动的一部分，泽诺比亚、德特里克利斯和其他俘虏被拉出来游街示众，这使罗马人恢复了一些信心。奥勒良在一定程度上使罗马恢复了秩序和安全。为了保卫罗马，有效抵御野蛮人的侵袭，奥勒良为这座伟大城市修建了高大的城墙，这道保存至今的城墙说明了这一时期罗马的危急局势。直到马可·奥勒留逝世100年后，罗马才在皇帝戴克里先统治下恢复了长期和平（公元284年）。

我们可以将罗马自成为地中海霸主以来的400年历史分成三个阶段。从奥古斯都创建帝国时起，罗马经历了两个百年和平时期，和平时期的前后分别出现了一个百年革命时期。第一个百年革命时期从格拉古兄弟起到奥古斯都专权和帝国建立结束（公元前133年～公元前30年）；两个百年和平时期自奥古斯都统治开始，一直持续到马可·奥勒留时代（公元前30年～公元170年）；后一个百年革命时期从马可·奥勒留的英明统治开始，到戴克里先的专制统治结束（公元180年～公元284年）。可见，罗马帝国的400年历史，从出现苏拉和恺撒这样的帝王开始，中间经历了不同程度的个人专制，最后以彻底的专制统治结束。现在，我们来了解一下罗马帝国的专制统治阶段，看看这种专制统治是如何被野蛮人的入侵推翻的。此后，蛮族统治又被复兴的东方强国征服。

三、东方式的专制统治

罗马帝国的皇帝成了拥有无限权力的专制君主。在这种东方式的专制统治之下,欧洲完全丧失了自由,曾享有自由的罗马公民再没有独立自主的生活了。

从第二个百年革命时期到公元 3 世纪的戴克里先统治时期(公元 284 年~公元 305 年),世界已完全不同于三个世纪前由奥古斯都和罗马元老院统治的世界了。在戴克里先统治下,元老院只剩下了对罗马城市的政治管理权,其他所有权力都被剥夺了。元老院被降为城市议会(或元老会),罗马元老院退出了历史舞台。罗马帝国的皇帝成了昔日埃及君主式的君主,拥有无限权力的绝对专制君王,帝国政府已完全军事化和东方化了。拥有东方君主式的至高无上权力的罗马皇帝对自己的仪表做了精心的装饰,头戴王冠,佩上缀满珍珠宝石的绶带,端坐在皇座上,足踏脚凳。无论什么时候,觐见皇帝的人都要行跪拜礼。

最近的考古发现证明,罗马皇帝的这种奢华装束是从新波斯王朝萨珊国王那里学来的。对于这个东方新帝国,两代罗马皇帝非常熟悉,他们从豪华的东方宫廷引进了皇袍、宫廷标志和宫廷习俗等。在东方宗教的影响下,正如我们在波斯琐罗亚斯德教的流传中所看到的那样,罗马人开始形成皇帝神圣的观念。从这些事件中我们可以看出,自 600 年前的亚历山大大帝时期开始的东西方文化的融合已进入了一个新阶段。

皇帝成了崇拜的偶像,成了古老的东方太阳神,被官方称作"万能的太阳"。12月25日被指定为皇帝的诞辰——这是太阳每年到达最南端并开始北归的大概日期。各行省的居民并没有受这种官方崇拜多大的影响，继续信仰自己的神，但作为帝国的忠诚公民，所有人都必须参加官方举行的崇奉皇帝的仪式。由于接受了东方人崇奉皇帝的思想，早期罗马人已坚持了几个世纪的争取民主的斗争最终以被东方专制打败而告终。

因为要率军攻打东方的劲敌新波斯，戴克里先大部分时间都住在小亚细亚的尼科美底亚，无法及时了解和管理西方。戴克里先按照惯例——也许是受共和时期设两位执政官的启发——又任命了一位皇帝来协助他统治，处理西方事务。这位皇帝住在意大利的重要城市——波谷的米兰。共和时期推选两位执政并不是为了分裂共和国，现在戴克里先又任命一个皇帝更不是为了分裂帝国。但是，戴克里先的这一举措所导致的后果却完全违背了他的初衷，罗马最终因此分成了东西两部分，就像过去西方的恺撒和东方的庞培以及西方的屋大维和东方的安东尼一样。

为了避免皇帝去世后爆发内战，戴克里先对皇帝权力顺利交接做了安排。他和另一位皇帝自称奥古斯都，两位奥古斯都各自任命了一名助手，这两名助手都叫恺撒。这样便出现了两位奥古斯都和两位恺撒，两位助理皇帝的地位类似于副总统。根据规定，如果奥古斯都或皇帝去世或离开皇位，他的恺撒可以立即继承皇位而成为奥古斯都，同时再任命一位恺撒。这种安排说明帝国政治的不成熟，因而也就不可能被长期执行下去。

在这期间，帝国被划分成四个大区，每个大区有一位长官。大区之下是由12个行省组成的主教管区，大都由主教管理，主教是大区长官的下级。各行省的总督则受主教管辖。行省事务又由众多地方官员掌管，这些官员又分成各种不同的级别。从最低级的官员到各级地方官员到行省总督，再由总督到主教、大区长官，直到皇帝，组成了一个等级严明的官僚体系。

由戴克里先开始，最终由他的继承人完成的这个庞大的官僚体系大大加重了帝国的财政负担。政府和庞大的帝国军队需要大量的金钱来维持，同时东方式的豪华皇宫和在里面服务的廷员和奴仆也要消耗大量金钱，而且现在并不只有一个皇帝，而是有四个了。此外，还要为大量城市贫民提供"食物和竞技表演"。帝国的税收自马可·奥勒留时代以来不断恶化，越来越重的税收压得公民几乎生活不下去了，最后甚至连他们所用的每一件家具都要纳税了。

钱币越来越少，政府不得不从无法缴纳税款的公民那里征收谷物和其他农产品，这样，罗马帝国的税收制度又退化成了几千年前东方实行过的原始税收制度。各城市又开始让富人承包本地区的征税，因为如果收到的税款不足的话，他们可以用自己的钱来补上。承包税收的富人想尽一切办法搜刮财富，从中得到了很大好处，而普通公民则被搞得倾家荡产，这也导致了大批商人破产。

很多人逃离了故土，或成为到处流浪的乞讨者，或成为杀人越货的强盗。罗马帝国已经摧毁了作为基础的农民阶级，而且一直未能使它恢复。现在罗马又失去了极具进取心的成功商人等中产阶级。戴克里先竭尽全力保持这些阶级的存在。他颁布了法令，禁止人们荒废土地、放弃职业。昔日的各行各业自发组织起来的社团、行会、工会等慢慢发展成强制性组织，要想从事某种职业，必须加入相应的团体；而一旦加入了某一团体，他就得永远留在这个行业中。

在这种东方式的专制统治之下，欧洲人长期努力争取来的自由丧失了，曾经拥有自由的罗马公民再没有独立自主的生活了。皇帝的意志就是法律，皇帝的命令被传达到罗马帝国的各个角落，甚至连公民从事各种职业的报酬和商品的价格也要由政府规定。皇帝手下的各级官员监督着公民生活的每一个方面。他们监督着粮食交易商、屠夫和面包师，保证他们为公众提供服务，不放弃自己的职业。国家甚至强制儿子必须继承父亲的职业。罗马政府现在试图控制生活的每一个方面，让每个公民都按国家的意志行事，公民稍有不从，便会受到政府的强制性干涉。

公民的负担越来越大，自由越来越少，在这个已走向毁灭的帝国中，每个公民都成了庞大的政府机器上的一个齿轮。他只能待在政府指定的位置，只能不停地为帝国服务，而国家只是一味地驱使他们，将他们的劳动果实全部夺走。这时，一个公民若能勉强养活自己就是非常幸运的了。于是，罗马帝国的公民成了几千年之前尼罗河畔的农民，皇帝成了法老，帝国成了古埃及。

戴克里先的绝对专制结束了百年革命，罗马人在艺术和文学方面的创造力完全被毁掉了，像商业被完全摧毁一样。古代文明的发展被戴克里先的统治中断。尽管如此，罗马帝国还是将部分文明遗产保留了下来，这部分遗产一直传到了几百年后。现代欧洲国家就是在罗马帝国的废墟中发展起来的。从此以后，即将崩溃的罗马继续有意无意地维护着残存的伟大遗产，并传给了现在的人们。

四、帝国的分裂　基督教的胜利

罗马帝国的首都迁到了巴尔干半岛东端，这标志着古老的东地中海文明的胜利和东西方的彻底分裂，基督教发展成一个强大的组织。基督教政治家成了这个时代最有影响力的人物。

到了戴克里先统治时期，意大利成了纳税行省中的一个，它失去了高于其他行省的优越地位。多瑙河下游如潮水般涌来的日耳曼野蛮人和正在崛起的新波斯对帝国造成的威胁使罗马皇帝来到了帝国的东北角。在刚刚过去的百年革命中，巴尔干半岛的伊利里亚士兵是罗马军队中最优秀的军团，曾为好几代皇帝提供过服务。出身于巴尔干行省普通士兵的皇帝对罗马毫无感情，皇帝不再将罗马视为自己理所当然的居住地，权力中心开始向巴尔干半岛转移，这并不只是因为人们恢复了对东方的尊重，而且是因为人们对巴尔干半岛产生了新的兴趣。早在哈德良时代就已出现了这种倾向，他曾花大量资金建设雅典。戴克里先去世后，他的几位继承人为争夺皇位大打出手，君士坦丁大帝是这场斗争的最后胜利者。他在巴尔干半岛东部建起了新皇宫，并迁到了那里。

君士坦丁大帝具有杰出政治家的远见卓识，这也体现在他对都城的选择上。在可以远眺欧亚两大洲的博斯普鲁斯海峡欧洲一侧的古希腊拜占庭（见图29.3）建立横跨两洲的帝国统治中心是一项非常英明的举措。为了使这座新都城像埃及的亚历山大里亚那样辉煌，这位皇帝将其他城市的很多纪念品都搜集到这里（见图29.4），用于装饰他的豪华皇宫。到了公元330年，这座新都城已蔚为壮观，完全配得上它的地中海帝国都城的地位。这座都城以它的创建者的名字被重新命名为君士坦丁堡。

罗马帝国的国都迁到巴尔干半岛东端，这标志着古老的东地中海文明的最终胜利，也是东西方彻底分裂的标志，从此以后，罗马帝国分成两部分。这次分裂不是突然发生的，在君士坦丁堡完工后又过了一代人才最终完全分裂开来，在此之前罗马帝国只是在名义上保持着

图 29.3　欧亚之间的博斯普鲁斯海峡

　　这是我们站在海峡的欧洲一边看到的景象。向东眺望,可以看到亚洲海岸。远处有一系列山丘,它们连接着小亚细亚中部的高地。君士坦丁堡就坐落在我们南边(右边)的海岸上;在我们的北面(左边)有一座大桥,那大概是大流士大帝首次入侵欧洲、征服西亚时建造的。图中的城塔和城墙是土耳其人于 1453 年跨过亚洲、攻打君士坦丁堡时修建的要塞。长期以来,这里一直是欧洲和亚洲之间的商业和军事纽带。

图 29.4　君士坦丁堡的古代纪念碑

　　图中最前面的方尖碑(高约 100 英尺)是图特穆斯立在埃及底比斯的,后来被罗马皇帝狄奥多西乌斯搬到了这里。右边的螺旋柱原本是希腊德尔斐城的青铜三脚祭鼎的底座,这个青铜鼎是他们为纪念对波斯人的普拉提亚战争的胜利而铸造的。底座上刻着参加这场战争的 31 座希腊城市的名称。这些古代东方和希腊兴盛时期建造的纪念物在这座早期的拜占庭希腊城市成为东罗马的都城时,被搬来放到赛马跑道上。方尖碑后面的大清真寺代表着伊斯兰教在土耳其人领导下所取得的胜利,土耳其人于 1453 年攻占了这座城市。

统一。君士坦丁堡的出现为罗马和帝国的西地中海世界的命运画上了一个句号。在一个时期内,君士坦丁统治下的罗马帝国东部在戴克里先的统治下得到了巩固,但它最终还是逐渐走向衰落。这时罗马帝国的公民已无权参与对公共事务的管理,行政管理者已不再由公民从公民中选举。但也有例外,那就是军队曾拥立他们的一位指挥官做了皇帝。公民中再也不会出现像罗马和希腊共和时期那样精于政府事务的人了。

随着基督教的发展壮大,各地基督教教堂的影响力越来越大,越来越需要有才干的人来领导。要管理各基督教区,更需要有卓越才能和丰富经验的人。有才能的人通过在教堂集会上的论辩使自己的才能得以展现,他们因此赢得了声誉,提高了自己的地位。基督教堂成了政治家展现自己真实才能的场所。在古老的民主制度下的公民责任感彻底消失后,教堂政治家就成了这个时代最有影响力的人物。

随着教堂事务越来越多,这些教堂官员再没有时间去做别的事情,他们成了专职的教堂管理者,被称作牧师,而教堂中的非专职人员则被称作世俗人。后来,那些管理乡村小教堂的老人被称作长老,presbyters,这个词的希腊语意为"老人",我们现在的 priest 一词就是由此衍生而来的。每个城市都有一位被称作"主教"的牧师,他掌管那个城市的所有教堂。一些大城市的主教的影响越来越大,最后成为大主教或主教的头领,大主教可以影响行省中周围城市的主教。从中可以看出,教堂组织体系很大程度上模仿了罗马帝国政府的组织体系,甚至连 diocese(主教管区)这样的词也被教堂组织借用了。于是,基督教完全可以与政府抗衡了。

罗马政府开始认识到迫害基督徒是不明智的了。那只能使罗马帝国更快走向衰亡,而且,这时皇帝已被百年革命的长期动乱搞得焦头烂额，无暇他顾。在戴克里先之后继位的恺撒·迦列里乌斯清醒地认识到了帝国所面临的严重外部危机，也认识到政府已无力与基督教斗争。公元311年，迦列里乌斯颁布法令，正式承认了基督教的合法地位，基督教徒获得了和那些信仰古老宗教的教徒相同的法律地位，这个敕令一直沿用到君士坦丁时代。在他召集下，在小亚细亚东北部的尼西亚召开了第一次罗马世界基督教大会。

但这并不说明基督教赢得了彻底胜利。后来，君士坦丁的儿子和侄子们为争夺皇位展开了激烈斗争，在他的一个儿子做了很短一段时间皇帝之后，又被他的侄子尤利安推翻，最终尤利安登上了皇位（公元361年～公元363年）。尤利安是自第二个百年和平时期以来最有才能的皇帝，他与马可·奥勒留有些相似——既是皇帝，又是哲人。他对基督教大加指责，并努力扼制基督教的发展，希望恢复古希腊宗教和文明。尤利安还是一位杰出的将领，他打败了西方的日耳曼野蛮人，但后来在东方抗击新波斯的战斗中阵亡。基督教徒称他为Apostate（背教者）。他是最后一位反对基督教的罗马皇帝。

第三十章 野蛮人的胜利 走出古代

图 30.1 索菲亚大教堂

这是查士丁尼于公元 532 年~公元 537 年建在君士坦丁堡的索菲亚大教堂。这幅图向我们展示了这座著名教堂内部的华丽装饰。这里最早的教堂是巴西利卡会堂式的建筑，但查士丁尼的建筑师们却偏爱东方的穹形结构。他们在原来的教堂之上加盖了一个巨大的穹形屋顶，形成了一个宽约 183 英尺的大厅，从而使之成为古代世界最宏伟壮观的拱形建筑。据说查士丁尼为建这座教堂花费了 18 吨黄金，用了一万名工匠。君士坦丁堡被土耳其人攻占后，这座大教堂就成了清真寺。土耳其人将教堂内的所有彩绘全都涂成白色，并把刻有苏丹字母的圆形盾牌挂在教堂墙壁上。

一、野蛮人的入侵 西罗马帝国灭亡

西哥特人的大举西迁和亚德里安堡战役揭开了百年大迁徙的序幕。在这期间,野蛮人把罗马帝国分成了众多由日耳曼军人统治的日耳曼王国。

在地中海文明地区以北的北欧,居住着讲印欧语的野蛮人。自石器时代以来,那里的文明一直没有多大发展。这些野蛮人一直威胁着地中海沿岸的文明国家。我们知道,高卢曾经横扫意大利,甚至攻占过罗马,并推进到了巴尔干半岛和小亚细亚。我们还知道,日耳曼人的第一次南下曾使罗马大为恐慌。骁勇善战的马略指挥的罗马军团曾打败过他们。

早期罗马人的卓越组织才能使他们能够在特殊时期集结起大量军队,并能长期维持一支比野蛮人更强大的军队,这样的军队就是恺撒制服野蛮人的秘密武器。在马可·奥勒留之后的百年革命中,罗马军队成了一盘散沙,野蛮人肆意横行于罗马帝国的土地上,没有遇到任何有效的抵抗。这一时期,野蛮人只是在帝国土地上大肆掠夺,然后带着掠夺到的东西撤走。到了戴克里先时代,野蛮人开始在罗马边疆开辟永久居住地。接下来就是历经两百年的野蛮人大迁徙。在这次大迁徙中,地中海世界慢慢被野蛮人蚕食掉了。

日耳曼人金发碧眼、身体强壮。在北欧的平原上和原始森林中,分布着许许多多日耳曼部落。各部落都拥有一块小小的领地,大都不足40英里宽,人数只有两三万。他们聚居成一个个村庄,每个村庄一般有百十户人家,每个村庄有一位首领。他们的房子很小,非常便于搬迁。日耳曼人不喜欢耕种土地,而喜欢游牧生活,因此他们不会长期住在一个地方。他们没有文字，也没有工业、制造业和商业。他们的领袖或国王大都出身于当地的贵族家族。

在同北方恶劣气候的长期斗争中，他们养成了无所畏惧、骁勇善战、肆意横行的品性。他们经常驾着马车，带着妻儿老小漂泊四方。每50个日耳曼村庄组成一个部落，由约100名武士保障部落的安全。部落联合起来，就有了一支五六千人的军队。武士们彼此熟悉，村首领是各分队的指挥官，他们和武士们生活在一起。一旦发生战事，武士会看到同自己一起战斗的都是自己的亲戚朋友——内侄、外甥或女婿等。尽管纪律松散，这些由亲缘和友情结成的百人战斗队在战场上表现得却极为勇猛，像古代战士一样。而且他们也渴望在战争中寻求刺激，这些野蛮人的进攻几乎是不可阻挡的。

曾经为罗马夺得世界霸主地位的罗马军团已不存在了，现在的罗马军队不再是一支组织严密、纪律严明的军队了。戴克里先时代的由和平市民组成的军团根本抵挡不住战无不胜的日耳曼野蛮人军队，在日耳曼人的冲击下，罗马军团像秋风中的落叶一样一触即溃。由于将日耳曼人赶走的希望成为泡影，皇帝不得不做出了让步，让那些野蛮人在边疆定居。由于长期缺乏兵源，皇帝不得不雇用日耳曼人为帝国士兵，尤利乌斯·恺撒的骑兵大都是野蛮人。居住在帝国境内的所有日耳曼人被准许保留自己的生活方式。这些人组成的罗马军队仍然由日耳曼指挥官统领，仍然以古老的村级战斗队为单位作战。于是，野蛮人的生活方式、风俗习惯传到了罗马帝国，帝国军队成了野蛮人的军队。同时，日耳曼指挥官也成了罗马军官。

在莱茵河下游，有一位国王统领着一群强悍的日耳曼人，这就是法兰克人。在北方还有以善于攻城拔寨、烧杀劫掠著称的汪达尔人。在这两个野蛮民族南面，阿列曼尼亚人也时常侵扰帝国边疆，而多瑙河下游边界则长期处于哥特人的威胁之下。君士坦丁的侄子尤利安在斯特拉斯堡同日耳曼人打了一场战争（公元357年），挡住了法兰克人和阿列曼尼亚人对莱茵河流域的入侵。尤利安把他的指挥部设在巴黎，即使战争迫在眉睫，他也没有改变自己的阅读习惯。

随着日耳曼人与罗马帝国文明社区的接触越来越多，北方的那些野蛮人慢慢发生了变化，随着对罗马文明有了越来越深入的了解，他们对罗马文明产生了敬意。那些曾经做过罗马政府官员的日耳曼人开始与罗马贵族交朋友，甚至与罗马贵族和皇亲国戚通婚。有一些日耳曼人皈依了基督教。一个叫乌尔弗勒的日耳曼哥特人将基督教《新约》翻译成哥特语——这是一种类似于德语的地方语言。日耳曼各民族本来没有自己的文字，他们依据希腊语和拉丁语字母创造出了哥特文字。于是，最早的书面德语形成了，这对北方民族皈依基督教起到了极大的促进作用。

这时，一支与印欧血统毫无关系的野蛮民族开始对帝国发动进攻，这就是亚洲的匈奴。在所有攻击帝国的野蛮人中，匈奴是最强大、最具毁灭性的。匈奴推进到多瑙河下游，西哥特人被他们的野蛮行径吓坏了，请求罗马人允许他们渡过多瑙河到帝国境内定居，继承尤利安皇位的瓦伦斯皇帝答应了他们的请求。后来，哥特人因为与罗马官员发生矛盾，发动一场叛乱。在亚德里安堡战役中（公元378年），只有1500人的哥特军队打败了罗马大军（帝国的日耳曼人军队），皇帝瓦伦斯也被杀死。从此之后，罗马帝国更快地走向灭亡。西哥特人的大举西迁和亚德里安堡战役揭开了百年大迁徙的序幕。在这个过程中，野蛮人逐渐把罗马帝国分裂成许多由日耳曼军事首领统治的日耳曼王国。

狄奥多西在君士坦丁堡登上了帝位（公元379年～395年），他是最后一位统治整个罗马帝国的皇帝。他准许西哥特人定居在帝国境内的任何地方，准许他们参军，允许他们的首领进入政府担任重要官职。事实上，如果没有这些精力过人的有才能的日耳曼人做大臣和军事将领，他很难将帝国维持下去。公元395年，他在去世前同意了他的侄女与一个叫斯蒂利科的汪达尔军官结婚。狄奥多西还将自己的两个幼子霍诺里乌斯和阿卡狄乌斯交托给这位日耳曼人。

狄奥多西把帝国分给了他的两个幼子，东方给了阿卡狄乌斯，西方给了霍诺里乌斯。从此以后，帝国彻底分裂了。在这两个年幼的帝国继承人出现后，西部帝国又发生了进一步的分裂。两代人之后，西部帝国就彻底消失了，当然就无所谓皇帝了。阿拉里克率领西哥特人洗劫了希腊，侵入了意大利，并于公元410年攻克了罗马这座伟大的城市。在公元400年之后一代人时间内，西部帝国缩小至意大利本土，就连只统治着意大利的西部帝国皇帝也完全处于日耳曼官员和军事将领的控制之下。当匈奴开始威胁到意大利时，阿提拉率领的匈奴人被打败了。匈奴帝国陷入分裂状态，从此以后再也无力威胁欧洲了。罗马刚从匈奴人的威胁中解脱出来，从西班牙推进到非洲的汪达尔人又经迦太基打到了西西里和意大利，并于公元455年攻占了罗马。汪达尔人在罗马掠夺了大量财富，但他们像45年前的阿拉里克和西哥特人一样，没有毁坏那些宏伟壮观的城市建筑。

至此，西罗马帝国只剩下意大利了，那里的一切权力都掌握在日耳曼军事首领手里，他们完全依据自己的喜好废立皇帝。最后，就连这种傀儡式的西罗马皇帝也维持不下去了。最后一代西罗马皇帝叫罗穆卢斯·奥古斯都，也被称作"小奥古斯都"罗穆卢斯，他既与传说中罗马城的创建者同名又与罗马帝国的开国皇帝同名。日耳曼人废掉了他，拥立一个叫奥多埃斯的日耳曼人做了皇帝。公元476年——狄奥多西之后过了两代人——西罗马帝国皇帝就消失了。就这样，奥古斯都创建的罗马帝国走完了它五百余年的历程。西罗马帝国灭亡后，西地中海世界完全陷入了野蛮人的包围之中，这里成了可以任意掠夺的地方，最后被蛮族侵略者瓜分了。从此以后，再也没有出现过政治上统一的地中海世界，很多地区倒退到比希腊、腓尼基人及后来的罗马人到来之前的史前野蛮状态强不了多少的境地。

虽然东地中海世界后来也遭到了野蛮人的侵略，但由于偏远的地理位置，野蛮人一时难以到达这里，这时还处于君士坦丁堡罗马皇帝的统治之下。在狄奥多西去世后一个世纪内（公元395年），那些半东方化的皇帝一代不如一代。直到公元527年，君士坦丁堡才出现了一位有卓越才能的皇帝，这就是查士丁尼，他的理想是重建统一的罗马帝国。但他的这个理想只能算是一个不切实际的幻想，因为东罗马根本就没有能力再次统一地中海世界。在消灭了意大利的东哥特王国后，他根本无力阻挡像浪潮一样涌进意大利的野蛮人，他的继承人也同样有能力征服却无力维持。

尽管查士丁尼的政治统一理想未能实现，但他的伟大计划却成功地促成了司法和立法上的统一。他命令才华横溢的特里波尼将自1000年前十二铜表法颁布以来罗马的各种法律搜集整理出来。查士丁尼因此成了罗马的汉穆拉比，经他授意整理出来的大法典总结了古代世界各个成功的统治者的管理经验。在社会生活、商务交往中出现的任何纠纷和难题都可以在罗马法官那里得到解决。像查士丁尼那样把各种裁决辑录起来而形成的文本被称作法律要览。查士丁尼的法律要览为后世的立法奠定了基础，直到今天，它仍然发挥着重要作用。

在查士丁尼统治下，君士坦丁堡引起了世人的广泛关注，皇帝也下大力气装扮这座城市，但投入的资金却远不如以前修建古老的神庙、巴西利卡会堂和圆形竞技场时那么多。两百年前的尤利安是最后一位崇尚希腊文明的罗马皇帝。最后一代罗马皇帝狄奥多西禁止崇拜古代神祇，他下令关闭了所有古代神庙。从公元400年开始，地中海沿岸以及尼罗河谷的所有古代神庙渐渐被以前的崇拜者们遗弃了，有的被改造成基督教堂（见图30.2）。查士丁尼几乎完

图30.2　一座被改成基督教堂的埃及神庙

　　在一千五百年前的狄奥多西皇帝统治时期（公元379年～公元395年），即公元400年前，这位皇帝下令关闭了地中海沿岸所有古代神庙。庙中建起了泥屋或土坯屋。有些用于祭拜古代神的神庙大厅被改建成基督教堂。埃及底比斯城的卢克索神庙大厅中的拱形神龛被改成牧师的布道坛，配建的拱门由希腊式的廊柱支撑着。墙壁上的异教浮雕壁画被用石膏覆盖起来，石膏上绘有基督圣徒像。圣徒像大多已脱落，只有左侧廊柱右边墙壁上的一块还保存完好，那些异教壁画也因此而保存至今。在左侧，可以看到古老的埃及神像。

全摧毁了被基督教视为异教的古代信仰和传播各种哲学学说的学园。皇帝将大量人力物力投到基督教堂建筑上，他建造的圣索菲亚大教堂至今仍矗立在君士坦丁堡，这是古代东方最宏伟壮观的教堂。

像这座教堂所体现的东方建筑艺术一样，在东罗马教堂中宣传的教义也出自东方。查士丁尼之所以未能将东西方统一起来，与东方教堂和西罗马教堂的不相容有很大的关系。东方（希腊）教堂和西方（拉丁）教堂的区别越来越明显。我们知道，在西罗马帝国进一步分裂时，罗马出现了一位教皇，他的权力绝不比日渐衰微的罗马皇帝的继承者们小。东西方已经分裂开来，各自有了自己的皇帝，会各自建立自己的教堂。下面，我们来了解一下西方的教堂。

二、罗马教廷的胜利和对西方的影响

早期的基督教思想家奥古斯丁将控制人们肉体的权力给了国家，把压制人们思想的权力给了教会。

主宰世界数世纪之久的伟大的罗马城赢得了世人的广泛尊敬，连野蛮人也不例外，站在那些宏伟壮观的公共建筑下面的哥特人和汪达尔人心中一定产生过敬畏。他们没有破坏那些建筑，使罗马依旧是世界上最伟大最辉煌的城市之一，只有另两座帝国城市君士坦丁堡和亚历山大里亚可与之相提并论。罗马主教拥有崇高地位，自然也赢得了极大尊敬。在西哥特人攻打罗马城时，在蛮族侵入其他城市时，罗马主教一次次表现出了非凡的能力，这使他成了意大利（如果不是整个西方世界的话）最具影响力的政治家。毫无疑问，西哥特人和汪达尔人对罗马所表现的尊敬和没有破坏罗马建筑也与他的影响有关。

在这个时期,西方世界的教会培养了许多优秀人士。这在迦太基以南的非洲行省表现得更为突出,主要的早期基督教作家就是在那里出现的。迦太基主教很快就成了罗马主教的强劲对手,基督教时代的迦太基和罗马之争使我们想起了这两大城市以前为争夺西地中海的统治权而进行的旷日持久的斗争。早期基督教最伟大的思想家奥古斯丁(公元354年~公元430年)诞生于狄奥多西时代的非洲。最初,他并不是基督教徒,年轻时的奥古斯丁对希腊的哲学和知识情有独钟。这时,他品行低劣,放纵无忌。在他进行精神上的自我否定和重建的过程中,他的母亲莫尼卡——一位虔诚的基督徒,伴他一起历经了心灵的巨大痛苦和磨难,最后他祛除了自己身上的一切卑劣品性并将自己完全献给了基督教。他将这些经历写进了《忏悔录》,这本书很快就成了那些误入歧途者走出迷途的向导。《忏悔录》和马可·奥勒留的《沉思录》一样,都是展现伟大人物内心世界的最有价值的作品。

在阿拉里克洗劫罗马之后,罗马政府风雨飘摇的日子里,奥古斯丁写了一篇著名的论文——《上帝之城》。他为人们描绘了一个与世俗政府对立、比世俗政府更理想的但却不可见的神圣王国,所有基督徒都是这个王国的臣民。这个看不见的王国与那些有组织的、在主教和牧师领导下的教会几乎一模一样。对于这个永恒的王国——教会——所有信徒都必须绝对服从。在奥古斯丁的教义中,人们的思想完全被教会控制着,狄奥多西就是在这个时期下令关闭所有古老神庙的。从此以后,人们的肉体和思想被严格禁锢起来。我们已经知道,也是在这一时期,查士丁尼为了禁止古代哲学思想的传播而关闭了雅典的所有学园。奥古斯丁把对人们的肉体和思想的控制权分别赋予了国家和教会。古老的思想自由传统终止了。

同时，奥古斯丁认识到了罗马教会领导权的重要，并进一步强化了它们对人们的影响。虽然人们都知道保罗曾在罗马传过教，而且这也是一个事实，但在早期的基督教传说中，在罗马建立教会并成为那里的主教的却是彼得。人们还普遍相信，是彼得将权力传给了后来的罗马主教们，这一传说明显有利于树立罗马主教的绝对权威。抛弃世俗生活，进入修道院去过神圣生活的人越来越多，他们向野蛮人宣传基督教，那些关于罗马教会的传说因此而广泛传播开来。这些被称作"修道士"的人向野蛮人宣传教会可以控制人们来世的生活。由于惧怕死后遭到惩罚，北方的落后民族很快皈依了基督教，教会在野蛮人中树起了巨大权威。罗马主教正是利用这种绝对权威登上教皇宝座的。

在罗马帝国对野蛮人的冲击无能为力的时候，教会却对野蛮人产生了很大的影响。野蛮人国王们的狂野本性逐渐被教会驯服。见到曾经保卫过地中海文明的罗马政府和罗马军团已无力统治帝国，于是教会将罗马帝国的权力交给了西方的野蛮人，这使希腊和罗马的文明遗产避免了被彻底摧毁的命运。

最初的基督教是地位低下者和愚昧无知者的宗教，因此，那时的教会根本谈不上传播和发展希腊文明、学术和艺术。随着奥古斯丁等基督教思想家和学者的出现，教会也慢慢拥有了这些东西。我们今天见到的拉丁文学作品都是通过修道院图书馆和修士们的手抄本传下来的，像维吉尔的《埃涅阿斯纪》这样的历史悠久的重要著作的抄本都是在基督教修道院图书馆中的羊皮纸抄本中保留下来的。

早期基督教艺术的发展极为缓慢。在前一千多年间，基督教没有出现能够与古希腊相比的画家和雕刻家。在君士坦丁堡，叙利亚艺术被基督教发展成为现代人所说的拜占庭艺术，这是因为这种艺术主要盛行于君士坦丁堡（拜占庭）。在拉菲那城的圣维塔尔等早期意大利教堂中，我们也可以看到对拜占庭艺术的模仿。同样，绘画艺术虽然在基督教时期的欧洲有了进一步发展，但仍主要来源于东方艺术。那一时期的基督教圣徒像头上的金色光环与我们在叙利亚古代神庙中的神像上看到的一样，这说明早期欧洲的基督教艺术源于东方。随着基督

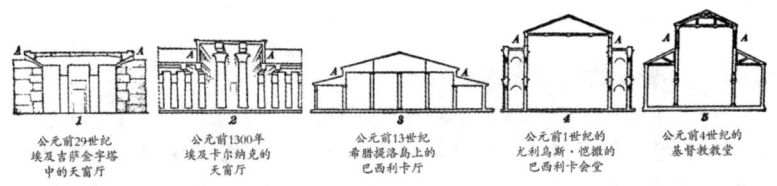

公元前29世纪　　　公元前1300年　　　公元前13世纪　　　公元前1世纪的　　　公元前4世纪的
埃及吉萨金字塔　　埃及卡尔纳克的　　希腊提洛岛上的　　尤利乌斯·恺撒的　　基督教教堂
中的天窗厅　　　　天窗厅　　　　　　巴西利卡厅　　　　巴西利卡会堂

图 30.3　巴西利卡教堂及古代原型

　　中央通道和侧墙上的屋顶窗共同构成了天窗，将中央通道上方的高屋顶（中殿）和侧道上的低屋顶连在一起，这样整个建筑就一分为三——巴西利卡大教堂的主要特征就是这种结构。在吉萨的金字塔建筑上最早出现了这种结构，如 1，其天窗（A）建于公元前 2900 年，主要用于采光。在此后的 1500 年中，埃及建筑师又将这种采光结构改成雄伟、壮观的卡尔纳克天窗（2，A）。希腊化时代的希腊人引进了这种建筑形式，并使之与坡形屋顶结合起来，法国人在提洛岛上发现了这样的建筑（3，A）。由于希腊人的改进，这种建筑形式被命名为巴西利卡厅。公元前 2 世纪，在修建罗马广场时，开始运用这种建筑形式，尤利乌斯·恺撒的巴西利卡会堂（4）就是这时修建的。希腊人和罗马人的巴西利卡商务大厅又影响了早期基督教的建筑师，他们开始将这种建筑形式运用到教堂建筑中（5）。

教不断发展壮大，早期的基督徒开始修建大型教堂建筑作为集会场所。他们的建筑主要受古老的巴西利卡商务会堂影响，因此我们称这种形式的教堂为巴西利卡教堂。在这种教堂中，我们可以看到自吉萨金字塔时代以来长达 3500 年之久的建筑发展历程。这种巴西利卡式教堂是一种三层结构，中殿部分是一个较高的屋顶，在便道上方是较矮的屋顶，教堂前面开有正门，这个正门很像模仿亚述宫殿大门而建的罗马

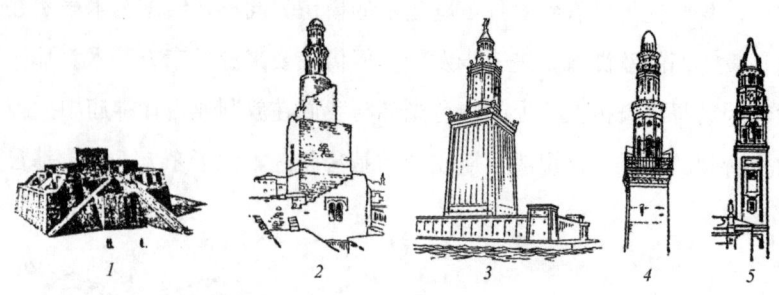

图30.4 基督教堂的尖顶及其古代原型

塔式建筑最早出现在约公元前3000年的早期巴比伦神庙中(1)。伊本·图伦于公元9世纪在开罗建造的古清真寺上的尖塔是唯一保存至今的这类建筑。后来在清真寺的方塔上又加建了圆形或六面体的尖塔,这一部分模仿的是古代亚历山大里亚的灯塔,埃及在灯塔的方塔之上是六面体柱,六面体柱之上则是圆顶(3)。这种三体结构(底部方形、中间是六面体、上端为圆形)在穆斯林清真寺的尖顶中被大量运用,像尼罗河三角洲的清真寺一样(4)。早期的东方建筑,尤其是叙利亚神庙对清真寺尖顶产生了很大影响。欧洲很多教堂的尖顶(底部为方形、中部为六面体、顶端为圆形)也是对这种东方建筑的模仿,如意大利帕尔玛的圣约翰教堂的尖顶(5)。

凯旋门。又高又宽的中央拱门开在巴西利卡中殿前面,两个较低的拱门开在带有低屋顶的两侧便道上。这样,亚述宫殿的正门与埃及的高侧窗式大厅(主要是它在地中海地区的变化形式)便有机地结合成了欧洲的基督教堂。

最早的教堂建筑没有塔顶,这种塔顶是后来借鉴古巴比伦神庙的塔顶并加以变化而建成的。这样,基督教便有了自己的宏伟建筑,这种建筑无论在装饰上还是在结构上都明显源自东方建筑。因此,基督教堂就像它所庇护的信仰一样,表明了欧洲世界是怎样被早期的东方文明征服的,而在此之前,欧洲还处于石器时代。古代的东方文明成了欧洲文明的一部分并幸运地保留下来,然后将重新崛起,再次统治地中海。现在,我们来了解一下东方的最后一次复兴。

三、东方的最后一次复兴和近代欧洲国家的雏形

阿拉伯夺取了大片土地，建起了一个东方大帝国。他们学会了如何管理国家，成了经验丰富的统治者，东方再次显示了它的力量，东方文明再次复兴起来。近代欧洲国家就是在罗马帝国的废墟和北方新建国家的基础上崛起的。

我们已经知道，公元 6 世纪中叶的东罗马皇帝查士丁尼是罗马最后一位伟大统治者。他的重新统一帝国和美化都城的理想和行动都被证明是失败的和灾难性的。为了夺回西地中海世界，他几乎耗尽了帝国的元气，而这时他最需要的是保存实力以对付新波斯。他的大兴土木，尤其是修建圣索菲亚大教堂，耗尽了国库的储备，使政府迅速破产。东罗马再也没有从查士丁尼的错误决策的打击中恢复过来，在他去世时，东罗马更快地衰败下去。

就在这时，野蛮人又发起了新一轮入侵，这次的入侵者是印欧语族中的斯拉夫人。他们潮水般涌向巴尔干半岛，逼近君士坦丁堡，甚至向南推进到希腊。这些地区的大部分很快就被斯拉夫人占据了，并一直持续到今天。在这种情况下，君士坦丁堡的东罗马帝国虽然是不间断地从罗马帝国继承而来，但它现在已不再是真正的罗马帝国了，就它的人口成分和文明而言，当时的帝国是希腊、斯拉夫和东方融合而成的国家。

东罗马皇帝的大片领地在东方，而这些领地大都被闪米特移民占据着，这些移民很像我们在前面讲述过的萨尔贡或汉穆拉比率领的阿拉伯沙漠游牧民，也像涌出沙漠占领巴勒斯坦的希伯来人。闪米特野

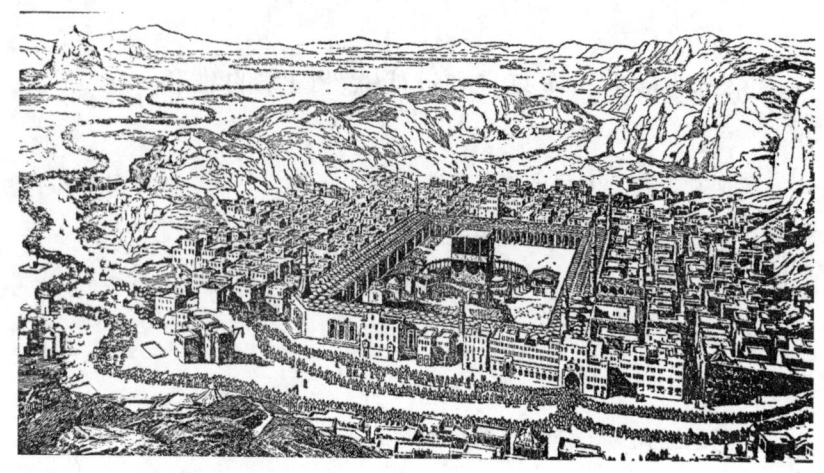

图 30.5　麦加城和清真寺

　　麦加是荒凉的阿拉伯半岛上少数几个城市之一，当时的阿拉伯人大多不住在城市中，而是过着游牧生活。早在穆罕默德之前，麦加城就被阿拉伯人视为圣地，这里经常聚集着大批朝圣者，敬拜一块被称作"克尔白"的圣黑石。

蛮人的最后一次大规模迁徙开始了。

　　阿拉伯军队征服了新波斯帝国，结束了萨珊王朝的统治（公元640年），这个已存在了四百多年的帝国灭亡了。最后，穆斯林以肥沃新月东端为中心建立了一个新的东方大帝国。

　　萨尔贡和汉穆拉比曾征服过幼发拉底河下游的文明，现在，阿拉伯沙漠中的穆斯林征服了新波斯的城市文明。穆斯林在新波斯帝国都城泰西封附近的巴格达建起了庞大都城，离古巴比伦城废墟很近。这座穆斯林都城的建筑体现了古代埃及、巴比伦、波斯、亚述等多种建筑艺术风格。巴比伦的神庙塔和类似的基督教堂结构也体现在清真寺尖顶上。在这里，那些原来过着游牧生活的阿拉伯人也像昔日的萨尔贡人和波斯人一样，学会了阅读和写字。他们学会了如何管理政府，成为经验丰富的统治者。在古都基什、阿卡德、巴比伦和泰西封的残垣断壁之间,东方再一次表现了它的力量,东方文明再次复兴。

后来,巴格达被建成东方最美丽的城市,并且成了世界最伟大的城市之一。哈里发帝国的领土向东扩张到印度边界;在西方,他们也像他们的近族、昔日的腓尼基人那样,在地中海的非洲沿岸向西推进。穆斯林打败了迦太基,赶走了那里的主教,这为罗马主教除去了他在西方的唯一竞争对手。穆罕默德死后,只过了两代人,阿拉伯人就穿越非洲,攻进了西班牙(公元711年)。如果他们征服法国的意图得以实现,便会形成包围地中海的局面。但在图尔战役中(公元732年,穆罕默德死后约100年),穆斯林无力消灭由查理·马特统率的法国军队。后来,他们撤回了西班牙,在那里建立了一个西方穆斯林王国——摩尔。至今,摩尔王国的伟大建筑仍是西班牙最宏伟的建筑(见图30.6)。

摩尔王国的文明比法兰克王

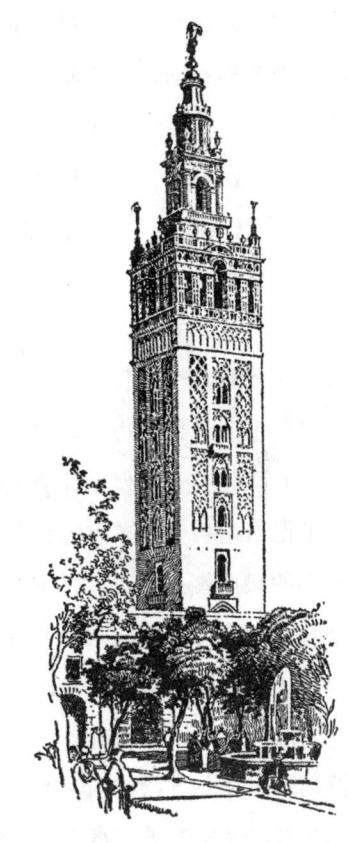

图30.6 西班牙摩尔人的清真寺尖塔

公元1200年前不久,摩尔人在罗马和西哥特建筑的废墟上建起这座清真寺,在那里的街道墙壁上到处可见拉丁文字。这个尖顶是西班牙塞维利亚最大的清真寺的装饰性建筑。后来基督教建筑师对顶部做了大的改建,将这座清真寺改造成基督教教堂的钟楼。虽然东方的清真寺的尖顶受基督教堂钟塔影响很大,但我们在西方也可以看到由清真寺的尖顶改造而成的基督教堂尖顶。

国先进得多，是当时欧洲最高级的文明。在欧洲走向愚昧黑暗的中世纪时，穆斯林却通过对希腊科学文化遗产的借鉴和吸收而成了那个时期科学、天文、数学和语法研究的先锋。在一个短短的时期内，穆斯林在这些方面的知识就远远超过了欧洲的基督徒。我们现在仍在使用的 algebra（代数）等阿拉伯词语和阿拉伯数字等许多东西都是阿拉伯人的伟大成就。

看一看有关的世界地图，我们会发现，原来君士坦丁堡统治的罗马帝国残余是世界的中心，而这时却只剩下巴尔干半岛和小亚细亚了。在东罗马帝国的另一边，是已经毁灭了的西罗马，在那里，来自北方的野蛮人建起了一系列日耳曼王国；还有一边是失去了的东方，那里已成了巴格达哈里发东方大帝国领土的一部分。我们还可以看到，当时世界的最西端是穆斯林的东方王国（摩尔王国），最东端是一个信仰基督教的东方国家（君士坦丁堡）。两者之间的众多日耳曼王国后来统一成了查理曼帝国，在这个帝国的东部有许多斯拉夫人，在遥远的不列颠岛零散地分布着一些日耳曼部落。近代欧洲国家正是在衰败的罗马帝国和北方新建国家的基础上崛起的。在法兰西、西班牙和意大利半岛，拉丁语被继承下来，分别演变出法语、西班牙语和意大利语。在不列颠，侵入那里的盎格鲁和撒克逊人使用的日耳曼语同拉丁语、法语相融合，演变成我们今天的英语，我们所用的字母都是从希腊、腓尼基和埃及字母传承演化而来的罗马字母。

欧洲各民族深受罗马文化影响，这不仅体现在欧洲人的语言上，还体现在其他许多方面，尤其是立法和行政方面。在对近代各国政府产生深刻影响的罗马法中，我们可以明显地看出罗马天才的伟大创造。罗马的另一个伟大贡献就是使希腊文明与东方文明融汇而成的国际文明广泛传播开来。是罗马人发扬光大了这种文明，而不是希腊人，虽然这种文明最终导致了东方式的专制，但却一直延续了整整五个世纪，在很长一个时期内挡住了北方蛮族的侵袭，否则，一盘散沙似的希腊世界可能早就被北方蛮族吞噬了。罗马帝国是地中海文明的产物，是使地中海文明免遭印欧语族野蛮人摧残的最终一道防线。虽然这道防线最后还是被突破了，但外部侵略并不是主要原因，帝国内部的腐败才是主要原因。

罗马并没有彻底崩溃，东方仍保留着帝国的残余。君士坦丁堡的皇帝们——那些奥古斯都的继承人仍统治着这些帝国的碎片。君士坦丁堡是在一个古希腊城的基础上建成的，地处希腊东部，因而那里一直沿用着希腊语，始终沐浴在希腊文明中。同时，我们也发现，那里的文明虽然主要是东方形式的文明，但它从来没有失去古希腊文化传统。那里的学术尽管是刻板机械的，但却从没有像西方那样彻底消失，那里的艺术也没有出现大的倒退。在罗马城逐渐衰败后，君士坦丁堡成了规模最大、建筑最宏伟壮观的城市，所有西方蒙昧世界的游客都羡慕它。帝国仅存的这块与罗马有直接继承关系的土地，仍沿用着罗马帝国的称号，这个帝国在延续了千年后最终被西方的日耳曼人征服。君士坦丁堡也被日耳曼人占领。公元1453年，土耳其人攻占了君士坦丁堡，从此以后，这个城市一直被他们占据着。

四、回顾

文明人的出现，标志着地球上的生命发展达到了顶峰。人类历史的每个阶段，人类都是在不断完善自身的，在我们回顾历史的同时，会不由得想象更高级的未来文明。

在罗马帝国的最后几个世纪中，除了有内部腐败和基督教发展壮大等特点外，另一个更突出的特点便是遭到了野蛮人的侵略。地中海文明因此而迅速走向衰败。在基督教会影响下，文明逐渐传到北方，最终使北方平原上的野蛮人的生活发生了很大变化。谈到这个问题，我们还要回到我们已提到过的西欧和北欧。在这里，我们的先人开始了他们的发展历程，现在，石器时代的纪念建筑坍塌了，取代它的是基督教堂。原来只盛行于地中海沿岸的书籍和文明政府现在被引进了欧洲北部地区。在已长满了森林和野草的石器时代古挪威人的坟地上出现了基督教的尖顶教堂，人类文明开始在世界范围中传播开来。

在本书中，我们回顾了在这个星球上的人类的奋斗历程。沿历史长河上溯到五十多万年前，在第三纪末期、冰川期将要开始时，我们发现了会制作工具和取火用火的人类的最早证据。今天，人类正处于哺乳动物时代接近终点处，距离爬行动物时代的哺乳动物祖先已有几百万年的历史。认识到这一点，我们中最冷静的人也不免会有一点激动。在哺乳类动物时代即将过去的今天，我们对人类及其文明的发展过程做了系统回顾。

以拥有高级智慧的人类出现为顶点的地球生命进化过程，并不能在某一确定的地区得到确切的证明，但是，人类所由崛起并发展出高度文明，最终征服了我们现在所继承的文明的地方却是确定的，那就是我们介绍过的古代世界的西北大扇形区。这一确认既不会受后来出现的中国和印度文明的影响，也不会受到被欧洲的殖民者消灭了的西半球非文字文明的影响。在这个古代世界的西北大扇形区内，白人种族也像其他种族一样，经历了自然界的种种灾难，并且一直在同这些灾难和危险做斗争，最后终于走出了长达数十万年的石器时代的野蛮和蒙昧。我们回顾了人类历史的各个阶段，我们知道伟大的白人种族经历过全球性的冰川灾难,这是人类历史上最大的灾难,它曾将人类赶出了整个北部平原。在未受冰川侵袭的东方——西北大扇形区东南部,人类最早的文明在那里的适宜条件下逐渐萌发生长起来,而欧洲正处于冰川肆虐期。

然后,我们看到在东方的边疆地区,石器时代的爱琴人引进了尼罗河文明,最终创造出辉煌灿烂的文明。后来,我们称作希腊人的印欧蛮族征服了爱琴海世界,摧毁了欧洲最早最辉煌的爱琴文明。一度在南欧出现的文字、艺术、建筑和造船等文明成果也随之消失。假如

图30.7 欧洲几十万年前的自然环境

人类就是在这样的环境中开始其发展历程的,经历了文明发展的各个时期,创造了辉煌的文明。

东方世界的文明发源地没有将文明保留下来，那么人类文明就可能完全消失。在希腊人统治下，南欧又开始了新的文明发展进程，他们再次从东方引进了文字、艺术、建筑和造船术以及其他有利于文明发展的条件。在欧洲文明中断了一千年后，希腊人终于走出了野蛮和蒙昧，创造出一种独特的优美高雅的文化，将人类文明推向顶峰。接下来，来自北方平原的印欧语族野蛮人翻过高地屏障，推进到地中海沿岸，罗马人使人类文明避免了再次毁灭的命运。东方人和希腊人创造的文明大部分保存下来。在很长一个时期的衰退之后，文明重新在欧洲崛起，发展成了我们今天的文明。

在此后的岁月里，文明不断发展，不断向外传播，远远超出了西北大扇形区，其他地区的野蛮民族不断开化，逐渐发展成为文明民族。现在，人类已进入了这样一个时代：在与除微生物之外的其他任何形式的生命的竞争中都取得了绝对胜利。人类的斗争从一开始就包括与自身和同类的斗争。从人类制造出并挥舞石斧的时候开始，人类的斗争越来越多地表现为社会斗争（这种转变最早出现于埃及）。人类与自身的斗争越来越激烈，危害也越来越大。现代人类通过对自然因素的控制和利用使人类避免了很多灾难，这种控制和利用早在远古时代就已出现。对于人类与自身斗争的极致——世界大战，若从整个人类历史的角度来审视，似乎并不多么危险，甚至有些微不足道。因为世界大战对人类的危害远不能与冰川带来的危害相比，在冰川期，三大洲的北部地区全部被冰川埋没——自然科学家称之为危及人类生存的灾难。

虽然历史学家不是预言家，但是，在我们即将结束对这幅人类历史全景图的探讨时，相信绝大部分人会认识到，至少在目前来看，地球上的生命是因文明人的出现而达到顶峰的，文明人是我们目前所知的最高级的生命。在我们回顾历史时，我们的思绪会不由自主地飘向未来。现在，人类漫长的生命和文明发展历程的每个阶段就展现在我们面前：冰川时代的法国河床卵石下的石斧；沉入瑞士湖底的湖村人的工具；**矗**立在尼罗河畔，作为一种辉煌文明标志的金字塔；底格里斯河和幼发拉底河畔被遗弃的城市废墟以及其中的黏土板和最早的账簿；曾经俯视附近大海的作为欧洲最早文明建筑标志的克里特和迈锡尼宫殿的断壁残垣。起于罗马、翻山越岭渡河穿涧直达肥沃新月的宽阔的罗马大道等，都可以为《罗马法》的完备和罗马政府曾有的权威作证，各地的基督教尖顶教堂向人们展示着世人皆兄弟的新思想和文明的发展。这一切都是这个漫长的历程的里程碑，这是一个人类生命不断上升和文明不断征服的过程。